WBC 성경주석

사무엘상

솔로몬

WORD BIBLICAL COMMENTARY

Volume 10

1 Samuel

RALPH W. KLEIN

WORD BOOKS, PUBLISHER · WACO, TEXAS

목 차

편집자 서문

본 성경 주석 전집(WBC; Word Biblical Commentary)이 세상에 나오기까지는 수년 간의 기획 과정이 필요했다. 1977년에 본 전집의 편집위원회 위원들은 발행인들과 회합한 자리에서 몇 가지 뚜렷한 특징을 지닌 새로운 성경 주석의 발간 가능성을 면밀하게 검토했다. 그러한 특징이 무엇인지는 독자들이 이 주석서들을 진지한 자세로 읽어 내려가는 과정에서 금방 알게 될 것이다. 하지만 본 성경 주석이 당초에 목표로 삼은 것이 과연 얼마나 완벽하게 성취되었는지는 오로지 시간만이 말해 줄 수 있을 것이다.

우선, 우리는 우리와 뜻을 같이하면서 세계 도처의 대학교, 신학교 등에서 가르침의 사역에 종사하고 있는 학자들을 되도록 폭 넓게 선발하여 본 성경 주석의 기고자로 삼기 위해 많은 노력을 기울여 왔다. 매우 다양한 교단적 배경을 지닌 본서 기고자들의 폭 넓은 시야는 가히 "복음주의적"－성경을 하나님의 계시로 받아들이고 기독교 복음의 진리와 능력을 자신의 생명처럼 여긴다는 적극적이고 역사적인 의미에서－이라 불려지는 것이 마땅하다.

다음으로, 본 전집에 포함된 주석서들은 처음부터 『WBC 성경주석』의 일환으로 쓰여진 책들이다. 오늘날 성경 주석 분야에서 상당한 호평을 받고 있는 몇몇 전집들이 영어 이외의 언어로 쓰여진 저작들을 영어로 번역한 것에 비하여, 본 성경 주석은 오로지 처음부터 영어로 쓰여진 책들만이 포함되어 있다. 또한 본 전집의 주석가들은 성경 원문을 각자 나름대로 영어로 번역한 다음, 그 번역된 성경 본문을 자신들의 주해와 주석의 바탕으로 삼는 것을 원칙으로 삼았다. 나아가서 본 전집의 대표적인 특징으로는, 그 내용이 어디까지나 성경적인 언어를 바탕으로 하면서도 각계각층의 독자들－공부하는 학생들, 현재 목회 사역에 종사하고 있는 교역자들 그리고 이 분야를 전공하는 학자들이나 교수들－이 성경에 대한 신학적 이해를 학문적이면서도 실제적으로 쌓아 나갈 수 있고, 또 그들에게 현실적인 도움이 될 수 있도록 구성되어 있다는 점을 들 수 있다.

마지막으로, 본 성경 주석의 구성 양식에 관하여 몇 마디 말을 덧붙이고자 한다. 우리는 여러 계층의－그리고 상이한 수준의－독자들을 의식하여 확실하게 구분되는 몇 개의 단락으로 나누어 책의 내용을 구성했다. 예를 들어, 번역된 성경 본문의 바탕을 이루는 [히브리어와 헬라어] 원문에 관하여 좀더 깊이 있게 공부하려는 독자들은 본 성경 본문의 "원문주해"를 살펴보고, 현대 신학자들이 어떠한 해석을 내리고 있는지에 관심이 있다면 "참고문헌" 및 "양식/구조/배경"을 참조하면 될 것이다. 또한 어떤 성경 본문의 의미 및 그 본문에 포함된 성경적 계시를 좀더 폭 넓은 관점에서 이해하려면 "주석"과 "해설"을 보면 된다. 그러므로 본 성경 주석을 펼쳐 든 사람이라면 누구나 자신에게 유익한 자료들을 얻을 수 있으리라 믿어 의심치 않는다.

이상과 같은 우리의 목표가 상당히 만족스러운 수준까지 달성될 때, 우리 편집자들이 당초에 의도했던 것들이 구체적으로 실현됨과 아울러 본 전집의 기고자들이 흘린 땀방울도 충분한 보상을 받을 수 있게 될 것이다.

책임 편집자 : **데이비드 허바드**(David A. Hubbard)
글렌 바커(Glenn Barker)
구약 편집자 : **존 와츠**(John D. W. Watts)
신약 편집자 : **랠프 마틴**(Ralph P. Martin)

약어표

1. 단행본

Aharoni	Aharoni, Y. *The Land of the Bible: A Historical Geography.* Revised and Enlarged Edition. Philadelphia: The Westminster Press, 1979.
ANET	Pritchard, J. B., ed. *Ancient Near Eastern Texts Relating to the Old Testament.* 3rd ed. Princeton: Princeton University Press, 1969.
AOTS	Thomas, D. W., ed. *Archaeology and Old Testament Study.* Oxford: Oxford University Press, 1967.
Baumgartner	Baumgartner, W., *et al. Hebräisches und Aramäisches Lexikon zum Alten Testament.* Lieferungen I-II. Leiden: E. J. Brill, 1967-1974.
BDB	Brown, F., Driver, S. R., and Briggs, C. A., eds. *A Hebrew and English Lexicon of the Old Testament.* Oxford: At the Clarendon Press, 1907.
BHK	Kittel, R., ed. *Biblia Hebraica.* 3rd ed. Stuttgart: Württembergische Bibelanstalt, 1937.
BHS	Elliger, K. and Rudolph, W., eds. *Biblia Hebraica Stuttgartensia.* Stuttgart: Deutsche Bibelstiftung, 1977.
Birch	Birch, B. C. *The Rise of the Israelite Monarchy: The Growth and Development of 1 Samuel 7-15.**
Boecker	Boecker, H. J. *Die Beurteilung der Anfänge des Königtums in den deuteronomistischen Abschnitten des I. Samuelbuches.**
Bright	Bright, J. *A History of Israel.* 3rd ed. Philadelphia: The Westminster Press, 1981.
BRL	Galling, J., ed. *Biblisches Reallexikon.* Tübingen: J. C. B. Mohr (Paul Siebeck), 1977.
CHAL	Holladay, W. L., ed. *A Concise Hebrew and Aramaic Lexicon of the Old Testament.* Grand Rapids: Eerdmans, 1971.
Cross, *CMHE*	Cross, F. M. *Canaanite Myth and Hebrew Epic.**
CTCA	Herdner, A., ed. *Corpus des tablettes en cuneiformes*

	alphabetiques. Mission de Ras Shamra, Tome X. Paris: Imprimerie Nationale, 1963.
Driver	Driver, S. R. *Notes on the Hebrew Text and the Topography of the Books of Samuel.**
Dtr or DtrG	Deuteronomistic History
DtrN, DtrP	Nomistic and Prophetic Redactions of Dtr
EAEIHL	Avi-Yonah, M. and Stern, E., eds. *Encyclopedia of Archaeological Excavations in the Holy Land.* 4 vols. Englewood Cliffs, N.J.: Prentice Hall, 1975-1978.
Eichhorn	Eichhorn, J. G. *Einleitung in das alte Testament.**
EVV.	English verse numbers.
GKC	Kautzsch, E. *Gesenius' Hebrew Grammar.* Tr. A. E. Cowley. Oxford: at the Clarendon Press, 1910.
Gottwald, *Tribes*	Gottwald, N. K. *The Tribes of Yahweh.* Maryknoll, NY: Orbis Books, 1979.
Grønbaek	Grønbaek, J. H. *Die Geschichte vom Aufstieg Davids.**
Hayes, *Form Criticism*	Hayes, J. H. ed. *Old Testament Form Criticism.* San Antonio: Trinity University Press, 1974.
Hayes and Miller, *History*	Hayes, J. H. and Miller, J. M., eds. *Israelite and Judaean History.* Philadelphia: The Westminster Press, 1977.
HDR	The History of David's Rise (1 Sam 16:14-2 Sam 5).
IBD	Douglas, J. D. et al., eds. *The Illustrated Bible Dictionary.* 3 vols. Wheaton, IL: Tyndale House Publishers, 1980.
IDB	Buttrick, G. A. et al., eds. *The Interpreter's Dictionary of the Bible.* 4 vols. Nashville: Abingdon, 1962.
IDBSup	Crim, K. et al., eds. *The Interpreter's Dictionary of the Bible, Supplementary Volume.* Nashville: Abingdon, 1976.
ISBE	Bromiley, G. W., ed. *The International Standard Bible Encyclopedia.* 2 vols. Grand Rapids: Eerdmans, 1979-1982.
Josephus, *Ant.*	Josephus' *Jewish Antiquities.*
Klein, *Israel in Exile*	Klein, R. W. *Israel in Exile: A Theological Interpretation.* Philadelphia: Fortress, 1979.
Koch	Koch, K. *The Growth of the Biblical Tradition.* Tr. S. M. Cupitt. New York: Scribner's, 1969.
LXX	The Septuagint

LXX^L	Lucianic Recension of the Septuagint
MBA	Aharoni, Y. and Avi-Yonah, M. *The Macmillan Bible Atlas*. New York: The Macmillan Company, 1968.
Mettinger	Mettinger, T. N. D. *King and Messiah*.*
MR	Map Reference
MT	Masoretic Text
NAB	New American Bible
NEB	New English Bible
Noth, *History*	Noth, M. *The History of Israel*. 2nd ed. Tr. P. R. Ackroyd. New York: Harper & Brothers, 1960.
OL	Old Latin
PAIR 2	Barthélemy, D. et al. *Preliminary and Interim Report on the Hebrew Old Testament Text Project*. Vol. 2. Stuttgart: United Bible Societies, 1976.
von Rad, *Heilige Krieg*	von Rad, G. *Der Heilige Krieg im alten Israel*. 3rd ed. Göttingen: Vandenhoeck & Ruprecht, 1958.
von Rad, *OTT*	von Rad, G. *Old Testament Theology*. 2 vols. Tr. D. M. G. Stalker, New York: Harper & Brothers, 1962-1965.
Richter, *Berufungsberichte*	Richter, W. *Die sogenannten vorprophetischen Berufungsberichte*.*
RSV	Revised Standard Version
Student Map Manual	*Student Map Manual: Historical Geography of the Bible Lands*. Jerusalem: Pictorial Archive (Near Eastern History) Est. n.d.
Syr	Syriac
Targ	Targum
TDOT	Botterweck, G. J. and Ringgren, H. *Theological Dictionary of the Old Testament*. 4 vols. Grand Rapids: Eerdmans, 1974-1980.
THAT	Jenni, E. and Westermann, C. *Theologisches Handwörterbuch zum Alten Testament*. 2 vols. Munich: Chr. Kaiser Verlag, 1971-1976.
Thenius	Thenius, O. *Die Bücher Samuels*.*
Ulrich	Ulrich, E. C., Jr. *The Qumran Text of Samuel and Josephus*.*
Veijola, *Ewige Dynastie*	Veijola, T. *Die Ewige Dynastie: David und die Entstehung seiner Dynastie nach der deuteronomistischen Darstellung*.*
Veijola, *Königtum*	Veijola, T. *Das Königtum in der Beurteilung der deuteronomisti-*

	*schen Historiographie.**
de Vaux	de Vaux, R. *Ancient Israel: Its Life and Institutions.* Tr. J. McHugh. London: Darton, Longman & Todd, 1961.
Vg	Vulgate
Wellhausen	Wellhausen, J. *Der Text der Bücher Samuelis.**
Westermann, C.	Westermann, C. *Basic Forms of Prophetic Speech.* Tr. H. C. White. Philadelphia: Westminster, 1967.
Yadin, *Art of Warfare*	Yadin, Y. *The Art of Warfare in Biblical Lands.* 2 vols. New York: McGraw-Hill Book Company, 1963.
4Q	$4QSam^a$

* For the full citation see the bibliography.

2. 정기 간행물과 연속 간행물

ASTI	*Annual of the Swedish Theological Institute*
BA	*Biblical Archaeologist*
BARev	*Biblical Archaeology Review*
BASOR	*Bulletin of the American Schools of Oriental Research*
BCPE	*Bulletin du Centre Protestant D'Etudes*
Bib	*Biblica*
BO	*Bibliotheca Orientalis*
BR	*Biblical Research*
BT	*The Bible Translator*
BWANT	Beiträge zur Wissenschaft vom alten und neuen Testament
BZ	*Biblische Zeitschrift*
BZAW	Beihefte zur ZAW
CBQ	*Catholic Biblical Quarterly*
ConBOT	Coniectanea biblica, Old Testament Series
CTM	*Concordia Theological Monthly*
CurTM	*Currents in Theology and Mission*
EvT	*Evangelische Theologie*
ExpTim	*Expository Times*
FRLANT	Forschungen zur Religion und Literatur des alten und neuen Testaments
HS	*Hebrew Studies*

HSM	Harvard Semitic Monographs
HUCA	*Hebrew Union College Annual*
IEJ	*Israel Exploration Journal*
Int	*Interpretation*
JANES	*Journal of the Ancient Near Eastern Society of Columbia University*
JBL	*Journal of Biblical Literature*
JBR	*Journal of Bible and Religion*
JNSL	*Journal of Northwest Semitic Language*
JRAS	*Journal of the Royal Asiatic Society*
JSOT	*Journal for the Study of the Old Testament*
JSOTSup	Journal for the Study of the Old Testament Supplement Series
JSS	*Journal of Semitic Studies*
JTS	*Journal of Theological Studies*
KuD	*Kerygma und Dogma*
NovT	Novum Testamentum
OLZ	*Orientalistische Literaturzeitung*
Or	*Orientalia*
RB	*Revue Biblique*
RHPR	*Revue d'histoire et de philosophie religieuses*
RSO	*Revista degli Studi Orientali*
SBLDS	Society of Biblical Literature Dissertation Series
SBT	Studies in Biblical Theology
ST	*Studia Theologica*
TLZ	*Theologische Literaturzeitung*
TS	*Theological Studies*
TZ	*Theologische Zeitschrift*
VC	*Vigiliae Christianae*
VT	*Vetus Testamentum*
VTSup	Vetus Testamentum, Supplements
WMANT	Wissenschaftliche Monographien zum alten und neuen Testament
ZAW	*Zeitschrift für die alttestamentliche Wissenschaft.*

3. 성경과 고대 자료

A. 일반적인 자료

G	Greek Old Testament	NT	New Testament
L	Latin Old Testament	OT	Old Testament
LXX	Septuagint	*S*	Syriac Old Testament
MT	Masoretic Text	*Vg*	Vulgate

B. 성경 및 외경

구약

Gen	Genesis	Eccl	Ecclesiastes
Exod	Exodus	Cant	Song of Solomon
Lev	Leviticus	Isa	Isaiah
Num	Numbers	Jer	Jeremiah
Deut	Deuteronomy	Lam	Lamentations
Josh	Joshua	Ezek	Ezekiel
Judg	Judges	Dan	Daniel
Ruth	Ruth	Hos	Hosea
1 Sam	1 Samuel	Joel	Joel
2 Sam	2 Samuel	Amos	Amos
1 Kgs	1 Kings	Obad	Obadiah
2 Kgs	2 Kings	Jonah	Jonah
1 Chr	1 Chronicles	Mic	Micah
2 Chr	2 Chronicles	Nah	Nahum
Ezra	Ezra	Hab	Habakkuk
Neh	Nehemiah	Zeph	Zephaniah
Esth	Esther	Hag	Haggai
Job	Job	Zech	Zechariah
Ps	Psalms	Mal	Malachi
Prov	Proverbs		

신약

Matt	Matthew	1 Tim	1 Timothy
Mark	Mark	2 Tim	2 Timothy
Luke	Luke	Titus	Titus
John	John	Phlm	Philemon
Acts	Acts	Heb	Hebrews
Rom	Romans	Jas	James
1 Cor	1 Corinthians	1 Pet	1 Peter
2 Cor	2 Corinthians	2 Pet	2 Peter
Gal	Galatians	1 John	1 John
Eph	Ephesians	2 John	2 John
Phil	Philippians	3 John	3 John
Col	Colossians	Jude	Jude
1 Thess	1 Thessalonians	Rev	Revelation
2 Thess	2 Thessalonians		

외경

1 Kgdms	1 Kingdoms	Ep Jer	Epistle of Jeremy
2 Kgdms	2 Kingdoms	1 Macc	1 Maccabees
3 Kgdms	3 Kingdoms	2 Macc	2 Maccabees
4 Kgdms	4 Kingdoms	3 Macc	3 Maccabees
Add Esth	Additions to Esther	4 Macc	4 Maccabees
Bar	Baruch	Pr Azar	Prayer of Azariah
Bel	Bel and the Dragon	Pr Man	Prayer of Manasseh
1 Esdr	1 Esdras	Sir	Sirach
2 Esdr	2 Esdras	Sus	Susanna
4 Ezra	4 Ezra	Tob	Tobit
Jdt	Judith	Wis	Wisdom of Solomon

C. 랍비 자료 및 기타 고대 자료

Ber.	Berakot	RS	Ras Shamra
Bik.	Bikkurim	*Sop.*	Sopherim
C	Cairo Geniza	*Tg*	Targum
Ros. Has.	Rosh Hashanah		

D. 사해 사본과 관련 본문들

	Cairo (Genizah text of the) Damascus (Document)
	Nahal Hever texts
	Masada texts
	Khirbet Mird texts
Mur	Wadi Murabba at texts
P	Pesher (commentary)
Q	Qumran
1Q, 2Q, 3Q, etc.	Numbered caves of Qumran, yielding written material; followed by abbreviation of biblical or apocryphal book
QL	Qumran literature
1QapGen	*Genesis Apocryphon* of Qumran Cave 1
1QH	*Hôdāyôt* (*Thanksgiving Hymns*) from Qumran Cave 1
1QIsa[a,b]	First or second copy of Isaiah from Qumran Cave 1
1QpHab	*Pesher on Habakkuk* from Qumran Cave 1
1QM	*Milḥāmāh* (*War Scroll*)
1QS	*Serek hayyaḥad* (*Rule of the Community, Manual of Discipline*)
1QSa	Appendix A (*Rule of the Congregation*) to 1QS
1QSb	Appendix B (*Blessings*) to 1QS
3Q15	Coppe Scroll from Qumran Cave 3
4QFlor	*Florilegium* (or *Eschatological Midrashim*) from Qumran Cave 4
4QMess ar	Aramaic "Messianic" text from Qumran Cave 4
4QPrNab	Prayer of Nabonidus from Qumran Cave 4
4QTestim	*Testimonia* text from Qumran Cave 4
4QTLevi	*Testament of Levi* from Qumran Cave 4
4QPhyl	Phylacteries from Qumran Cave 4
11QMelch	*Melchizedek* text from Qumran Cave 11
11QtgJob	*Targum of Job* from Qumran Cave 11

4. 성경 번역본

AV	Authorized Version	NEB	New English Bible
JB	Jerusalem Bible	NIV	New International Version
KJV	King James Version	RSV	Revised Standard Version
NAB	New American Bible	TEV	Today's English Version

참고문헌

I. 주석류

Ackroyd, P. R. *The First Book of Samuel.* The Cambridge Bible Commentary on the New English Bible. Cambridge: At the University Press, 1971. **Brockington, L. H.** "I and II Samuel." *Peake's Commentary on the Bible.* Revised ed. New York: Nelson, 1962. 318-37. **Budde, K.** *Die Bücher Samuel.* Kurzer Hand-Commentar zum Alten Testament VIII. Tübingen: J. C. B. Mohr, 1902. **Caird, G. B.** *The First and Second Books of Samuel.* The Interpreter's Bible 2. Nashville: Abingdon, 1953. 853-1176. **Caspari, W.** *Die Samuelbücher.* Kommentar zum Alten Testament VII. Leipzig: A. Deichter, 1926. **Dhorme, É. P.** *Les livres de Samuel.* Études bibliques. Paris: J. Gabalda, 1910. **Gehrke, R. D.** *1 and 2 Samuel.* Concordia Commentary. St. Louis: Concordia, 1968. **Hertzberg, H. W.** *I and II Samuel. A Commentaty.* Tr. J. S. Bowden. The Old Testament Library. Philadelphia: Westminster, 1964. **Keil, C. F.** *Die Bücher Samuel.* Biblischer Commentar über das alte Testament II/2. Leipzig: Dörffling und Franke, 1864. **Kittel, R.** "Das erste Buch Samuel." *Die Heilige Schrift des alten Testaments* 1. 4th ed. revised by A. Bertholet, Tübingen: J. C. B. Mohr, 1922. 407-51. **Klostermann, A.** *Die Bücher Samuelis.* Kurzgefasster Kommentar III. Nördlingen, 1887. **Mauchline, J.** *1 and 2 Samuel.* New Century Bible. London: Oliphants, 1971. **McCarter, P. K., Jr.** *I Samuel.* The Anchor Bible 8. Garden City, NY: Doubleday, 1980. **McKane, W.** *I and II Samuel: The Way to the Throne.* Torch Bible Commentary. London: SCM, 1963. **Smith, H. P.** *A Critical and Exegetical Commentary on the Books of Samuel.* ICC. Edinburgh: T. and T. Clark, 1899. **Stoebe, H. J.** *Das erste Buck Samuelis.* KAT VIII/1. Gütersloh: Gerd Mohn, 1973. **Thenius, O.** *Die Bücher Samuels.* Kurzgefasstes exegetisches Handbuch zum Alten Testament. 3rd ed. revised by M. Löhr. Leipzig: S. Hirzel, 1898. **de Vaux, R.** *Les livres de Samuel.* 2nd ed. Paris: Les Editions du Cerf, 1961.

II. 사무엘서에 대한 일반적인 연구서

In addition to the bibliography provided for each pericope, there are also bibliographic listings for "The Rise of Kingship"(at 1 Sam 7-15) and for the "History of David's Rise"(at

1 Sam 16:14-2 Sam 5).

Birch, B. C. *The Rise of the Israelite Monarchy: The Growth and Development of 1 Samuel 7-15.* SBLDS 27. Missoula, MT: Scholars Press, 1976. **Boecker, H. J.** *Die Beurteilung der Anfänge des Königtums in den deuteronomistischen Abschnitten des I. Samuelbuches.* WMANT 31. Neukirchen-Vluyn: Neukirchener Verlag, 1969. **Campbell, A. F.** *The Ark Narrative.* SBLDS 16. Missoula, MT: Scholars Press, 1975. **Childs, B. S.** *Introduction to the Old Testament as Scripture.* Philadelphia: Fortress Press, 1979. **Cross, F. M.** *Canaanite Myth and Hebrew Epic.* Cambridge, MA: Harvard University Press, 1975. **Dietrich, W.** *Prophetie und Geschichte. Eine redaktionsgeschichtliche Untersuchung zum deuteronomistischen Geschichtswerk.* FRLANT 108. Göttingen: Vandenhoeck & Ruprecht, 1972. **Eichhorn, J. G.** *Einleitung in das alte Testament.* Göttingen, 1780-1783; 4th ed., 1823-1824. **Eissfeldt, O.** *Die Komposition der Samuelisbücher.* Leipzig: J. C. Hinrichs, 1931. ______. *The Old Testament. An Introduction.* Tr. P. R. Ackroyd. New York: Harper and Row, 1965. ______. "Noch einmal: Text-, Stil-, und Literarkritik in den Samuelisbüchern." *OLZ* 31(1928) col. 801-12. **Grønbaek, J. H.** *Die Geschichte vom Aufstieg Davids(1 Sam. 15-2 Sam 5): Tradition and Composition.* Acta Theologica Danica 10. Copenhagen: Munksgaard, 1971. **Gunn, D. M.** *The Fate of King Saul. JSOTSup* 14. Sheffield, Eng.: U. of Sheffield, 1980. ______. *The Story of King David. JSOTSup* 6. Sheffield, Eng.: U. of Sheffield, 1978. **Humphreys, W. L.** "From Tragic Hero to Villain: A Study of the Figure of Saul and the Development of 1 Samuel." *JSOT* 22(1982) 95-117. ______. "The Rise and Fall of King Saul: A Study of an Ancient Narrative Stratum in 1 Samuel." *JSOT* 18(1980) 74-90. **Ishida, Tomoo.** *The Royal Dynasties in Ancient Israel.* BZAW 142. Berlin: Walter de Gruyter, 1977. **Jobling, D.** *The Sense of Biblical Narrative. JSOTSup* 7. Sheffield, Eng.: U. of Sheffield, 1978. 4-25. **Knierim, R. P.** "The Messianic Concept in the First Book of Samuel." *Jesus and the Historian*(Festschrift for E. C. Colwell). Ed. F. T. Trotter. Philadelphia: Westminster, 1968, 20-51. **McKenzie, J. L.** "The Four Samuels." *BR* 7(1962) 3-18. **Mettinger, T. N. D.** *King and Messiah: The Civil and Sacral Legitimation of the Israelite Kings.* ConBOT 8. Lund: CWK Gleerup, 1976. **Miller, P. D., Jr.** and **Roberts, J. J. M.** *The Hand of the Lord. A Reassessment of the "Ark Narrative" of I Samuel.* Baltimore: Johns Hopkins University Press, 1977. **Noth, M.** *The Deuteronomistic History.* Tr. J. Doull *et al.* JSOTSup 15. Sheffield, Eng.: U. of Sheffield, 1981. **Richter, W.** *Die sogenannten vorprophetischen Berufungsberichte.* FRLANT 101. Göttingen: Vandenhoeck &

Ruprecht, 1970. **Smend, R.** *Die Entstehung des Alten Testaments.* Stuttgart: W. Kohlhammer, 1978. ______. "Das Gesetz und die Völker: Ein Beitrag zur deuteronomistischen Redaktionsgeschichte." In *Probleme biblischer Theologie*(Gerhard von Rad Volume). Ed. H. W. Wolff. Munich: Chr Kaiser, 1971. 494-509. **Soggin, J. A.** *Introduction to the Old Testament.* Revised ed. Tr. J. Bowden. Philadelphia: Westminster, 1980. ______. *Das Kö nigtum in Israel: Ursprünge, Spannung, Entwicklung.* Berlin: A. Töpelmann, 1967. **Strobel, A.** *Der Spätbronzezeitliche Seevölkersturm.* BZAW 145. Berlin: Walter de Gruyter, 1976. **Veijola, T.** *Die Ewige Dynastie. David und die Entstehung seiner Dynastie nach der deuteronomistischen Darstellung.* Annales Academiae Scientiarum Fennicae. Ser. B 193. Helsinki: Suomalainen Tiedeakatemia, 1975. ______. *Das Königtum in der Beurteilung der deuteronomistischen Historiographie.* Annales Academiae Scientiarum Fennicae. Series B 198. Helsinki: Suomalainen Tiedeakatemia, 1977. **Wellhausen, J.** *Die Composition des Hexateuchs und der historischen Bücher des alten Testaments.* 3rd ed. Berlin: B. Reimar, 1899. ______. *Prolegomena to the History of Ancient Israel.* Tr. Menzies and Black. New York: World Publishing Company, 1957(Original German 1878).

서 론

I. 사무엘상이란 명칭의 유래

히브리어 성경의 한 부분을 사무엘상으로 명명한 것은 오래되지 않았으며, 또한 그것이 특별히 도움이 되는 것도 아니다. 아마도 보다 전통적인 단위는 단순히 사무엘서, 즉 현재 우리가 사무엘상 1장부터 사무엘하 24장까지라고 일컫는 것을 지시할 것이다. 분명히 "사무엘서"의 매우 방대한 분량으로 인해 70인경(LXX)은 이 자료를 두 권의 책인 제1, 제2왕국기로, 혹은 제1, 제2통치기로 나누었다(우리가 열왕기상, 하로 부르는 것은 70인경에서 제3, 제4왕국기/통치기다). 이러한 사무엘상, 하의 구분은 1517년의 제1랍비 성경(the First Rabbinic Bible)과 더불어 히브리어 성경에 도입되었다. 그리고 1524/1525년의 제2랍비 성경에서 그 구분이 사용된 이후 두 책으로의 구분은 표준이 되었다.

사무엘서를 사무엘상 31장을 기점으로 나눈 것은 상당히 중요한 의미를 갖는데, 그 이유는 이 장이 사울의 죽음을 보고하기 때문이다. 그러나 현재의 구분은 다윗의 등극 이야기, 즉 사무엘상 16장에서 시작되어 사무엘하 5장에서 절정에 이르는 그 이야기를 두 개로 분리시켜 놓는 것처럼 보인다. 사무엘상은 사무엘의 경이로운 출생으로 시작되는데, 그는 이 책의 25장까지(혹은 만일 우리가 엔돌의 신접한 여인의 사건을 포함한다면 나아가 28장까지)에서 중요한 역할을 하게 된다. 그러나 어떤 사람은 사무엘상 1-7장이 사실상 사사들의 전승을 이어가고 있으며, 따라서 사무엘상의 범위를 사사 시대의 마지막과 8장 이후의 왕정의 출현 사이로 잡는 것이 더 나을 것이라고 주장한다.

심지어 사무엘서란 명칭조차도 사무엘상, 하의 자료에 전혀 적합한 것이 아닌데, 그 이유는 선지자 사무엘이 사무엘상 25장에서 사망하여 사무엘상의 나머지와 사무엘하 전체가 그가 없는 가운데 진행되기 때문이다. 전반부의 여러 장들에서 사무엘의 눈에 띄는 역할로 인해 그의 이름이 이 책과 연관되었는지도 모른다. 그렇지만 일찍이 탈무드 시대에도 이미 사무엘이 그 저자, 특히 그의 사망 전과 관련된 장들의 저자인 것으로 생각되었다. 뒤이은 장들은 나단과 갓의 것으로 돌려졌다. 이러한 저작권 이론은 역대상 29:29에 근거한 것으로 보인다("선견자 사무엘의 역대기, 선지자 나단의 역대기 그리고 선견자 갓의 역대기"). 그렇지만 비평적 견해는 이 구절의 의미와 사무엘상의 저작권 문제에 대해 전혀 다른 이해를 갖는다.

이러한 난제들에도 불구하고, 현재의 주석은 사무엘상 1-31장까지로 제한될 것이다. 독자들은 이러한 한계 설정이 임의적이라는 것과, 또한 우리는 어떤 의미에서 중간에서 시작해서 끝을 맺고 있다는 것을 알고 있어야만 한다.

II. 사무엘서의 본문

참고문헌

Barthélemy, D. et al. *Preliminary and Interim Report on the Hebrew Old Testament Text Project.* Vol. 2. Stuttgart: United Bible Societies, 1976. **de Boer, P. A. H.** *Research into the Text of I Samuel i-xvi.* Amsterdam: H. J. Paris, 1938. ______. "Research into the Text of 1 Samuel xviii-xxxi." *OTS* 6(1949) 1-100. **Brooke, A. E., McLean, N.** and **Thackery, H.** St. J., eds. *The Old Testament in Greek.* Vol. II, Part I. I and II Samuel. London: Cambridge University Press, 1927. **Cross, F. M.,** and **Talmon, S.,** eds. *Qumran and the History of the Biblical Text.* Cambridge: Harvard University Press, 1975. **Driver, S. R.** *Notes on the Hebrew Text and the Topography of the Books of Samuel.* 2nd ed. Oxford: At the Clarendon Press, 1913. **Johnson, B.** *Die armenische Bibelübersetzung als hexaplarischer Zeuge im 1. Samuelbuch.* ConBOT 2. Lund: CWK Gleerup, 1968. ______. *Die hexaplarische Rezension des 1. Samuelbuches der Septuaginta. ST* 22. Lund, 1963. **Klein, R. W.** *Textual Criticism of the Old Testament.* Philadelphia: Fortress Press, 1974. **Tov, E.** "Lucian and Proto-Lucian." *RB* 79(1972) 101-13. ______. *The Text-Critical Use of the Septuagint in Biblical Research.* Jerusalem: Simor Ltd., 1981. **Ulrich, E.** *The Qumran Text of Samuel and Josephus.* HSM 19. Missoula, MT: Scholars Press, 1978. ______. "4QSam ^{c}: A Fragmentary Manuscript of 2 Samuel 14-15 from the Scribe of the Serek Hay-yahad(1QS)." *BASOR* 235(1979) 1-25. **Wellhausen, J.** *Der Text der Bücher Samuelis untersucht.* Göttingen: Vandenhoeck & Ruprecht, 1871.

성경 본문

사무엘상의 마소라 본문은 좋은 형태로 존재하지 않는다. 특별히 많은 문자들과 단어들이 종종 유사종결(homoioteleuton)로 인해 무심코 제거되었다(유사종결이란 히브리어 사본의 어떤 줄의 마지막 단어가 바로 아래 줄의 마지막 단어와 동일하거나 매우 비슷해서 필사자들이 종종 한 줄을 빠뜨리고 그 다음 줄로 넘어가는 실수로 인해 발생된 사본상의 오류를 말한다 – 역자주). 주석가들은 한 세기가 넘도록 70인경을 기초로 사무엘상의 본문 수정을 시도해 왔으며, 그 전통은 현재의 이 주석에서도 이어진다.

데니우스(Thenius)는 70인경을 광범위하게 사용한 최초의 현대 학자였다. 그러나 사무엘서의 본문 비평을 위해 70인경을 새로운 차원으로 탁월하게 사용한 사람은 벨하우젠(Julius Wellhausen)과 드라이버(S. R. Driver)다. 그들에 의한 교정과 본문 표기법 중 많은 것은 키텔(Rudolf Kittel)에 의해 *BHK*에 인용되었다. 물론 *BHK*의 비평주(批評註, apparatus)는 신랄한 비판을 받아 왔다. 그 이유는 그것이 자주 무의미한 단락 구분 – 사소한 것으로 가정되는 이문들(異文, variants)의 단락들(paragraphs)과 더 중요한 단락들로 나눈다 – 을 하며, 또한 그것이 진정한 이문들을 어떠한 히브리어 사본이나 역본에도 근거가 없는 추측 본문들의 목록과 혼합시키기 때문이라는 것이다. 그렇지만 나의 판단으로는, 사무엘상에 대한 *BHK*의 비평주는 보다 최근에 드보어(P. A. H. de Boer)에 의해 만들어져 *BHS*에 수록된 비평주보다 훨씬 뛰어나다. 비록 드보어가 50년 이상을 사무엘서의 본문 연구에 기여해 왔다 할지라도, 그의 작품은 70인경의 가치를 충분히 고려하지 않고 있다. 즉, 그의 책은 70인경에 있는 중요한 이문들을 언급하지 않거나 쿰란의 증거들을 부정확하게 인용하는 사례가 빈번하다.

벨하우젠과 드라이버는 70인경이 히브리어 본문의 또 다른 형식을 반영하며, 그것이 종종 우월한 형식이라는 것을 인식했다. 그들의 통찰력은 사해 사본의 발견과 더불어 확증되고 분명해졌다. 크로스(F. M. Cross)는 쿰란의 세 개의 사무엘서 필사본들, 즉 4QSam[a](주전 50-25년), 4QSam[b](주전 3세기 중반), 4QSam[c](주전 1세기 초)에 의해 자극 받아 히브리어 성경에 대한 새로운 본문 발전 이론을 만들었다. 크로스가 인식한 바는, 쿰란의 파편적인 히브리어 필사본들은 70인경에 있는 이문들이 단순히 다른 대안적 번역들이 아니라 현재 마소라 본문(MT)에 보존되어 있는 것과는 다른 히브리어 본문에 기초해 있다는 것을 확증한다는 것이다. 또한 그는 랄프스(Rahlfs), 메쯔(Mez) 그리고 그 외의 다른 사람들의 연구에 의존하여 쿰란 독법들(readings) 중 일부는 루시안(Lucianic) 계열의 70인경 필사본들과 유대 역사학자 요세푸스의 저술 속에 있는 독법에 한층 더 밀접하게 상응한다는 것을 알게 되었다(루시안[Lucian]의 라틴식 읽기는 루키아누스다 – 역자주). 크로스는 자신이 지정학적 지역과 관련시킨 세 가지의 독특한 유형들을 구별해 냈다. 그의 지역 본문 이론(theory of local texts)은 다음과 같이 묘사될 수 있다:

사무엘서가 현재의 편집 형태에 도달한 이후 어느 시기에, 그것의 한 복사본이 팔레스타인에서 이집트로 흘러갔고, 거기서 그 본문은 추가적인 발전과 변화를 겪게 되었다. 이 본문은 주전 2세기에 그리스어(=헬라어)로 번역되었고, 현재 구 그리스어 판(the Old Greek)으로 불린다.

구 그리스어 판은 약 1세기 후에 당시 팔레스타인에서 통용되던 히브리어 본문과 일치되도록 개작되었다. 사무엘서와 열왕기서에 대한 팔레스타인 본문 형태는 역대기, 쿰란 필사본들 그리고 요세푸스에 있는 사무엘서와 열왕기서 인용문들에 의해 증거가 나타난다. 팔레스타인 히브리어 본문과 일치되도록 개작된 이 그리스어 본문은 원(原)-루시안 개정본(proto-Lucianic recension)으로 알려져 있다. 엄밀한 의미의 루시안 개정본(Lucianic Recension)은 약 주후 300년에 만들어졌고, 그것의 특징은 매우 빈번한 이문병합(異文倂合, conflation)의 발생과 수많은 어휘 의미론적 그리고 문법적인 변화들이다(이문병합이란 서로 상이한 본문들 몇 가지를 상호 비교하여 하나의 본문으로 합치시킨 사본상의 수정이다 – 역자주). 루시안은 이 개정 작업을 위해 주전 1세기에 만들어진 구 그리스어 판의 개정본을 사용했던 것으로 보인다. 이런 이유로 인해 후자의 본문 형태는 원(原)-루시안이라 불린다. 원-루시안과 루시안의 독법들은 일련의 필사본들(boc$_2$e$_2$)로부터 복구될 수 있는데, 케임브리지 70인경(Cambridge Septuagint)에 그 필사본들의 독법들이 나타난다.

마소라 본문은 제3의 본문 유형을 이룬다. 사실상, 구 그리스어 판과 원-루시안은 그것들이 마소라 본문과 닮은 것보다 상호간에 더욱 많이 닮았다. 크로스는 이 마소라 본문이 바벨론 기원을 갖는다는 이론을 폈다. 마소라 본문의 지리적 출처에 대한 이런 확인은 확실한 것과는 거리가 멀지만, 크로스와 그의 제자들의 연구는 흔히 사무엘서에 대한 세 가지 본문 형태의 재구성을 가능하게 만든다.

쿰란에서 나온 사무엘 필사본들이 아직 완전히 출판되지 않았지만, 최근의 두 권의 책은 연구자들로 하여금 이 증거를 실질적으로 이용할 수 있게 해준다. 울리히(Eugene C. Ulrich)는 쿰란의 사무엘 본문과 요세푸스(*The Qumran Text of Samuel and Josephus*)에서 4QSam^{a}를 마소라 본문, 70인경 그리고 요세푸스와 비교했다. 그의 저서는 상세하게 쿰란 본문, 70인경 그리고 70인경 루시안 개정본(LXX^L) 사이의 연결고리를 확증했고, 또한 요세푸스가 자주 추론적인 원-루시안 개정본과 매우 유사한 어떤 그리스어 본문에 바탕을 두고 있다는 것을 보여 주었다. 맥카터(P. Kyle

McCarter)는 크로스를 뛰어넘어 출판되지 않은 쿰란 필사본들까지 이용할 수 있었다. 그는 자신의 뛰어난 앵커 바이블 주석을 위해 이 새로운 필사본들과 모든 70인경 증거들에 대한 주의 깊은 재평가를 이용했다. 맥카터는 분명히 벨하우젠과 드라이버와 더불어 사무엘서 연구에서 70인경의 본문 비평적 사용에 대한 이해에 주요 공헌자로 길이 남을 것이다. 나는 이문들의 이해에서 맥카터와 많은 부분 다르지만, 내가 그에게서 배웠던 방대한 사실들을 기록하는 것은 절대적으로 필요하다. 만일 맥카터가 한 가지 약점을 가지고 있다면, 그것은 마소라 본문에 대한 논증이 동일한 가치를 지닐 때도, 혹은 70인경을 마소라 본문보다 더 선호할 근거가 없거나 그 반대일 경우에도 70인경이나 쿰란의 독법을 택하는 그의 경향이다. 그는 나처럼 절충적 본문 재구성 이론(an eclectic theory of textual reconstruction)을 신봉한다. 그러나 나의 견해로는 많은 의심스런 경우에 마소라 본문을 보존하는 것이 더 낫다. 엠마누엘 토브(Emanuel Tov)의 최근 저서, 『성경 연구에서 70인경의 본문 비평적 사용』(*The Text-Critical Use of the Septuagint in Biblical Research*)은 본문의 재구성에서 그리스어의 비평적 사용을 위한 확고한 표준을 확립했다.

맥카터는 고대 역본들에 대한 훌륭한 개요를 제공했다(pp. 9-11). 70인경 바티칸 사본(LXX^B)은 70인경 알렉산드리아 사본(LXX^A)과, 또한 헥사플라 개정본(Hexaplaric Recension)의 영향을 보여 주는 많은 관련된 필사본들과 더불어 구 그리스어 판에 대한 가장 뛰어난 증거다. 구 라틴어 판(the Old Latin)은 비록 파편만 남아 있다 할지라도 자주 구 그리스어 판이나 원(原)-루시안 독법을 보존한다. 다른 고대 역본들은 그 중요성이 떨어진다. 새 미국 성경(New American Bible)의 번역은 비록 울리히, 맥카터 그리고 현재의 이 주석의 기초하에 개정될 필요가 있다 할지라도, 70인경과 쿰란 필사본들을 사용하여 좋은 결과를 얻어냈다.

III. 문학적 출처

학자들은 사무엘, 갓 그리고 나단이 사무엘상의 저자가 아니라는 인식과 더불어, 또한 그 책에 보존된 전승도 묘사된 사건들과는 다소 거리가 멀다는 것을 알게 되었다. 그 결과로 나타난 문학적 문제들에 대해 세 가지의 주요 해결책이 제안되었다.

한 가지 접근법은 독자적인 자료들이나 가닥을 찾아내는 것이었다. 이 이론은 아이호른(Eichhorn)과 데니우스(Thenius)와 더불어 시작되었으나, 벨하우젠의 저서에서 그 전형적인 모습을 드러냈다. 그는 왕권의 역사에 대한 초기의 기사(9:1-10:16,

11장, 13-14장)와 후기의 기사(7-8장; 10:17-27, 12, 15)가 있다고 믿었다. 그의 판단에 의하면, 초기의 기사는 왕정에 호의적이었고 역사적 가치가 매우 높았으며, 후기의 기사는 역사적 가치가 떨어지고 왕정에 비판적이었다. 크뤼즈만(Frank Crüsemann)은 이러한 문학적 판단과 벨하우젠 자신의 정치적 확신 사이의 연관성을 보여 주었다(*Der Widerstand gegen das Königtum* WMANT 49. Neukirchen-Vluyn: Neukirchener Verlag[1978] 4-7). 부데(Karl Budde)는 그의 주석에서 이러한 자료들을 오경의 잘 알려진 자료층들(source strata)인 J, E와 동일시했다(pp. xii-xxi). 이것이 낳은 한 가지 결과는 반(反) 왕정적인 자료를 훨씬 더 초기의 것으로 돌리는 것이었다. 그러한 자료 비평적 접근은 아이스펠트(Otto Eissfeldt)에 의해서도 수행되었지만(*Introduction* 269-281) 결과적으로 무용지물이 되고 말았다. 그러나 할펀(Baruch Halpern)은 최근의 하버드 학위 논문에서 다소 시대착오적으로 사무엘상 8-31장에 있는 모든 구절들을 A 또는 B자료에 할당시켰다(*The Constitution of the Monarchy in Israel*, HSM 25. Chico, CA: Scholars Press, 1981, 171).

사무엘상의 문학적 문제에 대한 두 번째 접근법은 이 책과 그것의 하위 단위들이 개별적 이야기들의 전집물로 구성되었다는 개념에서 시작되었다. 로스트(Leonhard Rost)는 전승사적 탐구를 통해 사무엘상 4:1b-7:1에서 정경 이전의 법궤 서사(the Ark Narrative, 참조. 삼하 6장; 4:1b-22에 대한 참고문헌 목록을 보라)를, 그리고 사무엘상 16:14-사무엘하 5:10에서는 다윗의 등극 이야기(a Story of David's Rise)를 발견했다(삼상 16:14-삼하 5:10에 대한 참고문헌 목록을 보라). 바이저(Artur Weiser)는 왕정의 발흥에 대한 전승들이 독자적인 자료들로 취급되어서는 안 된다고 믿었다. 오히려 이 사건들에 대한 서로 상이한 전승들이 길갈, 미스바 그리고 라마와 같은 성소들에서 다양한 목적들을 위해 기억에 남아 보존되었다고 본다(7-15장에 대한 참고문헌 목록을 보라).

일반적으로 편집 비평은 전승사적 연구에 반대하기보다는 그것을 보충하는데, 그럼에도 불구하고 그것은 세 번째 접근법을 형성한다. 신명기 학파 역사(Deuteronomistic History)에 대한 개념이 이 토론에서 핵심적이다. 이 개념은 특별히 마틴 노트(Martin Noth)에 의해 형성되었다. 노트는 팔레스타인에 사는 포로기 시대의 어떤 작가 한 명이 신명기 신학의 토대 위에서 이스라엘의 역사를 수집하고 편찬했다고 믿었다. 이 역사는 확장된 신명기에 더하여 우리가 현재 여호수아, 사사기, 사무엘상/하 그리고 열왕기상/하라고 부르는 책들로 구성되었다. 노트는 이 역사가가 더 앞선 시기의 문헌들을 통합시켰다는 것을 인식했다. 그러나 그는 그 편집자가 자신의 신학적 견해를 표현하는 해설적 주석들과 연설들 혹은 기도들을 덧붙였다고 제안했다. 신명기 학파 역사(요약해서, Dtr)의 신학에 대한 토론에 관해서는 클라인(Klein)의 『포로기의 이스라엘』(*Israel in Exile*), 23-43를 보라.

많은 세부 사항에 대한 논쟁들에 덧붙여서, 노트의 가설에 대한 현재의 논의는 네 가지 질문에 초점을 맞춘다. 1) 노트는 Dtr을 우선적으로 예루살렘과 유다 멸망의 원인론(etiology)으로 이해했다. 최근의 많은 학자들은 미래에 대한 더욱 희망적인 평가를 찾아냈다(*Israel in Exile*, 38-43를 보라). 2) 팔레스타인 기원설은 여전히 주요 견해인 것으로 보인다. 비록 니콜슨(Ernest Nicholson, *Preaching to the Exiles. A Study of the Prose Tradition in the Book of Jeremiah.* New York: Schocken Books, 1970, 116-112)과 소긴(J. Alberto Soggin, *Introduction to the Old Testament.* Tr. J. Bowden. Philadelphia: Westminster, 1979, 116)이 설득력 있게 바벨론을 작성 장소로 주장했지만 말이다. 3) 한 명의 역사가에 대한 개념은 대체로 포기되었다. 많은 사람들이(Cross, Dietrich, Smend, Veijola) 명백한 편집이나 교정들 혹은 심지어 오랫동안 존재한 신명기 학파에 의해 수행된 편집 작업에 대해 말한다. 4) Dtr에 대한 가장 강력한 의견의 불일치 중 한 부분은 이러한 여러 편집들의 시기에 집중된다. 크로스(F. M. Cross)는 최초의 역사 편집(Dtr^1)이 요시야의 죽음 전에 그의 개혁을 위한 정치 선전 문서로서 작성되었다고 제안했다(참조. *CMHE*, 274-289, 그리고 앵커 바이블에서 McCarter). 그 연대는 621년과 609년 사이의 어느 시점일 것이다. 두 번째 편집(Dtr^2)은 포로기 중간(주전 550년경)에 완성되었다. 그것은 역사를 최신의 것으로 갱신했으며, 예루살렘의 몰락의 원인을 요시야가 개혁을 통해 보여 주었던 모든 업적들을 제거해 버린 므낫세의 악행 탓으로 돌렸다. 디트리히(Dietrich), 스멘트(Smend) 그리고 베이욜라(Veijola)가 연루된 다른 접근 방법 역시 여러 층의 편집을 찾아내지만, 그들 중 누구도 그것들의 연대를 587년의 예루살렘 멸망보다 앞에 두지는 않는다. 최초의 편집은 DtrG라 불린다(G는 *Geschichte* 혹은 *Geschichtswerk*를 나타낸다). 그것은 다른 신들을 예배하고 예루살렘 성전 외의 다른 성소들을 후원한 이유로 이스라엘을 비판하면서 예루살렘의 몰락에 대한 설명을 제공한다. 두 번째 편집으로는 DtrP가 있다(P는 prophetic, 곧 "예언적"을 나타낸다). 그것은 예언적 인물(=선지자)들에 대한 기사들을 추가시켜 예언과 성취라는 개념과 하나님 말씀의 신실성에 대한 개념을 돋보이게 했다. 베이욜라는 사무엘상 3:11-14, 15:1-35 그리고 28:17-19a*a*에서 DtrP를 찾아냈다. 세 번째 편집은 DtrN이다(N은 Nomistic, 곧 "율법적인"을 나타낸다). 그것은 율법(의 세부 조항)을 어긴 것에 대해 이스라엘을 나무라며 그들이 주변 나라들과 혼합된 것을 비판한다. 베이욜라는 7: 2a*b*; 3-4; 8:6-22a; 10:18a*bg*-19a; 12:1-25 그리고 13:13-14에서 DtrN을 발견한다.

나의 판단으로는, 디트리히, 스멘트 그리고 베이욜라의 괴팅겐(Göttingen) 학파가 포로기 이전의 Dtr 편집을 부정하는 점에서 십중팔구 옳다. 므낫세에 대한 매서운 비난은 요시야를 위해서 잘못된 정치 선전을 회복하려는 시도가 아니며, 또한 그것은 성격상 그 역사가가 여로보암을 북 왕국에서 징계 받는 자로 취급한 것과 다르지 않다. 나는 『포로기의 이스라엘』(*Israel in Exile*)에서 여로보암과 아합이 북 왕국에서 신학적 비난의 대상으로 선발되었던 것처럼, 남쪽에서는 르호보암과 므낫세가 그렇게 되었다고 주장했다(34-37쪽). 열왕기하 17장과 유사하게 남 왕국의 몰락에 대한 교훈의 부재는 열왕기하 25장의 구조 탓인지도 모른다. 이 장은 21절의 결말로 끝을 맺으면서 자체 내에서 절정에 이른다: "이와 같이 유다가 사로잡혀 본토에서 떠났더라"(참조. 왕하 17:23). 크로스는 유다의 몰락에 대한 그런 교훈의 부재에 착안하여 첫 번째 편집이 다른 신학적 관점을 가졌나고 주상했다. 괴팅겐 학파에 의해 파악된 삼중적 편집의 특징들은 훨씬 불확실하다. 이 주석에서 나는 이러한 확인들에 대한 이유들 중 많은 것을 언급하지만 보통은 DtrG, DtrP 혹은 DtrN으로 정확하게 할당하는 것에 대해 의문 사항으로 남겨 놓는다. 나의 견해로 볼 때, 각각의 편집의 경계선들보다 훨씬 더 중요한 것은 괴팅겐 학파가 사무엘상에 있는 광범한 분량의 신명기 학파에 의한 작업을 증명한 방식이다. 그것은 분명히 사사기나 열왕기만큼 풍부하지는 않지만, 노트가 제안했던 것보다는 훨씬 더 광범위하다. 신명기 학파에 의한 편집들의 연대와 포로기 이전의 편집의 존재에 대한 의견의 불일치는 계속될 듯하다. 그렇지만 그것이 이 주석에 끼치는 영향은 제한을 받는데, 그 이유는 내가 사무엘상의 의미를 최종적인 혹은 완성된 신명기 학파 역사의 일부분으로 이해하기로 작정했기 때문이다.

각 단원(pericope)의 편집과 문학적 역사에 관한 나의 견해는 "양식/구조/배경"이라는 제목이 붙여진 항목에서 자세히 설명될 것이다. 그럼에도 불구하고, 내가 이 책의 문학적 역사라고 간주한 것을 요약된 형식으로 말하는 것은 적절한 일이다.

사무엘상의 현재의 형태는 신명기 학파적(deuteronomistic)이다. 그리고 나는 이 책의 각 부분을 더 큰 전체의 파편들로 이해하려 한다. 그러나 분명히 그 역사가는 더 이른 시기의 문서들을 통합시켰는데, 때때로 그 문서들의 경계선과 정경 이전의 의도들이 설명될 것이다.

1) 실로에서의 사무엘: 1-3장. 이 단위는 사무엘의 경이로운 출생, 엘리의 두 아

들의 죄, 사무엘의 부름에 대한 기사로 구성된다. 한나의 노래는 아마도 한때 독자적으로 존재했을 것이다. 신명기 학파적 언급들은 2:27-36과 3:11-14에서 나타난다. 비-신명기 학파적 자료들의 본래 기능이 무엇이었든지 간에, 그것들은 지금 사무엘이란 인물을 위해 사용되었다. 그리고 왜 엘리의 아들들이 아닌 사무엘이 실로의 전통을 이어가는지를 보여 준다.

2) 법궤 서사(Ark Narrative): 사무엘상 4:1b-7:1. 사무엘하 6장이 이 기사 안에 포함되는지에 대해서는 찬성과 반대 입장 모두 결정적이지 못하다. 이 서사는 사무엘에 대해 혹은 엘리 가문의 죄악들에 대해 어떠한 언급도 하지 않지만, 그것이 전하는 블레셋의 승리와 법궤의 상실에 대한 이야기는 사무엘이 그 장면에 등장하는 원인이 된 위기 상황을 묘사해 준다. 5장에서 여호와께서 법궤를 통해 블레셋을 제압하신 것은(참조. 7장에 있는 사무엘의 중재에 의한 블레셋의 패배) 지상 왕의 필요성을 제거한다. 위 괄호에 있는 7장에 대한 언급은 사무엘상의 책 속에서 법궤 서사 주변에 하나의 새로운 문맥(context)이 구성되었다는 것을 보여 준다. 7장은 한편으로는 1-3장에 있는 사무엘에 대한 이야기들의 정점이다. 하나님께서는 그를 블레셋의 위협에 맞서도록 사용하신다. 나아가 바로 그 명성으로 인해 사무엘은 8-12장에서 왕권을 도입할 때 여호와께서 쓰시기에 적당한 인물이 된다.

3) 왕권의 발흥: 사무엘상 9:1-10:16; 10:17-27a; 10:27b-11:15. 이 기사들에서 사울은 기름부음을 받고, 제비뽑기로 선출되며, 암몬 족속에게 승리한 후 백성들의 환영을 받는다. 이 별개의 전승들은 완전하게 조화를 이룰 수는 없으며, 사무엘과 사울이 각기 다른 성소에서 각기 다른 백성들에 의해 기억되었던 방식을 제시하는지도 모른다. 초기 왕권에 대한 어떤 재구성이라도 그 전승들과 더 오래된 구성 요소들, 즉 신명기 학파적으로 형성된 7:2-15; 8:1-22과 12:1-25의 배후에서 발견될 수 있는 구성 요소들에 의존하고 있는 것이 분명하다. 사무엘상에서 7-12장은 왕권의 발생에 대한 요약된 반성을 제공하며, 우리는 12:1-25에 대한 해설(Explanation) 항목에서 Dtr의 논증의 구조를 묘사해 놓았다.

4) 사울의 전쟁들: 13-15장. 많은 가치 있는 역사 자료들이 이 장들에 포함되어 있다. 그러나 그것들이 사무엘상 내에서 하는 기능은 사무엘의 부재중에 수행된 사울의 희생제(13:7b-15a), 그의 어리석은 서원(14:23-46) 그리고 거룩한 전쟁 규정들의 위반(15장)으로 인한 그의 왕권 상실을 설명하는 것이다. 15장(그리고 16:1-13)의 정경 이전의 역사는 전혀 분명하지 않다. 그뢴백(Grønbaek)은 15:1-16:13을 HDR의 일부로 보고 있다(다음 단락을 보라). 그러나 HDR이 16:1-13에 기록된 다

윗의 기름부음에 대해 완전히 침묵하고 있는 반면, 15장에 있는 거절이 28:17-19의 HDR에서만 언급된다는 것은 이상하다. 베이욜라(Veijola)는 15장과 28:17-19 양자 모두를 DtrP에 할당시킨다. 내 견해로 그 증거는 15장보다 28:17-19에 대해 더욱 분명하다. 맥카터는 15:1-16:13을 신명기 학파 이전의 선지자적 편집에 할당시키는데, 그는 또한 사무엘상 전체를 통해서 그 편집을 간파해 낸다. 여기서 그는 바이저(Weiser)와 버취(Birch)가 제안한 생각에 의존하는데, 그들은 이러한 신명기 학파 이전의 예언 역사의 연대와 특징을 상당히 세밀하게 묘사했다. 맥카터는 친히 길고 쓰라렸던 왕정의 경험들을 묘사하면서 북쪽의 영향을 찾아낸다. 또한 그는 계속해서 예언 역사의 친 다윗적 편견에서 일종의 남 왕국 편향성을 발견한다. 그는 이 역사의 연대를 8세기 말로 잡는다. 나는 이 편집을 분리시킬 필요성에 대해 바이저, 버취 또는 맥카터에 동의하지 않는다. 그리고 나는 그 신명기 학파 역사의 최종적 형식을 설명하기로 했기 때문에, 그들의 제안의 타당성은 어쨌든 토론할 여지가 남아 있다. 15:1-16:13에 관한 한, 비록 이 단원에 보이는 사울에 대한 거부와 다윗의 선택에 대한 강조가 그 책이 오늘날 어떻게 읽히느냐에 확실히 영향을 준다 할지라도, 나는 그것이 HDR의 본래의 부분이 아니라는 점에 동의한다.

5) 다윗의 등극 역사(HDR): 사무엘상 16:14-사무엘하 5장(거기에 있는 방대한 참고문헌을 보라). 이 문서의 독립성은 로스트(Leonhard Rost)의 공로이지만, 그것은 최근 몇 년 동안 집중적인 검토 대상이 되어 왔다. 이 문서가 현재는 더 큰 전체에 통합되어 있기 때문에, 우리는 본래의 구성의 정확한 시작과 끝에 대해 결코 확신할 수 없다. 이러한 명료성의 부족에도 불구하고, 이 문서의 대체적인 의도는 분명하다. 그것은 왜 다윗이 사울의 합법적 계승자가 되었으며, 왜 사울과 그의 집안은 지속되지 못했는지를 보여 주었다. HDR은 여호와께서 다윗과 함께하시고 사울을 떠나셨다는 것을 확증해 주었으며, 그것은 사무엘(28:17-18), 요나단(23:17), 사울 자신(24:21), 아비가일(25:28, 30), 아브넬(삼하 3:9-10, 18) 그리고 이스라엘의 지파들(삼하 5:1-2)에 의한 친 다윗적 언명들을 보고한다. 대부분의 학자들은 HDR이 유다와 이스라엘 왕국을 지배한 다윗의 왕권에 대한 설명과 그것의 합법성을 제공했으며, 그것이 다윗 혹은 솔로몬 치하에서 예루살렘 궁정에서 발생했다고 믿는다. 맥카터("The Apology of David." *JBL* 99[1980] 489-504)는 HDR을 다윗의 통치기에, 그리고 그 왕조의 원칙이 세워지기 이전에 베냐민 족속에서 나온 비판에 대항하기 위해 쓰여진 하나의 "변증"(apology)으로 규정한다(참조. 삼하 16:5- 14; 20:1-22). 그린백은 HDR에서 유다와 이스라엘 양자 모두, 즉 이스라엘 전체를 지배한

다윗 왕권의 합법성을 발견한다. 그는 HDR이 두 왕국에 대한 다윗의 후손들의 권리를 단언한다는 것과 그것이 왕국의 분열 후에 쓰여졌다고 믿는다.

우리는 정확한 한계들이 결정될 수 없는 하나의 가설적 문서를 다루고 있기 때문에 그 문서의 목적이나 의도된 청중은 결코 모든 사람이 만족하게끔 결정될 수는 없을 것이다. 나는 HDR의 존재에 대한 일반적 합의에 동의한다. 하지만 나는 그것이 사무엘상이라는 신명기 학파의 책의 일부가 되도록 다시 재구성된 것으로 이해한다.

Ⅳ. 이 주석서의 구성

다음 페이지들에서 나는 사무엘서의 최종적인 신명기 학파적 형식을 설명하기 위해 역사 비평의 도구들과 기법들을 사용했다. 자주 현재의 각 장들의 구분과 동일시되는 각각의 단원을 위해 나는 참고문헌과 새로운 번역, 그리고 광범한 본문 비평적 각주들을 제공했다. 위에서 논의된, 결함을 지닌 마소라 본문의 특징으로 인해 "원문주해" 항목은 본문 비평적 문제들에 폭넓은 공간을 할애한다. 히브리어와 본문 비평에 조예가 깊지 않은 독자들은 "원문주해"를 지나칠 수도 있지만, 이 주석서의 나머지 부분은 완전히 이해할 수 있을 것이다.

"양식/구조/배경"에서 나는 특정 단원을 이 구절들에 제한시킨 이유를 설명하고 그 구절(passage)에 대해 문단(section)별 요약을 제공한다. 나는 또한 여기서 역사와 전승사의 문제를 논의한다. 그 구절의 개요나 구조에 대한 평가와 더불어 장르 분석이 이 항목에서 나타난다. 신명기 학파적, 그리고 다른 편집 비평적 설명들이 역시 여기서 소개된다.

"주석"에서 나는 문단별로 그 본문을 설명해 나간다. 각각의 새로운 문단은 왼쪽 가장자리에 있는 절 표시로 지시된다. 예를 들면 (1-5), (6-8) 등의 방식이다. 지명(地名)을 위해 나는 현대 아랍어 상응어와 팔레스타인-시리아 좌표(Palestine-Syrian grid of coordinates)에 따른 지도 참고(map reference, 요약해서 MR)를 제공했다. 이 지도 참고는 역시 아하로니(Aharoni)와 학생 지도 편람(*Student Map Manual*)에서도 인용된다.

"해설"에서 나는 이전의 토론들을 한데 모으고 해당 단원이 어떻게 사무엘상의 전반적 주장에 부합하는지를 설명하려고 노력했다. 여기서 사무엘상에 대한 나의 대부분의 신학적 해석이 발견될 것이다.

사무엘상에 대한 역사적 혹은 편집 비평적 독법은 내가 발견한 바 사무엘상이 본래의 청중에게 무엇을 의미했는지를 서술하는 최상의 방법이다. 사무엘상을 교회에서 가르치고 설교로 사용하려는 기독교 독자들은 여기 기술된 사무엘상의 메시지가 어떻게 신약의 중심적 구원 사건들에 의해, 그리고 지난 2,000년에 걸친 신학적 사색의 과정에 의해 변경되거나 인준(認准)되어 왔는지를 스스로에게 물어볼 필요가 있다. 자연스럽게, 각각의 해석자들에게 직면한 지역적 상황이 오늘날 이 메시지가 어떻게 적용되어야 하는지를 결정할 것이다.

최근의 수많은 연구들에서, 학자들은 사무엘상의 전부 혹은 일부를 문학적 관점에서(특별히 Gunn, Humphreys, Jobling을 보라) 설명해 왔다. 나는 이 학자들의 통전적(holistic) 접근 방식을 높이 평가해 왔으며, 본문의 역동성과 그것의 의미에 대한 그들의 이해로부터 많은 것을 얻었다. 그렇지만 각각의 해석자는 결국 그들이 가장 적합하다고 생각되는 방법, 혹은 문제의 본문의 이해에 가장 유용하다고 생각되는 방법을 선택해야만 한다. 나는 철학적이고 역사적인 접근 방식을 선택한 가운데 그 본문의 심미적 특징들을 음미하려고 했으며, 또한 그것을 전체적 관점으로 읽으려고 했다. 내가 믿기에 전체적 관점의 읽기는 사무엘상을 최초로 읽었거나 들었던 사람들이 또한 그것을 이해했던 방식이었을 것이다.

사무엘상 1장-31장

1. 사무엘의 탄생(1:1-28)

참고문헌

Aberbach, D. "מנה אחת אפים(1 Sam. 1:5): a new Interpretation." *VT* 24(1974) 350-53. **Ahlström, G. W.** "1 Samuel 1:15." *Bib* 60(1979) 254. **Albright, W. F.** "Samuel and the Beginnings of the Prophetic Movement." *Interpreting the Prophetic Tradition*. ed. H. M. Orlinsky. New York: KTAV, 1966 149-76. **Brown, R. E.** *The Birth of the Messiah*. Garden City, NY: Doubleday, 1979. **Cohen, M. A.** "The Role of the Shilonite Priesthood in the United Monarchy of Ancient Israel." *HUCA* 36(1965) 59-98. **Cross, F. M.** "A New Qumran Biblical Fragment Related to the Original Hebrew Underlying the Septuagint." *BASOR* 132(1953) 15-26. **Deist, F.** "*ʾAppayim*(1 Sam. 1:5) < **Pym?*" *VT* 27(1977) 205-9. **Dus, J.** "Die Geburtslegende Samuels. 1 Sam. 1(Eine traditions-geschichtliche Untersuchung zu 1 Sam. 1-3)." **Haran, M.** "Zeḇaḥ hayammîm." *VT* 19(1969) 11-22. **Hayes, J. H.** *Understanding the Psalms*. Valley Forge: Judson Press, 1976. **Lipínski, E.** "Peninna, Iti'el et L'Athlète." *VT* 17(1967) 68-75. **Loewenstamm, S. E.** "Zur Traditionsgeschichte des Bundes zwischen den Stücken." *VT* 18(1968) 500-506. **Péter-Contesse, R.** "La structure de 1 Sam 1-3." *BT* 27(1976) 312-14. **Speiser, E. A.** "The Nuzi Tablets Solve a Puzzle in the Books of Samuel." *BASOR* 72(1938) 15-17. **Willis, J. T.** "An Anti-Elide Narrative Tradition from a Prophetic Circle at the Ramah Sanctuary(1 Sam. 1-7)." *JBL* 90(1971) 288-308. ______. "Cultic Elements in the Story of Samuel's Birth and Dedication." *ST* 26(1972) 33-61. **Zakovitch, Yair.** "A Study of Precise and Partial Derivations in Biblical Etymology." *JSOT* 15(1980) 31-50.

본 문

1 에브라임 산지 라마다임소빔에 에브라임 사람 엘가나라 하는 자가 있으니 그는 여로함의 아들이요 엘리후의 손자요 도후의 증손이요 숩의 현손이더라

1 There was a certain man from Ramathaim, a Zuphite,[a] from the hill country of Ephraim, whose name was Elkanah, the son of Jeroham, the son of Elihu, the son of Toah,[b] the son of Zuph, an Ephraimite.

2 그에게 두 아내가 있으니 하나의 이름은 한나요 하나의 이름은 브닌나라 브닌나는 자식이 있

2 He had two wives: the name of the first was Hannah while the name of the second was Peninnah

고 한나는 무자하더라

3 이 사람이 매년에 자기 성읍에서 나와서 실로에 올라가서 만군의 여호와께 경배하며 제사를 드렸는데 엘리의 두 아들 홉니와 비느하스가 여호와의 제사장으로 거기 있었더라

4 엘가나가 제사를 드리는 날에는 제물의 분깃을 그 아내 브닌나와 그 모든 자녀에게 주고

5 한나에게는 갑절을 주니 이는 그를 사랑함이라 그러나 여호와께서 그로 성태치 못하게 하시니

6 여호와께서 그로 성태치 못하게 하시므로 그 대적 브닌나가 그를 심히 격동하여 번민케 하더라

7 매년에 한나가 여호와의 집에 올라갈 때마다 남편이 그같이 하매 브닌나가 그를 격동시키므로 그가 울고 먹지 아니하니

8 그 남편 엘가나가 그에게 이르되 한나여 어찌하여 울며 어찌하여 먹지 아니하며 어찌하여 그대의 마음이 슬프뇨 내가 그대에게 열 아들보다 낫지 아니하뇨

9 그들이 실로에서 먹고 마신 후에 한나가 일어나니 때에 제사장 엘리는 여호와의 전 문설주 곁 그 의자에 앉았더라

10 한나가 마음이 괴로와서 여호와께 기도하고 통곡하며

11 서원하여 가로되 만군의 여호와여 만일 주의 여종의 고통을 돌아보시고 나를 생각하시고 주의 여종을 잊지 아니하사 아들을 주시면 내가 그의 평생에 그를 여호와께 드리고 삭도를 그 머리에 대지 아니하겠나이다

12 그가 여호와 앞에 오래 기도하는 동안에 엘리가 그의 입을 주목한즉

13 한나가 속으로 말하매 입술만 동하고 음성은 들리지 아니하므로 엘리는 그가 취한 줄로 생각한지라

14 엘리가 그에게 이르되 네가 언제까지 취하여

Peninnah had children but Hannah did not.

3 That man would go every year from his city to worship and to sacrifice to Yahweh of Hosts at Shiloh where[a] the two sons of Eli,[a] Hophni and Phinehas, were priests for Yahweh.

4 One day Elkanah sacrificed – (it was his custom to give to Peninnah his wife and to all her sons [a]and daughters[a] portions.

5 Also to Hannah he would give one portion; [a]still it was[a] Hannah he loved though Yahweh had closed her womb.

6 Her rival wife used to provoke her fiercely [a]in order to irritate her[a] since Yahweh had closed her womb.

7 So she[a] would do every year when she went up to the house of Yahweh; so she would provoke her) – and she(Hannah) cried and could not eat.

8 Her husband Elkanah asked her, "Hannah, why do you cry, and why do you not eat, and why are you depressed? Am I not better for you than ten sons?"

9 Hannah arose after eating the boiled meat[a] and [b]presented herself before Yahweh.[b] Just then Eli the priest was sitting on his chair by the doorpost of the temple of Yahweh.

10 She was quite distressed and pleaded with Yahweh, crying profusely.

11 She made a vow, saying, "Yahweh of Hosts, if you indeed consider the affliction of your handmaid, if you remember me and do not forget your handmaid, and give to your handmaid a male descendant, I will give him [a]to Yahweh[a] all the days of his life. [b]He will not drink wine or beer,[b] and no razor will pass over his head.

12 While she multiplied her prayers before Yahweh, Eli was watching her mouth.

13 She[a] was speaking to herself; only her lips were moving but her voice was not audible. Eli thought she was drunk.

14 He said to her, "How long will you act like a

있겠느냐 포도주를 끊으라
15 한나가 대답하여 가로되 나의 주여 그렇지 아니하니이다 나는 마음이 슬픈 여자라 포도주나 독주를 마신 것이 아니요 여호와 앞에 나의 심정을 통한 것뿐이오니
16 당신의 여종을 악한 여자로 여기지 마옵소서 내가 지금까지 말한 것은 나의 원통함과 격동됨이 많음을 인함이니이다
17 엘리가 대답하여 가로되 평안히 가라 이스라엘의 하나님이 너의 기도하여 구한 것을 허락하시기를 원하노라
18 가로되 당신의 여종이 당신께 은혜 입기를 원하나이다 하고 가서 먹고 얼굴에 다시는 수색이 없으니라

19 그들이 아침에 일찍이 일어나 여호와 앞에 경배하고 돌아가서 라마의 사기 집에 이르니라 엘가나가 그 아내 한나와 동침하매 여호와께서 그를 생각하신지라

20 한나가 잉태하고 때가 이르매 아들을 낳아 사무엘이라 이름하였으니 이는 내가 여호와께 그를 구하였다 함이더라
21 그 사람 엘가나와 그 온 집이 여호와께 매년제와 그 서원제를 드리러 올라갈 때에

22 오직 한나는 올라가지 아니하고 그 남편에게 이르되 아이를 젖 떼거든 내가 그를 데리고 가서 여호와 앞에 뵈게 하고 거기 영영히 있게 하리이다
23 그 남편 엘가나가 그에게 이르되 그대의 소견에 선한 대로 하여 그를 젖 떼기까지 기다리라 오직 여호와께서 그 말씀대로 이루시기를 원하노라 이에 그 여자가 그 아들을 양육하며 그 젖 떼기까지 기다리다가
24 젖을 뗀 후에 그를 데리고 올라갈새 수소 셋과 가루 한 에바와 포도주 한 가죽부대를 가지고 실로 여호와의 집에 나아갔는데 아이가 어리더라

25 그들이 수소를 잡고 아이를 데리고 엘리에게

drunk? Put away your wine [a]from yourself.[a]"
15 Hannah answered, "No, my lord, I am a persistent woman, but I have not drunk wine or beer. I have poured out my feelings before Yahweh.

16 Don't treat your handmaid as[a] a good-for-nothing woman for I have spoken[b] up to now from the abundance of my concern and provocation."
17 Eli replied, "Go in peace, and may the God of Israel grant your request which you have made of him."
18 She said, "May your maid find favor in your eyes." The woman then went on her way [a]and came to the cultic room[a] and ate,[b] and she no longer appeared depressed.
19 They got up in the morning, worshiped before Yahweh, and returned to their home at Ramah. Elkanah had sexual relations with Hannah his wife. Yahweh remembered her,[a] and Hannah became pregnant.
20 At the turn of the year[a] she bore a son and called his name Samuel, saying, "I have requested him from Yahweh."
21 That man Elkanah went up with all his household to perform the annual sacrifice for Yahweh.[a]
22 Hannah did not go up, for she said to her husband, [a]"Not until the boy is weaned. Then I will bring him[a] and he will appear before Yahweh and he will live there forever."[b]
23 Elkanah, her husband, said to her, "Do whatever seems good to you. Stay home until you have weaned him. May Yahweh bring to pass [a]what you have said."[a] So the woman stayed home and nursed her son until she had weaned him.
24 [a]Then she brought him up,[a] [b]together with a three-year-old bull,[b] an[c] ephah of flour, and a skin of wine. [d]She came to the house of Yahweh at Shiloh and the boy was with her.
25 She slaughtered the bull and brought the boy to

가서
26 한나가 가로되 나의 주여 당신의 사심으로 맹세하나이다 나는 여기서 나의 주 당신 곁에 서서 여호와께 기도하던 여자라
27 이 아이를 위하여 내가 기도하였더니 여호와께서 나의 구하여 기도한 바를 허락하신지라
28 그러므로 나도 그를 여호와께 드리되 그의 평생을 여호와께 드리나이다 하고 그 아이는 거기서 여호와께 경배하니라

Eli.[d]
26 She said, "O my lord, just as sure as you live,[a] I am the woman who stood near you here to pray to Yahweh.
27 It was for this boy I prayed, and Yahweh has granted to me my request which I made of him.
28 I have also dedicated him to Yahweh. For all the days which he lives[a] he is dedicated to Yahweh." [b]So she left him there for Yahweh.[b]

원문주해

1.a. 70인경(LXX); 마소라 본문(MT)에 있는 독법인 쪼피스(צופים)는 다음 단어에 있는 첫 자음 멤(ם)의 중복오사(dittography)로 인한 것이다(중복오사란 필사자가 특정한 단어나 자음을 실수로 두 번 쓰는 것을 말한다—역자주).

1.b. 참조. 70인경(LXX), 70인경 루시안 개정본(LXX[L])과 대상 6:19(영역본. 34); 마소라 본문(MT): 토후(תֹּחוּ).

3.a.-a. 70인경(LXX)은 "엘리와 그의 두 아들"로 읽는다. 이것은 9절에서의 엘리의 등장을 준비한다.

4.a.-b. 70인경(LXX)에는 없다. 마소라 본문(MT)이 확장된 것인가(McCarter)? 아니면 70인경(LXX)에 있는 더 짧은 본문이 딸들이 제의에 참여하지 않으리라는/혹은 참여하지 말아야 한다는 생각을 품은 어떤 사람에 의한 수정을 나타내 주는가?

5.a.-a. 마소라 본문(MT)의 아파임(אפים) 대신 70인경(LXX)을 따라 아파스(אפס)로 읽는다. 헤르츠베르크(Hertzberg): "얼굴의 (분깃)"="영예의 (분깃)." 아베르바하(Aberbach, *VT* 24[1974] 350-53): "(한 분깃) 한 핌(pim)의 가치"; 다이스트(Deist, *VT* 27[1977] 205-9)는 아부사(אבסה)로 읽는다: "기름진 한 분깃"; 맥카터(추론): "그들과 동일한 (한 분깃)."

6.a.-a. 맥카터: "그래서 그녀는 크게 소리내어 불평하곤 했다." 그러나 이것은 그 기사에 있는 한나의 경건함과 어울리지 않는 것으로 보이며, 또한 그가 제안한 "천둥을 일으키다"와 "불평하다" 사이의 연관성도 있을 것 같지 않다. 우리의 해석을 위해 드라이버를 보라. 그는 아랍어 어원을 제공한다.

7.a. 마소라 본문(MT): "그"(= 엘가나). 이 혼동은 그 문맥 속의 많은 대명사들과 4b-7a.의 긴 삽입구 때문에 발생했다. 다양한 다른 해결책들이 여러 번역본들과 주석가들에 의해 제안된다. 과거의 반복되는 행동에 대한 미완료형의 용법에 대해서는 *GKC* 107e를 보라.

9.a. 벨하우젠, 스미스(Smith)를 따라 하브쉘라(הבשלה, "그 삶은 것"). 마소라 본문(MT): "실로에서." 맥카터는 바쉘리(בשלי, "조용히, 개인적으로")로 읽지만, 이 문장 속의 그 단어의 위치는 그러한 수정을 부적절하게 만든다.

9.b.-b. 70인경(LXX)이 그렇다; 마소라 본문(MT): "그리고 마신 후에." 이것은 15절에 의해 반론되는 독법이다. 마소라 본문(MT)은 예배의 역할에서 여자들이 여호와 앞에 나타나지 못하게 하는 경향을 보여 주는가? 참조. 4.a.

11.a.-a. 4Q(재구성된 것으로서), 70인경(LXX): "당신 앞에 한 나실인으로서." 이러한 독법은 정확한 – 그러나 이차적인 – 해석이다.

11.b.-b. 4Q(재구성된 것으로서), 70인경(LXX); 마소라 본문(MT)에는 없다. 마소라 본문(MT)이 결함이 있게 된 이유는 설명하기 어렵다. 더 긴 본문은 사무엘의 나실인 신분을 뚜렷하게 밝히기 위한 시도에서 기인한 것인가?

13.a. 4Q, 70인경(LXX); 마소라 본문(MT)은 "한나"를 추가한다.

14.a.-a. 70인경(LXX): "그리고 여호와 앞에서 떠나다"; 마소라 본문(MT)은 보다 어려운 독법이며 선호할 만하다.

16.a. 마소라 본문(MT)에 있는 전치사 리프네이(לפני)는 부적절한 것으로 보이지만 그 의미는 분명하다. 그것이 명확한 병행이 없는 전치사의 용법인지, 아니면 우리가 그 전치사를 수정해야 하는 것인지(Smith, McCarter)는 불확실하다.

16.b. 70인경(LXX): "나는 시간을 끌어 왔다(delayed)."

18.a.-a. 70인경(LXX); 마소라 본문(MT)은 중자탈락(haplography)의 발생으로 인해 이 표현이 없다(중자탈락이란 필사자가 반복된 비슷한 단어나 문자로 인해 하나를 빠뜨리는 사본상의 오류다 – 역자주). 이것은 유사시작(homoioarchton) 때문에 발생한 것이다(유사종결과는 반대로 사본상의 어떤 줄의 제일 앞부분이 다음 줄과 흡사해서 필사자가 착각을 일으킴으로써 실수로 본문상에서 그 줄이나 여러 단어들이 누락된 현상이다 – 역자주).

18.b. 70인경(LXX)은 추가한다: "그녀의 남편과 더불어 그리고 술에 취했다"(with her husband and drank). 9절에서 마소라 본문(MT)은 한나의 술취함에 대한 언급을 추가한다. 참조. 9.b.

19.a-20.a. 단어의 순서는 70인경(LXX)의 것이다; 마소라 본문(MT)은 사무엘의 잉태를 해가 바뀌는 시점에 발생하게 한다.

21.a. 마소라 본문(MT)은 "그리고 그의 서약"을 추가한다; 70인경(LXX)은 "그리고 그의 서원들과 그의 땅의 모든 십일조들"을 추가한다; 70인경 루시안 개정본(LXX^L)은 "그의 모든 서원들과 그의 땅의 십일조들을 드리기 위해"이다. 이전에 언급된 유일한 서원은 한나의 것이었다. 70인경(LXX)과 70인경 루시안 개정본은 마소라 본문(MT)에 보존된 독법의 수정, 즉 하나의 부연설명(gloss)인가?

22.a.-a. 70인경(LXX): "내가 그를 젖뗀 뒤, 그 소년이 올라가기 전까지는"(Not until the boy goes up when I have weaned him). 맥카터는 이것을 택했다.

22.b. 4Q(참조. 요세푸스, *Ant.* 5.347)는 추가한다: "그리고 내가 그를 영원히, 전 생애를 나실인으로 드릴 것이다." 맥카터는 이 문장을 본래의 것으로 여기며 마소라 본문(MT)과 70인경(LXX)에 그것이 없는 이유를 유사종결(영원히-영원히) 탓으로 돌린다. 그러나 이것은 단지 그 자신이 사전에 쿰란 본문으로부터 "그의 전 생애"를 제거한 사실에 근거할 때만 유효하다. 11절에서 보는 것처럼("원문주해" a), 쿰란 본문은 한나의 서원의 내용을 명확하게 만든다.

23.a.-a. 문자적으로는 "너의 입에서 나온 것." 참조. 4Q와 70인경(LXX). 마소라 본문(MT): "여호와는 자신의 말을 이루소서." 그렇지만 이 문맥에서 엘가나는 자신의 아들을 드리겠다는 한나의 서약을 여호와께서 이루어 주시길 원한다.

24.a.-a. 마소라 본문(MT)과 4Q(참조. LXX)는 다른 방식으로 대명사 목적어를 지시한다: 봐타알 오토(ותעל אותו)와 대비되는 봐타알레후(ותעלהו). 이어서 마소라 본문(MT)은 "그녀가 그를 젖뗐을 때 자신과 더불어"를 추가하고, 반면에 4Q(참조. LXX)는 "[그녀의 남편이 실로에서 제사를 드리러 갔을] 때 실로로"를 추가한다. 크로스를 따른 재구성(*BASOR* 132[1953] 15-26). 어떤 추가든지 그것이 없다면, 동사와 뒤이은 전치사구 사이의 구문론적 관계는 한결 나아진다. 그 추가들은 24.d.-25.d.에 나타난 이문병합들(conflations)과 관련되는지 모른다.

24.b.-b. 70인경(LXX), 시리아역(Syr)이 그렇다; 참조. 4Q. 마소라 본문(MT): "수소 세 마리를 가지고." 70인경(LXX)과 4Q는 "그리고 떡을 가지고"를 추가한다.

24.c. 마소라 본문(MT): "한"(one); 참조. 그 앞의 손상된 독법 "셋."

24.d.-25.d. 이 문단의 어떤 재구성이라도 임시적인 것임이 분명하다. 70인경(LXX)의 긴 본문은 파편화된 4Q와 잘 들어맞는 한 히브리어 본문을 보여 주는 것처럼 보인다. 마소라 본문(MT)은 24절 끝에서 잘 이해가 되지 않는다. 맥카터는 마소라 본문(MT)이 70인경(LXX)과 같은 긴 본문을 전제한다고 주장하는데, 이 점에서 옳을지도 모른다. 비록 그가 마소라 본문(MT)에 있는 손실을 유사종결(homoioteleuton) 탓으로 돌린 것은 사실 정확하지 않지만 말이다. 마소라 본문(MT), 70인경(LXX) 그리고 4Q의 이문병합 본문들에 대해서는 맥카터를 보라. 나의 판단으로는 그 이문병합들은 한나 혹은 엘가나가, 혹은 둘 다가 다양한 행위들을 수행했는지에 대한 혼동 때문에 발생했다. 1장 전체를 통해 나의 번역은 한나를 그 행위의 주체로 만든다.

26.a. 마소라 본문(MT)은 "나의 주님"을 반복한다.

28.a. 마소라 본문(MT)에 있는 하야(היה) 대신에 70인경(LXX)을 따라 하이(חי)로 읽는다.

28.b.-b. 모든 증거로 볼 때 본문상의 혼동은 한나의 노래가 본문 비평적 관점에서 이

차적이라는 것을 암시하는지 모른다. 4Q와 70인경(LXX)은 b-b 구를 입증해 주지만, 그것은 두 개의 본문 전승 속에서 그 노래 앞뒤에 각각 나타난다. 마소라 본문(MT)의 독법에서 "그리고 그가 거기서 여호와를 섬겼다"(1:28), "그러나 한나는 기도하여 말했다"(2:1)가 그 노래를 도입하기 위해 추가되었다. 마소라 본문(MT)에 있는 이 부연설명이 더 본래적인 독법 b.-b.를 대체했다.

양식/구조/배경

이 책은 사무엘의 출생으로 시작된다. 책의 마지막 즈음에서 사무엘은 사망하고, 마찬가지로 그가 기름부었던 최초의 왕 사울이 죽는다. 사무엘상 1장의 탄생 서사(narrative)는 사실상 2:11, 18-21, 26으로 계속되는데, 그것들은 실로에서의 사무엘의 성공을 보고한다. 그러나 2장의 시작에 한나의 노래를 (이차적으로) 배치하여 최초의 단원을 1장에 제한시키는 것을 적절하게 만든다.

요약. 에브라임 사람 엘가나는 누 아내인 한나와 브닌나를 데리고 있었는데, 후자만이 자녀를 갖고 있었다. 매년의 순례를 통해 엘가나는 홉니와 비느하스가 제사장으로 있었던 실로에 올라갔다(1-3절). 비록 엘가나가 임신을 못하는 한나를 동정하고 사랑했을지라도, 두 아내 사이에는 자녀를 낳는 능력을 둘러싼 극심한 경쟁심이 있었다(4-8절). 한나는 비탄 가운데 여호와께 아들을 구하는 기도를 드렸으며 그를 여호와께 바치겠다고 약속했다(9-11절). 엘리는 처음에 한나의 기도를 술 취한 행동으로 오해했으나 그녀의 간구를 축복했다. 이것은 한나의 기분을 전환시켜 주었다(12-18절). 그 후 곧바로 한나는 여호와의 은총으로 임신하게 되어 사무엘을 낳았다(19-20절). 사무엘을 젖뗀 후에, 그녀는 적절한 제물들을 가지고 그를 실로로 데리고 갔다. 그녀의 간구를 승인했던 분은 여호와이셨기 때문에, 그녀는 자신의 어린 아들을 주님께 바쳐 그를 실로에 남겨두었다(21-28절).

불임 아내가 여호와로부터 한 아이를 받아 그 아이가 중요한 역할을 하게 된다는 주제(motif)는 구약에서 매우 빈번하다. 생각나는 것으로, 이삭의 탄생 전까지 사라의 불임, 요셉과 베냐민의 탄생 전까지 라헬의 불임, 삼손의 출생 전까지 마노아의 아내의 불임을 들 수 있다. 신약에서 그 이야기는 세례 요한의 어머니 엘리사벳과 함께 재현된다. 이러한 감동적인 이야기들의 효과는 태어난 아들의 중요성을 강조하고 그가 하나님의 선물이라는 사실을 지시하는 것이다. 그와 관련된 기능을 가진 이야기들은 삼손, 예레미야, 제2이사야에 있는 여호와의 종 그리고 사도 바울의 출생 전의 부름 혹은 임명이다. 불임 여성들에 대한 이야기에 애절함을 주는 것은 빈번한 경쟁자 아내의 등장인데, 그 여자는 자녀들을 잉태하고 자신의 다산 능력을 통해 그 불임 여성을 초조하게 만든다. 하갈과 사라, 레아와 라헬 그리고 여기의 브닌나와 한나에 대해 생각해 보라.

브라운(Brown, *The Birth of the Messiah*, 156)은 다른 성경적인 수태 예고들의 다섯 가지 전형적인 단계를 찾아낸다(이스마엘, 이삭, 삼손, 세례 요한 그리고 예수): 1. 주님 혹은 주의 천사의 출현, 2. 초자연적 임재에 직면한 사람의 두려움, 3. 신적 메시지, 4. 이의 제기 혹은 징표의 요구, 5. 재확신으로 부여되는 징표.

한나의 기도는 시편에 있는 개인적 비탄시들(the Personal Psalms of Distress)과 유사하다. 헤이즈(Hayes, 57-84)는 그런 애가들 속에 있는 다음의 요소를 주목한다: 1. 하나님께 아룀, 2. 비탄에 대한 묘사, 3. 회복을 위한 호소, 4. 확신의 언명, 5. 죄 고백이나 무고함의 고백, 6. 서약과 맹세, 7. 결론. 한나의 비탄은 그녀가 자녀를 갖지 못한 데서 유래한다. 그리고 이 상황에서 그녀의 호소는 열정적인 서원이 수반된다(11절). 헤이즈는 17절에 있는 엘리의 응답을 제사장이 재확신의 약속으로 청원자에게 전달하는 구원의 신탁의 한 가지 예로 인용한다(참조. 역시 호 14:4-7). 그런 신탁들이 어떤 시들에서는 슬픔에서 환희로의 분위기 전환의 원인이 된다는 것이 제안되어 왔다. 예를 들어 시편 6편은 그런 현저한 전환을 보여 주는데, 그 시는 예배자가 애통의 예배 도중에(during the service of lament) 그의 간구에 대한 호의적 응답을 받았을지도 모른다는 것을 암시한다. 구원의 신탁들은 제2이사야에서 독립적인 장르로 나타난다(참조. Klein, *Israel in Exile*, 108-111).

처음 7개의 장들의 문학적 역사가 무엇이든지 간에 현재의 배열에서 그것들은 구조를 이루며 중요한 점진적 진행을 보여 주는데, 그 구조는 어떤 해석에서든지 고려될 필요가 있다(Willis, *JBL* 90[1971] 288-308를 보라). 1:1-4:1a에서 사무엘은 평화로운 시기에 무대에 등장한다. 그러나 그는 다가올 위기를 준비하고 있는 사람이다. 그 위기는 4:1b-7:1에서 묘사되는데, 블레셋의 명백한 군사적 우세에 의한 위협이 그것이다. 7:2-17에서 사무엘은 이스라엘을 이끌고 위기를 돌파하여 위대한 승리로 이끈다. 1:1-4:1a의 한 가지 기능은 엘리의 집의 아들들과 그들의 임박한 징벌을 묘사하고 법궤를 등장시키는 것이다. 뒤따르는 문단인 4:1b-7:1에서 엘리의 집은 징벌을 받고 법궤는 빼앗긴다. 도입 문단인 1:1-4:1a는 사무엘과 그의 명성을 위한 배경을 제공한다. 7:2-17에서 이스라엘을 회개로 이끌고 그들에게 구원을 가져다 준 사람은 이와 동일하게 바로 사무엘이다.

구조와 관련된 또 다른 사항이 엘리의 어두운 시력에 대한 언급들에 의해 제공된다. 1:12-13에서 그는 한나가 기도하는 것을 목격하지만 그녀를 술 취한 사람으로 여긴다. 2:22-24에서 그는 그의 아들들의 악행을 보지 못한다. 그의 어두운 시력은 또한 3:2과 4:15에서 언급된다.

1장은 현재 신명기 학파 역사(Dtr)의 일부이면서도, 이 장에서는 그 역사가의 손길에 대한 어떤 분명한 증거도 나타나지 않는다. 본문 비평은 한나의 노래가 후대의 추가라는 것을 시사하고, "그(혹은 4Q에서처럼 그녀)가 거기서 여호와를 섬겼다"(MT의 1:28에서), "그리고 한나가 기도했다"(MT의 2:1에서)는 표현들은 그 노래에 대한 적당한 도입을 제공하려는 편집자의 시도인 것으로 보인다.

주석

1-3 라마다임은 사무엘상에서 단지 여기에서만 언급된다. 아마 다른 곳에서는, 이미 19절을 시작으로 엘가나의 고향이 라마로 불린다. 유세비우스(Eusebius)와 제롬(Jerome)에 근거하여, 학자들은 라마다임을 텔아비브(Tel Aviv) 동쪽 약 16마일 지점의 렌티스(*Rentis*)와 동일시한다(Stoebe, McCarter; MR 152159). 이러한 에브라임 지역 배경은 역시 19절에서도 의도된다. 비록 이어지는 장들에서는(예를 들어, 삼상 7:17) 라마가 아마도 예루살렘 북쪽 약 5마일 지점에 위치한 베냐민 성읍 에르람(er-Ram; MR 172140)이라 할지라도 말이다. 라마다임은 신약의 아리마데(Arimathea)와 동일한 곳이다(마 27:57). 전승의 대부분이 사무엘을 베냐민의 라마(즉, er-Ram)와 관련시키는 반면에, 이 책의 첫 구절은－그리고 아마도 19절과 2:11－별도의 에브라임 전승을 제시한다. 9:5-6에 따르면, 사무엘의 집은 마찬가지로 에브라임 지역인 숩 땅에 있었다. 드라이버는 엘가나의 조상인 숩의 가족이 그 곳에 정착했었기 때문에 숩 땅이라고 불려졌거나, 아니면 지명으로서 숩 땅이 1:1의 족보에서 인명이 되었다고 제안한다.

엘가나는 단지 1-2장과 역대상 6:12, 19(영역본. 27, 34)의 족보 자료에서만 언급될 뿐이다. 그의 아버지의 이름 여로함은 LXX에서 다른 철자법으로 나타난다(여라밀-Jerahmeel). 엘가나의 조부의 이름 엘리후는 역대상 6:19(영역본. 34)에서 엘리엘로, 역대상 6:12(영역본 27)에서는 엘리압으로 표기된다. 도후의 다른 철자에 대해서는 본문의 "원문주해"를 보라. 이러한 사소한 철자의 변형보다 더 중요한 것은 사무엘의 조상 숩이 사무엘상 1:1에서 에브라임 사람으로 확인된다는 사실이다(삿 12:5과 왕상 11:26에서 역시 에프라티－אפרתי, "에브라임 사람"). 그렇지만 역대상에서 사무엘은 레위인으로 분류된다. 다음 목록들은 여러 족보 자료에 있는 차이점들을 보여 준다.

역대상 6:1-13 (영역본. 16-28)	역대상 6:18-23 (영역본. 33-38)	사무엘상 1:1, 8:2
	이스라엘	이스라엘/야곱
레위	레위	요셉
		에브라임
생략된 이름들	생략된 이름들	생략된 이름들
소배	숩	숩
나핫	도후	도후
엘리압	엘리엘	엘리후
여로함	여로함	여로함
엘가나	엘가나	엘가나
사무엘	사무엘	사무엘
요엘, 아비야	요엘	요엘, 아비야

레위와 에브라임 계보 사이의 차이점은 조화를 시키는 방식으로 설명되어 왔다: 사무엘은 에브라임 지파 출신임에도 불구하고 나실인으로서 성막에 소속되었으며 "사실상 자동적으로 레위적 전승에 의해 레위 지파에 속한 가계로 입회되었다" (Albright, *Prophetic Tradition* 161). 다른 사람들은 역대기 저자의 정보가 에브라임 사람 사무엘을 레위 계보에 연결시키려는 비역사적 시도라고 이해하는데, 그런 시도가 역대기 저자의 시대에는 필수적이고 지당하게 생각되었을 것으로 본다. 실로의 제사장 엘리는 아마도 사무엘상에서 레위인으로 확인될 수 있다(참조. 2:27-28; 요세푸스에서는 그의 계보에 아론의 아들 이다말이 등장하지만[*Ant.* 5.361], 제2에스드라서 1:2-3에서는 아론의 아들 엘르아살이 등장한다).

구약에서는 비록 일부일처제가 두드러지지만, 남자들이 둘 혹은 그 이상의 아내들을 거느렸다는 빈번한 증거들이 있다. 다윗과 솔로몬 같은 왕들의 경우, 그 관행은 부분적으로 정치적 요인들에 의해 설명될 수 있다. 다른 사람들의 경우, 두 번째 부인을 얻는 것은 첫 번째 부인의 불임에서 기인했을 것이다(신 21:15-17은 두 사람 모두 자녀를 낳았을 때의 상속 관행들을 법제화한다). 한나가 엘가나의 첫 번째 아내로 지칭되기 때문에, 그가 단지 상속자를 얻으려는 시도에서 브닌나와 결혼했다고 제안하는 것은 그럴듯하다. 리핀스키(Lipínski)는 두 여자의 이름이 이 이야기 속에서 그들의 기능을 상징해 준다고 주장했다. 어원적으로 한나는 "매력 있는"과 비슷한 어떤 것을 의미하는데, 그녀가 사랑 받는 여자였다는 사실을 반영한다. 브닌나는 "다산을 하는" 혹은 "기름진"과 같은 어떤 것을 의미할 수 있는데, 그것은 자녀들을 낳았던 아내로서의 그녀의 역할에 부합한다.

엘가나는 실로에서 희생제를 드리기 위해 매년 순례를 했다(참조. 삿 21:19). 이것은 국가적 종교 절기의 한 부분인 남자들이 일년에 세 번 여호와 앞에 나타나야 한다는 요구(출 23:15-17; 34:18-24; 신 16:16; 참조. Haran)와 구별되는 개인적이고 사적인 순례로 보일 것이다. 엘가나의 경우 전 가족이 올라갔다(참조. 21절; 2:19; 20:6, 29). 비슷한 가족 희생제가 사무엘의 고향(9:12)과 베들레헴에서(20:6, 29; 참조 17:2-5) 보고된다.

실로는 예루살렘 북쪽으로 약 $18^1/_2$ 마일쯤 떨어진 현대의 기르벳 세일룬(Khirbet Seilun)에 있는 벧엘과 세겜 사잇길의 성동쪽에 위치해 있다(MR 177162). 1926년과 1929년의 대니쉬(Danish)의 발굴은 주전 1050년에 블레셋에 의한 파괴를 시사해 주는 것처럼 보였으나, 1963년에 있었던 추가적 발굴은 몇몇 수정된 결론에 이르게 했다. 호름-닐센(S. Holm-Nielsen)은 제1철기 시대에 그 어떤 "정식적인"(regular) 파괴도 없었다고 주장하면서, 제2철기 시대의 풍부한 도자기 증거를 보고한다. 예레미야(7:12, 14; 26:6, 9)가 북 왕국의 몰락과 관련하여 722년에 일종의 어떤 파괴(단지 성소만?)에 대해 언급하는지는 모르지만, 사실상 (실로의 – 역자주) 장소 전체가 더 후대인 주전 600년경에 파괴되었던 것으로 보인다(*IDBSup*, 822-823). 여호수아 18:1-10에 따르면 부족 동맹기에 회막이 거기에 세워졌고, 사사기 18:31은 실로에 위치한 하나님의 집을 언급한다. 하나님의 궤 또한 거기에 있었다(참조. 3:3).

만군의 여호와는 엘가나의 예배 대상이었다. 이것은 성경에서 이러한 신적 호칭으로는 최초의 언급이며, 또한 그것은 사무엘상에서 그 호칭에 대한 다섯 번의 언급 중 첫 번째의 것이다. "여호와"를 고대의 히필 미완료형으로 분석한다면, 그 이름은 본래 가나안 신 엘(El)의 별명인 "(하늘의) 군대를 만드시는 분"을 의미하는지 모른다(Cross, *CMHE*, 197). 다른 사람들은 "만군"이란 단어를 강조적인 추상적 복수(a intensive abstract plural) 혹은 확장과 중요의 복수(plural of extension and importance)로 이해하는데, 이러한 해석들은 그 칭호에 "전능자 여호와"(Yahweh the almighty)나 그와 비슷한 의미를 부여해 준다(참조. A. S. van der Woude, *THAT*, 504-506).

엘리의 두 아들의 악행과 죽음은 다음에 나오는 장들에서 의미 있는 역할을 하는데, 그들은 이집트 이름을 가진다. 홉니는 "올챙이"를 의미하는데, 애굽의 중(中) 왕조 이후에는 발견되지 않는 드문 이름이다. 비느하스는 "흑인"(the Negro)을 의미하는데, 이는 더욱 일반적인 것이며 아론의 손자 이름으로도 사용된다(민 25:7).

[4]-[8] 4절은 실로에서의 특별한 희생제에 대한 설명을 가지고 시작하지만, 그 서사는 4b절부터 7a절에 이르는 긴 삽입구에 의해 방해를 받는다. 그 삽입구는 독자들에게 그런 제의가 드려질 경우에 발생했던 일상적인 일들에 대해 알려 준다. 엘가나는 (희생 제물의) 분깃을 브닌나와 그녀의 자녀들 각자에게 주었다. 추정컨대, 이 분깃들은 예배자가 먹게 되어 있었으며(참조. 9:23), 그 희생물들은 "화목제"(peace offerings)로 이해된다. 비록 자녀가 없는 한나는 단지 한 분깃만을 받았지만, 그녀는 엘가나가 진정으로 사랑했던 여자였다. 5b절에 있는 단어의 순서는 한나가 그의 사랑의 대상이었다는 것을 강조한다. 야곱이 라헬의 불임에도 불구하고 레아보다 그녀를 더 사랑했다는 것을 기억하라(창 29:30-31). 한나의 태를 여호와께서 닫으신 것이 심판으로 생각되었다는 어떤 암시도 없지만, 브닌나는 자신의 경쟁자 위에 군림하기 위해 자신의 다산 능력을 사용했다(참조. 하갈과 사라, 창 16:4: 그리고 레아와 라헬, 창 30:1-24. 레아의 경우에 여호와께서는 그녀가 미움 받는 것을 보셨을 때 그녀의 태를 여셨다, 창 29:31). "원문주해" a에 재구성된 7절의 본문은 브닌나의 행위가 매년 분노를 일으키고 있었음을 시사한다. 마소라 본문(MT)에 있는 독법 -"그래서 그가 …하곤 했다"(So *he* would do) -은 그 문장을 엘가나가 매년 그가 덜 사랑했던 아내에게 더 많은 분깃을 주었음을 의미하는 것으로 해설한다. 7절에 있는 마지막 두 개의 동사-삽입구 뒤에 나오는-는 4절로부터 그 서사를 이어받는다: 한나는 눈물을 쏟았으며 먹기를 거절했다. 우리는 엘가나의 질문들이 브닌나의 조롱에 의해 상처받은 그녀에게 작은 위로가 되었을 것이라고 상상해도 좋지만, 그럼에도 불구하고 엘가나는 안타까워하는 남편이다. 8절의 "낙심되었다"로 번역되는 히브리어 단어는 신명기 15:10에서 "속상한 마음"을 묘사하는 데 사용된다. 아마도 이러한 함축적 의미는 여기서도 이해될 수 있다.

[9]-[11] 한나는 삶은 희생제물의 일부를 먹음으로써 명백하게 금식을 중단한다(참조. 삼상 2:13-14). 한나가 기도를 시작할 때, 엘리가 처음으로 소개된다(한때 이 장은 더 이른 시기에 그를 소개했던 더 긴 기사의 일부였을까? 혹은 우리는 70인경을 따라 3절에 있는 그의 이름을 보존해야 하는가? 아니면, 그 해설자[narrator]가 나중에 있을 홉니와 비느하스의 악행의 중심적 역할에 대한 대비 작업으로 단지 그

두 사람만을 독자의 관심으로 끌어들이기 원했기 때문에 3절에서 그를 뺐을까?). 제사장 엘리는 성전의 본당 문설주 곁에 앉아서 행랑(行廊, *'ûlām*)을 가로질러 마당 밖을 보았는데, 거기서 한나가 기도하고 있었다. 9절에 있는 문설주에 대한 언급은 더욱 영구적인 건물이 성막 성소를 대체했다는 것을 시사할 것이다(그러나 삼하 7:6을 참조하라).

한나의 간청에 대한 언급은 2:1 마소라 본문(MT)에 있는 추가적인 언급과 더불어 1장에서 네 번 발생한다(10, 12, 26, 27). 사무엘상에서 간청을 드리는 유일한 다른 한 사람은 사무엘 자신이다(7:5; 8:6; 12:19, 23). 한나의 비통함(참조. 왕상 4:27)은 그녀의 많은 눈물로 표현된다. 그녀는 자신의 서원의 기반을 여호와께서 자신의 슬픔을 돌아보실 것이고 자신을 기억하실 것, 다시 말하면 그분이 적절한 행동을 하실 것(참조. 출 2:23-24; 6:5)이라는 조건에 둔다. 민수기 30:6-15에 따르면, 한 여자의 서원은 그녀의 남편에 의해 철회될 수 있었다. 그렇지만 만약에 그가 아무 말도 하지 않거나 그녀를 반대하지 않는다면, 그 서원은 철저히 수행되어야 했다. 한나의 신앙심은 하나님과의 대화에서 "당신의 시녀"란 단어의 삼중적 사용에 의해 강조된다(11절). 그녀는 그 아이에게 경건한 이름을 주고, 그를 실로로 데려가서 여호와께 "드린다"(각주: "우리는 드렸다"[*we* have lent]가 아니라, "나는 드렸다"[*I* have lent]). 만일 자신의 기도에 대한 호의적인 응답을 받게 된다면, 그녀는 그 소년을 (나실인으로) 여호와께 바치겠다고 약속했다. 그녀의 기도에서 2인칭(당신)으로부터 3인칭(여호와께, 11절)으로의 갑작스런 전환은 일종의 특별한 종교 행사의 엄숙함(festive solemnity)을 함축할 수 있다(스토브). 만일 그렇다면, 70인경(LXX)에 2인칭이 나타나 있는 것이 더 쉬운-그러므로 이차적인-독법일 것이다.

자신의 아들이 머리를 깎거나 포도주나 독주를 마시지 않게 하겠다는 한나의 서원(참조. 11.a.-a.와 22.b를 주목하라)은 구약성경 다른 곳들에 있는 나실인에 대한 묘사와 밀접하게 상응한다. 삼손의 어머니는 심지어 임신 기간 동안에도 술을 마시지 말아야 했으며, 물론 평생 나실인이 될 삼손은 머리를 길러야 했다. 나실인의 서원과 삭발에 대한 거부는 어떤 면에서 거룩한 전쟁(Holy War)과 밀접하게 관련되었을 수 있다(참조. 삿 5:2; 신 32:42). 삼손의 경우에, 또한 아모스 2:11에서 어떤 사람들은 여호와의 주도하심으로 나실인이 되어 평생 동안 이 신분을 유지하게 되었다. 민수기 6:1-21에 있는 법들은 한때 영속적인 약속이었던 그 서원을 일시적인 것으로 만든다. 이 법들에서 시체와의 어떠한 접촉뿐만 아니라 술과 삭발도 금지된다. 한나는 자신의 예정된 아들을 전쟁이 아닌 하나님을 섬기는 데 바쳤으며, 이 점에서 그녀의 서원은 민수기 6장에 있는 것과 닮아 있었다. 그러나 사무엘의 나실인 신분은 민수기 6장에서처럼 자신의 개인적 서원에서 연유한 것도 아니고, 아모스 2:11과 삼손 이야기에서처럼 하나님께서 어떤 사람을 자신에게 헌신하도록 만드신 것에서 연유한 것도 아니다. 오히려 사무엘이 나실인이 된 이유는 그의 어머니가 그렇게 약속했기 때문이다. 그의 어머니는 출산 전에 미리 그의 소명을 암시했다(참조. 렘 1:5과 갈 1:15).

12-18 이스라엘에 대한 자신의 지도권이 결국 사무엘에게 넘어가게 되는 엘리는 한나의 중언부언의 (황홀경 상태의?) 기도를 오해했다. 아무런 소리도 내지 않고 입술이 움직이면서 혼자 중얼대는 여자라면 누구라도 취한 것이 분명하다! 술 취함은 이스라엘에 있었던 다양한 종교적 축제들과 관련되었다(삿 9:27; 참조. 삿 21:20-21과 사 28:7). 엘리는 눈이 어두워서 그녀의 신앙심을 인식하지 못했고, 그의 비난은 잘못된 것이었다. 한나는 공손하면서도 확고하게 그 제사장에게 대답했다: 아니다! 그녀는 술 취한 것이 아니었다. 그렇다! 그녀는 다만 끈질긴 여자였을 뿐이다(문자적으로는 심령이 완고한[hard of spirit]; 참조. Ahlström *Bib* 60[1979] 254). 그녀는 여호와께 자신의 감정을 쏟아내고 있었다(참조. 시 62:9[영역본. 8]에서는 "…의 마음을 쏟아내다"가 동사 "믿는다"와 동의적 병행법으로 사용된다). 한나는 그 제사장에게 자신을 불한당(문자적으로는 벨리알의 딸)의 하나로 보지 말 것을 간청했다. 참으로 아이러니컬한 것은 그 해설자가 다음 장에서 우리에게 알려준 사실, 즉 엘리 자신의 아들들이 사실상 불한당들이었다는 것(2:12)과, 그 제사장이 그 일에 아무런 조치를 내릴 수 없었거나, 또 조치하려 들지 않았다는 것이다. "벨리알"은 혼란의 세력들(시 18:5[영역본. 4])이나 사회 질서를 파괴하는 다양한 행악자들(삿 19:22), 또는 왕정 체제를 해치려는 사람들을(삼상 10:27) 묘사하는데 사용될 수 있다. 그렇지만 1장과 2장에서 그것은 제의를 욕되게 한 사람들을 지시한다. 엘리의 아들들은 제의 규정들을 존중하지 않았으며(2:12), 한나는 제의 중에 술에 취했다는 혐의 때문에 자신이 불한당 패거리로 취급될까 두려워했다(참조. *TDOT*, 2, 135). 엘리의 부당성을 드러낸 그녀의 기도는 아이를 갖고 싶은 욕구에서 비롯되었다. 그녀의 상처는 브닌나의 자극에서 비롯된 것이었다(16절).

엘리는 그녀에게 이스라엘의 하나님의 축복을 빌었으며, 궁극적으로 한나의 아들 사무엘은 그분의 백성을 인도하게 될 예정이었다. 엘리는 그녀의 기도가 응답되기를 소망했거나 -혹은 그 동사를 미완료형으로 분석한다면 그는 사실상 긍정적인 답변을 약속했다: "이스라엘의 하나님이 네가 그분께 구한 너의 요청을 승인하실 것이다.” “요구하다” 혹은 나아가 “빌리다”(loan)로 번역되는 동사 샤알(שׁאל)에서 파생된 동사와 명사들이 바로 근접한 문맥에서(17절 두 번; 20절, 27절 두 번, 28절 두 번; 2:20) 빈번히 나타나며, 이로 인해 수많은 학자들이 이 출생 이야기가 본래 사무엘이 아닌 사울(שׁאול)의 출생과 관련되어 있었다고 제안하게 되었다(가장 최근에 맥카터 역시 그렇다). 그러나 그 이야기의 나머지 부분은 사울에게 어울리지 않는다(엘가나와 한나는 사울의 부모가 아닌 점; 사울은 에브라임 족속이 아니었고 나실인도 아닌 점 등). 아마도 독자들은 사울이란 단어에 대한 일련의 곁말 놀이(puns)에서, 이스라엘의 진정한 지도자는 기름부음 받은 사울이 아니라 하나님께 요청된(asked, 즉, “Sauled, 사울 되어진”, 20절), 또한 하나님께 성별되어 드려진(be dedicated, 즉, “Sauled, 사울 되어진”, 28절) 그 선지자-기름붓는 자(the prophet-anointer)라는 암시를 보게 된다. 사울은 참으로 이스라엘에게 중요했지만, 진정한 사울은 하나님의 마음에 맞는 사울이었는데, 그의 이름은 사무엘이었다(참조. Willis, *ST* 26[1972] 54). 현대의 언어학자들이 사무엘이란 이름을 “그의 신적 이름은 엘(El)이다”이거나, 아니면 그와 비슷한 것을 의미하는 문장의 이름으로 분석하는 점에서 옳을 수 있다. 그러나 그 어원이 당시에도 여전히 성경의 저자들에게 알려져 있었는지는 의심스럽다. 학자들은 유사음(assonance)에 근거해 쉐무엘(שׁמואל, “사무엘”)이란 단어를 샤알(שׁאל)과 연결시킬 수 있었고, 우리가 위에서 제안했던 사울에 대한 미묘한 주해를 가능하게 만들 수 있었다. 사무엘이란 이름에 대한 이러한 언어학적 설명은 아브라함이란 이름을 열국의 아버지를 의미하는 것으로 이해하는 것만큼이나 부자연스럽다(창 17:5; 참조. 출 2:10에 있는 “모세”에 대한 설명). 당연히 어근 샤알(שׁאל)은 사무엘이란 단어에 들어 있는 멤(מ)을 설명할 수 없다. 벤 시라(Ben Sirach)는 비록 멤(מ)이 적절한 위치에서 나타난 경우가 아니지만, 사무엘을 모쉬알(משׁאל, “빌려준”)이란 단어에 관련시킴으로써 이것을 바로 고쳐 보려고 애썼다(Zakovitch, *JSOT* 15[1980] 41).

엘리에게 은혜를 입기를 바라는 한나의 소망(18절)은 은혜란 단어(חן – 헨)와 한나의 이름(חנה) 사이의 미묘한 곁말 놀이의 소지를 제공한다. 기도 후에 한나는 성전 근처의 방, 즉 분명히 9절에서 그녀가 나왔던 곳으로 되돌아갔으며, 거기에는 음식이 마련되어 있었다(참조. 예레미야와 에스겔서에 있는 수많은 언급들. 거기서 그 방이란 단어는 제사장들에 의해 사용된 다양한 종류의 방들을 지시한다). 그녀의 얼굴 표정은 바로 직전에 그랬던 것처럼 초조하거나 수심이 가득한 것이 아니었다(예를 들어, 6-8절).

19-20 다음날 아침, 엘가나와 한나는 그들의 고향인 라마(=라마다임? 참조. 위의 우리의 토론)로 돌아가기 전에 예배를 드렸다. 여호와는 그녀가 자신에게 간청했던 그대로(11절), 그리고 그분이 라헬을 기억하셨던 것처럼(창 30:22; 참조. 스가랴라는 이름) 그녀를 기억하셨으며, 그로 인해 그녀는 임신을 하게 되었다. 그 아이는 해가 바뀔 무렵에 태어났다. 드라이버는 21절에 있는 매년의 종교 축제가 신년 무렵에 개최되었다고 제안한다. 따라서 그 아이는 4절과 7절에 언급된 매년의 순례 이후 약 일년 뒤에 태어났다. 한나는 그 아이의 이름을 사무엘이라 지었으며, 이것을 사무엘이란 단어와 (여호와께) "구하다"를 연결시키는 원인론적 어원학(etiological etymology)으로 설명했다.

21-28 한 해가 흐른 뒤에, 엘가나가 실로에서 가족 종교 축제(family festival)를 재개할 때가 되었다. 한나는 자신은 그 아이가 젖을 뗄 때까지 가지 않겠다는 생각을 하면서 그를 따라가지 않기로 결정했다. 그 이후에야 그 아이는 떨어져서 영원히 머물 수 있을 것이다. 제2마카비서 7:27로부터 판단하자면, 고대에 어머니들은 삼 년 동안 자녀들을 양육했을 것이다. 엘가나는 그녀의 결정을 수용했으나, 그는 그녀의 서원-그녀의 아들을 영원히 여호와께 드리는 것(나실인으로?; 참조. 11절과 22절)-이 여호와에 의해 실현되기를 바라는 소원을 표현했다. 양육이 끝났을 즈음(창 21:8과 같은, 양육의 끝에 거행되는 의식에 대한 아무런 언급이 없다), 한나는 각종 제물을 가지고 사무엘을 실로로 데려갔다. 삼 년 생 수소는 분명 가치 있는 것이었다(참조. 창 15:9; Speiser, *BASOR* 72[1938] 15-17). 오경에 규정된 일 년 생(레 1:14) 대신 삼 년 생 짐승의 희생은 실로와 관련된 특별한 관습을 반영할 수도 있다(Loewenstamm, *VT* 18[1968] 500-506). 가루 한 에바(참조. 삿 6:19)는 우리의 도량형으로 약 1.5 부셀(bushel) 정도가 될 것이다. 비록 그 황소가 드려졌다는 것을 우리가 알게 되었다 할지라도, 이 제물들이 아들의 바침과 어떻게 관련되는지는 완전히 규명되지 않았다.

한나는 그 아이를 엘리에게 데려갔다. 엘리는 축복의 중개자였었다. 그는 이스라엘에 대한 자신의 지도권이 젊은 사무엘에게 넘어가게 될 사람이었다. 그와 그의 아들들은 그들의 삶으로 사무엘을 돋보이게 하는 역할을 했다. 그는 3장에서 사무엘의 꿈이 사실 여호와께로부터 왔다는 것을 확증해 주는 사람이다. 엘리의 소원-"네가 여호와에게 구한 요구를 그가 들어주시길 원하노라"-은 한나가 보고한 대로 이제 실현되었다: "내가 여호와께 구한 나의 요구를 그분께서 들어주셨다"(27절). 그녀는 누군가가 "여호와께 그를 구하게" 한다(She lets someone "ask him for Yahweh"[Driver]), 혹은 보다 관용적으로 그녀는 "그를 여호와께 드렸다"(She "lent him to Yahweh"). 그녀는 다시 한 번 샤알(שׁאל)이란 철자를 가지고 결말 놀이를 하고 있는 것이다. 평생 동안 그는 여호와께 구하는 한 "사울"(a "Saul" for Yahweh)이 될 것이다.

해설

사무엘이란 인물의 특징과 그의 중요성이 돋보이도록 하기 위해 다음과 같은 것들을 묘사하는 것보다 더 좋은 방법이 있을까. 그의 경건한 부모, 그의 어머니가 경쟁자였던 부인으로부터 겪은 학대, 엘리의 우둔함이라는 어두운 배경을 통해 밝게 빛나는 그녀의 신앙심, 오로지 하나님이 그녀를 기억하여 한 아이를 주셔서 이루어진 그녀의 임신 그리고 기도를 드린 지 몇 년 후 충실하고 세심한 그녀의 서원 수행을 묘사하는 것!

이 책에 등장할 나른 사람들과 항목들이 이 장에서 소개된다: 홉니와 비느하스, 두 사람의 추악한 삶과 신속한 징계는 엘리의 남은 생애에 짙은 구름이 끼게 한다. 실로에 있는 성소, 거기서 사무엘은 이미 한 소년으로 섬겼으며 그의 첫 번째 계시를 받게 되고, 거기 있는 제사장들은 – 사울의 놉에서의 우회와 잔혹한 학살 행위 후에 – 다윗의 측근으로 합류하게 된다. "만군의 여호와"와 "이스라엘의 하나님"이라는 하나님에 대한 두 이름, 그분의 이스라엘에 대한 성실하심과 그들에 대한 송사는 신명기 학파의 역사 전체에 걸쳐 그토록 강렬하게 펼쳐진다.

사무엘은 여호와의 선물이며, 그는 여호와께 영원히 되돌려 드려졌다. 그의 이름은 곧 그의 운명의 징조다 – 그는 마음이 심란한 한 여자의 간청에 대한 응답으로 온다. 또한 "요구된"(requested)이든, "드려진"(granted)이든, "바쳐진"(dedicated)이든지 간에, 사무엘은 사울이 – 언어적 기교(paronomasia)에 의해 사울과 연관된다 – 거기에 훨씬 못 미친 이상적 인물이기도 하다. 그러나 이 모든 의미상의 미묘한 차이들은 단지 그렇게 뉘앙스의 차이일 뿐이다. 1장이 끝날 때, 기도는 단순히 가장 경건하면서도 임신치 못하는 한 여자를 위해 상황을 반전시켜 주었을 뿐이다. 그러나 또한 저자는 사무엘의 생애와 행위들을 대비해 그의 청중들을 신학적으로 준비시킨 것이다.

2. 한나의 노래(2:1-10)

참고문헌

Albright, W. F. *Yahweh and the Gods of Canaan.* Garden City, New York: Doubleday, 1968. **de Boer, P. A. H.** "Einige Bemerkungen und Gedanken zum Lied in 1 Samuel 2:1-10." *Beiträge zur alttestamentlichen Theologie.* ed. H. Donner, R. Hanhart, and R. Smend. Göttingen: Vandenhoeck & Ruprecht, 1977 53-59. **Calderone, P.** "ḤDL-II in Poetic Texts." *CBQ* 23(1961) 451-60. **Dahood, M.** "The Divine Name 'ELI in the Psalms." *TS* 14(1953) 452-57. **Freedman, D. N.** "Psalm 113 and the Song of Hannah." *Pottery, Poetry, and Prophecy.* Winona Lake, IN: Eisenbraums, 1980 243-61(=*Eretz-Israel* 14 [1975] 56-70). **Huffmon, H. B.** *Amorite Personal Names in the Mari Texts.* Baltimore: The Johns Hopkins Press, 1965. **Klein, R. W.** "The Song of Hannah." *CTM* 41(1970) 674-84. **McCarter, P. K.** "The River Ordeal in Israelite Literature." *HTR* 66(1973) 403-12. **Ritterspach, A. D.** "Rhetorical Criticism and the Song of Hannah." *Rhetorical Criticism,* ed. J. J. Jackson and M. Kessler. Pittsburgh: Pickwick Press, 1974 68-74. **Thomas, D. W.** "Some Observations on the Hebrew Root חדל." *Congress Volume: Strasbourg.* VTSup 4. Leiden: E. J. Brill, 1957. 8-16. **Willis, J. T.** "The Song of Hannah and Psalm 113." *CBQ* 35(1973) 139-54.

본 문

1 한나가 기도하여 가로되 내 마음이 여호와를 인하여 즐거워하며 내 뿔이 여호와를 인하여 높아졌으며 내 입이 내 원수들을 향하여 크게 열렸으니 이는 내가 주의 구원을 인하여 기뻐함이니이다

1 [a]And [Hannah] said, My heart exults in Yahweh, my horn is high in [b]my God.[b] My mouth mocks my enemies: [c]I rejoice in the victory you gave!

2 여호와와 같이 거룩하신 이가 없으시니 이는 주밖에 다른 이가 없고 우리 하나님 같은 반석도 없으심이니이다

2 For[a] there is no one holy like Yahweh;[b] there is no mountain like our God.

3 심히 교만한 말을 다시 하지 말 것이며 오만한 말을 너희 입에서 내지 말지어다 여호와는 지식의 하나님이시라 행동을 달아 보시느니라

3 Do not[a] speak boastfully;[b] let not[c] arrogance ooze from your mouths. For Yahweh is a God who knows: by him[d] deeds are measured.

4 용사의 활은 꺾이고 넘어진 자는 힘으로 띠를

4 The bow of warriors is shattered,[a] but those who

띠도다
5 유족하던 자들은 양식을 위하여 품을 팔고 주리던 자들은 다시 주리지 않도다 전에 잉태치 못하던 자는 일곱을 낳았고 많은 자녀를 둔 자는 쇠약하도다
6 여호와는 죽이기도 하시고 살리기도 하시며 음부에 내리게도 하시고 올리기도 하시는도다
7 여호와는 가난하게도 하시고 부하게도 하시며 낮추기도 하시고 높이기도 하시는도다
8 가난한 자를 진토에서 일으키시며 빈핍한 자를 거름더미에서 드사 귀족들과 함께 앉게 하시며 영광의 위를 차지하게 하시는도다 땅의 기둥들은 여호와의 것이라 여호와께서 세계를 그 위에 세우셨도다
9 그가 그 거룩한 자들의 발을 지키실 것이요 악인으로 흑암 중에서 잠잠케 하시리니 힘으로는 이길 사람이 없음이로다
10 여호와를 대적하는 자는 산산이 깨어질 것이라 하늘 우뢰로 그들을 치시리로다 여호와께서 땅끝까지 심판을 베푸시고 자기 왕에게 힘을 주시며 자기의 기름부음을 받은 자의 뿔을 높이시리로다 하니라

stumble gird on strength.
5 The sated have hired themselves out for bread, while the starving grow fat again[a] (or: on food). The barren woman gave birth to seven, but the mother of many now languishes.
6 Yahweh kills and preserves life; he brings people down to Sheol and rescues them from it.
7 Yahweh makes some poor and others rich, he humbles, he also exalts.
8 He raises from the dust the poor; from the dunghill he raises the needy, To seat them with princes and make them inherit a glorious throne. [a]For to Yahweh belong the pillars of the earth; he has laid the worm on them.
9 The feet[a] of his devout he keeps, but the wicked are made silent in dark death;[b] for not by his own strength does a person survive.
10 Yahweh[a] – his enemies[b] are shattered;[c] the Most High[d] thunders in heaven; Yahweh judges the entire earth. May he give strength to his king; may he raise the horn of his anointed monarch.

원문주해

1.a.. 70인경(LXX)이 그렇다; 마소라 본문(MT)은 봐티트팔렐 한나(ותתפלל חנה, "그리고 한나는 기도했다")를 추가한다.

1.b.-b. 70인경(LXX); 마소라 본문(MT) 4Q; "여호와."

1.c. 4Q 70인경(LXX); 마소라 본문(MT): "왜냐하면 내가."

2.a. 4Q 70인경(LXX); 마소라 본문(MT)에는 없다.

2.b. 마소라 본문(MT)은 추가한다: 키 에인 빌테카(כי אין בלתך, "당신 외에는 아무도 없다"); 참조. 4Q 70인경(LXX). 세 본문 전승 모두 이문병합(異文併合)된 것이다. 자세한 것은 맥카터를 보라.

3.a. 마소라 본문(MT)은 타르부(תרבו)를 추가하는데, 그것은 뒤따르는 동사의 훼손된 중복오사(dittograph)다.

3.b. 마소라 본문(MT)은 "자랑스럽게"의 중복오사를 가진다.

3.c. 이 부정어는 마소라 본문(MT)에서 명확하지 않다.

3.d. 많은 히브리어 필사본들(mss), 케레(*Qere*), 라틴 벌게이트(Vg)를 따라 벨로(ולו); 마소라 본문(MT) 벨로(ולא); 70인경(LXX): "하나님은 행동을 다신다."

4.a. 그 동사는 4Q 70인경(LXX)에서 여성 단수다; 마소라 본문(MT)은 남성 복수.

5.a. 마소라 본문(MT)의 아드(עַד)를 오드(עֹד)로 음독하거나, 혹은 그것을 명사로 추측하라("주석"을 보라).

8.a.-9.b. 70인경(LXX)은 유사시작(homoioarchton, 키[כי] … 키[כי])으로 인해 이 줄이 없다. 그리고 그 손상된 본문은 하나의 새로운 이중 소절(bicolon)에 의해 보충되었다: "그는 그 서원자에게 그의 서원을 주시며, 의로운 자의 연수를 축복하신다." 적어도 그 부연설명의 전반부는 한나에 대한 좀더 명확한 언급을 가져온다. 4Q는 마소라 본문(MT)과 70인경(LXX) 본문의 이문병합이다.

9.a. 4Q: "길." 그러나 보존 상태가 좋지 않은, 10절에 대한 그것의 확장된 역본에서 "그의 경건한 자의 발"이란 표현을 입증하고 있는 것처럼 보인다. 그 본문에 대해서는 맥카터를 보라. 그는 8.a.-9.b.에 있는 4Q의 본문을 본래의 것으로 여긴다.

10.a. 독립격(Casus pendens) *GKC* 143(casus pendens는 히브리어 고급 문법에서 사용되는 전문 용어로서 합의된 번역어가 아직 없다. 영어로는 pendent case라고 번역할 수 있는데, 역자는 여기서 그것을 우리말로 독립격이라 번역했다. 이것은 히브리어 문법에서 일종의 절대적 주격[nominative absolute]으로서 주어를 보완하는 역할을 한다. 역자는 이것은 주어와는 별도로 독자적으로 존재하면서 주격처럼 사용되므로 독립격이라는 번역을 제안하는 것이다. 이것은 영어로는 "as for", 우리말로는 "…에 관해 말하자면"으로 해석될 수 있다: 예를 들어, As for the student, he went to Seoul, 그 학생에 관해 말하자면, 그는 서울로 갔다; עֵשָׂו הוּא אֱדוֹם As for Esau, he is Edom, 에서에 관해 말하자면, 그는 에돔이다=에서, 그는 에돔이다. 참조. Walke and O'conner, *An Introduction to Biblical Hebrew Syntax*, pp. 296-301 – 역자주).

10.b. 많은 히브리어 필사본들(mss.)및 케레(*Qere*)를 따라 복수.

10.c. 70인경(LXX)은 렘 9:22-23(영역본. 23-24)에서 유래한 긴 추가를 포함한다; 4Q는 비록 70인경(LXX)과 동일한 추가는 아니지만 빈약하게 보존된 추가를 갖는다. 맥카터는 4Q의 (파손된) 더 긴 본문을 본래의 것으로 여기면서 쿰란 독법들을 기록한다. 70인경(LXX)의 추가는 다음과 같이 번역될 수 있다.

주님은 거룩하시다.
지혜자는 자신의 지혜를 자랑하지 말지어다.
강한 자는 자신의 힘을 자랑하지 말지어다.
그리고 부한 자는 자신의 부함을 자랑하지 말지어다.
그러나 자랑하는 자는 이것을 자랑할지니,

그러면 그는 주님을 이해하고 알며,
땅 가운데서 의와 공평을 행한다.

여기서 70인경(LXX)이 예레미야의 70인경(LXX)과 여러 군데서 다르며 특히 일곱째 줄에서 다르기 때문에, 우리는 70인경(LXX) 번역자가 사용한 사무엘서의 히브리어 사본이 이미 부연설명되어 있었다고 결론지어야 한다. 70인경(LXX)에 있는 이 부연설명과 4Q에 있는 부연설명은 공히 여호와의 거룩하심에 대한 언급으로 시작한다.

10.d. 혹은 'Ēlî. 참조. Freedman, *Pottery, Poetry, and Prophecy* 261과 n. 27.

양식/구조/배경

이 단위(unit)는 시로 쓰여졌기 때문에, 단원의 경계들을 구분짓는 데는 아무런 문제가 없다.

요약. 이 시는 하나님의 여러 승리에 대한 기쁨으로 시작하며 하나님의 비교 불가성에 대한 확증이 그 뒤를 잇는다. 첫 번째 악장(strophe)은 하나님이 모든 것을 아시기 때문에 거만하게 말하는 자들을 경고한 것으로 끝맺는다(1-3절; 절의 구분에 대해서는 Ritterspach, *Rhetorical Criticism*을 보라). 여호와는 규정대로 낮은 자를 높이시고 힘있는 자를 당혹케 하신다. 그분은 세상의 창조자이시다(4-8절). 그분의 전 세계적 재판권은 그를 따르는 자들의 안전과 그를 대적하는 모든 자들의 몰락을 보장한다. 이 찬송시의 세 번째 악장은 여호와께서 왕을 축복해 달라는 기도로 마친다(9-10절).

대체로 이 시는 그것이 한나의 것으로 할당되기 이전에 분명히 다른 배경과 기능을 가졌던 것으로 인정된다. 사무엘상이 한나를 여섯 자녀를 둔 어머니로 말하는 반면(2:21에 언급된 다섯 자녀에 사무엘을 더해서), 그 노래 자체는 일곱 자녀를 가진 한 불임 여성에 대해 말한다(5절). 이 시의 음조(tone)는 국가적인 것으로서 남성 대적들과 군사적 은유들을 암시하는데(예를 들어, 4절), 그 중 어느 것도 한나와 어울리지 않는다. 왕을 구하는 마지막 기도는 한나에게 불가능하다: 그녀의 아들 사무엘은 한 늙은 사람으로서, 지상의 왕권은 여호와의 왕권에 대한 거절이라고 주장했다(반대로, Willis, *CBQ* 35[1973] 139-54). 마지막으로 마소라 본문(MT), 4Q 그리고 70인경(LXX)에 있는 이 시의 약간씩 다른 위치들은 본문 비평적 관점에서도 그것이 이차적인 특징이 있음을 암시한다(참조, Driver). 헤르쯔베르크(Hertzberg)는 2:11이 어려움 없이 1:28에 연결되며, 한나의 노래는 아마 요나서에 있는 시(psalm)처럼 현재의 문맥에 삽입된 것이라고 주장한다. 한편, 편집자가 왜 그것이 한나에게 어울린다고 생각했는지 이해하기는 어렵지 않다. 무엇보다 그것은 불임 여성이 출산하게 되는 것에 대해 말하며, 1절과 3절에 인용된 적개심은 그녀와 브닌나의 갈등에 대한 신학적 설명으로 이해될 수 있었다. 마지막으로, 경건한 자들의 왕정에 대한 소원은 이어지는 두 사무엘서와 그 두 책이 전해 주는 사울과 다윗의 왕권 이야기들을 위한 적당한 배경을 제공한다.

이 노래는 비록 감사시 장르에 속한 요소들이 나타난다 할지라도, 보통 양식비평적으로는 찬송시(hymn)로 분류된다. 베스터만(Claus Westermann)은 시들이 종종 하나님의 행위에 대한 보고를 그분의 위대함과 영광에 대한 묘사와 결합시킨다는 것을 지적했다(Ritterspach, *Rhetorical Criticism*). 비록 찬송시의 구조가 애가의 구조에 비해 훨씬 뚜렷하지는 않지만, 찬송시는 종종 도입, 몸통 그리고 결론으로 구성된다. 찬송시는 하나님께 대한 기도라기보다는 하나님 앞에서 행하는 간증이며 회중 앞에서의 선언이다. 한나의 노래는 여호와를 높이라는 권고를 가지는 통상적인 도입이 없으며, 1절에서 2인칭의 사용은 그 노래가 감사시들과 유사한 데서 말미암은 것일 수 있다(McCarter와 Freedman[*Pottery, Poetry and Prophecy*]은 본문을 고쳐 2인칭 대명사를 제거한다). 찬송시의 몸통 부분인 2-8절(양식비평적인 구분들은 위에 언급된 악장들에 부합하지 않는다)은 여호와의 비교 불가성을 언급하는 부정문들로 시작된다(2절). 뒤이어 다른 사람들에 대한 훈계(3a절)라는 찬송시 요소가 뒤따른다. 그것은 다른 곳에서 긍정문 형식(시 76:12[영역본 11])과 부정문 형식(시 75:5 -6[영역본. 4-5] 그리고 146:3) 속에서 공히 발견된다. 여호와의 속성들이 3b절에 인용된다. 4-5절의 문장은 (분명히 하나님이신) 그 행위자(agent)에 대한 아무런 뚜렷한 언급도 없는 수동태다. 이것은 6-8절이 그 고백의 고조나 심화임을 의미한다(여호와가 이름으로 언급되고, 그 진술들은 능동태로 주어지며, 찬송시에 전형적인 분사들의 빈번한 사용이 보인다). 4-8a절의 진술들은 여호와의 속성으로부터 과거의 그분의 행위들로 전환되는데, 여기서는 창조 때의 행위다(8e절 이하). 능동태로 된 명시적인 고백 형식과 수동태로 된 암시적인 고백 형식이 9절의 처음 두 줄에서 반복된다. 이 찬송시의 결론은 다른 사람들에게 예배를 드리라는 호소가 아니라, 오히려 왕의 안녕을 위한 기도다. 유사하게 찬송시인 시편 29편은 기도로 끝맺는다(이 경우 하나님께서 그 백성을 축복해 달라는 기도).

우리가 이 노래를 그것의 정경 이전의 배경 속에서 고려해 본다면, 화자(話者)가 국가적인 군사적 승리 후 자신이나 혹은 공동체를 위해 말하고 있는 것으로 보일 것이다(참조. "적들", "당신이 주셨던 승리" 등에 대한 언급들). 현재의 편집비평적 문맥에서 그 화자의 "나"는 한나를 지시하며, 그 적들은 한나의 불임을 조롱하고 그것을 그녀의 불경건의 증거로 이해했던 브닌나 같은 사람들일 것이다. 이스라엘 백성은 자주 하나님께서 자신의 말을 들으시고 도와주신 뒤에 제물을 가져오곤 했으며, 이 제물을 드리기 전이나 드리는 동안에 그들은 감사의 기도를 낭송했다(Hayes, *Form Criticism*, 201).

동의적 병행(예를 들어, 1a-b절; 10d-e절)과 반제적 병행(예를 들어, 4, 5a-b절, 4c-d절, 9a-b절)이 공히 이 시에서 발견되며, 또한 교차 구조(chiasm, 특히 8a절에서)와 소위 보충 이문들(ballast variants-4, 5c-d절, 9a-b절)이 다양성을 제공한다. 이 시의 본래의 구성 연대는 불확실하다. 윌리스(Willis, *CBO* 35[1973] 139-54)는 10de절을 통일 이스라엘의 왕이기보다는 오히려 이스라엘의 도시 국가(city-state) 혹은 부족의 한 지역 왕에 대한 언급으로 이해했는데, 그것이 설득력이 없는데도 불구하고 이 시를 성경에서 가장 오래된 노래로 분류했다(예를 들어, 삿 5장, 출 15장). 맥카터가 제안하는 연대는 10세기나 9세기의 한 시점이다(참조. Freedman). 어쨌든 그것은 포로기 이전, 왕정 시대로부터 온 것으로 보인다. 드 보어(de Boer, *Beiträge*)는, 비록 그가 복잡한 전-역사(pre-history)를 제안한다 할지라도, 이 본문의 현재의 형태에 대해 포로기 이후의 연대를 지지한다.

주석

[1]-[3] 1절의 동사들을 현재 시제로 번역한 것은 한나의 상황에 어울리며, 히브리어의 완료 시제에 대한 이해와 조화를 이룬다. 히브리어에서 완료 시제는 어떤 행위가 과거에 완료되어 그 영향이 현재까지 연속되는 것을 말한다(참조. *GKC* § 106g). 만일 우리가 이 시를 본래 한나-사무엘 문맥과 다른 독자적인 한 단위라고 생각한다면, 그 동사들은 미래로 번역되는 것이 더 나을지도 모른다(예언적 완료, *GKC* 106n). 그 경우 번역은 이렇다. "나의 마음이 기뻐할 것이다…나의 뿔이 높아질 것이다" 등등. 이것은 그 원수들의 거만을 경고하는 3절의 훈계들에 대한 더 나은 문맥을 제공할 것이며(그 승리가 이미 성취되었다면, 경고는 거의 적절치 못하다), 또한 아마도 왜 그 찬송시가 국가의 군대를 이끄는 왕을 위한 기원으로 끝나는지 그 이유를 뚜렷하게 해줄 것이다.

그 "뿔"이란 은유는 시인을 한 짐승에 비교하는데, 그 짐승은 머리를 높이 든 채

자긍심으로 그 뿔의 힘을 인식하고 있다(참조. 신 33:17). 하나님이 시인의 뿔을 높이 드시는 것은 자주 등장하는 승리에 대한 은유다(참조. 시 92:10과 89:18 [영역본. 17]). "나의 입이 조롱한다"는 히브리어로 "나의 입이 넓어졌다"이다. 병행 구절들이 주는 암시적 의미는 이것이 혀를 내밀고 "하! 하!"라고 비웃으면서 무례히 조소하며 입을 여는 행위라는 것이다(시 35:21; 사 57:4). 맥카터는 이 은유가 자신의 적을 집어 삼켜 패배시키는 것을 지시하는 것으로 이해한다(사 5:14에 적절하게 표현된 음부의 탐식에 대한 이해). "당신이 주신 승리"(문자적으로는 "당신의 구원")를 가지고, 시인은 찬송시보다는 감사의 노래에 더 적절한 직접 전달(direct address)의 언어를 사용한다. 적들에 대한 승리로서의 "구원"에 대해서는 시편 9:15(영역본. 14)과 13:6(영역본. 5)을 보라.

하나님의 비교 불가성은 히브리어 성경의 전체에 자주 나타나는 주제다(참조. 신 3:26; 시 86:8). 추르(צור)는 통상적인 "바위"보다 "산"이 더 나은 번역이다. 다음을 참조하라: 우가릿어 *gr*과 아모리어의 개인 이름들인 "나의 (신적인) 아버지는 나의 산이시다"와 "나의 신적인 산은 달(the moon)이다"(Albright 21-22와 Huffmon 258를 보라). 안전, 힘 그리고 영구성이 이런 호칭 속에 함축되어 있다(참조. 신 32:4, 15, 18, 30, 31, 37; 삼하 22:3, 32, 47; 사 17:10과 26:4). 비록 시편 75:5-6(영역본. 4-5)에서 시인이 거만한 악인이 낮아질 것을 촉구하고 있을지라도, 3절에 대한 경고는 찬송시에서는 다소 생소한 것이다.(한나의 노래와 시 75편 사이의 많은 병행점들에 대해서는 Klein, *CTM* 41[1970] 677, n.6을 보라). "거만"에 추가하여(참조. 시 31:19[영역본. 18] 그리고 94:4), 스토브(Stoebe)는 아타크(עתק)란 단어에 일시성(영구성이 아닌 – 역자주)의 요소가 있는 것을 발견한다. 교만에 대한 경고는 여호와의 전능성에, 특히 그들의 행위부터 진정한 성품까지 통찰하시는 그분의 능력에 근거를 두고 있다. 잠언에서 우리는 하나님이 "심령"과 "마음"(21:2와 24:12)을 달아보시거나 시험하신다는 것을 읽는다. 만일 원수가 시인의 약함이나 불임을 그녀의 사악함의 증표로 이해한다면, 혹은 그가 그 시인을 날조된 중상모략으로 재판에 회부한다면, 혹은 그가 군사적 승리에 대한 소망에 조소를 보낸다면, 여호와는 그 원수의 진정한 의도를 알고 그것을 자신의 정확한 저울로 달아보실 것이다. 또한 이러한 확증은 이어지는 구절들에서 여호와의 정례적인(regular) 행위로 찬미되는 사회적 상황의 역전에 대한 신학적 기반이기도 하다.

[4]-[8] 4-5절에서 일련의 세 개의 이중 소절(three bicola)은 어떻게 강자가 약자가 되고 또한 그 반대로 되는지 – 아마도 행동을 달아보시는 그분의 능력에 의해 –

를 보고한다. 다음 순서를 주목하라: 4절: 강자는 약자가 되고 약자는 강자가 된다. 5a절: 강자는 약자가 되고 약자는 강자가 된다. 그러나 5b절: 약자는 강자가 되고 그 강자는 약자가 된다. 5b절에서 이러한 순서의 역전은 그 약자에 대한 여호와의 긍정적인 행위들에 특별한 강조를 두는 것으로 보인다. 긍정적인 확언에서 절정을 이루는, 동일한 순서적 특징이 6-8절에서 관찰될 수 있다. 비록 여기서 부정적인 행위들과 긍정적인 행위들이 각 소절에서 보고된다고 할지라도 말이다. 6a, 6b, 7a절 그리고 7b절에서 우리는 부정적인 행위에 뒤이어 긍정적인 행위가 뒤따른다는 것을 보게 된다. 그러나 8절에 길고 네 부분으로 된, 가난한 자의 편에 서시는 여호와의 긍정적인 행위에 대한 묘사가 있다. 4a절에 따르면, 하나님은 거만한 전사들의 활을 꺾음으로써 군사적 지원을 제공하신다. 예레미야에서 하나님은 엘람의 활을(49:35) 그리고 에스겔에서는 곡의 활을(39:3) 꺾으실 것을 약속하신다. 지혜 학파(the wisdom school)는 하나님이 사악한 자의 활을 꺾으실 것이라고 주장한 반면(시 37:15), 시온의 노래들은 활들을 꺽으시고 창들을 짓이기시는 분을 친양한디(시 46:9; 참조. 76:4[영역본. 3]). 호세아는 하나님이 심지어 이스라엘의 활을 꺾으실 것이라고 선언했으며(1:5), 또한 활 꺾기는 (제2[Deutero]) 스가랴에 따르면(9:10) 평화스런 나라의 일부분이 되는 것이었다. 동사 "흩뜨렸다"가 이 시의 마지막 부분에서 재등장한다(10절).

넘어진 자들은 하나님의 섭리(dispensation)하에 힘으로 띠를 매게 된다(참조. 삼하 22:40=시 18:40[영역본. 39]; 시 30:12[영역본. 11]; 사 45:50.). "배부른"(sated)이란 단어는 부자이거나 자족하는 사람들을 지시한다. 이스라엘은 후일에 그 백성의 수가 하나님의 역전의 심판을 경험하는 유족한 자들 가운데서 번성할 수 있다는 것을 알게 될 것이다.

> 젖먹이가 목말라서 혀가 입천장에 붙음이여
> 어린 아이가 떡을 구하나 떼어 줄 사람이 없도다
> 진수(珍羞)를 먹던 자가 거리에 외로움이여
> 전에는 붉은 옷을 입고 길리운 자가
> 이제는 거름더미를 안았도다(애 4:4-5).

아랍어와의 비교를 통해 하델루(חדלו)에 대한 번역어로 통상적인 "중단되었다" 대신 "살찌게 자랐다"가 만들어졌다(Calderone, *CBQ* 23[1961] 451-60; Thomas, VTSup 4). 관례적인 번역은 항상 "주린 자"나 혹은 어떤 본문상의 수정에 의해 보충되어야만 했었다. 우리의 번역에서 “다시”란 단어는 발음상의 변화에서 기인한 것이다(“원문주해” 5[a]를 보라). 맥카터(참조. Calderone op. cit., 그리고 Freedman, *Pottery Poetry, and Prophecy* 258n)는 단어 오드(עד)를 음식을 의미하는 명사로 이해한다(참조. 우가릿어 *mǵd*는 떡에 대한 일반적 단어 *lḥm*과 시적인 병행에서 사용된다. 역시 삿 5:7을 보라). 드라이버는 단어 오드(עד)를 “심지어”란 의미로 이해했으나, 그것을 다음에 이어지는 이중 소절(bicolon)의 시작 부분으로 이동시켰다.

4-5절의 순서는 아주 적절하게 하나님의 도우심으로 임신을 하게 된 불임 여성에 대한 언급으로 절정에 이른다. 이 문맥에서 우리는 자녀를 원하는 어떤 여자의 슬픔에 대해서 뿐만 아니라, 그녀가 경험할지도 모르는 사회적 배척에 대해서도 생각하게 된다. 한나는 브닌나 편에서 가하는 유난히 치명적이고 노골적인 비난의 형식을 알고 있었다(삼상 1:6). 일곱 자녀를 갖는 것은 풍부한 다산성의 표시였으며 기쁨의 원천이었다(룻 4:15; 렘 15:9). 시편 113편은 역전의 하나님에 대한 이러한 신학을 되풀이하는데, 그것은 불임 여성을 자녀로 인해 기쁨에 찬 어머니로 만드는 하나님에 대해서 말한다(9절). 사라, 리브가, 라헬, 마노아의 아내, 한나 그리고 엘리사벳에 대한 이야기들의 비교에 대해서는 클라인, *CTM* 41(1970) 680-681를 보라. 그들은 모두 기나긴 무자녀의 기간이 지난 후에 한 아들을 받았다. 많은 자녀의 어머니인 브닌나는 사무엘의 출생 이후에 허약해졌다고 말할 수 있다. 그녀는 사무엘상 1장 이후에는 언급되지 않는다. 이스라엘 또한 허약해져 가는 한 어머니의 역전을 한때 경험했었다. 예레미야의 말에 의하면, 어머니들이 예루살렘의 마지막 날들 동안에 자녀 상실로 미약해졌다(15:9).

우리가 주목한 대로, 6절에서 시작하는 배열 순서는 각 소절(colon)에서 하나님에 대한 긍정적, 부정적 확언들을 갖는다. 하나님께서 생명을 보존하심(문자적으로는 “그가 살게 만드신다”)은 아마도 절망적인 병에 걸린 사람들에 대한 치료를 지시한다. 신명기 32:39과 비교하라. “나는 죽이기도 하고 살리기도 한다. 나는 상하게도 하고 낫게도 한다.” 혹은 지혜서 16:13을 보라. “왜냐하면 당신께서는 생명과 죽음에 대한 권세를 가지셨기 때문입니다. 당신은 사람들을 음부(Hades)의 문으로 인도하기도 하고 다시 되돌리기도 하십니다.” 또한 코 앞에 닥친 죽음으로부터의 하나님의 구원이 역시 시편 30:4[영역본. 3]과 68:21[영역본. 20]에서 단언된다. 스올(Sheol)은 무덤이나 죽은 자들의 영역인 지하 세계에 대한 일반적인 용어다(*THAT*, 2, 837-41; *IDB* 2, 787-788). 비록 우리가 방금 인용했던 그 구절들이 좀더 후대의 급격한 묵시 발전의 신학적 기반의 하나를 형성한다 할지라도, 부활 사상은 아마도 그 시인의 생각 속에 없었다(반대로 Freedman, *Pottery, Poetry and Prophecy* 259).

6-8a절에 있는 동사들 대부분은 분사인데(6b절에 있는 "올리다"는 예외다), 그것은 찬송시 장르의 독특한 특징이다. 맥카터(*HTR* 66[1973] 403-12)는 이 구절이 재판을 함축하고 있음을 강조하면서 여기서 강변 시죄식(試罪式, the river ordeal)에 대한 암시를 발견한다.

시죄법의 암시가 있든 없든 간에, 6-8절에 있는 순서의 배열은 하나님께서 행동을 다시는 또 다른 양상을 한층 더 강조하고, 또한 정반대인 양극의 행위들(죽이기/살리기; 내리기/높이기)을 하나님께 귀속시킴으로써 그분의 통치의 포괄성이 강조된다(참조. 사 45:7). 7절은 시편 75:8[영역본. 7]과 밀접한 병행을 이룬다: 오직 재판장이신 하나님이 이를 낮추시고 저를 높이시느니라. 재판을 행하시는 분은 하나님이시다.

시인은 8절에서 하나님의 긍정적인 행위들을 특별히 강조한다. 거름더미 혹은 마을 쓰레기장은 밤에는 거지들의 잠자리이자 낮에는 구걸을 하는 장소였다(참조. 애 4:5; 욥 2:8; 30:19). 하나님은 가난한 자들의 운명을 역전시켜서 그들로 하여금 존귀한 자들과 함께 자리에 앉게 하시고(먹고?) 영광의 보좌를 얻게 하신다. 후자의 표현은 엘리아김의 고위 직분에 대해서(사 22:23), 혹은 심지어 성전의 하나님의 영광스런 좌소인 법궤에 대해 사용된다(렘 14:21과 17:21). 8절의 단어들은 시편 113 :7-8과 거의 동일하다. 아마도 그것들은 표준 형식문들을 형성하여, 히브리어 시인들에 의해 약간의 변형된 형식들로 사용되었을 것이다. 높이심과 정반대되는 그런 양상이 제2이사야에서 매춘부인 바벨론의 지위 강등에서 나타난다. "처녀 딸 바벨론이여 내려 티끌에 앉으라. 딸 갈대아여 보좌가 없어졌으니 땅에 앉으라. 네가 다시는 곱고 아리땁다 칭함을 받지 못할 것임이니라"(사 47:1).

8절의 마지막 두 줄은 버림받은 자들에 대한 그분의 실제적인 관심을 정당화하기 위해 창조자이신 하나님의 역할을 찬미한다. 창조는 은유적으로 표현된다: 그는 세계를(Freedman, Ibid: 저승) 자신에게 속한 기둥들 위에 세우셨다. 이것은 어떤 식으로든 전혀 동떨어진 외딴 그림은 아니다. 하나님은 시편 75:4[영역본. 3]에서 선언하시길, "세상이 흔들거릴 때, 나는 그것의 기둥들을(עמודיה – 아무데하; 참조. 욥 9:6) 안전케 한다." 다른 곳에서도 우리는 하나님께서 세계를 강이나 바다 위에 세우셨음을(시 24:2), 혹은 세계의 기초들을 잠기게 하셨음(욥 38:4, 6)을 읽는다. 우리의 이해에 있어서 주된 난관은 "기둥들"이란 단어다. 그것은 마소라 본문(MT)

에서 단지 이 곳과 사무엘상 14:5에서만 사용되는데, 후자에서는 그것이 자주 부연 설명으로 이해되어 제거된다. 사전 편집자들은 "기둥들"을 쭈크(צוק)란 단어에서 끌어와 그것을 "쏟아내다"란 뜻을 가진 야짜크(יצק)와 동일시하여 금속 주조로 만든 기둥의 일종으로 생각한다. 맥카터(*HTR* 66[1973] 403-12)는 "좁은"을 의미하는 어근 우크(עוק)를 선호하면서, 그 "기둥들"이란 명사를 지하로 연결된 좁은 통로들이나 수로들(straits)로 이해했다. 이때 이것은 그가 강변 시죄식에 대한 언급을 찾아보려는 시도에서 사용된다. 우리가 판단하기에, 이 단어의 의미는 불확실하다. 그러나 우리가 여전히 확신하는 것은 여전히 8e-f절의 중심적인 강조가 창조자로서의 하나님의 역할에 주어져 있으며, 그것은 역사 속에서 그분의 역전시키는 역할의 근거를 마련하기 위함이라는 것이다. 간략히 말해서, 우리는 강변 시죄식에 대한 언급은 믿을 만한 것이 아님을 발견한다.

미끄러지는(신 32:35), 넘어지는(시 56:14[영역본. 13]) 또는 비틀거리는(시 116:8) 발은 명백한 패배의 상징들, 즉 신실한 하나님의 사람은 두려워할 필요가 없는 위험의 상징들이다(참조 시 31:24[영역본. 23]; 86:2; 97:10; 잠 2:8). 악인들은 죽음과 동일한 어둠에 의해 침묵하게 된다. 죽음/음부는 종종 어둠과 병행되어 사용된다(욥 10:21-22; 15:22; 17:13). 사무엘상 2:9과 시편 31:18[영역본. 17]은 공히 동사 다맘(דמם, "침묵하다")을 사용하면서 악인들의 운명에 대해 말한다. 전자에서는 악인들이 어둠 속에서, 후자에서는 음부에서 침묵한다("음부에서 침묵하다"는 히브리어로 "יִדְּמוּ לִשְׁאוֹל"이다. 70인경은 "음부로", RSV는 "음부까지", KJV는 "무덤에서", 한글 개역은 "음부에서"로 각각 번역한다 – 역자주).

스토브는 9c를 부연설명으로 간주하여 무시해 버리지만, 그것이 뚜렷하게 말하고 있는 것은 사실상 앞 구절들의 암시적인 메시지다. 분명히 용사들, 배부른 자들, 많은 자녀의 어머니들 그리고 부자들은 모두 강하지만 그들의 힘과 높은 지위는 그것을 알고 계시는 하나님에 의해 원 위치될 수 있다. 아시리아(앗수르)의 거만한 왕이 도끼로서의 자신의 역할과 신적인 나무꾼으로서의 자신의 역할을 혼동해서 책망 받은 반면(사 10:13), 아말렉과의 전쟁에서 이스라엘 자신의 힘은 단지 여호와로부터 왔다(출 17:11). 신실한 자들은 오직 하나님의 능력으로 승리할 것이다(참조. 슥 4:6). 그것은 또한 비틀거리거나 굶는 자들, 그리고 임신치 못하거나 죽음이 임박한 자들이 요구할 수 있는 유일한 힘의 원천일 수 있었다. 이미 1절은 이러한 주제를 다루고 있다: 시인의 나팔은 하나님과 그분이 주신 승리에 대한 큰 감사의 표현이다.

여호와에 대한 찬양은 10절의 서두에서 그분의 이름에 대한 높임과 더불어 고조되기 시작한다. 거만한 자들과 자신을 의지하는 자들은 이제 영원히 패배한 적들로 간주된다. 그들은 4절에서 마치 용사들의 활이 부러진 것처럼(חתים – 하팀) 그렇게 부서진다(יחתו – 야하투). "지극히 높은 자"(the Most High)란 단어(혹은 Eli/Ali)는 하나님에 대한 고대의 이름이다(참조. Dahood, *TS* 14[1953] 452-57; Freedman, *Pottery, Poetry and Prophecy*). 신적인 우레는 신현이나 거룩한 전쟁에서 전형적인 그분의 행위다(참조. 삼상 7:10; 12:18). 그분의 지혜와 힘은 공히 그분이 전 세계를 심판하실 때의 요소들이다.

적들에게 승리하시는 분은 여호와이시다. 그리고 시인이 왕을 축복해 줄 것을 요청한 분은 바로 이러한 전능한 심판자다. 찬송시들은 다양한 방식으로 끝을 맺는데, 왕에 대한 언급은 찬송시들에서 전례가 없는 것이 아니다(참조. 시 89:19[18]). 물론 왕을 위한 기도는 동시에 모든 백성을 위한 기도다. 시편 89:18-19(영역본. 17-18)에서 시인은 "우리의 왕이 이스라엘의 거룩한 자에게 속해 있기" 때문에 "우리의 뿔이 높아졌다"고 말한다. 그래서 10절의 기름부음 받은 자의 뿔을 높여 달라는 기도는 시인 자신의 높이 솟은 뿔과 무관한 것이 아니다(1절). 왕의 부귀는 나라 전체를 위한 다산, 번영 그리고 풍요를 의미했다(시 72편 곳곳에). 1절과 10절 사이에 있는 봉합형(the style of inclusio)의 수사학적 연결에 더하여 신학적 연결이 있다. 여호와께서 기름부음 받은 왕을 축복하시기 때문에, 시인은 개인적으로 지속적인 신적 지원을 경험할 것이다. 왕의 기름부음의 의의에 대해서는 9장을 보라.

해설

한나의 노래는 한때 이스라엘 제의에서 감사의 찬송이나 노래 역할을 했는지도 모른다. 그러나 이 노래는 현재의 문학적 맥락 속에서 임신치 못한 한나에게 자녀를 주신 하나님에 대한 찬양이며, 또한 생명을 위해 그리고 자신의 우애(partisanship)와 자기 백성을 위해 긍정적인 행동들을 보여 주신 하나님에 대한 적절한 찬양이다. 한나의 적들이나 혹은 하나님의 계획들을 빗나가게 하는 다른 어떤 자들도 그분에 의해 직접 패배를 경험할 것이다. 뒤잇는 역사 전반은 창조주 하나님의 강력하고 지혜로운 심판에 대한 명시다.

더욱이 한나의 노래는 사무엘에 대한 이야기들을 적당한 전망 속에 놓는다. 그는 하나님의 특별한 선물이며, 그의 선지자적, 제사장적 그리고 사사적 행동들은 그가 독특한 인물임을 나타내 준다. 사무엘이 아무리 한 개인으로서 중요하다 할지라도, 그의 삶은 왕정을 도입하는 데 쓰여졌다. 그 정부의 형식은 신적 승인을 얻었으며, 백성들의 기도 제목 – 한나의 노래로 시작하는 – 이었다.

이후의 장들은 백성들이 드러내놓고 적대적이지는 않았을지라도, 자주 왕정에 대해 애증의 감정을 가졌다는 것을 보여 줄 것이다. 그리고 최초의 두 왕은 은사들과 장점들을 받았지만, 최소만 그만큼의 잦은 실패와 죄를 공유했다. 한나의 노래에 있는 마지막 청원은 왕정이 본질적으로 좋은 것이거나 신적 의지에 따른 것임을 명백하게 만든다. 왕을 위해 간구한 권세와 승리는 역시 백성들에게 그 혜택이 돌아갈 것이다. 왕권에 대한 이러한 긍정적인 언급은 사무엘하 7장과 다른 곳에 있는 다윗에 대한 약속과 신학적으로 매우 잘 어울린다. 왕권은 여호와께서 이스라엘을 위해 행하셨던 위대한 행위들 중 하나다. 물론 Dtr에 나오는 그 이야기의 다른 측면은 그 약속의 땅에서 이스라엘이 그들의 삶의 처음부터 마지막까지 언약을 어긴 것에 대한 여호와의 고발이다. 그 고발이 열왕기에서 지배적인 반면, 사무엘서는 여호와께서 왕정을 통해 자신의 백성들에게 무엇을 주려고 하시는지를 보여 준다.

3. 선한 아들/악한 아들들(2:11-36)

참고문헌

Hoftijzer, J. "Das sogenannte Feueropfer." *Hebräische Wortforschung*. VTSup 16. Leiden: E. J. Brill,(1967) 114-34. **Houtman, C.** "Zu 1 Samuel 2:25." *ZAW* 89(1977) 412-17. **Speiser, E. A.** "The Stem *PLL* in Hebrew." *JBL* 82(1963) 301-6. **Tidwell, N. L.** "The Linen Ephod: 1 Sam. 2:18 and 2 Sam. 6:14." *VT* 24(1974) 505-7. **Tsevat, M.** "The Death of the Sons of Eli." *JBR* 32(1964) 355-58. ______. "Studies in the Book of Samuel." *HUCA* 32(1961) 191-216. **de Ward, E. F.** "Superstition and Judgment: Archaic Methods of Finding a Verdict." *ZAW* 89(1977) 1-19.

본 문

11 엘가나는 라마의 자기 집으로 돌아가고 그 아이는 제사장 엘리 앞에서 여호와를 섬기니라	**11** [a]She [Hannah] went to Ramah,[a] while the boy carried on the service of Yahweh, in the presence of Eli the priest.
12 엘리의 아들들은 불량자라 여호와를 알지 아니하더라	**12** The sons of Eli were good-for-nothings: they did not obey Yahweh.
13 그 제사장들이 백성에게 행하는 습관은 이러하니 곧 아무 사람이 제사를 드리고 그 고기를 삶을 때에 제사장의 사환이 손에 세 살 갈고리를 가지고 와서	**13** This is what was due [a]the priest from[a] the people: whenever someone was making a sacrifice, an attendant of the priest would come, while the meat was boiling, with a three-pronged fork in his hand,
14 그것으로 남비에나 솥에나 큰 솥에나 가마에 찔러 넣어서 갈고리에 걸려 나오는 것은 제사장이 자기 것으로 취하되 실로에서 무릇 그 곳에 온 이스라엘 사람에게 이같이 할 뿐 아니라	**14** and he would thrust it into [a]the caldron or cooking pot.[a] Whatever the fork brought up, the priest would get for himself,[b] but this is what they did to all Israel who came there,[c] at Shiloh:
15 기름을 태우기 전에도 제사장의 사환이 와서 제사드리는 사람에게 이르기를 제사장에게 구워 드릴 고기를 내라 그가 네게 삶은 고기를 원치 아니하고 날 것을 원하신다 하다가	**15** Before they had burned the fat, the attendant of the priest would come and say to the person sacrificing, "Donate some meat to the priest for roasting. He will not accept [a]boiled meat[a] from you."
16 그 사람이 이르기를 반드시 먼저 기름을 태운 후에 네 마음에 원하는 대로 취하라 하면 그가 말하기를 아니라 지금 내게 내라 그렇지 아니하면	**16** If the man would say,[a] "Let them burn the fat as usual, and then you can take for yourself whatever[b] you want," [the attendant] would reply,

내가 억지로 빼앗으리라 하였으니	"No,[c] but you shall give it now. And if you do not, I will take[d] it by force."[e]
17 이 소년들의 죄가 여호와 앞에 심히 큰은 그들이 여호와의 제사를 멸시함이었더라	17 The sin of the attendants was exceedingly serious in the sight of Yahweh since they[a] were despising Yahweh's offering.
18 사무엘이 어렸을 때에 세마포 에봇을 입고 여호와 앞에 섬겼더라	18 At the same time Samuel was ministering in the presence of Yahweh as an attendant girded with a linen ephod.
19 그 어미가 매년제를 드리러 그 남편과 함께 올라갈 때마다 작은 겉옷을 지어다가 그에게 주었더니	19 His mother would make him a little robe and bring it up annually when she came up with her husband to perform the annual sacrifice.
20 엘리가 엘가나와 그 아내에게 축복하여 가로되 여호와께서 이 여인으로 말미암아 네게 후사를 주사 이가 여호와께 간구하여 얻어 드린 아들을 대신하게 하시기를 원하노라 하였더니 그들이 그 집으로 돌아가매	20 Eli blessed Elkanah and his wife, [a]saying, "May Yahweh restore[a] to you children from this woman in the stead of the child who was obtained by request, whom she dedicated[b] to Yahweh." When they had gone home,[c]
21 여호와께서 한나를 권고하사 그로 잉태하여 세 아들과 두 딸을 낳게 하셨고 아이 사무엘은 여호와 앞에서 자라니라	21 Yahweh visited[a] Hannah and she gave birth[b] to three more sons and two daughters. And the boy Samuel continued to grow in Yahweh's presence.[c]
22 엘리가 매우 늙었더니 그 아들들이 온 이스라엘에게 행한 모든 일과 회막문에서 수종드는 여인과 동침하였음을 듣고	22 Eli was very old. When he would hear[a] what his sons were doing to the Israelites,[b]
23 그들에게 이르되 너희가 어찌하여 이런 일을 하느냐 내가 너희의 악행을 이 모든 백성에게서 듣노라	23 he would say to them, "Why are you acting in accord with [a]these bad words which I hear[a] from the mouth[b] of all [c]the people of Yahweh?[c]
24 내 아들아 그리 말라 내게 들리는 소문이 좋지 아니하니라 너희가 여호와의 백성으로 범과케 하는도다	24 No, my sons, [a]do not do this, for the reports are not good which I hear[a] the people of Yahweh spreading around.
25 사람이 사람에게 범죄하면 하나님이 판결하시려니와 사람이 여호와께 범죄하면 누가 위하여 간구하겠느냐 하되 그들이 그 아비의 말을 듣지 아니하였으니 이는 여호와께서 그들을 죽이기로 뜻하셨음이었더라	25 If a man sins against another man, God will mediate for him;[a] but if a man sins against Yahweh, who will pray for him?" But they would not listen to the voice of their father for Yahweh desired to kill them.
26 아이 사무엘이 점점 자라매 여호와와 사람들에게 은총을 더욱 받더라	26 And the boy Samuel was continually[a] improving in the opinion of Yahweh and of people.
27 하나님의 사람이 엘리에게 와서 그에게 이르되 여호와의 말씀에 너희 조상의 집이 애굽에서 바로의 집에 속하였을 때에 내가 그들에게 나타나지 아니하였느냐	27 A man of God came to Eli and said,[a] "Thus says Yahweh, 'I indeed[b] revealed myself to the house of your father when they were slaves[c] in Egypt for the house of Pharaoh.
28 이스라엘 모든 지파 중에서 내가 그를 택하여	28 I chose him from all the tribes of Israel to be

나의 제사장을 삼아 그로 내 단에 올라 분향하며 내 앞에서 에봇을 입게 하지 아니하였느냐 이스라엘 자손의 드리는 모든 화제를 내가 네 조상의 집에 주지 아니하였느냐

a priest for me, to go up on my altar, to burn incense, and to carry the ephod,[a] Moreover, I gave to your father's house all the votive offerings of the Israelites.

29 너희는 어찌하여 내가 나의 처소에서 명한 나의 제물과 예물을 밟으며 네 아들들을 나보다 더 중히 여겨 내 백성 이스라엘의 드리는 가장 좋은 것으로 스스로 살지게 하느냐

29 "'Why do you[a] look greedily[a] at my sacrifice and my offering and you honor your sons more than me in letting them eat[b] the first parts of every offering of Israel before me?[c]

30 그러므로 이스라엘의 하나님 나 여호와가 말하노라 내가 전에 네 집과 네 조상의 집이 내 앞에 영영히 행하리라 하였으나 이제 나 여호와가 말하노니 결단코 그렇게 아니하리라 나를 존중히 여기는 자를 내가 존중히 여기고 나를 멸시하는 자를 내가 경멸히 여기리라

30 Therefore, oracle of Yahweh the God of Israel, I indeed promised that your house and the house of your father would walk before me forever, but now, oracle of Yahweh, far be it from me! I will, rather, honor those who honor me while those who despise me will be cursed.

31 보라 내가 네 팔과 네 조상의 집 팔을 끊어 네 집에 노인이 하나도 없게 하는 날이 이를지라

31 Behold days are coming when I shall cut off your descendants[a] and the descendants[a] of your father's house,[b]

32 이스라엘에게 모든 복을 베푸는 중에 너는 내 처소의 환난을 볼 것이요 네 집에 영영토록 노인이 없을 것이며

32 and there will not be an old man in your house for all time.

33 내 단에서 내가 끊어 버리지 아니할 너의 사람이 네 눈을 쇠잔케 하고 네 마음을 슬프게 할 것이요 네 집에 생산하는 모든 자가 젊어서 죽으리라

33 The man whom I do not cut off for you from my altar will wear out his[a] eyes and will consume[b] his[a] life, but the entire increase of your house [c]will fall by the sword of[c] men.

34 네 두 아들 홉니와 비느하스가 한 날에 죽으리니 그 둘의 당할 그 일이 네게 표징이 되리라

34 "'This will be to you the sign, which will happen to your two sons, Hophni and Phinehas: on one day the two of them will die.

35 내가 나를 위하여 충실한 제사장을 일으키리니 그 사람은 내 마음 내 뜻대로 행할 것이라 내가 그를 위하여 견고한 집을 세우리니 그가 나의 기름 부음을 받은 자 앞에서 영구히 행하리라

35 I shall raise for myself a faithful priest. He shall act in accord with my heart and my desire, and I will build for him a sure house so that he may walk before my anointed king for all time.

36 네 집에 남은 사람이 각기 와서 은 한 조각과 떡 한 덩이를 위하여 그에게 엎드려 가로되 청하노니 내게 한 제사장의 직분을 맡겨 나로 떡 조각을 먹게 하소서 하리라 하셨다 하니라

36 And everyone who is left in your house shall come to prostrate themselves before him for a piece of silver or a loaf of bread. He will say, "Add me to one of your priestly families that I may eat a portion of bread."'"

원문주해

11.a.-a. 70인경(LXX); 마소라 본문(MT): "엘가나는 자기 집인 라마로 갔다." 참조.

1:28, 여기서 남성과 여성 주어 사이에 비슷한 변형이 발생한다.

13.a.-a. 일부 히브리어 필사본들과 역본들을 따라 하코헨 메에트(הכהן מאת, "…중의 제사장"으로 단수 – 역자주)로 읽는다; 마소라 본문(MT)에서는 멤(ם)이 앞에 있는 명사 코헨(כהן)에 붙어 그것을 복수로 만들고 있다.

14.a.-a. 4Q(16절에 추가하여)는 그릇에 대한 두 개의 단어를 나열한다; 70인경(LXX)은 14절에서 세 개를 갖는다; 마소라 본문(MT)은 네 개를 갖는다.

14.b. 역본들을 따라 로(לו)로 읽는다; 마소라 본문(MT)은 보(בו).

14.c. 마소라 본문(MT); 70인경(LXX): "여호와께 희생으로."

15.a.-a. 참조. 70인경(LXX); 마소라 본문(MT): "삶은 고기가 아니라 단지 날로 된."

16.a. 완료형을 가진 와우 연속법으로 읽는다. 참조. 4Q. 마소라 본문(MT)은 미완료형을 가진 와우 연속법을 간직하고 있으며 "그에게"를 추가한다.

16.b. 마소라 본문(MT)은 카아쉐르(כאשר); 4Q(참조. LXX)는 미콜 아쉐르(אשר מכול).

16.c. 히브리어 필사본들, 케레, 70인경(LXX)이 그렇다; 마소라 본문(MT)은 "그에게."

16.d. 완료형을 가진 와우 연속법으로 읽는다. 참조. 4Q 70인경(LXX); 마소라 본문(MT)은 접속사 없이 완료형.

16.e. 4Q는 13-14절과 일부분 병행을 이루는 하나의 추가를 포함한다. 그 본문에 대해서는 맥카터를 보라.

17.a. 4Q 70인경(LXX)이 그렇다; 마소라 본문(MT): "그 남자들."

20.a.-a. 4Q 70인경(LXX)을 따라 예살렘 아도나이(ישלם יהוה)로 읽는다.

20.b. 마지막 문자가 없는 4Q를 따라 히쉬일라(השאילה, "그녀가 바쳐지게 했던")로 읽거나, 70인경(LXX), 시리아역(Syr), 라틴 벌게이트(Vg)를 따라 히쉬알트(השאלת, "네가 요구했던")로 읽는다.

20.c. 봐옐르쿠 리므코맘(וילכו למקומם)으로 읽는다(추측); 마소라 본문(MT): "그리고 그들이 그의 집으로 가려 했다"; 4Q 70인경(LXX): "그리고 그 사람이 그의 집으로 갔다"; 시리아역(Syr), 탈굼역(Targ): "그리고 그들이 그들의 집으로 가려 했다."

21.a. 4Q 70인경(LXX)을 따라 봐이프코드(ויפקד)로 읽는다; 마소라 본문(MT): 키 카파드(כי פקד).

21.b. 4Q 70인경(LXX): 봐텔레드 오드(ותלד עוד); 마소라 본문(MT); 봐타하르 봐텔레드(ותהר ותלד, "그리고 그녀는 임신해서 출산했다").

21.c. 4Q 70인경(LXX): 리프네이(לפני); 마소라 본문(MT): 임(עם).

22.a. 마소라 본문(MT)은 "모두"를 추가한다.

22.b. 4Q 70인경(LXX); 마소라 본문(MT): "온 이스라엘에게." 마소라 본문(MT)은 또 추가한다: "그리고 그들이 회막 문에서 섬겼던 여자들과 함께 누웠다." 이것은 출 38:8

에서 온 부연설명이다. 이 절은 4Q, 70인경 바티칸 사본(LXX[B])에는 없다. 성소에 대한 회막문이란 명칭은 다른 곳의 원래의 문맥 속에서 언급되는 "성전"과 대조된다(1:9; 3:3, 15).

23.a-a. 70인경 루시안 개정본(LXX[L]), 참조. 70인경(LXX); 마소라 본문(MT)은 이문병합된 이중적 독법 "이 악한 말들은 … 너희들의 악한 길"(these bad words… evil ways)을 보존하고 있다.

23.b. 4Q 70인경(LXX)이 그렇다; 마소라 본문(MT): 메에트(מאת). 이것은 23.a.에 인용된 중복어법(the doublet) 때문에 필요한 수정인가?

23.c.-c. 4Q 70인경(LXX): 임 아도나이(עם יהוה); 마소라 본문(MT): 하암 엘레(אלה העם). 마지막 단어는 어쩌면 24절에 있는 첫 단어의 손상된 중복오사(dittograph)일 수도 있다.

24.a.-a. 4Q 70인경(LXX): "내가 들은 보고는 좋지 않다. 이것을 행하지 말라. 왜냐하면 내가 들은 그 보고들은 좋지 않기 때문이다." 단수형으로 된 "보고"를 가지는 첫 번째 절은 위치가 잘못된 중복어법이다. 마소라 본문(MT)에서는 비록 첫 번째 "듣다"(hear[1]) 부터 두 번째 "듣다"(hear[2])까지가 모두 유사종결(homoioteleuton)에 의해 상실되었다 할지라도 동일한 이문병합 본문을 전제한다.

25.a. 봐필렐 로(ופלל לו)로 읽는다; 마소라 본문(MT): 봐필로(ופללו)

26.a. 70인경(LXX); 마소라 본문(MT)은 추가한다: 붸가델(וגדל, "자라고 있다"). 참조. 21절.

27.a. 4Q 70인경(LXX); 마소라 본문(MT)은 추가한다: "그에게."

27.b. 70인경(LXX); 마소라 본문(MT): "내가 정녕…했느냐?"(Did I indeed…?)의문사 헤(*he*, ה)는 중복오사에 의해 발생되었다.

27.c. 4Q 70인경(LXX); 유사종결에 의해 마소라 본문(MT)에서 없어졌다.

28.a. 4Q 70인경(LXX); 마소라 본문(MT)은 추가한다: "내 앞에서."

29.a. 타비트… 쫘라트 아인(תבּיט…צרת עין)으로 읽는다. 참조. 70인경(LXX)과 그리고 맥카터에서 인용된 크로스에 의한 논의.

29.b. 맥카터는 추측한다: 레하베르 (봐)테헴(להבר [ו]תהם).

29.c. 70인경(LXX); 마소라 본문(MT): 레암미(לעמי, "내 백성을 위해").

31.a.-a. 70인경(LXX) 구 라틴 역(OL); 마소라 본문(MT): "팔" 혹은 "힘". 그 차이는 다른 음독에서 기인한다.

31.b. 마소라 본문(MT)은 추가한다: "그래서 너의 집에는 한 사람의 늙은 자도 없을 것이다. 그리고 너는 여호와께서 이스라엘에 베푸신 모든 복을 부러워하여 볼 것이다". 31b-32a절. 이 독법은 4Q, 70인경(LXX)에는 없다. 32a절은 29a절의 손상된 변형문(variant)이다; 31b는 32b의 변형문이다.

33.a. 70인경(LXX); 참조. 4Q. 마소라 본문(MT): "너의".
33.b. 붸라하딥(ולהדיב)로 읽는다(*BHK*); 마소라 본문(MT) 붸라아딥(ולאדיב)
33.c.-c. 4Q 70인경(LXX); 마소라 본문(MT): "…처럼 죽을 것이다".

양식/구조/배경

이 단원의 경계선은 앞선 한나의 노래(2:1-10)와 2장을 끝맺는 엘리의 집에 대한 저주의 신탁(27-36절)에 의해 마련된다. 3장은 새로운 주제를 다룬다: 여호와께서 실로에서 사무엘에게 나타나심.

요약. 한나가 집으로 돌아간 후에, 사무엘은 실로에서 사역을 맡았다(11절). 엘리의 아들들은 실로에서 제사장들에 대한 기부 제도를 어기고 폭압과 협박으로 탐욕스런 행위를 저질렀던 비열한 인물들이었다(12-17절). 사무엘은 실로에 있는 성소에서 시중 드는 자였다. 그의 어머니는 계속 그를 돌보았고, 여호와께서는 엘리에 의해 중재된 축복을 통해 한나와 엘가나에게 다섯 자녀를 더 주셨다(18-21절). 늙은 엘리는 자기 아들들에게 여호와의 백성들 사이에 널리 퍼진 소문들을 추궁했다. 엘리가 그들에게 여호와에 대한 범죄가 가져올 심각한 결과(이웃 사람에 대한 범죄와 대비되어)를 경고했음에도 불구하고, 그의 아들들은 그의 말을 듣지 않았다. 그들의 불순종은 여호와께서 그들을 죽이시려는 계획을 서두르게 했다(22-25절). 반면에 사무엘은 계속 여호와와 백성들에게 공히 귀중히 여김을 받았다(26절). 하나님의 사람은 엘리에게 이르기를, 그분의 선택이 미래의 축복의 보장은 아니었다고 경고한다. 엘리가 탐욕에 젖은 자기 아들들을 방관했기 때문에, 그의 전 가족은 눈물로 그의 삶을 마감할 한 사람을 제외하고는 모두 파멸될 것이다. 이 재앙의 징표로 그의 두 아들 홉니와 비느하스가 한날에 죽을 것이다. 하나님은 충실한 한 제사장과 영원히 왕의 곁에서 임무를 수행할 견고한 한 제사장 가문을 일으키겠다고 약속하셨다. 엘리 집의 생존자들은 이 제사장 가문에 편입되기를 애원하게 될 것이며, 또한 재정적 지원을 부탁할 것이다(27-36절).

해설자는 능숙하게 사무엘에 대한 긍정적 보고들(11, 18-21, 26절)과 엘리와 그의 아들들에 대한 부정적 정보들(12-17절, 22-25절)을 함께 엮어 놓는다. 이러한 교차적인 단락들 간의 상호 관계는 사무엘을 합법화시키는 경향이 있는데, 사무엘은 3장에서 하나님의 특별한 말씀을 받는 사람이며, 왕정의 등장에서 결정적인 역할을 할 것이다. 동시에 엘리 가문들과의 대조는 27-36절에 있는 그들에 대한 가혹한 심판을 정당화하기에 충분하다(참조. 3:11-14과 4장). 그 하나님의 사람의 말씀은 비난에 대한 근거를 제공하는 질문으로 시작하면서 일반적인 예언 형식을 따른다(29절). 징벌에 대한 선언 자체는 국면 전환용 단어인 "그러므로"로 시작된다. 그 단어에 뒤이어 전언자 형식문(a messenger formula)이 뒤따르는데, 그것은 1인칭으로 여호와에 의한 말씀을 소개한다(참조. 렘 20:4; 28:16 과 Westermann, 142, 144, 150). 어떤 사람은 사무엘에 대한 단락들과 엘리 가문들에 대한 단락들은 한때 독자적인 문학적 실재였다고 주장해 왔다. 예를 들어 맥카터는 대체로 밀러와 로버츠를 따르면서, 본래 위에서 엘리 가문을 다룰 때 나열된 단락들이 한때 4:1b-7:1에 있는 고대의 법궤 이야기의 일부분이었다고 제안한다. 그것이 어찌 되었든, 현재의 문맥은 눈부신 서사(narrative) 기법, 즉 비교와 대조의 사용을 보여 준다.

27-36절의 현재의 형식은 비록 엘리에 대한 저주 신탁이 몇 단계를 통해 발전되었다는 것이 불가능한 것은 아닐지라도 신명기 학파 역사가의 것으로 돌려진다(Veijola, *Ewige Dynastie* 37, n. 114; McCarter). 신명기 학파적 증거가 포함하고 있는 것들은 다음과 같다: "이스라엘의 여호와 하나님"이란 호칭의 사용(30절), 익명의 "하나님의 사람"에 의한 신탁(참조. 특별히 왕상 13장), "집"이란 단어(보통 이 문맥에서는 왕조와 동일)의 열한 번의 언급 그리고 다윗에 대한 약속에 못지 않은 사독 가계의 영원성에 대한 약속(참조. 왕상 2:24). 가장 중요한 실마리는 열왕기상 2:26-27에 있는 엘리를 향한 저주 신탁의 성취에 대한 명백한 언질이다. 다소 덜 명백하긴 하지만 사무엘상 2:35과 열왕기상 2:35 사이에도 역시 약속과 성취의 순서 배열이 있다. 저자는 신명기 18:6-8에 있는 레위 족속에 대한 법과 요시야 개혁에서 그것의 재해석(왕하 23:9)을 알고 있는 것처럼 보인다. 역사 속에서 성취되는 하나님의 말씀에 집중하고 있는 역사가의 초점은 역시 2:34에서 엘리의 아들들에 대한 위협과 4:11에서 그것의 성취에 의해서도 분명해진다. 제사장 가문들에 대해 비교적 길게 다룬 이러한 신명기 학파적 주석은 사무엘상에서, 그리고 그 주제를 다루는 Dtr 전반에서 더 작은 하층 주제를 형성한다. 그러나 그 역사가는 여호와의 위대한 은혜, 인간의 불순종 그리고 그런 죄악들이 가져오는 심각한 결과나 징벌이라는 통상적인 주제들을 내비친다. 엘리 가문에 적대적인 그분의 말씀은 사독의 집에 대한 약속에 의해 균형이 잡혀 있다. 이것은 열왕기에서 이와 병행을 이루는 주제들, 즉 여로보암의 집에 대한 심판과 다윗의 집에 대한 약속이라는 주제들과 유사하다.

주석

11-17 한나가 라마에 있는 그녀의 집으로 돌아갈 때(참조 1:1과 19), 사무엘은 실로에서 자신의 제사장 직무를 시작한다. 그의 "섬김"은 18절과 3:1에 언급되어 있으며, 이 단어는 다른 곳에서는 아론과 그의 아들들의 제사장적 행위들을 지시하는데 사용된다(참조. 출 28:35, 43; 29:30; 민 1:50 등). "소년" 혹은 "사환"(נער-나아르)이란 단어는 그 이야기의 나머지 부분에서 사무엘에 대해 전제된 매우 어린 나이와 약간의 모순을 이루고 있는 듯이 보인다. 그러나 주된 비교의 초점은 신실한 소년 사무엘과 사악한 소년들 혹은 사환들, 즉 엘리의 아들들 사이에 있는 것으로 보인다. 이 아들들은 사실상 "불한당들"이었다. 엘리는 한나가 불량한 여자라고 생각했다(1:16). 그러나 역설적으로 자신의 아들들이 실제적인 건달들인 것으로 판명된다. 그들의 범죄 행위는 대체로 이렇다: 그들은 여호와를 알지도 복종하지도 않았다(12절). 특별히 그들은 희생제물을 가져오는 사람들로부터 양질의 고기를 갈취했다. 오경에 있는 제사장 법에 따르면 제사장은 희생 동물들의 가슴과 오른쪽 넓적다리를 받게 되어 있었던 반면(레 7:28-36), 신명기에 따르면 제사장들은 희생제의 소나 양의 어깨와 두 볼(혹은 턱), 그리고 위(胃)를 받게 되어 있었다(18:3). 실로에서는 분명히 다른 제도를 따르고 있었는데, 거기서는 시중 드는 자가 갈고리를 끓는 솥에 쑤셔 넣어 걸려나온 것은 뭐든지 제사장 몫으로 돌리는 것이 관례였다. (수많은 갈고리가 고고학자들에 의해 발견되었는데[참조. *BRL*, cols. 85-86, 그리고 Abb. 26], 그것은 어떤 요리용으로 만들어진 것이었다.) 그 실로의 사환들은 무작위 건지기에 의존하기보다는 자신들이 가장 좋아하는 부위들을 건져 올림으로써, 또한 기름진 부위를 선택하여 포함시킴으로써 이러한 그 지방의 평등주의 제도로부터 이탈했다. 정상적으로는 기름은 여호와께 태워져야 했기 때문에 아무도 그것을 먹지 않았다(레 7:23-25, 31; 17:6). 그들의 범죄의 중대성은 이것이 어떻게 온 이스라엘, 즉 신성한 동맹체(sacral confederation)를 위협에 빠뜨렸는지를 언급함으로써(14절) 강조된다. 그들의 오만불손함은 나아가 음식 준비로 확대된다: 그들은 삶은 고기가 아니라 구운 고기를 원했다. 여호와의 몫이 드려지기 전에 그들은 자신들의 몫을 받기를 요구하여 여호와의 제사를 멸시했다(참조. 민 16:30). 제물을 드리는 자들이 기름이 태워지고 난 이후에 그들이 바라는 고기의 부위를 맘대로 선택하라고 제안했을 때, 엘리 가문의 사환은 이러한 절충안을 거절하고 실력 행사를 하겠다고 협박하여 그의 악행을 더욱 가중시켰다. 우리가 듣는 대로, 엘리

가문의 죄는 심히 컸다. 독자들은 즉시 선언되는 엘리 집에 대한 징벌에 대해 놀라지 않는다.

[18]-[21] 이 소년들 혹은 사환들이 그렇게 악행을 행하고 있던 반면에, 소년 사무엘은 여호와 앞에서 제사장 직무를 계속 수행했다. 그가 입은 세마포 에봇은 앞치마나 허리에 두르는 옷, 즉 제사장들이나 성물을 다루는 사람들을 위한 옷이었던 것으로 보인다(참조. 삼하 6:14와 대상 15:27; Tidwell). 그것은 역시 에봇이라 칭하기도 하는 신탁을 만드는 장치와 구별되는 것인데, 그 에봇은 (입는 것이 아니라–역자주) 옮길 수 있거나 가까이 접근할 수 있는 물건이었다(삼상 2:28; 14:3, 18[LXX]; 22:18; 23:6, 9; 30:7). 또 다른 옷이 세마포 에봇 위에 입혀졌다(대상 15:27; 야외 복장으로?). 결국은 그 앞치마와 겉옷이 전승 속에서 혼동을 일으키게 되어 후자가 제사장 본문들 속에서 에봇이라 불리게 되었다(참조. 출 28:4, 6 등). 한나는 매년 남편과 함께 연례적인 희생을 위해 올 때마다 훌쩍 자란 그 소년에게 새 겉옷을 가져왔다.

엘리는 자녀들을 추가로 더 주신다는 약속과 더불어 그 소년의 부모를 축복함으로써 그가 사무엘을 승인한다는 것을 보여 주었다. 1장 말미에 언급된, 어근 샤알(שׁאל)을 둘러싼 결말 놀이가 계속된다. 사무엘은 "요청에 의해 얻어진" 자식이며, 또한 여호와께 "바쳐진" 혹은 "드려진" 자식이다(참조. 1:17, 20, 27, 28 그리고 사울이란 이름에 대해 거기서 토론된 추가적인 가능한 암시들). 여호와는 한나에게 다섯 명의 추가적인 자녀들을 주시면서 목가적인 가족의 그림을 가장 행복한 결말로 마무리하셨다. 사무엘은 봉사하면서 계속 자랐다. 한편으로는 사무엘과 그의 가족, 다른 한편으로는 엘리의 불행한 운명의 가족 및 그의 사악한 아들들 사이의 대조는 이보다 더 뚜렷할 수는 없다.

[22]-[25] 엘리의 많은 나이–4Q와 4:15에서 98세로 나온다!–로 인해 그는 자기 아들들에 대한 책망에 영향력이 없게 된다. 마소라 본문(MT)은 이전의 엘리의 아들들에 대한 고발에다 추가로 그들이 회막 문 앞에서 자질구레한 직무를 수행했던 여자들과 성관계를 가졌다는 비난을 덧붙인다. 출애굽기 38:8로부터 차용된(22.b.와 Driver를 보라) 이러한 비판은 좀더 후기의 상황들을 반영하는지 모른다. 요시야는 여자들이 아세라를 위해 휘장을 짜던 곳이었던 제의 남창들의 집들을 파괴해야 했다(왕하 23:7). 원래의 본문에 따르면, 엘리의 아들들의 실제적인 죄악은 그들이 자신들의 제물 몫을 늘리기 위해 압력을 행사한 것이었다. 엘리는 사람들에 대한 죄는 하나님께서 중재하실 수 있지만(팔랄–פלל의 피엘형의 의미에 대해서는

Speiser를 보라), 만약에 사람이 여호와 바로 그분께 죄를 짓는다면 그 죄인을 위해 더 높은 위치에서 중재할 수 있는 분은 아무도 없다고 경고했다(동일한 동사의 히트파엘형; Speiser를 보라). 엘리에 의한 이러한 경고의 정확한 의미는 논란이 된다. 드 워드(De Ward, *ZAW* 89[1977] 1-19)는 추론하기를, 첫 번째 조건문은 증거들을 조사하는 다른 방법들이 실패했을 때 하나님께서 초자연적 방법들로 그 판결을 선언하실 것임을 의미한다고 했다. 하우트만(Houtman, *ZAW* 89[1977] 412-17)은 첫 번째 조건문에 있는 엘로힘(אלהים)이란 단어를 어떤 "특출난 사람"을 의미하는 것으로 받아들인다. 따라서 어떤 사람이 사람 사이의(intrahuman) 죄를 중재할 수 있지만, 여호와께 대한 죄는 아브라함이나 모세와 같은 지위를 가진 중재자만이 효과적으로 다룰 수 있었다. 맥카터는 첫 번째 조건문이 인간 상호간의 죄악들을 위해 중재 역할을 할 신들을 언급하는 것으로 이해한다. 엘리 아들들의 죄악은 우선적으로 하나님께 대한 것이었다: 그들은 여호와의 제사를 멸시하는 죄를 저질렀다(참조. 17절). 그래서 그들은 희망이 없다. 그들이 자신들의 아버지의 말을 듣지 않거나 그에게 복종하지 않는 것은 바로의 마음이 강퍅케 된 것과 똑같은 작용이다: 그것은 그들에 대한 여호와의 죽음의 위협을 정당하게 만든다. 그들이 듣지 않았기 때문에, 여호와는 그들을 기꺼이 죽이기로 작정하셨다. 부정적인 혹은 심지어 악한 행위들에 대한 여호와의 책임감은 사무엘상 16:14; 사무엘하 24:1-2; 열왕기상 22:20과 같은 그런 구절들로부터 알려진다.

[26] 다시 독자들의 관심은 사무엘에게로 되돌아간다. 그는 엘리의 아들들과 대조되어 돋보이는 인물이며, 그들과 대비되는 인물이다. 21절에서 우리는 하나님께서 그를 승인하신 것을 읽었다. 이제 우리는 그가 하나님과 사람 양자 모두의 승인 속에서 계속 자란다는 것을 듣는다. 사무엘과 엘리 아들들에 대한 상호 얽혀 있는 이야기는 누가 신적인 승인을 받았고 누가 저주 아래 놓여 있는지 의심할 여지를 남겨 놓지 않는다.

[27]-[36] 이 장에 대한 신명기 학파의 이해는 하나님의 사람에 대한 메시지로 구성된다(참조 9:6-7, 10; 삿 13:6, 8; 왕상 13:1-2; 17:18, 24). 그는 엘리에게 하나님의 말씀을 보고한다. 그것은 "여호와께서 이렇게 말씀하신다"는 전언자 형식문(messenger formula)으로 도입된다. 엘리 조상의 집의 선택은 레위 족속에 대한 언급인 것으로 보일 수도 있지만(Stoebe가 그렇다), 벨하우젠, 크로스 그리고 다른 사람들은 모세와의 연관성 혹은 무시 가문의(Mushite) 제사장 계보와의 연관성을 가능한 방안으로 제시했다. 그 조상의 집이 여전히 애굽에서 노예 상태였을 때 이러한

선택이 발생했다는 점을 주지시킴으로써 하나님의 은총이 강조된다(참조. 레 26:13; 신 6:21).

제사장들의 세 가지 의무가 28절에 명시된다. "나의 제단에 올라가는 것"은 계단으로 된 제단의 종류를 전제한다(참조. 출 20:26; 왕상 12:33; 왕하 16:12; 23:9; 가장 상세한 묘사는 에스겔의 새 성전 환상인 43:13-17에 나온다. 이에 관한 토론과 현대에 재생시킨 간략한 건물 모형에 대해서는 *IDB* 1, 98를 보라). 스토브(Stoebe)는 케토레트(קטרת, "향")란 단어는 불로 드려지는 모든 제물을 언급한다고 주장하는데, 왜냐하면 자신의 견해로 볼 때 그 단어는 단지 에스겔 시대 이후에만 엄밀한 의미에서의 향을 의미하기 때문이다(참조. 왕상 12:33; 13:1과 사 1:13). 제사장이 운반하게 되어 있는 에봇은 위에 언급된 세마포 옷이 아니라 신탁을 만드는 장치를 지시한다(18절과 거기 인용된 신탁에 사용된 에봇에 대한 언급들. 그것은 운반이 가능하고 접근할 수 있는 것이었다).

그것이 정확히 무엇인지 일려지지 않은 서원 제물들(28질, Hoftijzer, *Hebräische Wortforschung* 133에 따른 번역)이 실로의 제사장 직분을 위한 부수입으로 드려졌다. 그러나 엘리는 자기 아들들이 모든 종류의 희생물의 가장 좋은 부위를 차지하도록 허용함으로써 여호와보다 그들을 더 존귀히 여겼다. 관점이 약간 변화되었다: 22-25절에서 우리는 엘리가 단지 고령의 나이와 자기 아들들의 반항적인 태도 때문에 영향력이 없었다는 인상을 받는다. 그렇지만 신명기 학파 편집가가 그린 엘리의 모습은 여호와 앞에서 범죄한 그의 사악한 아들들과 함께 자신을 배부르게 하는 자이다. 한때 여호와께서 친히 엘리가 자신 앞에서 제사장 역할을 할 것이라고 약속했다는 것을 인정해야 할지라도, 그분은 이제 새로운 신탁을 가지고 그 약속을 철회하며 그것을 서약과 함께 강조하신다. 걸만(Gerleman)은 전통적인 "결단코 그렇게 아니하리라"(30절) 대신 "만일 내가 이것을 행한다면 죽음(혹은 썩음)이 나의 운명이 될 것이다"라는 번역을 제안했다(Mettinger 199). 엘리와 그의 두 아들은 더 이상 여호와를 존귀히 여기거나 여호와께 귀중히 여김을 받는 사람들의 범주에 들지 못했다. 오히려 그들은 여호와를 멸시하여(בזה – 바자, 30절; 참조. 17절에서 나아쯔[נאץ]의 사용) 저주를 받을 것이다.

30-33절에 있는 죽음의 위협은 사울이 놉의 제사장 무리들을 대량 학살할 때 성취될 것이다(삼상 22:11-23). 적어도 역사가의 관점에서 볼 때, 그들은 엘리 집의 후손들이다(참조. 14:3, 18; 22:9, 20). 여호와의 비난을 모면할 한 사람은 분명히 다윗의 두 제사장 중의 하나인 아비아달이다. 솔로몬은 아비아달이 다윗의 사망 시

에 왕권 쟁탈전에서 아도니야를 지원했기 때문에(왕상 1:7) 그를 아나돗으로 추방시켰다. 이러한 축출은 명백히 열왕기상 2:26-27에서 엘리의 집에 대해 주신 그 말씀의 성취로 확인된다. 아비아달의 다가올 파멸은 33절에서 은유적으로 비통한 눈물 속에서 보낸 삶으로 표현된다. 엘리 자손들의 모든 남은 자들은 역시 검에 쓰러지게 될 것이다. 이렇듯 사울은 자신의 주요 정적인 다윗을 도왔다는 혐의로 고발된 놉 제사장 무리를 전멸시켰는데, 그것은 2장에서 엘리와 그의 아들들의 죄에 대한 징벌의 일환으로 설명된다. 홉니와 비느하스가 한날에 당한 죽음(참조. 4:11)은 그 위협의 확실성에 대한 징표와 보증으로 작용할 것이다. 즉, 자신의 두 아들의 죽음은 그의 집의 남은 자들이 비탄 중에 삶을 살게 될 아비아달 한 사람을 제외하고 모두 싹쓸이되리라는 것을 드라마틱하게 보여 주게 될 것이다. 흥미롭게도 2장에는 바로 그 날에 있었던 엘리 자신의 죽음, 또한 엘리에게 가장 큰 충격을 가져다 주었던 것으로 보이는 법궤의 상실에 대해서는 아무런 언급이 없다.

35절은 충실한 한 제사장이 세워질 것에 대해 언급한다. 그는 혹시 우리가 기대하는 것처럼 사무엘이 아니고, 분명히 다윗의 다른 제사장인 사독이다. 그는 솔로몬 치하에서 우위를 차지하게 되었다. 사독 가문 혹은 아론의 아들들이 이 본문에서 지시된 그 확고한 집(세습 가문, dynasty)이다. 이 구절들이 작성되었던 즈음에 사독 가문이 예루살렘에서 합법적인 제사장이었으며, 그들은 많은 성경 자료들에서 이등급(second-class) 제사장들로 생각되는 레위인 가문과 구별된다. 이러한 서열의 배후에는 제사장 집안들 사이의 기나긴 경쟁의 역사가 놓여 있다(참조. Cross, *CMHE*, 195-215). 엘리 계열과 날카롭게 대조되는 이러한 신실한 제사장 계열은 여호와의 마음(heart, 지성과 의지의 장소)과 심령(soul, 소원과 욕구의 장소; 이 용어들은 어떤 사람의 마음과 영혼과 관련하여 신명기 학파의 문맥 속에서 자주 등장한다. 예를 들어, 신 6:5; 왕상 2:4; 왕하 23:25)에 합한 삶을 살 것이다. 이스라엘 정부에 대한 저자의 관점은 제사장과 왕이 다스리는 양두체제(dyarchy)다. 이것은 이 35절의 연대를 587년 이전으로 제시하는 것일 수 있지만, 예레미야 33:14-26의 양두체제적 관점과 일치한다. 예레미야의 그 구절은 포로기나 심지어 더 후대에 속한 이차적인 것이다.

36절에 따르면, 엘리 집의 생존자들은 살아남기 위해서 사독 가문을 위해 하잘것없는 일을 기꺼이 수행할 것이다. (이것은 31-33절에도 불구하고 완전히 멸절되지는 않으리라는 아비아달의 자손들을 의미하는가?) 신명기 18:6-8이나 열왕기하 23:9에 익숙한 사람은 누구라도 이것이 레위 족속을 지시한다고 이해할 것이다. 신명기는 어떤 레위인이라도 여호와 앞에서 섬기기 위해, 또한 다른 제사장들과 동일한 몫을 받기 위해 예루살렘으로 올 수 있다는 것을 법제화했다. 그러나 열왕기하의 구절이 제안하는 대로, 산지(high places)의 (레위) 제사장들은 예루살렘에서의 수당이 사실은 그렇게 넉넉하지가 않다는 것을 알고 있었다. 에스겔은 레위인의 권리에 제한을 두는 구절을 포함하고 있다(44:10-16). 비록 그 구절이 레위인의 권한이 약화된 상황을 그들의 우상숭배 탓으로 돌리고 있지만 말이다.

해설

하나님의 지혜로우신 역사의 통치를 찬양하고 다가올 왕정을 위해 축복을 기원하는 한나의 노래에 뒤이어, 이야기의 흐름은 왕권 발흥 이전의 한 시점으로 돌아가 사무엘과 엘리 가족의 생활을 다룬다. 사무엘은 하나님의 특별한 은총으로 출생해서 그분의 섬김을 위해 바쳐졌는데, 이제 그는 실로의 성소에 있는 자신의 제사장 동료들과 날카로운 대조를 이루며 귀감이 되는 삶을 살아간다. 그의 경건한 부모는 사무엘 대신 추가적인 자녀들을 갖게 되어 그들의 신실함에 대한 보상을 받는다. 그리고 독자들은 3장에서 있을 사무엘에 대한 여호와의 현현과 7-12장에서 그가 맡게될 지도자 역할을 위해 충분한 대비를 하게 된다.

다른 한편으로, 엘리와 그의 아들들의 타락은 이스라엘 역사 속에서 실로 시대의 종말을 보장해 준다. 실로가 겪은 폭압, 홉니와 비느하스, 엘리 그리고 뒤이은 기사들에 있는 놉 제사장들은 여기서 그 종말의 신학적 합법성을 승인한다. 사무엘 – 또한 엘리 가문의 하나가 아닌 한 인물 – 이 왕정의 발흥에서 지도권을 양도받는다는 것은 그리 이상한 일이 아니다. 그러나 신명기 학파 역사가에게 있어서 사무엘이 여전히 중요하다 해도 엘리를 대신할 궁극적인 제사장직 교체 대상은 사무엘이 아니다. 오히려 사독 제사장 계열이 하나님의 사람을 통해 전달된 하나님의 약속에 의해 구별되어 세워진다. 그 약속은 실로가 여전히 존속하고 있을 때 주어진 것이었다.

제사장의 합법화와 지지를 변론하는 일을 포함한 레위 족속의 보조적인 역할은 역시 여호와의 말씀에 근거하고 있다. 우리는 제사장과 레위인 사이의 투쟁이 여러 세대에 걸쳐 계속되었으며, 또한 그 기간이 경쟁 관계의 제사장 집안들에 의한 많은 권력 투쟁과 시기심에 찬 탄핵으로 점철되었다고 추론한다. 하지만 그 투쟁의 최종적 결과는 사독 가문이 주요 직분을 차지하고, 레위인들은 사소한 일을 맡는 그들의 종이 된 것으로 종결되었다. 그런 마무리는 회상해 보면 모든 역사를 주관하시는 바로 그 하나님의 말씀의 결과물로 이해될 수 있었다: 궁극적으로 추방을 불러온 그 심판의 말씀, 그리고 포로기에 유일한 희망의 원천이었던 그 약속의 말씀.

4. 사무엘과 여호와의 말씀(3:1-21[4:1a])

참고문헌

Batten, L. W. "The Sanctuary at Shiloh, and Samuel's Sleeping Therein." *JBL* 19(1900) 32-33. **Driver, G. R.** "Additions and Corrections." *JTS* 32(1931) 365-66. **Gnuse, R.** "A Reconsideration of the Form-Critical Structure in 1 Samuel 3: An Ancient Near Eastern Dream Theophany." *Abstracts*. SBL Annual Meeting. Missoula, MT.: Scholars Press, 1978. **Newman, M.** "The Prophetic Call of Samuel." *Israel's Prophetic Heritage*, ed. B. W. Anderson and W. Harrelson. New York: Harper & Row, 1962, 86-97. **Richter, W.** *Die sogenannten vorprophetischen Berufsberichte*. FRLANT 101. Göttingen: Vandenhoeck & Ruprecht, 1970.

본 문

1 아이 사무엘이 엘리 앞에서 여호와를 섬길 때에는 여호와의 말씀이 희귀하여 이상이 흔히 보이지 않았더라	**1** Meanwhile, the boy Samuel carried on the service of Yahweh, with Eli as his supervisor. The word of Yahweh was precious in those days; visions were not granted.
2 엘리의 눈이 점점 어두워 가서 잘 보지 못하는 그 때에 그가 자기 처소에 누웠고	**2** One night – Eli, whose eyes had started to grow dim so that he could not see, was lying in his place,
3 하나님의 등불은 아직 꺼지지 아니하였으며 사무엘은 하나님의 궤 있는 여호와의 전 안에 누웠더니	**3** the lamp of God had not been extinguished, and Samuel was lying in the temple [a]of Yahweh[a] where the ark of God was housed –
4 여호와께서 사무엘을 부르시는지라 그가 대답하되 내가 여기 있나이다 하고	**4** Yahweh called, [a]"Samuel,"[a] and he answered, "Here I am."
5 엘리에게로 달려가서 가로되 당신이 나를 부르셨기로 내가 여기 있나이다 가로되 나는 부르지 아니하였으니 다시 누우라 그가 가서 누웠더니	**5** After running to Eli he reported, "Here I am for you called me." But [Eli] said, "I did not call. Go back and lie down." So [Samuel] went and lay down.
6 여호와께서 다시 사무엘을 부르시는지라 사무엘이 일어나서 엘리에게로 가서 가로되 당신이 나를 부르셨기로 내가 여기 있나이다 대답하되 내 아들아 내가 부르지 아니하였으니 다시 누우라 하니라	**6** Yahweh called again, "Samuel,[a] Samuel." He went to Eli and said, "Here I am, for you called me." But he said, "I did not call, [b]my son.[b] Go back and lie down."
7 사무엘이 아직 여호와를 알지 못하고 여호와의	**7** Samuel did not yet know[a] Yahweh, nor had the

말씀도 아직 그에게 나타나지 아니한 때라

8 여호와께서 세 번째 사무엘을 부르시는지라 그가 일어나서 엘리에게로 가서 가로되 당신이 나를 부르셨기로 내가 여기 있나이다 엘리가 여호와께서 이 아이를 부르신 줄을 깨닫고

9 이에 사무엘에게 이르되 가서 누웠다가 그가 너를 부르시거든 네가 말하기를 여호와여 말씀하옵소서 주의 종이 듣겠나이다 하라 이에 사무엘이 가서 자기 처소에 누우니라

10 여호와께서 임하여 서서 전과 같이 사무엘아 사무엘아 부르시는지라 사무엘이 가로되 말씀하옵소서 주의 종이 듣겠나이다

11 여호와께서 사무엘에게 이르시되 보라 내가 이스라엘 중에 한 일을 행하리니 그것을 듣는 자마다 두 귀가 울리리라

12 내가 엘리의 집에 대하여 말한 것을 처음부터 끝까지 그날에 그에게 다 이루리라

13 내가 그 집을 영영토록 심판하겠다고 그에게 이른 것은 그의 아는 죄악을 인함이니 이는 그가 자기 아들들이 저주를 자청하되 금하지 아니하였음이니라

14 그러므로 내가 엘리의 집에 대하여 맹세하기를 엘리 집의 죄악은 제물이나 예물로나 영영히 속함을 얻지 못하리라 하였노라

15 사무엘이 아침까지 누웠다가 여호와의 집 문을 열었으나 그 이상을 엘리에게 알게 하기를 두려워하더니

16 엘리가 사무엘을 불러 가로되 내 아들 사무엘아 하니 대답하되 내가 여기 있나이다

17 가로되 네게 무엇을 말씀하셨느냐 청하노니 내게 숨기지 말라 네게 말씀하신 모든 것을 하나라도 숨기면 하나님이 네게 벌을 내리시고 또 내리시기를 원하노라

18 사무엘이 세세히 말하고 조금도 숨기지 아니하니 그가 가로되 이는 여호와시니 선하신 소견대로 하실 것이니라 하니라

word of Yahweh been revealed to him.

8 Yahweh once more called, "Samuel," for the third time. He rose and went to Eli, saying, "Here I am, for you called me." Then Eli perceived that Yahweh was calling the boy.

9 [a]Eli said to Samuel,[a] "Go, lie down, and if anyone calls you say, 'Speak,[b] your servant is listening.'" Samuel went and lay down in his place.

10 When Yahweh came he stood by him and called as before, "Samuel, Samuel." Samuel replied, "Speak, your servant is listening."

11 Yahweh said to Samuel, "I am about to do such a thing in Israel that whoever hears about it will have ringing ears.

12 On that day I will carry out for Eli everything which I have pronounced against his house, from beginning to end.

13 [a]I told him[a] that I was about to bring judgment against his house forever because[b] he knew that his sons were cursing God[c] but he did not stop them.

14 For this reason I have sworn concerning the house of Eli that the iniquity of the house of Eli will never be atoned for by sacrifices or cereal offerings forever."

15 Samuel lay down until morning, [a]but in the morning he got up[a] and opened the doors of the house of Yahweh. Samuel, however, was afraid to tell what he had seen to Eli.

16 When Eli called to[a] Samuel, he said, "Samuel, my son." And Samuel replied, "Here I am."

17 Eli said, "What is the message which he has spoken to you? Do not hide any of it from me. May God do to you so and so, and may he do even more, if you hide from me one word from the entire message he spoke to you.

18 Samuel told him all the words; he did not hide from him a one. [Eli] replied, "It is Yahweh! Let him do what seems good to him."

19 사무엘이 자라매 여호와께서 그와 함께 계셔서 그 말로 하나도 땅에 떨어지지 않게 하시니

19 Samuel grew since Yahweh was with him, and he did not let any of all his promises fall to the ground.

20 단에서부터 브엘세바까지의 온 이스라엘이 사무엘은 여호와의 선지자로 세우심을 입은 줄을 알았더라

20 In fact, all Israel – from Dan to Beersheba – knew Samuel was established as a prophet for Yahweh.

21 여호와께서 실로에서 다시 나타나시되 여호와께서 실로에서 여호와의 말씀으로 사무엘에게 자기를 나타내시니

21 Yahweh kept on appearing in Shiloh because Yahweh revealed himself to Samuel. [a]But Eli was very old and his sons lived an evil life in Yahweh's eyes.[a]

원문주해

3.a.-a. 70인경(LXX)에는 없다.

4.a.-a. 마소라 본문(MT)은 "…에게"를 추가한다; 70인경(LXX)은 이 곳과 6절에서 "사무엘아, 사무엘아"를 갖는다(참조. "원문주해" 6.a.). 8절에서 미소라 본문(MT)과 70인경(LXX)은 둘 다 하나의 "사무엘아"를 갖는다; 10절에서 마소라 본문(MT)은 두 개를 갖고 70인경(LXX)은 없다. 어느 것이 더 원래의 것인지 말하기가 어렵기 때문에 우리는 6.a.를 제외하고(그 곳을 보라), 마소라 본문(MT)의 본문을 간직해 왔다.

6.b.-b. 70인경: "너."

6.a. 70인경(LXX)이 그렇다; 마소라 본문(MT)은 두 개의 사무엘 사이에 봐야콤(ויקם, "그리고 그가 일어섰다")을 추가한다. 이러한 구성에 대해서는 8절을 보라.

7.a. 우리는 마소라 본문(MT)의 완료형 대신 미완료형으로 음독한다. 참조. GKC 107c.

9.a.a. 마소라 본문(MT); 70인경(LXX): 두 이름이 공히 빠진 채로 "그리고 그가 말했다." 그러나 그 이름들은 적어도 영어에서는 의미를 통하게 하는 데 필요하다.

9.b. 70인경(LXX)이 그렇다; 마소라 본문(MT)은 추가한다: "여호와." 그러나 사무엘은 10절에서 그 문장을 말할 때 마소라 본문(MT)과 70인경(LXX)과 동일하게 하나님의 이름을 빠뜨린다.

13.a.-a. 많은 사람들이 클로스터만(Klostermann)을 따라 이것을 "당신은 그에게 말할 것이다"로 바꾼다. 그러나 베이욜라(Veijola)는 편집자가 2:27-36에 대한 명백한 암시를 만들고 있다고 주장한다.

13.b. 바아쉐르(באשר, "…하는 것에서[in which], …때문에"); 마소라 본문인 바아본 아쉐르(בעון אשר)는 이러한 본래의 독법과 70인경(LXX)에 반영된 바아본 바나이브(בניו בעון, "그의 아들들의 죄악 속에서")의 부분적인 이문병합(conflation)이다.

13.c. 70인경(LXX)이 그렇다. 마소라 본문(MT)의 "그들 자신(에게)"은 티쿤 소페림(Tiqqune Sopherim, 서기관들의 교정들)의 하나다. 서기관들은 분명히 독자들이 그 단어

들을 "하나님을 저주하고 있는"으로 읽기를 원치 않았다.

15.a.-a. 70인경(LXX)이 그렇다; 마소라 본문(MT)은 유사종결로 인해 손상되어 있다.

16.a. 많은 히브리어 필사본들(mss.)이 그렇다; *BHS*는 에트(את)를 가진다.

21.a.-a. 붸엘리 자켄 메오드 우바아이브 할르쿠 할로크 붸하라 다르케켐 브에이나이 아도나이(ועאי זקן מאד ובניו הלכו הלוד והרע דרכם בעיני יהוה) 참조. 70인경(LXX). 마소라 본문(MT)은 이 문장이 없지만 대신 이렇게 읽는다: "실로에서, 여호와의 말씀 안에서, (4:1) 그러나 사무엘의 말은 온 이스라엘을 향한 것이었다." 이러한 독법은 본래의 본문인 21.a.-a.와 4:1.a.-a.(현재 LXX에 보존된; 4:1.a.-a.에 대한 "원문주해"를 보라)가 유사종결(ישׂראל־שׁמואל –쉐무엘-이스라엘)에 의해 사라진 뒤에 곧이어 추가된 이차적인 수정이다. 맥카터는 자신이 4:1.a. 마소라 본문(MT)을 본래의 본문("사무엘의 말은 온 이스라엘을 향한 것이었다")의 일부로 간직함에도 불구하고 비슷한 결론을 내린다.

양식/구조/배경

이 장은 사무엘에 대한 신적인 계시를 말하고 있는데, 분명히 사무엘의 탄생과 그의 실로에의 헌정, 그리고 엘리 집의 악행을 다루는 이전의 장들과 차이를 보이고 있다. 1a절(참조. 2:11b)은 엘리 가문에 대한 저주의 신탁 이후에 재차 사무엘에게 관심을 돌리고 있으며, 신현 기사 자체는 1b절과 더불어 시작된다. 현재의 단원은 3:21에서 끝나는데, 그 이유는 4:1a이 본문 비평적 관점에서 볼 때 이차적인 것으로 판단되기 때문이다. 법궤 서사(narrative)는 4:1b에서 이 책의 그 다음의 주요 부분을 시작한다.

요약. 사무엘이 실로에 머문 동안 계시는 흔한 것이 아니었다(1절). 그러나 어느 날 밤 사무엘이 법궤 근처에서 자고 있을 때, 그는 자기 이름을 세 번 부르는 소리를 들었다. 그는 늙은 엘리가 자신을 부르는 당사자인 줄로 생각하고 매번 그에게 달려갔다. 그러나 엘리는 그것을 부인하며 사무엘에게 다시 침상으로 돌아가라고 촉구했다. 그 일이 세 번째 발생했을 때 엘리는 사무엘을 부르시는 분이 여호와이신 것을 인식하고서 사무엘에게 그분이 다시 말할 때 무슨 말을 할 것인지를 지시해 주었다(2-5, 6-7, 8-9절). 여호와께서 네 번째 그를 부르시자 사무엘은 그분께 말씀하실 것을 요청했는데, 그때 여호와께서는 엘리의 집을 향한 자신의 심판의 말씀을 반복하시며 재확증하셨다. 그것은 엘리가 아들들의 불경죄를 중단시키지 않은 탓이었다. 어떤 속죄(expiation)도 불가능할 것이다(10-14절). 아침에 엘리는 사무엘이 들었던 것을 알려고 안달했다. 사무엘은 모든 것을 말했으며, 그 제사장은 여호와의 뜻에 순응했다(15-18절). 사무엘은 여호와의 은총 아래 계속 자라갔고, 모든 사람이 그의 선지자 신분을 인식했다. 이 이야기는 엘리의 연령과 그의 아들들의 악행의 반복으로 끝난다(19-21절).

그누즈(Gnuse, SBLASP)가 "음성 전언의 꿈 신현"(auditory message dream theophany)이라 명명한 것이 이 장의 주요 부분을 구성하고 있다. 2-4절은 삽입구를 형성하면서 두 등장 인물의 장소를 지시해 주고, 또한 신현이 밤에 발생했다는 것을 시사해 주고 있다. 최초의 세 번의 신현 사건들은 서로 비슷하고 반복적이다: 여호와께서 사무엘의 이름을 부르시고, 사무엘은 엘리에게 달려가서 "당신께서 나를 부르셔서, 내가 여기 있나이다"라고 말한다. 그리고 엘리는 "나는 부르지 않았다"고 답변한다. 이 일이 세 번째 발생한 이후에, 엘리는 사무엘에게 신탁을 받는 데 필요한 적절한 제의적 응답을 준비시킨다. 어떤 사람은 이 장을 선지자적 부름이라고 부르지만(예를 들어, Newman in *Prophetic Heritage*), 그것은 "음성 전언의 꿈 신현"으로 분류하거나(Gnuse, op. cit.), 사무엘의 최초의 선지자적 경험(Richter, *Berufsberichte*)라고 부르는 것이 더 나아 보인다. 부름 장르는 사실상 단지 11-14절이 본래의 사무엘의 사명을 대체시켰다고 주장해야만 가능할 수 있다(Veijola, *Ewige Dynastie* 38-43가 그렇다). 어떤 경우든 이 구절들에서 반복되는 신적 메시지는 분위기상 신명기 학파적이다. 그것은 2:27-36을 전제하며 여호와께서 그 말씀을 지키시리라는 것을 지시한다("나는…내가 말했던 모든 것을 이루리라", 12절; "나는 그에게 내가 곧 심판하겠다고 말했다", 13절; "내가 맹세했다", 14절). 11-14절은 22:11-19의 놉의 백성들의 파멸과 예언/성취의 관계에 있다. 그러나 그것은 한 명의 생존 가능성(즉, 아비아달)과 그의 미래의 행위에 대해 언급하지 않는다는 점에서 2:27-36과 다르다. 이러한 약간의 차이들은 한 명 이상의 신명기 학파 편집자가 있었다는 것을 암시한다. 베이욜라는 11-14절을 DtrP의 것으로 돌린다.

마틴 노트는 1-3장에서 Dtr의 증거를 거의 보지 못했다. 그는 2:12-17과 22-36의 실로에 대한 적대적인 논박이 실로가 여전히 위세를 떨치고 있었던 시대에 예루살렘에서 유래한 것으로 보았다(아히야 선지자는 언급된 마지막 실로 사람이다. 왕상 15:29-30). 사무엘의 탄생과 그의 실로와의 관련성에 대한 전승들(1; 2:11, 18-21)의 연대는 노트에 의해 역시 초기의 시대, 즉 실로가 여전히 긍정적인 어떤 성소를 의미했던 시대로 설정된다. 이러한 두 개의 다른 전승들을 전제하는 3장은 역시 노트의 견해에 의하면 초기의 왕정으로부터 유래한다. 이러한 결론들은 2:27-36과 3:11-14이 신명기 학파적 – 적어도 그것들의 현재의 형태에서 – 형식을 띠고 있다는 사실로 인해 수정되어야 하지만, 1-3장의 대부분은 그 형성이 비교적 초기의 시대라는 사실은 유지될 수 있을 것이다. 그누스는 잠정적으로 3장의 작성을 훨씬 후대로 잡는데, 그 이유는 그 "음성 전언의 꿈 신현"과 가장 흡사한 병행구들이 앗시리아(앗수르) 후기나 갈대아 자료들에 있기 때문이다.

주석

1 첫 구절의 전반부에서 저자는 독자의 관심을 사무엘에게로 되돌리는데, 사무엘은 실로 성소를 책임지고 있는 제사장인 엘리 앞에서 제의 직무를 수행하고 있다. 사무엘은 2:27-36에 있는 엘리 가문에 대한 저주 신탁 이전의 2:26에서 마지막으로 언급되었다. "여호와의 말씀"은 선지자들에게 주어지는 계시에 대한 전문 용어다(참조. "여호와의 말씀이 X에게 임했다"). 이러한 계시의 말씀은 드물거나 귀했다(참조. 사 13:12). 선지자의 말씀의 부재는 아모스에 의하면 이스라엘에게 선언된 저주다. 저자의 초점은 사무엘이 그런 선지자의 말씀을 받음으로써 특별히 축복을 받았다는 것에 있는 듯하다. 1절에 있는 마지막 단어 니프라쯔(נפרץ)의 의미는 분명하지 않다. 어떤 사람은 그것을 "빈번한"(S. R. Driver) 혹은 "광범위한"(McCarter)을 의미하는 것으로 생각한다. 우리의 이해는 드라이버(*JTS* 32[1931] 365-66)와 스토브(II פרץ – 파라쯔)를 따른다. 이 결론들 중 어느 것도 완전히 만족스러운 것은 아니지만, 그 의미론적 문맥은 전반적인 의미를 분명하게 만든다. 선지자의 말씀이나 선지자의 환상은 사무엘의 유년기에 흔한 것이 아니었다.

2-5 히브리어 본문은 "어느 날 밤" 대신 "어느 날"로 되어 있다. 주요 문장 구조가 4절과 함께 계속된다. 그 사이에 있는 단어들이 그 장면을 설정한다. 엘리가 자는 곳은 불명확하게 남아 있다. 그는 사무엘과 다소 떨어진 거리의 성소 행랑에 있었던 것으로 보인다(참조. 1:9). 그의 시력 저하의 시작은 4:15의 완전한 시력 상실을 예기한다. 많은 주석가들은 꺼지지 않는 등불에 대한 언급이 신현이 새벽 직전에 발생했음을 암시하는 것으로 이해한다. 출애굽기 27:21에 따르면, 제사장들은 저녁부터 아침까지 등불을 켜 놓아야 했다. 우리는 왜 사무엘이 법궤 옆에서 잠들었는지 들은 바가 없다. 사무엘이 일종의 발육 의식(incubation ritual)을 치르고 있었다는 견해는 엘리 – 하나님이 아니라 – 가 자신을 부르고 있다는 의심을 반복적으로 하고 있다는 점에서 맞지 않는 것 같다. 이것은 사무엘상에서 법궤에 대한 최초의 언급인데, 사무엘은 아직 실로 성소에 머물러 있던 그 법궤와 연관되어 있었다. 이

사실은 사무엘에 대한 신임이 추가적으로 향상된다는 것을 보여 준다. 법궤 서사를 빼면(삼상 4-6; 삼하 6), 법궤는 사무엘상에서 아무런 역할도 하지 않는다. 하나님의 신현은 아마도 어떤 점에서 법궤와 관련되어 있었는데, 적어도 법궤의 기능 중 하나는 여호와의 임재를 지시하는 것이었다. 법궤에 대한 더 이상의 토론을 위해서는 다음 장을 보라. 사무엘이 자기 이름을 부르는 것을 들었던 최초의 세 번의 부름 기사들이 갖고 있는 차이는 미미하다. 단지 첫 번째 부름에서만 그는 엘리 앞에 가기 전에 "여기 내가 있나이다"라고 즉각적인 대답을 하며, 또한 이 첫 번째 경우에서만 그는 그 제사장에게로 실제로 달려간다. 그가 두 번 째와 세 번째에서는 엘리에게로 단지 "가기만 했기" 때문에, 이 기사는 사무엘 자신이 누가 그를 부르고 있는지에 대해 어떤 불확실성을 느꼈다는 것을 암시할 수도 있다.

[6]-[7] 우리의 본문 재구성에서 사무엘의 이름이 두 번 불려진다(참조. LXX는 4절에서 MT은 10절에서). 그런 중복적 호칭은 다른 신적 출현에서도 발견된다(창 22:11; 46:2; 출 3:4). 엘리는 자기가 불렀다는 것을 두 번째로 부인할 때 "내 아들아"라는 애정 어린 말(그리고 아마도 어리둥절한)을 덧붙인다. 사무엘이 여호와를 몰랐는지는 모호하다(7절). 2:12에서 동일한 단어들이 엘리의 아들들에 대해 사용된다. 그들에게 여호와를 모른다는 것은 그들이 여호와를 주님으로 승인하지 않았거나, 그분께 순종하지 않았거나 혹은 그분과 아무런 관련도 없다는 것을 의미했다. 이 중 어느 것도 사무엘의 상황에는 적절치 않은 것처럼 보인다. 스토브는 사무엘은 자기를 부르시고 있는 분이 바로 여호와이심을 아직 몰랐다고 주장하는 반면에, 맥카터는 사무엘이 그가 뒤이어 기쁨으로 누리게 될 여호와와의 특별한 관계(참조. 19-20)를 갖지 못했다고 제안한다. 7b절은 이러한 이해를 뒷받침한다: 여호와는 후에 사무엘에게 자신을 나타내셨다(3:21). 지금까지 그분은 그렇게 하지 않으셨다. 여호와의 말씀은 사무엘에게 임할 것이고(3:11-14) 그를 선지자로 만들 것이다(3:20). 지금까지 여호와의 말씀은 드문 일이었다(3:1).

[8]-[9] 세 번째 부름에서 엘리는 무슨 일이 일어나고 있는지를 즉각 알아차리고, 사무엘에게 누군가가 다시 그를 부를 때 갖추어야 할 적절한 예전적(liturgical) 답변을 지시해 주었다. 이러한 답변은 하나님께서 말씀하고 계시는 사람(당신의 종)이 갖출 적절한 존경심과 겸손함의 표현이었으며, 기꺼이 듣겠다는 마음의 태도에 대한 표현이었다. 소년은 법궤 근처의 성전 회중석에 있는 자기 위치(참조. 2a절)로 되돌아왔다(3b절). 그 삼중적인 부름은 사무엘이 깨어서 즉각 들을 준비가 되어 있다는 것을 보증해 줌으로써 신적인 메시지에 대한 서막 역할을 한다(Gnuse,

SBLASP).

[10]-[14] 여호와께서 사무엘 곁에 서 계셨기 때문에(참조. 창 28:13; 출 34:5; 욥 4:16), 우리는 그 경험을 귀로 들은 것만이 아니라 눈으로 본 것으로 이해해야 한다. 사무엘의 이름이 이전처럼(이러한 부사적 표현에 대해서는 20:25; 민 24:1; 삿 16:20을 보라) 불려졌고, 그 소년은 엘리가 일러주었던 말로 응답했다. 11절은 여호와의 개입과 그 결과를 선언한다(참조. Koch, 212). 11과 13절에서 "…하려고 한다"라는 우리의 번역은 히브리어 분사를 해석하려는 시도다(참조. 창 6:17과 출 9:3). 그 역사가는 "귀가 울리다"란 표현을 열왕기하 21:12에서 예루살렘의 멸망이 므낫세의 죄의 결과임을 묘사하기 위해 사용한다(왕하 21:10-15을 베이욜라는 DtrP로, 크로스는 Dtr^2로 귀속시킨다; 참조. 신명기적 편집의 일부인 렘 19:3). 그 위협의 말씀이 결코 홉니와 비느하스의 죽음을 제외시키는 것은 아니지만, 저자가 엘리의 "집"에 대해 네 번 언급한 것으로 보아 그는 우선적으로 놉 사건을 심중에 두고 있는 것으로 보인다. 여호와께서 사무엘을 통해 확증해 주고 계시는 약속 혹은 말씀(12절)은 현재 2:27-36에 보존되어 있다. 여호와의 말씀에 대한 유사한 확증에 대해서는 열왕기상 2:4과 사무엘하 7:11-16에 있는 나단의 신탁에 대한 다윗의 언급을 보라. "처음부터 끝까지"라는 표현은 단지 여기서만 사용되는데(*GKC* 113h), 이는 "다 이루리라"를 수식한다. 하나님의 목적 전체가 다 성취될 것이다(S. R. Driver). 많은 사람들은 13절을 고쳐서 "너는 그에게 말할지어다"로 읽는다. 그러나 그들은 바로 그 점에서 11-14절이 2:27-36과 관련해서 기능하는 확증 역할을 놓치고 있다. 엘리는 자기 아들들이 무엇을 하고 있는지 알았음에도 불구하고 그들을 꾸짖거나(BDB가 그렇다) 제지시키지 않았다(Freedman, *Pottery, Poetry, and Prophecy*; McCarter가 그렇다)는 이유로 범죄자로 낙인찍힌다(참조. 2:29). 그들의 죄는 하나님을 저주하거나 혹은 모독하는 것으로 확인되는데, 그것들은 범주로 볼 때 율법이 범죄로 구분하는 행위다(출 22:27[영역본. 28]; 레 24:15). 이런 심판에 대한 이유들에 근거하여, 여호와는 엘리의 집에 징벌을 선언하는 신탁을 반복하신다. 그들의 죄를 위한 속죄의 가능성은 전혀 생각할 수 없다. 희생제와 소제는 엘리의 아들들의 탐욕으로 유린되었고, 따라서 제사가 그들의 죄의 방편이 되었는데, 도대체 어떻게 동일한 희생제가 속죄를 위한 길을 제공할 수 있겠는가? 다른 상황들의 경우에 제사장의 범죄를 위해 대속이 가능하다고 생각되었으나(레 4:3-12), 그런 죄들은 "무심코" 지은 것으로서 홉니와 비느하스가 지었던 포악한 종류의 것들은 아니었다.

15-18 사무엘은 아침에 일어나서 문을 열었을 때(법궤가 놓여 있던 방과 엘리가 잤던 방 사이에?) 당연히 자신이 보고 들었던 것을 말하기가 두려웠다. 다시 한 번 엘리는 "내 아들아"라고 그를 부르고(참조. 6절) 자신에게 모든 것을 털어놓을 것을 촉구했다. 엘리는 자신의 짧은 말 속에서 다섯 번이나 어근 따바르(דבר)에서 파생된 명사와 동사들을 사용한다. 이런 방식으로 여호와의 말씀이 강하게 강조된다. 엘리는 심지어 저주의 맹세를 선언하여 사무엘이 자기한테 숨기는 게 없기를 바란다(17절; 유사한 맹세에 대해서는 룻 1:17; 삼상 14:44; 20:13; 25:22; 삼하 3:9, 35; 19:14[영역본. 13]; 왕상 2:23; 그리고 왕하 6:31을 보라). 스미스(Smith)는 그런 맹세에는 본래 동물을 죽이는 것이 수반되었으며, 그 동물의 죽음은 어떤 요구된 활동을 이행하지 않으려는 사람을 위협했다고 제안한다. 그러나 지금의 경우에는 그런 예식에 대한 언급이 전혀 없다. 그 범죄자 엘리를 기다리고 있는 재난을 묘사하는 실제적인 저주 문단은 신중하게 "그렇게"라는 단어로 대치되었다(17절, "여호와께서 그렇게 행하기를 원한다" – 역자주). 아마도 그 맹세를 하고 있는 엘리는 어떤 몸짓을 통해 곧 다가올 불행한 사건들을 시사해 주었을 것이다. 사무엘은 순종하여 엘리에게 모든 것을 낱낱이 말했다. 엘리의 의혹(8절)은 확인되었다: 사무엘을 부르셨던 분은 바로 여호와였다. 엘리는 하나님이 말씀하신 그 사실을 수용하며, 그는 587년의 예루살렘 파괴 이후에 백성들에게 요구된 그런 심판의 수용을 예표한다(Ackroyd; 그 숙어에 대해서는 창 16:6; 19:8; 삿 19:24을 보라). 이스라엘의 지도권이 실로의 제사장직에서 넘어오기 직전에 있었으며, 그 제사장들의 우두머리는 이런 변화의 정당성을 인정했다. 다윗은 자신이 또한 여호와께 징벌을 받을 가능성에 직면했던 사무엘하 15:26에서 비슷한 신앙심을 보여 주었다.

19-21 사무엘의 성장은 계속되었다(더 앞의 2:21과 2:26에 있는 언급들을 보라). 그는 여호와가 함께 하시기 때문에 약속의 사람이다. 여호와가 함께 하겠다는 보증은 능력을 부여해 주시는 말씀으로, 역시 모세, 기드온, 예레미야와 그 외 다른 사람들의 부름에서도 나타난다. 하나님이 사무엘에게 주신 자신의 약속 중 그 어느 것도 실패하거나 땅에 떨어지지 않게 하겠다는 것은 Dtr의 메시지에 전형적인 것이다(수 21:45; 23:14; 왕상 8:56과 왕하 10:10을 보라. 이 구절들은 모두 히필형 대신에 칼형의 동사 나팔[נפל]을 가진다). 모든 이스라엘은 이제 사무엘이 한 선지자로 확증되었다는 것을 알았다(נאמן – 네에만; 참조. 2:35에서 이 단어가 사독에 대해 사용된 경우). 그 인식의 포괄성은 단(오늘날의 텔엘 콰디[Tel-el Qâḍī], MR211294)으로부터 브엘세바(헤브론 남동쪽 약 23마일 지점에 위치한 오늘날의 텔 에스 세바

[Tel es Seba'], MR 134072)까지 모든 사람들이 알았다는 설명에 의해 강조된다. 그 지역들은 약속의 땅의 전통적인 경계선들이다(삿 20:1; 삼하 3:10; 17:11; 24:2, 15; 왕상 5:5[영역본. 4:25]). 비록 다른 기사들이 사무엘을 지방 사사나 지방 선견자로 묘사한다 할지라도, 3장의 저자는 그가 모든 백성의 선지자로 이해되길 원한다. 선지자란 단어는 어원학적으로 "…로 불리는 자"와 같은 어떤 것을 의미할 수 있지만(참조. McCarter에 있는 논의), 이 문맥에서 가장 적합한 개념은 어원학으로 얻어진 것이 아니다. 그 선지자는 여호와께서 그에게 나타나시고(21a절; 참조. 15b), 자신을 그에게 드러내신 사람이다(21b절; 참조. 7절). 비록 그누즈(Gnuse)가 어쩌면 이것을 소명이라기보다는 "음성 전언의 꿈 신현"이라고 부른 점에서 옳을지 모르지만, 이 기사는 사실상 이중적 의도를 가진다: 그것은 엘리 집안의 제사장직에 대한 심판의 말씀을 재차 확증하며 그 말씀을 눈에 띄는 인물인 사무엘과 관련시킨다. 그리고 이 기사는 사무엘이 처음으로 여호와의 말씀을 받은 것과 그에 따른 그의 선지자 자격 취득을 보고한다. 사무엘상을 차례로 살피게 되면, 우리는 7장의 블레셋에 대한 사무엘의 승리와 뒤이어지는 사울의 왕권 등극 이야기들에 이르러서야 비로소 다시 사무엘에 대해 듣게 된다. 그렇지만 저자는 이 기사들을 보고하기 이전에, 이스라엘의 패배와 엘리와 그의 두 아들의 죽음에 대한 이야기를 담고 있는 법궤 서사를 포함시켰다. 하지만 바로 이 지점에서 완전한 신임을 얻은 사무엘이 매우 늙은 엘리(참조. 2:22)와 그의 매우 악한 아들들과 날카로운 대조 속에 놓인다(참조. 2:12-15; 22-25).

해설

이 장은 사무엘의 유년기에 대한 일련의 이야기들을 종결짓는다. 이 장 전체를 통해 우리는 비교와 대조 속에서 사무엘과 엘리의 인물됨을 본다. 그들에 대한 묘사는 다음에 이어지는 문단들에서 무슨 일이 발생하게 되는지를 예시해 준다.

사무엘은 최초로 여호와의 말씀을 받는데, 이 말씀 수령은 하나님의 말씀이 단지 드물게 계시되었던 때, 또한 법궤 및 실로 성소와의 관계 속에서 발생한다. 비록 사무엘이 세 번에 걸쳐 엘리에게로 간 것과 그에게 여호와의 메시지를 말하기를 두려워한 것으로 미루어 그가 순진하고 심지어는 소심한 것처럼 보인다 할지라도, 그는 역시 스스로를 여호와의 종으로 부르고 기꺼이 듣거나 순종하겠다는 의지를 표명하는 합당한 말씀의 수령자다. 저자는 우리에게 다음과 같은 것들을 말해 준다: 여호와께서 사무엘과 함께 계시며 그분이 그에게 주신 모든 약속을 성취하셨다는 것. 또한 모든 이스라엘이 그를 선지자로 승인했으며 여호와께서 지속적으로 그에게 나타나셨다는 것. 이런 설명들을 나열함으로써 저자는 사무엘이 명백히 왕권 도입(7-12장)의 임무에 대해, 또한 왕권의 영광을 다윗에게 옮기는 일에 대해 자격(16장)을 지니고 있음을 묘사한다.

엘리에 대한 정보는 우선 부정적이다. 그는 분명히 여호와께서 부르고 계심을 먼저 깨달은 사람이며, 또한 그는 사무엘에게 모든 사실을 전해 들은 뒤 여호와의 심판의 정당성을 인정한다. 그러나 엘리에 대한 주요 정보는 11-14절에 집중되어 있다: 여호와의 심판이 그 어떤 생존자에 대한 언급도 없는 가운데 엘리와 그의 집을 위협한다. 엘리에 대한 적대적인 그 말씀은 독자들로 하여금 왜 왕정이 도입되는 중에 지도권이 선지자 사무엘에게로 넘어갔는지를, 그리고 왜 아비아달의 아들들이 아니라 사독의 아들들이 Dtr의 제사장 기사들 속에서 우위를 점하게 되는지를 이해할 수 있게 한다. 엘리가 새 시대를 받아들였다는 것은 여호와께서 선하게 여기시는 일을 행하고 싶어하는 바람에서뿐만 아니라, 그가 사무엘을 두 번 "내 아들아"라고 부른 것에서도 나타난다.

해설자는 사무엘의 지도자 역할로 계속 이야기를 진행하기 전에 엘리와 그의 아들들의 죽음, 그리고 법궤의 상실에 대해 말해 준다. 이 모든 일들은 놉에서 일어날 사건의 전조다. 다음 차례에 우리가 사무엘에 대해서 들을 때는 그가 성인이 되어 블레셋 족속으로부터의 큰 구원과 관련된 사람으로 등장할 것이다. 법궤 서사에 사무엘이 등장하지 않음으로써, 그는 에벤에셀에서의 첫 번째 전쟁에서 이스라엘의 패배와 뒤이어 법궤가 위험에 빠진 결과들에 대한 어떠한 책임에서도 면제된다!

5. 법궤가 탈취되다(4:1b-22)

참고문헌

Albright, W. F. "What were the Cherubim?" *BA* 1(1938) 1-3. **Campbell, A. F.** *The Ark Narrative.* SBLDS 16. Missoula, MT: Scholars Press, 1975. ______. "Yahweh and the Ark: A Case Study in Narrative." *JBL* 98(1979) 31-43. **Davies, P. R.** "The History of the Ark in the Books of Samuel." *JNSL* 5(1977) 9-18. **Dahood, M.** "Hebrew Ugaritic Lexicography II" *Bib* 45(1964) 393-417. **Driver, G. R.** "Studies in the Vocabulary of the Old Testament VI." *JTS* 34(1933) 375-85. **Dus, J.** "Der Brauch der Ladewanderung im Ahen Israel." *TZ* 17(1961) 1-16. ______. "Die Erzählung über den Verlust der Lade, I Sam IV." *VT* 13(1963) 333-37. ______. "Noch zum Brauch der Ladewanderung." *VT* 13(1963) 126-32. **Fohrer, G.** "Die alttestamentliche Ladeerzählung." *JNSL* 1(1971) 23-31. **Francis, A.** "The Ark Narrative(1 Sam. 4-6; 2 Sam. 6). A Form Critical and Traditio Historical Study." *Dissertation Abstracts* 35(1974-1975) 1210. **Koehavi, M.** "An Ostracon of the Period of the Judges from 'Izbet Ṣarṭah." *Tel Aviv* 4(1977) 1-13. **Miller, P. D., Jr.**, and **Roberts, J. J. M.** *The Hand of the Lord. A Reassessment of the "Ark Narrative" of I Samuel.* Baltimore: Johns Hopkins University Press, 1977. **Müller, H. P.** "Die kultische Darstellung der Theophanie." *VT* 14(1964) 183-91. **Rost, L.** *Die Überlieferung von der Thronnachfolge Davids.* BWANT III, 6. Stuttgart: W. Kohlhammer(1926) 4-47. **Schicklberger, F.** *Die Ladeerzählungen des ersten Samuel-Buches. Eine literaturwissenschaftliche und theologie-geschichtliche Untersuchung.* Forschung zur Bibel 7. Wurzburg: Echter Verlag, 1973. **Timm, H.** "Die Ladeerzählung(1. Sam. 4-6; 2. Sam. 6) und das Kerygma des deuteronomistischen Geschichtswerks." *EvT* 29(1966) 509-26. **Wright, G. E.** "Fresh Evidence for the Philistine Story." *BA* 29(1966) 70-86.

본 문

1 사무엘의 말이 온 이스라엘에 전파되니라 이스라엘은 나가서 블레셋 사람과 싸우려고 에벤에셀 곁에 진 치고 블레셋 사람은 아벡에 진 쳤더니

1b [a]In those days the Philistines assembled for war against Israel.[a] When Israel went out to meet them[b] for war, they encamped near Ebenezer,[c] but the Philistines made camp near Aphek.

2 이스라엘을 대하여 항오를 벌이니라 그 둘이 싸우다가 이스라엘이 블레셋 사람 앞에서 패하여 그들에게 전쟁에서 죽임을 당한 군사가 사천 명 가량이라
3 백성이 진으로 돌아오매 이스라엘 장로들이 가로되 여호와께서 어찌하여 우리로 오늘 블레셋 사람 앞에 패하게 하셨는고 여호와의 언약궤를 실로에서 우리에게로 가져다가 우리 중에 있게 하여 그것으로 우리를 우리 원수들의 손에서 구원하게 하자 하니
4 이에 백성이 실로에 보내어 그룹 사이에 계신 만군의 여호와의 언약궤를 거기서 가져왔고 엘리의 두 아들 홉니와 비느하스는 하나님의 언약궤와 함께 거기 있었더라
5 여호와의 언약궤가 진에 들어올 때에 온 이스라엘이 큰 소리로 외치매 땅이 울린지라
6 블레셋 사람이 그 외치는 소리를 듣고 가로되 히브리 진에서 큰 소리로 외침은 어찜이뇨 하다가 여호와의 궤가 진에 들어온 줄을 깨달은지라
7 블레셋 사람이 두려워하여 가로되 신이 진에 이르렀도다 하고 또 가로되 우리에게 화로다 전일에는 이런 일이 없었도다
8 우리에게 화로다 누가 우리를 이 능한 신들의 손에서 건지리요 그들은 광야에서 여러 가지 재앙으로 애굽인을 친 신들이니라
9 너희 블레셋 사람들아 강하게 되며 대장부가 되어라 너희가 히브리 사람의 종이 되기를 그들이 너희의 종이 되었던 것같이 말고 대장부같이 되어 싸우라 하고
10 블레셋 사람이 쳤더니 이스라엘이 패하여 각기 장막으로 도망하였고 살륙이 심히 커서 이스라엘 보병의 엎드러진 자가 삼만이었으며
11 하나님의 궤는 빼앗겼고 엘리의 두 아들 홉니와 비느하스는 죽임을 당하였더라
12 당일에 어떤 베냐민 사람이 진에서 달려나와 그 옷을 찢고 그 머리에 티끌을 무릅쓰고 실로에 이르니라

2 When the Philistines drew up their lines opposite Israel, the battle grew fierce[a] and Israel was beaten by the Philistines, who killed about four thousand men from the ranks in the field.
3 After the troops had returned to the camp, the elders of Israel asked, "Why has Yahweh defeated us today before the Philistines? Let us get[a] the ark [b]of our God[b] from Shiloh so that he can come into our midst and save us from the power of our enemies."
4 The troops sent to Shiloh and brought from there [a]the ark of Yahweh[a] who sits enthroned on the cherubim, and[b] the two sons of Eli, Hopni and Phinehas, were with[c] the ark.[c]
5 When [a]the ark of Yahweh[a] came into the camp, all Israel gave a great shout so that the earth resounded.
6 Hearing the sound[a] of the shout, the Philistines asked, "What is the sound[a] of this great shout in the camp of the Hebrews?" They perceived that the ark of Yahweh had come into the camp.
7 And the Philistines were afraid, saying, "Gods [a]have come[a] into the camp. Alas for us for it has never been like this before.
8 Alas for us! Who will deliver us from the hand of these mighty gods? These are the gods who struck the Egyptians with every kind of blow and pestilence.[a]
9 Be strong and act like men, Philistines, lest you have to serve the Hebrews just as they have served you. Be men, and fight!"
10 So they[a] fought and Israel was defeated, with each man fleeing to his tent. It was a very great blow, and 30,000 Israelite infantry fell.
11 The ark of God was taken and the two sons of Eli died, namely Hophni and Phinehas.
12 A Benjaminite ran from the battle line and came to Shiloh on the same day, with his clothes torn and dirt on his head.

13 그가 이를 때는 엘리가 길곁 자기 의자에 앉아 기다리며 그 마음이 여호와의 궤로 인하여 떨릴 즈음이라 그 사람이 성에 들어오며 고하매 온 성이 부르짖는지라
14 엘리가 그 부르짖는 소리를 듣고 가로되 이 훤화하는 소리는 어찜이뇨 그 사람이 빨리 와서 엘리에게 고하니
15 때에 엘리의 나이 구십팔이라 그 눈이 어두워서 보지 못하더라
16 그 사람이 엘리에게 고하되 나는 진중에서 나온 자라 내가 오늘 진중에서 도망하여 왔나이다 엘리가 가로되 내 아들아 일이 어찌 되었느냐
17 소식을 전하는 자가 대답하여 가로되 이스라엘이 블레셋 사람 앞에서 도망하였고 백성 중에는 큰 살륙이 있었고 당신의 두 아들 홉니와 비느하스도 죽임을 당하였고 하나님의 궤는 빼앗겼나이다
18 하나님의 궤를 말할 때에 엘리가 자기 의자에서 자빠져 문 곁에서 목이 부러져 죽었으니 나이 많고 비둔한 연고라 그가 이스라엘 사사가 된지 사십 년이었더라
19 그의 며느리 비느하스의 아내가 잉태하여 산기가 가까왔더니 하나님의 궤 빼앗긴 것과 그 시부와 남편의 죽은 소문을 듣고 갑자기 아파서 몸을 구푸려 해산하고
20 죽어갈 때에 곁에 섰던 여인들이 그에게 이르되 두려워 말라 네가 아들을 낳았다 하되 그가 대답지도 아니하며 관념치도 아니하고
21 이르기를 영광이 이스라엘에서 떠났다 하고 아이 이름을 이가봇이라 하였으니 하나님의 궤가 빼앗겼고 그 시부와 남편이 죽었음을 인함이며
22 또 이르기를 하나님의 궤를 빼앗겼으므로 영광이 이스라엘에서 떠났다 하였더라

13 When he came, Eli was sitting[a] on his chair [b]beside the gate, expectantly,[b] for his heart was fearful about the ark of God. After the man had come and told the city, the whole[c] city cried out.
14 Eli heard the sound of the cry,[a] and he asked, "What is this tumultuous sound?" Then the man hurried to come and report to Eli –
15 Eli was ninety-eight years old and his eyes were fixed[b] so that he could not see[a] –
16 [a]and he said to him,[a] "I am the one who came from the camp;[b] I am the one who fled from the battle ranks today."
17 Eli asked, "What were the results, my son?" The messenger answered, "Israel has fled before the Philistines, and also there was a great defeat of the troops, and also your two sons have died,[a] and the ark of God has been taken."
18 When he mentioned the ark of God, Eli fell from his chair backward by[a] the gate. His neck was broken and he died since the man was old and heavy. He had judged Israel for forty[b] years.
19 His daughter-in-law, the wife of Phinehas, was pregnant and on the verge of delivering,[a] When she heard the news about the taking of the ark of God and the death[b] of her father-in-law and husband, she bent over and gave birth for her pains had come upon her.
20 [a]When her time for delivering came she was about to die,[a] and those standing by her said, "Do not be afraid for you have given birth to a son." But she gave no answer, nor did she pay them any heed.
21 She named the boy Ichabod,[a] with reference to[b] the ark of God, and with reference to her fatherin-law and husband.
22 She said, "The glory has gone into exile from Israel since the ark of God has been taken."

원문주해

1.a.-a. 70인경(LXX); 이 문장이 마소라 본문(MT)에서는 유사종결(homoioteleuton)에 의해 없어졌다.

1.b. 70인경(LXX); 마소라 본문(MT): "블레셋 족속." 1.a.-a.에서 논의되는 중자탈락(haplography)은 마소라 본문(MT)에서 이러한 개정이 필요하게 되었다.

1.c. 70인경(LXX); 마소라 본문(MT): "그 돌, 그 도움." 참조. 5:1; 7:12.

2.a. 봐티코쉬(וַתִּקֹשׁ)로 읽으라(Smith). 그리고 삼하 2:17에 있는 병행적 사용을 보라. 드라이버(G. R. Driver, *JTS* 34[1933] 375-85)는 마소라 본문(MT)이 "전쟁이 서로를 충돌시켰다(=교전에 빠지게 되었다)"를 의미하는 것으로 이해했다. 스토베(Stoebe)는 그 동사를 투쉬(טוּשׁ)에서 유래하여 아람어화된 미완료형으로 이해하면서, "그 전투가 들락날락했다"로 번역한다. 맥카터는 그 자음으로 된 본문을 지지하지만 그것의 모음을 수정해 칼 수동형으로 이해한다: "그 전쟁의 전선들이 펼쳐졌다." 나타쉬(נטשׁ) 니팔형의 비슷한 용법에 대해서는 삿 15:9; 삼하 5:18, 22을 보라.

3.a. 70인경(LXX); 마소라 본문(MT)은 추가한다: "우리에게로."

3.b.-b. 70인경(LXX); 마소라 본문(MT): "여호와의 언약의." 마소라 본문(MT)은 "궤"와 "언약"을 4절에서 두 번, 5절에서 한 번 연결시킨다. 그러나 70인경(LXX)은 매번 "언약"이란 단어가 없다. 궤가 십계명을 담고 있다는 생각("주석"을 보라)이 마소라 본문(MT)의 확장들의 원인일 수 있다.

4.a.-a. 70인경(LXX); 마소라 본문(MT): "만군의 여호와의 언약궤." "만군"이란 단어의 원천은 삼하 6:2=대상 13:6일 수 있다.

4.b. 70인경(LXX); 마소라 본문(MT)은 추가한다: "거기"(שָׁם – 쉠). 참조. 1:3.

4.c.-c. 70인경(LXX); 마소라 본문(MT): "하나님의 언약궤."

5.a.-a. 70인경(LXX); 마소라 본문(MT): "여호와의 언약궤."

6.a. 마소라 본문(MT); 70인경(LXX)은 마소라 본문(MT)에서 두 번 나타나는 "소리"라는 단어가 없다.

7.a.-a. 뽀우(באו)로 읽으라. 참조. 8절에서 블레셋 족속이 이스라엘의 신들(복수)에 대해 반복적으로 언급하는 것. 70인경(LXX)에 있는 이문(variant, "이것들은 그 신들이다")은 8절을 예기하는 것으로 보인다.

8.a. 우바따베르(וּבַדָּבֶר)(Wellhausen, Driver) 혹은 우베모 따베르(וּבְמוֹ־דָבֶר)로 읽으라(Dahood, *Bib* 45 [1964] 401-2); 마소라 본문(MT): "광야에서"(בַּמִּדְבָּר – 빠미드빠르).

10.a. 4Q 70인경(LXX); 마소라 본문(MT): "블레셋 족속."

13.a. 마소라 본문(MT); 70인경(LXX)에는 "앉아 있다"가 없다.

13.b.-b. (엘) 야드 하샤아르 메쫘페(יד השער מצפה [אל])로 읽으라; 마소라 본문(MT): 야드 떼레크 메쫘페(יד דרך מצפה) (케레): "그 길 곁에서, 지켜 보면서." 70인경(LXX)은 이문병합(異文倂合)되었다: "그 성문 곁에서, 그 길을 지켜 보면서." 맥카터는 70인경(LXX)을 따르면서, 엘리가 그 성문의 꼭대기에 앉아 있었다고 제안한다("주석"을 보라).

13.c. 마소라 본문(MT); 70인경(LXX)에는 "온"(whole)이 없다.

14.a.-15.a. 마소라 본문(MT); 70인경(LXX)은 다른 이문들(다음에 제시된 70인경 번역에 나오는 이탤릭체의 이문들. 이 70인경 번역은 우리의 마소라 본문 번역에 어울리도록 조정되었다)을 병합시켰다: "그리고 그가 묻기를 '이 울부짖는 소리가 무엇이냐'고 했다. 그때 그 사람이 급히 다가가서 엘리에게 보고했다 – 엘리는 90세(80세[LXX^L])였고 그의 눈은 굳어져 볼 수 없게 되었다 – 그리고 엘리는 자기 곁에 서 있는 남자들에게 '이 소란스런 소리가 무엇이냐'고 물었다. 그때 그 사람이 엘리에게 급히 달려왔다"(*and he asked, "What is this crying sound?" Then the man hurried to come and he reported to Eli*-Eli was ninety(eight[LXX^L]) year old and is eyes were fixed so that he could not see-*and Eli asked the men who were standing by him, "What is this tumultuous sound?" Then the man hurried to come to Eli.*) 마소라 본문(MT)은 "울부짖는 소리" 대신에 "소란스런 소리"를 갖지만, 두 개의 이탤릭체로 된 독법들 중 첫 번째 것에서 그것을 갖는다. 그러므로 맥카터가 마소라 본문(MT)이 한때 70인경(LXX)의 이문병합된 독법을 공유했으며, 그것은 본문 전통의 파괴라고 말한 것은 잘못이다.

15.b. "눈"(eyes)이란 단어는 집합명사로서, 여성 단수로 된 동사와 사용된다(Driver). 참조. *GKC* 145K.

16.a.-a. 참조. 70인경(LXX); 마소라 본문(MT): "그리고 그 사람이 엘리에게 말했다."

16.b. 70인경(LXX); 마소라 본문(MT): "전쟁 대열." 아마도 이 절과 다음 절은 고대의 이문병합의 결과다.

17.a. 70인경(LXX); 마소라 본문(MT)은 "홉니와 비느하스"를 추가한다.

18.a. 베야드(ביד) 혹은 아드 야드(עד יד)로 읽으라(Hertzberg); 마소라 본문(MT): 베아드 야드(בעד יד).

18.b. 마소라 본문(MT); 70인경(LXX): "20."

19.a. 참조. *GKC* 69m. 랄레데트(ללדה)로 읽으라.

19.b. 마소라 본문(MT)을 부정사 연계형으로 고치라.

20.a.-a. 70인경(LXX), 클로스터만(Klostermann), 맥카터; 마소라 본문(MT): "그리고 그녀의 죽음의 시점에서."

21.a. 70인경(LXX); 마소라 본문(MT)은 추가한다: "가라사대, 영광이 이스라엘로부터 떠났다." 참조. 22a절.

21.b. 70인경(LXX); 마소라 본문(MT)은 추가한다: "…의 탈취." 참조. 17-19절.

양식/구조/배경

이 법궤 서사(Ark Narrative)의 단위(아래를 보라)는 블레셋 족속의 공격으로 시작하여, 전쟁터에서 이스라엘이 법궤를 탈취당한 것을 기념하는 한 아이의 이름짓기로 종결된다.

요약. 이스라엘이 4,000명의 사망자를 내면서 블레셋에게 패배한 최초의 충돌 이후에, 장로들은 실로로 사람을 보내 법궤와 그것을 시중 드는 두 사람인 홉니와 비느하스를 불러들였다(1b-4절). 블레셋 족속은 법궤의 도착으로 두려움에 떨었지만, 그럼에도 불구하고 두 번째 전쟁을 벌였으며, 그 결과 홉니와 비느하스를 포함하여 약 30,000명의 보병을 죽이고 법궤를 탈취하는 승리를 거두었다. 한 전령이 실로로 그 소식을 가져와서 그 성읍과 늙은 제사장 엘리에게 그 재난에 대해 보고했다. 법궤에 관한 보고는 엘리를 의자에서 떨어져 죽게 만들었다(12-18절). 일련의 경악할 만한 사건들로 충격을 받은 비느하스의 아내는 산고를 겪은 후 한 아들을 낳았다. 그녀는 누운 채 죽어 가면서 그의 이름을 이가봇이라 불렀는데, 그 이유는 법궤의 상실을 이스라엘로부터 영광이 떠난 것으로 이해했기 때문이다(19-22절).

사무엘상 4장에 대한 최근의 연구는 정경 이전의 법궤 서사가 있었다는 가정에 의해 지배되어 왔다(Rost, *Überlieferung*). 그 서사는 사무엘상 4-6장, 적어도 어떤 경우에는 사무엘하 6장(이 연구의 역사에 대해서는 Campbell, *The Ark Narrative*, 6-54를 보라)의 모든 혹은 많은 부분들을 포함하고 있다. 로스트(Rost)에 따르면, 이 서사의 의도는 예루살렘 성소의 방문객들과 특히 순례객들에게 법궤와 관련된 특별한 사건들에 대해 이야기해 줌으로써 법궤의 중요성을 알리는 것이었다(Campbell, *The Ark Narrative*, 10). 로스트의 견해로는 이 법궤 서사는 다윗 왕권과 그의 왕국의 수도인 예루살렘의 지위의 합법성을 세우는 것이었다. 이 법궤 서사에 대한 세 개의 연구 논문이 최근에 등장했다. 쉬클베르거(Schicklberger, *Ladeerzählungen*)는 이 기사의 경계선을 4:1-6:16으로 설정하면서, 이 기사는 여호와의 임재(nearness)가 법궤를 통해 이루어진다는 사실을 강조하여 "시온" 신학을 수정하려 한 것으로 이해했다. 그는 그 서사의 연대를 시온이 산헤립으로부터 구원되어 큰 명성을 얻었던 주전 700년으로 잡는다(비판에 관해서는 Campbell, *JBL* 98[1979] 31-43를, 그리고 Miller와 Roberts, *Hand of the Lord* 2-6를 보라). 밀러와 로버츠는 그 법궤의 연대를 다윗의 위대한 군사적 승리들보다 이전으로 잡으면서, 그 기사에 2:12-17장, 22-25장 그리고 27-36장을 포함시키고(비록 그들이 어떤 구절들은 현재의 본문 속에서 개작되어 있다고 주장한다 할지라도) 사무엘하 6장은 제외시킨다. 2장에 선언된 엘리 가문에 대한 심판은 4장에서 그 백성들의 패배로 이어진다. 그러나 그 서사의 나머지는 여호와께서 블레셋 영토에서 다곤 신을 패배시킨 것처럼 여전히 그분이 지배권을 지니고 계심을 주장하고, 그렇게 해서 다곤 신으로 인해 제기된 신학적 위협 요소를 제거시킨다. 캠벨은 사무엘상 4-6장과 사무엘하 6장을 법궤 서사에 포함시키고, 그 연대를 로스트와 마찬가지로 다윗 시대 혹은 솔로몬 시대 초기로 잡는다. 블레셋에 의한 패배 소식, 실로 제사장직의 종결 그리고 영광의 떠남에 대한 보고를 가진 4장은 한 시대의 마무리를 표시해 준다. 블레셋 영토에서의 여호와의 위력은 에벤에셀의 사건들(4장)이 그분의 고의적인 의도에서 나온 결과였음을 보여 준다. 여호와의 자유와 주권으로 법궤는 복귀되고 예루살렘에서의 새로운 체제가 설립되기에 이르렀다. 구원사가 다시 시작된다. 법궤가 이스라엘 영토로 복귀된 것은 다윗보다 먼저였고 그의 군사적·정치적 치적들과는 상관없었는데, 바로 그렇게 예루살렘에서의 새 체제는 오직 여호와의 은총을 통해 온다.

법궤 서사가 1-3장의 서사와 별개의 문학적 역사를 가진다는 것은 매우 그럴듯하게 보인다. 법궤 서사는 사무엘에 대해 어떠한 언급도 하지 않으며, 또한 (Miller-Roberts와 반대로) 엘리 가문에 대한 어떤 부정적인 말도 하지 않는다. 다른 한편, 1-3장은 블레셋에 대해서 또한 엘리의 사사직에 대해서도 전혀 언급이 없다. 나의 판단으로는, 캠벨은 2장이 4장의 완전함을 필요로 하지 않는다는 것을 증명했다. 2:29와 2:22-25 사이의 모순은 밀러와 로버츠가 인용한 2장의 구절들이 모두 동일한 한 사람의 저자에게서 온 것으로 볼 수 없게 만드는 것 같다. 2:34에 따르면, 홉니와 비느하스의 죽음은 사무엘상 22장에 자세히 설명된 엘리 가문에 대한 궁극적인 심판의 징조이며, 반면에 일시적으로 살아남은 한 엘리 가문 사람이 비탄 중에 자신의 삶을 마칠 것이라는 선언은 열왕기상 2:26-27에서 성취된다. 2장은 엘리의 죽음, 법궤의 상실 혹은 이가봇 사건에 대해 아무것도 말하지 않는다. 그것들은 모두 4장의 핵심을 이루고 있다. 베이욜라는 2:27-36을 최소한 신명기 학파 역사가의 편집 활동의 일부로 본 점에서 옳은 것 같다(McCarter 역시 그렇다). 본래의 법궤 서사의 시작 부분은 그 서사가 현재의 문맥에 포함될 때 없어진 것으로 보인다.

사무엘하 6장이 본래부터 그 법궤 서사의 결론을 형성했는지, 아니면 그것이 적어도 그 본문 역사의 어떤 한 지점에서 그런 결론을 형성했는지 결정하기는 더욱 어렵다(Campbell, *JBL* 98[1979] 42). 밀러와 로버츠는 엘리를 대체하는 엘르아살의 성직 위임(consecration)에서 그 이야기의 절정을 발견한다(7:1; 그들이 그 서사의 시작과 끝으로 설정한 경계선들에 의존해서 지정한 위치). 반면에, 캠벨은 사무엘하 6장에 있는 장면인 여호와의 은혜로운 의지의 결과로 법궤가 예루살렘으로 귀환하는 대목에서 가장 훌륭한 결론을 발견한다. 다행히 우리는 사무엘하 6장에 대한 주요 주석적 문제들은 사무엘하 주석으로 넘길 수 있다. 사무엘하 6장을 정경 이전의 법궤 서사로 포함시키는 것에 대한 찬반 주장들은 내가 판단하기에 결론을 내릴 수 없는 논쟁이다.

나는 법궤 서사가 더 이른 시기의 문학적 역사를 가진다는 것을 믿으며, 또한 그 서사가 엘리 가문에 대해 갖는 중립적 또는 심지어 긍정적인 성향은 아비아달의 배척보다 앞선 시기라고 믿는다. 그럼에도 불구하고 이 사무엘상 주석의 임무는 정경 이전의 문서에 대한 의미를 설명하는 것이 아니라 현재의 책의 구조 속에, 그리고/또는 신명기 학파 역사 속에 있는 이야기의 의미를 논의하는 것이다. 따라서 법궤 서사의 서두에 관한 밀러-로버츠와 캠벨 사이의 논쟁은 대체로 우리의 임무와 관련이 없는 것이다. 요약하자면 이렇다: 법궤 서사는 밀러-로버츠와 캠벨이 단언한 대로 10세기에 쓰여졌을 수 있다. 하지만 그것의 현재의 역할은 신명기 학파 역사가에 의해 설정된 구조 안에서 이해되어야 한다. 우리의 관심사는 현재의 문맥 속에 있는 그 서사의 의미를 평가하려는 것이다. 2장과의 관련성은 우리의 관점에서 볼 때 편집에 의한 것이지 2장의 구절들을 포함하는 독자적인 법궤 서사에서 기인한 것이 아니다.

캠벨의 논문은 비평적인, 또한 구조적인 관심들을 조성하려는 데 전념했다. 1-2절과 10-11절에서 그는 두 전쟁 보고를 발견하는 반면에 3-9절은 이해를 돕는 막간 해설(intermezzo)로 분류한다. 1b-11절 전체는 확장된 "전쟁 보고"로 불린다. 확장된 전쟁 보고에 대한 우리의 단락 구분은 세 단위가 아닌 두 단위를 확인한다는 점에서 약간 다르다. 12-18절과 19-22절에 있는 두 개의 일화는 "기념 사건"(memorabile)이라 불린다(*Ark Narrative*, 82). 물론 두 번째 일화는 어원학적 원인론(etymological etiology)을 내포한다.

편집적인 의미에 대한 우리의 이해는 "주석"과 "해설" 편에서 설명될 것이다. 베이욜라(*Ewige Dynastie* 102)는 사무엘상 4장에 있는 법궤 서사가 한때 거의 독점적으로 법궤에 집중했었다고 믿는데, 그는 다음에 열거된 구절들을 DtrG에 의한 편집적 추가들로 분류한다: 4b, 11b, 17b, 19a, 21b, 22a절. 그의 견해 – 밀러와 로버츠에 반대되는 – 에 의하면, 독자적인 법궤 서사는 홉니와 비느하스에 대한 어떤 언급도 없다.

주석

[1]b-[4] 블레셋 족속은 에게해(the Aegean) 지역에서 와서 13세기 후반에는 이집트를 침공했던 해양 민족들(the Sea Peoples)의 일부였다(암 9:7에 따르면, 블레셋 족속은 갑돌[Caphtor] 혹은 그레데[Crete]에서 왔다). 라암세스 3세와의 격돌 후에 블레셋 족속은 해안 평야에 정착했는데, 거기서 그들은 기본적으로 가나안 족속이었던 한 백성 위에 군림한 지배 계층을 이루었던 것으로 보인다. 전통적으로 그들은 다섯 성읍(아스돗, 아스글론, 에그론, 가드, 가사; 6:17을 보라)과 관련되어 있었는데, 그럼에도 불구하고 그들은 북쪽으로는 에스드라엘론(Esdraelon, 이 지명은 히브리어 지명 Jezreel[이즈르엘]의 헬라식 표기다 – 역자주) 평야까지 그리고 심지어 사사 시대의 끝 무렵에는 요단 계곡 아래쪽까지 영향력을 확대시켰다(참조. Wright).

사사기는 600명의 블레셋 군사들에 대한 삼갈의 승리(삿 3:31)와 삼손 시대의 블레셋과 이스라엘 사이의 수많은 국경 분쟁에 대해 보고한다(삿 13-16장). 사울은 그들에 대한 최초의 승리를 획득한 후에 결국 블레셋과의 전쟁에서 죽었다(삼상 31). 다윗은 가드 왕 아기스의 시중을 들었으나(삼상 21:11-16; 27:1-28:2; 29:1-11), 자신의 왕국의 확장과 또한 지중해 연안에서 페니키아(베니게) 세력의 확장에 중요했던 블레셋과의 전쟁들에서 승리를 거두었다(삼하 5:17-25).

4장에 있는 전쟁에 대한 당장의 원인은 분명하지 않다. 메이즈(Mayes, *Israelite and Judean History*, 323)는 블레셋이 사사기 5장에 보고된 자신들의 지도자 시스라에 대한 이스라엘의 승리에 보복을 하고 있다고 제안했다. 그러나 이스라엘과 블레셋 사이의 전쟁에 대한 이유들은 의심할 여지가 없이 매우 많다. 그 원인이 무엇이었든지 간에, 그것이 법궤 서사를 이해하는 데 있어서 어떤 역할을 할 필요는 없다.

에벤에셀(참조. 5:1)은 7:12에 있는 동일한 이름을 가진 장소와 구별되는데, 최근에 그것은 한때 이스라엘 지역이었던 아벡의 동쪽 약 2마일 지점에 있는 이즈벳 사르타(Izbet Ṣarṭah)와 동일시되었다(Kochavi; MR147168). 고고학적 증거에 따르면, 그것은 약 주전 1,000년경에는 버려진 땅이었다. 블레셋 족속은 야콘(Yarkon)

강의 근원지에 인접한 아벡(Aphek, Rās el-'Ain, MR143168)에 위치해 있었다(참조. 삼상 29:1).

이스라엘 족속은 블레셋에 의한 첫 번째 패배에서 약 4,000명의 군사를 잃었다. 이 숫자를 가늠하는 가장 좋은 방법은 그것을 두 번째 전투(10절)에서 잃은 숫자와 비교하는 것이다. 그것은 첫 번째의 일곱 배 반이나 되는 어마어마한 인원이다. 맥카터는 이 4,000이란 숫자와 관련해서 "천"을 불확실하지만 비교적 작은 규모의 군사적 단위로 이해하면서 네 개의 "천"을 의미하는 것으로 받아들였다. 만일 "천"이 5명과 14명 사이의 숫자를 가리킨다면, 네 개의 "천"은 20명에서 56명일 것이다(참조. 11:8과 15:4). 어떤 경우든, 인명 손실이 "그 들판에서" 있었다. 즉, 이스라엘 군사들은 계속 자신들의 땅을 지켰고, 그 첫 번째 전투에서 도망가지 않았다(Smith). 군사들(문자적으로는 백성들)은 진영으로 되돌아왔고, 이스라엘의 장로들(15:30에 있는 "내 백성의 장로들"과 삼하 3:17에 있는 [북] 이스라엘의 장로들을 비교하라)은 자기 백성들의 패배를 불러오신 여호와의 역할을 깨닫고(참조. 수 7:7) 그 원인을 물었다. 그들의 수사학적인(rhetorical) 질문은 본문에서 답변되지 않지만, 그것이 분명하게 암시하는 바는 그 패배가 법궤의 부재에 기인했다는 것이다. 편집적인 관점에서 볼 때(참조. 2:27-36) 그 패배는 비록 장로들이 내린 결론은 아니라 할지라도 엘리 가문의 죄에 대한 여호와의 심판으로 볼 수 있다.

어떤 구약 전승에 따르면, 법궤는 십계명을 담고 있는 상자였다(출 25:22; 신 10:3). 거기서 "언약궤"란 이름이 연유했다(참조. 수 3:6; 마소라 본문[MT]은 삼상 4:3-5에서; 그리고 삼하 15:24). 다른 곳에서 그것은 하나님의 그룹 보좌(the cherub throne, 4절) 또는 발등상이다(참조. 시 99:5; 132:7; 대상 28:2). 여호와가 눈에 안 보이게 그룹들 위에 거주하신다는 것은 최초로 실로 성소와 더불어 언급된다(4절; 삼하 6:2). 그리고 이러한 종류의 형상 묘사(iconography)는 솔로몬의 성전에서 영구적인 것이 되었다(왕상 6:19-29; 참조. 왕상 19:15=사 37:16). 그룹들은 날개를 가진 스핑크스 같은 것들로 이해될 수 있다(Albright, De Vaux, 298-300). 이러한 형상 묘사는 역시 그룹 보좌 위에 앉아 있는 것으로 그리는 가나안 신 엘로부터 차용된 것일지도 모른다(Cross, *CMHE*, 35-36). 때때로 법궤와는 아무런 명시적인 관련이 없는 별칭(epithet)이 사용된다(시 80:2[영역본. 1]; 99:1; 삼하 22:11 = 시 18:11[영역본. 10]).

법궤가 비록 제2성전에는 놓여 있지 않았다 할지라도(참조. 렘 3:16), 그것은 지속적으로 이스라엘의 성소들과 관련되어 있었다(참조. 이스라엘의 광야 성막에 대한 제사장 기사, 출 25:10-22; 실로에 있는 성소, 삼상 3:3; 예루살렘에 있는 다윗의 장막, 삼하 6:17; 솔로몬의 성전, 왕상 8:6-9). 후대의 전승은 법궤의 덮개(כפרת –카포레트 혹은 속죄소; 참조. 출 25:17-22; 레 16:2, 13; 민 7:89)에 엄청난 중요성을 부여했는데, 그것은 어쩌면 포로 후 시대에 법궤의 대체물 역할을 했을지도 모른다. 현재의 문맥에서 광야에서 백성들의 행진을 이끌거나(민 10:33-36) 혹은 거룩한 전쟁에서 그들의 군사들을 이끌면서(출 33:14-15; 민 14:42-44; 수 3:4, 6; 삼하 11:11; 15:24-30) 여호와의 임재를 상징하는 역할을 하는 법궤의 기능은 가장 중요하다. 히브리어로 보면, 장로들이 법궤를 "가져오려는" 노력과 그것이 전쟁에서 블레셋 족속에 의해 "탈취된" 것 사이에는 언어 유희가 있다. 법궤는 여호와의 임재의 표지이며, 또한 장로들이 희망했던 바 그들을 적들의 손아귀에서 구출해 주는 것은 바로 이 임재하심이다: "그래서 그분이(참조. Stoebe) 우리 중에 오셔서 우리를 우리의 적들의 세력에서 구원하시도록." 장로들은 3절의 두 하반절에서 자신들의 패배의 원인을 여호와의 힘과 블레셋 군대 양쪽에게 돌리고 있다는 것을 주목하라. 파견단이 법궤를 가지고 실로로부터 돌아왔을 때, 그들은 홉니와 비느하스라는 두 명의 법궤 시중 드는 자를 데리고 왔다. 법궤 서사 자체는 그 두 사람의 죽음을 단지 에벤에셀에서의 일련의 비극적 사건들의 하나로 보면서 그들을 중립적으로 다루고 있는 것처럼 보인다. 그럼에도 불구하고, 신명기 학파의 문맥은 그들의 사망을 이름 없는 하나님의 사람의 신탁(2:27-36)과 사무엘을 통해 내려진 신탁(3:11-14)이 성취된 것으로 만든다.

5-11 이스라엘 진영으로의 법궤의 도착은 거룩한 전쟁의 문맥(수 6:5; 삿 7:20; 삼상 17:20, 52; 대하 20:21-22; Von Rad, *Der heilige Krieg*, 11를 보라)에서 전형적으로 나타나는 엄청난 환호성 또는 전쟁 함성(war cry)을 일으켰고, 그 소리는 땅을 진동시켰다. 아마도 저자는 땅이 그 환호성으로 아비규환에 빠졌던 것을 암시하고자 했을 것이다(거룩한 전쟁과 관련된 공포나 아비규환에 대해서는 신 7:23; 삼상 5:9, 11; 14:20을 보라). 해설자(narrator)는 그 서사에서 시종일관 이스라엘이란 단어를 사용하는 반면에, 블레셋 족속은 그 동일한 백성을 "히브리인들"이란 이름으로 칭한다(6절과 9절; 이러한 용어의 이해를 위해서는 13:3에 대한 토론을 보라). 어찌 되었든, 블레셋 족속에게 있어서 환호성의 의미는 없어지지 않았다. 전쟁 함성과 법궤의 도착은 단지 이스라엘의 신들이 전쟁을 하기 위해 도착했다는 것을 의미할 수 있었다(블레셋 족속은 이스라엘 족속을 다신주의자들로 이해한다!). 그들에게 이것은 예기치 않은 위험을 의미했는데, 그 이유는 법궤가 이전에는 이스

라엘-블레셋 분쟁들에서 사용된 적이 없었기 때문이거나, 혹은 출애굽 시에 애굽인들을 패배시켜 두려운 명성을 얻은 이스라엘 신들이 직접 전쟁에 개입하는 것은 불길한 징조였기 때문이다. 물론 이스라엘을 위해 싸우는 그 신들의 위엄(시 8:2, 10[영역본. 4]; 93:4)에 대한 블레셋 족속의 예상은 이스라엘 족속이 그 전투에서 승리하지 못한 사실을 한층 더 두드러지게 한다. 이스라엘의 적들은 패배를 예상했으나, 이스라엘에 우호적인 법궤의 위력을 예상한 그들의 예측은 빗나갔다. 다른 곳에서는 많은 나라들이 여호와의 능력에 깊은 인상을 받은 것으로 언급된다(수 2:9; 5: 1; 왕하 5:15; 욥 1:14). 블레셋 족속은 애굽이 그랬던 것처럼 엄청난 타격이 발생하여 그들이 쓰러질 것으로 예상했을 것이다. 그러나 실제로는 여호와로부터의 타격이 오히려 이스라엘에게 가해졌다(10절). 블레셋 족속은 과거 히브리 족속이 자신들의 노예였던 것처럼 자신들이 그들의 노예가 되지 않도록 용감히 저항하자고 서로의 사기를 돋구었다(9절; 참조. 수 10:25; 삼하 10:12; 13:28; 왕상 2:2; 고전 16:13). 블레셋에 대한 삼손의 게릴라 전술과 단 지파의 이주는 블레셋이 상당한 압력을 행사했음을 암시하는 것일 수도 있다. 그럼에도 불구하고, 성경은 이전의 이스라엘에 대한 블레셋 족속의 지배에 대해서는 어떤 기록도 남겨놓지 않는다. 이스라엘 족속을 히브리인들이라 부름으로써 블레셋 족속은 그들의 문화적 우월감을 표현한다. 더욱이 9절에는 "섬기다"(עבד – 아바드)란 단어와 "히브리"라는 단어의 어근(עבר – 아바르) 사이에 언어 유희(word play)가 있을지도 모른다. 블레셋의 초조감은 이스라엘의 패배와 그들의 신들의 (명백한) 패배가 얼마나 놀라운 것인지를 강조하는 셈이다.

두 번째 전투에서의 이스라엘의 패배(10절; 참조. 2, 17절)는 첫 번째보다 훨씬 더 상황이 좋지 않다 – 일곱 배 반이나 되는 많은 사망자가 생겼으며, 이스라엘 군사들은 첫 번째 전투와 마찬가지로 전쟁터에서 전열을 유지하지 못하고 흩어져 집으로 돌아갔다(문자적으로는 "각각 자기 장막으로 도망쳤다"; 참조. 삿 20:8; 삼상 13: 2; 삼하 18:17; 19:9[영역본. 8]; 20:1; 왕상 12:16). 군사적 임무를 포기했던 사람들에 추가로 약 30,000명(McCarter, 150-420명 사이!)의 보병들이 죽었다(출 12:37; 삿 20:2; 삼상 15:4; 삼하 10:6). 법궤는 승리를 가져오지 못했을 뿐만 아니라, 이 하나님의 임재의 상징물이 탈취되었으며, 법궤 시중 드는 자들인 엘리의 악한 두 아들은 죽임을 당했다. 그들의 죽음이 2:34에서 선언된 징조이자 엘리 가문의 더욱 큰 슬픔에 대한 전주곡이라는 것은 단지 2:33-34을 읽었던 사람들만이 알게 될 것이다. 다음 장에 있는 서사(narrative)는 다곤과 블레셋에 대한 여호와의 우월성을 증명해 주는 반면, 4장에 있는 마지막 두 단락은 법궤의 상실로 인해 야기된 깊은 신학적이며 감정적인 문제들을 보고한다.

[12]-[18] 랍비들은 12절의 그 베냐민 전령이 골리앗으로부터 율법의 서판들(The tablets of the law)을 탈취해 냈던 사울이라고 생각했다. 그러나 이야기꾼(story-teller) 자신은 우리에게 그 전령이 베냐민 지파라는 것에 아무런 의의도 전해 주지 않는다. 스토브의 주장에 의하면, 그 해설자는 사울과 동일한 지파 사람이 엘리에게 그 두려운 소식을 가져온다고 언급함으로써 독자들에게 이스라엘의 지도력이 실로의 제사장직으로부터 사울에게로 넘어가고 있다는 교묘한 실마리를 제공해 준다. 어쨌든, 그 전령은 같은 날 8마일의 거리를 애도 복장을 하고 달려와 도착했다(참조. 수 7:6; 그리고 삼하 1:2).

최초의 실로 발굴자들은 자신들이 아벡-에벤에셀의 전투와 관련된 실로의 파괴에 대한 증거를 발견했다고 믿었다. 그렇지만 뒤따른 검토 작업과 한 작은 발굴로 인해 실로 성소는 예레미야 이전의 어느 시기(참조. 렘 7:12; 26:6; 아마도 11세기보다는 예레미야의 시대에 더 가까운)에 파괴되었으나, 그 성읍 자체는 단지 주전 600년경에 파괴되었다는 결론에 이르게 되었다. 발굴물들도 본문상의 문제들(참조. "원문주해" 14.a.-15.a.)도 왜 그 전령이 엘리에게 전해 주기 이전에 성읍에 그 사실을 알렸는지를 설명해 주지 않는다. 어떤 사람은 그 전령이 한 문으로 갔을 때, 엘리는 다른 문 곁에 서 있었거나 성소 문 곁에 서 있었다고 제안했다(참조. 1:9, 그러나 이 구절에서 엘리는 분명히 여호와의 성전 문설주 곁에 앉아 있었던 것으로 묘사된다). 엘리에게 늦게 소식이 전달된 이유가 무엇이든지 간에, 이 서사는 그 전투에 의해 가장 직접적인 영향을 받는 엘리가 사실상 가장 나중에 알게 된 반면에 온 성읍이 먼저 울었다고 함으로써 드라마틱한 문학적 기법을 연출해 낸다. 엘리의 걱정은 분명하다: 그는 소식을 고대하며, 또한 법궤에 관해 두려움에 가득 찬 마음을 가지고 그 문 혹은 길 곁에 앉아 있다. 해설자는 우리가 엘리 자신이 사태의 본말을 직감한 것으로 생각하길 바라고 있는 것 같다!

엘리는 자기가 들은 소동의 의미를 물었으며 그 전령이 전달해 준 결과를 알려 달라고 명했다(삼하 1:4). 그 소식에 대한 이런 갈증은 엘리 자신이 사무엘에게 여호와의 모든 말씀을 말해 달라고 요청했던 때와 마찬가지로(3:17) 무서운 답변으로 채워졌다. 그 전령이 소식을 전해 주기 전에, 독자들은 보충 설명(excursus)을 통해 엘리의 많은 나이와 그의 시각 상실을 기억하게 된다(15절). 전령이 자기가 어디서 왔는지 보고했을 때, 엘리가 그 결과들에 대해 물어야 했던 것은 이상한 것이 아니다. 그 찢겨진 옷과 그 전령의 머리 위의 티끌을 보았던 사람이라면 누구든지 물어 볼 필요도 없이 알 수 있었을 것이다! 엘리는 아마도 어떤 소식인지 걱정하면서 "내 아들아"라는 애정 어린 호칭으로 그 전령을 불렀다. 그 전령(המבשר – 하메바세르, 단지 여기서는 나쁜 소식을 가져오는 어떤 사람을 지칭하는 데 사용됨; 참조. TDOT, 2, 314-315)은 점차 무서운 절정에 이르게 되었다(참조. 욥 1:13-19). 그 메시지의 두 번째와 세 번째 부분에서는 각기 "그리고 역시"(וגם – 붸감)란 단어가 선행된다. 절정에 이르는 법궤 상실에 대한 보고에서, 그는 단지 단순한 접속사를 사용한다. 법궤에 대한 언급에서, 그 노령의 몸이 둔한 사람은 의자에서 떨어져 목이 부러진 채 죽었다. 엘리가 그 성문의 꼭대기에서 땅 아래로 떨어졌다는 맥카터의 생각은 그가 인용한 병행구들이 지지해 주는 것으로 보이지 않는다. 예를 들어, 스스로 왕이었던 압살롬은 자신에게 직접 소송 사건들을 호소하길 원했던 백성들을 중재했을 때, 그 문 꼭대기에서 백성들을 불렀던 게 아니라 그들이 그 문을 통해서 왔을 때 그들을 만났을 것 같다(삼하 15:2-6). 맥카터가 잠언 8:2-3과의 병행법(parallelism)에 의존하는 것은 "마을 어귀 성문 곁에서"의 병행구가 "그 길가의 높은 탑 위에"(2절)가 아니라, "정문 입구에서"(3절)라는 사실을 간과한다. 사무엘상 4장의 주요 초점은 엘리에 대한 특별한 심판이 아닌 법궤 상실로 인한 큰 충격에 있는 것으로 보인다(Miller와 Roberts, *Hand of the Lord*와는 상반된다).

엘리의 죽음에서, 해설자는 그가 소 사사로 봉사했다고 언급한다(참조. 삿 10:1-5; 12:8-15; 삼상 7:15). 노트는 이러한 언질을 본래의 신명기 학파 역사가보다 후대의 어떤 사람의 것으로 돌린다(*Überlieferungsgeschichtliche Studien* 22-23). 이 주해자는 Dtr이 사사기, 사무엘서 등의 독자적인 책들로 구분된 이후 시대의 사람인데, 그는 사사들의 명단 속에 엘리를 사무엘의 전임자로 포함시키기를 원했다. 노트에 따르면, 엘리의 40년 간의 사사직 종사는 사사기 12:8-15에 언급된 마지막 세 사사들의 시대뿐만 아니라, 블레셋 압제의 첫 번째 20년과 삼손 시대(삿 13:1; 15:20; 16:31)를 포함해야만 할 것이다. 그러나 그러한 중복된 사사들은 Dtr의 여타의 곳에서 알려진 바가 없다. 4:18 LXX에 있는 20이란 숫자는 훨씬 후대의 교정이다. 그 의도는 엘리를 입산, 엘론 그리고 압돈(삿 12:8-15)과 중복시키지 않고, 또한 압제의 두 번째 20년 간을 법궤가 기럇여아림에 머물렀던 시기로 귀속시키지 않으며(삼상 7:2), 엘리를 블레셋 압제 시대의 첫 번째 20년에 위치시키려는 것이었다. 심지어 이런 교정된 본문이라 해도 엘리가 삼손과 사사직이 중복되는 기간을 갖는다.

[19]-[22] 임신하여 산기가 찬 비느하스의 아내는 자신의 시아버지와 남편의 죽음에 덧붙여 법궤 상실이라는 놀라운 소식에 산고를 시작했다. 출산 과정에서 몸을 구부린 것은 해산대 위에서 아기를 낳았던 애굽에서의 이스라엘 여인들과 비교될 수 있다(출 1:16; 참조. 욥 39:3에서 암사슴에 사용되는 병행 동사). 갑자기 그 여인에게 찾아오는 고통에 대한 언급에 의해 조기 출산이 암시된다. 성경의 독자들이 베냐민의 출생 시에 있었던 라헬의 죽음과 그녀가 그 아이의 이름을 "그녀의 고통의 아들"(son of her affliction)로 지은 것을 기억한다 할지라도(창 35:17-18), 비느하스의 아내의 죽음에 대한 언급은 20절에서 적절한 서사적인 준비(narrative preparation)가 없이 나타난다. 그녀의 해산을 도왔던 여자들은 아들이 태어났다는 반가운 소식으로 그녀를 기쁘게 해주려고 애썼다(참조. 창 35:17와 렘 20:15). 그러나 그녀는 해산을 도운 여인들의 격려에 대답도 없고 관심도 주지 못하면서 완전히 인사불성이었다(출 7:23; 삼하 13:20; 잠 27:23). 맥카터는 첫 번째 동사에 대한 별개의 어원론에 근거하여 다른 설명을 시도한다: 그녀는 눈이 풀린 것이 아니었고, 또한 자신의 고통에 신경을 쓴 것도 아니었다. 즉, 법궤가 탈취된 상태에서 그녀는 자기 자신을 생각한 것이 아니었다. 그녀는 (혼수상태?) 침묵에도 불구하고 자신의 아들에게 상징적인 이름을 지어 주었다. 스미스(Smith)는 "그녀가 불렀다"의 "그녀"를 옆에 시중들던 여자들 중 하나를 지시하는 것으로 이해한다. 그러나 레아(창 29:32)와 라헬(창 35:18)에 대한 병행구들은 비느하스의 아내가 그 이름을 지은 것을 지지해 준다.

이가봇이란 이름은 현대의 언어학자들의 연구 대상이다. 어떤 사람은 요세푸스(*Ant.* 5, 360)를 따라 부정을 지시하는 페니키아어 이(אִי)에 근거하여 그것을 "불명예스러운"으로 해석한다. 맥카터는 "어디에?", "슬프도다!"!를 의미하는 우가릿 단어 이(*'iy*)에 주목했다. 참고로, 이세벨(Jezebel)은 "그 귀인은 어디에?" 혹은 "슬프도다, 그 귀인이여!"라는 뜻이다. 우리의 언어학(philology)보다 더 중요한 것은 22절의 원인론적 언급의 배후에 있는 널리 알려진 어원학(etymology)이다. 죽어 가는 어머니는 영광(כבוד – 카보드)이 이스라엘을 떠났기 때문에 혹은 더욱 강하게 말하면 이스라엘로부터 사로잡혀 가 유배되어 버렸기 때문에 그 아기의 이름을 이가봇이라 지었다. 21절에서는 이가봇이란 단어가 법궤와 그 여자의 시아버지 및 남편의 죽음 둘 다와 관련되어 있지만, 22절에서 영광이 이스라엘로부터 떠난 것은 단지 법궤의 상실과만 관련되어 있다. 그 영광, 다시 말해 하나님의 임재의 상징(겔 10:18; 호 10:5)은 사라져 버렸다. 법궤의 상실은 열거된 문제들 중에서 가장 심각한 것이다(참조. 7절에서 극에 달한 법궤의 지위). 그리고 이어지는 두 장에서 법궤 서사의 관심을 차지하는 것은 법궤의 상실과 그것으로 상징화되어 암시된 여호와의 패배다.

해설

사무엘은 이 장면에서 잠시 사라진다. 대신 법궤와 그것의 상실과 복귀에 관심이 집중되며, 그 이후에 성인이 된 사무엘이 재등장하여 왕권의 발흥기에 이스라엘을 지도하게 된다. 법궤 서사의 첫 번째 장은 블레셋 족속에 의한 두 번의 군사적 패배를 기록한다. 그 중에 두 번째 패배는 훨씬 더 심각했다. 두 번째 패배에 대해 놀라운 것은, 여호와의 궤가 요청에 따라 두 명의 법궤 시중 드는 자를 동반하여 실로로부터 도착했음에도 불구하고 그 패배가 발생했다는 것이다. 사무엘상에서 이러한 패배들과 엘리, 홉니와 비느하스 그리고 비느하스의 아내의 죽음은 2:34의 위협적인 예언들 중 첫 번째의 성취들로 나타나면서 엘리 집안 전체의 파멸에 일종의 선불 지급이 된다.

그러나 다른 쟁점들도 역시 나타난다. 법궤의 상실에 대한 두려움이 적절하게 강조된다. 법궤의 임재로 인해 블레셋 족속은 패배를 예상했었다. 그들의 예기치 않은 승리는 그들의 신의 우월성을 보여 주는 표시인가? 법궤의 상실에 대한 반응으로 인한 엘리의 죽음과 그의 며느리의 죽음은 이 법궤 상실이 이스라엘에게 얼마나 중대한 문제인지를 보여 준다. 이가봇이란 이름은 신의 부재의 문제를 날카롭게 표현해 준다.

명백한 패배와 여호와의 실제적 부재는 다음 장에서 하나님이 어떻게 블레셋의 법궤 탈취자들에게 자신의 우월성을 보여 주시는지 말할 기회를 제공한다. 그분의 신실하심(fidelity)과 우월성은 이스라엘이 여러 전쟁에서 승리하기 위해 혹은 어떤 상황에서든 자신들이 일을 잘 처리하기 위해 필요로 했던 것이다. 승리하시는 법궤의 여호와를 모시고 있으면서도, 왜 이스라엘은 어떤 다른 왕을 필요로 했을까?

그러나 4장은 단순히 왕권을 둘러싼 과거의 투쟁들에 대한 이야기만은 아니다. 이제 그것은 신명기 학파 역사 속으로 통합되었다. 이 문맥에서 이가봇이란 이름은 새로운, 그 시대에 걸맞는 의미를 부여받은 것일 수도 있다. 여호와의 영광은 에스겔이 분명히 말한 대로(10:18) 587년에 다시 이스라엘에서 떠났다. 그 영광의 떠남이 그렇게 슬프고 놀라운 것이었더라도, 그것이 필연적으로 약속이 사라진 상황을 가져온 것은 아니었다. 왜 그런가? 그것은 법궤가 사사 시대에 탈취당했을 때, 그로 인해 여호와의 영광을 가장 극적으로 보여 줄 수 있는 기회가 제공되었기 때문이다－여러 민족들 중 한 민족(이스라엘－역자주)의 눈에는 그렇게 보였다. 신명기학파 역사가는 역사가 반복된다는 것을 암시하고 있는 것인가? 다른 포로기의 저자들은 여호와의 영광이 과거와 똑같이 미래에도 나타날 것이라고 기대했었다. 단지 다음과 같은 것들만 생각해 봐도 그렇다. 여호와의 영광과 제사장의 장막(출 40:34-35; 레 9:23-24), 에스겔의 재건된 성전으로 여호와의 영광의 복귀(43:1-5) 혹은 옛 출애굽을 잊을 수 있게 하는 제2이사야서의 신 출애굽(the new Exodus)에 관한 기사(사 43:18-21).

6. 여호와의 승리의 손(5:1-12)

참고문헌

Brentjes, B. "Zur 'Beulen'-Epidemie bei den Philistern in 1. Samuel 5-6." *Altertum* 15 (1969) 67-74. **Cross, F. M.** and **Freedman, D. N.** "The Name of Ashdod." *BASOR* 175 (1964) 48-50. **Delcor, M.** "Jahweh et Dagon ou le Jahwisme face à la religion des Philistins, d'après 1 Sam. V." *VT* 14(1964) 137-54. **Donner, H.** "Die Schwellenhüpfer: Beobachtungen zur Zephanja 1, 8f." *JSS* 15(1970) 42-55. **Driver, G. R.** "The Plague of the Philistines(1 Samuel v, 6-vi, 16)." *JRAS*(1950) 50-51. **Wilkinson, J.** "The Philistine Epidemic of 1 Samuel 5 and 6." *ExpTim* 88(1977) 137-41.

본 문

1 블레셋 사람이 하나님의 궤를 빼앗아 가지고
에벤에셀에서부터 아스돗에 이르니라
2 블레셋 사람이 하나님의 궤를 가지고 다곤의
당에 들어가서 다곤의 곁에 두었더니
3 아스돗 사람이 이튿날 일찍이 일어나 본즉 다
곤이 여호와의 궤 앞에서 엎드러져 그 얼굴이 땅
에 닿았는지라 그들이 다곤을 일으켜 다시 그 자
리에 세웠더니
4 그 이튿날 아침에 그들이 일찍이 일어나 본즉
다곤이 여호와의 궤 앞에서 엎드러져 얼굴이 땅
에 닿았고 그 머리와 두 손목은 끊어져 문지방에
있고 다곤의 몸뚱이만 남았더라

5 그러므로 다곤의 제사장들이나 다곤의 당에 들
어가는 자는 오늘까지 아스돗에 있는 다곤의 문
지방을 밟지 아니하더라
6 여호와의 손이 아스돗 사람에게 엄중히 더하사
독종의 재앙으로 아스돗과 그 지경을 쳐서 망하
게 하니

1 After the Philistines had taken the ark of God,
they brought it from Ebenezer to Ashdod.
2 The Philistines next took it[a] and brought it to the
temple of Dagon and set it up beside Dagon.
3 When the Ashdodites rose early,[a] behold Dagon
had fallen [b]on his face[b] before the ark of Yahweh.[c]
After raising[d] Dagon, they restored him to his place.

4 [a]They got up early in the morning,[a] [b]and behold
Dagon was fallen [c]on his face[c] before the ark of
Yahweh, and the head of Dagon and the palms of
his two hands were cut off upon the threshold.
Only [d]the torso of Dagon[d] was left to him.
5 For this reason the priests of Dagon and those
who enter the temple of Dagon do not step on the
threshold of Dagon in Ashdod until this day.
6 The hand of Yahweh was heavy against the
Ashdodites. [a]It horrified them and smote them with
buboes[b] – in Ashdod and its environs.[a] It brought
up against them mice who swarmed in their boats
and came up into the midst of their land. There was
a great panic in the city – a deadly one.

7 아스돗 사람들이 이를 보고 가로되 이스라엘 신의 궤를 우리와 함께 있게 못할지라 그 손이 우리와 우리 신 다곤을 친다 하고

7 When the men of Ashdod saw that it was so, [a]they said,[a] "The ark of God[b] shall not dwell with us for his hand is harsh against us and against Dagon our God."

8 이에 보내어 블레셋 사람의 모든 방백을 모으고 가로되 우리가 이스라엘 신의 궤를 어찌할꼬 그들이 대답하되 이스라엘 신의 궤를 가드로 옮겨 가라 하므로 이스라엘 신의 궤를 옮겨 갔더니

8 They sent and assembled all the lords of the Philistines to themselves, saying, "What shall we do about the ark of the God of Israel?" [a]The Gathites said, "Let the ark of God go around to us." [a]So they brought the ark of [b]God[b] around [c]to Gath.[c]

9 그것을 옮겨간 후에 여호와의 손이 심히 큰 환난을 그 성에 더하사 성읍 사람의 작은 자와 큰 자를 다쳐서 독종이 나게 하신지라

9 [a]After it had come around,[a] the hand of Yahweh was against that city, an exceedingly great panic. It smote the people of that city, young and old, and broke out on them as buboes,

10 이에 그들이 하나님의 궤를 에그론으로 보내니라 하나님의 궤가 에그론에 이른즉 에그론 사람이 부르짖어 가로되 그들이 이스라엘 신의 궤를 우리에게로 가져다가 우리와 우리 백성을 죽이려 한다 하고

10 So they sent the ark of God[a] to Ekron.[b] When the ark of God came to Ekron, the Ekronites cried out, [c]"Why have you brought[c] the ark of the God of Israel to me, to kill me and my people?"

11 이에 보내어 블레셋 모든 방백을 모으고 가로되 이스라엘 신의 궤를 보내어 본처로 돌아가게 하고 우리와 우리 백성 죽임을 면케 하자 하니 이는 온 성이 사망의 환난을 당함이라 거기서 하나님의 손이 엄중하시므로

11 They sent to assemble all the lords of the Philistines, saying, "Send away the ark of the God of Israel and let it return to its place lest it kill me and my people," for there was an exceedingly great panic[a] throughout the whole city [b]when the ark of the God of Israel had come there.[b]

12 죽지 아니한 사람들은 독종으로 치심을 받아 성읍의 부르짖음이 하늘에 사무쳤더라

12 The men who did not die were smitten with buboes, and the cry of the city went up to[a] heaven.

원문주해

2.a. 70인경 루시안 개정본(LXX[L]); 마소라 본문(MT): "하나님의 궤"; 70인경(LXX): "여호와의 궤."

3.a. 70인경(LXX)은 추가한다: "그리고 그들이 다곤 신전으로 와서 보았다"; 마소라 본문(MT)은 추가한다: "이튿날." 참조. 4절.

3.b.-b. 참조. 70인경(LXX); 마소라 본문(MT): "그의 앞에서 땅으로"(before him to ground).

3.c. 70인경(LXX): "하나님."

3.d. 봐야키무(ויקימו)로 읽는다(LXX); 마소라 본문(MT): 봐이크후(ויקחו, "취한 후에").

4.a.-a. 봐예히 키 히쉬키무 빠보케르(ויהי כי השכימו בבקר); 참조. 70인경(LXX).

4.b. 마소라 본문(MT) 70인경 루시안 개정본(LXX^L)은 추가한다: "다음날."

4.c.-c. 참조. 70인경(LXX); 마소라 본문(MT): "그 앞에서 땅에"(before him to the ground). 참조. 3.b.-b.

4.d.-d. 기브 다곤(גו דגון)으로 읽으라. 참조. 70인경(LXX). 마소라 본문(MT): "다곤."

6.a.-a. 그리고 6.c.-c. 6.a.-a.는 마소라 본문(MT)에 보존되어 있고 70인경(LXX)에는 없다; 6.c.-c는 70인경(LXX)에 보존되어 있고 마소라 본문(MT)에는 없다. 70인경 루시안 개정본(LXX^L)은 두 가지 독법을 다 포함한다. 두 가지의 재구성이 가능하다. 1) 6.a.-a.가 본래의 것이고 6.c.-c.는 6:4 마소라 본문(MT)과 6:5, 11, 18 70인경(LXX)에 있는 생쥐/쥐(mice/rats)에 관한 언급을 대비하기 위해 끌어들인 다른 대안적 독법(alternate reading)이다. 2) 6.a.-a.와 6.c.-c.는 둘 다 본래의 것이고(참조. LXX^L), 마소라 본문(MT)과 70인경(LXX)은 다른 중자탈락들(alternate haplographies)에 의해 손상되었다. 마소라 본문(MT)에서 6.c.-c.의 결여는 만일 6.c.-c.의 끝이 메후마트 메트 빠이르 게돌라(גד ולה מהומת מת בעיר)로 재구성된디면 설명 가능하다(참조. 5:11에 있는 순서와 이에 상반되는 맥카터: 하게돌라 빠이르[הגדולה בעיר…]). 어느 경우에나 6.c.-c.는 비교적 초기의 본문 전승의 일부분이었으며(참조. LXX와 Josephus), 6.a.-a.는 70인경(LXX)에 그것이 누락되었음에도 불구하고 *항상* 본문의 일부였다.

6.b. 케팁; 케레: 빠테호림(בטחרים, "치핵")을 가진." "주석"을 보라.

7.a.-a. 미완료형을 가진 와우 연속법으로 읽으라.

7.b. 70인경(LXX); 마소라 본문(MT): "이스라엘의 하나님."

8.a.-a. LXX(참조. 4Q)를 따른 임시적 독법: 안쉐이 봐요메르 이쏘브 하엘로힘 엘레이누(אנשי ויאמרו אנשי גת יסב ארון האלהים אלינו). "…의 사람들"은 마소라 본문(MT)에서 우연히 누락되었고, 이것은 마소라 본문(MT)에서 엘레이누(אלינו, "우리에게")를 제거한 결과를 가져왔다. 왜냐하면 가드(Gath)가 그 문장 속에서 의미론적으로 그 자리를 대신하기 때문이다.

8.b.-b. 70인경(LXX); 마소라 본문(MT) 4Q 70인경 루시안 개정본(LXX^L): "이스라엘의 하나님."

8.c.-c. 4Q 70인경(LXX); 마소라 본문(MT)에는 없다.

9.a.-a. 울리히(Ulrich)는 본래의 독법이 아하레이 쏘부(אחרי סבו)였다고 제안한다. "가드로"(to Gath)의 추가가 팔레스타인 본문 전승에서 발견된다(4Q와 LXX^L). 가타(גתה, "가드로")가 오토(אתו, "그것을")로 변경된 것은 마소라 본문(MT)에서 그 동사의 추가적 변화를 필요하게 만들었다.

10.a. 마소라 본문(MT) 70인경(LXX); 4Q 70인경 루시안 개정본(LXX^L): "이스라엘의

하나님."

10.b. 70인경(LXX)과 요세푸스(Josephus): 아스글론.

10.c.-c. 람마 헤싸보템(למה הסבותם) 4Q 70인경(LXX); 마소라 본문(MT): 헤싸부(הסבו, "그들이 가져왔다").

11.a. 70인경(LXX) 4Q는 추가한다: "여호와의"; 마소라 본문(MT)은 추가한다: "죽음의."

11.b.-b. (케뽀 아론 엘로헤이 이스라엘 샤)마-מה(כבוא ארון אלוהי ישראל שׁ) 4Q; 참조. 70인경(LXX); 마소라 본문(MT): 야드 하엘로힘 샴(יד האלהים שׁם, "하나님의 손이 거기에 있었다"). 4Q의 줄을 넘긴(overlined) 문자들은 유사종결(homoioteleuton)에 의해 마소라 본문(MT)에서 제거되었다. 그에 따라 운(ון)은 야드(יד)로 잘못 읽혀졌다(참조. McCarter).

12.a. 참조. 4Q 70인경 루시안 개정본(LXX^{L}); 유사종결에 의한 마소라 본문(MT)의 결함.

양식/구조/배경

4장은 엘르아살의 두 번의 전쟁과 법궤의 상실이 엘리와 비느하스의 아내에게 끼친 영향을 다루고 있는데, 반면에 5장은 블레셋 지역에 있는 법궤에 의해 발생한 재난에 초점을 맞추고 있으며, 6장은 그것을 돌려주려는 블레셋 족속의 노력에 초점을 맞추고 있다.

요약. 블레셋 사람들이 법궤를 다곤 신전에 놓아 그들의 신상이 두 번이나 쓰러지게 된다. 두 번째 넘어질 때 다곤의 절단된 머리와 손은 신전 마당에 내버려졌다. 그 후 제사장들과 다른 예배자들은 결코 다곤 신전에 들어갈 수 없었다(1-5절). 여호와의 손은 아스돗 사람들에게 독종과 (아마도) 쥐떼의 형식으로 재난을 가져왔으며, 따라서 블레셋 족속 회의에서 가드 사람들이 자진해서 법궤를 취하겠다고 제안했다. 그러나 그들 역시 곧바로 여호와의 손 아래 재난을 겪게 된다. 법궤의 에그론 도착은 두려움을 불러일으키면서 블레셋 방백들로 하여금 그것을 이스라엘로 돌려주도록 요구하게끔 만들었다. 생존한 모든 사람들은 고통 속에서 절규했다(6-12절).

1-5절은 신들 사이의 투쟁에 대한 이야기로 묘사될 수 있으며(참조. Campbell), 6-12절은 광범한 재앙 이야기다. 6-12절에 있는 각각의 문단들(sections)-아스돗, 가드 그리고 에그론에서의 재앙-에서 캠벨(Campbell)은 삼중적 구조를 발견한다: 서론적 절, 여호와에 의한 고통, 사람들의 반응(*Ark Narrative* 96. 이것은 1절을 6절

에 연결시키면서 2-5절을 삽입으로 취급할 것을 요구한다). 그는 또한 새로운 성읍에 대한 언급과 더불어 고통의 심화를 발견한다. 예를 들어 아스돗을 다루는 첫 번째 문단에서 블레셋 방백들은 어떻게 해야 하느냐는 질문을 받는다. 에그론을 다루는 세 번째 문단에서 방백들은 그 땅에서 법궤를 제거하라는 지시를 받는다. 법궤의 단순한 에그론 도착만으로도 그것이 어떤 실질적인 물리적 손실을 가할 기회를 갖기도 전에 심리적 공황 상태를 유발시켰다.

6:17이 주요한 블레셋 주요 다섯 성읍들 모두에서 법궤가 재난을 발생시켰다는 것을 암시하는 반면에, 5장은 단지 이 성읍들 중 북쪽 끝에 있는 세 곳만을 보고한다. 10[b]에 나타나는 변형(에그론 대신 아스겔론)은 단지 하나의 변형으로 보일 뿐, 좀더 충분한 설명을 위한 증거는 아닌 것 같다(이와 반대로: Miller와 Roberts, *Hand of the Lord* 47). 이 장에는 신명기적 편집에 대한 어떤 증거도 없다.

주석

1-5 블레셋 지역에서 법궤가 최초로 멈춘 곳은 아스돗이다(참조. 수 11:22과 15:46; 현대의 에스둣[Esdud], MR 117129). 아스돗은 후기 청동기와 철기 시대의 주요한 성읍이다(EAEIHL, I, 103-119); 그것은 뚜렷하게 주전 1175-1000경부터 블레셋에 속했다(*IDBSup*, 71). 크로스(Cross)와 프리드만(Freedman, *BASOR* 175 [1964] 48-50)은 아스돗의 이름에 대해 셈어적 기원을 제안했다. 그것은 직선 거리로 예루살렘 서쪽 약 33마일, 해안에서 약 2.5마일 그리고 에벤에셀 남서쪽으로 약 35마일 가량 떨어진 곳에 위치해 있다(참조. *MBA* 지도 84).

다곤 신은 에블라, 마리 그리고 우가릿에서 그 흔적이 발견된다. 거기에는 그와 바알을 위한 신전들이 있다. 우가릿 문헌들에서는 그가 바알의 아버지로 언급된다. 아마르나 토판에 있는 한 왕은 다간타칼라(Dagantakala)로 일컬어진다. 어떤 사람은 다곤이란 이름을 곡식을 위한 북서쪽의 셈어 단어들과 관련시키고, 다른 사람들은 구름이나 비를 의미하는 어근에 관련시킨다(참조. *TDOT* III, 139-142). 어떤 유래가 되었든, 그 이름은 번영의 신에 적합할 것이다. 물고기란 단어와의 관련성은 지금은 거부된다(Jerome, Kimchi). 블레셋 족속은 또한 삼손이 죽었던(삿 16:23) 가자에 그를 위한 한 신전을 가졌다. 그리고 적어도 역대기 기자에 따르면, 사울의 머리는 다곤 신전에 매달렸다(대상 10:10). 유다에 있는 한 마을(수 15:41)과 아셀에 있는 한 마을(수 19:27)은 "다곤의 집"(Beth-dagon)이라 불렸다. 마카비의 지도자 요나단은 주전 147년에 아스돗에 있는 다곤 신전을 파괴했다(마카비 1서 10:83-4; 11:4). 블레셋 족속이 하나의 셈족 신을 가진다는 것은 그들이 가나안 토착민들을 지배한 에게해 지역의 귀족층(an Aegean ruling aristocracy)이었다는 널리 통용되는 견해와 잘 일치한다.

법궤를 다곤 옆에 둠으로써(2절) 블레셋 족속은 마치 여호와가 자기 백성을 버려 그들의 신의 힘과 우월성을 인정한 것마냥 그를 대했던 것으로 보인다(Miller와 Roberts, *Hand of the Lord*). 법궤 앞에서의 다곤의 첫 번째 전복은 다곤의 여호와 숭배와 그분의 우월성에 대한 승인을 지시하는 것처럼 보인다(3절; 참조. 창 17:3, 17). 그러한 동기들은 다곤의 두 번째 전복에서도 역시 나타날 수 있으나(4절), 그와 더불어 여호와와의 전쟁에서 다곤의 패배에 대한 암시가 섞여 있는 것 같다. 4:1-11에 나오는 두 차례의 에벤에셀 전쟁의 경우와 마찬가지로, 그 신의 두 번의 전복 중 두 번째 것은 더욱 심각하다. 블레셋 족속은 두 번째 전복 전에 크게 염려했던 것처럼 보인다. 저자는 우리에게 그들이 아침 일찍 일어났다고 말한다. 이번에는 다곤의 머리와 손들이 절단되었다. 목 베기는 물론 전쟁에서 흔한 일이다(참조. 삼상 17:51에서 골리앗 혹은 삼상 31:9에서 사울). 밀러와 로버츠는 흥미 있는 한 우가릿 문헌을 지시하는데, 거기서 아낫 여신은 아래쪽에 여러 개의 머리와 손바닥들을 가지고, 구체적으로는 등에는 머리들이, 허리에는 손바닥들이 붙은 몸으로 그녀의 적들과 싸운다(*Hand of the Lord* 46; 참조. *ANET* 136).

여태까지는 간과되었으나 이 장면과 병행되는 이야기가 사사기 19:22-27에 있는 레위인의 첩의 살해에 대한 기사에서 발견된다. 이 여자는 베냐민 사람들에 의해 밤새 능욕을 당하고 죽음을 당했는데, 문지방(סף – 싸프) 위에 두 손을 얹은 채 그 집 문에 구푸려 누워 있었다. 문지방들 아래에는 다양한 종류의 영들과 신들이 누워 있어서 사람들은 집에 들어가거나 나가려고 할 때 그들을 달래야 했다(참조. Donner, *JSS* 15[1970] 53-55). 레위인의 첩은 다른 사람들이 제단 뿔을 붙잡음으로써 그렇게 한 것처럼 이 신성한 대상에 그녀의 두 손을 얹음으로써 일종의 도피처를 찾으려 했을까(참조. 왕상 1:50; 2:28)? 다곤의 공포에 질린 피난처 찾기는 자신의 신전의 문지방 위에 두 손을 얹은 것으로 상징화될 수 있다. 그의 전복과 두 손의 상실은 의심할 여지없이 여호와의 공격으로부터 피난처를 확보하려는 이러한 시도가 쓸모 없었다는 것을 보여 준다.

문지방을 밟는 사람은 그 안에 있는 영들과 신들의 머리를 짓누르는지도 모르며, 그들을 매우 흥분시켜 그들이 그 가해자에게 악을 가하게 만들 것이다(참조. Donner, *JSS* 15[1970] 53). 이것을 피하기 위해 미신에 사로잡힌 사람들은 그 문지방을 한 달음으로 넘어 걷거나 껑충 뛰어넘는다. 스바냐 선지자는 추정컨대 당시의 이스라엘 백성의 일부만이 그런 행위를 했을지라도 그것을 완곡하게 이방적인 것으로 비난했다(1:9). 그렇다면 문지방 신들에 대한 경외심이 다곤 신의 제사장들이 그 신전 문지방을 피했던 그럴듯한 이유였던 것으로 보일 것이다. 그러나 5절에 있는 원인론(etiology)은 다른 일반적인 설명을 제공한다: 그 문지방은 다곤의 잘려나간 손들이 그 위에 놓여졌기 때문에 금기(taboo)가 되었던 것이다.

언급된 본문상의 여러 난점들에도 불구하고 4^{d-d}의 초점은 다곤 상이 사고 기능을 위한 머리와 행위를 위한 두 손이 없어진 동강난 물체로 전락했다는 점에 있는 듯하다. 비록 다곤의 손이 에벤에셀에서 분명히 더욱 강력한 것으로 증명되었을지라도, 여호와의 손은 본래 4장에서 블레셋 족속에게 두려움을 준 바 있었다. 그때 다곤을 능가했던 여호와의 손은 블레셋 다섯 성읍들 전역에 재앙을 불러일으켰을 것이다.

6-12 독종들(6, 9, 12절: 6:4, 5; 참조. 신 28:27)은 특별히 임파선 전염병(bubonic plague)의 특징적 증상, 즉 겨드랑이나 사타구니의 임파선이 부어 올라 염증이 생기는 증상이었을 수 있다(Miller와 Roberts, *Hand of the Lord* 49; Wilkinson, *Exp Tim* 88[1977] 137-41). 이 재앙의 이름은 그 희생자들을 괴롭히는 임파선종(buboes)이나 종양(swellings)으로부터 유래한다. CHALOT는 아팔림(עפלים)을 항문 쪽의 종기(boils)나 농양(abscesses)으로, 혹은 확신하지는 못한 채 그 재앙과 관계된 임파선종(buboes)으로 규정한다. 케팁/케레 체계를 사용하면서 마소라 학자들은 이 모음을 다른 단어인 테호림(טחרים = 6:11, 17에 있는 케팁)에 붙였는데, 그것은 한 아람어 단어의 의미인 "변통"(便痛, strain at the stool)과 관련되어 있다. 그에 따라 이 명사는 일반적으로 치핵(hemorrhoids, 한글 개역의 독종)으로 번역된다. 다른 사람들은 그것을 이질(dysentery)로 인한 종기(sores)나 종양(boils)을 나타내는 것으로 이해한다(Josephus, *Ant.* 6.3). 마소라 학자들이 단순히 본문에 적힌 그 단어를 설명하려고 시도했는지(Stoebe, Hertzberg), 혹은 그 단어가 불쾌한 것으로 생각되어 완곡어법으로 대체했는지는(Driver) 불확실하다. 그 종양들(swellings)의 임파선 전염병과의 관련성은 6절(6^{c-c}에 있는 우리의 본문 비평적 토론을 보라)에 있는 쥐떼 혹은 생쥐들에 대한 언급과 6:4, 5, 11, 18(참조. 산헤립의 대 참변, 왕하 19:35=사 37:36)에서 지지되었다. 임파선 전염병을 옮기는 그 쥐들은 육지에 도착하기 전에 블레셋 족속의 배에서 최초로 나타났다.

어쨌든, 여호와의 손(6절; 참조. 7, 9, 11절 MT)은 아스돗과 그 영토를 공포에 떨게 했다(참조. 겔 20:26에서 동일한 동사의 사용; 아스돗 영토에 대해서는 수 15:46-47을 보라; 마카비 1서 10:84; 11:4; 참조. 대하 26:6). 이 공포(참조. 9와 11절 그리고 신 7:23과 슥 14:13)는 그 재앙을 거룩한 전쟁 주제들(Holy War motifs)과 연결시킨다: 여호와는 재앙과 역병으로 아스돗 사람들을 공격했다. 그분의 손은 에벤에셀의 첫 번째 전투가 이스라엘에게 혹독했던 것처럼(교정된 것으로서 4:2) 그렇게 혹독했다(7절). 아스돗 사람들은 분명한 결론을 이끌어냈다: 법궤가 다곤과 자신들 모두에게 패배를 의미했기 때문에 그것의 계속적인 상주는 참기 어렵다는 것. 그러므로 그들은 블레셋 방백들의 소집을 요청했다.

블레셋의 다섯 주요 성읍들과 관련하여 다섯 방백들이 있었다(참조. 6:17). "방백들"(lord)이란 단어는 성경에서 단지 복수형으로만 나타나는데, 그것은 비-셈어적이며(non-Semitic) 신-히타이트(헷)(Neo-Hittite) 혹은 후기 루비아어(late Luwian)의 *tarwanas*(타르봐나스)와 관련되어 있다. 이 칭호는 11세기에서 7세기까지 통치자들에 의해 사용되었고, 후에 그리스어 *tyrannos*(티라노스)로 차입되었다(참조. *IDBSup*, 667). 방백 회의에서 아스돗 사람들은 자신들이 어떻게 해야 하는지를 물었고(참조. 6:2), 갓 족속은 대범하게도 자원하여 그들의 수중으로부터 법궤를 취하겠다고 말했다. 갓의 정확한 위치는 많은 논쟁거리가 되어 왔다. 가장 유력한 후보지는 아스돗 동쪽으로 약 12마일 지점인 텔 에스-사피(Tell eṣ-Ṣâfi, MR135123)다. 하지만 여호와의 승리의 손은 곧 그들의 태도를 바꿔 놓았다. 왜냐하면 그분의 손이 그 백성들의 전 구역을 쳤기 때문이다. 동사 "…를 부쉈다"(שׂתר – 샤타르)는 단지 9절에서만 나타난다. 그것은 눈꺼풀이나 입술이 갈라진 상태를 의미하는 한 아랍어 단어와 관련되어 있으며, 따라서 종양이나 악종이 피부를 손상시켰음을 암시한다.

또 다른 방백들의 집회에 대한 어떠한 언급도 없이, 갓 족속은 법궤를 아스돗 북동쪽으로 약 12마일(Driver), 내륙으로 약 19마일 떨어진 지점이자(McCarter) 오늘날 기르벳 엘-무콰나(Khirbet el-Muqanna, MR 136131)로 불리는 에그론으로 보냈다. 법궤의 명성은 도착 전에 이미 확연히 퍼져 있었다. 왜냐하면 에그론 족속이 왜 이 죽음을 불러오는 물체가 자신들에게 이송되어야 하는지를 당장 알고자 했기 때문이다. 드라이버는 10-11절에 있는 1인칭 대명사를 그 백성 전체의 이름으로 말하는 한 명의 사람인 것으로 보고 수많은 병행구들을 인용한다(참조. 출 17:3. 민 20:18, 19; 21: 22; 수 9:7). 한편, 스미스(Smith)는 10-11절이 각각 개별적인 에그론 사람들의 말로 이해되어야 한다고 주장한다.

에그론 사람들은 방백들이 그것을 본래의 "장소"(분명히 제의적 장소나 성소에 대해 전문적 의미로 사용된)에 돌려보내 법궤를 제거해야 한다고 요구했다. 우리는 세 번째로 그 공포에 대해 듣는데, 그것은 6절에서 "큰"으로, 9절에서는 "심히 큰"으로 일컬어지고, 지금은 "심히 무거운"(כבדה מאד – 카베다 메오드)으로 일컬어진다. 우리가 재구성한 본문은 이쯤 해두지만, 마소라 본문(MT)은 이것이 죽음에 의해 야기된 공포라고 지시하는 반면, 70인경(LXX)은 여호와께서 일으키신 것으로 돌린다. 죽음으로부터의 모면이 구원을 의미한 것은 아니었다. 재앙이 된 독종이나 임파선종(buboes)은 모든 생존자들에게 고통을 주었다. 애굽의 속박 아래서 이스라엘의 울부짖음이 하나님께 상달되었듯이, 이제는 블레셋 족속의 탄원이 하늘에 이르게 되었다. 이러한 울부짖음으로 블레셋 족속은 그들의 쓰라린 패배와 절망을 인정했다. 요나서 4장에 따르면, 이스라엘의 하나님은 아시리아(앗수르)와 같은, 혹은 덧붙이자면 블레셋 같은 사악한 나라의 울부짖음도 유의하시곤 한다.

해설

4장은 신학적 놀라움을 제시한다. 이스라엘과 심지어 블레셋 족속조차도 여호와의 손이 승리할 것으로 기대했음에도 불구하고 블레셋 족속과 (암시에 의하면) 그들의 신 다곤이 그에게 완전한 승리를 거두었었다. 그러나 다곤이 계속적으로 더 강한 손을 가질 것이라는 여하한 기대라도 5장에서 완전히 뒤바뀌고 마는데, 여호와께서는 다곤을 바로 그의 성소에서 비참하게 만들고 그의 머리와 손들을 잘라 버리셨다. 다곤은 여호와 앞에서 전복되어 그분의 우월성을 인정했다. 그가 땅에 누운 것은 무참히 몰매를 맞은 전 챔피언의 모습이었다.

아스돗, 갓 그리고 에그론의 블레셋 성읍들을 거쳐 간 뒤따르는 승리의 행진에서 여호와의 손은 그들의 전략 회의와 자신에 찬 오만을 무시한 채 블레셋 족속을 패배시켰다. 블레셋 족속은 이미 애굽에 대한 여호와의 승리의 소식을 들은 상태였다(4:8; 참조. 출애굽기에 언급된 여호와의 손과 그의 재앙, 출 9:3). 다곤이 신의 영역에서 여호와의 우월성을 깨닫게 된 것처럼, 이제 그들은 역사 속에서 그의 진정한 힘에 대해 직접적으로 배우게 되었다.

엘리 가문에 대한 심판은 에벤에셀에서의 이스라엘의 패배를 불러왔었다. 그러나 사실 이것이 여호와께서 그의 백성을 진노 중에 버리셨다거나, 여호와가 어쨌든 다곤보다 열등하다는 것을 의미한 것은 아니었다. 비록 블레셋 족속이 여호와의 궤를 그들의 신전에 두었을 때 그렇게 생각했을는지는 모르지만 말이다.

그 모든 것을 통해서 사무엘서를 정돈해서 배열했던 당사자는 8장에서 백성들의 왕에 대한 요구를 평가하기 위한 문맥을 만들어 내고 있었다. 법궤 자체(5장)와 사무엘의 사사직(7장)이 여호와께서 블레셋 족속을 패배시키기 위한 효과적인 통로 역할을 하고 있다. 이스라엘은 지상의 왕과 같은, 구원을 가져다 줄 어떤 다른 유의 돕는 자를 필요로 했던가? 사무엘상에서 이 질문에 대한 명백한 답변은 "아니오"이다. 비록 사무엘서가 최종적으로는 지상 왕권이 그럼에도 불구하고 하나님의 축복받은 제도—적어도 잠정적으로—가 되게 하는 절충안을 보고한다고 할지라도 말이다.

그러나 여러 가지 질문들이 제기되어 해결되기에 앞서 법궤는 본향으로 되돌아와야 하거나, 그것이 아니라면 최소한 전적인 블레셋의 통제로부터는 벗어나야 한다. 여호와께서 어떻게 그 일을 해내시는지가 6장의 주제다.

7. 승리한 법궤의 귀향(6:1-7:1)

참고문헌

Blenkinsopp, J. "Kiriath-Jearim and the Ark." *JBL* 88(1969) 143-56. **Long, B. O.** "The Effect of Divination Upon Israelite Literature." *JBL* 92(1973) 489-97. **Timm, H.** "Die Ladeerzählung(1. Sam. 4-6; 2. Sam. 6) und das Kerygma des deuteronomistischen Geschichtswerks." *EvT* 29(1966) 509-526.

본 문

1 여호와의 궤가 블레셋 사람의 지방에 있은 지 일곱 달이라	**1** After the ark[a] had stayed in the country of the Philistines seven months,
2 블레셋 사람이 제사장들과 복술자들을 불러서 이르되 우리가 여호와의 궤를 어떻게 할꼬 그것을 어떻게 본처로 보낼 것을 우리에게 가르치라	**2** the Philistines called to the priests and the diviners,[a] saying, "What shall we do with the ark of Yahweh? Tell us with what we should send it back to its place."
3 그들이 가로되 이스라엘 신의 궤를 보내려거든 거저 보내지 말고 그에게 속건제를 드려야 할지니라 그리하면 병도 낫고 그 손을 너희에게서 옮기지 아니하는 연고도 알리라	**3** They replied, "If you[a] send away the ark of the God of Israel, do not send it back empty. Rather, return to him a reparation. Then you will be healed and he will be reconciled[b] to you. Will not,[c] then, his hand depart from you?"
4 그들이 가로되 무엇으로 그에게 드릴 속건제를 삼을꼬 가로되 블레셋 사람의 방백의 수효대로 금독종 다섯과 금쥐 다섯이라야 하리니 너희와 너희 방백에게 내린 재앙이 일반임이니라	**4** They [the Philistines] said, "What is the reparation which we should return to him?" "According to the number of the lords of the Philistines – five gold tumors,"[a] they replied, "for there has been the same plague for you[b] and for your lords.
5 그러므로 너희는 너희 독종의 형상과 땅을 해롭게 하는 쥐의 형상을 만들어 이스라엘 신께 영화를 돌리라 그가 혹 그 손을 너희와 너희 신들과 너희 땅에서 경하게 하실까 하노라	**5** Make images of your tumors and images of the[a] mice which are destroying the land, and give glory to the God of Israel. Perhaps he will lighten his hand from upon you and from upon your gods and from upon your land.
6 애굽인과 바로가 그 마음을 강퍅케 한 것같이 어찌하여 너희가 너희 마음을 강퍅케 하겠느냐 그가 그들 중에서 기이하게 행한 후에 그들이 백성을 가게 하므로 백성이 떠나지 아니하였느냐	**6** Why should you harden your heart, just as the Egyptians and Pharaoh hardened their heart? Did he not toy with them so that they sent them [Israel] away, and they went on their way?

7 그러므로 새 수레를 만들고 멍에 메어 보지 아니한 젖 나는 소 둘을 끌어다가 수레를 소에 메우고 그 송아지들은 떼어 집으로 돌려보내고

7 Now take and prepare a new cart and two[a] milch cows upon which a yoke has not come. Harness the cows to the cart and bring home their calves who are following them.

8 여호와의 궤를 가져다가 수레에 싣고 속건제 드릴 금 보물은 상자에 담아 궤 곁에 두고 그것을 보내어 가게 하고

8 Take the ark[a] and put it on the cart, with all the gold objects which you have returned to him as a reparation. Put them in the bag beside it and send it away so it can go on its way.

9 보아서 궤가 그 본 지경 길로 올라가서 벧세메스로 가면 이 큰 재앙은 그가 우리에게 내린 것이요 그렇지 아니하면 우리를 친 것이 그 손이 아니요 우연히 만난 것인 줄 알리라

9 You will see: if it goes up the road to its territory, to Beth-shemesh, he is the one who has done to us this great evil. But if not, we shall know that it was not his hand which smote us. It was mere chance for us."

10 그 사람들이 그같이 하여 젖 나는 소 둘을 끌어다가 수레를 메우고 송아지들은 집에 가두고

10 The men did this: they took two milch cows and harnessed them to the cart and confined their calves at home.

11 여호와의 궤와 및 금쥐와 그들의 독종의 형상을 담은 상자를 수레 위에 실으니

11 Then they put the ark[a] on the cart, together with the bag, the gold mice[b] and the images of the hemorrhoids,[b]

12 암소가 벧세메스 길로 바로 행하여 대로로 가며 갈 때에 울고 좌우로 치우치지 아니하였고 블레셋 방백들은 벧세메스 경계까지 따라가니라

12 The cows[a] followed straight[a] route on the road to Beth-shemesh. On one highway they went, lowing all the time, but not turning aside either to the right or left. The lords of the Philistines followed them up to the territory of Beth-shemesh.

13 벧세메스 사람들이 골짜기에서 밀을 베다가 눈을 들어 궤를 보고 그것의 보임을 기뻐하더니

13 As the Beth-shemeshites were harvesting wheat in the valley, they looked and saw the ark, [a]greeting it[a] joyfully.

14 수레가 벧세메스 사람 여호수아의 밭 큰 돌 있는 곳에 이르러 선지라 무리가 수레의 나무를 패고 그 소를 번제로 여호와께 드리고

14 The cart came into the field of Joshua, a man from Beth-shemesh, and stopped there. Since there was a great rock there, they split the wood of the cart and offered the cows as a burnt offering to Yahweh.

15 레위인은 여호와의 궤와 그 궤와 함께 있는 금 보물 담긴 상자를 내려다가 큰 돌 위에 두매 그 날에 벧세메스 사람들이 여호와께 번제와 다른 제를 드리니라

15 (The Levites unloaded the ark of Yahweh and the bag which was with it, in which were the gold objects, and put them on the big rock. The people of Beth-shemesh offered burnt offerings and sacrificed communion sacrifices on that day to Yahweh.)

16 블레셋 다섯 방백이 이것을 보고 그 날에 에그론으로 돌아갔더라

16 When the five lords of the Philistines saw it, they returned to Ekron on the same day.

17 블레셋 사람이 여호와께 속건제로 드린 금독종은 이러하니 아스돗을 위하여 하나요 가사를 위하여 하나요 아스글론을 위하여 하나요 가드를 위하여 하나요 에그론을 위하여 하나이며
18 드린 바 금쥐는 여호와의 궤를 놓은 큰 돌에 이르기까지의 모든 견고한 성읍과 시골 동리 곧 다섯 방백에게 속한 사람의 모든 성읍의 수효대로였더라 그 돌은 벧세메스 사람 여호수아의 밭에 오늘까지 있더라

19 벧세메스 사람들이 여호와의 궤를 들여다 본 고로 그들을 치사 오만 칠십 인을 죽이신지라 여호와께서 백성을 쳐서 크게 살륙하셨으므로 백성이 애곡하였더라

20 벧세메스 사람들이 가로되 이 거룩하신 하나님 여호와 앞에 누가 능히 서리요 그를 우리에게서 뉘게로 가시게 할꼬 하고
21 사자들을 기랏여아림 거민에게 보내어 가로되 블레셋 사람이 여호와의 궤를 도로 가져왔으니 너희는 내려와서 그것을 너희에게로 옮겨 가라

7:1 기랏여아림 사람들이 와서 여호와의 궤를 옮겨 산에 사는 아비나답의 집에 들여 놓고 그 아들 엘리아살을 거룩히 구별하여 여호와의 궤를 지키게 하였더니

17 These are the gold hemorrhoids which the Philistines returned as a reparation for Yahweh: one for Ashdod, one for Gaza, one for Ashkelon, one for Garb, and one for Ekron.
18 The gold mice corresponded in number to the number of all the cities of the Philistines belonging to the five lords, from fortified cities down to rustic villages. The great stone,[a] on which they placed the ark of Yahweh is a witness[b] in the fields of Joshua, the man of Beth-shemesh, [c]until this day.[c]
19 [a]The sons of Jeconiah, however, did not rejoice[a] with the people of Beth-shemesh when they saw the ark of Yahweh. So Yahweh smote about seventy[b] of them.[c] The people mourned because Yahweh smote the people with a great blow.
20 The men of Beth-shemesh wondered, "Who is able to stand before [a]this holy thing?[a] To whom should it go from us?"
21 They sent messengers to the inhabitants of Kiriath-jearim, reporting, "The Philistines have returned the ark of Yahweh. Come down and bring it up to yourselves."
7:1 The people of Kiriath-jearim came to bring up the ark of Yahweh, and they brought it to the "house" of Abinadab, which[a] is on the hill. They consecrated his son Eleazar to look after the ark of Yahweh.

원문주해

1.a. 70인경(LXX); 마소라 본문(MT): "여호와의 궤"; 70인경 루시안 개정본(LXX^L): "하나님의 궤."

2.a. 4Q는 최소한 다음을 추가한다: 우레메오(네)님-ולמעונ(ני)ם(그리고 복술가들에게); 70인경(LXX)은 "술객들에게"(=ולחרטמיהם – 붸하르투메이헴)를 추가한다.

3.a. 4Q 70인경(LXX) 시리아역(Syr)을 따라 추가됨.

3.b. 붸니카페르(ונכפר)로 읽으라. 참조. 4Q 70인경(LXX).

3.c. 할로(הלוא)로 읽으라. 참조. 70인경(LXX); 마소라 본문(MT): "왜?" 70인경(LXX)의 독법이 3.b.에 비추어 더 선호할 만한 것으로 보인다. 울리히(Ulrich), 76를 보라.

4.a. 4Q 70인경(LXX); 마소라 본문(MT)은 추가한다: "그리고 금쥐 다섯."

4.b. 70인경(LXX); 마소라 본문(MT): "그들 모두를 위해."

5.a. 4Q; 마소라 본문(MT) 70인경(LXX): 아마도 "너의 독종"으로 흡인(attraction: 문장 중의 어떤 낱말을 다른 낱말에 맞추어 수, 격 따위를 바꾸어 주는 현상－역자주)됨으로써 "너의."

7.a. 70인경(LXX); 마소라 본문(MT): "하나." 참조. 젖 내는 소들을 수식하는 숫자 "둘."

8.a. 70인경(LXX); 마소라 본문(MT): "여호와의 궤."

11.a. 70인경(LXX); 마소라 본문(MT): "여호와의 궤."

11.b.-b. 마소라 본문(MT); 70인경(LXX)에는 없음. 일부 사람들이 모든 다른 본문들은 확장된 것이라고 주장하지만(McCarter도 그렇게), 70인경(LXX)은 아마도 중자탈락이다. 치핵(hemorrhoids)이란 단어는 사실상 단지 이 곳과 17절에서만 사용되었다. 기타 다른 곳에서는 그것의 모음이 임파선종(buboes)이란 단어를 대신해 사용되었다(케레/케팁).

12.a.-a. 맥카터는 그 동사를 공성(共性)의 고대 쌍수형(archaic-dual of common gender)으로 이해한다. 참조. 역시 8, 10, 12절에 있는 접미어들. 이 접미어들도 3인칭 남성 복수가 아닌 쌍수다.

13.a.-a. 리크로토(לקראתו)로 읽는다. 참조. 70인경(LXX); 마소라 본문(MT): "보면서."

18.a. 하에벤(האבן)으로 읽는다. 참조. 70인경(LXX); 마소라 본문(MT): 에벨(אבל, "목초지").

18.b. 붸에다(וְעֵדָה)로 읽는다; 마소라 본문(MT): 붸아드(וְעַד, "그리고 …까지"); 맥카터: 붸오드(וְעוֹד, "그리고 여전히").

18.c.-c. 마소라 본문(MT); 70인경(LXX)에는 없다. LXX는 유사종결(homoioteleuton), 즉 필사자의 눈이 아도나이(יהוה)의 끝에서 하제(הזה)로 건너뛰어 세 개의 히브리 단어의 누락으로 결함이 생긴 것은 아닐까?

19.a.-a. 70인경(LXX); 마소라 본문(MT): "그리고 그가 쳤다." 맥카터 역시 70인경(LXX)을 따르지만, 그는 그것을 "여고냐의 아들들" 대신 "제사장들의 아들들"로 읽으면서 어림짐작해서 그것을 교정한다.

19.b. 참조. 요세푸스, *Ant* 6.16; 마소라 본문(MT) 70인경(LXX)과 다른 증거들은 "50,000"을 추가한다. 이러한 독법은 설명되지 않으나 삼하 24:15을 보라.

19.c. 70인경(LXX); 마소라 본문(MT): "그 백성들의."

20.a.-a. 참조. 70인경(LXX); 4Q 70인경 루시안 개정본(LXX^L): "이 거룩한 하나님"; 마소라 본문(MT): "이 거룩한 여호와 하나님."

7:1.a. 4Q 70인경(LXX); 마소라 본문(MT)에는 없다.

양식/구조/배경

6장은 5장에서 보고된 대로 블레셋 족속의 땅에서 파멸을 부른 법궤의 여정 이후에 블레셋 사람들이 성공적으로 법궤를 이스라엘로 돌려보내려고 애쓴 일을 다룬다. 7:1(법궤를 지킬 사람의 준비)과 블레셋에 대한 사무엘의 승리를 설명한 7:2-14 사이에는 명백한 단절이 있다. 그러므로 현재의 장 구분은 잘못된 것이다. 7:1은 6장의 자료들과 함께 취급되어야 한다.

요약. 일곱 달 후에 블레셋 족속은 그들의 제사장들과 복술가들에게 그들이 법궤를 어떻게 해야 하는지를 물었다. 그들은 금독종 다섯과 금쥐 다섯의 속건제와 더불어 그것을 본래의 장소로 보내라는 말을 듣는다. 이 선물들은 여호와의 손의 재앙으로부터 속죄(expiation)와 구원(relief)에 이르게 할 것이다. 블레셋 족속은 두 마리의 젖 내는 소를 법궤와 금으로 된 물품들을 실은 새 수레에 메도록 지시 받는다. 만일 그 수레가 벧세메스를 향해 간다면 그것은 여호와가 최근의 재앙들을 일으켰음을 증명할 것이다. 만일 그 수레가 다른 데로 간다면 그 재앙들은 단순히 우연히 발생한 사건들일 것이다(1-9절). 블레셋 족속은 그들이 들은 대로 실천에 옮겼다. 법궤가 추수기에 벧세메스에 도착했을 때, 그것은 기쁨 속에 적절한 희생제물들과 더불어 환영을 받았다. 그 법궤를 따라왔던 다섯 방백들은 법궤의 안전한 도착을 목격한 뒤 에그론으로 돌아갔다(10-16절). 블레셋 방백들에게 속한 각 성읍들에 대하여 금쥐들이 있었던 반면, 다섯 개의 금 치핵(hemorrhoids)은 숫자상으로 블레셋 다섯 성읍에 상응했다. 희생제물들이 놓여진(혹은 법궤가 안치된, 5절) 큰 돌은 이 사건들을 계속 회상시켜 주는 역할을 했다(17-18절). 여고냐의 아들들은 예식에 참여하지 않았고, 이것은 70명의 사람들이 죽는 사태를 일으켰다. 이 사건들에 의해 혼란을 겪으면서 벧세메스 사람들은 기럇여아림의 주민들을 초청해서 그들의 성읍으로 그 법궤를 가져가라고 했다. 기럇여아림 사람들은 그것을 아비나답의 성소로 가져와서 엘르아살을 임명해 그것을 지키게 했다(6:19-7:1).

6:1에서 연대기적 공지 후에, 2-9절은 블레셋 족속 사이의 협의를 보고한다. 2a절은 그 법궤를 어떻게 해야 하는지 묻는 질문을 기록한다. 그에 대한 답변은 7-9절에 나온다. 또한 법궤를 돌려보내기 위한 지침들은 블레셋 영토에 있었던 재앙들의 원인이 정말 여호와 때문인지를 확증하기 위한 점술 절차의 개요를 보여 준다. 3-6절은 2b절에 있는 질문에 대한 답변에서 법궤와 더불어 어떤 종류의 선물들이 돌아와야 하는지를 설명해 준다(참조. Campbell, *Ark Narrative* 103-15에 있는 분석).

10-11절은 블레셋 족속이 어떻게 이 계획을 따르는지를 말해 주는 반면, 12-16절은 소들의 점술 여정 자체를 보고한다. 블레셋 방백들은 점술의 결과를 알아보려고 뒤따라가서 속건 제물이 받아들여졌음을 목격했다. 17-18a절은 독종들과 쥐들 그리고 그것들이 지시하는 것의 목록으로 구성되어 있다. 이 구절들은 종종 이질적이거나 이차적인 것으로 생각되었다. 18b절에서 벧세메스에 있는 큰 돌은 원인론적으로(etiological) 법궤의 본향 도착의 증인으로 이해되었다. 캠벨(Campbell)은 벧세메스 주민들이 겪은 신적인 힘과 그것에 대한 그들의 반응을 묘사하면서, 6:19-7:1을 수호신 이야기(numen story)로 분류한다(*Ark Narrative* 125).

6:1-7:1에는 신명기적 편집의 어떤 징후도 나타나지 않는다. 하지만 15절은 아마도 그 본문 내에서 이차적인 요소로 간주될 수 있다. 레위인들의 놀라는 말, 그들의 뒤늦은 (반복되는) 법궤의 제거 그리고 14절의 희생 제물에 대한 사전 언급 후에 그들이 번제와 화목제를 수행한 것을 주목하라. 이러한 부연설명은 그 바위를 제단이 아닌 법궤를 위한 받침대로 재해석한다. 요세푸스는 비록 15절의 나머지 부분을 알고 있었던 듯하지만 레위인들에 대한 어떤 언급도 하지 않는다(*Ant.* 6.15). 그 해석가는 레위인들의 권리에 대한 염려 때문에(Rost), 그 돌이 제단이라는 생각을 제거하려는 욕구에서(Smith, Hertzberg), 법궤가 땅 위에 놓여진다는 불쾌감 때문에(Stoebe), 벧세메스가 레위인의 성읍이었음을 알고 있던 지식에 의해(Josh. 21:1-42를 보라; 대상 6:39-66[영역본. 54-81]) — 아니면 이러한 요인들의 일부 또는 전부에 의해 마음이 움직였는지도 모른다.

주석

1-9 비록 이 구절들이 일곱 달 동안 나쁜 결과가 계속되었다는 것을 암시한다고 할지라도(1절), 단지 세 곳의 블레셋 성읍에서 있었던 법궤의 소란만을 기록하고 있다. 7이란 숫자는 애굽에서의 첫 번째 재앙이 7일 동안 지속되었던 것과 마찬가지로(출 7:25) 완전성을 암시할 수도 있다. 이 모든 기간 동안 법궤가 어디에 있었는지, 또한 그것에 무슨 일이 일어났는지 우리는 알 수 없고 또한 "지방"(country), 혹은 "들"[field])이라는 단어의 문자적 이해로부터 그것이 주민의 중심 거주지에서 벗어났었다는 결론을 내리지 말아야 한다. 다윗은 시글락 성읍 중에 거했을 때 블레셋 "들"에서 살았다(삼상 27:6-7; 참조. 에돔 들/지방 창 32:4[영역본. 3]). 블레셋 족속은 이전에 법궤의 재앙을 모면하는 데 실패한 뒤, 이번에는 정치적이

아닌 종교적 해결책을 찾아 제사장들(참조. 미 3:11)과 복술가들(참조. 신 18:10-14; 삼상 15:23; 28:8)에게로 발걸음을 돌렸다. 2절에서 그들의 첫 번째 질문 – 우리가 법궤를 어떻게 할꼬? – 은 여러 달 전 아스돗 사람들이 물었던 것(5:8)과 똑같다. 그들의 두 번째 질문은 첫 번째 것에 대한 응답을 전제한다: "우리가 그것을 본처로 되돌릴 때 법궤와 더불어 우리가 무엇을 보낼꼬?" "그것의 본처"는 이스라엘 혹은 추정컨대 이스라엘 내에 있는 한 성소(참조. 5:11)다. 이 시대의 실로의 위치는 성경에서도 또한 고고학적으로도 명확하지 않다(참조. 4장). 그리고 "그것의 본처"에 대한 언급은 고대의 실로 성소가 여전히 사용되었다고 결론지을 만한 충분한 증거로 보기는 극히 어렵다.

종교 관료들(제사장과 복술자들 – 역자주)은 법궤만 달랑 혹은 빈 채로 보내는 것에 대해 경고했다. 많은 사람들은 그것의 복귀에 동반되어 온 선물들에서 출애굽 경험의 재현을 본다. 당시 이스라엘 족속은 이웃 애굽인들로부터 금은 보석을 받은 바 있었다(출 3:21; 11:2; 12:35-36; 시 105:37; 참조. 스 1:6). 사무엘상 6:8, 15 그리고 출애굽기 12:35에서 켈리(כְּלִי, "물품들"; 한글 개역: 보물)란 용어의 사용을 보라. 동사 슈브(שׁוּב, "되돌리다"; 6:3-4, 17)는 잘못 취해진 어떤 것을 되돌려주는 것을 암시한다(참조. 창 14:6; 20:7; 출 21:34; 삼하 9:7). 여타의 곳에서는 아샴(אָשָׁם)이 부정결을 깨끗케 하거나 대속물로 전달시키는 것을 언급하지만 현재의 문맥과 또한 그 단어와 더불어 동사 "되돌리다"의 사용은 사무엘상 6장에 있는 "속건제"란 번역을 지지한다(참조. *IDBSup*, 768과 레 5:24[영역본. 6:5]; 민 5:7-8; 18:9). 금 제물의 또 다른 기능은 4-5절에서 암시하는 것처럼 재앙의 상징들을 법궤와 함께 멀리 보냄으로써 재앙을 제거하는 것이다(참조. Miller와 Roberts, *Hand of the Lord*. 55에 있는 가능한 히타이트[헷] 병행구 그리고 속죄일의 아사셀 염소 의식). 제사장들과 복술자들에 따르면, 이 제물은 치료(아마도 독종으로부터)와 용서와 속죄를 가져올 것이다. 밀그롬(Milgrom)이 지적한 대로(*IDBSup*, 80), 속죄는 레위기 5:16, 18, 26과 같은 그런 구절들에서 속건 제물의 유일한 기능이다(영역본. 6:7). 치료와 속죄는 여호와의 심판의 손을 제거하는 것으로 요약될 수 있다.

첫 번째 속건 제물은 금 독종 다섯으로 구성되어 있었다(4절). 법궤가 이것들을 이스라엘로 운반하면, 그것은 블레셋 지역의 땅에서 오염을 제거하게 될 것이다. 그것들의 금 치장은 여호와께 영광을 돌리고, 동시에 법궤를 취하기 위해 그분께 배상(속건 – 역자주)하는 셈이 될 것이다. 다섯 독종은 온 블레셋 족속을 표시한다. 재앙 하나를 통해(4절; 참조. 4:17. 여기서 이 용어는 이스라엘의 패배에 대해 사용된다)

여호와는 일반 주민들과 그 나라의 모든 지도자에게(=너희와 너희 방백들) 영향을 끼치셨다.

쥐들(5절)이 임파선 전염병의 매개체였다 해도 무방하다. 쥐들은 사람들에게 임파선종이나 독종을 발생시켰다. 성경의 서사(narrative)는 설치류와 역병 사이의 인과관계를 강조하는 대신, 쥐의 엄습이 땅을 파괴시킨 하나의 독자적 역병이라고 설명한다. 파괴하는 쥐들은 최초의 유월절에서 애굽의 집들에 들어간 "파괴자"와 명백한 병행을 이룬다(출 12:23). 범죄한 블레셋 족속은 이스라엘의 하나님께 영광을 돌려야 했다(5절). 우리는 그것을 죄지은 아간에게 이스라엘의 여호와 하나님께 영광을 돌리라고 훈계한 여호수아의 연설에 비교할 수 있다(수 7:19; 참조. 렘 13:16). 5b절은 누가 여호와의 손의 떠남(혹은 경하게 함)으로 인해 영향을 받을지를 지시한다: 그 백성들(너희), 그들의 신들(참조. 5:1-5에서 보고된 다곤에 대한 공격)과 그 땅 자체(참조. 5:6 LXX와 그것에 대한 우리의 번역; 6:5a). 5절에 "어쩌면"으로 번역된 히브리 단어는 여호와께서 친히 합당하다고 판단하는 대로 행하실 수도 행하지 않으실 수도 있는 자유가 있다는 것을 지시한다(참조. 암 5:15). 구원은 자동적으로 보장되는 것이 아니다. 종교 관료들은 블레셋 족속이 행동을 하도록 압력을 가했으며, 어떤 반항이든 그것을 강퍅해진 바로와 애굽인들의 행동 및 그것의 부정적인 결과들에 비교했다. 6절에 있는 동사 "강퍅케 하다"와 5절에 있는 단어 "영광"은 동일한 어근(כבד–카바드)에서 만들어져 반어적인 곁말 놀이(an ironic pun)를 구성한다. 여호와는 그들을 농락하셨으며(혹은 그들을 데리고 놀았다), 그들은 결국 두려움에 몸을 움츠리며 이스라엘 족속더러 떠나라고 했다. 그러므로 애굽인의 강퍅함의 반복이 어떤 목적에 사용되고 말았는가? 알랄(עלל, "농락하다")이란 단어는 모욕과 비하를 함축한다. 그것은 레위인의 첩이 밤이 맞도록 능욕당한 것(삿 19:25)을 묘사하는 동사이며, 또한 사울(삼상 31:4)과 시드기야(렘 38:19)가 둘 다 예상한 바 그들의 잔혹한 적들에 의한 치욕적 행위를 묘사하기 위해 사용된 동사다.

7절을 시작하면서 종교 관료들은 법궤를 어떻게 처리해야 하는지 처음의 질문으로 되돌아온다. 제사장들과 복술자들이 제시한 제안들의 상징적 중요성은 풍부하고 다양하다. 수레 자체는 새것이어야 하고, 세속적 용도로 사용되지 않아야 한다. 소들 역시 결코 멍에를 메어 본 적이 없는 것이어야 한다. 그러므로 짐승들과 그들이 끄는 운반 수단 모두 의식 수행에 적합하다. 그것의 잿가루가 의식적 정결 행위에서 사용되었던 붉은 암소 역시 흠이 없고 한 번도 멍에를 메어 본 적이 없는 것이어야 했다(민 19:2). 유사하게 붉은 암소의 희생은 부지중에 살인한 사람의 죄로부터 공동체를 깨끗케 했는데, 그 암소는 결코 멍에를 메고 일하거나 짐을 끈 적이 없어야 했다(신 21:3). 6장의 부린 적이 없는 젖 내는 소들은 법궤를 끄는 데, 혐오물(abomination, 즉 블레셋이 혐오한 법궤 – 역자주)을 없애는 상징적 의식에 참여하기에, 또한 벧세메스 백성들에 의해 희생으로 드려지기에 적합하다.

8, 11절 그리고 15절에 언급된 가방(bag, ארגז – 에르가즈)이란 단어는 시리아와 아랍 병행구들과 조화시키는 가운데 이해되어 왔다(참조. McCarter에 있는 토론). 다른 사람들은 그것을 "상자"(box)나 "함"(casket) 혹은 심지어 "안장 가방"(saddle bag, Stoebe)으로 번역하곤 했다. 분명 다양한 물건들이 법궤의 안쪽이 아닌 옆에 놓여졌다(참조. 신 31:26에서 율법 두루마기는 법궤 옆에 놓였음). 블레셋 족속은 여호와께 분노를 일으키는 것을 피하기 위해 비상한 노력을 한 것으로 묘사된다.

법궤의 이동으로 블레셋 영토에서 여호와의 손이 제거될 뿐 아니라, 여호와가 실제로 그 재앙을 일으켰던 장본인인지를 점칠 수 있게 된다. 롱(B.O. Long, *JBL* 88 [1969] 143-56)은 짐승들의 행위를 관찰하는 점술을 민수기 17:6-8에 보고된 점술 행위와 비교하는데(영역본. 1-11), 거기서는 싹이 난 나무가 관찰된다. 아론의 지팡이가 싹이 나고, 꽃이 피고, 심지어 아몬드 열매(almonds, 한글 개역: 살구 열매)를 맺는다! 그것으로 아론과 그의 지파에 대한 하나님의 특별한 은총이 명백해진다. 점술 절차는 매우 단순하다: 만일 수레가 벧세메스로 곧장 가면 여호와는 최근의 대재앙에 책임이 있는 분이다. 그 짐승들이 멍에를 메어 본 적이 없는 젖 내는 소들이었기 때문에, 또한 그것들이 우유를 먹이던 송아지들이 우리에 갇혀 있었기 때문에 그 시험은 더욱 엄격한 것이 된다. 거친 광야를 가로질러 소들은 길을 택하게 되고 또한 모성적 본능을 극복해야 할 것이다. 엘리야 역시 갈멜 산에서 자신의 번제물들에 세 번씩이나 물을 끼얹음으로써 그 대결을 얼마나 더 어렵게 만드는지를 주목하라(왕상 18:34). 제사장들과 점술자들은 블레셋 사람들에게 그것이 자기의 길을 갈 수 있도록 내보내라고 촉구했다(8절). "그것을 보내다"는 단어와 이어지는 출발에 대한 보고에서 6절이 메아리치는데, 6절에서 우리는 애굽인들이 이스라엘을 내보냈으며 그 후에 이스라엘이 자신들의 길을 갔다는 것을 읽는다. 점술의 목적은 블레셋 족속이 의심한 대로 여호와의 손과 그의 법궤가 그들의 땅에 소동을 일으킨 것인지(참조. 5:7), 혹은 이 재앙들이 단순히 우연히 왔는지(참조. 삼상 20: 26; 룻 2:3)를 알아보는 것이었다. 물론 점술 행위는 여호와께서 자신의 우월성과 힘을 보여주는 또 다른 기회를 제공했다.

텔 에르-루메일레(Tell er-Rumeileh)에 위치한(MR147128) 벧세메스는 예루살렘 서쪽으로 약 14마일 떨어진 지점이다(McCarter와 Emerton[*AOTS* 197-206], 20마일; 이것은 킬로미터와 마일의 거리를 혼동한 것인가?). 벧세메스는 유명한 소렉 계곡(the Vally of Sorek, 즉 Wâdi eṣ-Ṣarâr)의 남서쪽 끝에 위치한다. 때로 그것은 유다 지파에 속하지만(예를 들어, 수 15:10), 다른 구절에서는 레위 성읍으로 간주된다(수 21:16; 대상 6:44[영역본. 59], 그리고 참조. 15절 이하). 사사기 1:35에서 하르-헤레스(Har-heres, 한글 개역: 헤레스 산)는 이스라엘 족속에 의해 정복되지 않은 지역들 중 하나로 언급된다. "헤레스"는 태양에 대한 또 다른 이름이므로 벧세메스가 의도적으로 사용되었을 수 있다. 벧세메스는 블레셋의 5대 성읍에 근접해 있어서, 11세기에 블레셋과 이스라엘의 분쟁 지역에 속해 있었다. 만일 그렇다면, 블레셋 족속은 그 법궤를 단지 명목상 이스라엘의 통제 아래로 돌려줄 생각이었는지도 모른다. 분쟁 지역에 법궤를 계속 둠으로써, 그들은 그것에 대한 어떤 사법권을 행사할 수 있었을 것이다. 라이트(G. Ernest Wright)는 법궤가 기럇여아림으로 이동한 후, 블레셋 족속이 11세기의 제3분기 초 이전에 벧세메스의 제3지층(Stratum III)을 파괴했다고 주장했다(EAEIHL, 1, 252). 아하스 시대 정도의 늦은 시기에, 그 성읍은 블레셋과 이스라엘 사이의 분쟁 대상이었다(대하 28:18).

10-16 10-11절은 블레셋 족속이 그들의 제의 종사자들의 명령을 수행했음을 보고한다. 소들은 곧장 벧세메스로 감으로써 점술 제도의 선택 "a"를 따랐으며, 여호와가 그 재앙의 원인이라는 것을 지시했다. 스토베(Stoebe)는 "큰 길로"라는 문구를(12절) 소들이 가장 빠른 지름길을 선택했음을 의미하는 것으로 이해한다. 아마도 소들의 계속적인 울음 소리는 우리 안에 갇혀 있던 새끼들에 대한 그리움의 표현이었을 것이다. 이렇듯 그 울음 소리는 곧장 벧세메스로 향하는 행로를 더욱 눈에 띄게 만들었을 것이다. 울음 소리에 대한 히브리 단어 게오(גָּעוֹ)는 아마도 의성어가 분명하다. 좌로나 우로 치우치지 않는 것은 종종 신명기적 문헌에서 완전한 순종을 표현하기 위해 사용된다(신 5:32; 17:11; 수 1:7). 좌로나 우로나 치우치지 않은 소들은(12절) 여호와의 뜻에 순종하는 것으로 생각되는가? 아니면 이러한 표현은 단순히 소들의 행로가 똑바른 것을 지시하는 것인가? 신탁 부여자들과 협의에서 명확히 언급되지 않았던 블레셋 방백들은 분명히 그 점술의 결과를 알아보려고, 또한 그들의 속건 제물들에 무슨 일이 발생하는지를 관찰하려고 그 법궤 뒤를 따라갔다.

벧세메스 백성들은 골짜기(소렉[Sorek]은 북쪽에, 일린[Illin]은 남쪽에 위치한다)에서 밀을 추수하러 나갔다. 고대에 밀 수확은 5/6월에 있었던 것으로 보인다.

아마도 법궤를 배웅하려는 많은 사람들이 거기에 있었던 것은 추수기였기 때문인 듯하다. 법궤가 도착한 그 들판은 해설자의 시대에 여호수아의 밭으로 알려져 있었다. 한 밭에서(블레셋의, 1절) 다른 밭(여호수아의, 14절)으로의 전환은 법궤 귀환의 완료를 나타내는 것일 수 있다. 여호수아의 밭에 있는 큰 돌은 백성들이 법궤의 귀환을 마중나와 번제를 드리기 위해 즉흥적인 제단으로 사용되었다. 해설자는 이 젖 내는 소의 희생이 제물용 짐승은 흠 없는 수컷이어야 한다는(레 1:3; 22: 19) 규정과 긴장 속에 있다는 것을 모르고 있다. 아마도 이것은 이 기사에 있는 요소들의 상대적인 고대성을 나타내 줄 수 있다.

우리는 이미 15절을 이차적인 것으로 보는 몇 가지 이유를 주목했다("양식/구조/배경"을 보라). 레위인들은 사무엘서-열왕기서에서 드물게 언급되지만, 그들에 대한 세 곳의 다른 언급들 중 둘은 법궤와 관련되어 있다(삼하 15:24과 왕상 8:4; 왕상 12:31은 예외다). 법궤 여행의 성공적인 완료를 목격한 후에, 블레셋 방백들은 벧세메스 북서쪽에 위치한 그들의 성읍 에그론을 향해 12마일을 걸어 귀환했다.

17-18 17-18a절에 있는 목록들은 이전의 기사를 상세히 설명한다. 치핵(hemorrhoids) 다섯은 각각 블레셋 다섯 성읍들과 동일시된다(참조. 4절. 여기서는 그 물체들이 자음으로 된 본문 속에서 독종들[tumors]로 불린다). 가자(Gaza, MR099101)는 아스돗 남쪽으로 약 10마일 떨어진 아스글론 남쪽 약 12마일 지점에 있다. 해설자는 다섯 성읍 모두를 거명하여 여호와의 완전한 승리를 강조한다(Miller와 Roberts, *Hand of the Lord* 68). 이것이 5장이 한때 분명히 가자와 아스글론에서도 법궤로 인해 소동이 발생했음을 묘사했다는 생각을 합법화하는지 의심스럽긴 해도 말이다. 마소라 본문(MT) 4절이 단지 다섯 금쥐만을 거명하는 반면 – 그 독법은 4Q 70인경(LXX)에 없고 각주에서 이차적인 것으로 확인되었다(4.a) – 18절은 쥐 형상들의 숫자가 훨씬 더 많았음을 지시한다. 블레셋 영토의 모든 군락들은 그 방백들의 관할하에 있었고, 이 군락들은 해체되어 요새화된 성(참조. 수 19 :29와 35)과 농촌 마을로 바뀔 수 있었다(참조. 신 3:5; 슥 2:8[영역본. 4]). 18b절은 그 큰 돌을 법궤가 안치된 받침대로 설명한다(참조. 15절과 또한 이와 대조되는 14절에서 그 돌은 제단이다). 그 돌은 저자의 시대에 이르기까지 여호와께서 이방의 땅에서 자신의 법궤를 성공적으로 귀환시키셨다는 증거로 사용되었다. 증거로서의 돌들에 대해서는 창세기 31:52과 여호수아 24:27을 보라.

19-7:1 본문상의 난점들 때문에 비록 이 구절들의 이해가 불확실하다 할지라도("원문주해"를 보라), 우리가 재구성한 본문은 법궤의 혜택이 심지어 이스라엘에서

조차도 당연시될 수 없다는 것을 보여 준다. 그 축제에 참여하길 거절한 여고냐의 아들들에 대해서는 아무것도 알려져 있지 않지만, 그들의 잘못은 여호와의 큰 진노를 일으켜 그들 중 70명이 죽었다. 이것은 여호와께서 광야에서 애굽인들에게(삼상 4:8), 또한 에벤에셀 전투에서 이스라엘에게(4:10) 큰 진노를 일으키셨던 것과 같다. 벧세메스에서 있었던 이 사건들은 여호와의 힘에 대한 최종적 증거가 되었다. 아침에(참조. 창 37:34과 출 33:4) 주민들은 누가 이 거룩한 것 앞에 설 수 있는지를 물었다. 누가 그 궤 앞에 설 수 있으랴? 밀러와 로버츠(*Hand of the Lord*), 그리고 맥카터는 "…앞에 서다"를 "…에 시중들다" 혹은 "예배하다"로 이해한다(참조. 창 19:27; 신 10:8; 19:17과 특별히 삿 20:27-28). 그 답은 적어도 처음에는 분명히 "아무도 없다"는 것이다. 비록 엘르아살이 최종적으로 그 임무를 위해 선택되었다 할지라도 말이다. 하지만 "…앞에 서다"는 또한 "멈춰 서다" 혹은 "…의 땅을 지키다"를 의미할 수도 있다(삿 2:14; 왕하 10:4).

이러한 견해에 따르면, 벧세메스 백성들은 그들의 질문을 통해 거룩한 전쟁(Holy war)에서 법궤의 두려운 우월성을 승인하고 있다. 그들은 현재 불안한 입장에 있다는 것을 인식하면서 법궤가 다음에 어디로 갈 것인지를 물었다. 그들의 파견단은 벧세메스 북동쪽으로 약 9마일(McCarter는 마일과 킬로미터를 혼동하여 15마일을 제안한다), 그리고 예루살렘 북서쪽으로 약 8마일 지점(Blenkinsopp, *JBL* 88[1969] 143- 56, 14마일)의 기럇여아림으로 갔다(Deir el-ʿÂzar, MR159135). 기브아 성읍들 중 하나인(수 9:17) 기럇여아림은 블레셋 족속이 이러한 이동에 동조할 수 있게 해주면서 다소 중립적 입장을 유지했다(Blenkinsopp). 다윗이 블레셋을 패배시킨 것은 좀더 먼 남동쪽의 르바임 골짜기에서 이루어졌다(삼하 5:18-25). 이것은 다윗의 시대에 블레셋이 벧세메스와 기럇여아림 양자 모두에 어떤 종류의 영향력을 발휘했음을 암시한다.

가능하긴 하지만 블레셋을 자극할 필요는 없었음을 제외하면, 무엇이 벧세메스 사람들로 하여금 기럇여아림을 택하게 만들었느냐는 것은 그 성읍의 제의 역사에 의해 설명될 수도 있다. 그 곳은 이미 어떤 고대의 목록들에서(수 15:60; 18:14) 기럇-바알(Kiriath-baal)로 불렸고, 한때는 심지어 바알라(Baalah, 수 15:9)란 이름이 붙여졌기 때문에 가나안 시대에 한 성소를 갖고 있었던 것으로 보인다. 7:1에서 아비나답의 "집"이란 언급은, 미가의 성소가 미가의 집으로 불린 것처럼(삿 17:12; 18:2) 달리는 알려지지 않은 그 인물과 관계된 성소로 파악될 수 있다. 아비나답에 대해서는 비록 이 이름이 역시 다윗의 한 형제(삼상 16:8; 17:13)와 사울의 한 아들(삼상 31:2)에게 속했다 할지라도 알려진 바가 아무것도 없다. 벧세메스로 내려오라는 초청은 두 성읍이 비교적 고지대에 있었다는 사실에 의해 명확해진다: 벧세메스는 해발 917피트, 기럇여아림은 2,385 피트다(Driver에 의한 수치). 기럇여아림 사람들은 아비나답의 아들 엘르아살(아효와 웃사의 아버지, 삼하 6:3)을 어떤 종류의 제의적 역할을 수행하도록 성별시켰다(출 28:3, 41). 그는 법궤를 지켰으며 아마도 그 곁에서 제사장의 역할을 수행했을 것이다(참조. Miller와 Roberts, *Hand of the Lord*: 민 1:53; 3:10 등).

해설

법궤는 금독종과 금쥐의 선물을 동반하여 결국 블레셋 영토에서 되돌아왔다. 이 보물들은 법궤를 취하기 위한 속건 제물 역할을 했으나, 그것들은 또한 일종의 심판에 대한 찬사(doxology, 참조. 6:5)로, 또한 재앙을 제거하는 상징적인 혹은 거의 마술적인 수단으로 사용되었다. 소들이 그 혐오물을 옮기는 것을 도왔고, 또한 점술을 통해 여호와의 뜻을 선언하기 위한 통로 역할을 했으며, 마침내 소들은 이스라엘 영토에서 희생 제물로 최후를 마쳤다.

애굽에서 이스라엘의 경험에 대한 많은 암시나 언급들은 블레셋 영토로부터 법궤의 이탈이 일종의 제2의 출애굽으로 보여졌다는 것을 제안한다. 우리는 일곱 달 간의 블레셋의 재앙과 칠 일 간의 첫 번째 재앙 사이에 그럴듯한 상응이 있음을 주목했다. 애굽인들에 대한 약탈(한글 개역은 패물을 "구했다"로 번역한다 – 역자주)과 블레셋의 속건 제물 사이의 병행은 더욱 확실하다. 쥐들은 그 파괴자(*the* Destroyer)가 애굽에서 나타났었던 것처럼 블레셋 영토에서 파괴자들이었다. 블레셋 족속은 애굽인들이 마음을 강퍅케 해서 여호와에게 모욕을 당했던 것같이 그렇게 모욕을 당하지 말라는 경고를 받았다. 애굽 전승과의 다른 접촉점들은 애굽인들과 블레셋 족속이 "어떤 것을 내보내 그것이 떠나게 했던"(6절과 9절) 방식과 또한 애굽과 블레셋 영토에서 공히 있었던 여호와의 손의 임재다.

Dtr에서 법궤 이야기는 6장에서 다윗에 의한 예루살렘으로의 법궤 이송과 더불어 계속된다. 이것은 예루살렘 왕정 체제와 예루살렘 성전에 법궤와 밀접히 관련된 위상을 부여했다. 법궤는 정복 전쟁에서 이스라엘에 동반되었다(수 3-6). 그것은 벧엘(삿 20:27)과 실로에서(삼상 3:3), 또한 세겜에서(수 8:33) 여호와의 임재의 징표였으며, 여호와께서는 법궤를 수단으로 삼아 심지어 이스라엘이 에벤에셀에서 명백히 처절한 패배를 당한 이후에도 블레셋을 제압하셨다. 이렇듯 법궤는 Dtr에서 이야기 연결 수단의 하나로서 부족 동맹 시대와 왕정 시대에 여호와의 행동들 사이의 연속성을 보여 준다. 처음부터 끝까지 그분은 신실한 분이었다. 팀(Timm)은 여호와께서 과거 에벤에셀의 대 재난 후에 행하셨던 일은 포로기의 대 재난 속에서 희망의 근거가 될 수 있었다고 주장했다. 물론 이러한 의미는 단지 암시적일 뿐이다. 비록 그것이 Dtr의 제한된 희망의 메시지에 있는 다른 긍정적인 이야기의 흐름과 조화를 이룬다 할지라도 말이다(참조. *Israel in Exile*, 38-43).

시종일관 법궤는 하나님의 주권적 자유를 표현한다. 법궤가 이스라엘 진영에 도착한 것은 블레셋으로 하여금 패배를 예상하게 만들었다. 블레셋의 놀랄 만한 승리가 있었으나, 곧이어 일곱 달 동안 그들의 땅에서 법궤의 고통스런 임재가 뒤따랐다. 블레셋 족속이 점술을 시도했을 때, 여호와의 법궤는 거기 있었던 대적의 지도자들에게 여호와께서 주관하고 계심을 과시하면서 벧세메스로 직행했다.

마지막으로, 우리는 벧세메스에서 기럇여아림으로의 법궤의 이동을 통해 무엇을 생각할 수 있을까? 여호와께서는 법궤를 돌려보낸 블레셋 탈취자들의 의중을 뛰어넘으셨다. 왜냐하면 그분의 법궤가 그들이 의도했던 것과는 다르게 엉뚱한 한 성읍에서 멈춰 섰기 때문이다. 그러나 그분은 또한 이스라엘을 향해 자신의 주권을 나타내셨다. 법궤는 심지어 이스라엘에게도 당연한 것으로 여겨져선 안 된다. 여고냐의 아들들이 법궤의 귀환에 적합하게 응하지 않았을 때, 죽음이 그들의 운명이 되었다. 그러나 현명한 기럇여아림 주민들은 엘르아살을 임명하여 그로 하여금 법궤를 지키고 섬기는 일을 수행하게 함으로써 적절한 관심을 보여 주었다. 법궤가 Dtr에 등장하는 다음 장면은 그것이 다윗–그 자신이 Dtr에서 많은 약속의 대상이 되는–에 의해 예루살렘에 있는 *그* 집(*The* house)으로 운반되는 모습이다.

8. 왕권의 발흥(7-15장)

참고문헌

Bardtke, H. "Samuel und Saul: Gedanken zur Entstehung des Königtums in Israel." *BO* 25(1968) 289-302. **Birch, B. C.** *The Rise of the Israelite Monarchy: The Growth and Development of 1 Samuel 7-15.* SBLDS 27. Missoula, MT: Scholars Press, 1976. **Boecker, H. J.** *Die Beurteilung der Anfänge des Königtums in den deuteronomistischen Abschnitten des I. Samuelbuches.* WMANT 31. Neukirchen-Vluyn: Neukirchener Verlag, 1969. **Crüsemann, F.** *Der Widerstand gegen das Königtum.* WMANT 49. Neukirchen-Vluyn: Neukirchener Verlag, 1978. **Langamet, F.** "Les récits de L'institution de la royauté(I Sam VII-XII)." *RB* 77(1970) 161-200. **McCarthy, D. J.** "The Inauguration of Monarchy in Israel." *Int* 27(1973) 401-12. **Mayes, A. D. H.** "The Rise of the Israelite Monarchy." *ZAW* 90(1978) 1-19. **Mettinger, T. N. D.** *King and Messiah: The Civil and Sacral Legitimarion of the Israelite Kings.* ConB, OTS 8. Lund: CWK Gleerup, 1976. **Noth, M.** *Überlieferungsgeschichtliche Studien I.* 2nd ed. Tübingen: Max Neimeyer Verlag, 1957. **Soggin, J. A.** "Der Beitrag des Königtums zur Israelitischen Religion." VTSup 23(1972) 9-26. **Veijola, T.** *Das Königtum in der Beurteilung der deuteronomistischen Historiographie.* Annales Academiae Scientiarum Fennicae. Series B 198. Helsinki: Suomalainen Tiedeakatemia, 1977. **Weiser, A.** *Samuel. Seine geschichtliche Aufgabe und religiöse Bedeutung.* FRLANT 81. Göttingen: Vandenhoeck und Ruprecht, 1962.

9. 사무엘이 이스라엘을 판결하다(7:2-17)

참고문헌

Mayes, A. D. H. *Israel in the Period of the Judges.* SBT II, 29. London: SCM Press, 1974. ______. "The Period of the Judges and the Rise of the Monarchy." *Israelite and Judaean History.* Ed. J. H. Hayes and J. M. Miller. Philadelphia: Westminster, 1977. 285-331. **Richter, W.** *Die Bearbeitungen des "Retterbuches" in der deuteronomischen Epoche.* BBB 21. Bonn: Peter Hanstein, 1964. **Wolff, H. W.** "The Kerygma of the Deuteronomic Historical Work." *The Vitality of Old Testament Traditions.* Tr. F. C. Prussner. Atlanta: John Knox Press, 1975. 83-100.

본 문

2 궤가 기럇여아림에 들어간 날부터 이십 년 동안을 오래 있은지라 이스라엘 온 족속이 여호와를 사모하니라

2 After the ark had stayed in Kiriah-jearim for many days, even twenty years, all the house of Israel went into mourning[a] toward Yahweh.

3 사무엘이 이스라엘 온 족속에게 일러 가로되 너희가 전심으로 여호와께 돌아오려거든 이방 신들과 아스다롯을 너희 중에서 제하고 너희 마음을 여호와께로 향하여 그만 섬기라 너희를 블레셋 사람의 손에서 건져내시리라

3 Samuel said to all the house of Israel, "If you intend to return to Yahweh with your whole heart, remove the foreign gods from your midst and the Ashtaroth.[a] Set your heart on Yahweh and worship him alone, so that he will deliver you from the hand of the Philistines."

4 이에 이스라엘 자손이 바알들과 아스다롯을 제하고 여호와만 섬기니라

4 The Israelites removed the Baalim and the Ashtaroth; they worshiped Yahweh alone.

5 사무엘이 가로되 온 이스라엘은 미스바로 모이라 내가 너희를 위하여 여호와께 기도하리라 하매

5 Again Samuel said, "Gather all Israel to Mizpah, so that I may pray on your behalf to Yahweh."

6 그들이 미스바에 모여 물을 길어 여호와 앞에 붓고 그날에 금식하고 거기서 가로되 우리가 여호와께 범죄하였나이다 하니라 사무엘이 미스바에서 이스라엘 자손을 다스리니라

6 When they were assembled at Mizpah, they drew water, poured it out [a]on the ground[a] before Yahweh, and fasted on that day. They said,[b] "We have sinned against Yahweh." So Samuel judged the Israelites at Mizpah.

7 이스라엘 자손이 미스바에 모였다 함을 블레셋 사람이 듣고 그 방백들이 이스라엘을 치러 올라온지라 이스라엘 자손이 듣고 블레셋 사람을 두

7 After the Philistines heard that the Israelites had come together at Mizpah, the lords of the Philistines marched up against Israel. The Israelites heard this

려워하여
8 사무엘에게 이르되 당신은 우리를 위하여 우리 하나님 여호와께 쉬지 말고 부르짖어 우리를 블레셋 사람의 손에서 구원하시게 하소서
9 사무엘이 젖 먹는 어린 양을 취하여 온전한 번제를 여호와께 드리고 이스라엘을 위하여 여호와께 부르짖으매 여호와께서 응답하셨더라

10 사무엘이 번제를 드릴 때에 블레셋 사람이 이스라엘과 싸우려고 가까이 오매 그날에 여호와께서 블레셋 사람에게 큰 우뢰를 발하여 그들을 어지럽게 하시니 그들이 이스라엘 앞에 패한지라

11 이스라엘 사람들이 미스바에서 나가서 블레셋 사람을 따라 벧갈 아래에 이르기까지 쳤더라

12 사무엘이 돌을 취하여 미스바와 센 사이에 세워 가로되 여호와께서 여기까지 우리를 도우셨다 하고 그 이름을 에벤에셀이라 하니라
13 이에 블레셋 사람이 굴복하여 다시는 이스라엘 경내에 들어오지 못하였으며 여호와의 손이 사무엘의 사는 날 동안에 블레셋 사람을 막으시매
14 블레셋 사람이 이스라엘에게서 빼앗았던 성읍이 에그론부터 가드까지 이스라엘에게 회복되니 이스라엘이 그 사방 지경을 블레셋 사람의 손에서 도로 찾았고 또 이스라엘과 아모리 사람 사이에 평화가 있었더라
15 사무엘이 사는 날 동안에 이스라엘을 다스렸으되
16 해마다 벧엘과 길갈과 미스바로 순회하여 그 모든 곳에서 이스라엘을 다스렸고

17 라마로 돌아왔으니 이는 거기 자기 집이 있음이라 거기서도 이스라엘을 다스렸으며 또 거기 여호와를 위하여 단을 쌓았더라

and became afraid because of the Philistines.
8 The Israelites said to Samuel, "Do not be deaf toward us, so as not to cry to Yahweh our God to save us from the hand of the Philistines."
9 Samuel took a sucking lamb and offered it as a complete whole offering to Yahweh. When Samuel cried to Yahweh on behalf of Israel, Yahweh answered him.
10 As Samuel was offering the whole offering and the Philistines were drawing near for battle against Israel, Yahweh thundered loudly on that day against the Philistines and threw them into confusion so that they were defeated before Israel.
11 The people of Israel set out from Mizpah to pursue the Philistines, and they attacked them up to a point below Beth Car.
12 Then Samuel took a stone and set it up between Mizpah and the crag,[a] calling its name Ebenezer. He said, "To this point Yahweh has helped us."
13 The Philistines were humbled before Israel and did not continue to come into the territory of Israel. In fact, the hand of Yahweh was against the Philistines all the days of Samuel.
14 The cities the Philistines had taken from Israel returned to her, from Ekron to Gath.[a] Israel delivered the territory [belonging to these cities][b] from the hand of the Philistines, and there was peace between Israel and the Amorites.
15 Samuel judged Israel as long as he lived.
16 Year by year he would go on a circuit to Bethel, Gilgal, and Mizpah. He judged Israel in[a] all these places.
17 He always returned home to Ramah for his house was there. There also he judged Israel and built an altar to Yahweh.

원문주해

2.a. 이 동사는 단지 여기서만 나타난다. 많은 주석가들은 70인경(LXX)을 따르면서, 봐

이나후(וינהו, "그때 그들이 울었다")를 봐이프누(ויפנו, "그때 그들이 돌아섰다") 혹은 봐야투(ויטו, "그때 그들이 숙였다")로 고쳤다. 하지만 상이한 그리스어는 단순히 어떤 희귀한 단어를 번역하는 일에 있어서 고대 번역자의 어려움을 보여 주는지도 모른다.

3.a. 70인경(LXX): 아쉐림(Asherim).

6.a-a. 아르좌(ארצה) "그 땅에"가 70인경(LXX)에 추가되어 있다.

6.b. 마소라 본문(MT)의 쉠(שׁם), "거기"은 불필요하며 70인경(LXX)에는 빠져 있다.

12.a. 문자적으로는 "그 이빨." 어떤 사람은 70인경(LXX), 구 라틴역(OL), 시리아역(Syr)을 따르면서 하쉔(השׁן)을 예쉐나(ישׁנה)로 고치지만, 예샤나(Jeshanah, 즉 부지 엘-이사네[Burj el-Isâneh], MR174156)는 실로로 가는 길에서 미스바 북동쪽 8마일 지점에 위치한다. 블레셋 사람들이 서쪽으로 도망갔을 가능성이 있기 때문에, 예샤나는 지정학적으로는 적합하지 않다. 벧갈(Beth Car)의 위치는 완전히 알려진 것이 아니며, 따라서 블레셋 사람들의 후퇴 방향은 불확실하기 때문에 예샤나의 배제는 임시적인 것으로 남아 있어야 한다.

14.a. 70인경 바티칸 사본(LXX^B)은 "아스글론에서 가자까지(?)"로 읽는다.

14.b. 게불란(גבולן, "그들의 영토")에 있는 대명사 접미어는 3인칭 여성 복수이며, 따라서 그것은 두 블레셋 도성을 지시해야 한다. 괄호를 친 보충 설명은 앞에 있는 것을 선명하게 만들어 준다.

16.a. 전치사(אל – 엘; 참조. LXX) 대신에 마소라 본문(MT)은 한정 목적어의 표시인 에트(את)를 가진다.

양식/구조/배경

이 장의 1절은 법궤 서사(narrative)의 한 단편(segment)을 완성시킨다. 그리고 8:1-5에 있는 사무엘의 아들들의 죄에 대한 보고는 왕권에 대한 눈에 띄는 투쟁을 시작케 한다. 그에 따라 2-15절은 하나의 명확히 구별된 단위를 형성한다.

요약. 이스라엘은 법궤가 기럇여아림에 있는 동안 애곡했으며, 사무엘은 백성들에게 이방 신을 제거하라고 권고했다. 백성들은 여호와만을 섬겼다(2-4절). 사무엘은 그들이 자신들의 죄를 고백했던(5-6절) 미스바에서 물 의식(a water rite)과 금식을 하도록 백성들을 모았다. 블레셋의 공격을 두려워하면서 백성들은 사무엘더러 자신들을 위해 기도해 달라고 설득했다. 여호와께서는 사무엘의 기도에 응답하여 블레셋을 혼란에 빠뜨리셨다. 백성들이 블레셋을 완전히 패배시킨 후에, 사무엘은 여호와의 도움을 기념하여 에벤에셀이라 불리는 돌을 세웠다(7-12절). 사무엘이 살아 있는 동안 이스라엘은 블레셋을 압도했고 아모리 족속과는 평화를 유지했다

(13-14절). 사무엘은 이스라엘의 사사였으며, 그는 매년 벧엘, 길갈 그리고 미스바를 순회했다. 그렇지만 그의 집은 라마에 있었다(15-17절).

2, 3-4절과 13-14절에 있는 자료들은 점차적으로 신명기 학파 역사가(Deuteronomistic Historian=Dtr)의 것으로 인정되고 있다. 2절은 Dtr에 전형적인 재난 뒤의 회개를 이야기하며, 그것의 연대기적 공지는 그 역사의 전반적 구조와 어울린다(아래를 보라). 구조상으로 볼 때 3-4절과 5-6절에 묘사된 예식들은 반복적인 것으로 보이며, 전자를 위해서는 어떤 장소가 주어지지 않으므로 5-6절이 더 오래된 재료들이다. 3-4절은 Dtr에서 왔다. 덧붙여서 "여호와께 돌아오다", "너의 온 마음을 다해", "이방 신들", "…의 손으로부터 구원하다"(3절) 그리고 "바알림(Baalim, 바알들-역자주)과 아스다롯"(4절)과 같은 표현들은 그 역사가의 문체를 드러내 주는 표시들이다. 베이욜라(Veijola, *Königtum* 30-38)는 3-4절을 율법적 관심을 가진 후대의 편집, 즉 DtrN의 탓으로 돌리는데, 그 이유는 이 구절들이 신적인 도움을 이방신 제거에 달려 있는 것으로 만들기 때문이다. 어휘 사용은 13-14절의 신명기 학파적 정체를 확증해 준다: "블레셋 사람들이 이스라엘 앞에서 굴복되었다", "여호와의 손이 대적했다" 그리고 "아모리 족속들". 내용상 이 두 구절은 블레셋에 대한 완전한 승리를 사무엘 시대의 것으로 간주한다. 사실 그 승리는 사울에 의해서는 단지 시도만 되었을 뿐이고(삼상 14:1-46; 28:3-25; 31), 다윗에 의해 마무리되었다(삼하 5:17-25).

수많은 학자들(Noth, Veijola)은 블레셋에게 거둔 사무엘의 승리에 관한 전체 기사에 미미한 역사적 가치를 돌린다. 그렇지만 바이저(Weiser, *Samuel*)는 2-6절과 8-9절에서 승리에 대한 중재자이자 예언적 설교자로서의 사무엘의 역할을 강조했다. 그는 이 구절들을 고대의 전승들이라고 주장하면서, 7절과 10-14절을 여호와께서 어떻게 사무엘의 기도에 응답하셨는지를 설명하려는 의도로 추가된 첨가물로 보았다. 10-14절이 실제로는 다윗이 이루어낸 것을 사무엘의 공으로 돌리기 때문에, 바이저는 그것들의 반(反)-다윗 지역인 북 이스라엘에서 온 것으로 믿었다. 버취(Birch)는 5-12절이 선지자 권역(prophetic circles)으로 이전해 들어왔으며, 이 구절들은 사무엘을 거룩한 전쟁에서 하나님의 승리의 선지자적 대행자(prophetic agent)로 묘사한다고 제안했다. 버취는 그 기사의 근저에는 블레셋에 대한 작은 승리가 놓여 있다고 주장한다.

12절은 에벤에셀이란 단어를 원인론적으로(etiologically) 설명하는데, 그것은 이러한 예언적 기사의 마무리였을 것이다. 미스바에 있는 성소는 그가 보기에 이러한 전승의 원산지였으며, 미스바는 15-17절로 연결되는 문학적 고리 역할을 한다. 그 구절에서 미스바는 사무엘이 매년의 판관 순회(judicial circuit) 때 방문했던 세 곳의 성읍 중의 하나로 거명된다. 15-17절과 5-12절에 있는 블레셋에 대한 승리 기사 사이의 또 다른 연결고리는 6b절에 의해 만들어지는데, 6b절은 회개와 군사적 구원과 관련된 제의적 사건들이 사무엘의 이스라엘 *판관 치리(judging)*의 일부분이었음을 말해 준다. 버취는 13-14절을 Dtr의 것으로 돌리면서 그것들의 역사성을 부인한다.

5-12절과 15-17절의 정경 이전의(pre-canonical) 형태나 기능이 무엇이든지 간에, 그것들은 현재 2, 3-4절과 13-14절에 있는 몇몇 해설적 공지들에 의해 Dtr로 통합되었다. 중재적 기도(5, 8-9절), 죄의 고백(6절) 그리고 블레셋 사람들의 수중에서 구출(8절)에 대한 언급들은 5-12절의 신명기 학파적 기원을 확립하기에 충분치 않은 반면에, 그것들은 이 구절들이 지금 이스라엘 역사에 대한 하나의 신명기 학파적 해설의 일부분이라는 가설에 어떠한 해악도 끼치지 않는다. "해설"에서 우리는 왕권에 관한 토론과 더불어 Dtr의 신학에 속해 있는 이 장의 현재 형식의 역할에 대해 묘사할 것이다.

주석

[2]-[4] 20년에 대한 언급은 Dtr의 전체적인 연대기적 틀에 적합하지 않다. 그 틀에 따르면, 출애굽부터 솔로몬이 성전을 짓기 시작한 때까지(왕상 6:1) 480년이 흘렀다. 이런 틀에 의하면 출애굽과 정복 사이에 45년이 지났고, 253년은 왕정 이전의 이스라엘의 압제기 혹은 "구원자들"의 휴면기에 해당되며, 136년은 (소) "사사들"에 의해 통솔되었고, 46년은 솔로몬 통치 4년까지 있었던 왕들에게 할당된다(Richter, *Die Bearbeitungen* 132-141). 캐어드(Caird)는 20이란 숫자가 다윗이 예루살렘으로 그것을 운송하기 전 법궤가 기럇여아림(혹은 벧세메스)에서 보낸 기간 전체를 언급한 것으로 믿는다. 비록 그것이 현재의 문맥에서 명백히 그 숫자의 의미가 아니라 할지라도 말이다. 여기서 그 기간은 법궤의 블레셋 영토로부터의 귀환에서 7장에 보고된 전쟁까지의 기간을 지시한다. 따라서 그것은 죄-압제-여호와께 울부짖음-구원이라는 신명기 학파적 순서에서 압제의 시대를 가리킨다. 그것의 유입은 역사적이기보다는 신학적이다.

만일 그 본문이 정확하다면, "…을 향해 애곡하러 갔다"는 표현은 예상되는 "여호와께 부르짖다"에 대한 다소 색다른 표현 방식인 것처럼 보일 것이다. 그 동사의 니팔형은 특별하다 해도, 칼형이 에스겔 32:18에서 포착되며 몇 개의 파생된 명사들은 기본 의미를 확증해 준다(아람어와 아랍어 병행구에 대해서는 Mauchline을 참조하라). 사사기 20:23, 26에 따르면, 이스라엘 백성은 군사적 패배 후에 회개하면서 울었다(בכה – 빠카).

"…의 온 마음으로" 어떤 것을 행한다는 것은 Dtr에서 빈번하게 포착되는 전문용어다(삼상 12:20, 24; 왕상 8:23; 14:8; 왕하 10:31). 이 표현은 볼프(Hans Walter Wolff)가 Dtr의 핵심적 선포(케리그마)의 일부분으로 지정한 "돌아오다"라는 용어(*The Vitality of Old Testament Traditions* 83-100)와 연결되면서, 역시 예레미야의 신명기 학파적 구절들에서도 나타난다(3:10; 24:7; 참조. 29:13).

여호와에 대한 독점적 예배(3절)는 Dtr의 핵심에 속한다. 여타의 신명기 학파적 문맥들에서 이스라엘이 이방 신들을 제거함으로써 복종을 증명하는 것을 주목하라(수 24:23과 삿 10:16; 참조. 창 35:2). 비록 법궤 서사 자체가 법궤의 탈취를 엘리와 그의 집이 범한 죄악과 연결하는 것처럼 보이지만, 3절은 이스라엘의 우상숭배를 블레셋 압제의 원인으로 만들고 있다. 여호와의 구원(참조. 10:18; 12:10, 11; 삼하 12:7; 왕하 17:39)은 이스라엘 자신의 회개와 갱신을 조건으로 이루어진다. 4절에서 백성들이 바알림(Baalim)과 아스다롯을 제거했을 때, 그 단계는 신학적으로 5-12절에 보고된 승리를 위해 설정되었다.

"바알림과 아스다롯"은 Dtr에서 이스라엘의 죄를 지시하는 하나의 흔한 표현이다(바알이 단수로 나오는 삿 2:13, 그리고 10:6와 10; 삼상 12:10). 바알은 가나안의 폭풍 신이었으며, 대부분의 우가릿 신화들 속에서 중심적인 신이었다. 그는 풍요의 원천이었고 비를 보내는 자였다. 아스다롯은 사랑과 전쟁의 여신으로서 바알과 밀접히 관련되었으며, 우가릿 문헌에서는 "바알의 이름"으로 지칭되었다. 그녀의 이름은 마소라 본문(MT)에서 히브리 단어 뽀쉐트(בשת, "부끄러움")의 모음을 사용하면서(논쟁거리인 이스보셋과 몰렉의 철자를 보라) 보통 아쉬토렛(Ashtoreth)으로 발음된다. 솔로몬에 대한 비판 중의 하나는 그가 시돈 사람들의 여신 아쉬토렛(왕상 11:5, 33; 왕하 23:13; 한글 개역: 아스다롯)을 섬겼다는 것이다. 3-4절에서 아스다롯은 바알림과 같이 복수형인데, 그것은 Dtr에 나타나는 이스라엘의 우상숭배에 대한 일반화된 방식인 것으로 보인다. 블레셋 사람들이 아스다롯의 신전에 사울의 투구를 걸어놓다고 언급된다(삼상 31:10).

[5]-[6] 온 이스라엘이 미스바로 모였는데, 그 곳은 과거에 제의적 집회들이 개최

되어 왔던 장소다(삿 20:1, 3; 21:1, 5, 8). 이 장소의 위치는 불확실하다. 그 히브리어는 문자적으로는 보통 "전망대"(the outlook)로 번역될 수 있으며, 따라서 여러 군데의 높은 장소들을 지시하는지도 모른다. 오늘날 그 곳은 베냐민 지파의 영토에 속한 예루살렘 북쪽 약 8마일 지점인 고도 784미터의 텔 엔-나스베(Tell en-Nasbeh, MR170143)와 동일시되는데, 거기서 1926-1935년 사이에 고고학적 발굴을 통해 주전 1000-400년경의 증거물들이 많이 발견되었다. 다른 사람들은 예루살렘 북서쪽 5마일 지점의 네비 삼윌(Nebi Samwil, MR 167138)을 제안한다(참조. *AOTS*, 329-342). 어찌 되었든, 현재의 기사는 그 곳을 위대한 구원 행위(11-12절)의 장소로, 또한 사무엘의 재판 순회를 받던 성읍들 중 하나로 만든다. 그리고 이것은 10:17에 있는 기사와의 대조를 암시하는지도 모르는데, 거기서는 미스바가 이스라엘이 한 왕을 선택한(범죄 행위?) 장소였다.

백성들을 위한 사무엘의 중재(5절)는 12:19에 있는 유사한 개입을 예견하며, 중재자로서의 사무엘에 대한 전통은 또한 예레미야 15:1과 시편 99:6에서도 파악된다. 맥카터가 성경 이후(post-biblical) 자료들로부터 초막절과 관련된 물 붓기 의식을 인용할지라도, 백성들이 땅 위에 물을 붓는 행위에 대한 정확한 성경의 병행구는 어떤 것도 없다. 갈멜 산에서 엘리야의 투쟁과 관련된 물 붓기는 비를 불러오는 어떤 의식이었다(왕상 18:33-35). 그렇지만 여타 다른 곳에서는 쏟아 붓기와 금식은 둘 다 슬픔과 회개를 표현한다. 우리는 예레미야 2:19에서(참조 18절에 있는 눈물에 대한 언급) 슬픔의 표시로 여호와 앞에서 물같이 마음을 쏟아 부으라는 명령에 대해 읽는다. 땅에 쏟아진 물은 그 드고아 여자에게는 쓰라린 패배를 지시해 준다. 마찬가지로 금식은 슬픔, 회개 그리고 기도의 복합임을 표시한다(삿 20:26; 삼하 12:16-23; 왕상 21:27). 백성들의 죄 고백(6절)은 구원을 위해 필수적인 서막이다. 그와 마찬가지로 사사기 10:10, 15에서 백성들은 바알림(Baalim)으로 지은 죄를 고백하며 그들의 이방 신들을 제거했다. 단지 그 때서야 여호와는 자신의 마음을 바꾸시고 그들을 구원하셨다(참조. 특히 삼상 12:10과 왕상 8:47. 렘 3:25; 8:14. 또한 14:7, 20에 있는 죄 고백들 역시 신명기 학파 시대의 어떠한 토론에서도 적절하게 보였을 것이다). 신명기 학파 역사의 문맥 속에서, 3-4절에 지적된 우상숭배에 추가되어 고백된 죄는 사사기 17-21장에 열거된 범죄들인 것으로 보일 것이다. 사무엘이 이스라엘을 회개로 이끈 것은 그의 이스라엘 판관 치리(judging)의 하나로 이해된다. 그러나 이것이 반드시 16절에 있는 "이스라엘 치리"(다스림)의 본래의 의미라고 말할 수는 없다. 오히려 6절에 있는 이러한 공지(公知)는 5-14절의 회개와 전쟁,

그리고 15-17절에 있는 사무엘의 판관 순회에 대한 오래된 공지 사이의 문학적 연결점을 제공해 준다.

[7]-[12] 고백 의식은 거룩한 전쟁 예식의 한 부분이었을 수 있다. 이 의식은 이스라엘이 회집했다는 소식을 듣고 그들을 대적하러 온 블레셋 방백들도 빠뜨리지 않았던 하나의 사실이었다(참조. 5:8). 블레셋의 접근은 이스라엘에게 공포심을 일으켰는데, 그것은 거룩한 전쟁 문맥 도처에서 발견되며(출 14:10), 또한 그러한 공포심으로 인해 이스라엘은 전쟁을 할 때 두려워하지 말아야 한다는 빈번한 훈계를 받았다(출 14:13; 수 10:8; 삼상 12:20). 백성들은 사무엘에게 찾아가 그가 자신들의 요구를 무시하거나 귀를 막지 말 것을 당부했다. 시편에서 필요에 귀를 막는 것처럼 보이는 분은 하나님이시지만(예를 들어, 시 28:1; 35:22), 여호수아 10:8은 거룩한 전쟁을 이끄는 인간 지도자에게 직접 전달된 또 다른 청원을 보고한다. 그것은 그가 그런 시기에 백성들에 대한 자신의 책임을 소홀히 하지 말라는 부탁이었다. 아이러니컬하게도 "귀먹음"에 해당하는 히브리 단어는 출애굽기 14:14에서 여호와께서 그들을 위해 싸울 때 백성들이 보여 준 침묵과 가만히 있음(inactions)을 묘사하기 위해 사용되었다.

여호와께 "부르짖음"은 거룩한 전쟁에서, 또한 사사 시대에 대한 신명기 학파의 기사에서 빈번한 주제다(זעק – 아자크, 8-9절; 삼상 12:8, 10 그리고 삿 3:9, 15; 6:6, 7; 10:10; צעק – 짜아크, 수 24:7; 삿 4:3; 10:12; 참조. 출 14:10). 그 부르짖음은 여호와 "우리의 하나님"이 구원해 달라는 요청일 것이다. 사사기에서는 한 개인적 인물이 자주 "구원자"로 묘사되지만(예를 들어, 2:16; 3:9, 15, 31; 6:14-15; 13:5; 참조. 삼상 9:16, 사울에 대한 언급), 여기서는 여호와 자신이 구원을 위한 요청을 받는다(참조. 삼상 4:3; 출 14:13; 삿 2:18; 6:37; 7:7; 10:12-13). 사무엘은 이 기사에서 이스라엘을 위대한 승리로 이끈 영웅적 사사가 아닌 거룩한 전쟁의 선지자적 중재자로 묘사된다(참조. 왕상 20:13-14; 22:5-12; 왕하 3:11- 19). 이어지는 구절이 명확히 밝히는 것처럼, 그 승리는 오직 여호와께 속한 것이다.

사무엘의 "온전한 번제"의 희생제는 사무엘상 13:9-12에서처럼 전투 전에 그 제물로 여호와의 축복을 기원할 수 있었던 의식이 아니라 하나의 전적 헌신(dedication)의 행위인 것으로 보일 것이다. 레위기 6:22-23에 의해 판단하자면(참조. 신 33:10; 시 51:19), 온전한(כליל – 켈릴) 번제는 예배자들이 음식으로 남기는 부위가 전혀 없이 완전히 태운 제물이었을 것이다. 레위기 22:27에 있는 한 율법 조항은 소, 양 혹은 염소가 여호와께 번제로 드려지기 전에 어미와 7일 간 함께 있어야 한다고 언급하고 있다. 따라서 그 조항은 그런 희생물들이 다른 방식으로도 존재하고 있었음을 보여 준다. 그러나 우리는 젖먹이 어린 양을 드리는 정확한 의의를 알기가 어렵다.

이스라엘을 위한 중재자로서 사무엘의 역할(참조 5절)은, 사사기에서 보통 그런 것처럼 백성들이 여호와께 부르짖는 것이 아니라 그가 부르짖었다는 표현에 의해서 강조된다. 여호와는 그 응답이 당장에는 눈에 띄지 않지만 답변해 주셨다. 다른 곳에서 우리는 여호수아에게 두려워하지 말라는 여호와의 말씀에 대해(수 10:8), 혹은 선지자적 인물을 통해 중재되는 직접적인 구원 약속에 대해 듣는다(모세, 출 14:13-14; 드보라, 삿 4:14). 부르짖음과 여호와의 응답 사이의 연관성은 Dtr에서 결코 자동적인 것으로 여겨지지 않는다(참조. 삼상 8:18).

사무엘이 희생제를 드리는 동안 블레셋의 공격이 시작되었다(맥카터는 10a절을 삽입적 진술로 보자는 도움이 될 만한 제안을 한다). 그것에 대한 응답으로 여호와는 그들을 우레로 치셨다(10절). 거룩한 전쟁에서 무기로서의 우레는 사무엘서의 다른 곳에서도 발견되며(2:10; 참조. 삼하 22:14), 여호와는 자신의 싸움을 위해 대체로 자연 현상을 이용하셨다: 번개(삼하 22:15; 참조. 왕상 18:38), 우박(수 10:14), 어둠(수 24:7), 별들(삿 5:20) 혹은 심지어 질병(삼상 5:6). 우레는 블레셋 사람들의 패배를 보증하면서 그들을 혼란으로 몰아넣었다(10절; 참조. 수 10:10; 삿 4:15; 삼하 22:15). 모든 싸움은 여호와에 의해 수행되었다. 이스라엘에게는 단지 잔당 소탕만이 남겨졌다(11절). 거룩한 전쟁에 대한 기사는 자주 이스라엘이 도망치는 적들을 쳐부수는 언급들(수 10:10)이나 한 사람의 생존자도 없었다는 진술과 더불어 마무리된다(출 14:28; 삿 4:16).

11-12절의 지리는 명확하지 않다. 논리적으로 볼 때 이스라엘은 미스바로부터 진격해 가면서(위를 보라), 서쪽에 있는 그들의 거처 쪽으로 블레셋 사람들을 추적했을 것이다. 벧갈(Beth Car, 어원상으로 양의 신전 혹은 목장의 신전)은 파악되지 않고 있다. 일부 사람들이 70인경(LXX)에 있는 음역(transliteration)으로부터 추론한 것처럼, 더 아래쪽에 있는 벧호론(Beth Horon)의 서쪽 성읍(들) 이름(Beit Ûr et-Taḥtā; MR158144)의 훼손이 아닌 한 불확실하다. 그 곳은 미스바 서쪽 약 8마일 지점이다. 12절에 거론된 장소들은 사실상 불확실하다. 본문이 정확하다면 자연히 "바위"는 지금은 확인될 수 없는 지질학적 혹은 지리학적 특성을 지시하며, 보통 에벤에셀은 4:1과 5:1에 언급된 장소와 동일하지 않은 것으로 추정된다.

물론 지리적 정확성이 12절에 있는 신학적인 원인론(etiology)의 핵심을 이해하는

데 반드시 필요한 것은 아니다. 야곱이 벧엘에서 있었던 여호와의 신현을 기념하기 위해 한 기둥 마쩨바(מַצֵּבָה)를 세웠던 것처럼(창 28:18, 22), 사무엘은 여호와의 구원의 장소를 표시하기 위해 한 기둥을 세웠다. 기둥 대신 돌이란 용어의 사용은 아마 기둥들이란 단어를 반대한 신명기 사가의 입장을 반영할 것이다(신 16:22; 참조. 수 24:26-27. 거기서도 기둥이란 용어가 역시 회피된다). 에벤에셀이란 이름의 설명(여호와가 우리를 도우셨다; 참조. 시 33:20)은, "여기까지"가 지리적 혹은 연대기적 언급일 수 있기 때문에 어떤 애매함을 지닌다. 비록 전자가 좀더 그럴듯하다 하더라도 말이다. 여기서 분명히 암시되어 있기는 하지만 뚜렷하게 표현되어 있지 않은 대조가 있다. 그것은 미스바 근처의 위치 불명의 에벤에셀에서 여호와의 위대한 승리 – 이 승리는 이스라엘의 회개와 사무엘의 기도에 뒤따른다 – 와 아벡 근처에 위치한 다른 에벤에셀에서 이스라엘의 패배와 법궤 탈취 사이의 대조다. 아마도 그 원인론적 공지는 신명기 학파 이전 형식을 갖춘 전쟁 기사의 마무리를 특징지을 것이다.

13-14 이 구절들과 더불어 Dtr의 특징들이 다시 뚜렷해진다. "블레셋 사람들이 이스라엘 앞에서 굴복되었다"는 것은 사사기의 전체 틀 속에서 동사 카나(כנע) 니팔형의 빈번한 사용을 상기시킨다(3:30; 8:28; 11:33; 참조. 왕상 21:29과 왕하 22:19). "여호와의 손이 …을 대적했다"는 표현이 비록 비-신명기 학파적 구절인 5:9에서도 나타난다 할지라도, 이것 역시 신명기 학파의 것이다(신 2:15; 삿 2:15; 삼상 12:15). 물론 여호와의 손이 실상 사무엘의 전 생애 동안 블레셋을 대적했던 것은 아니었다. 그들을 대항한 사울의 성공은 사무엘이 살아서 활동한 시기임에도 불구하고 기껏 뒤섞여 있을 뿐이며(사무엘의 죽음은 25:1에서 보고된다), 사울은 결국 그들을 대항하여 싸우다가 죽었다. 에그론과 갓은 이스라엘 영토에서 가장 가까운 성읍들이었음에도 불구하고, 또한 때로는 분명히 그 국경선의 어떤 변경이 있었음에도 불구하고, 이 구절들은 사무엘의 승리의 실제적인 역사적 성취들보다는 그 승리에 대한 Dtr의 신학적 이해를 보고하는 것으로 보인다. 동일한 이해가 아모리 족속과의 평화에 대한 진술에 적용된다. 아모리 족속이란 단어는 Dtr에서, 특히 여호수아와 사사기에서 이스라엘의 도착 전의 팔레스타인의 거주민들을 지시하기 위해 매우 빈번하게 사용된다.

15-17 우리는 이 문단(section)의 현재의 기능과 아마도 존재했을 법한 그것의 전(前)-역사 사이를 구별해야 한다. Dtr에 따르면 사무엘은 백성들을 위해 기도하고 그들의 회개를 유도했으며, 자신의 고향 라마에 제단을 세워 그들을 위해 희생제

를 드리는 일을 포함한 제사장의 기능들을 담당한 사사였다. 동시에 그는 블레셋에 대한 거룩한 전쟁의 선지자적 대행자인 사사로서 연합된 이스라엘을 다스렸다. 이것은 Dtr(DtrN?) 속에 왕정에 반대하는 긴장 상태가 있음을 나타내는 것으로 보일 것이다. 만사가 사무엘 아래서 질서정연하고도 적절하게 잘 돌아갔다. 블레셋 사람들마저 저지된 상태였다. 왕들은 필요하지 않았다.

그러나 사무엘이 온 이스라엘 백성을 다스렸다고 하지만, 그의 매년 순회는 중앙 팔레스타인의 비교적 작은 지역에 제한되어 있다. 에브라임 영토의 잘 알려진 마을인 벧엘은 예루살렘 북쪽 약 10마일 지점에 위치해 있었다(Beitîn; MR172148). 우리가 본 대로 미스바는 예루살렘 북쪽 5-6마일 지점, 그러니까 예루살렘과 벧엘 사이에 위치해 있었다. 비록 대부분의 사람들은 여리고 근처의 한 장소를 선호하지만(아마도 Kh. el-Mefjer; MR193143; 참조. 수 2:1; 3:16; 4:19-20; 5:8-12), 어떤 사람은 길갈을 벧엘 북쪽 약 7마일 지점에 있는 일율리예(Jiljulieh)의 위치와 동일시한다. 라마 역시 예루살렘 북쪽 약 5마일 지점에 있었다(참조. 1:1, 19). 사정이 어떻든지 간에, 사무엘 순회의 지정학적 범위는 제한되어 있어서 그의 "이스라엘" 치리와 긴장관계에 있는 것처럼 보인다. 메이즈(A. D. H. Mayes)는 15-17절을 소위 소 사사들의 목록(삿 10:1-5; 12:7-15)과 비교한다. 이 목록들은 왕권의 문맥 속에서 유래했는데, 그 문맥 속에서 "이스라엘"은 왕정 국가를 언급하는 것으로 보인다. 그것은 우리에게 사사 자신들의 활동 지역에 대해서는 아무것도 말해 주지 않는다. 사무엘에게 있어서 자신의 고향 땅은 그의 관할 지역이었고, 메이즈는 유추를 통해 소 사사들 역시 활동 지역이 자신들의 씨족이나 부족이었을 것이라고 제안한다. 소 사사들과 사무엘은 군사적 직책이 아니라 재판 분야와 보다 일반적인 통치 분야를 포함하는 민사적, 행정적 직책을 가졌다. 그들이 어려운 소송들의 조정자로 항소 법정 역할을 했는지, 아니면 백성들의 집회에서 법의 선포자로 – 현대의 여러 학자들이 제안했던 것처럼 – 역할을 했는지는 확실하게 결정될 수 없다. 그러나 그들이 어떤 의미에서 재판을 행사했던 것은 분명한 것으로 보인다. 어떤 경우든, 그들은 제한된 지역에서 사법권을 가진 지방의 관리였다. "온 이스라엘"이란 설명은 특히 6절에 보존된 실제적 자료와 긴장 속에 있기 때문에, 15-17절의 기본적 내용이 Dtr의 편집된 작품보다 더 오래된 것이라고 결론내리는 것이 가장 좋을 듯하다. 근저에 있는 이러한 전승들의 정확한 연대를 측정하거나, 또는 지방 사사의 한 명인 사무엘의 활동이 어떻게 사무엘상에 보존되어 다른 사무엘에 대한 전승들과 역사적으로 통합되었는지를 정확하게 결정한다는 것은 불가능하다.

우리가 1장에서 본 대로, 라마는 사무엘의 고향이었다. 거기서 기억되었던 것은 그가 한 제단을 세웠다는 것이었다. 그것은 또다시 명백하게 고대의 전승의 하나인 것이 분명하다. 왜냐하면 통상적으로 예루살렘 바깥의 제단들의 불법성을 주장하는 (참조. 신 12장) Dtr이 이러한 개념(지방 성소에 대한 생각－역자주)을 새로이 구상했을 것 같지는 않기 때문이다. 법궤가 아직 예루살렘에 도착하지 않은 상태였기 때문에, 사무엘의 행위들은 Dtr에 의해 잘못된 것이 아니라고 간주되었는지도 모른다. 구조적으로, 마라에 대한 언급은 사무엘상의 뒤따르는 장들에 중요하다. 8장을 보면 장로들은 라마에서 사무엘에게 불평을 쏟아내고(4절), 사무엘은 어떤 성읍의 산당에서(9:10-14) 백성들의 예배를 인도한다. 현재의 책에서 그 이름이 언급되지 않은 성읍은 라마로 이해되어야 한다.

해설

Dtr은 왕권 발흥 기사의 서두에 왕권－혹은 최소한 사울의 왕권－이 군사적으로 불필요했음을 보여 주는 서사(narrative)를 배치한다. 엘리 집의 죄들에 추가하여, 사사 시대 마지막 시기의 죄들(삿 1-21)은 법궤 이야기에 보고된 대로 블레셋의 손에 의한 패배라는 결과를 가져왔다(4:1-7:1). 비록 법궤가 기럇여아림으로 되돌아왔다 할지라도, 거기서 그것이 22년 간 머무른 것은 압제의 경험을 지속시켰다. 7장은 애통과 회개, 그리고 기도를 통해 이스라엘의 여호와께로 돌아간 것을, 또한 거룩한 전쟁의 수행을 통해 여호와께서 위대한 구원을 베푸신 것을 이야기함으로써 신명기 학파적 순환을 완성시킨다. 이 승리는 에벤에셀의 첫 번째 전투의 비참함을 완전히 없애 주었다. 아이러니컬하게도 그 성읍의 이름은 그 당시 왕정 이전 시대의 마지막 순간까지 변치 않으신 여호와의 신실하심을 명료하게 보여 주었다. 사무엘상에 있는 미스바와 관련된 승리는 거기서 선출된 왕(10:17)에 대한 필요성을 제거했다. Dtr이 비록 다윗의 등극사(the History of David's Rise)와 블레셋의 억압에 대한 증거를, 나아가 사무엘의 생애의 후기에 블레셋의 우월성에 대한 증거를 통합시켰다 할지라도, 그 편집자의 신학적 이해는 여호와께서 사무엘의 살아 생전에 이스라엘에게 블레셋을 상대로 완전한 승리를 주셨다는 것이다. 사울이 다시 소생하는 블레셋에게 목숨을 잃은 것은 오직 사무엘이 죽은 이후였다. 물론 블레셋의 최종적 패배는 Dtr이 대체로 대단히 높게 평가한 다윗에 의해 성취되었다. 블레셋에 대한 사무엘의 승리는 사무엘 자신의 역할이 군사적 영웅과는 달랐다 할지라도 사사에 의한 구원과 똑같은 효과를 가져왔다. 이스라엘을 회개로 이끌고, 고난의 때에 이스라엘을 위해 기도하고, 중앙 팔레스타인에 있는 성읍들에 대한 판관 순회 여행에서 사무엘이 했던 일은 그의 이스라엘 치리의 전반적인 부분이었다. 적어도 이 장의 최종적 형태에서(DtrN?), 신적인 도움은 이방 신들을 제거하는 조건에 달려 있다. 만일 그러한 여호와를 향한 회개와 돌이킴이 지속적으로 수반되었다면, 각각 721년과 587년에 있었던 북왕국과 남왕국의 패배는 피할 수 있었을 것이다.

10. **왕의 권리**(8:1-22)

참고문헌

Clements, R. E. "The Deuteronomistic Interpretation of the Founding of the Monarchy in 1 Sam. VIII." *VT* 24(1974) 398-410. **Martin-Achard, R.** "L'institution de la royauté en Israël: 1 Sam. 8." *BCPE* 29(1977) 45-50. **Mendelsohn, I.** "Samuel's Denunciation of Kingship in the Light of the Accadian Documents from Ugarit." *BASOR* 143(1956) 17-22. **Rainey, A. F.** "Institutions: Family, Civil, and Military." *Ras Shamra Parallels.* Vol. 2. ed. L. R. Fisher. Rome: Pontifical Biblical Institute, 1975. 69-107. **Schmid, R.** "Gottesherrschaft und Menschliche Institution: Die Bedeutung Menschlicher Initiative im Licht von I Sam 8 und 12." *Zukunft in der Gegenwart.* Ed. C. Thoma. Bern und Frankfurt: Herbert Lang, 1976. 43-55.

본 문

1 사무엘이 늙으매 그 아들들로 이스라엘 사사를 삼으니

2 장자의 이름은 요엘이요 차자의 이름은 아비야라 그들이 브엘세바에서 사사가 되니라

3 그 아들들이 그 아비의 행위를 따르지 아니하고 이를 따라서 뇌물을 취하고 판결을 굽게 하니라

4 이스라엘 모든 장로가 모여 라마에 있는 사무엘에게 나아가서

5 그에게 이르되 보소서 당신은 늙고 당신의 아들들은 당신의 행위를 따르지 아니하니 열방과 같이 우리에게 왕을 세워 우리를 다스리게 하소서 한지라

6 우리에게 왕을 주어 우리를 다스리게 하라 한 그것을 사무엘이 기뻐하지 아니하여 여호와께 기도하매

7 여호와께서 사무엘에게 이르시되 백성이 네게 한 말을 다 들으라 그들이 너를 버림이 아니요 나를 버려 자기들의 왕이 되지 못하게 함이니라

1 When Samuel grew old, he appointed his sons as judges for Israel.

2 The name of his firstborn son was Joel, the name of the second Abijah. They were judges in Beer-sheba.

3 His sons did not walk in his way,[a] but they turned after profit, accepted bribes, and perverted justice.

4 When all the elders of Israel had gathered together, they came to Samuel at Ramah,

5 and said to him, "Look here. You have grown old, and your sons do not walk in your ways. Appoint for us, therefore, a king to judge us like all the (other) nations."

6 This displeased Samuel, in that they said, "Give us a king to judge us."

7 When Samuel prayed to Yahweh, Yahweh told Samuel, "Accede to the voice of the people in everything which they say to you. It is not you they have rejected from being king over them, but me.

8 내가 그들을 애굽에서 인도하여 낸 날부터 오늘날까지 그들이 모든 행사로 나를 버리고 다른 신들을 섬김같이 네게도 그리하는도다

8 In accordance with all their actions [a]toward me[a] from the time I brought them up from Egypt until this day, in abandoning me and worshiping other gods, so also they are now doing to you.

9 그러므로 그들의 말을 듣되 너는 그들에게 엄히 경계하고 그들을 다스릴 왕의 제도를 알게 하라

9 Now accede to their voice, but testify powerfully to them and tell them the (claim to) rights of the king who will reign over them."

10 사무엘이 왕을 구하는 백성에게 여호와의 모든 말씀을 일러

10 Samuel reported all the words of Yahweh to the people who had requested a king from him.

11 가로되 너희를 다스릴 왕의 제도가 이러하니라 그가 너희 아들들을 취하여 그 병거와 말을 어거케 하리니 그들이 그 병거 앞에서 달릴 것이며

11 He stated, "This will be the (claim to) rights of the king who will reign over you. Your sons he will take and appoint them for himself over his chariots and his horses, and they will run before his chariot.

12 그가 또 너희 아들들로 천부장과 오십부장을 삼을 것이며 자기 밭을 갈게 하고 자기 추수를 하게 할 것이며 자기 병거와 병거의 제구를 만들게 할 것이며

12 He will apoint them[a] for his use as officers over thousands and as officers over fifties,[b] [c]to plow his fields, to reap his harvest,[c] to make his weapons of war and the equipment of his chariots.

13 그가 또 너희 딸들을 취하여 향료 만드는 자와 요리하는 자와 떡 굽는 자를 삼을 것이며

13 Your daughters he will take as perfumers, cooks, and bakers.

14 그가 또 너희 밭과 포도원과 감람원의 제일 좋은 것을 취하여 자기 신하들에게 줄 것이며

14 Your fields, your vineyards, and your olive orchards – the best ones – he will take and give them to his royal servants.

15 그가 또 너희 곡식과 포도원 소산의 십일조를 취하여 자기 관리와 신하에게 줄 것이며

15 Your grain and your vineyards he will tax at ten per cent and give them to his court officials and other royal servants.

16 그가 또 너희 노비와 가장 아름다운 소년과 나귀들을 취하여 자기 일을 시킬 것이며

16 Your slaves, both male and female, your fine cattle,[a] and your asses he will take and use them for his works.

17 너희 양떼의 십분 일을 취하리니 너희가 그 종이 될 것이라

17 Your flock he will tax at ten per cent, and you yourselves will become his royal servants.

18 그날에 너희가 너희 택한 왕을 인하여 부르짖되 그날에 여호와께서 너희에게 응답지 아니하시리라

18 On that day you will cry out on account of your king, whom you chose for yourselves, but Yahweh will not answer you on that day."[a]

19 백성이 사무엘의 말 듣기를 거절하여 가로되 아니로소이다 우리도 우리 왕이 있어야 하리니

19 The people refused to accede to the voice of Samuel. They said, "No, but a king will be over us.

20 우리도 열방과 같이 되어 우리 왕이 우리를 다스리며 우리 앞에 나가서 우리의 싸움을 싸워야 할 것이니이다

20 We shall be like all the other nations. Our king will judge us, march out before us, and fight our wars."

21 사무엘이 백성의 모든 말을 듣고 여호와께 고하매
22 여호와께서 사무엘에게 이르시되 그들의 말을 들어 왕을 세우라 하시니 사무엘이 이스라엘 사람들에게 이르되 너희는 각기 성읍으로 돌아가라 하니라

21 After hearing all the words of the people, Samuel repeated them in Yahweh's hearing.
22 Yahweh told Samuel, "Accede to their voice and make for them a king." Then Samuel said to all the men of Israel, "Return, each of you, to his own city."

원문주해

3.a. 케레: 그의 길들; 케팁: 그의 길. 참조. 5절.

8.a.-a. 70인경(LXX)을 따라 "나를 향해"가 추가되어 있다. 이것이 상이한 히브리어 본문을 나타내는지, 혹은 그것이 단지 해설적 번역인지는 완전히 명확한 것은 아니다. 이 구절의 마지막에 있는 "너에게"와의 비교를 주목하라.

12.a. 구문을 위해 *GKC* 114를 보라.

12.b. 70인경(LXX)은 오십 대신 "백"을 가진다; 시리아역(Syr)은 이 구절에서 천, 백, 오십 그리고 십 단위를 가진다. 이 경우에 억지로 마소라 본문(MT)보다 그 역본들을 선호해야 할 이유는 없다. "오십"에 대한 유비들(analogies)에 대해서는 "주석"을 보라.

12.c.-c. 마소라 본문(MT)이 그렇다; 70인경(LXX): "곡식을 거두고 포도를 수확했다." 이러한 대안적 독법들은 70인경 루시안 개정본(LXX^L)에서 이문병합(異文併合)된다. 한편, 맥카터는 70인경 루시안 개정본(LXX^L)이 더 우월한 것으로 본다.

16.a. 70인경(LXX)을 따라 빠후레이켐(בחוריכם, "너희의 소년들") 대신 베카르켐(בקרכם)으로 읽는다. "소년들"은 "종들"을 가지고 시작하여 "나귀들"을 가지고 계속되는 구절에 어울리지 않은 것처럼 보인다. 소년들에 대한 왕의 대접은 아마도 11-12절에 이미 포함되어 있다.

18.a. 70인경(LXX)은 왕의 선택이 여호와께서 응답을 거절한 이유였다는 것을 반복하는 한 문절(clause)을 추가한다. 참조. 요세푸스와 이 구절에 있는 더 이른 시기의 유사한 표현.

양식/구조/배경

요약. 사무엘은 자신의 아들들을 사사로 임명했지만, 그들은 타락한 것으로 입증되었다(1-3절). 이러한 타락과 사무엘의 나이 때문에, 장로들은 사무엘에게 그들을 다스릴 왕을 임명해 달라고 요구했다(4-5절). 사무엘은 여호와께 이 일에 대한 자신의 불만을 보고했고, 그분은 그 백성의 진정한 반항은 자신에 대한 것이라고 답변하셨다. 그러나 그분은 사무엘에게 그들의 요구를 수용하고 그들에게 그에 따른 결

과들(6-9절)을 경고할 것을 지시하셨다. 사무엘은 백성들에게 왕권이 가져올 다양한 종류의 고초들에 대해 말했으며(10-17절), 그들이 그 왕에 대해 불평을 하게 될 때 하나님은 그들의 기도에 응답하지 않으실 것이라고 경고했다(18절). 그럼에도 불구하고, 백성들은 자신들을 다스리고 전쟁에서 자신들을 이끌어 줄 왕을 반복적으로 요구했다(19-20절). 사무엘은 여호와께 이 반응을 보고했으며, 그분은 다시 사무엘에게 그들을 위한 한 왕을 세우라고 말씀하셨다(21-22a절). 사무엘은 그 후 백성들을 해산시켰다(22b절).

사무엘의 아들들의 이름과 브엘세바에서의 그들의 사사직, 그리고 그들의 타락은 공통적으로 신명기 학파 이전의 전승에 속한다. 마찬가지로 소위 "왕의 권리들"(11-17절)은, 비록 이 문서의 형식과 그것의 정확한 연대나 배경에 대해 만장일치된 견해는 없지만, 비교적 고대의 것에 속한 것으로 주장된다. 아이삭 멘델슨(Issac Mendelsohn, *BASOR* 143[1956] 17-22)은 성경의 구절들과 병행을 이루는 알라카(Alalakh)와 우가릿(Ugarit)의 다양한 문헌들의 구절들을 지적하면서 이 장 전체의 근본적인 역사성을 주장했다. 그 문헌들은 주전 18-13세기의 가나안 사회의 계층화된 반(半) 봉건적 특징을 증언한다. 그는 사무엘의 말들을 "사울과 동시대의 어떤 한 사람이 백성들을 향해 그들의 고유의 삶의 방식에 생소한 가나안 제도를 도입하지 말라고 부탁한 감동적인 호소"로 이해한다(p. 22). 그렇지만 언급된 병행구들은 우리가 기대할 만큼 특별하지는 않다는 것을 주목해야 한다. 덧붙여서, 왕실의 관행에 대한 반박은 성경 외적 문헌에서 분명하지 않으며, 따라서 이 구절들의 핵심적 특징은 설명되지 않은 채 남아 있다. 나아가, 성경 본문에 가나안 왕들이 묘사되고 있다는 어떤 암시도 없다. 11-17절의 강도 높은 논쟁적 논조로 인해 많은 사람들은 여기서 후대의 이스라엘 왕권 자체를 통해 겪은 쓰라린 경험에 기초한 한 문서를 보게 되었다. 신명기 학파적 언어가 이 구절들에 없기 때문에, 그리고 사회적 불평등이 다른 곳에서는 Dtr의 주요 관심사가 아니기 때문에, 그 역사가는 이전에 존재하던 문서를 통합시키고 있는 것이다.

크뤼즈만(Frand Crüsemann, *Der Widerstand*)은 이 구절들에 있는 논박이 본래는 사유 재산을 가진 농부들이었으나, 이제 새로운 왕정 정부에게 많은 것을 잃게 될 처지에 놓인 이스라엘 사람들에게 연설되었던 것이라고 믿는다. 여러 가지 사회적 불평등에 대한 후대의 선지자들의 비판은 그런 악행들을 왕의 탓으로 돌려 비난하지 않기 때문에, 크뤼즈만은 그 문서가 다윗이나 솔로몬 시대의 것이라고 믿는다(참조. Clements, *VT* 24[1974] 409). 베이욜라(Veijola, *Königtum*)의 제안에 의하면,

백성들은 왕에게 왕실 조약을 통해 어떤 권리들을 승인했는데, 이 구절들은 바로 왕실 조약의 역설적 판본(an ironic version)이다("주석"을 보라). 그는 솔로몬 연대가 가능하다고 생각하긴 해도 그렇게 초기 연대를 고집하지는 않는다. 그는 이런 비판의 장소를 북 이스라엘로 잡는데, 그 곳에서 왕권을 반대하는 요담의 비유와 같은 그런 다양한 표현들이 발견된다(삿 9:8-15; 왕상 12; 엘리야 선지자와 나봇의 포도원이 연루된 비판, 왕상 21). 우리가 "주석"에서 보게 되겠지만, 11-17절에서 비판을 받고 있는 행위들에 대한 충분한 병행구들이 성경 본문들에 존재한다. 우리는 그런 본문들에서 뒤따르는 왕들에게 당한 이스라엘의 실제적 경험에 기초한 논박을 볼 수 있다. 어찌 되었든, 사무엘의 비판은 사울의 왕권의 소박한 규모에 적절하지 않았을 것이다.

이 장의 편집은 Dtr에게 돌려져야 한다. 그 역사가의 특징적인 어휘를 주목하라: "거절하다", 7절; "버리다", "다른 신들을 경배하다", 8절; "부르짖다", "너희가 택했나" 그리고 "여호와가 대답하지 않을 것이다", 18절. 덧붙여서, 사무엘상 10:18-19; 사무엘상 12; 그리고 열왕기하 17:13-16과 같은 그런 병행구들과 여러 가지 밀접한 연관성이 있다. 이러한 구절들이 그 역사가에게 귀속된다는 것이 대체로 일치된 의견이다. 베이욜라(Veijola, *Königtum* 53-72)는 이러한 편집의 두 가지 단계를 제안한다: DtrG, 1-5절, 22b절. 여기에는 어떤 반(反)-왕정적 어조도 없다; DtrN, 6-22a절. 여기서는 왕에 대한 열망이 여호와에 대한 거절과 이방의 한 제도의 선택으로 간주된다. 우리는 왕권에 대한 날카로운 비난과 그것에 대한 여호와의 인정 사이의 모순에 대해 "해설"에서 우리만의 설명을 제공하게 될 것이다.

주석

1-3 사무엘의 아들들의 사사 임명이 사무엘을 대체하는 것을 의미하는지, 아니면 단지 먼 장소에서의 어떤 사법적 책임들에 짐을 덜어 주는 것을 의미하는지는 명확하지 않다. 또한 왜 두 사람이 한 성읍에 임명되었는지도 명확하지 않다. 비록 우리는 요세푸스의 여기에 대한 정보가 정확한지 알 도리가 없지만, 그는 사무엘의 두 아들을 벧엘과 브엘세바에 배당한다(*Ant.* 6.32). 역대상 6:18에서(영역본. 6:33) 요엘은 고핫 족속의 레위인으로, 또한 다윗 시대에 살았던 노래하는 자 헤만의 아버지로 확인된다(참조. 역시 대상 6:13[영역본. 6:28]). 사무엘의 아들들은 – 이름이나 인물에 대한 평가 없이 – 사무엘상 12:2에서 언급된다. 그들의 죄악된 삶은 엘리

의 두 아들 홉니와 비느하스에서 유비를 찾아볼 수 있다(삼상 2:12-17; 참조. 삿 9장의 아비멜렉). 맥카터는 여기서 모든 세습 승계에 대한 비판을 발견한다. 아이러니컬하게도, 그들의 이름은 깊은 경건성을 표현한다. 요엘은 "여호와는 하나님이다", 아비야는 "여호와는 나의 (신적) 아버지다"라는 뜻이다.

성경의 브엘세바는 현대의 브엘세바 시(市)의 바로 동쪽 지점, 그리고 예루살렘 남쪽 약 15마일 지점인 텔 에스-세바(Tell es-Seba', MR 134072)와 동일시된다. 그래서 그 장소는 사무엘의 판관 순회의 관할 지역을 훌쩍 벗어난 위치에 있었다(삼상 7:15-17).

드러난 대로 사무엘의 아들들의 악행은 그들의 계승자인 왕들에 의해 심화되었다(11-17절). 그러나 그 죄악은 사무엘 자신이 주장한 무흠성과 날카롭게 대비된다(삼상 12:3-5). 이득을 취하고(참조. 출 18:21), 뇌물을 받고(참조. 출 23:8; 사 1:23; 5:23; 암 5:12), 또한 판결을 왜곡하는 데 있어서(출 23:2, 6, 8; 신 16:19; 24:17; 사 5:23; 암 5:7) 그들은 재판 집행자임에도 불구하고 가능했던 최악의 범죄에 연루되었으며 특별한 법적 금령들을 어겼다(참조. 출애굽기에서 인용된 구절들).

4-5 그의 고향 라마에서 사무엘과의 만남을 주선한 것은 장로들이었다(참조. 7:17). 이 장의 다른 여러 곳에서(10, 19, 21절; 참조. 22절과 삼상 10:17) 사무엘은 백성 전체를 다룬다. 유사하게, 아브넬과 (북) 이스라엘 장로들과의 최초의 만남(삼하 3:17-18)에 뒤이어 다윗을 왕으로 세우기 위해 이스라엘의 모든 지파들이 함께 나아왔다(삼하 5:1, 그러나 참조. 3절). 그들은 사무엘에게 더욱 의로운 새로운 사사가 아니라 열방과 같은 왕을 세울 것을 요구했다(참조. 삿 8:22-23). 신명기에 있는 왕의 법(17:14) 역시 "열방과 같은" 왕을 언급한다. 그러나 5절에 있는 이 표현이 부정적인 평가를 표현하는 것인지, 아니면 단순히 왕권이 이스라엘에서 비교적 후대의 제도였다는 사실(참조. 창 36:31)에 대한 인식인지는 말하기가 어렵다. 바이저(Weiser, *Samuel*, 42)는 사무엘이 대체로 왕권을 반대하지는 않았으며, 단지 열방의 왕들과 똑같은 왕을 반대했을 뿐이라고 제안했다. 하지만 열방에 대한 언급은 우리가 왕의 요구에 대한 사무엘의 불쾌한 감정을 들을 때 다시 반복된다(6절). 그러나 20절에서 열방과 같이 되려는 욕망은 매우 부정적으로 평가되는 것 같다.

6-9 사무엘의 불쾌한 감정(그 표현의 다른 용도들에 대해서는 삼하 11:25, 27을 보라)은 기도로 연결되었고, 그때 그는 이스라엘을 위해 중재하는 대신 여호와께 불평을 털어놓았다(7:5; 12:19, 23에서 그런 것처럼). 여호와께서는 백성들이

거역하는 것은 사무엘이 아니라 여호와 자신의 왕권이라고 단언하면서(가장 뛰어난 전승사적 배경에 대해서는 Crüsemann, *Der Widerstand* 73-84를 보라), 사무엘의 용기를 북돋아 백성들의 요구에 동의하라고 하셨다(7절; 참조. 9절과 22절; 사무엘에게 동의하기를 거절하는 백성들과 비교하라, 19절). 기드온도 자신과 자신의 후손들에게 부탁한 요청을 여호와의 지배에 대한 거절로 이해했다(삿 8:22-23). 왕의 선택은 또한 다른 신명기 학파의 구절들에서도 여호와의 거절로 간주된다(삼상 10:19와 12:12). 그렇지만 Dtr은 8-12장에 있는 이들 구절 밖에서는 여호와의 왕권을 확증하지 않는다. 백성들의 죄에 대한 전문적 용어로서 마아스(מאס)에 관해서는 열왕기하 17:25을 보라. 백성들이 자신을 거절했음에도 불구하고, 여호와께서 역설적으로 왕을 승인하신 합리적 논거는 만족할 만하게 설명되지 않는다. 사울이 나중에 여호와의 말씀을 거절했을 때, 왕이 또한 거절당하기도 했다(왕상 15:23).

이스라엘의 여호와 거부는 출애굽 이후 계속되어 온 행동의 유형을 이어갔다(참조. 삼상 10:18-19). 편집자는 이스라엘의 악행이 "오늘날"까지 지속되었음을 주목하면서 사무엘 시대의 백성들의 죄악을 고발할 뿐만 아니라, 그 책의 형성 시기에 이르기까지 계속되는 이스라엘의 죄악을 고발하기를 원한다. 즉, 이스라엘의 죄는 출애굽부터 포로기까지 지속되었다. Dtr은 계속 특징적인 어휘를 써 가며 이스라엘의 반역 내용을 자세히 말한다. 백성들은 여호와를 버리고(삼상 12:10; 왕하 17:16) 다른 신들을 섬겼다(수 23:16; 참조. 왕하 17:16. 구절들의 완전한 목록에 대해서는 Veijola, *Königtum* 57를 보라). 오랜 기간 계속된 그들의 여호와에 대한 거역은 지금 사무엘에 대한 잘못된 대우(8절)와 짝을 이룬다. 7-8절을 함께 취하여 우리가 볼 수 있는 것은, 여호와께서는 백성들이 사무엘을 반대했다는 것을 부인하시는 것이 아니라, 사무엘로 하여금 이러한 반대를 훨씬 심각한 여호와 자신에 대한 반역의 표시로 보게 하신다는 것이다.

사무엘은 그들의 요구를 받아들이고 그들을 반박하는 강력한 증인 역할을 하라는 지시를 받았다(Stoebe; 참조. 왕하 17:13-15). 그의 증언은 주로 그 역사가가 이곳에 통합시켰던 하나의 고대의 문서인 "왕의 권리(에 대한 요구)"의 낭독으로 구성된다. 미쉬파트 하멜렉(משפט המלך, "왕의 법도"(justice of the king, 한글 개역: 왕의 제도)이란 표현은 왕의 행위(Hertzberg)나 왕의 지속적인 권리(Caird)를 암시할 수 있다. 그것의 의미는 아마도 사무엘상 10:25의 미쉬파트 하멜루카(המלכה משפט, "왕권의 도리"; the rationale for kingship, 한글 개역: 나라의 제도)와 구별되어야 할 것이다. 후자는 분명히 학파 권역(circles) 내의 왕권을 위한 신학적 토대에 관한 언급, 즉 신명기 17:14-17이다. 우리의 미쉬파트 하멜렉(משפט המלך)에 대한 해석은 11-17절을 왕실 조약의 역설적 판본(ironic version)으로 보는 베이욜라(Veijola)의 생각을 따르고자 함이다.

어떤 영어 번역이라도 9절과 11절에 있는 단어 미쉬파트(מִשְׁפָּט, "법도")와 이 장의 여섯 군데(1, 2, 3, 5, 6, 20)서 발생하는 어근 샤파트(שָׁפַט, "재판하다") 사이에 있는 히브리어의 미묘한 언어 유희를 완전하게 고려해 넣을 수는 없다. 이러한 언어 유희는 특별하면서도 거의 파악하기 어려운 뉘앙스를 가미시킨다. 백성들이 사사인 사무엘의 아들들의 행동과 그들의 판결 왜곡에 항의한 반면, 사무엘은 백성들이 새 왕을 통해 실제로 받게 될 "법도"(מִשְׁפָּט – 미쉬파트)가 이스라엘에서 옳게 간주된 그 모든 일의 중대한 실책이 될 것이라고 주장했다. 사무엘은 이 "법도"에 대해 강력히 증언하라는 지시를 받았다. 히브리어와 다른 셈족 언어들 속에 있는 동사 오드(עוד)와 이 어근에서 파생된 명사에 대한 연구를 통해, 베이욜라는 9절이 어근 오드(עוד)와 언약 혹은 조약 조항들과의 빈번한 연관성을 고려해 넣은 부연구(paraphrase)라고 제안했다: "그들 앞에 적절한 경고들과 함께 왕실 조약에 내재된 의무 사항들을 내놓아라"(한글 개역: 너는 그들에게 엄히 경계하고 그들을 다스릴 왕의 제도를 알게 하라).

10-18 백성들의 왕을 달라는 요청(השׁאלים – 하쇼알림)은 그렇게 해서 얻은 왕인 사울(שׁאול)이란 단어와 동음이어의 결말 놀이를 이룬다. 11-17절에 인용된 그 문서에는 왕의 전유물이 될 백성들(11, 13절)이나 재산(14, 16절)이 항상 히브리어 문장의 강조적(첫 번째) 위치에 놓여져 있다. 동일한 문장 구조는 십일조를 세금으로 내는 항목들에도 적용된다(15, 17절). 사무엘은 왕이 백성들의 "아들들"을 취하여 그들을 자신의 병거들에(to chariots, 혹은 병거들 위에[over chariots]?) 임명하고 또한 마병의 직무를 줄 것이라고 경고했다. 솔로몬은 이스라엘 사람들을 병거의 장관으로, 그리고 자신의 마병(의 장관)으로(왕상 9:22) 임명했다고 알려진다. 알려진 바로는, 그는 자신의 병거를 위해 마구간 40,000개와 마병 12,000명을 거느렸다(왕상 4:26; 참조. 신 17:16). 마병들은 기병대(cavalry)가 아니라, 병거 부대(chariot teams)이거나 병거 위에 탔던 사람들이었다(De Vaux, *Ancient Israel* 224). 왕은 또한 백성들을 병거 앞에서 달리도록 임명할 것이다. 압살롬과 아도니야는 둘 다 왕의 권력을 장악하려고 병거들과 마병들, 그리고 자신들 앞에서 달릴 오십 인을 준비했다(삼하 15:1; 왕상 1:5; 참조. 역시 삼상 21:8[영역본. 7]; 22:17). 백성들은 또한 천부장과 오십부장에 임명될 것이다. 프랭크 크뤼즈만(Frank Crüsemann)

에게 있어서 "아들들"이 보통의 군인들이 아닌 장관들로 임명되리라는 사실은 이 논박 문서(polemical document)의 본래 대상이었던 사람들의 엘리트적 특성을 나타내 준다(*Der Widerstand* 68). 사울이 베냐민 사람들에게 다윗이 실제로 그들을 천부장과 백부장으로 삼을 것인지 물었기 때문에, 우리는 그러한 왕실 권력의 남용이 이미 다윗이 왕권을 추구하던 시기에 시작되었다(삼상 22:7)고 추론할 수 있다. "천"(삼상 17:18; 18:13)과 "오십"(왕하 1:9, 11, 13)은 전승을 통해 광야 시대까지 거슬러 올라가는, 군대와 시민 생활에서 표준 단위들이었다(출 18: 21; 신 1:15). 밭을 갈고 추수를 하도록 임명받은 아들들은(12절) 농사용으로 왕실의 땅을 부여받았던 사람들을 지시할 수도 있다. 그러한 행위는 현재 우가릿 문헌에서 알려져 있으며(Mendelsohn, *BASOR* 143[1956] 19-20), 사울이 베냐민 사람들에게 던진 다윗에 대한 질문에 암시되어 있다: "이새의 아들이 너희 모든 사람에게 밭과 포도원을 주겠느냐?"(삼상 22:7). 밭, 포도원 그리고 감람나무 과수원 역시 백성들로부터 몰수되어 왕실의 관리들에게(לעבדיו – 라아바다이브) 돌아가게 되었다. 불행히도 우리는 전쟁 무기와 왕의 병거용 장치를 제작하는 데 있어서 백성들이 어떤 역할을 했는지 아무것도 아는 바가 없다(12절).

왕은 여자들을("너희의 딸들") 향료 제조자(perfumers, 악크로이드[Ackroyd]가 창녀들 대신 가능한 완곡어법으로 취한 단어; 참조. 느 3:8)로, 요리사로(참조. 삼상 9:23-24) 그리고 떡 굽는 자로 징집할 것이다. 엄청난 규모의 솔로몬의 하루 식량을 고려해 보면(왕상 5:2-3[영역본. 4:22-23]; 참조. 월별 할당제에 대한 언급, 27절), 관련된 여성들의 숫자가 파악될지도 모른다.

공공연한 재산 몰수에 더하여(위의 14절을 보라), 왕은 또한 그런 노역을 곡식과 포도원(15절) 그리고 양떼(17절)의 십일조에 대한 자신의 권리 가운데 있는 것으로 생각할 것이다. 아모스는 가난한 자의 곡식으로부터 징세하는 것을 두고 부자들을 비난했으며(5:11), 드보(De Vaux)는 정부의 다양한 종류의 과세에 대한 수많은 성경의 언급들을 제시한다(*Ancient Israel*, 140-141). 우가릿 본문들은 정부의 십일조와 함께 다른 세금들을 언급한다(Mendelsohn, *BASOR* 143[1956] 20-21). 왕이 이러한 세금 수입을 제공했던 "궁중 관리들"이 다윗과 관련되어(대상 28:1), 또한 수많은 후대의 왕들과 관련되어(왕상 22:9; 왕하 8:6; 9:32; 23:11; 24:12, 15; 25:19; 참조. 렘 34:19와 41:16) 언급된다. 사리스(סרים)란 히브리 단어는 문자적으로 "머리에 있는 자"(the one at the head)를 의미하는 앗시리아(앗수르) 외래어이다. 만일 분명 그 직책이 후궁(後宮)을 감독하는 것이었다면, 때로 그것은 내시(內侍)란 의미를 갖기도 한다. 그러나 그러한 관리들이 모두 거세를 받은 것으로 추론될 필요는 없다(거세는 이스라엘에서 중요한 제의적 의의를 지니고 있었다, 참조. 레 22:24와 신 23:1). 더욱 일반적 계급인 "궁중 하인들"(עבדים – 아바딤, 15절; 참조. 14절)도 역시 그런 조세로부터 녹을 받게 될 것이다(그런 궁중 하인들에 대해서는 왕하 22:12을 보라).

나아가 왕은 남종과 여종, 가장 좋은 소 그리고 노동력을 필요로 하는 자신의 건축 사업과 다른 "일들"(참조. 출 38:24; 왕상 5:16과 9:23)에 쓸 나귀들을 징발할 것이다. 열왕기상 5:27[영역본. 5:13]에 따르면, 30,000명을 헤아리는 강제 노동의 소집은 솔로몬에 의해 온 이스라엘에서 시행되었다. 그러나 다른 곳에서 우리는 이스라엘 이전의 팔레스타인 거주민들 중 살아남은 자들이 노예 신분의 노동자 그룹으로 봉사하는 반면, 이스라엘 백성들은 오로지 지도층에 속했음을 읽는다(왕상 9:22). 현재의 문서에서 아들들을 위한 지도층의 임무와 노예를 위한 강제 노역(16절) 사이에 비슷한 구별이 규정된다.

이 문서에 있는 마지막 단어 아바딤(עבדים)은 왕의 "법도" 아래 사는 모든 사람들이 노예나 궁중 하인이 되리라는 것을 의미할 수 있다. 그러나 베이욜라는 어근 아바드(עבד)가 봉신(封臣)을 의미하는 수많은 구절들(수 9:8, 11; 삼상 4:9, 11:1; 17:9; 삼하 10:19; 왕하 16:7; 17:3; 24:1)과 나아가 그 어근이 어떤 민족과 그들의 왕과의 관계를 지시하는 구절들(삿 9:28, 38; 왕상 12:4; 왕하 10:5)도 인용한다. "너희는 그의 봉신이 될 것이다"란 말은 왕실 조약에 어울리는 마지막 행(line)을 구성할 것이다.

18절과 더불어 Dtr은 왕권에 대한 세속적인 평가로부터 신학적 평가로 옮겨간다. 이스라엘이 자신의 왕으로부터 압제를 경험할 때, 그들은 사사 시대에 그렇게 자주 그랬던 것처럼 여호와께 부르짖어 도움을 요청하게 될 것이다. 그러나 그 왕은 여호와에 의해 선택된 자가 아니라(참조. 10:24과 신 17:15) 그들이 선택한 자였다(참조. 12:13). 이런 이유로, 여호와는 응답하지 않으실 것이다. 사무엘상 7:9과의 대조는 어떠한가! 거기서 백성들을 위하여 사무엘이 여호와를 향해 부르짖는 간구는 여호와의 응답, 즉 학대하는 블레셋에게 거둔 그의 압도적인 승리로 이어졌다! 그 역사가는 백성들에 의한 왕의 선택을 여호와의 거절과 다른 신에 대한 섬김으로 묘사되는 배교의 연속으로 보았다. 19절(18절에 대한 저자의 실수로 보임 – 역자주)에 있는 그의 부정적인 예고는 사사기 10:10, 14과 일치하는데, 거기서 여호와는 이스라엘을 구원하길 거부하고 그들에게 "너희가 택한 신들"을 향해 부르짖으라고 촉구하신다. 예레미야에 있는 신명기 학파의 한 구절 역시 환란의 날에 부르짖는 백성들에 대한 여호와의 구원 거부를 인용한다(11:11, 14).

19-22 사무엘의 두려운 경고에도 불구하고, 백성들은 듣기를 거부하고 왕을 요구하기를 반복했다(19절; 참조. 10:19와 12:12). 듣기의 거부는 이스라엘에 대한 반복된 신명기 학파적 고발의 일부다(왕하 17:14; 참조. 렘 11:10; 13:10). 20절에서 열방과 같이 되겠다는 백성들의 열망은 5절에서 더욱 뚜렷한 입장으로 전해지며, 또한 추측컨대 그것은 여기서 아주 부정적으로 해석된다. Dtr의 어떤 구절들은 열방들이 정복의 때에 파멸되었다고 지시하는 반면(수 21:43-45), 다른 구절들은 그들이 시험과 유혹거리로 남아 있었다고 지시한다(수 13:1b-6; 23:12-13; 삿 1:1-2:5; 2:20-23). 사무엘상 8장에서 백성들은 시험에 빠져 열방과 같이 되려는 욕망에 굴복한다.

사무엘의 아들들에 대한 비평이 얼마나 합법적이든지 간에, 심지어 사무엘이 가능성이 농후한 왕실의 학대에 대하여 경고한 후에도 백성들이 자신들을 다스릴 왕을 달라고 목이 곧은 요구를 한 것은 단지 사무엘을 홀대하는 것으로, 아니 여호와를 거절하는 것으로(참조. 7-8절) 비춰질 수 있을 뿐이다. 그 거부는 전쟁에서의 여호와의 지도권을 포함한다(그분이 백성들 앞에서 행하시는 것; 참조. 신 20:1-4; 삿 4:14; 삼하 5:24). 그리고 거룩한 전쟁들은 적절하게 "여호와의 전쟁들"로 지칭되었으며(삼상 18:17과 25:28), 수많은 본문들이 여호와께서 그의 백성들을 위해 싸우시는 것에 대해 말한다(출 14:14; 수 10:14, 42; 23:3, 10). 그렇지만 백성들은 그 왕이 전쟁에서 앞장서길 원했다. 그가 우리의 – 여호와가 아닌 – 전쟁들을 수행할 것이다(21절).

사무엘이 이스라엘의 거만한 반응을 여호와께 다시 전했을 때, 여호와께서는 사무엘에게 그들의 목소리에 순응하여 그들을 위한 왕을 세우라고 말씀하셨다. 이어서 편집자는 사무엘로 하여금 백성들을 해산시키게 한다. 그 목적은 사울이 나귀들을 수색하고 또한 한 나라를 발견한다는 이야기(9:1-10:16)를 통합할 수 있게 만들고, 라마 대신 미스바에서 있었던 다음 집회의 소집(10:17-27)을 용이하게 만들기 위함이다.

해설

우리는 8장에서 긴장 관계에 놓여 있는 메시지들을 어떻게 이해해야 할까? 외관

상으로 백성들은 사무엘의 노년기에 사사직을 수행한 그의 아들들의 타락에 대해 합법적인 불평을 한 것으로 보인다. 그들은 자신들의 재판관(사사)이 될 한 왕을 요구하여 사무엘의 기분을 상하게 했다. 그는 백성들에게 왕이 전혀 공의를 베풀지 않을 것이고, 백성들과 그들의 재산 둘 다 왕의 권력 강화(self-aggrandizement)에 이용되는 전유물이 될 것이라고 설명했다. 그런 왕을 선택한다는 것은 역시 다른 신들을 선택하는 것과 유사할 것이다: 이 양자의 행동에 뒤이어 여호와의 응답 혹은 구원 거절이 뒤따를 것이다. 사무엘의 개인적인 감정과 그가 전달한 여호와로부터의 엄중한 메시지에도 불구하고, 백성들은 여전히 왕을 요구했다. 그들은 열방과 같이 되기를, 또한 그들의 전쟁에서 싸울 한 왕을 갖기를 원했다. 그런 뻔뻔한 거절에 정면으로 맞서, 여호와께서는 사무엘에게 어쨌든 백성들을 위한 왕을 세우라고 말씀하셨다!

8장에 있는 여호와의 놀라운 관용에 대해서는 수많은 해결책이 있었다. 바이저(Artur Weiser)는 사무엘이 왕권 자체에 반대한 것은 아니고, 단지 열방과 같은 왕권을 반대한 것이라고 말했다. 그러나 이것은 확실히 6-22절에 있는 부정적인 설명의 많은 부분을 무시한 것이다. 클레멘츠(Ronald Clements)는 사울의 왕권은 황급한 그리고 시기에 적절하지 않은 요구에서 기인한 것이기 때문에 거절되었지만, Dtr은 여호와에 의해 선택된 왕 다윗을 승인한다고 제안했다. 그에 따르면, Dtr이 포함시킨 다윗의 등극 역사(삼상 16-삼하 5)가 다윗을 여호와에 의해 선택되어 사울을 계승하는 왕으로 승인하기 때문에, 사울이 무작정 그 역사가에 의해 불승인된 것이 아닐 수도 있었다. 이것은 Dtr이 사울의 신적인 피택을 보고하고, 또한 8장에서 사울의 왕권에 대한 긍정적이고 부정적인 것을 공히 다 말하는 결과를 낳았다. 버취(Birch)의 분석에서 보자면, Dtr 자신은 왕권에 대한 열망을 신랄하게 배교로 판정했지만, 본문의 정경 이전의 형태(1-7, 19-22절)는 왕권을 "죄악되지만 여전히 하나님의 것"(sinful-but-still-of-God)으로 생각했다. 그러나 버취는 이 장의 양면성을 띈 최종적 형태에 대해 어떤 해결책도 제공하지 않으며, 또한 자신의 "죄악되지만 여전히 하나님의 것"에 대한 해설을 통해 20절의 다소 거친 단어들에 그럴듯한 윤기를 낸다. 베이욜라는 여러 편집층들로 인한 것으로 본다: DtrG는 왕권에 대해 긍정적이다. 후대의 DtrN은 그것에 대해 상당히 적대적이다.

우리의 해결책은 다음과 같이 제시될 수 있다: 성경의 본문은 사사들의 타락이 왜 왕에 대한 요구로 이어졌는지 만족할 만한 이유를 제공하지 않는다. 그러나 그것은 왕의 요구를 추악한 우상숭배에 비교하면서 그 요구를 시종일관 여호와에 대한 거부로 본다. 이러한 여호와에 대한 거부는 사무엘이 자신의 상한 마음을 드러낸 후에도, 그리고 여호와가 그를 통해 경고를 주신 후에도 계속되었다. 이러한 왕의 요구는 Dtr에게 죄악된 것이었다 – 왕권 자체가 얼마나 중립적인 것인지, 혹은 심지어 얼마나 하나님이 기뻐하시는 것인지는 그의 역사의 다른 부분들에서 고려될 수 있을 것이다.

한 왕을 요구하는 데 있어서 그들의 죄악에도 불구하고, 여호와께서 이스라엘에게 왕을 승인해 주셨을 때 그분은 자신의 백성들에게 자신의 자비를 보여 주신 셈이었다. 그 자비는 여호와께서 일찍이 정복기에 보여 주셨고 사사 시대에 자신의 반복된 구원에서 보여 주신 것이었다. 왕권은 전혀 자격 없는 이스라엘에게 여호와의 선물이었다. 그것은 그의 언약 충절의 추가적인 증거를 제공했다. 그러나 그런 왕권은 백성들의 죄악된 요구에 의한 해로운 결과를 가로막을 어떤 수단이 제공되지 않는다면 여러 세기 동안 존속될 수 없었다. Dtr은 12장에서 이러한 신학적 딜레마에 대한 해결책을 제공한다.

11. 나귀 수색과 한 나라의 발견(9:1-10:16)

참고문헌

Ap-Thomas, D. R. "Saul's Uncle." *VT* 11(1961) 241-45. **Beyerlin, W.** "Das Königscharisma bei Saul." *ZAW* 73(1961) 186-201. **Birch, B. C.** "The Development of the Tradition of the Anointing of Saul in I Sam 9:1-10:16." *JBL* 90(1971) 55-68. **Eppstein, V.** Was Saul also Among the Prophets?" *ZAW* 81(1969) 287-304. **Fritz, V.** "Die Deutungen des Königtums Sauls in den Überlieferungen von seiner Entstehung I Sam 9-11." *ZAW* 88 (1976) 346-62. **Habel, N.** "The Form and Significance of the Call Narrative." *ZAW* 77 (1965) 297-323. **Hauer, C.** "Does I Sam. 9:1-11:15 reflect the Extension of Saul's Dominions?" *JBL* 86(1967) 306-310. **Humphreys, W. L.** "The Tragedy of King Saul: A Study of the Structure of 1 Samuel 9-31." *JSOT* 6(1978) 18-27. **Kutsch, E.** *Salbung als Rechtsakt im Alten Testament und im Alten Orient.* BZAW 87. Berlin: Töpelmann, 1963. **Lindblom, J.** "Saul inter Prophetas." *ASTI* 9(1974) 30-41. **Milgrom, J.** "The Alleged Wave-Offering in Israel and in the Ancient Near East." *IEJ* 22(1972) 33-38. **Miller, J. M.** "Geba/Gibeah of Benjamin." *VT* 25(1975) 145-66. ______. "Saul's Rise to Power: Some Observations concerning 1 Sam. 9:1-10:16; 10:26-11:15; 13:2-14:16." *CBQ* 36(1974) 157-74. **Parker, S. B.** "Possession Trance and Prophecy in Pre-Exilic Israel." *VT* 28(1978) 271-85. **Paul, S. M.** "I Samuel 9:7: An Interview Fee." *Bib* 59(1978) 542-44. **Phillips, A.** "The Ecstatics' Father." *Words and Meanings.* ed. P. R. Ackroyd and B. Lindars. Cambridge: at the University Press, 1968. 183-94. **Richter, W.** "Die *nāgīd* Formel." *BZ* 9 (1965) 71-84. **Sasson, J. M.** "A Genealogical 'Convention' in Biblical Chronology?" *ZAW* 90(1978) 171-85. **Schmidt, L.** *Menschlicher Erfolg und Jahwes Initiative.* WMANT 38. Neukirchen-Vluyn: Neukirchener Verlag, 1970. **Schunck, K. D.** *Benjamin. Untersuchung zur Entstehung und Geschichte eines Israelitischen Stammes.* BZAW 86. Berlin: Töpelmann, 1963. **Sturdy, J.** "The Original Meaning of 'Is Saul Also Among the Prophets?'(1 Samuel 10:11, 12; 19:24)." *VT* 20(1970) 206-13. **Westermann, C.** "Die Begriffe für Fragen und Suchen im AT." *KuD* 6(1960) 2-30. **Zimolong, B.** "Bʿtselʿsah(1 Sam 10)." *ZAW* 56(1938) 175-76.

본 문

1 베냐민 지파에 기스라 이름하는 유력한 사람이 있으니 그는 아비엘의 아들이요 스롤의 손자요 베고랏의 증손이요 아비아의 현손이라 베냐민 사람이더라

1 There was a man from Benjamin, whose name was Kish, son of Abiel, son of Zeror, son of Becorath, son of Aphiah, son of a Benjaminire, a man of wealth,

2 기스가 아들이 있으니 그 이름은 사울이요 준수한 소년이라 이스라엘 자손 중에 그보다 더 준수한 자가 없고 키는 모든 백성보다 어깨 위는 더 하더라

2 He had a son, Saul by name, a fine young man. None of the Israelites was better than he. From his shoulders on up he was taller than all the people.

3 사울의 아비 기스가 암나귀들을 잃고 그 아들 사울에게 이르되 너는 한 사환을 데리고 일어나 가서 암나귀들을 찾으라 하매

3 When some asses of Kish, the father of Saul, got lost, Kish said to Saul his son, "Take with you one of the servants, arise, go and seek the asses."[a]

4 그가 에브라임 산지와 살리사 땅으로 두루 다니되 찾지 못하고 사알림 땅으로 두루 다니되 없고 베냐민 사람의 땅으로 두루 다니되 찾지 못하니라

4 After passing through[a] the hill country of Ephraim and the land of Shalishah and finding nothing, they passed through the land of Shaalim with the same results. Then they passed through the land of Benjamin and also found nothing,

5 그들이 숩 땅에 이른 때에 사울이 함께 하는 사환에게 이르되 돌아가자 내 부친이 암나귀 생각은 고사하고 우리를 위하여 걱정하실까 두려워하노라

5 When they came to Zuph,[a] Saul said to his servant who was with him, "Come on, let us return, lest my father stop worrying about the asses and start being concerned about us."

6 대답하되 보소서 이 성에 하나님의 사람이 있는데 존중히 여김을 받는 사람이라 그가 말한 것은 반드시 다 응하나니 그리로 가사이다 그가 혹 우리의 갈 길을 가르칠까 하나이다

6 But [his servant] said to him, "Behold, there is a man of God in this city, highly respected as well. Everything which he speaks is sure to happen. So, let us go there. Perhaps he will describe for us our way on which we have started."

7 사울이 그 사환에게 이르되 우리가 가면 그 사람에게 무엇을 드리겠느냐 우리 그릇에 식물이 다하였으니 하나님의 사람에게 드릴 예물이 없도다 무엇이 있느냐

7 Saul replied to his servant, "If we go, what shall we bring to the man? The bread in our sacks has run out, and we have no present to bring the man of God. What (else) do we have?"

8 사환이 사울에게 다시 대답하여 가로되 보소서 내 손에 은 한 세겔의 사분 일이 있으니 하나님의 사람에게 드려 우리 길을 가르치게 하겠나이다

8 The servant continued to talk with Saul, saying, "I have in my hand a fourth of a shekel of silver. [a]You shall give[a] that to the man of God, and he will describe our way."

9 (옛적 이스라엘에 사람이 하나님께 가서 물으려 하면 말하기를 선견자에게로 가자 하였으니 지금 선지자라 하는 자를 옛적에는 선견자라 일컬었더라)

9 (Formerly in Israel this is how one spoke when one went to inquire of God: "Come, let us go to the seer", for he who is now called the prophet was formerly called the seer.)

10 사울이 그 사환에게 이르되 네 말이 옳다 가

10 Saul said to his servant, "You have a good idea.

자 하고 그들이 하나님의 사람 있는 성으로 가니라

11 그들이 성을 향한 비탈길로 올라가다가 물 길러 나오는 소녀들을 만나 그들에게 묻되 선견자가 여기 있느냐

12 그들이 대답하여 가로되 있나이다 보소서 그가 당신보다 앞섰으니 빨리 가소서 백성이 오늘 산당에서 제사를 드리므로 그가 오늘 성에 들어오셨나이다

13 당신들이 성으로 들어가면 그가 먹으러 산당에 올라가기 전에 곧 만나리이다 그가 오기 전에는 백성이 먹지 아니하나니 이는 그가 제물을 축사한 후에야 청함을 받은 자가 먹음이라 그러므로 지금 올라가소서 금시로 만나리이다 하는지라

14 그들이 성읍으로 올라가서 그리로 들어갈 때에 사무엘이 마침 산당으로 올라가려고 마주 나오더라

15 사울의 오기 전 날에 여호와께서 사무엘에게 알게 하여 가라사대

16 내일 이맘 때에 내가 베냐민 땅에서 한 사람을 네게 보내리니 너는 그에게 기름을 부어 내 백성 이스라엘의 지도자를 삼으라 그가 내 백성을 블레셋 사람의 손에서 구원하리라 내 백성의 부르짖음이 내게 상달하였으므로 내가 그들을 돌아보았노라 하시더니

Come, let us go." So they went to the city where the man of God was.

11 While they were traveling on the road to the city, they came upon servant women, going out to draw water. They asked them, "Is the seer here?"

12 The women answered, "He is. See, [a]the seer is just in front of you. Just now[a] he has come to the city since the people have a sacrifice today on the high place.

13 As soon as you come to the city you will find him, before he goes up to the high place to eat. The people will not eat until he comes for he must bless the sacrifice, and[a] afterwards the invited guests may eat. Go on up for[b] you will find him right now."

14 So they went up to the city. As they were entering the center of the city,[a] Samuel was going out toward them to go up to the high place.

15 But Yahweh had revealed to Samuel a day before Saul came,

16 "At this time tomorrow I will send a man from the land of Benjamin whom you shall anoint as prince over my people Israel. He shall save my people from the hand of the Philistines because I have seen the affliction[a] of my people since their cry has come to me."

17 사무엘이 사울을 볼 때에 여호와께서 그에게 이르시되 보라 이는 내가 네게 말한 사람이니 이가 내 백성을 통할하리라 하시니라

18 사울이 성문 가운데 사무엘에게 나아가 가로되 선견자의 집이 어디인지 청컨대 내게 가르치소서

19 사무엘이 사울에게 대답하여 가로되 내가 선견자니라 너는 내 앞서 산당으로 올라가라 너희가 오늘날 나와 함께 먹을 것이요 아침에는 내가 너를 보내되 네 마음에 있는 것을 다 네게 말하리라

20 사흘 전에 잃은 네 암나귀들을 염려하지 말라 찾았느니라 온 이스라엘의 사모하는 자가 누구냐 너와 네 아비의 온 집이 아니냐

17 When Samuel saw Saul, Yahweh told him, "Here is the man about whom I talked to you. He will rule my people."

18 When Saul drew near to[a] Samuel in the midst of the city,[b] he said, "Tell me where is the house of the seer?"

19 Samuel answered Saul, "I am he.[a] Go up before me to the high place and eat[b] with me today. I shall let you go in the morning after telling you everything that is in your heart.

20 As for the asses which have been lost for three days,[a] do not worry about them for they have been found. Who will get all that is desirable in Israel? Will it not be you and the[b] house of your father?"

21 사울이 대답하여 가로되 나는 이스라엘 지파의 가장 작은 지파 베냐민 사람이 아니오며 나의 가족은 베냐민 지파 모든 가족 중에 가장 미약하지 아니하니이까 당신이 어찌하여 내게 이같이 말씀하시나이까

21 But Saul answered, "Am I not a Benjaminite, from the smallest of the tribes of Israel? My clan is the least of all the clans of the tribe[a] of Benjamin. Why are you talking to me like this?"

22 사무엘이 사울과 그 사환을 인도하여 객실로 들어가서 청한 자 중 수석에 앉게 하였는데 객은 삼십 명 가량이었더라

22 Then Samuel took Saul and his servant and brought them to the hall and gave them a place at the head of the invited guests, who were about thirty in number.

23 사무엘이 요리인에게 이르되 내가 네게 주며 네게 두라고 말한 그 부분을 가져오라

23 Samuel said to the cook, "Give me the portion which I gave to you, about which I said to you, 'Put it away somewhere.'"

24 요리인이 넓적다리와 그것에 붙은 것을 가져다가 사울 앞에 놓는지라 사무엘이 가로되 보라 이는 두었던 것이니 네 앞에 놓고 먹으라 내가 백성을 청할 때부터 너를 위하여 이것을 두어서 이 때를 기다리게 하였느니라 그 날에 사울이 사무엘과 함께 먹으니라

24 The cook picked up the flank[a] and the fat tail[a] and placed them before Saul. (Samuel) said, "See[b] that which has been kept[b] is set before you. Eat it, for [c]they have kept it until the appointed time so that you can eat with the invited guests."[c] Therefore Saul ate with Samuel on that day.

25 그들이 산당에서 내려 성에 들어가서는 사무엘이 사울과 함께 지붕에서 담화하고

25 After they had come down from the high place to the city, [a]they spread a couch for Saul on the roof

26 그들이 일찍이 일어날새 동틀 때 즈음이라 사무엘이 지붕에서 사울을 불러 가로되 일어나라 내가 너를 보내리라 하매 사울이 일어나고 그 두 사람 사울과 사무엘이 함께 밖으로 나가서

26 and he lay down.[a] At dawn Samuel called to Saul on[b] the roof, "Get up, and I shall send you away." Saul got up, and he and Samuel[c] went outside.

27 성읍 끝에 이르매 사무엘이 사울에게 이르되 사환으로 우리를 앞서게 하라 사환이 앞서매 또 가로되 너는 이제 잠깐 서 있으라 내가 하나님의 말씀을 네게 들리리라

27 While they were going down to the edge of the city, Samuel said to Saul, "Tell the servant to go ahead of us,[a] but you, meanwhile, stop and I shall report to you the word of God."

1 이에 사무엘이 기름병을 취하여 사울의 머리에 붓고 입맞추어 가로되 여호와께서 네게 기름을 부으사 그 기업의 지도자를 삼지 아니하셨느냐

10:1 Then Samuel took the flask of oil, poured it out on his head, and kissed him. He said, "Has not[a] Yahweh anointed you as prince over his people, over Israel? And you shall rule over the people of Yahweh and you shall save them from the hand of their enemies all around. This will be the sign to you[a] that Yahweh has anointed you as prince over his heritage:

2 네가 오늘 나를 떠나가다가 베냐민 경계 셀사에 있는 라헬의 묘실 곁에서 두 사람을 만나리니 그들이 네게 이르기를 네가 찾으러 갔던 암나귀

2 When you go today from me, you will come upon two men near the grave of Rachel in the territory of Benjamin at Zelzah. They will say to

들을 찾은지라 네 아비가 암나귀들의 염려는 놓았으나 너희를 인하여 걱정하여 가로되 내 아들을 위하여 어찌 하리요 하더라 할 것이요

you, 'The asses, which you went to seek, have been found. Your father has abandoned the matter of the asses and is concerned about you, saying, "What shall I do about my son?"'

3 네가 거기서 더 나아가서 다볼 상수리나무에 이르면 거기서 하나님께 뵈려고 벧엘로 올라가는 세 사람이 너와 만나리니 하나는 염소 새끼 셋을 이끌었고 하나는 떡 세덩이를 가졌고 하나는 포도주 한 가죽 부대를 가진 자라

3 Pass on farther from there and go to the oak of Tabor. There three men going up to God at Bethel will meet you. One will be carrying three kids, another three baskets[a] of bread, and a third a skin of wine.

4 그들이 네게 문안하고 떡 두 덩이를 주겠고 너는 그 손에서 받으리라

4 They will ask about your welfare and give you two wave offerings[a] of bread which you shall take from them.

5 그 후에 네가 하나님의 산에 이르리니 그 곳에는 블레셋 사람의 영문이 있느니라 네가 그리로 가서 그 성읍으로 들어갈 때에 선지자의 무리가 산당에서부터 비파와 소고와 저와 수금을 앞세우고 예언하며 내려오는 것을 만날 것이요

5 Afterward you will go to Gibeath Elohim where the garrison[a] (or prefect) of the Philistines is stationed. When you arrive there in the city, you will meet a band of prophets coming down from the high place, with a harp, a tambourine, a clarinet and a lyre before them, and they will be prophesying.

6 네게는 여호와의 신이 크게 임하리니 너도 그들과 함께 예언을 하고 변하여 새 사람이 되리라

6 Then the spirit of Yahweh will rush about you and you will prophesy with them and be changed into another man.

7 이 징조가 네게 임하거든 너는 기회를 따라 행하라 하나님이 너와 함께 하시느니라

7 When these signs happen to you do whatever your hand finds, for God is with you.

8 너는 나보다 앞서 길갈로 내려가라 내가 네게로 내려가서 번제와 화목제를 드리리니 내가 네게 가서 너의 행할 것을 가르칠 때까지 칠 일을 기다리라

8 You will go down before me to Gilgal, and I will come down to you to offer burnt offerings and to sacrifice peace offerings. You should wait seven days until I come to you and tell you what you should do."

9 그가 사무엘에게서 떠나려고 몸을 돌이킬 때에 하나님이 새 마음을 주셨고 그 날 그 징조도 다 응하니라

9 When Saul turned his shoulder to leave Samuel, God gave him another heart, and all the signs came true on that day.

10 그들이 산에 이를 때에 선지자의 무리가 그를 영접하고 하나님의 신이 사울에게 크게 임하므로 그가 그들 중에서 예언을 하니

10 They went from there[a] to Gibeah, and a band of prophets met them. Then the spirit of God rushed on him, and he prophesied among them.

11 전에 사울을 알던 모든 사람이 사울의 선지자들과 함께 예언함을 보고 서로 이르되 기스의 아들의 당한 일이 무엇이뇨 사울도 선지자들 중에 있느냐 하고

11 When all who knew him previously saw how he was prophesying with the prophets, the people said to one another, "What in the world has happened to the son of Kish? Is Saul really among the prophets?"

12 그 곳의 어떤 사람은 말하여 이르되 그들의 아비가 누구냐 한지라 그러므로 속담이 되어 가로되 사울도 선지자들 중에 있느냐 하더라
13 사울이 예언하기를 마치고 산당으로 가니라
14 사울의 숙부가 사울과 그 사환에게 이르되 너희가 어디로 갔더냐 사울이 가로되 암나귀들을 찾다가 얻지 못하므로 사무엘에게 갔었나이다
15 사울의 숙부가 가로되 청하노니 사무엘이 너희에게 이른 말을 내게 고하라
16 사울이 그 숙부에게 말하되 그가 암나귀들을 찾았다고 우리에게 분명히 말하더이다 하고 사무엘의 말하던 나라의 일은 고하지 아니하니라

12 And a man from that place replied, "But who is their father?" Therefore, it has become a proverb: "Is Saul among the prophets?"
13 When he finished prophesying, he went home.[a]
14 Saul's uncle said to him and to his servant, "Where did you go?" Saul said, "To seek the asses. When we saw they were nowhere to be found, we went to Samuel."
15 Saul's uncle insisted, "Tell me what Samuel said to you."
16 Saul informed his uncle, "He told us that the asses had been found." But about the matter of the kingdom he did not tell him.[a]

원문주해

3.a. 70인경 루시안 개정본(LXX^L)은 다음을 추가한다: "그리고 사울이 일어나서 그의 아버지의 종들을 자신에게 취해서 그의 아버지 기스의 나귀들을 찾으러 갔다."

4.a. 우리는 이 구절의 동사들을 복수형으로 읽는다. 참조. 70인경(LXX).

5.a. 70인경(LXX); 마소라 본문(MT) 70인경 루시안 개정본(LXX^L): "숩 땅."

8.a.-a. 70인경(LXX)을 따라; 마소라 본문(MT): "나는 줄 것이다."

12.a.-a. 레파네이카 마헤르 아타 키 하욤(לפניך מהר עתה כי היום, MT, "너의 앞에. 지금 서둘러라 왜냐하면 오늘") 대신 리프네이켐 하르에 아타 케하욤(הראה עתה כהיום לפניכם, 참조. LXX)으로 읽는다.

13.a. 70인경(LXX), 시리아역(Syr), 라틴 벌게이트(Vg); 마소라 본문(MT)은 "그리고"가 없다.

13.b. 70인경(LXX); 마소라 본문(MT)은 드라이버에 의해 보존되는 "그를"을 추가한다.

14.a. 이 명사는 18절에 있는 병행적 표현 때문에 "그 문"으로 읽도록 교정되어 왔다. 18.b를 보라.

16.a. 오니(עני)는 70인경(LXX) 탈굼역(Targ)에 삽입되어 있다.

18.a. 에트(את, MT)대신 엘(אל)로 읽는다(참조. LXX 4Q).

18.b. 하이르(העיר) 참조. 70인경(LXX)과 4Q. 마소라 본문(MT): 하샤아르(השער, "그 문"). 14.a.를 보라.

19.a. 후(הוא) 참조. 70인경(LXX) 4Q; 마소라 본문(MT): 하로에(הראה, "그 선견자").

19.b. 이 동사는 70인경(LXX)에서 단수, 마소라 본문(MT)에서 복수다.

20.a. 마소라 본문(MT)은 관사를 추가한다. 참조. Driver.

20.b. 70인경(LXX) 시리아역(Syr)이 그렇다; 마소라 본문(MT)은 콜(כל, "온")을 추가한다.

21.a. 70인경(LXX)과 다른 역본들을 따라 단수; 마소라 본문(MT)은 복수.

24.a.-a. 붸하알야(והאליה). 가이거(Geiger)에 의한 이런 추측은 탈굼역(Targ)에 근거한다; 마소라 본문(MT)에 있는 붸헤알레이하(והעליה)는 "그것 위에 있는 것"이거나 이와 비슷한 것을 의미한다. 드라이버는 마소라 본문(MT)이 문법적으로 부정확하다고 주장한다.

24.b.-b. 하니쉬모르(הנשמר). 이런 추론을 위해 드라이버를 보라.

24.c.-c. 라모에드 샤메루 레카 레에콜 임 하케루임(שמרו לך לאכל עם הקראים למועד). 이런 추론(Budde를 보라)은 거의 이해하기 어려운 마소라 본문(MT)을 개선하려는 시도다: 라모에드 샤무르 레카 레모르 하암 카라티(שמור לך לאמר העם קראתי למועד, "정해진 때를 위해 그것이 너를 위해 보존되었다. 이르기를, '내가 소집한 그 백성'"(for the appointed time it was kept for you, saying, 'The people I have summoned').

25.a.-26.a. 봐예다브루 레샤울 알 하가그 봐야쉬켐(וירבדו לשאול על הגג וישכב). 참조. 70인경(LXX). 마소라 본문(MT): 봐예다베르 임 샤울 알 하가그 봐야쉬키무(וישכמו וידבר עם שאול על הגג, "그는 지붕 위에서 사울과 함께 말했으며, 그들은 일찍 일어났다."

26.b. 70인경(LXX); 마소라 본문(MT)은 "…위에"(on)가 없다.

26.c. 70인경(LXX); 마소라 본문(MT)은 "그들 두 사람"을 추가한다.

27.a. 마소라 본문(MT)은 붸야아보르(ויעבר, "그리고 그가 앞서 갔다")를 추가한다. 이 동사는 70인경(LXX) 시리아역(Syr)에는 없다.

10:1.a.-a. 미야드 오예바이브 미사빕 붸조트 레카 하오트 메샤하카 아도나이 레나기드 알 암모 이스라엘 붸아타 타아쪼르 빠암 아도나이 붸아타 토쉬아누(יהוה ואתה תושיענו מיד איביו מסביב וזת לך האות משחך יהוה לנגיד על עמו על ישראל ואתה תעצר בעם). 이 장문의 추가는 70인경(LXX)을 따른다. 그것은 유사시작(homoioarchton)으로 인해 마소라 본문(MT)에서 없어졌다.

10:3.a. 켈루바이(כלובי, LXX); 키크로트(ככרות, "떡들"); 마소라 본문(MT). 참조. 울리히(Ulrich), *The Qumran Text of Samuel*, 125.

10:4.a. 테누포트(תנופות) 참조. 70인경(LXX)과 4Q. 그 단어는 마소라 본문(MT)에는 없다.

10:5.a. 이 명사는 70인경(LXX) 시리아역(Syr)에서 단수다; 마소라 본문(MT)은 복수 명사를 갖는다.

10:10.a. 70인경(LXX)을 따라 마쉠(משם); 마소라 본문(MT): "거기."

10:13.a. 하베이타(הביתה). 문맥에 의해 요구되는, 벨하우젠에 의한 추론. 마소라 본문(MT)에 있는 하바마(הבמה)는 "산당으로"를 의미한다. 70인경(LXX)은 "기브아로"를 갖

는다.

10:16.a. 마소라 본문(MT)은 아쉐르 아마르 쉐무엘(אשר אמר שמואל, "사무엘이 말했던 바")을 추가한다; 그러나 그 단어들은 70인경(LXX)에서 잘못 대체되거나 결여되어 있다.

양식/구조/배경

이 단위의 범위는 잃어버린 나귀들에 대한 이야기에 의해 결정된다. 덧붙여, 우리는 이 단위에서 백성들의 왕에 대한 요구(8장)에 대해 이무것도 듣지 못한다. 반면에, 뒤따르는 제비뽑기에 의한 사울의 선택에 관한 단위(10:17-27)는 사울이 이미 기름부음을 받았다는 사실(9:16; 10:1)을 무시한다.

요약. 이 장은 사울의 아버지 기스의 족보와 사울의 눈에 띄는 건장함에 대한 묘사와 더불어 시작된다(1-2절). 나중에 사울과 사환은 기스의 잃은 나귀들을 수색하지만 허탕을 친다. 사환의 제안으로 그들은 자신들에게 길을 가르쳐 줄 하나님의 사람을 방문하기로 결정한다. 사환은 그 사람의 급료를 지불하겠다고 자원한다(3-10절). 물을 길으러 오는 도중이던 어떤 여자들을 만난 후에, 사울과 그의 사환은 그 선견자가 방금 그 성읍으로 갔다는 말을 듣는다. 두 사람은 그 선견자를 만나는데, 그가 사무엘인 것으로 드러난다(11-14절). 여호와께서는 사무엘에게 사울을 이스라엘을 구원할 귀인(prince, 한글 개역: 지도자)으로 기름부어야 한다는 것을 알려 주신 바 있었으며, 이제 친히 그에게 사울을 확인시켜 주셨다. 사울을 연회로 초대한 후에, 사무엘은 아침에 사울 자신의 마음속에 있는 모든 것을 그에게 말해 주기로 약속하지만 나귀들이 발견되었다는 것과 이스라엘이 사모하는 모든 것이 바로 그가 될 것이라는 사실은 즉시 알려 주었다. 사울은 자신의 미약함을 토로한다(15-21절). 이어지는 연회에서 사울과 그의 사환은 높은 자리와 사무엘이 그들을 위해 준비해 두었던(22-24절) 특별한 음식을 제공받는다. 옥상에서 밤을 보낸 후에, 사울은 사무엘과 함께 떠난다. 그렇지만 사무엘은 그 사환을 먼저 보내고 사울에게 자신이 하나님의 말씀을 가지고 있다고 말한다(25-27절). 개인적으로 사무엘은 사울을 귀인으로 기름붓고 그가 이스라엘을 구원할 것이라고 선언한다. 이에 대한 징표로 사무엘은 사울이 만날 세 부류의 사람들을 미리 말해 준다: 나귀가 발견된 것을 보고할 두 사람, 사울에게 떡을 주게 될 사람들로 벧엘로 순례 중이던 세 사람, 기브아 엘로힘(한글 개역: 하나님의 산)에 있는 선지자 무리. 이 중 마지막의 만남에서 성령이 사울에게 엄습할 것이며, 그는 전혀 다른 사람이 될 것이다. 사무엘은 사울에게 이런 징표들이 실현될 때 그가 할 수 있는 일은 무엇이든지 행하라고 말한다(한글 개역: 기회를 따라 행하라). 그러나 사무엘은 그때 사울에게 길갈에서 자신이 내릴 지시를 기다리라는 지침을 준다(10:1-8). 사울은 사무엘 곁을 떠나자 그 즉시 변한다. 단지 세 번째 징표의 성취만이 묘사된다. 사울이 선지자들을 만날 때 성령이 그에게 엄습하고, 그는 예언을 한다. 그를 아는 자들은 놀라면서 묻는다: "사울이 선지자들 중에 속하는가?"(9-13절). 집으로 도착했을 때, 사울은 그의 숙부에게 사무엘이 나귀의 발견을 전해 주었다고 보고한다. 하지만 그는 왕권과 관련된 일에 대해서는 한마디도 하지 않았다(14-16절).

이 단위 속에 있는 수많은 내적 긴장 때문에(Birch, *The Rise* 30-1), 우리는 현재의 본문 배후의 복잡한 전승사를 가정해야 한다. 버취, 메이즈, 메팅어, 리히터 그리고 슈미트는 이 구절들을 본문의 역사 속에 있는 몇 개의 층들에 할당하려고 했는데, 어떤 층은 잃은 나귀들을 포함시키고, 다른 층은 기름부음을 포함한다. 그러나 그들은 각각의 층들에 구절을 할당함에 있어서 서로 일치하지 않는데, 그것은 아마도 전승사의 정확한 묘사가 우리의 현재의 능력 밖에 있다는 의미일 것이다. 그렇지만 가장 초기의 문단들은 민담(folkloristic story)에 속하는데, 그것은 특출한 가문 출신의 잘생긴 청년 사울이 어떻게 그의 아버지의 나귀들을 수색했는지를 묘사한다. 이러한 수색 과정에서 사울은 한 선견자 혹은 하나님의 사람(사무엘)을 만나는데, 그 사람은 어떤 방법을 통해 그에게 그의 미래의 위대성을 지시해 주었다. 그 이야기는 사울이 어린 청년임에도 그의 자질이 어떻게 사무엘 자신뿐 아니라 다른 사람들에게까지 알려지게 되었는지를 보여 주었다. 사무엘이 사울을 귀인으로 기름 부은 것에 대한 기사가 이 이야기 속으로 삽입되어 들어왔다. 이 삽입의 책임이 있는 편집자는 모세, 기드온 그리고 몇 명의 선지자들과 관련된 "부름 형식"에 의해 영향을 받은 듯하다. 버취(Birch, *JBL* 90[1971] 55-68)는 부름 형식으로부터 다음과 같은 요소를 간파해 낸다: 1) 신과의 조우, 9:15; 2) 서론적 말씀(Introductory Word), 9:16-17; 3) 위임, 10:1, 참조. 9:20b; 4) 거부, 9:21; 5) 재확증, 10:7b; 6) 징표, 10:1b 5-7a. 노만 하벨(Norman Habel, *ZAW* 77[1965] 297-323)은 이러한 요소들의 순서가 표준적 부름 형식에서 이탈한다는 것을 찾아냈다. 그러한 이탈은 부름이 앞에 있는 나귀 찾는 이야기에 붙어 있다는 사실에, 또한 여타의 다른 곳에서는 찾아볼 수 없는 현상으로 사무엘이 그 부름의 인간 중재자로 역할을 한다는 사실에 기인한다.

리히터(Richter)의 부름 형식 분석은 하벨과 다소 다른데, 그는 이탈의 문제를 제외한다. 그는 기드온과 모세의 부름에서 사울의 부름과 가장 밀접한 병행점들을 발견한다. 리히터의 개요: 1) 나는 고통을 보았다, 9:16, 참조. 출 3:7; 2) 그들의 부르짖음이 나에게 상달되었다, 9:16, 참조. 출 3:9; 3) 파송, 9:16, 참조. 삿 6:14-15와 출 3:10, 15(그러나 파송이 실제로 사울의 임무를 지시하는 것은 아니고, 단지 그가 사무엘에게로 가는 것임을 주목하라); 4) 귀인(한글 개역: 지도자)으로 기름부음, 9:16, 10:1(일반적인 부름 형식으로부터 이탈); 5) 구원 형식문(formula), 9:16, 참조. 삿 6:14-15; 6) 거절, 9:21, 참조. 삿 6:15, 출 3:11; 4:1, 10, 렘 1:6; 7) 지원 형식문(=하나님이 너와 함께 하신다), 10:7b, 참조. 삿 6:16, 출 3:12; 4:12, 렘 1:8; 8) 성령의 부여, 10:6, 참조. 삿 6:34(비교 일람표를 위해서는 Richter, *Berufungsberichte* 50를 보라). 현재의 문단에서 선지자 사무엘의 중요한 역할 때문에, 그 문단의 형성은 (북쪽의) 선지자 권역에서 찾아져야 한다. 메이즈는 13:2ff와 Dtr 이전의 본문과의 연관성은 선지자들이 왕에게 기름부었을 뿐만 아니라 동시에 그들을 거절한 사실을 강조한 것이라고 제안했다.

기름부음의 이야기와 의미는 쿠취(Kutsch)와 메팅어(Mettinger)의 연구에 의해 대단히 많이 밝혀졌다. 쿠취(*Salbung als Rechtsakt*)는 이스라엘에 있는 두 가지 방식의 기름부음을 파악했다: 1) 백성들에 의한 기름부음, 참조. 삼하 2장과 5장 유다와 이스라엘 각각에 의한 다윗의 기름부음; 2) 선지자를 통한 여호와에 의한 기름부음, 참조. 삼상 9:16과 10:1, 16:13(사무엘이 다윗에게 기름부음), 왕하 9:3, 6(예후의 기름부음). 백성들에 의한 기름부음은 종종 히타이트(헷)족의 관행과 관련되는데, 그들은 유일하게 고대 근동에서 그들 자신의 왕들에게 기름부은 것으로 보인다. 여호와에 의한 기름부음과 병행되는 것이 애굽 관습에서 발견되었는데, 거기서는 관리들과 봉신들이 바로에게서 기름부음을 받았다. 고대 근동에서의 기름의 용도에 대한 연구 후에, 메팅어는 기름부음이 이스라엘에서도 역시 계약적 혹은 언약적 의미를 가졌다고 제안했다. 다음으로 백성들에 의한 기름부음은 왕과 백성들 사이의 언약을 암시한다(특별히 삼하 5:3). 여호와에 의한 기름부음은 왕과 자신의 신적인 언약의 일부로서 그에 대한 하나님의 맹세를 암시한다. 또한 16:1-13에 있는 기름부음에 대한 토론을 보라.

백성들에 의한 다윗의 기름부음이 구약성경에 있는 가장 오래된 역사적 기름부음이라는 것이 대체로 일치된 의견이다. 메팅어는 사독의 솔로몬에 대한 기름부음(왕상 1:39)에서 신성한(sacred) 기름부음의 시작을 본다. 사무엘의 다윗에 대한 기름부음은 그것에 대한 원인론적 선례(precedent)를 제공했다. 하지만 여호와의 지시에 따라 사무엘이 사울에게 기름부은 것은 사울의 왕권 등극에 대한 여타의 기사들에서는 아무런 역할을 하지 못한다.

이 단위의 편집 목록들은 9:9을 포함하는데, 이 구절은 선견자가 저자 자신의 시대의 선지자와 동일한 직분이었음을 설명한다("주석"을 보라). 많은 학자들은 이 공지는 11절 뒤에 오는 것이 더 적합했을 것으로 믿는다(McCarter, 10절 뒤에). 사무엘상 10:8은 분명히 편집자에 의해 13:7b-15a, 즉 사울의 길갈에서의 불순종으로 연결하는 고리로 추가되었다. 사울이 사무엘의 지시를 기다려야 한다고 요구하는 8절은 성령이 그에게 내려올 때 사울이 즉시 행동할 권한을 부여하는 7절과 긴장 속에 놓여 있다.

황홀경에 빠진 선지자들에 관한 사건(10-13절)이 언제 그 본문에 추가되었는지는 불확실하다. 예를 들어, 메팅어는 그것의 연대를 원래의 나귀 서사와 사울을 귀인으로 기름붓는 것을 보고하는 편집상의 삽입보다 후기로 잡는다. 그 단위는 원인론적 서사로 설명되는 속담으로 구성된다("사울도 선지자들 중에 있느냐?" 11-12절; 참조. Hayes, *Form Criticism* 230-31). 이 원인론은 19:24에 제공된 것과 다르기 때문에 보통 이차적인 것으로 간주된다. 19장에 있는 서사는 명백히 사울의 황홀경 행위에 대해 부정적인 반면에, 10-13절은 비판을 넘어선 놀람과 경악을 표현하는 것처럼 보인다. 현재의 문맥에서 그것은 10:5에서 사울에게 약속된 성령의 선물을 예시한다.

마지막으로, 사무엘이 사울에게 은밀히 기름붓는 기사에 의해 각색된 나귀 수색에 대한 이야기는 신명기 학파의 역사에 통합되었다. 베이욜라(Veijola, *Königtum* 73-82)는 9:16b과("그들의 부르짖음이 내게 상달된 후, 내가 그들의 고통을 돌아보았기 때문에"; 그러나 Richter, *BZ* 9[1956] 71-84를 보라), 10:1b(두 번째의 "그리고 너"가 어색한 것을 주목하라; 10:1에 있는 "사방의 적들"과 "기업", 그리고 9:16a에 있는 그에 상응하는 단어들인 "블레셋 족속"과 "백성들" 사이의 대조; 그리고 10:7과 9절에서 몇 가지 징표들이 언급된 반면, 10:1의 징표는 단수라는 사실), 그리고 앞의 43개의 구절에서는 나오지 않는 단어 "나라"를 언급하는 10:16b를 Dtr의 것으로 돌린다(그러나 11:14과 14:47에 있는 언급들을 보라. Veijola는 이것들도 Dtr의 것으로 돌린다). 그렇지만 신명기 학파적 요소들에 대한 베이욜라의 이해를 최대로 받아들인다 해도, 이 단위에 대한 Dtr의 기여는 매우 미미하다.

주석

[1]-[2] 기스의 족보는 여섯 세대 혹은 만일 족보의 진정한 초점이 기스의 아들

사울에게 맞추어져 있다고 생각된다면 일곱 세대로 확장된다. 새슨(Sasson, *ZAW* 90 [1978] 171-85)은 일곱 세대의 명시를 족보의 마지막 일원인 "베냐민 사람"의 수정을 반대하는 논증으로 사용한다. 아비야는 이 베냐민 사람(혹은 야민 사람[Yaminite]. 이 철자에 대해서는 삼하 20:1, 에 2:5과 삼상 9:4을 보라)의 아들인 것으로 언급된다(저자의 견해와 달리 한글 개역을 포함한 대부분의 번역은 아비야와 베냐민 사람을 동격으로 본다. 베냐민 사람 아비야다 – 역자주). 족보에 있는 이름 대부분은 다른 곳에서는 전혀 알려져 있지 않으며, 주된 질문은 기스의 아버지와 연루되어 있다. 여기서 추측되는 대로 기스의 아버지는 아비엘이었는가? 아니면 역대상 9:36과 39절에 있는 대로 넬인가(참조. 8:29, 33)? 후자인 역대기 족보에 따르면 사울의 장군 아브넬은 사울의 숙부였고, 반면에 사무엘상 14:50-51에 있는 한 기사에서는 그가 사울의 조카다. 역대기의 암시에 따르면, 아비엘(참조. 대상 9:35에 있는 여이엘)은 기스의 할아버지일 것이다. 이러한 사소한 불확실성에 상관없이, 그 족보의 의도는 분명히 기스의 높은 지위와 그에 따른 기스의 지위를 강조하기 위한 것이다. 기스는 베냐민 출신인 것으로 언급되며(참조. 삿 13:2과 삼상 1:1의 족보에 언급된 지정학적 위치), 이러한 공지의 불확실성은 벨하우젠으로 하여금 그것을 베냐민의 기브아로 수정하게 만들었다. 기스의 상류 계급이 "부유한 사람"(man of wealth)이란 별칭에 의해 지시된다(참조. 룻 2:1과 왕하 15:20). 그 히브리 단어들은 또한 용사(mighty warrior)로도 번역될 수 있다(참조. 삿 6:12과 11:1). 맥카터는 그 별칭을 "유력자"(a powerful man)로 번역함으로써 이중적 의미를 보존한다. 사울이 소개될 때 그의 눈에 띄는 특징들이 강조된다(참조. 요셉, 창 39:6; 다윗, 삼상 16:12, 18; 17:42; 압살롬, 삼하 14:25). 사울은 젊은이(한글 개역: 소년)로 불렸음에도 불구하고, 이내 사무엘상 13:2에서는 그가 전쟁에서 싸우기에 충분한 나이를 먹은 한 아들을 가진 아버지로 보고되었다. 리히터(Richter, *Berufsberichte* 30)는 "젊은이"란 단어가 전쟁, 상속 그리고 결혼을 할 수 있는 사람을 의미한다고 제안한다. 사울의 특별한 신장이 또한 10:23b에서 언급된다(참조. 16:7).

[3]-[10] 스토베는 나귀가 귀족들이 타던 짐승이었다는 것(참조. 삿 5:10; 10:4; 12:14과 메시아가 나귀 위에 타는 슥 9:9)과 나귀의 손실은 가난과 무능한 지도력을 의미했을 것이라고 지적한다. 그것이 어떻든지 간에, 사울과 그의 사환은 나귀들이 실제로 얼마나 멀리 떠났는지를 안다는 것이 불가능함에도 불구하고 광범위한 수색을 시작했다. 맥카터의 지도(p. 163)는 아홉 개의 장소 뒤에 물음표를 붙인다!

물론 에브라임의 산지는 우리가 최소한 에브라임 족속의 영토가 어디에 위치해 있는지 안다 할지라도 애매한 언급이다. 살리사 땅이 바알 살리사(Baal Shalishah)와 동일시된다면(왕하 4:42), 그리고 후자가 케프르 틸스(Kefr Thilth)에 위치해 있는 것이라면, 그것은 세겜 남서쪽 약 20마일 지점을 가리킬 것이다. 맥카터는 기브아 근처, 베냐민 북동쪽 혹은 에브라임 남동쪽의 불특정 위치를 제안한다. 사알림(Shaalim)은 벧세메스와 아얄론 사이에 있는 장소 사알빔(Shaalbim)의 오류일 수도 있다(Selbît; MR148141. 참조. 수 19:42과 삿 1:35). 올브라이트(Albright, *Prophetic Tradition*에 있는 "Samuel")는 사알림이 오브라(삼상 13:17) 근처의 술(shual)과 같은 곳이라고 제안했다. *MBA*는 기브아 북동쪽의 한 지역에서의 수색을 묘사함에 있어서 이 제안을 따른다(참조. 지도 86). 숩(Zuph)은 통상적으로 베냐민 족속의 라마 성 근처의 남쪽 에브라임에 위치한다(참조. 삼상 1:19). 하지만 주목할 것은 숩 바로 앞까지 이르렀을 때, 우리는 수색이 이미 베냐민 영토에 이르렀음을 듣게 된다는 것이다. 20절에 따르면, 그 수색은 삼 일 동안 계속되었다. 그리고 최소한 이 일의 초점은 분명하다: 나귀들의 수색이 광범위했으며 소득은 없었다는 것.

사울이 수색을 포기하려던 참에, 그의 사환은 익명의 성읍, 보통 라마로 생각되는(참조. 삼상 7:17, 여기서 라마가 사무엘의 고향으로 확인된다) 한 성읍에 있는 어느 정체불명의 하나님의 사람에게 물어볼 것을 제안했다(7, 8, 10; 참조. 2:27과 왕상 13:1). 이러한 지정학적 위치 확인은 현재의 본문 형태에서 가능성 있는 것처럼 보이지만, 하나님의 사람이 이 이야기의 초기 판본에 있는 사무엘과 동일하지 않다면 다른 장소가 가능할 것이다. 6절에서 그 하나님의 사람이 선포한 말씀의 효력은 진정한 선지자의 특징들을 상기시킨다(신 13:1-3; 18:21-22). 사울은 자신들의 떡이 떨어졌기 때문에(참조. 10:3-4) 그가 드릴 선물이 전혀 없다고 이의를 제기했다. 폴(Paul, *Bib* 59[1978] 542-44)은 이것을 "면담료"(interview fee)라고 불렀다(문자적으로는 대면료[fee of seeing]; 참조. 왕상 14:3에서 여로보암의 아내가 아히야를 방문했을 때 그녀가 가지고 간 선물, 왕하 4:42에 있는 엘리야를 위한 선물 그리고 암 7:12과 미 3:5에 있는 예언료에 대한 언급들). 놀랍게도, 그 사환은 1/4의 세겔로 그 비용을 지불하겠다고 제안했다. 세겔은 동전이기보다는 무게로 이해되는데, 그 이유는 동전이 헬라 시대 이전까지는 사용되지 않았기 때문이다. 세겔은 평균 잡아 약 0.403온스였다(*IDB* 4, 317).

9절에서 편집자는 백성들이 하나님께 물으러 갈 때(하나님께 묻는 물음은 우림과 둠밈에 의한 더 초기의 하나님께 묻는 물음을 대체하는 것이었을 수 있다. 베스터만도 그렇게 생각한다) "우리가 선견자에게 가자"는 말을 사용하곤 했다는 것과 또한 "선견자"(참조. 11과 19절)가 "선지자"의 초기 이름이었다는 것을 언급한다. 선견자들은 이사야 30:10에 언급되어 있으며(참조. 28:7), 또한 사무엘과 아사 시대의 하나니는 역대기 저자에 의해 선견자로 명시된다(왕상 9:22; 26:28; 29:29와 대하 16:7과 10절에서 각각).

11-14 물을 길으러 나온 여자들과의 우연한 만남은 역시 창세기 24:15-20, 29:2-12 그리고 출애굽기 2:15-19로부터 알려진다. 물긷기가 저녁에 이루어졌고, 사울은 그 장의 마지막에서 자러 갔기 때문에, 부데는 그 장의 다른 사건을 위해 불과 몇 시간밖에 소요되지 않았음이 시사된다고 제안했다. 그 성읍은 고지대에 있었으며, 결과적으로 언덕의 기슭에서 급수가 이루어졌다. 여자들은 그 선견자가 산당에서 희생제나 식사에 참여하기 위해 도착했다고 알려 주었다(이것은 이 성읍이 그 선견자의 고향이 아니었다는 것을 의미하는가?). 이 식사의 목적이 결코 분명하게 묘사되지는 않지만, 메팅어와 쉬미트는 그것을 대관식 연회(coronation banquet)의 예견으로 보았다(참조. 삼상 11:15; 16:1-33, 여기서 사무엘은 한 성읍을 방문하여 희생제를 드리고 다윗에게 기름을 붓는다; 삼하 15:7-12; 그리고 왕상 1:9). 많은 손님들이 초대되었다는 것에 주목하라. 이 단어는 아도니야의 대관식(왕상 1:41, 49; 참조. 겔 39:17과 습 1:7)에 나타나는 명백한 전문 용어다.

산당들(12절)은 분명 제의적 용도를 위한 고지였는데, 원래 이스라엘에서 매우 합법적인 여호와의 성소로 생각되었다(참조. 왕상 3:4-5, 여기서 솔로몬은 기브온 산당에서 희생제를 드리고 계시를 받았다). 그러나 선지자들과 신명기 학파 사가들은 산당들의 혼합적 성격(죽은 자를 위한 의식, 풍년 의식 그리고 어린이 희생) 때문에 그것들을 비판했다. 우리는 대체로 그 산당들을 옥외 성소로 생각해야 하지만(왕상 14:23; 왕하 16:4; 17:10), 자주 그 산당들의 건물들이 언급된다(왕상 3:5; 12:31; 13:32; 왕하 17:29, 32; 23:19). 현재의 산당 건물 혹은 "객실"(hall)은 최소한 30명을 수용하기에 충분할 만큼 넓었다(22절). 포괄적인 질문에 대해서는 *TDOT*, II, 139-145에 있는 슝크(K. D. Schunck)를 보라.

사울과 그의 사환이 그 성읍의 문으로 들어왔을 때, 그들은 산당으로 가고 있는 사무엘과 마주쳤다. 추측컨대 사무엘은 이전에 이미 산당을 방문했었고 어떤 이유가 있어서(참조. 23절) 그 성읍으로 되돌아왔던 것으로 보인다. 버취는 하나님의 선견자/사람의 이름에 대한 이 첫 번째 언급을 이 기사의 절정으로 이해하지만, 아마도 이 늦은 정체 확인은 원래의 민담이 거쳐 온 보충 과정의 일부였다는 메이즈의 주장이 옳을 것이다.

15-21 사울이 도착하기 전날, 여호와께서 사무엘에게 주신 계시는 문자적으로 "그의 귀를 열기"였는데, 그것은 하나님의 인간들과의 교제에서(참조. 삼하 7:27; 욥 33:16; 36:10, 15), 혹은 한 사람이 다른 사람에게 보고하는 경우(삼상 20:2, 12, 13; 22:8, 17)에 사용될 수 있는 표현이다.

16절과 더불어 우리는 완전히 기름부음에 대한 (보충적) 기사로 진입하게 된다. "보냄"에 관해, 그리고 기름부음의 상징적 의의에 관해서는 "양식/구조/배경"에 있는 토론을 보라. 사울에게 기름부으라는 여호와의 명령은 그의 왕권에 대한 요구에 합법성을 부여한다. 그러나 9:16과 10:1은 둘 다 의미 있게도 그가 왕이 아닌 "귀인", 즉 나기드(nāgîd, 참조. 그 문맥 속에서 어근 나가드[נגד]의 빈번한 사용, 6, 8, 18, 19; 10:15-16)로 기름부음 받았다는 것을 보고한다. 알트는 여호와께서 사울을 귀인으로 기름부으셨으며, 단지 백성들의 환호와 함께 그가 왕이 되었다고 제안했다. 그러므로 다윗의 솔로몬 지명(왕상 1:20, 35)은 반역으로 받아들여진다: 다윗은 왕을 지명하는 신의 권리를 침범했다. 한편, 리히터(W. Richter, BZ 9[1965] 71-84)는 나기드(nāgîd) 직위가 왕정 이전 시대에 북쪽 지역에서 유래한 것이라고 주장한다. 귀인(prince, 나기드)은 사사 시대의 "구원자들"의 후계자였다. 슈미트는 이 가설을 확장시켜 귀인을 지파 시민군(tribal militia)의 수장(首將)으로 만들었다. 사사기에 그 단어가 전혀 없는 것은 이 가설에 반대한다. 프리츠(Fritz)는 리히터의 주장을 일부 따르면서, 나기드(nāgîd)에 대한 언급을 왕권에 대한 선지자적 이해로 본다. 선지자들은 사울이 자신을 선택하여 지원하시고, 또한 보호해 주신 여호와께 긴밀하게 속박되어 있는 것으로 보았다. 후에 왕을 하나님의 택함 받은 아들로 본 예루살렘의 왕실 사상(royal ideology)이 이러한 나기드(nāgîd)의 왕권적 관점을 대체했다. 그럼에도 불구하고 이 나기드(nāgîd)의 정확한 의미는 증명하기가 어려운 것으로 보인다.

메팅어는 알트의 재구성을 반박하면서, 열왕기상 1:20, 35을 나기드의 가장 초기의 사용으로 보고 주장을 내세운다. 그리고 그는 이 단어가 통치하는 왕에 의해 왕세자(crown prince)로 지명된 사람을 의미한다고 주장한다(참조. 대하 11:22, 여기서 르호보암은 아비야를 자신의 세자[nāgîd]로 세워 자신을 이어 왕이 되게 한다). 북쪽 지역에서는 그것을 이러한 세속적 용도로부터 여호와의 사울 지명으로 전환시켰다(삼상 9:16; 10:1; 13:14). 마지막으로 그것은 또한 남쪽 지역에서 여호와께서 지명하신 다윗에게 적용되었다(삼상 25:30; 삼하 5:2; 6:21; 7:8). 메팅어의 해석은 그 자료들의 연대와 열왕기상 1:35에 있는 나기드(nāgîd)란 단어의 가장 명확한 의미에 세밀한 주의를 집중시킨다.

귀인(나기드)으로서 사울의 역할은 블레셋의 손으로부터 백성들을 구원하는 것이다. 그런 구원 행위의 선배들은 삼갈(삿 3:31), 기드온(삿 6:14-15; 8:22) 그리고 삼손(13:5)이었다. 다른 곳에서는 하나님 자신이 직접 이스라엘을 적들의 손에서 구원하겠다고 약속하신다(출 14:30; 삼상 4:3; 7:8; 참조. 삼하 3:18). 사무엘상 7-12장에 보존된 전승들의 다양성은 사울의 블레셋으로부터의 구원 임무와 사무엘상 7장 사이의 대조에 의해 증명되는데, 사무엘상 7장에 따르면 이미 사무엘은 블레셋으로부터 구원했다. 암몬 족속으로부터의 사울의 큰 구원이 묘사되어 있는 11장의 또 다른 전승과 비교하라. 구원자 형식문(savior formula)에 이어 16b절에 그것에 대한 이유가 뒤따른다. 그 구절은 아마도 Dtr에 속한 것이다(Veijola, *Königtum* 74-75). 자신의 백성의 고통을 돌아보는 것은 또한 출애굽기 3:7, 9; 4:31; 신명기 26:7 그리고 열왕기하 14:26에서도 하나님의 행동을 위한 동기 부여다. 신명기 학파적 문맥들 속에서 한 구원자의 보냄은 규칙적으로 하나님의 간섭의 필수적인 전제 조건(참조. 삼상 7:8, 9)인 도움을 구하는 부르짖음에 이어졌다(삿 3:9, 15; 4:3; 6:6; 10:12, 13, 14; 삼상 12:8, 10). 그러므로 Dtr에 따르면, 사울은 여호와께서 자신의 백성의 부르짖음에 긍정적으로 응답하셨기에 귀인으로 지명되었다.

여호와께서는 17절에서 사울이 자신의 백성을 "관할하도록"(יעצר – 야쪼르; 문자적으로는 "경계선 안에서 지키다") 지명된 인물임을 확인시켜 주셨는데, 그것은 10:1에서도 반복되는 임무였다. 맥카터는 사울의 군사적 책임들을 지시하는 "소집하다"란 뜻을 제안한다. 18절에 이르러서도 사울은 선견자를 인식하지 못한다. 전승의 더 초기의 단계에서는 그 선견자가 잘 알려진 사무엘이 아닌 평범한 사람이었을 수 있다. 선견자의 집에 대한 사울의 질문은 이 성읍이 그 선견자의 고향이었으며, 단순히 그가 종종 방문했던 장소만은 아니었음을 암시한다.

사무엘은 사울에게 약속하길, 다음날 사울이 마음속에 품고 있는 것을 그에게 말해주겠다고 했다. 다만 그는 나귀들이 발견되었다는 사실은 그에게 즉시 말했고, 그것은 10:2에 보고된 소식을 예견했다. 해설자에 따르면, 사울의 마음속에는 무엇이 있었을까(9절)? 잃어버린 나귀들? 블레셋의 압제? 왕권에 대한 열망? 20절의 후반부는 두 가지 서로 다른 방식으로 번역되고 이해될 수 있다(참조. Mettinger, 70: A) "이스라엘의 모든 열망은 누구를 향한 것이겠느냐? 그것이 너와 너의 아비의 온 집을 향한 것이 아니겠느냐?"(For whom will be all the desire of Israel? Will it not be for you and the whole house of your father?) 혹은 B) "이스라엘에 있는 모든 바랄 만한 것이 누구에게 속한 것이겠느냐? 그것은 너와 너의 아비의 온 집에 속한 것이 아니냐?"(To whom will belong every desirable thing in Israel? Will it not be to you and to the whole house of your father?) 독법 A는 사울의 대중적 환영을 미리 지시할 것이고(참조. 10:24; 11:15), 반면에 독법 B는 귀인-왕(prince-king)으로서 그에게 유입될 부와 세금을 강조할 것이다. 어떤 경우든 사무엘의 질문들이 명확히 암시하는 바는 왕권이다. 나귀만이 아니라 모든(*all*) 열망 혹은 온갖(*every*) 바랄 만한 것이 사울과 그의 아비의 집(가족)에게 속할 것이다. 이것은 세습적 왕조를 의미하는가?

사울이 사무엘의 중재에 의한 부름에 반대한 것은 많은 병행들을 가지는데, 그 중 기드온의 부름(삿 6:15)이 가장 비슷하다. 사울의 거절은 역사적 진실인 것으로 들린다: 베냐민은 기브아의 대량학살 후(삿 21:6) 가장 소수 지파가 되었을 것이 당연하다. 물론 한나의 노래는 여호와께서 약한 자와 작은 자를 귀인들(princes, 한글 개역: 귀족)의 자리에 앉히시고, 그들이 영광스런 보좌를 상속받는다는 것을 명확하게 만든다(삼상 2:8).

22-24 사울과 그의 사환은 산당에 있는 것으로 추정되는 홀로 안내되었고, 거기서 그들은 초대받아 왔던 30명 앞에서 영예로운 자리를 부여받았다. 이것은 사울이 이미 젊은 시절에 사무엘 선지자뿐만 아니라 사람들에게도 유명한 인물이었거나, 혹은-그리고 이런 해석은 실제로 모순되지 않는다-사무엘, 사울 그리고 초대된 사람들이 예견적 성격의 대관식 연회에 참여한 것을 의미한다. 압살롬이 스스로 왕이 되려는 공모의 일부였던 연회-희생제(banquet-sacrifice)에 200명의 손님들을 초대한 것처럼(삼하 15:10-12), 아도니야는 다윗을 승계하여 왕이 되었을 때 손님들과 함께 연회-희생제를 열었다. 30명이란 숫자의 의의는 우리가 다윗과 연루된 30명의 우두머리들을 기억한다 할지라도(삼하 23:13, 18) 당장 명확하지는 않다.

사무엘은 미리 요리사에게 구별해 두라고 했던 특식을 사울에게 제공했다. 넓적다리(출 29:22, 27; 레 7:32, 34; 8:25-29 등)와 기름진 꼬리(출 29:22; 레 3:9; 7:3-4; 8:25; 9:19)는 제의 문맥에서 제단 위에서 태워지는 품목으로 언급된다. 비록 넓적다리가 아론의 아들들에게 역시 부수입으로 주어질 수 있었다 하더라도 말이다. 이 고기 부위들에 대한 언급은 사울의 제사장 지위를 암시하는가(McCarter가 그렇다)? 아니면 그것은 단지 이스라엘 사회에서 그런 고기 부위들의 높은 가치를 지시하는 것뿐인가? 초대된 손님들과 함께 먹는 것은 동맹이나 계약에 대한 추인(追認) 예식(ratification ceremony)을 의미할 수도 있다. 우리는 특히 사울이 곧이어 자신을 기름부을 사무엘과 함께 먹는 것에 주목해야 한다. 우리가 위에서 언급한 대로, 기름부음은 사울과 사무엘의 하나님이신 여호와 사이의 계약을 암시한다.

[25]-[27] 산당에서의 희생제-연회로부터 돌아온 후에 백성들은 지붕 위에 사울을 위한 침상을 마련해 주었고, 사울은 거기서 동틀 때까지 머물렀다. 이것은 사무엘이 사울에게 다음날 정보를 주겠다고 약속한 20절과 어울린다. 계시는 저녁 때(혹은 꿈에?; 참조. 3장) 발생하곤 한다는 것이 또한 암시되어 있는가? 그들이 다음날 그 성읍을 떠났을 때, 사무엘은 사환을 먼저 보내 목격자 없이 비밀스런 기름부음을 가능하게 만들었다. 그는 자신이 사울에게 할 행동과 말을 하나님의 말씀으로 지칭했다. 물론 선지자들은 그들의 청중들에게 하나님의 말씀을 특색 있게 전했다.

10[1]-[8] 사무엘은 예후의 기름부음에서 언급된 용기(用器)인 병으로부터 기름을 부었다(왕하 9:1, 3; 삼상 16:1, 13에서는 기름 담는 뿔이 사용된다). 10:1에서 사무엘의 발언의 첫 부분은 9:16a에 있는 여호와의 명령에 정밀하게 상응하는 반면, "그리고 너는 구원할 것이다"로 시작되는 이 구절의 마지막 부분은 블레셋 사람들을 명백하게 언급하지 않음으로써 그들에 대한 사울의 우세한 힘을 살짝 약화시키는 신명기 학파의 추가다(Veijola *Königtum*). 더 오랜 전승(9:16a)은 부분적으로 14:23에서 성취된 블레셋에 대한 승리를 미리 예고했다. 신명기 학파 역사의 문맥에서(특별히 7:13), 이 승리는 일부분 사무엘의 영향에 기인한다. Dtr에 따르면 삼손이 블레셋으로부터 구원하기 시작하여(삿 13:5), 사무엘이 그들에 대한 완전한 승리를 획득했다(7:5-14). 이 승리는 뒤따르는 일련의 이스라엘의 승리에서 메아리친 뒤(14:23, 46; 17:52-53; 18:27; 23:5), 사무엘의 죽음과 더불어 마무리된다(25:1). 그 후 블레셋은 다윗에 의해 최종적 패배를 당할 때까지(삼하 3:18; 5:17- 25; 8:1-14) 우위를 확보했다(28:3-4와 31장). 그리하여 블레셋에 대한 승리는 신학적으로 또한 역사적으로 다윗의 업적 속에서 절정에 이른다. 여전히 귀인 사울은 사사로서 매우 중요한 역할, 즉 이스라엘을 그들의 적으로부터 구원하는 임무를 지속했다. Dtr의 손길은 역시 "상속"이란 단어에서 보여지는데(참조. 신 4:20; 왕상 8:51, 53), 그것은 더 오랜 전승(9:16a와 10:1a)에서 쓰여진 "백성"이란 단어와 대조된다. 10:1의 후반부에 있는 편집적 특징의 또 다른 증거는 Dtr의 "징조"(sign; 단수)에 대한 언급과 7절과 9절의 Dtr 이전의 자료들에 언급되어 있는 "징조들"(signs) 사이의 긴장에서 나타난다. Dtr에게 그 징조는 실상 더 오랜 전승이 세 가지 징조를 언급한다 할지라도 명백히 2-9절의 모든 사건들이다.

첫 번째 징조는 라헬의 무덤 곁의 두 사람과 관련될 것이다. 그 무덤은 벧엘 남쪽 약 5마일 지점인 라마 근처에 위치한다(참조. 창 35:19-20; 48:7, 여기서 이 북쪽 위치는 몇몇 단어들, 즉 "그것은 베들레헴이다"라는 말로 설명된다. 그리고 렘 31:15). 2절의 베냐민 지경에 대한 언급은 분명히 북쪽 위치를 요구한다. 그녀의 무덤이 베들레헴 근처에 있다는 또 다른 전승은 창세기에 있는 부연설명들의 자료가 되었고, 그것은 오늘날까지도 이스라엘에 존재하는, 베들레헴 근처의 십자군의 라헬 무덤(Crusader tomb of Rachel)에 보존되어 있다. 셀라는 현대의 독자에게는 전혀 모호하지만 분명히 한 장소의 이름이다(몇 가지 가능성들에 대한 목록은 Stoebe와 McCarter를 보라). 두 사람이 알려 줄 내용은 나귀들이 발견되었다는 것(9:20의 민담에 따르면, 사울은 이미 그것을 알고 있었다)과 또한 9:5에서 표현된 사울의 염려가 그대로 이루어져 그의 아버지가 아들의 운명을 알아보기 위해 자신의 군사들을 풀었다는 사실일 것이다.

두 번째 징조는 다볼의 상수리/테레빈(terebinth)나무에서 발생할 것이다. 그것은 종종 리브가의 유모 드보라가 매장된 벧엘 근처의 상수리나무(창 35:8; 참조. 삿 4:5에 나오는 라마와 벧엘 사이에 있는 드보라의 종려나무)와 비교된다. 거기서 사울은 벧엘로 순례를 가고 있던 세 사람을 만나게 될 것이고, 그들은 각자 선물을 지니고 있을 것이다. 그들은 하나님께 드릴 예정이었던 떡을 사울에게 줄 것인데, 그는 그것을 받으라는 지시를 받았다. 아이러니컬하게도 다윗은 나중에 놉의 제사장들에게서 떡을 받았는데, 그것은 사울의 기분을 몹시 상하게 만들었다(삼상 21:1-6; 22: 11-19). 이 징조는 사울의 두 번째 필요였던 그의 배고픔에 대한 응답이었으며, 또한 이전에 사무엘이 약속한 왕실 공물(참조. 9:20)의 첫 번째 불입품으로 이해될 수 있다. 어떤 "흔드는" 제물들("wave" offerings; 요제물 – 역자주)이 아론의 아들들을 위해 챙겨놓기 전에 여호와 앞에 올려졌다(민 18:11). 떡의 요제물(10:4)의 기부는 사울의 제사장적 위엄을 암시하는가(맥카터 역시)? 그러나 어떤 요제물은 제사장의 법에 따라 제단 위에서 태워졌다(출 29:22-25와 레 8:25-29; 9:24에 대한 우리의 토론을 보라).

세 번째 징조는 5-6절에 언급되는데, 그것은 실제적인 발생이 묘사되는 유일한 징조다. 기브아-엘로힘(한글 개역: 하나님의 산)은 게바(*MBA* map 86) 혹은 이 마을 위쪽의 언덕 꼭대기에 있는 성소(Miller, *VT* 25[1975] 165, n. 75)와 동일시되어 왔다. 13:3에서 블레셋의 나찌브(נצ׳ב)가 위치했던 그 장소는 기브아로 지칭된다(LXX; MT에서는 게바). 기브아(Tell el-Ful; MR172136)는 게바 남서쪽으로 약 3마일 떨어진 예루살렘 정북에 위치한다(예루살렘 북동쪽으로 약 6마일 떨어진 오늘날의 예바[Jeba], MR175149). 나찌브(נְצִיב)는 "기둥"(pillar)으로(참조. 창 19:26, Wellhausen), 혹은 사령관(prefect), 부관(deputy), 통치자(Budde, Caird, Driver)로, 혹은 수비대(garrison, RSV)로 규정되어 왔다. 기둥이란 뜻은 요나단과 사울이 나찌브(נְצִיב)를 공격한 것으로 언급되기 때문에(13:3) 부적절하게 보인다. 수비대와 사령관 사이에 어떤 확실한 결정은 가능하지 않다. 수비대란 뜻에 가장 뛰어난 반론은 이 의미가 13:23과 14:4에 있는 동족어 나빠즈(מַצָּב)에 더 잘 연결된다는 것이다. 나짜브(נְצָב)는 명백히 열왕기상 4:7과 19절에서 일종의 지휘관을 의미하지만 사무엘하 8:6, 14에서는 아마도 수비대(들)를 의미한다.

사울이 만나게 될 선지자 무리(참조. 엘리사와 관련된 선지자들의 아들들, 왕하 2-4; 6:1; 9:1)는 악기를 연주할 것이고 황홀경 가운데 예언에 몰입하게 될 것이다. 한 음유시인이 연주할 때 여호와의 힘(손)이 엘리사에게 임했고(왕하 3:15-16), 하나님으로부터 온 악신(한글 개역: 하나님이 부리신 악신)은 다윗이 수금을 타는 동안 사울에게 엄습했기 때문에, 우리는 악기가 황홀경을 유도하는 데 사용되었다고 추측할 수 있다. 탬버린은 손으로 치는 양면으로 된 작은 북이고, 피리(플룻이 아님)는 원시적 목관악기(참조. 사 5:12; 30:32; 렘 48:36과 *IDB* 3, 469-476)였던 반면에, 비파와 수금은 현악기였다.

성령은 사사들인 기드온(삿 6:34), 입다(삿 11:29), 삼손(삿 14:6, 19; 15:14)에게도 임했으며, 또한 다윗이 기름부음 받을 때 그에게 엄습한 것으로 언급된다. 그래서 사울은 비록 성령과 자신의 기름부음의 관련성이 다윗처럼 직접적이지는 않지만 사사들과 같이 구원자로 보인다(참조. 삼상 11:6). 나중에 우리는 성령이 사울을 떠나고(16:14, 23) 악신으로 대체되는 것(16:15-16, 23; 18:10; 19:9; 참조 19:20)을 보게 될 것이다. 성령은 사울을 이끌어 선지자들의 무리와 함께 예언을 하게끔 만들 것이며, 그는 전혀 다른 사람으로 변할 것이다(참조. 특히 9절, 그리고 겔 11:19; 18:31; 36:26). 사울이 무엇이든 자신의 손으로 발견하는 것을 실행함으로써 징조들의 성취에 응답할 것이라는 지시는 그가 자신이 가진 힘을 따라 행동하게 될 것을 의미한다(또한 Schmidt, *Menschlicher Erfolg* 78; 참조. 삿 9:33; 삼상 25:8). 사무엘상의 문맥 속에서 이것은 11:6에서 성령의 임재 후 암몬 족속을 향한 사울의 공격에서 가장 잘 명시되는 것처럼 보인다. 지원 형식문(왜냐하면 하나님이 너와 함께 하시기 때문이다)은 고대의 민담에 삽입되어 들어온 기름부음 자료 혹은 부름 자료들(call materials)의 일부다(다른 부름들에 있는 병행구들에 대해서는 삼하 7:3과 9; 겔 3:8-9을 보라).

8절에서 사무엘은 사울더러 길갈에서 지시 받기를 기다리라고 전하는데, 이것은 7절의 조건 없는 위임과 약간의 긴장 속에 있다. 그것은 분명히 13:7b-15a과 관련되어 추가된 부연설명이다(희생제물과 기다린 시간에 대해서는 후자의 구절에 대한 토론을 보라).

9-13 9a절에 따르면 사울의 변화는 그가 사무엘을 떠나자마자 발생했는데, 반면에 6절은 그것이 세 번째 징조 후의 성령의 임재에 뒤따를 것을 지시한다. 이런 약간의 긴장은 아마 이 장의 복잡한 전승사에 기인한다. 버취는 9a절을 고대의 민담으로 분류했다; 메팅어는 그것을 기름부음-부름층(anointing-call layer)의 한 부분으로 이해한다. 자연히 그들은 역시 6절이 이 장에 언제 들어갔느냐에 대해 상반된 입장을 가진다. 9b절은 어떤 경우든 이 장의 앞에서 언명된 징조들이 그날 실현되어 사무엘의 말씀을 성취했다고 보고한다.

10-13절은 세 번째 징조가 어떻게 실현되었는지를 구체적으로 설명한다. 이 전승의 중심에 속담이 있는데, 그것은 그것을 설명하고자 하는 그 이야기보다 아마도 더 오래된 것으로 추정된다. "사울이 선지자 중에 있느냐?"(참조. 19:24 역시)의 본래 의미는 치열하게 논쟁되어 왔다. 엡스타인(Eppstein)은 또 다른 질문이 그것에 암시되어 있는 것으로 본다: "사울이 다윗과 솔로몬 식의 왕이었느냐? 혹은 그가 사무엘처럼 성령을 입은(charismatic) 사사-선지자였느냐?" 한편, 스터디(Sturdy)는 그 질문이 사울에게 적대적인 것이며 다윗과 관련된 권역에서 기원된 것이라고 이해한다. 그 질문은 부정적인 답변을 암시하며 – 사울은 선지자의 예언의 영을 받지 못했다 – 영이 사울을 떠났다는 전승의 가장 초기의 형식들 중 하나다(참조. 16:14). 린드블롬(Lindblom)은 이런 설명에 대해 반론을 펴면서 자신의 견해를 제시한다. 그에 따르면, 사울의 비판자들은 이로써 그가 선지자 무리에 의존하는 것보다 더 높은 등급의 계시 수단(예를 들어, 에봇, 제비뽑기, 사무엘의 조언)을 획득했을 수 있다고 단언한다(참조. 삼상 28:6). 이런 각각의 제안들은 어떤 문맥에 대한 고려 없이 그 속담을 이해하려는 시도다. 그들은 모두 이 곳과 19장에서 그 속담을 설명하는 이야기들이 그 속담 자체에 부차적이라고 추정한다. 그러나 우리는 그 이야기가 사무엘상에서 세 번째 징조의 성취로 기능한다는 것을 주목해야 한다. 10절에 따르면 선지자들과의 만남은 기브아 혹은 "산지"에서 이루어졌는데, 그것은 이 문맥상 기브아-엘로힘(한글 개역: 하나님의 산)과 동일한 것으로 이해되어야 한다. 사무엘이 약속했던 것처럼(비록 어법상 미세한 차이점들을 가지고 있다 할지라도) 영이 사울에게 임했고, 그는 선지자들 가운데서 예언했다. 속담이나 그것을 설명하

는 이야기의 전(前)-역사가 무엇이든지 간에 이 구절들은 지금 5-6절의 긍정적 성취로서의 역할을 하며, 또한 사울의 변화에 대해 사람들이 놀라며 이상하게 생각했다고 언급한다.

12절에 있는 질문은 매우 모호하다. 머클라인(Mauchline)은 그것이 부정적 답변을 암시한다고 믿는다: 이 선지자들은 아버지가 없다. 따라서 왜 사울이 그들과 연합해야 하는가? 다른 한편, 아크로이드(Ackroyd)는 아버지란 단어를 선지자 그룹의 지도자나 해석가에 대한 언급으로 여긴다(그 무리들은 종종 선지자의 아들들이라 불렸다; 참조. 왕상 2:12; 6:21; 13:14). 요셉 역시 바로를 위한 아버지-해석가 역할을 했고(창 45:8), 미가는 한 레위인에게 자신을 위해서 제사장과 레위인이 되어 달라고 요청했다(삿 17:10). 필립스(Phillips)는 "아버지"가 황홀경(ecstatic) 무리의 지도자일 뿐만 아니라, 그들이 황홀경 상태에서 하는 발언들을 황홀경에 빠진 그들과 또한 다른 사람들에게도 이해될 수 있게 해석해 주는 사람이라고 제안한다. 사무엘상 19:20에시는 사무엘이 선지지 그룹의 우두머리 위치에 있다고 보고된다.

14-16 사울과 그의 사환이 집에 도착했을 때, 그들은 사울의 아버지가 아닌 숙부에게서 잃어 버린 나귀들에 대한 질문을 받는다. 압 토머스(Ap-Thomas)는 비록 많은 지지를 받지 못하지만 그 숙부를 블레셋 족속의 분봉왕이나 통치자와 동일시한다(참조. 5절). 사무엘상의 문맥에서, 우리는 이 숙부를 아브넬의 아버지 넬과 동일시하려는 유혹을 받는다(14:50; 혹은 아브넬 자신과 – 위의 족보에 대한 토론을 보라). 사울은 숙부에게 수색이 성과가 없었으며 사무엘에게 의존했다는 것을 알렸고, 또한 그에게서 이미 나귀가 발견되었다는 사실을 들었다고 보고한다. 사울이 숙부에게 왕권에 대해 아무 말도 하지 않았다는 공지는 가장 중요하다. 그것은 독자들에게 다음 기사들(10:17-27과 11:1-15)을 미리 대비하게 하는데, 거기서는 사울의 기름부음이 언급되지 않는다. 사울의 기름부음을 단지 사무엘과 자신에게만 알려진 비밀로 간직함으로써, 10:17-27에 있을 그의 공적인 선출을 위한 길이 준비된다. 맥카터는 삼손 역시 자기 가족으로부터 자신의 특별한 지위를 감추었다는 것을 지적한다(삿 14:4, 6). 베이욜라는 "나라"가 나타나는 세 개의 구절(10:16b, 11:14 그리고 14:47)을 Dtr의 것으로 돌린다.

해설

이 장문의 단원은 사울이 왕위에 오른 것에 대한 긍정적인 평가를 내린다. 부유한 집안 출신이자 걸출한 신체적 특징을 지닌 사울은 아버지에게서 집안의 잃어 버린 나귀들을 찾아오라는 부탁을 받는다. 그 수색이 실패로 돌아갔을 때, 사울은 수색 비용을 지불했던 자신의 사환에게 수색에 대한 자문을 구할 하나님의 사람을 찾으라고 재촉했다. 사무엘(그 하나님의 사람/선견자인 것으로 판명된)은 사울이 오고 있다는 계시와 함께 그를 귀인으로 기름부으라는 명령을 받았다. 그 기름부음 의식은 여호와께서 그를 위임하신다는 것을 가리켰다. 사울의 역할은 대개 사사들과 관련된 구원 행위들을 이어가는 것이었다. 대관식 연회를 상징적으로 예견하는 희생제에서 사울은 특별한 자리와 음식을 제공받았다. 그 성읍에서 그날 밤을 보낸 후에 사울은 사무엘 선지자에게서 비밀스럽게 기름부음을 받았다. 그 선지자는 일찍이 사울에게 나귀들이 발견되었다는 것과 백성들의 모든 열망(혹은 바랄 만한 것들)이 궁극적으로 그를 향해 있다고 말한 바 있었다. 기름부음 후에 사무엘은 하나님의 상속자인 이스라엘 위에 귀인으로 임명된 사울의 지위를 확증하는 세 가지 징조를 예고했다. 처음의 두 징조는 그 이야기 속에서 더 앞서 부각된 관심거리들인 사울의 나귀 수색과 음식의 필요를 다룬다. 세 번째 징조는 성령의 부여를 예견하는데, 그것은 사울을 변화시켜 그로 하여금 어떤 과업이 주어지든지 감당할 채비를 갖추게 만든다. 맨 나중의 징조는 선지자 대열과의 조우에서 발생하고, 그들은 사울로 하여금 예언적, 즉 황홀경적 행위를 하도록 이끈다. 그 후 새로이 기름부음 받은 왕관 쓴 귀인(crown prince)은 집으로 돌아와서 자신의 나귀 수색 사실과 그것들을 찾았다고 전한 사무엘의 전갈에 대해서만 보고한 채 기름부음은 자신의－또한 사무엘의－비밀로 남겨둔다.

이 단원은 사울에 대한 여호와 자신의 합법성을 부여하는데, 그것은 사무엘 선지자만이 아니라 사람들에 의해 중재된 합법성이었다(19:20). 그것은 널리 알려진 부름 형식(call pattern)에 따른 구색을 갖춘 것이지 사울의 군사적 성공들(11장)이나 백성들의 요구(8장)와는 관계가 없다. 왕권으로부터 유래할 것으로 예상되는 명백한 위험들이 바로 이어지는 문맥 속에 있는데, 그런 위험들에도 불구하고 사울은 본질상 여호와에 의해 귀인/왕으로 선택된－그리고 추정컨대 그렇게 유지될 수 있었던－사람이었다. 신명기 학파 역사의 다른 부분들은 사울이 어떻게 자신의 선택받음을 헛되이 탕진하여 하나님의 성령의 선물을 상실했는지, 또한 백성들이 왕권을 여호와께 용인될 수 있는 제도로 통합시킬 수 있었음에도 불구하고 어떻게 그것을 또 다른 양상의 언약 변절로 바꾸어 놓았는지를 보여 줄 것이다.

12. 여호와께서 선택하신 왕(10:17-27a)

참고문헌

Albrektson, B. "Some Observations on Two Oracular Passages in 1 Sam." *ASTI* 11(1977/78) 1-10. **Lindblom, J.** "Lot-casting in the Old Testament." *VT* 12(1962) 164-78.

본 문

17 사무엘이 백성을 미스바로 불러 여호와 앞에 모으고

18 이스라엘 자손에게 이르되 이스라엘 하나님 여호와께서 이같이 말씀하시기를 내가 이스라엘을 애굽에서 인도하여 내고 너희를 애굽인의 손과 너희를 압제하는 모든 나라의 손에서 건져내었느니라 하셨거늘

19 너희가 너희를 모든 재난과 고통 중에서 친히 구원하여 내신 너희 하나님을 오늘날 버리고 이르기를 우리 위에 왕을 세우라 하도다 그런즉 이제 너희 지파대로 천 명씩 여호와 앞에 나아오라 하고

20 사무엘이 이에 이스라엘 모든 지파를 가까이 오게 하였더니 베냐민 지파가 뽑혔고

21 베냐민 지파를 그 가족대로 가까이 오게 하였더니 마드리의 가족이 뽑혔고 그 중에서 기스의 아들 사울이 뽑혔으나 그를 찾아도 만나지 못한지라

22 그러므로 그들이 또 여호와께 묻되 그 사람이 여기 왔나이까 여호와께서 대답하시되 그가 행구 사이에 숨었느니라

23 그들이 달려가서 거기서 데려오매 그가 백성 중에 서니 다른 사람보다 어깨 위나 더 크더라

24 사무엘이 모든 백성에게 이르되 너희는 여호와의 택하신 자를 보느냐 모든 백성 중에 짝할 이

17 Samuel summoned the people to Yahweh at Mizpah.

18 He said to the Israelites, "Thus says Yahweh God of Israel: 'I brought up Israel from Egypt and delivered you from the hand of the Egyptians and from the hand of all the [a]kings who oppressed[a] you.'

19 But you have rejected this day your God, who was your savior from all your troubles and hardships, when you said, 'No![a] You must place a king over us.'" "Now take your stand in the presence of Yahweh by your tribes and by your thousands."[b]

20 Then Samuel brought near all the tribes of Israel, and the tribe of Benjamin was taken.

21 Next he brought near the tribe of Benjamin by its clans, and the clan of the Matrites was taken. [a]Finally, he brought near the clan of the Matrites by its men,[a] and Saul the son of Kish was taken.

22 They sought him, but he was not found. They asked Yahweh again, "Is there [a]yet a man who should have come here?"[a] Yahweh replied, "Look, he is hiding among the baggage."

23 They ran to take him from there, and he stood in the middle of the people. From his shoulders on up he was taller than all the people.

24 Samuel said to all the people, "Do you see the one whom Yahweh has chosen? There is no one like

가 없느니라 하니 모든 백성이 왕의 만세를 외쳐 부르니라

him among all the people." All the people cheered and said, "Long live the king!"

25 사무엘이 나라의 제도를 백성에게 말하고 책에 기록하여 여호와 앞에 두고 모든 백성을 각기 집으로 보내매

25 Samuel told the people the basic law of the kingdom, wrote it in a book,[a] and deposited it in the presence of Yahweh. Then Samuel sent each one of the people [b]to his home.[b]

26 사울도 기브아 자기 집으로 갈 때에 마음이 하나님께 감동된 유력한 자들은 그와 함께 갔어도

26 Saul also went to his house at Gibeah, and the warriors[a] whose hearts Yahweh[b] had touched went with him.

27 어떤 비류는 가로되 이 사람이 어떻게 우리를 구원하겠느냐 하고 멸시하며 예물을 드리지 아니하니라 그러나 그는 잠잠하였더라

27 But the good-for-nothings said, "How can this one save us?" So they despised him and brought him no present.

원문주해

18.a.-a. 마소라 본문(MT): "압제했던(분사 남성 복수) 나라들(여성 복수)." 그러나 이 명사는 아마도 페니키아어(語)와 마찬가지로 "왕들"을 의미할 수 있다(참조. McCarter).

19.a. 마소라 본문(MT)은 로(לו, "그에게")로 읽는데, 그것은 분명히 로(לא, "아니오")에 대한 청각적 실수다(LXX, Syr, Targ). 참조. 8:19.

19.b. 마소라 본문(MT), 70인경 루시안 개정본(LXXL); 70인경(LXX): "혈족."

21.a.-a. 70인경(LXX)와 구 라틴어역(OL)은 무심코 MT에서 누락된 이 문절(clause)을 증거한다(되풀이되는 본문을 주목하라). 참조. 수 7:17-18.

22.a.-a. 70인경(LXX)은 정관사를 추가하며(그 사람), 부사 오드(עוד, "아직")를 전치사 아드(עד, "…까지")로 해석한다: "그 사람이 여기 왔느냐?"

25.a. 70인경(LXX); 마소라 본문(MT): "그 책 속에."

25.b.-b. 70인경(LXX)과 4Q는 "그리고 그들이 각각 자기 처소로 갔다"로 읽는다.

26.a. 문자적으로: "힘있는 아들들." 브네이(בני, "…의 아들들")는 70인경(LXX)과 4Q에서 추가된다.

26.b. 4Q 70인경(LXX); 마소라 본문(MT): "하나님."

양식/구조/배경

17절에 있는 사무엘의 백성 소집은 새로운 한 단위를 시작하는 반면에, 그 단원의 마지막은 결코 그렇게 분명하지가 않다. 하지만 이 주석의 다음 문단에 언급된 몇 가지 이유로 인해 수정된 10:27b은 11장에 있는 기사에 대한 적절한 시작인 것

으로 보인다.

요약. 미스바 집회에서 사무엘은 백성들이 왕을 선택함으로써 여호와를 거절한다고 비난했다. 출애굽과 반복적인 고난에서 구원해 주신 여호와의 과거의 은혜는 백성들이 현재 그분에게 답한 "아니오"(17-19a절)와 비교되었다. 사무엘이 제비뽑기를 시행하자 순차적으로 베냐민 지파, 마드리 혈족 그리고 사울이라는 한 인물이 뽑혔다(19b-21b*a*절). 그를 발견하지 못한 백성들이 여호와께 묻자, 그분은 사울이 짐짝(baggage, 한글 개역: 행구) 사이에 숨어 있다고 가리켜 주셨다. 일단 사울이 발견되자 그의 특별한 신장 때문에 눈에 띄었다. 사무엘은 그를 여호와의 선택된 자로, 또한 그에 견줄 만한 자가 없는 자로 불렀다. 여기서 그 백성들은 그를 왕으로 환호하며 맞이했다(21b*b*-24절). 사무엘은 나라의 법도(law, 한글 개역: 제도)를 기록한 후에 집회를 해산시켰다. 사울은 용사들(한글 개역: 유력한 자들)을 동반한 채 집으로 돌아갔고, 반면에 어떤 반대자들은 그의 구원의 능력을 의심하면서 어떤 예물도 주지 않았다(25-27a).

이러한 사울 지명 기사는 9:1-10:16과는 독립된 전승으로 보이는데, 그것은 최소한 그것의 현재의 확장된 형태에서 사무엘이 어떻게 젊은 사울을 귀인으로 기름부었는지를 보고한다. 현재의 단원에서 사무엘은 온 이스라엘로 시작하여 사울로 귀결되는 제비뽑기 절차를 밟는다. 그 제비뽑기는 만일 사무엘이 그를 이미 기름부었다면, 선택된 왕을 찾기 위해 진행할 필요가 없는 것이었다. 11장에 있는 기사는 별로 알려지지 않은 그 농부에게 성령이 임하여 암몬 족속을 패배시킨 후에야 비로소 왕으로 추대되는 내용인데, 그 기사 역시 우리의 단원에 보고된 선출과 환호에 어울리지 않는 것으로 보인다. 간략히 말해서 10:17-27a에 있는 선출 자료들(election materials)은 사울의 임명에 대한 독자적인 전승을 제시한다.

20-21b*a*절에 묘사된 제비뽑기는 여호수아 7:14-18과 사무엘상 14:40-42에서 형식상의 병행점들을 가지는데, 전자에서는 아간이 금지 사항을 어긴 사람으로 지목되고, 후자에서는 요나단이 사울의 전쟁 규칙들을 어긴 사람으로 나타난다. 아간 기사는 10:17-27과 형식상 매우 유사하다. 비록 그 제비뽑기가 최종적으로 범죄자를 지시하기 전에 그 혈족 내의 전래의 가문들(ancestral houses)을 지목한다는 점에서 아간 기사가 좀더 정교하긴 하지만 말이다. 나중에 보다 자세하게 토론될 14장에 있는 기사는 우림과 둠밈에 의해 해결되는 일련의 이항선택(二項選擇, binomial choices)을 배열한다. 먼저 사울과 요나단이 "뽑히고" 백성들은 해산된다. 다음에 사울과 요나단 사이의 선택에서 요나단이 "뽑힌다."

21b*b*-24절은 형식적, 문학 비평적 그리고 전승사적 결정들에 걸림돌이 되는 수많은 난점들을 제시한다. 한 개별 집단이 좀더 큰 집단으로부터 선택되는 그 제비뽑기 의식은 사울의 출석을 요구한다. 그렇지만 21b*b*절에서 우리는 사울이 어디에서도 발견되지 않았다고 듣는다. 단지 여호와께 문의한 후에(그것의 문맥과 의미는 결코 확실하지 않다), 비로소 백성들은 자신들에게 사울이 숨은 장소를 알려 주는 신탁을 받는다. 아이스펠트를 따르는 수많은 학자들은 21b*b*-24절에서 시작 부분이 잘려나간 사울 선출에 대한 독립적 기사(Birch)를 발견하거나, 아니면 두 선출 전승의 조화, 즉 20-21a절에 있는 제비뽑기와 23b절에 있는 사울의 신장에 대한 기사의 조화를(Mayes, *ZAW* 90[1978] 1-9), 또는 사울의 기름부음을 다루는 단원과의 편집적 연결을(Veijola) 발견한다. 뵈커(Boecker)는 주장하길, 21b*b*-24절은 여호와의 지명된 자가 큰 신장으로 왕이 될 조짐을 보여 주는 더욱 오래된 기사라고 한다. 20-21b*a*절에서 Dtr은 선택에 영향을 주는 여호와의 역할이 더 크게 강조되는 선출 절차를 제시한다. 메팅어는 그 기사의 통일성에 대한 가장 최근의 옹호자다. 그러나 그의 재구성은 지금은 알브렉슨(Albrektson)에게 의심받고 있는 본문상의 수정에 의존한다(*ASTI* 11[1977/78] 1-10). 아이스펠트와 버취의 생각과 달리, 만일 21b*b*-24절에 제2의 선출 전승이 있다면 그것의 도입 단편(opening segment)은 지금 상실되었다. 70인경(LXX)의 22절에 있는 다른 독법("원문주해"를 보라)은 그 문제를 제비뽑기 전승과 어울리게 하려는 시도일 수 있다.

25b-27a절은 11장으로 연결되는 편집적 고리를 형성한다. 사무엘은 사울을 포함하여 백성들을 집으로 돌려보냈고, 뒤이어 그들은 야베스 길르앗을 구원하기 위해 소환된다. 유사하게 8:22b에서 편집자는 라마 집회의 해산을 보고하며, 이것은 9:1-10:16의 삽입을 가능하게 만들었다. 27절에 있는 "불한당들"(한글 개역: 비류들)에 대한 부정적 논평들은 11:12-13에서 사울이 관용을 베풀 기회를 제공한다. 11장의 14절은 11:15의 대관식 의례를 왕권의 시발점이 아닌 그것의 갱신으로 이해한다. 그런 이해가 필수적인 이유는 이미 10:17-27a에 보고된 선출과 환호 때문이다.

노트, 뵈커, 베이욜라(*Königtum* 39-52)와 메이즈는 이 단원의 구성적 요소의 연대가 언제이든지 간에, 그것이 신명기 학파의 역사가에 의해 현재의 형태를 띄게 되었다는 인상적인 주장을 내놓았다. 버취는 이것을 부인하면서 20-24절에 있는 고대의 사울 선출 기사 두 개를 검사하는데, 그 구절은 어떤 예언적 편집자에 의한 작업 문서들(contributions)로 둘러싸여 있다.

나아가 학자들이 사무엘-사울 순환 기사(cycle)에 있는 두 개의 자료를 검사했을 때 현재의 단원은 반(反)-왕정적인 것으로 분류되었는데, 노트 역시 자신의 편집적 견해를 따라 그것이 그러한 경향을 지녔다고 보았다. 그렇지만 반(反)-왕정적 견해는 18abg-19a절에 한정되는 반면에, 19b-24절은 그 왕이 어떻게 특별하게 제비뽑기로 선택되었는지를 이야기한다. 사무엘은 그를 공개적으로 여호와의 선택된 자로 불렀다! 덧붙여 27절에 있는 그 왕의 비판자들은 단지 "불한당들"(한글 개역: "비류들")에 불과한 자들로 치부된다. 버취는 이것을 "왕권을 죄악되지만 여전히 하나님의 관점으로 보는 것"이라고 지칭함으로써 조화를 시도한다. 베이욜라는 18a*bg*-19a절을 후대의 신명기 학파 편집자인 DtrN의 것으로 돌림으로써 그 문제를 해결한다. 이의 없이 Dtr의 것으로 할당되는 사사기 6:7-10과 10:6-16에는 18a*bg*-19a절과의 밀접한 언어적(verbal) 병행들이 있다는 점을 주목하라. 베이욜라의 관점으로는 사사기의 구절들 역시 DtrN에서 유래한다. 어떤 경우든 그 단원의 최종적 형식은 역설적 메시지를 제시한다: 왕을 선택하는 것은 여호와에 대한 거부다. 그러나 여호와 자신이 최초의 왕을 선택하셨다.

주석

[17]-[19]a 사무엘이 모은 집회는 미스바에서 열렸는데(참조. 7:5), 거기서 그는 블레셋의 패배를 불러온 참회의 집회를 소집한 바 있었다(7:7-14). 이 미스바 집회는 라마 집회와는 별도로 독자적인 전승사를 가졌는데, 라마 집회에서는 거기 모였던 이스라엘 장로들이 열방과 같은 왕을 요구했었다(8장). 10:18에 있는 사무엘의 연설은 확장된 전언자 형식문(an extended messenger formula)인 "이스라엘의 여호와 하나님이 이같이 말씀하신다"라는 문구와 여호와의 과거의 은혜와 구원 행위들에 대한 회상을 가지고 시작된다. "애굽으로부터 이끌어내심"은 출애굽, 그리고 정복 양자 모두를 함축하는 형식문이다(참조. 8:8; 12:6). 이 사건들에 뒤이어, 명백히 이스라엘을 압제한 다양한 왕들로부터의 구원이 발생했다(예를 들어, 사 2:18과 4:3). "왕들"이란 단어가 표준적 구원사 형식문(a standard salvation-history formula)에 끼어들어 왔다(18절; 참조. 삿 6:9). 이스라엘은 왕을 열망했다. 그러나 아이러니컬하게도 과거에 그들을 압제했던 자들은 엄밀히 바로 왕을 가진 나라들이었다.

19b-25절에 있는 단원의 나머지는 사무엘에 의해 주도된 제비뽑기 의례에서 여

호와께서 왕위에 대한 자신의 선택을 지시하시기 때문에 그가 왕직에 호의를 가진다는 것을 전제한다. 그럼에도 불구하고, 19a절에서 저자는 백성들의 왕의 선택을 여호와의 거부와 동등하게 여긴다(참조. 8:7). 여호와의 거부는 "이 날"에 발생했다. 10:17-27a를 8장의 논리적 또는 문학적 후속물로 보는 사람들은 "이 날"을 라마 집회에서 그 요구가 있었던 동일한 날에 대한 언급으로 이해한다(Caird, Hertzberg, Fritz[*ZAW* 88(1976) 346-82], Stoebe). 다른 사람들은 "이 날"을 그것의 전형적인 신명기 학파적 의미 속에서 이해한다: 연설을 듣는 백성들은 앞서 있었던 여호와에 대한 거부를 반복하거나 거기에 동참한다. 또는 조상들의 불순종에 대한 비난은 그 당시까지 계속, 또한 그 때를 포함하여 타당성을 지닌다(Ackroyd, Boecker, Veijola). 이스라엘에 의해 거부된 하나님은 고난과 역경으로부터의 구원자로 나타난다(참조. 신 31:17). 애굽으로부터의 그분의 구원은 더 나중의 위기들에서 구원을 위한 희망의 토대가 되는 것이 분명하다(신 20:1).

이 장과 11장의 나머지 부분에서 사울 자신이 구원자로 등장하며, 단지 불한당들만이 그가 구원할 수 있는지 의심을 품는다. 이 짧은 단원 속의 "구원"이란 단어와 관련된 이 긴장은 18a*bg*-19a절(여호와가 이같이 이르신다-우리에게)을 후대의 신명기 학파의 손길의 산물로 이해하는 베이욜라의 생각에 신임을 갖게 한다. 19절에 있는 여호와에 대한 이스라엘의 "아니오"는 12장에 병행이 있는데, 거기서 이스라엘 백성들은 암몬으로 인한 위기 속에서 여호와께 대답한 "아니오"를 말한다.

19b-21ba 갑자기 19b절과 더불어 본문의 배치가 변하고, "그리고 지금"이라는 표현은 17-19a절과 19b-25절 사이를 연결한다. 사무엘은 백성들을 불러내 성소에서 그들이 지파별로 그리고 "천 명씩"(혹은 혈족[clans]별로) 자리를 잡게 했다(여호와 앞에; 수 7:13에서는 제비뽑기에 앞서 정결 의식이, 삼상 14:41에서는 기도가 선행되었다). 명백히 그 지파 내에서 어떤 종류의 하위 집단 만들기(sub-grouping)가 의도된다(참조. 삿 6:15; 삼하 23:23). 제비뽑기 의례는 여호와께서 자신의 왕의 선택을 지시하시는 방법이었다. 8:6, 19과 마찬가지로 "왕"이란 단어가 이 단원에서 사용되는 것을 주목하라. 9:1-10:16에서는 그 단어의 대용으로 보이는 "귀인"이란 단어가 사용되었다. 이스라엘의 모든 지파 중에 베냐민 지파가 뽑혔다. 제비는 이 지파의 마드리 혈족 위에 떨어졌다. 마드리란 이름이 이 곳 외에는 사울의 선조 가운데 포착되지 않기 때문에, 많은 사람들은 그 이름과 더불어 제비뽑기 예식 전체가 매우 오래된 것이라고 주장하곤 했다. 어쨌든 그 제비 -그러므로 여호와의 선택 -는 기스의 아들 사울에게 떨어졌다. 이 기사의 사울은 앞 단원에서 아버지의 나귀들

을 찾아다녔던 젊은이가 아니라 성인이 된 완전한 시민으로 나타난다.

[21]bb-[24] 제비뽑기가 한 그룹을 나아오게 한 뒤, 하위 그룹을 선택하고 최종적으로 그 그룹의 한 개인의 선택을 가져왔기 때문에, 21b절에서 사울의 부재는 논리적으로 난점이다. 우리가 여기서 또 다른 여호와의 선택 방식을 지시하는 자료 단편(segment)을 갖는지는 말하기 어렵다. 그러나 현재의 문맥에서 21b절은 전승이 9:21에서도 그를 그렇게 기억하듯이, 사울이 부끄러워하고 겸손했다는 것을 지시하고자 했다. 프리츠(Fritz)는 사울의 부재는 여호와의 행위의 독력론(monergism: 하나님의 절대 주권과 전적 은혜의 섭리를 믿는 사상 – 역자주)을 강조하는 것이라고 제안했다. 여호와의 제비는 제비뽑기 절차에 따라 불가능할 것 같은데도 선택된 사람에게 떨어졌다! 백성들이 문의한 질문(וישׁאלו – 봐이쉬알루 : 그리고 그들이 사울을 찾았다["sauled for Saul"]; 참조. 14:37; 삼하 2:1; 5:19 – 여기서 "찾았다"라는 히브리어 동사 "샤알"과 인명인 "사울"의 어근이 비슷하여 언어 유희가 나타난다 – 역자주)은 현재의 문맥에서 혹은 최소한 그것의 현재의 본문 형식에서 전혀 확실하지 않다. 70인경(LXX)의 다른 독법 "그 사람이 여기 왔습니까?"는 21절에서 제비로 뽑힌 기스의 아들 사울에 대한 언급인 것으로 보이지만, 바로 그 이유로 인해 그것이 하나의 조화시키기(harmonization)인 것으로 의심된다. 위의 우리의 번역에서 재현된 마소라 본문(MT)의 독법은 만일 여호와의 선택을 결정하는 또 다른 방식이 고려된다면 – 즉, 만일 그 문맥이 전혀 다른 것이라면 – 가장 의미가 잘 통한다. 아이스펠트는 지금은 없어진 첫 번째 신탁에서 여호와가 가장 키가 큰 사람이 왕이 될 것으로 지시하셨을 것이라고 제안했다. 그런 사람이 나타나지 않았을 때, 백성들은 다시 여호와께 물었다. 이번에 그들은 그런 인물이 여전히 나타나게 될 것인지 알기를 원했다.

어찌 되었든, 여호와께서는 그들이 찾고 있던 그 사람이 행구 사이에 숨어 있다는 것을 지시해 주셨다. 사울의 은신은 이미 10:16에서 주목을 끈 일을 반복하는 셈인데, 거기서 그는 사무엘에 의한 자신의 비밀스런 기름부음을 자기 숙부에게 감춘 적이 있었다. "짐짝"은 어쩌면 사울이 일종의 친위대의 일원이었음을 지시할 수 있다(참조. 17:22; 25:13; 30:24). 사울은 발견된 후 백성들 가운데 섰는데, 다른 사람보다 키가 머리 하나만큼 더 컸다(참조 9:2). 키는 백성들이 어떤 사람을 지도자로 선택하게 될 이유가 되거나 하나님이 그에게 더 큰 호감을 가지신다는 징표가 될 수 있었지만, 사무엘은 다윗에게 기름부을 때 후보자의 외모나 신장의 크기를 고려하지 않도록 경고 받았다(16:7). 16장에 있는 이러한 충고는 사울과 그의 집안에 호의를 품는 주장들에 대한 미묘한 비난일 수 있다. 제비뽑기 의례의 친 왕정적 특징에 대한 어떠한 의심 – 18a*bg*-19a절과 별도로 – 이든지 사무엘의 결론적 질문에 의해 제거되어 버린다: “너희가 여호와께서 택하신 자를 보느냐?” 이스라엘의 이웃들이 시종일관 자신들의 왕들을 택자(擇子)로 언급한다는 사실에도 불구하고 사무엘서와 열왕기서의 서사들에서는 단지 사울과 다윗만이 그렇게 지명된다. 그러나 성경 밖의 이스라엘의 이웃들과는 달리, 이스라엘의 선택된 왕은 또한 거부될 수 있었다. 한때 선택되었던 사울에 대한 그런 거부는 사무엘상 15:23-28의 부정적 단어들과 사무엘하 6:21의 친 다윗적 구절에서 표현된다. “여호와께서 너의 아비[사울]와 그의 모든 집을 대신해서 나[다윗]를 택하셨다.” 다윗 자신의 왕으로의 선출이 역시 사무엘상 16:8-10에서 암시되어 있으며, 열왕기상 8:16과 11:34에서는 명시적으로 확증되어 있다. 그 왕들에 대한 두 구절 모두 신명기 학파의 손길에서 유래한다. 학자들은 사무엘상 10:24에 있는 사울의 선출에 대한 보고가 신명기 학파의 저자에 의해 쓰여졌는지에 대해 양분되어 있다. 법궤 서사(narrative)에서 다윗이 사울의 대체 인물로 선출되었다는 언급(삼하 6:21)은 사울의 선출에 대한 전승의 상대적 고대성을 지시할 수 있다. 어찌 되었든, 신명기 학파 사가는 사울을 여호와의 선택된 자로 확증하는 사무엘의 말들을 만들어 냈거나 혹은 그 자리에 위치시켰다. 따라서 Dtr에게 있어서 왕권은 원칙상 이스라엘의 믿음과 양립할 수 있다(참조. 신 17:15). 비록 사무엘상 12장은 왕권이 어떤 조건들 하에 존립될 수 있는지를 보여 주고, 사무엘상 15장은 어떻게 최초의 선택된 왕 사울이 거절된 왕이 되었는가를 보고한다고 할지라도 말이다. 처음에 사울은 백성들 중에 비길 자가 없었고, 그들은 환호와 갈채로 사무엘에게 응답했다: “왕이여 만세”(참조. 삼하 16:16; 왕상 1:25, 34, 39-40; 왕하 11:12).

25-27a 나라의 법도(한글 개역: 제도)는 왕실의 권력을 제어하는 새로운 제도나 정관(定款)에 대한 법률적 기초가 되는 율법들을 지시한다. 편집자는 신명기 17:14-20을 마음속에 두고 있었을 것이다. 우리는 8:9에 있는 비슷한 표현을 아이러니컬하게 이해되는 왕실 조약의 의무 조항들로, 즉 왕의 특권 요구에 대한 구두적(verbal) 경고로 이해했었다. 사무엘은 한 책에 나라의 공법을 기록하여 그것을 성소에 안치했다(여호와 앞에). 최소한 신명기 학파의 본문들(신 31:26; 수 24:26; 왕하 22:8)에 따르면, 그런 율법책을 성소에 안치하는 것은 전형적인 것이다. 신명기 17:18에 따르면, 왕은 한 책에다 레위 제사장의 책임하에 있던 한 사본으로부터 “이 법”(=신명기)의 복사본을 쓰게 되어 있다.

편집자는 우리에게 사무엘이 모든 사람들 – 사울을 포함하여 – 을 집으로 보냈다고 말함으로써, 11장에 있는 사울과 암몬의 전투를 통합시키는 것을 가능하게 만들었다. 11장은 기브아에서 사울이 밭 갈고 있는 것으로 시작된다. 사울과 함께 갔던 전사들은 그가 자기 주위에 모았던 상비군의 일부로 간주되어야 한다(14: 52). 그렇지만 이 단원에서 그들의 주요한 역할은 다음 구절에서 언급된 불한당들(good-for-nothings)을 돋보이게 하는 장식물로 기능하는 것이다. 역사서들의 다른 곳들에서는 불한당들이란 단어가 왕정을 방해한다고 비난받는 사람들을 위해 사용된다(왕하 16:7; 20:1; 23:6; 참조. 삼상 1:16과 2:12). 나발 자신의 하인들 중 한 명은 아비가일과의 토론 중에 그를 불한당으로 명명했다. 반대자들은 사울이 어떻게 구원할 수 있겠느냐고 물었다(참조. 삼상 10:11). 뵈커(Boecker)가 지적한 대로, 거룩한 전쟁에서 여호와의 이스라엘 구출은 그의 구원의 활동이었다. 그리고 19절은 백성들이 한 왕을 택함으로써 이 구원자를 거부했었다는 것을 보고한다. 만일 사무엘 스스로 제안된 왕에 대해 "이 사람이 우리를 어떻게 구할 수 있는가?"라고 물었다면, 독자들은 19절에서 놀라지 않았을 것이다. 그러나 19절과 27절 사이에 있는 구절들은 여호와께서 자신이 선택한 왕을 지시해 주시는 제비뽑기 예식을 보고한다. 여호와와 사울 사이의 그런 결속과 더불어 사울 왕 역시 구원, 전쟁에서의 승리의 통로일 수 있었다. 사무엘상 11:13에서, 사울은 여호와께서 이룩하신 구원이었던 암몬 족속에 대한 자신의 승리에 찬사를 보냈다(참조. 삼하 23:10, 12). 8장과 10:18abg-19a절에서 등장한 왕권에 대한 여러 반대들에도 불구하고, 20-24절은 그 왕이 여호와 자신의 선택이라는 것을 보여 준다. 그러므로 사울 왕의 "구원"의 능력을 질문하는 자는 그 누구든지 "불한당"이다. 이 반대자들은 사울을 무시했으며 그에게 어떠한 선물이나 공물도 가져오지 않았다. 그들은 그에게 어떤 합당한 경의도 표하지 않았다. 그런 존경의 예물들(homage-presents)에 대해서는 창세기 32:14, 19; 사사기 3:15; 6:18; 사무엘하 8:2, 6과 열왕기하 8:8을 보라. 동일한 그 히브리어 단어가 열방들이 왕이신 여호와께 초대되어 그분께 가져오는 공물을 의미한다(시 96:8).

해설

사무엘상 10:17-27a에서 저자는 왕권에 대한 자신의 견해를 표현할 때 많은 긴장과 모순을 만들었다. 9:1-10:16은 사울이 개인적으로 사무엘에 의해 귀인으로 기름부음 받았다는 것을 보고하는 반면, 10:17-27a에 있는 기사는 그 임명이 사울이 주도한 공적인 제비뽑기 의례에서 이루어졌다는 것을 가리키고 있다. 더욱 중요하게는, 그 본문의 최종적 형태가 왕권에 대한 모호성을 표현한다. 한편으로 볼 때, 백성들의 왕에 대한 요구는 그분의 구원의 손길이 출애굽과 그 뒤에 이어진 위기 속에서 명백하게 나타났던 구원자이신 여호와에 대한 거절로 보인다. 그러나 역시 최초의 왕은 다른 데서 여호와의 뜻을 드러내주는 데 사용된 제비뽑기 의식을 통해 선출되었으며, 사울의 출중한 신체 조건은 그의 선출 자격을 확증한다. 사무엘이 백성들에게 여호와께서 선택하신 그 사람을 보느냐고 물었을 때, 그들은 울려 퍼지는 소리로 "왕이여 만세!"라고 환호하며 응답했다. 신적인 선택과 대중적 갈채의 순서는 11장에서도 반복되는데, 거기서 성령이 암몬과의 전투에서 사울에게 부여되고 그때 백성들은 사울을 길갈에서 왕으로 세움으로써 그의 승리에 화답한다.

사무엘은 새로운 제도에 대한 법적이면서도 아마 신학적인 기초를 제공하는 한 법률을 기록해서 성소에 안치함으로써 왕권이 긍정적으로 이해될 수 있다는 것을 보여 준다. 그 장의 끝에서 사울의 구원의 능력에 의심을 품은 불한당들의 잘못은 11장이 보여 주듯이 단순하다. 사울에게 질문함으로써 그들은 또한 그를 선택하신 여호와께 질문하고 있는 것이다.

이 장에 사울이 받은 왕권에 대한 긍정적 언명이 있고, 또한 그를 반대하는 자들을 불한당들로 부르는 비하가 있지만, 그럼에도 불구하고 이 장은 독자들에게 사울이 선택된 왕이지만 왕을 요구했던 백성들은 여호와를 거부했다는 역설을 남겨둔다. 이러한 역설은 12장에 가서야 부분적으로 해결되는데, 그 장은 어떤 조건하에서 왕권이 진정으로 하나님이 기뻐하시는 것이 되며, 또한 어떤 조건하에서 그것이 신적인 진노를 촉발시키게 되는지를 보여 줄 것이다. 그러나 그 모호성은 아마도 이어지는 장들에서 해결되는데, 거기서 우리는 선택된 왕이 또한 거절될 수 있다는 것을 발견하게 된다.

여호와의 사울 왕 임명은 최소한 세 가지 형식 속에서 기억되었다: 기름부음, 제비뽑기 그리고 성령의 임재. 이것들 중 어느 것이 가장 고대의 전승인지, 혹은 어느 것이 가장 믿을 만한 역사적 기사인지에 대해 어떠한 확실한 합의도 금방 나타날 것 같진 않다. 어떤 기사는 친-왕정적인 것으로 그리고 다른 기사는 반(反)-왕정적인 것으로 칭하는 신학적 평가 역시 단순한 문제는 아니다. 반-왕정적인 것과는 거리가 멀게, 신명기 학파 전집(corpus)은 왕권에 대한 율법(신 17:14-20)과 옛 시대인 왕정 이전 시대가 반드시 좋았던 것은 아니었음을 지시하는 구절들(삿 17: 6;

18:1; 19:1; 21:25)을 공히 포함한다. 현재의 기사는 사울에 대해 매우 긍정적인 것들을, 그리고 백성들의 역할에 대해서는 매우 부정적인 것들을 말한다: 그들의 왕에 대한 열망은 구원자로서의 여호와에 대한 거부를 의미했다. 사무엘상 전체를 읽는 사람은 누구든지 여기서 여호와의 선택된 왕으로 갈채를 받는 그 사람이 완전히 거부된 가운데, 불명예스러운 죽음을 피하려고 절망적으로 자신의 검 위에 떨어져 그의 삶을 마감하리라는 것을 안다.

13. 사울이 왕권을 (다시) 선언하다(10:27b-11:15)

참고문헌

von Rad, G. *Der heilige Krieg im alten Israel.* Göttingen: Vandenhoeck & Ruprecht, 1958. **Sawyer, J.** "What was a mošiaʿ?" *VT* 15(1965) 475-86. **Wallis, G.** "Eine Parallele zu Richter 19, 29ff und 1 Sam. 11, 5ff aus dem Briefarchiv von Mari." *ZAW* 64(1952) 57-61.

본 문

27b 어떤 비류는 가로되 이 사람이 어떻게 우리를 구원하겠느냐 하고 멸시하며 예물을 드리지 아니하니라 그러나 그는 잠잠하였더라

27b [a]Nahash, king of the Ammonites, was oppressing the Gadites and Reubenites severely, and he was boring out every right eye, allowing no one to save Israel. There was no one left among the Israelites across the Jordan whose right eye Nahash, king of the Ammonites, had not bored out. Seven thousand men had escaped from the power of the Ammonites, however, and had come to Jabesh-gilead.[a/b]

1 암몬 사람 나하스가 올라와서 길르앗 야베스를 대하여 진치매 야베스 모든 사람이 나하스에게 이르되 우리와 언약하자 그리하면 우리가 너를 섬기리라

11:1 About a month later[b] Nahash the Ammonite came up and encamped against Jabesh-gilead. All the men of Jabesh said to Nahash, "Make a treaty with us and we will serve you."

2 암몬 사람 나하스가 그들에게 이르되 내가 너희 오른 눈을 다 빼어야 너희와 언약하리라 내가 온 이스라엘을 이같이 모욕하리라

2 But Nahash the Ammonite replied, "I shall make a treaty with you only if I bore out everyone's right eye and thereby make a reproach for all Israel."

3 야베스 장로들이 이르되 우리에게 이레 유예를 주어 우리로 이스라엘 온 지경에 사자를 보내게 하라 우리를 구원할 자가 없으면 네게 나아가리라 하니라

3 In response the elders of Jabesh begged him, "Let us alone for seven days so that we can send messengers throughout the whole territory of Israel. If there is no one who can save us, we will surrender to you."

4 이에 사자가 사울의 기브아에 이르러 이 말을 백성에게 고하매 모든 백성이 소리를 높여 울더니

4 When the messengers came to Gibeah of Saul, they reported these events in the hearing of the people, leading all of them to raise their voice and cry.

5 마침 사울이 밭에서 소를 몰고 오다가 가로되 백성이 무슨 일로 우느냐 그들이 야베스 사람의 말로 고하니라

5 Saul was following the cattle from the field when he said, "What's the matter with the people that they are crying?" Then they related to him the message of the men of Jabesh.

6 사울이 이 말을 들을 때에 하나님의 신에게 크게 감동되매 그 노가 크게 일어나서

6 The spirit of God[a] rushed on Saul when he heard these words, and he became very angry.

7 한 겨리 소를 취하여 각을 뜨고 사자의 손으로 그것을 이스라엘 모든 지경에 두루 보내어 가로되 누구든지 나와서 사울과 사무엘을 좇지 아니하면 그 소들도 이와 같이 하리라 하였더니 여호와의 두려움이 백성에게 임하매 그들이 한 사람같이 나온지라

7 Taking a yoke of oxen, he cut them into pieces and sent them throughout the whole territory of Israel by the hand of the[a] messengers. This was his edict: "Whoever does not follow Saul and Samuel, shall have his oxen treated in this way." As soon as the terror of God fell on the people, they went out for war as one man.

8 사울이 베섹에서 그들을 계수하니 이스라엘 자손이 삼십만이요 유다 사람이 삼만이더라

8 When he [Saul] numbered them in Bezek, the Israelites were 300,000[a] and the men of Judah 30,000.[b]

9 무리가 온 사자들에게 이르되 너희는 길르앗 야베스 사람에게 이같이 이르기를 내일 해가 더울 때에 너희가 구원을 얻으리라 하라 사자들이 돌아가서 야베스 사람들에게 고하매 그들이 기뻐하니라

9 He[a] said to the messengers who had come: "So shall you say to the men[b] of Jabesh-gilead, 'Tomorrow, by the time the sun gets hot, you will have victory.'" The messengers came to rcport to the men of Jabesh, and they rejoiced.

10 야베스 사람들이 이에 가로되 우리가 내일 너희에게 나아가리니 너희 소견에 좋을 대로 우리에게 다 행하라 하니라

10 The men of Jabesh proposed [to Nahash]: "Tomorrow we will 'come out' to you, and you can then do to us whatever seems right in your eyes."

11 이튿날에 사울이 백성을 삼대에 나누고 새벽에 적진 중에 들어가서 날이 더울 때까지 암몬 사람을 치매 남은 자가 다 흩어져서 둘도 함께 한 자가 없었더라

11 On the morrow Saul divided his people into three groups and entered the center of the camp in the morning watch. After they had killed the Ammonites[a] until the day became hot, those who were left scattered, so that no two of them were left together.

12 백성이 사무엘에게 이르되 사울이 어찌 우리를 다스리겠느냐 한 자가 누구니이까 그들을 끌어내소서 우리가 죽이겠나이다

12 The people then asked Samuel, "Where are the people who said, 'Shall Saul[a] rule over us?' Give us those men so that we may kill them."

13 사울이 가로되 이 날에는 사람을 죽이지 못하리니 여호와께서 오늘날 이스라엘 중에 구원을 베푸셨음이니라

13 "No one shall be put to death on this day," Saul[a] replied, "for this day Yahweh has won a victory in Israel."

14 사무엘이 백성에게 이르되 오라 우리가 길갈로 가서 나라를 새롭게 하자

14 Samuel interjected, "Come, let us go to Gilgal to renew the kingship there."

15 모든 백성이 길갈로 가서 거기서 여호와 앞에 사울로 왕을 삼고 거기서 여호와 앞에 화목제를 드리고 사울과 이스라엘 모든 사람이 거기서 크게 기뻐하니라

15 So all the people went to Gilgal[a] and proclaimed Saul king there,[a] in Yahweh's presence, in Gilgal. There they sacrificed peace offerings before Yahweh, and there Saul[b] and all the men of Israel rejoiced very much.

원문주해

10:27.a.-a. 하나의 단락이 4Q에 근거하여 복구되었다. 나하스의 정복과 그의 다국적 외교 정책에 대한 유사한 묘사가 요세푸스(Ant. 6.68-71)에서 발견된다. 크로스(F. M. Cross)에 의해 재구성된 4Q의 본문에 관해서는 맥카터를 보라.

27.b.-b. 70인경(LXX)과 4Q 케모 호데쉬(כמו חדש); 마소라 본문(MT): "그러나 그는 그의 평화를 유지할 사람과 같았다" 케마하리쉬(כמחריש). 만일 우리가 마소라 본문(MT)을 따른다면, 그 표현은 선행된 단원과 연결되어야 한다. 그것은 만일 나하스의 남쪽 정복을 다루는 단락이 복원된다면 명백히 불가능하다.

11:6.a. 두 개의 히브리어 필사본(mss.), 70인경(LXX), 탈굼역(Targ), 구 라틴역(OL)은 "여호와"로 읽는다. 참조. 10:6; 16:13.

7.a. 70인경(LXX)은 정관사를 빠뜨린다. 마소라 본문(MT)은 야베스-길르앗에서 온 사자들이 사울에 의해 새로운 임무를 부여받고 파송되었다는 것을 의미하거나, 혹은 그 관사가 이전에 언급되지 않은 일단의 사람들을 위해 사용되었다는 것을 의미한다. 참조. *GKC* 126q.

8.a. 70인경(LXX), 구 라틴역(OL): "600,000"; 요세푸스, *Ant.* 6.78: "700,000."

8.b. 4Q 70인경(LXX), 구 라틴역(OL), 요세푸스: "70,000."

9.a. 70인경(LXX), 구 라틴역(OL), 시리아역(Syr); 마소라 본문(MT): "그들이."

9.b. 마소라 본문(MT) 단수; 몇몇 히브리어 필사본들(mss.)과 번역본들은 복수.

9.c. 4Q는 본문의 초과된 줄을 포함하지만 그것은 정확한 의미와 원래의 형태가 결정되기 어려울 정도로 훼손되어 있다.

11.a. 참조. 70인경(LXX), 구 라틴역(OL), 시리아역(Syr). 탈굼역(Targ); 마소라 본문(MT)은 브네이(בני) "…의 아들"이 빠져 있다(고의적으로?): "그들이 암몬을 죽인 후에."

12.a. 마소라 본문(MT)은 의문사 헤(ה-헤)가 빠져 있다. 그러나 이것이 이 문장을 하나의 질문으로 읽는 것을 미리 차단하는 것은 아니다. 참조. *GKC* 150a. 두 개의 히브리어 필사본(mss.)과 그 역본들은 그것을 부정적 언명으로 만든다: "사울이 우리를 다스리지 못할 것이다."

13.a. 맥카터는 바이저(Weiser)와 70인경(LXX)을 따르면서 "사무엘"로 읽는다. 비록 이러한 독법이 단지 그 선지자를 이 단원에 삽입시키려는 지속적인 노력의 일부로 보인다 할지라도 말이다. 참조. "주석."

15.a.-a. 이 동사는 관용어법을 벗어난 것이다. 70인경(LXX): "그리고 사무엘은 거기서 사울을 왕으로 임명했다." 그 일의 절차에 사무엘을 개입시키려는 시도.

15.b. 70인경(LXX): 사무엘. 참조. 13.a.와 15.a.

양식/구조/배경

나하스의 야베스-길르앗에 대한 공격과 그것에 대한 사울의 반응은 길갈에서 사울의 왕권에 대한 공적인 선언에서 절정에 이른다. 앞 단원 10:17-27a이 미스바 집회에서 사울의 선택을 다루고, 이어지는 단원 12:1-25은 사무엘의 "고별 담화"이므로, 현재의 단원의 경계선은 명확하다. 유일하게 불확실한 곳은 10:27b인데, 그 이유는 마소라 본문(MT)이 다른 형태를 보이고(10:27[b-b]), 또한 그것이 우리가 4Q(10:27b[a-a])에 근거하여 재구성한 본문보다 훨씬 짧기 때문이다.

요약. 암몬 왕 나하스는 요단강 건너편 부족들을 기습하여 그들의 오른쪽 눈을 빼버린다. 7,000명의 이스라엘 사람들이 야베스로 도망갔다. 암몬 왕은 그 성읍을 포위하여 평화적 항복에 대한 제의를 일언지하에 거절한 후, 야베스 사람들에게 이스라엘 전역에 도움을 청하러 사람을 보낼 기회를 준다. 그들의 사자들이 사울의 성에 도착했을 때, 그 성은 공적인 애곡을 했다(11:1-4). 결국 사울은 그 소식을 듣고 성령을 입는 현상으로(charismatically) 반응했나(성령에 사로잡힘, 분노). 그는 한 겨리의 소를 각을 떠서 그 조각들을 이스라엘을 전쟁에 소환하는 데 사용했으며, 그 소환에 불응한 자들에게는 저주의 협박을 가했다. 사울은 베섹에서 백성들을 모집하여 인원을 센 후 승리가 다가오고 있다는 전갈을 야베스에 전했다. 포위된 성읍이 암몬 족속에게 모호한 전갈을 전달한 후, 이튿날 이스라엘의 승리는 완전했으며 또한 신속했다(11:5-11). 백성들은 사울의 자격을 문제 삼았던 불한당들을 사형시킬 것을 원했으나, 사울은 그들을 사면했다(11:12-13). 사무엘의 제안으로, 백성들은 길갈로 가서 희생제를 드리며 기쁨으로 사울을 왕으로 선언했다(11:14-15).

10:27b-11:11, 15의 내용은 바로 앞의 단원과 친숙하지 않다는 것을 보여 준다. 예를 들어, 11장에 있는 왕권은 제비뽑기나 신탁의 방식보다는 오히려 전쟁에서의 사울의 지도력에 기인한 것이며, 그의 왕권에 대한 공적인 선언은 미스바 회집 이후 빈번해진 것 같다. 농부 사울은 기브아에서 임명되며, 또한 선언된 왕이 아니라 한 개인적인 시민인 것으로 보인다. 이것은 9:1-10:16과 같은 비밀스런 기름부음과 무관한 것이 아니지만, 10:17-27a에 있는 자료들과 상당한 모순 속에 있다. 암몬 사건은 분명히 독자적인 전승이며 보통 사울에 대한 가장 오래되고 권위 있는 것 중 하나로 간주된다. 버취는 뒤이어 1-11절에서 이어지는 전쟁 체계의 양식적(formal) 요소들을 확인한다: 상황과 적의 확인, 1-4절; 영에 사로잡힘, 6절; 지파군의 소집,

7-8절; 승리에 대한 보고와 완전한 전멸에 대한 공지, 11절. 그 승리는 한 영웅/구원자의 등장에 의한 것인데, 그는 사사기에서 아주 빈번히 그랬던 것처럼 전쟁에서 하나님의 대행자로 행동한다.

15절에서 사울의 왕권에 대한 선언은 우리가 말한 대로 10:17-27a에 대한 병행 전승이다. 14절은 길갈 회집을 왕권의 갱신으로 이해하여 두 개의 전승을 조화시키려는 편집자의 의도다. 이 구절 역시 사무엘을 그가 본래는 아무런 역할도 하지 않았을 한 사건에 연루시키는 역할을 한다.

불한당들에 대한 사면(12-13절)은 사울이 희생제와 법적 영역에서 책임을 행사한다는 것을(Birch), 또한 이 전승이 그 편집자에 의해 기술적으로 사용되어 11:1-15에 있는 재료들을 10:17-27a과 연결시킨다는 것을 증명한다. 미스바 회집 후에 사울을 반대했던 사람들은 잘못을 저지른 것으로 드러나지만, 그들은 사울의 승리 후 그가 베푼 아량의 수혜자가 된다. 사무엘의 역할도 엿보이는 그 불한당들에 대한 사건은 본래 암몬-길갈 사건들과 아주 별개의 것으로 보인다. 결과적으로 이 장에서 사무엘의 역할은 다음의 것들에 국한된다: 12절 및 14절과 같은 그런 편집된 구절들; 13절과 15절처럼 전승자들이 사무엘의 역할을 확장시키려 했던 다양한 독법들; 7절로서 이 구절에서는 모든 사람들이 전쟁에서 그를 따라야 한다는 사울의 원래의 칙령이, 앞서 그 단원에서는 언급되지 않았던 그들의 사울과 사무엘 추종에 대한 언급으로 보충된다. 7절에서 사무엘 앞에 있는 전치사의 철자는 사울 앞에 있는 것과 약간 다른데(봐아하르[ואחר]와 봐아하레이[אחרי]), 이것은 사무엘이 진정으로 이차적인 삽입이라는 표시일 것이다.

만일 10:27b-11:11과 11:15이 고대의 전(前)-신명기 학파 작가에게 할당된다면, 12-13절과 14절은 어떤 편집자에게 귀속될 것이다. 베이욜라(Königtum 39-52)는, 비록 이러한 엄밀한 확인을 지지하는 증거가 미미하다 할지라도, 그 편집자를 Dtr과 동일시한다. 그는 왕권(מלוכה – 멜루카)이라는 단어가 종종 신명기 학파적 문맥에서 사용된다는 사실에 주목한다(11:14; 10:16, 25; 14:47). 다른 편집 항목들은 수정된 것으로(약 한 달 후에) 10:27b을 포함할 수 있는데, 그것은 지금 미스바 단원으로 연결하는 고리 역할을 한다. 그런데 어떤 사람은 만일 10:17-27a을 포함하지 않는 사울의 왕권 등극에 대한 기사가 일단 존재한다면, 10:27b이 10:16과 11:1 사이에 있는 전승으로 매우 적합하다고 보기도 한다. 10:7에 있는 편집적 언급(이 징조들이 너에게 발생할 때 너의 손이 발견하는 무엇이든지 행하라. 왜냐하면 하나님이 너와 함께 하시기 때문이다)은 이제 11장의 전쟁에서 사울이 보여 준 성령을 입은 지도력에서 성취되는 것을 알 수 있다.

주석

27b 나하스란 이름은 어원적으로 "뱀"이란 단어나 "장엄"을 의미하는 아카드어 단어와 관련시킬 수 있다. 사무엘하 10:2에 따르면, 나하스는 다윗 왕의 친구가 되었다. 이것은 사울이 야베스 길르앗 전투에서 나하스를 죽였다는 요세푸스의 언급을(*Ant.* 6.79)을 배제한다. 나하스의 아들인 후계자 하눈은 다윗의 사절단을 모욕했으나(삼하 10:3-5), 그의 형제 소비는 나중에 압살롬과 다윗의 투쟁에서 다윗을 지원했다. 이 두 사건 사이에서, 다윗은 암몬 족속을 패배시키고 그들의 왕관을 자신의 머리에 썼다(삼하 12:29-30). 만일 우리가 사무엘하 17:25과 역대상 2:16-17에 있는 족보 정보를 문자적으로 받아들인다면, 우리는 아비갈(혹은 아비가일 – 군대 장관으로 압살롬과 다윗을 모셨던 아마사의 어머니)과 스루야(다윗의 전사들이었던 요압, 아비새, 아사헬의 어머니)가 자매라는 것과 다윗과 그녀들 사이는 남매지간이라는 것을 알게 된다. 나하스가 아비갈(아비가일)의 아버지였는지(참조. 삼하 17:27. 아버지라면, 그녀의 어머니는 나하스와 결혼한 후에 이새와 결혼했음이 분명하다) 혹은 어머니였는지에 대해서는 일부 논란이 있다 – 만일 나하스가 아비가일의 어머니였다면, 그녀의 이름이 나하스로 불려진 이유는 그녀가 암몬의 왕족 출신이었기 때문이다(어머니일 경우, 나하스는 또한 스루야와 다윗의 어머니였을 것이다). 어찌 되었든, 아비갈의 부모 중 한 명은 나하스였다(삼하 17:25). 그러나 이러한 불완전한 족보 공지들은 다윗과 암몬 족속의 왕 나하스가 친구였다는 개념과 상호 관련되어 있다. 내친 김에 말하자면, 다윗의 최고 관료들 중 네 명이 이 계보에 따라 그의 조카들이었으며, 압살롬의 사령관 아마사는 그 반역한 왕의 사촌이었다. 암몬과의 이전의 역사에 한정해서 보자면, 이스라엘은 암몬의 출생에 대한 경멸적인 이야기를 기억하고 있었으며(창 19:31-38), 입다는 지파 동맹체 시대에 암몬과 싸운 바 있었다(삿 11; 참조. 역시 신 2:16-25, 37).

나하스는 특이하게도 야베스 길르앗, 즉 라밧-암몬(Rabbath-Ammon, 현대의 암만; MR238151-한글 개역: 랍바)에 있는 자신의 수도 북쪽의 아주 멀리 떨어진 곳에서 전투를 벌이고, 또한 야베스 길르앗 거주민을 무섭게 위협하는데, 이러한 일들은 우리의 성경 본문 번역에서 복구시킨 단락에 의해 명료하게 설명된다. 거주민들의 눈을 빼겠다는 위협은 요단 건너편의 이스라엘 부족들인 갓 족속과 르우벤 족속과의 전투에서 있었던 그의 정책의 연장선 속에 있었다. 야베스 길르앗은 7,000명의 피난민들이 갓과 르우벤 전투에서 도망을 친 이유로 나하스의 깊은 분노를 샀다(저자의 영어 번역을 보라–역자주).

야베스 길르앗이 와디 야비스(the Wady Yabis)에 위치해 있었다는 것에는 대체로 합의가 되어 있다. 비록 야베스 길르앗의 잔해물들이 텔-엘-마크룹(Tell-el-Maqlûb, MR214201)과 관련되어 있는지, 아니면 와디 야비스(the Wady Yabis)의 북쪽에 있는 쌍둥이 지점 텔 아부 카라즈(Tell Abū Kharaz)와 텔 엘-메크베레(Tell el-Meqbereh), 혹은 남쪽의 텔 에드-데이르(Tell ed-Deir)와 관련되어 있는지에 대해서는 의견이 불일치하지만 말이다. 어찌 되었든, 야베스는 벧산(Beth-Shan) 남동쪽 약 13마일 지점과 요단 동편(트랜스 요르단)의 갈릴리 바다 남쪽 약 20마일 지점에 있다.

11[1]-[4] 나하스는 오로지 자신이 그들의 오른쪽 눈을 빼야만 야베스 족속과 조약을 맺을 것이라고 말했다. 요세푸스에 따르면, 그의 말은 모든 사람의 오른쪽 눈의 제거를 수반하게 될 항복이나 또는 전적인 파괴를 의미했다. 그런 눈멀게 하기와 병행을 이루는 사건들이 블레셋 족속이 삼손의 두 눈을 파버린 이야기에 의해, 또한 587년의 바벨론 사람들에 의해 소경이 되었던 시드기야의 이야기에서 제공된다(삿 16:21). 요세푸스는 남은 한쪽 눈으로 싸우는 것이 불가능하도록 왼쪽 눈은 안대로 가렸다고 설명한다. 그러나 문제의 핵심은 그런 눈멀게 하기가 가져올 치욕인 것으로 보인다. 이스라엘과 여호와에 대한 골리앗의 조롱은 나발이 준 모욕과 다말의 강간이 그러하듯이 하나의 치욕으로 여겨진다(삼상 17:10, 25, 36, 45). 그런 눈멀게 하기에 대한 위협과 또한 그런 상해가 가져올 모든 이스라엘에 대한 치욕으로 인해, 모든 이스라엘이 소환되어 사울을 통해 수행된 거룩한 전쟁이 필연적이 되었다.

본문은 나하스가 처음에 항복 제의를 왜 그렇게 매몰차게 거절했는지, 그 대신 이어서 이스라엘 전역에 사람들을 보내 한 "구원자"를 구하도록 허용했는지를 설명하지 않는다. 아마도 이러한 양보는 그의 거만함이나 절대적인 군사적 우월감의 표시였을 것이다. 야베스의 장로들(3절; 이 장의 다른 곳에서 우리는 항상 야베스 길르앗 "사람들"에 대해 읽는다. 1, 9, 10절)은 암몬의 압제로부터 자신들을 구해 줄 구원자를 찾았다. 그리고 이 목표는 옷니엘(삿 3:9)과 에훗(삿 3:15)의 행위들을 생각나게 만든다. 그들은 지파 동맹체 시절에 구원자/사사로서의 역할을 했다. 구원자는 압제받는 자들의 옹호자나 방어자였으며, 필요한 시기에 그들의 우편에 섰던 사람이었다(Sawyer; 참조. 왕하 13:5). 성경에서 구원자로 행동했던 분은 하나님 혹은 그분이 임명하신 영웅이다.

사울이 그때 이스라엘을 구원할 그 사람이었을까? 그런 예측에 대한 의심이 본문에서 불한당들(한글 개역: 비류들)의 조롱하는 질문을 통해 나타난다: "이 사람(=사울)이 어떻게 우리를 구원하겠느냐?"(10:27a; 10:1b과 11:12-13을 비교하라). 그 전령들은 어떤 경로로든 사울에게 곧바로 보내진 것이 아니라, 어떤 장소에서 한 구원자를 발견하려는 필사적인 희망 속에서 이스라엘 전역으로 흩어졌다. 이전에 있었던 사울의 왕직 임명과 선언은 11장의 주된 서사에서 전제되지 않는다. 장로들은 전령들이 구원자를 찾지 못한다면 나하스에게 "나가서" 항복하겠다고 동의했다. 항복의 의미로 쓰이는 야짜(יצא)의 용례에 대해서는 열왕기하 24:12; 이사야 36:16; 예레미야 38:17을 보라. 또한 아래의 10절을 보라.

요세푸스가 온 이스라엘 성읍에서 행한 그 전령들의 활약에 대해 말해 준다 할지라도(*Ant.* 6.73-74), 사무엘상에 있는 기사는 단지 그들이 사울이 있던 기브아에 도착한 사실만 보고할 뿐이다(참조. 삼상 5:34; 삼하 1:6; 사 10:29). 그 곳은 야베스에서 40마일 이상 떨어진 텔 엘-풀(Tell el-Fûl)로 확인된다(참조. 9:1의 "주석"). 그 소식으로 인해 기브아의 백성들은 공적인 애곡 속에 부르짖었다. 그러나 누군가가 사울에게 그 소식을 알려 그가 왕으로서 지도력을 발휘할 수 있으면 좋으련만 아무도 그에게 급파되지 않았다. 해설자는 분명히 10:17-27a에 자세히 설명된 공적인 임명과 선언에 대해서는 몰랐다. 그가 일개 청년인 사울의 비밀스런 기름부음에 대한 전승인 9:1-10:16에 대해서는 알고 있었을지 모르지만 말이다.

[5]-[11] 사울은 습관대로 들에서 일을 마치고 돌아왔으며, 그런 다음에야 그는 야베스 길르앗에 대한 경악할 만한 소식과 이 위기 속에서 이스라엘에 대한 치욕적인 협박에 대해 들었다. 비록 저자의 관심이 사울에게 집중되었다 할지라도, 유지되고 있던 야베스 길르앗과 베냐민 사이의 관계는 이 기사를 그럴듯하게 만든다. 야베스는 기브아와 베냐민을 상대로 벌인 전쟁에 동참하지 않았는데, 그에 대한 심각한 대가를 치렀다: 소수만 남은 베냐민에게 줄 처녀 400명을 제외한 모든 남자, 여자 그리고 아이들이 죽음을 당했다. 역대상 7:12-15에 있는 다소 모호하고 본문상으로 불확실한 족보 언급들은 길르앗의 아버지 마길이 베냐민의 아들들인 후빔과 수빔을 위해 아내들을 주었음을 지시한다. 야베스에 대한 사울의 친절은 야베스 사람들이 블레셋 족속으로부터 그의 시체를 빼내어 정성스럽게 장례를 치러 주었을 때 부분적으로 보답되었다(삼상 31:1-13과 삼하 2:4b-7).

그러나 사울이 그 소식을 들었을 때, 마치 부족 동맹체 시대에 구원자-사사들에게 그랬던 것처럼(옷니엘, 기드온, 입다, 삼손) 성령이 그에게 엄습해 왔다(참조. 삿 14:6, 19; 15:14-모두 삼손과 관련됨). 10:6, 10절에서 성령이 사울을 선지자의 한 사람인 것마냥 황홀경에 빠진 행동을 하게 만들었던 반면, 11장에서는 성령이 거룩한 전쟁을 위한 지도권을 구비하게 만든다(참조. 10:7). 추정컨대, 사울의 엄청난 분노는 삼손의 경우와 마찬가지로 역시 그가 성령에 사로잡혔다는 표시다. 여호와의 영은 삼손을 이끌어 아스글론에서 30명을 죽이게 했으며, 격노하며 그의 아버지 집을 향해 가게 만들었다(삿 14:19).

사울의 첫 번째 행동은 한 겨리의 소를 각을 뜬 후 그것들을 무장 소집의 요구로 이스라엘 전역에 보내는 것이었다. 누구든지 싸우러 오지 않으려는 사람은 사울 자신의 각 뜬 황소로 협박을 받았다. 부데(Budde)는 각을 뜬다는 것을 한 개인에 대한 저주의 약화된 형식으로 간주했다. 이 저주 형태에 대한 가장 좋은 성경적 병행은 사사기 19:29-30에 나온다. 거기서 자신의 첩이 능욕을 당해 죽음을 당한 어떤 레위인이 그녀의 몸을 열두 조각으로 잘라낸 후 그것들을 이스라엘 전역으로 보내는데, 추정컨대 그것은 베냐민에 대항한 거룩한 전쟁에의 초청이었다. 상당히 흥미롭게도, 그 레위인은 기브아에서 분노에 찬 초청장을 보냈다. 훨씬 더 밀접한 병행은 성경 밖의 자료들에서 유래한다. 마리 서신들 중 하나에서 어떤 바딜림(Baḫdilim)이 전쟁을 위한 군대 모병에 어려움을 가졌다. 그래서 그는 왕에게 한 죄수의 머리를 잘라내어 그것을 사방에 경고로 보낼 것을 허락해 달라고 요청했다. 그것의 명백한 암시는 누구든지 전쟁을 위해 나타나지 않는 자는 이 죄수처럼 징벌을 받게 된다는 것이다(Wallis의 토론을 보라). 사사기 19:29-30에 있는 그 레위인의 행동은 또한 유사한 저주를 암시했을 수 있다: 누구든지 베냐민 사람들의 행위를 무시하는 자는 자신이(혹은 그의 아내가) 각 뜨는 일을 당하게 될 것이다. 다른 거룩한 전쟁의 맥락에서는 뿔 나팔을 부는 것이 군대를 모집하는 방법이었다(삿 3:27; 6:34; 삼상 13:3). 우리는 사울이 야베스에서 왔던 바로 그 동일한 전령들을 보냈는지는 확신할 수 없다(참조. "원문주해"). 언뜻 보기엔 그랬을 것 같지만 말이다. 어쨌든, 그는 백성들이 전쟁을 위해 자신을 따를 것을 원했다. 7절에 있는 사무엘에 대한 언급은 아마도 이차적인 것일 가능성이 있다("양식/구조/배경"을 보라).

거룩한 전쟁의 문맥 속에는 하나님으로부터 온 공포가 적들에게 엄습한다는 것이 자주 언급된다(예를 들어, 창 3:5와 삼상 14:15; 참조. von Rad, 12). 그러나 7절에서는 그것이 이스라엘의 일치된 반응을 이끌어내면서, 그들에게 동기 부여의 힘으로 나타난다(참조. 삿 20:1). 사울은 백성들을 베섹(Bezek)에 있는 집결지로 이끌고 갔다. 그 곳은 세겜의 북동쪽 약 12내지 13마일 지점, 그리고 야베스 길르앗에서 약 13-14마일 떨어진 요단강 서편의 기르벳 입지크(Khirbet Ibzīq)에 위치해 있었다. 8절에 있는 군대의 숫자들은 의심스러운데, 그 이유는 마소라 본문(MT), 70인경(LXX), 4Q와 요세푸스 사이에 있는 차이 때문만이 아니라, 그 숫자들이 당시에 비추어 볼 때 너무 지나치게 큰 것처럼 보이고, 또한 시대착오적으로 이스라엘과 유다 사이를 구별하기 때문이다. 엄청난 숫자들은 사울의 위대한 지도자로서의 자질을 상징적으로 강조하려는 의도일까? 혹은 통상적으로 "천"으로 번역되는 엘레프(אלף)란 단어는 징집된 사람들의 작은 단위를 지시하는 것으로 이해되는 것일까(McCarter; 참조. Gottwald, 272)? 이스라엘과 유다 사이의 구별은 사울의 죽음 후에 8년 동안 발생했던 왕정 체제의 분열을 전제하는 것으로 보인다. 많은 사람들은 사울이 유다 지역에 영향력 있는 지배권을 행사했던 때가 있었는지에 대해 의심을 품었다. 이스라엘과 유다 사이의 분할(10 대 1)은 이사야 6:13에 있는 것과 동일하다.

사울은 베섹으로부터 전령들을 보내 야베스에게 임박한 "구원"을 전해 주어 한 "구원자"를 향한 그들의 갈망에 응답해 주었다. 약속된 구원은 다음날, 더구나 뜨거운 낮이 되기 전에 이루어진다는 것이었다! 나하스와 암몬 사람들의 거만한 태도는 순식간에 신빙성을 잃게 될 것이다. 그 전갈로 인한 야베스의 기쁨은 다가올 승리뿐만 아니라 모든 이스라엘이 사울이 왕으로 선포되었을 때 경험할 기쁨을 예고한다(15절).

기쁨에 찬 야베스 사람들은 암몬 사람들에게 속임수를 쓴 전갈을 보냈다. 어떤 측면에서 살피면 10절은 야베스가 항복하리라는 것을, 그리고 암몬 사람들이 눈을 도려내든 아니면 무엇이든 마음대로 해도 좋다는 것을 말한다(참조. 삼상 14:36, 40; 삿 19:24). 무조건적인 항복이 바로 코앞에 닥쳐 있는 듯이 보인다. 그러나 독자들은 그들의 "나간다"는 약속이 갖는 또 다른 암시를 알고 있다: "내일 우리는 전쟁에서 너희를 대적하여 나간다." 그 전갈은 적들을 자아도취에 빠지게 하기 위해 고안된(designed) 것으로 보인다. 사실상, 그 말은 공공연한 반항의 행동이었다.

공격은 다음날 시작되었다. 그것은 우리의 관점에서는 같은 날의 일몰 후를 의미할 것이다. 사울은 기드온(삿 7:16, 20)과 아비멜렉(삿 9:43)이 그랬던 것처럼, 자신의 군대를 세 편대로 나누었다. 그 전략은 역시 블레셋 족속에 의해 채택되기도 했다(삼상 13:17-18). 삼중적 분리는 협공작전을 허용하는 듯이 보일 테지만, 그것 역시 놀라운 전략의 일부였을지도 모른다. 오전 보초 근무는 오전 2시부터 6시 사이

이기 때문에, 이러한 시간표 또한 이스라엘이 은밀한 침투 공격을 수행했다는 생각에 호의적이다(역시 출 14:24을 보라). 뜨거운 정오가 되기 전에 그 전투는 끝났다. 그리고 살육과 격파에 의한 대량살상은 너무나 완벽해서 두 명 단위의 암몬 사람 그룹을 전혀 찾아볼 수가 없을 정도였다!

12-13 전투 이후 백성들은 사울의 구원 능력을 의심했던, 그렇게 함으로써 여호와를 비방했음이 암시되었던 그 불한당들을 중벌에 처하기 위해 적법하게 보이는 요구 사항을 제시한다. 비록 이러한 순서가 편집자의 배열에 의한 것일 수도 있지만 말이다("양식/구조/배경"을 보라). 그렇지만 사울은 여호와께서 이 날에 구원을 베푸셨다는 이유로 그 불한당들을 사면해 주었다. 그리하여 사울은 그 날의 승리의 진정한 원천을 합당하게 인정했으며, 자신의 어떠한 공훈도 주장하지 않았다. 사울은 사면을 베풂으로써 역시 종교적-법적인 분야에서 책무를 (미래의 왕으로서?) 행사했다. 사무엘하 19:23에 따르면, 다윗은 압살롬의 반역과 관련하여 자신을 모욕하고 자신에게 돌을 집어던졌던 시므이를 처형하기를 거부했다. 왜냐하면 그 날은 그가 다시 왕이 된 날이기 때문이었다. 그러나 사무엘상 11장에는 사면의 이유가 되는 사울의 대관식 날에 대한 뚜렷한 언급이 전혀 없다. 사울의 종교적-법적 분야에서의 직무 수행에 대한 긍정적 평가는 13장과 15장에서 사무엘에 의해 뒤집어진다.

14-15 전투가 완료되고 사울에 대한 모략들이 해결된 것과 더불어, 편집자는 사무엘이 백성들을 길갈에 있는 옛 성소로 모이도록 초청했음을 보고한다(14절). 이제의 장소는 사무엘의 매년 순례지의 일부이며, 그 곳의 정확한 지점이 논란이 되긴 하지만 아마도 여리고 지역에 위치해 있었을 것이다(참조. 7:16의 "원문주해"). 편집자는 사무엘로 하여금 단순히 왕권의 갱신만을 제안하게끔 만든다. 왜냐하면 백성들이 이미 10:24에서 환호했기 때문이다: "왕이여 만세!"

15절에 따르면, 사울의 왕권의 실제적인 선포는 모든 백성들에 의해 이루어졌다. 거기에는 70인경(LXX)의 변형된 이차적인 독법을 제외하고는 사무엘에 대한 언급이 없다. 그 선포에 이어 화목제(communion sacrifices 또는 peace offerings)가 뒤따랐다. 그런 제사들에서는 한 부분이 제단 위에서 하나님께 드려진 반면, 다른 부분은 예배자들이 먹었다. 출애굽기 24:5에서는 화목제(זבח שלמים – 제바흐 쉘라밈)가 시내산 언약의 재가와 관련되어 있었다. 우리는 어떤 사람을 왕으로 선포하는 것 역시 그 사람이나 하나님과의 언약 체결을 수반한다고 추측해야 하는 것일까? 15절에 있는 희생에 대한 두 단어는 예상되는 구성형 연결(construct chain, 구성형을 흔히 연계형이라고 하는데, 이는 좋은 번역이 아니다 – 역자주)이 아니다. 아마도 그 둘은 동격으로 이해되어야 하거나, 아니면 두 번째 단어는 첫 번째 것의 설명이다(설명적 용법, epexegetical use). 어떤 경우든, 그 예식은 사울과 모든 이스라엘 사람들 양자 모두가 동참하여 몫을 받는다. 길갈 사건에 대한 이러한 긍정적인 이해는 호세아에 있는 왕권에 대한 난해한(cryptic), 그러나 대단히 비판적인 해설들과 비교될 필요가 있다: "그들은 왕을 세웠으나(מלך – 말라크 히필형), 나의 재가에 의한 것이 아니었다"(8:4). 그리고 "그들의 모든 불행은 길갈에서 [시작되었다]. 왜냐하면 내가 거기서 그들을 버렸기 때문이다"(9:15).

해설

이 단원은 사울에 대한 가장 오래되고도 긍정적인 묘사들 중 하나를 제시한다. 사울이 등장했을 때, 그는 부족 동맹체의 구원자-사사의 한 사람인 것처럼 행동했으며, 야베스 길르앗을 구원하기 위해 온 이스라엘을 집결시켰다. 성령의 은사를 받아 그는 그 위기의 순간에 마주섰다. 하나님은 분명히 그와 함께 하셨다(10:7). 백성들이 그의 구원의 능력을 의심했던 자들을 처벌하라고 요구했을 때, 사울은 하나님의 구원의 날이 흠이 생기지 않도록 하기 위해 사면을 선언했다. 고대의 길갈 성소에서 백성들은 자발적으로 합당한 의식들과 기쁨의 환호로 그를 왕으로 선포했다.

그는 말 그대로 최상의 왕이었다. 그는 압제받던 자들을 구원하고 이스라엘을 수치에서 건지도록 부름 받은 여호와의 구원의 대행자였다. 그는 권력을 추구하던 자도, 다른 신들을 숭배하던 자도, 백성이나 재산을 착취하던 자도 아니었다. 단지 이 기사만으로는 사울의 왕권을 규정하기란 어려울 것이다. 백성들이 당장의 위기 상황을 넘어 더욱 영원한 토대 위에 그에게 권력을 양도해 주었다고 말하는 것을 빼고는 말이다. 비록 사무엘이 본래 나하스와의 사건과 길갈에서의 사건에서 아무런 역할도 하지 않았던 것으로 보인다 할지라도, 현재의 본문 형태에 책임이 있는 전승사가들(tradents)은 이 사건들을 7, 12절 그리고 14절에서 사무엘과 관련시켰다. 70인경(LXX)에서는 그 경향이 더 발전되어 13절과 15절에서도 그러하다.

역사적으로 볼 때, 왕권은 블레셋의 위협 때문에 이스라엘에서 필연적인 것이 되었다. 그러나 이 단원에 따르면, 이스라엘은 블레셋과의 투쟁에서가 아니라 요단강 건너편에서의 구출 임무에서 이 때를 위한 사람을 발견했다. 아마 역사적으로는 분명히 바로 여기가 사무엘상의 책에서 사울의 경력이 절정에 이른 곳이다. 바로 여기에 변화된 상황들과 단지 약간 변형된 형식 속에서 고대의 부족 동맹체를 지속시켰던 그런 종류의 왕권이 있었다.

14. 왕권: 옳은 것인가, 잘못된 것인가?(12:1-25)

참고문헌

Baltzer, K. *The Covenant Formulary*. Tr. D. E. Green. Philadelphia: Fortress Press, 1971. **Lys, D.** "Who is our President? From Text to Sermon on I Samuel 12:12?" *Int* 21(1967) 401-20. **McCarthy, D. J.** *Treaty and Covenant*. 2nd ed. Rome: Biblical Institute Press, 1978. **Muilenburg, J.** "The Form and Structure of the Covenantal Formulations." *VT* 9(1959) 347-65. **Speiser, E. A.** "Of Shoes and Shekels(I Samuel 12:3; 13:21)." *BASOR* 77(1940) 15-20. **Weiss, R.** "La Main du Seigneur sera contre vous et contre vos pères(I Samuel xii. 15)." *RB* 83(1976) 51-54. **Zakovitch, Y.** "בדן=יפתח." *VT* 22(1972) 123-25.

본 문

1 사무엘이 온 이스라엘에게 이르되 보라 너희가 내게 한 말을 내가 다 듣고 너희 위에 왕을 세웠더니	**1** Samuel said to all Israel, I have listened to your voice in everything you asked me, and I have installed a king over you.
2 이제 왕이 너희 앞에 출입하느니라 보라 나는 늙어 머리가 희었고 내 아들들도 너희와 함께 있느니라 내가 어려서부터 오늘날까지 너희 앞에 출입하였거니와	**2** Now, there is the king walking before you while I am old and gray, and my sons are with you. I have walked before you from my youth until this very day.
3 내가 여기 있나니 여호와 앞과 그 기름부음을 받은 자 앞에서 내게 대하여 증거하라 내가 뉘 소를 취하였느냐 뉘 나귀를 취하였느냐 누구를 속였느냐 누구를 압제하였느냐 내 눈을 흐리게 하는 뇌물을 뉘 손에서 취하였느냐 그리하였으면 내가 그것을 너희에게 갚으리라	**3** So testify against me before Yahweh and before his anointed one: Whose bull have I taken ? Whose ass have I taken ? Whom have I oppressed and crushed? From whose hand have I taken a bribe[a] so as to blind my eyes with it? Testify against me,[a] and I will restore it to you.
4 그들이 가로되 당신이 우리를 속이지 아니하였고 압제하지 아니하였고 뉘 손에서 아무것도 취한 것이 없나이다	**4** They replied, You have not oppressed us, nor crushed us, nor taken anything from anyone.
5 사무엘이 백성에게 이르되 너희가 내 손에서 아무것도 찾아낸 것이 없음을 여호와께서 너희에게 대하여 증거하시며 그 기름부음을 받은 자도 오늘날 증거하느니라 그들이 가로되 그가 증거하시나이다	**5** He asserted, "Yahweh is a witness for you, and his anointed one is a witness this day, that you have not found any wrong in me." They[a] concurred, "He is a witness."
6 사무엘이 백성에게 이르되 모세와 아론을 세우	**6** Samuel continued his speech to the people,

시며 너희 열조를 애굽 땅에서 인도하여 내신 이
는 여호와시니

7 그런즉 가만히 섰으라 여호와께서 너희와 너희
열조에게 행하신 모든 의로운 일에 대하여 내가
여호와 앞에서 너희와 담론하리라

8 야곱이 애굽에 들어간 후 너희 열조가 여호와
께 부르짖으매 여호와께서 모세와 아론을 보내사
그 두 사람으로 너희 열조를 애굽에서 인도하여
내어 이 곳에 거하게 하셨으나

9 그들이 그 하나님 여호와를 잊은지라 여호와께
서 그들을 하솔 군장 시스라의 손과 블레셋 사람
의 손과 모압 왕의 손에 붙이셨더니 그들이 치매

10 백성이 여호와께 부르짖어 가로되 우리가 여
호와를 버리고 바알들과 아스다롯을 섬기므로 범
죄하였나이다 그러하오나 이제 우리를 원수들의
손에서 건져 내소서 그리하시면 우리가 주를 섬
기겠나이다 하매

11 여호와께서 여룹바알과 베단과 입다와 나 사
무엘을 보내사 너희를 너희 사방 원수의 손에서
건져내사 너희로 안전히 거하게 하셨거늘

12 너희가 암몬 자손의 왕 나하스의 너희를 치러
옴을 보고 너희 하나님 여호와께서는 너희의 왕
이 되실지라도 너희가 내게 이르기를 아니라 우
리를 다스릴 왕이 있어야 하겠다 하였도다

13 이제 너희의 구한 왕 너희의 택한 왕을 보라
여호와께서 너희 위에 왕을 세우셨느니라

14 너희가 만일 여호와를 경외하여 그를 섬기며
그 목소리를 듣고 여호와의 명령을 거역하지 아
니하며 또 너희와 너희를 다스리는 왕이 너희 하
나님 여호와를 좇으면 좋으니라마는

15 너희가 만일 여호와의 목소리를 듣지 아니하
고 여호와의 명령을 거역하면 여호와의 손이 너
희의 열조를 치신 것같이 너희를 치실 것이라

"Yahweh is a witness [a] – he who appointed Moses
and Aaron, and who brought up your fathers[b] from
the land of Egypt.[b]

7 Now, take your stand, and I will enter into
judgment with you before Yahweh [a]on the basis of[a]
all the righteousnesses of Yahweh, which he has
performed for you and your fathers.

8 "When Jacob [a]and his sons[a] went to Egypt, [b]the
Egyptians afflicted them.[b] Then your fathers cried to
Yahweh, and he sent Moses and Aaron to bring out
your fathers from Egypt and to make them dwell[c]
in this place.

9 But they forgot Yahweh their God. Hence he sold
them into the hand of Sisera, the commander of the
army of [a]Jabin king of[a] Hazor, and into the hand
of the Philistines, and into the hand of the king of
Moab. These enemies fought against them.

10 When they cried to Yahweh, they[a] said: 'We
have sirined in that we have abandoned Yahweh
and served the Baals and the Ashtaroth. Now save
us from the hand of the enemies and we will serve
you.'

11 Then Yahweh sent Jerubbaal, Barak,[a] Jephthah,
and Samuel[b] to deliver you from the hand of your
enemies round about, so that you could live
securely.

12 But when you saw Nahash king of the
Ammonites coming against you, you said to me,
'No, but a king shall reign over us.' Yet Yahweh
your God was your king.

13 "Now there is the king whom you chose [a]and
asked for:[a] Yahweh has in fact given you a king.

14 If you fear Yahweh, serve him, obey his voice,
and do not rebel against the command of Yahweh,
[a]both you and the king who rules over you will
truly be followers of Yahweh your God.[a]

15 But if you do not obey the voice of Yahweh and
rebel against the command of Yahweh, the hand of
Yahweh will be against you and [a]your king to
destroy you.[a]

16 너희는 이제 가만히 서서 여호와께서 너희 목
전에 행하시는 이 큰 일을 보라
17 오늘은 밀 베는 때가 아니냐 내가 여호와께
아뢰리니 여호와께서 우뢰와 비를 보내사 너희가
왕을 구한 일 곧 여호와의 목전에 범한 죄악이 큼
을 너희로 밝히 알게 하시리라

18 이에 사무엘이 여호와께 아뢰매 여호와께서
그 날에 우뢰와 비를 보내시니 모든 백성이 여호
와와 사무엘을 크게 두려워하니라
19 모든 백성이 사무엘에게 이르되 당신의 종들
을 위하여 당신의 하나님 여호와께 기도하여 우
리로 죽지 않게 하소서 우리가 우리의 모든 죄에
왕을 구하는 악을 더하였나이다
20 사무엘이 백성에게 이르되 두려워 말라 너희
가 과연 이 모든 악을 행하였으나 여호와를 좇는
데서 돌이키지 말고 오직 너희 마음을 다하여 여
호와를 섬기라
21 돌이켜 유익하게도 못하며 구원하지도 못하는
헛된 것을 좇지 말라 그들은 헛되니라
22 여호와께서는 너희로 자기 백성 삼으신 것을
기뻐하신 고로 그 크신 이름을 인하여 자기 백성
을 버리지 아니하실 것이요
23 나는 너희를 위하여 기도하기를 쉬는 죄를 여
호와 앞에 결단코 범치 아니하고 선하고 의로운
도로 너희를 가르칠 것인즉

24 너희는 여호와께서 너희를 위하여 행하신 그
큰 일을 생각하여 오직 그를 경외하며 너희의 마
음을 다하여 진실히 섬기라
25 만일 너희가 여전히 악을 행하면 너희와 너희
왕이 다 멸망하리라

16 “Now take your stand, and see this great action
which Yahweh is doing in your presence.
17 Is it not wheat harvest time today? I will pray
to Yahweh to send thunder and rain so that you
will know and see that your evil which you have
done is great in the eyes of Yahweh by asking for
a king for yourselves.”
18 When Samuel prayed to Yahweh, he sent
thunder and rain on the same day, leading all the
people to fear Yahweh and Samuel very much.
19 All the people said to Samuel, “Pray to Yahweh
your God on behalf of your servants lest we die,
since we have added to all our sins an evil by
asking for a king for ourselves.”
20 Samuel replied to the people, “You – do not be
afraid even though you have done this great evil.
Yes, do not turn from Yahweh, but serve Yahweh
with all your heart.
21 Do not turn[a] after vain beings which do not
profit or save since they really are vain.
22 For Yahweh will not cast off his people because
of his great name.

23 He has resolved to make you a people for
himself As for me, [a]let death be my lot[a] if I sin
against Yahweh by ceasing to pray on your behalf
I will instruct you in the[b] good and upright way.
24 But fear Yahweh, serve him in fidelity, with all
your heart. See how he has acted greatly for you.

25 If, however, you persist in acting wickedly,
both you and your king will be swept away.”

원문주해

3.a.-a. 붸알림 에이나이 뽀 아누 비(ואעלים עיני בו ענו בי). 마소라 본문(MT)은 중자탈락(haplography)에 의해 마지막 두 단어를 잃어버렸다; 70인경(LXX), 구 라틴역(OL), 시락서(Sir) 46:19에 명시된 본문은 끝에 있는 세 번째와 네 번째 단어를 잃어 버렸으며, 그것은 첫 번째 단어에 대해 붸네을람(ונעלם, “신발들”)으로의 변화를 요구했다. 그

재구성은 불확실하다. "주석"을 보라.

5.a. 많은 히브리어 필사본들(mss.)과 역본들; 마소라 본문(MT)은 단수.

6.a. "증인"이라는 단어가 70인경(LXX)으로부터 보충된다.

6.b.-b. 70인경(LXX): "애굽으로부터."

7.a.-a. 이 구문에 관해서는 겔 17:20과 GKC 519를 보라. 70인경(LXX)은 첫 번째 "여호와" 뒤에 "내가 너에게 말하리라"를 추가하는데, 그것은 "…에 근거하여"를 불필요하게 만든다.

8.a.-a. 70인경(LXX)을 따라 "그리고 그의 아들들"이 추가된다. 참조. 수 24:4.

8.b.-b. 70인경(LXX)으로부터 복원됨; 단어들의 본래의 순서(מצרימה ויענום מצרים -미쯔라옘마 붸야아눔 미쯔라임)가 유사시작(homoioarchton)에 의해 손상되어, 선호되는 방향 지시사(ה)가 마소라 본문(MT)에서는 "애굽"이란 단어에 붙지 않은 채 남게 되었다. 참조. 본문 수정판(Sebir). 4Q에 있는 자간 간격(spacing)은 그것이 8.a.-a와 8.b.-b.에서 (LXX를 따라) 더 긴 독법을 가졌다는 것을 제안한다.

8.c. 마소라 본문(MT): "그들이 그들을 거하게 하였다"; 역본들: "그(즉, 여호와)는 그들을 거하게 하였다." 엄밀히 말하자면, 마소라 본문(MT)은 모세와 아론이 그 정착 과정에서 아무런 역할도 하지 않았기 때문에 부정확하다. 두 독법 중 더 어려운 것으로서, 그것은 강하게 고려할 만하다.

9.a.-a. "…의 야빈 왕"이 70인경(LXX)으로부터 복원됨. 참조. 삿 4:7. 마소라 본문(MT)이 이 장에서 심각한 결함이 있는 것인지, 혹은 70인경(그리고 다른 역본들)이 병행 구절들에서 유래한 정확한 정보를 가지고 확장된 것인지를 말하기는 매우 어렵다.

10.a. 마소라 본문(MT) 케레(Qere); 70인경(LXX).

11.a. 마소라 본문(MT): "베단"; "바락"이 70인경(LXX) 시리아역(Syr)을 따라 복원되었다. 참조. "주석."

11.b. 마소라 본문(MT) 70인경(LXX)이 그렇다; 70인경 루시안 개정본(LXXL) 시리아역(Syr)은 "삼손"으로 읽는다. 마소라 본문(MT)은 더 어려운 독법이다.

13.a.-a. 70인경(LXX)에는 없다. 유사종결(homoioteleuton)? 혹은 이 단어들은 8:10으로 연결되는 다리를 만들기 위해 마소라 본문(MT)에 추가되었는가?

14.a.-a. 어떤 사람들은 이 단어들을 조건절로 취한 다음 암시된 결과절(예를 들어, "모든 사람들이 평안할 것이다")을 보충한다. 그 재구성은 돈절법(aposiopesis)이라 불린다. 참조. GKC 167a. 그러나 최근의 구문 연구들과 14-15절의 구조에 대한 분석은 우리의 번역을 선호한다(참조. Boecker, McCarthy[*Treaty and Covenant*], Veijola)

15.a.-a. 70인경 루시안 개정본(LXXL)이 그렇다; 어떤 70인경 필사본들(LXX mss.)은 단지 "너희의 왕"으로 읽는다. 마소라 본문(MT): "너희의 조상"은 종종 "그것이 너희의 조상들을 친 것처럼"으로 번역된다. 그러나 이것은 그 히브리어에 대한 억지스런 독법인

것으로 보인다. 마소라 본문(MT)은 70인경 루시안 개정본(LXXL)에서 발견되는 긴 독법의 파손일 수 있다. 참조. 14절과 25절. 바이스는 "그리고 너희의 집들"로 읽는다.

21.a. 참조. 70인경(LXX) 라틴 벌게이트(Vg); 마소라 본문(MT)은 키(כי)를 추가한다.

23.a.-a. 할릴라(חלילה)에 대한 이런 번역에 대해서는 메팅어(Mettinger), 199를 보라.

23.b. 부데, 스미스, 맥카터를 따라 음독되었다; 마소라 본문(MT) 부정관사 "a."

양식/구조/배경

이 장은 사무엘의 연설로 구성되어 있는데, 그것은 백성들의 반응들과 신현에 대한 묘사와 함께 뒤섞여 있다. 바로 직전의 구절(11:15)에서 사울의 왕권에 대한 선포가 길갈에서 발생했음에도 불구하고, 여기서는 어떤 지명도 언급되어 있지 않다. 13장이 사울을 위한 즉위 형식문(the regnal formula)으로 시작하여 블레셋과의 전투로 이어지기 때문에, 12장은 명확히 한계가 정해진 단위다.

요약. 한 늙은 남자로서 사무엘은 백성들에게 자신이 그들 중에서 공직 생활을 하는 동안 그 어떤 사악한 범죄라도 저질렀는지 그에 대한 증거를 요구했다. 그들은 그가 완전무결하다고 선언했다. 그리고 사무엘은 여호와의 반복된 구원 행위와 비교해서 그 백성의 행위를 심사했다(6-7절). 그는 그들 역사의 순환적 성격 – 죄, 압박, 여호와께 부르짖음 그리고 구원 – 을 되풀이해서 말함으로써, 그들로 하여금 최근에 나하스로 인한 비상 사태 속에서 여호와께 부르짖는 대신 한 왕을 선택했다는 사실을 직시하게 했다(8-12절). 그럼에도 불구하고 그들이 선택한 왕은 여호와의 선물이었으며, 또한 사무엘은 그것이 축복이 될 수도 혹은 저주가 될 수도 있는 조건들을 제시했다(12:13-15). 그는 밀 수확기 동안에 비를 내려 주시라고 여호와께 기도했다. 그리고 이 징조는 백성들이 왕을 요구했던 자신들의 죄를 고백하게끔 만들었으며, 사무엘이 친히 자신들을 위해 중재 역할을 해줄 것을 요청했다(16-19절). 결론적인 권고에서 사무엘은 백성들에게 다른 신들을 향해 돌이키지 말 것을 촉구했으며, 또한 그들을 위해 기도하고 지도해 줄 것을 약속했다. 백성들과 그들의 왕의 완전한 파멸은 사악한 행위로 말미암아 그렇게 될 것이다(20-25절).

11장과 12장 사이의 연결은 역사적 배열이기보다는 한 편집자에 기인한 것으로 보인다. 사울은 12장에 이름이 나오지 않으며, 완전히 판이하면서도 한층 불길한 분위기가 후자의 단원을 지배한다. 그 장은 언약에 대한 최초의 연구들에서 주된 역할을 했다(Muilenburg, *VT* 9[1959] 347-65; Baltzer, Formulary; McCarthy, *Treaty and Covenant*). 또한 12장의 최종적 형식이 신명기 학파적 특징을 갖는다는 데 모두 동의하지만 흔히 더 오래된 자료를 포함하고 있는 것으로 주장된다. 고대성이 제안된 이유는 12장이 Dtr에서 상술된 것과는 다른 역사를 묘사하는 것처럼 보이기 때문이다. 예를 들어, 만일 블레셋에 대한 언급이 사사기 3:31에 있는 사건에 대한 것이라면, 9절에 있는 대적들의 배열 – 시스라, 블레셋 그리고 모압 – 이 사사 시대에서는 뒤바뀌어 있다. 그리고 만일 블레셋에 대한 언급이 사사기 13-16장 혹은 사무엘상 7장에 대한 것이라면, 그 순서는 한층 더 표준에서 벗어나 있다. 두 번째로, 11절에 인용된 구원자들 중에 다소 생소한 여룹바알 – 기드온이란 다른 이름으로 더 잘 알려진 – 이 포함된다(사사기는 그를 위해 두 이름을 모두 사용한다). 바락이 두 번째 구원자에 대한 정확한 독법이라면, 그 연대기적 배열은 잘못된 것이다. 만일 베단이 정확한 독법이라면, 12장의 저자는 사사기나 다른 곳에서 전혀 알려지지 않은 한 구원자를 인용하는 셈이 된다. 그렇지만 가장 큰 이탈은 나하스와의 전투를 수반한다. 11장에서 암몬 족속에 의한 위기는 여호와께서 사울을 성령을 입은 지도자로 세우심으로써 대책이 세워진다. 그리고 성공적인 전투에 뒤이어 그를 왕으로 선포하는 백성들의 기쁨에 찬 환호성이 따른다. 그렇지만 12장에 따르면, 암몬 족속에 의한 위기는 요구된 하나님을 향한 부르짖음 대신에 한 왕을 요구하는 죄악으로 이어진다. 분명히 11장과 12장은 동일한 사람에 의해 기록된 것이 아니다! 12장의 저자가 당시 존재하던 한 기사를 변형시키고 있는지(최근에 McCarthy, *Treaty and Covenant*가 그렇다), 혹은 그 장이 편집자에 의해 새롭게 편성되었는지(최근에 Veijola가 그렇다)는 현재의 정보에 근거해서는 전혀 결정될 수 없다.

이 장의 언약-조약 "형식"과의 관련성에 대해서는 많은 찬반이 있어 왔다. 내가 판단하기에, 이 토론은 이스라엘 사상 속의 언약의 역사에 대한 여러 가지 검토로 세부적인 사항들을 알려 주어 유용했지만, 사무엘상 내에서 12장의 구조와 기능에 주의를 기울이는 데는 부적절했다. 도입 단위(1-5절)는 사무엘과 백성들 사이의 법적 소송인데, 백성들은 나이 든 사무엘을 비방하는 자들로서의 역할을 한다. 이 장이 때때로 고별 설교로 불려진다 할지라도, 사무엘은 뒤따르는 장들에서 역할을 담당하며(예를 들어, 13, 15, 16, 19장), 또한 심지어 현재의 장의 마지막 부분에서도 기도와 지도 편달을 하겠다는 약속을 한다. 사무엘의 삶의 요약은 그의 "은퇴"에 대한 서막이라기보다는, 오히려 이 장의 마지막 단위에서 그의 역할을 더욱 선명하게 이해할 수 있게 해주는 그의 무고함에 대한 선언이다. 어쨌든, 1-5절에 있는 법적 소송은 백성들 – 그리고 여호와와 그 기름부음 받은 자 – 이 사무엘의 순전함을 확정하는 것으로 마무리된다.

이러한 자신에 대한 신임장을 가지고, 사무엘은 백성들을 상대로 법적 소송을 시작한다. 그 소송의 쟁점 사항은 여호와의 구원 행위들에 대해 백성들이 보인 반응의 적실성이었다. 만일 우리가 문자 a, b, c, d를 죄, 압제, 여호와를 향한 부르짖음 그리고 구원이란 순서로 지정한다면 8-13절에 있는 논쟁은 명료해진다. 8절에서 우리는 b-c-d 항목들을 발견한다. 추정컨대 백성들의 죄(항목 a)가 애굽에서 있었던 압제의 원인으로 말하는 것은 부적당한 것으로 보인다. 9-11절에서 완전한 순서 a-b-c-d가 나타나는데, 그것은 백성들의 죄와 여호와의 의를 밝히 보여 준다. 우리는 12절을 b-a′로 도식화할 수 있다. 즉, 사악한 왕에 대한 요구(a′)가 압제의 때(b)에 있어야 할 여호와를 향한 부르짖음을 대신했다. 따라서 순서상 c단계를 불가능하게 만들면서 범죄가 압제를 뒤따랐다. 13절에 있는 왕이라는 하나님의 선물은 정상적인 순서에서의 d단계와 거의 같은 방식으로 역할을 한다. 세 개의 단편(segments)에 있는 이스라엘 역사의 재검토를 통해, 저자는 세 경우 모두에서 여호와의 절대적인 공의를 확증한다. 이스라엘의 충성은 이미 사사 시대에 드러났지만(9-11절), 나하스로 인한 위기에서 가장 잘 나타났다. 당시 압제의 시기에 이어 백성들의 죄가 뒤따랐다.

역설적으로 백성들의 왕에 대한 요구는 왕정이 하나님의 선물이라는 것으로 무색하게 되었으며, 또한 백성들과 그들의 왕이 축복을 받을 수도 저주를 받을 수도 있다는 그러한 조건들의 명시에 의해 난관에 부딪혔다. 14절의 축복을 위한 네 가지 조건들 – 두려워하다, 섬기다, 듣다, 거역하지 않다 – 은 15절의 저주에 이르는 두 가지 조건과 균형을 이루고 있다. 그것은 축복을 위한 마지막 두 가지 조건들을 반복한다("만일 너희가 듣지 않으면", "만일 너희가 거역하면"). 15절의 마지막 부분에서, 사무엘과 여호와 양자 모두의 무고함이 증명되었다. 비록 왕권이 이스라엘을 위한 하나님의 계획에 통합될 수 있었던 한 가지 방법이 제시되었다 할지라도, 그들은 왕을 요구한 것에 대해 비난을 받는 처지에 놓였다.

6-15절은 백성들의 죄를 드러내어 주며, 그들은 16-19절에 있는 이러한 비난의 정당성을 인정한다. 사무엘(그의 순전함은 이미 1-5절에서 드러났다)은 여호와(그분의 순전함은 6-15절에서 드러났다)께 기도하여 건조한 하절기에 비를 보내 달라고 했다. 그리고 이러한 하나님의 능력이 나타남으로써 백성들은 그들의 왕의 선택이 그들의 범죄의 역사 속에서 절정의 순간이었다고 고백했다.

20-25절의 결론을 맺는 권면은 왕권이 허용될 수 있는 조건들을 반복적으로 자세히 설명해 준다. 사무엘은 오직 여호와께 대한 예배만을 명령했다. 그 명령은 이스

라엘의 선택과 사무엘이 기도하며 지도해 준다는 약속의 보장을 기반으로 하고 있다. 25절의 마지막 조건적 저주는 백성들과 왕 양자 모두에게 추방 혹은 파괴의 위협을 가했다. 그 위협은 아마도 그 편집이 이루어졌을 즈음에 현실이 되었을 것이다.

이 12장은 신명기 학파 역사가가 왕권의 발흥을 개괄적으로 설명하기 위해 사용했다(말이나 기도가 빈번하게 Dtr에서 그렇게 사용되었다[참조. *Israel in Exile*, 23-24]). 수많은 어휘 항목들 역시 그 역사가의 손길을 드러내 준다: 예를 들어, 9절의 "여호와를 잊었다", "그분은 그들을 팔았다"; 10절의 "바알과 아스다롯"; 14절의 "두려워하다, 섬기다, 그의 목소리를 순종하다, 여호와의 명령을 거스르지 않다"(참조. 15절); 24절의 "마음을 다하여 섬기라." 신명기 학파적인 사사기에서 전형적으로 나타나는 순환적 배열(죄, 압제, 여호와께 부르짖음, 구원)을 전혀 언급하지 않는 여러 Dtr 구절들이 있는데(8:1-22, 10:18-19 그리고 삿 10:10), 이 장은 역시 그런 구절들과 문체적, 내용적 연관성을 가진다. 베이욜라(Veijola, *Königtum*, 83-99)는 이 장을 사신이 명명한 편집자인 DtrN의 것으로 돌리는 반면에, 맥카디(McCarthy)는 전(前)-신명기 학파적인 요소들을 추려내려고 한다.

주석

1-5 8장에서 여호와는 사무엘에게 백성들이 그에게 요구한 모든 것을 듣고 그들을 위해 왕을 세우라고 명령하셨었다(7절과 22절). 사무엘은 12:1에서 그 임무가 완수되었음을 선언했다. 12:1에 따라 왕을 세움에 있어서 사무엘의 역할은 11:15과 다소 긴장 관계에 놓여 있다. 11:15은 아마도 여호와 자신이 이스라엘에게 왕을 주셨음을 확증하는 12:13과 조화시킬 수 있을 것이다. 그럼에도 불구하고 11:15은 백성들이 왕을 세웠다고 말한다는 점에서 12:1과 상충되어 보인다. 이 장에서 베아타(ועתה, 그리고 이제)란 단어는 자주 한 문단을 시작하거나, 아니면 진행 중인 행동의 논리적 결과를 소개한다(2, 7, 10, 13, 16절). 왕이 백성들 앞에서 행한다(한글개역: 출입하다)는 말은 전쟁에서의 지도권에 대한 표현이거나, 혹은 양떼를 돌보는 목자의 임무와 비교한 것일 수 있다(참조. 민 27:17에서는 그 표현이 여호수아에게 사용된다).

사무엘이 자신의 나이를 언급한 연고로(참조 8:1), 학자들은 자주 이 장을 고별설교로 분류했다(참조. 수 23:102). 사무엘이 자신의 (장성한?) 아들들에 대해 언급한 것도 역시 그의 나이에 대한 암시일 수 있으나, 8:3에 인용된 그들의 악행에 대한 언급은 전혀 없다(그들이 이익을 탐하고 뇌물을 취했다). 그런 차이가 나는 것은 저자가 다른 전승을 사용한 결과이거나, 혹은 몇 차례의 신명기 학파적 편집의 손길로 인한 것일 수 있다. 히브리어로 보면, 그 왕과 사무엘 사이의 대조는 힌네(הנה, "보라")와 봐아니(ואני, "그리고 나는")란 단어들의 사용으로 극명하게 된다. 그러나 사무엘의 경우에 "행하다"란 단어는 그의 지도권보다는 오히려 공적인 생활에서 도덕적 또는 윤리적인 행위를 지시한다. 아마도 그 왕에게 사용된 "행하다"란 단어는 그의 지도력과 도덕적 특징 둘 다를 지시한다. 그렇다면 저자는 그 왕의 행위가 조만간 시험받게 될 것임을 의미했을 것이다. 사무엘의 행위는 이미 알려진 상태다. 백성들이 초대되어 여호와와 그 기름부음 받은 왕 앞에서 시험하게 되었다. "기름부음을 받은 자"란 칭호는 그 왕에게 돌려진 영예와 또한 그와 하나님 사이의 긴밀한 관계를 암시한다(참조. 삼상 24:7[영역본. 6]). 온 이스라엘 백성이 증인들이다. 이스라엘에서 중요한 소송들은 한 명의 증언을 근거로 결정될 수 없었다(민 35:30; 신 19:16; 참조. 출 20:16).

자신의 무고함에 대한 사무엘의 선언은 8:11-17의 "왕의 법도"(manner of the king)에 대한 그의 발언과 대조된다(둘 다 "취하다"와 "나귀"란 단어를 사용한다): 왕은 사무엘에게 있어서 나무랄 데가 없이 온전했던 그런 부분들에서 잘못을 범하게 될 것이다. 모세 역시 다단과 아비람에 대항하여 자신은 그들에게서 나귀를 취하지 않았다고 선언함으로써 자신을 변호했다(민 16:15). 사무엘은 자신은 공적인 직무로부터 이익을 취하지 않았으며, 권력을 남용하여 다른 사람들을 억압하지 않았다고 단언했다(참조. 신 28:33; 암 4:1; 호 5:11; 렘 22:17). 만일 금전적 수입 역시 뇌물이었다면, 그는 그런 부당 수입을 갚을 것이다. 뇌물(כפר - 카파르)이란 단어는 본래 어떤 금전적 소송들에서 요구되는 배상을 지시했다(출 21:30; 30:12, 민 35:31-32). 그러나 여기서는 그 단어가 아모스 5:12에서 그런 것처럼 보다 일반적인 의미로 사용된다(Stoebe). 우리가 재구성한 본문에 따르자면, 그런 뇌물이 있었다면 그것은 사무엘로 하여금 바른 것을 보고 행하지 못하도록 그의 눈을 어둡게 만들었을 것이다(참조. 출 23:8과 신 16:19). 70인경(LXX)을 통해 추론되고 시락서(Sir) 46:19의 히브리어 본문에서 입증된 독법을 보면, 사무엘은 자신이 뇌물이나 혹은 신발을 취하지 않았다고 말한다. 신발을 취한다는 표현은 하찮은 가치를 지닌 어떤 물건을 의미하거나, 혹은 법적인 토지 이양을 지시하는 숙어일 수 있다(참조. 암 2:6; 8:6; Speiser, *BASOR* 77[1940] 15-20). 정확한 본래의 독법에 대한 여전한 불확실성에도 불구하고, 사무엘이 이익을 추구하거나 뇌물을 받았다는 어떠한 비난에 대해서도 자신은 깨끗하길 바란 것은 분명하다(8:3과의 대조를 주목하라). 백성들이 사무엘의 무고함을 선언한 후에, 그는 여호와와 기름부음 받은 왕을 증인으로 삼아 그들에게 호소함으로써 이러한 판정의 정당성을 강화시킨다. 그 호소는 백성들도 동의한 것이었다(5절).

수반된 법적인 절차는 세 부분으로 나뉘었다. 1) 그 절차가 진행될 때 앞에 있었던 증인들의 목록, 3절; 참조. 룻기 4:4; 2) 증인들을 향한 호소와 그들이 입증해야 할 법적인 문제(즉, 현재의 경우 사무엘의 손이 깨끗한지 – 역자주)의 거명, 5절; 참조. 룻기 4:9과 여호수아 24:22; 3) 입증되었음을 기꺼이 선언하는 증인들(즉, 현재의 경우 백성 – 역자주)의 응답, 5절; 참조. 룻기 4:11; 여호수아 24:22. 사무엘상 12:5에서도 백성들이 여호와의 증인 역할을 확증한다. 본문은 왜 그 기름부음 받은 왕이 증인 역할을 확실하게 하지 않았는지를 불분명하게 남겨둔다. 베이욜라(Veijola)는 이러한 사실과 긍정적인 면을 암시하는 "기름부음 받은 자"라는 호칭의 사용은 3절과 5절의 기름부음 받은 자에 대한 언급이 이차적인 자료임을 보여 주는 증거라고 이해한다.

[6]-[7] 6절은 본문 비평적이자("원문주해"를 보라) 또한 문학 비평적인 문제를 보여 준다. 베이욜라는 6b절(여호와-애굽)을 찬송시 문체로 된 신명기 학파 이후의(post- deuteronomistic) 추가로 치부하는 반면(*Königtum* 85, n. 10), 맥카디는 그것을 "제의 주문"(cult invocation)이나 엄숙한 의식에서 있었던 주님의 임재를 알리는 부르짖음으로 여긴다(*Treaty and Covenant*, 213-14). 그는 마소라 본문을 선택한다. 그러므로 그 부르짖음은 문장이 아니다: "…을 세우신 여호와여"(Yahweh, who appointed … etc"). 만일 이 구절을 우리가 제시한 번역의 형식 속에서 보자면, 그것은 법적 소송 자체로 들어가기 전에 여호와의 증인 역할을 반복하며 그분이 보증한 일부 인물들의 목록을 보여 준다. 6절의 아사(עשה)를 "세우다"(임명하다)로 번역한 것은 전적으로 만족스러운 것은 아닌데, 왜냐하면 흔히 병행구로 인용되는 열왕기상 12:21과 열왕기하 21:6 역시 사람들이 임명되는 공직의 목록을 보여 주기 때문이다.

드라이버는 카일(Keil)을 따르면서 다음과 같이 제안한다: "모세와 아론을 사람들의 지도자로 만들었다." 이 문절(clause)과 출애굽에 대한 언급 둘 다 8절을 예견한다. 출애굽기에 대한 언급과 더불어 사용된 동사 "나오게 하다"(bring up)의 사용에 관해서는 10:18을 참조하라.

7절에서 도입적 혹은 전환적인 봐아타(ועתה, 그리고 이제)를 뒤이어, 사무엘은 백성들이 법적 논박을 위해 모이도록 요청했다. 그 과정 혹은 이스라엘에 대한 송사의 근거는 그 문맥과 병행구들이 명백하게 보여 주는 대로(삿 5:11; 믹 6:5; 참조. von Ran, *Old Testament*, I, 370-383) 여호와의 의(義), 즉 그분의 구원의 행위였다. 하나님과 이스라엘의 관계의 신실성은 그 관계의 유지에 필요한 전형적 행동들(전쟁, 구원)을 통해 명시되어 왔다. 폰 라드가 주장한 대로, 그런 신실성은 의라는 단어의 핵심적 의미다. 이 의는 현 세대와 그들의 선조들이 공히 경험했던 것이었다.

8-12 8절의 b-c-d구조(압제, 여호와께 부르짖음, 구원; "양식/구조/배경"을 보라)는 위기의 때에 자기 백성에게 즉각적으로 도움을 보내시는 여호와의 신속성을 증명해 준다. 애굽에 의한 고통(출 1:12; 신 26:6; 삼하 7:10)에 이어 도움을 청하는 조상들의 부르짖음(삼상 6:6; 7:8-9; 8:18)이 있고, 그 후 사사기의 구원자들과 똑같은 역할을 했던 모세와 아론이 보냄을 받는다. 모세, 아론 그리고 미리암의 보내심은 미가서에 있는 신적 소송(6:4-5)에서도 여호와의 의의 한 예로 인용된다. 모세와 아론은 애굽으로부터 조상들을 구원했고 이 장소(=그 땅)에 정착시켰다. 맥카디가 지적한 대로 "장소"는 보통 Dtr에서 예루살렘이나 성소를 지시한다. 그러므로 그는 이 전승에 대한 언급은 신명기 학파적 재작업보다 더 오래된 것이라고 믿는다. 물론 엄밀히 말하자면, 그 땅에 그 백성을 정착시킨 분은 여호와였다(참조. 해당 번역들과 레 23:43; 겔 36:11, 33).

사사 시대에 대한 논설에서(9-11절) 완전한 a-b-c-d패턴(죄, 압제, 여호와께 부르짖음, 구원)이 사용된다. "여호와를 잊다"가 선지자의 본문들(호 2:15[영역본 2:13]; 8:14; 13:6)에서 나타나지만, 신명기(6:12; 8:11, 14, 19)와 또한 사사기의 병행적인 나열(a parallel sequence, 삿 3:7)에서도 나타난다. 압제는 여호와께서 다양한 적들의 손에 조상들을 넘기는 것으로 시작되었다(참조. 삿 3:8; 4:2; 10:7; 참조 4:9와 신 32:30). 이 대적들은 연대기적 순서로 거명되지 않았다. 야빈의 군대장관 시스라는 사사 드보라에게 패배했다(삿 4-5장). 블레셋 족속은 사무엘상 12장 이전 시대에 일부 문맥 속에서 거명된다: 아낫의 아들 삼갈의 구원과 관련해서, 삼손의 구원을 가져온 탈선 행위들과 함께(삿 13-16장) 그리고 사무엘의 위대한 승리와 함께(삼상 7장; 참조 삼상 4-6장). 모압 왕 에글론은 에훗에 의해 암살되기 전까지 이스라엘을 고통스럽게 했다(삿 3:12-30).

사사기 10:10에서 그런 것처럼, 10절의 죄 고백에 백성들의 여호와를 향한 부르짖음이 보완된다. 사사기 10:10과 사무엘상 12:10 사이의 병행은 대단히 밀접하다.

두 경우 모두 여호와께 부르짖음과 "우리가 죄를 지었다"는 언명에 덧붙여 백성들이 여호와를 버린 것(참조. 역시 신 28:20; 신 1:16과 수 24:16, 20)과 바알과 아스다롯을 섬긴 것(참조. 삿 2:11, 13 그리고 특별히 삼상 7:3-4에 대한 우리의 논의)을 고백한다. 이 사사-구원자 시대에 있어서 전환점(ועתה – 붸아타에 의해 시작되는, 10절)은 신뢰의 약속을 갖추어 여호와께 드린 구원을 위한 기도와 더불어 발생했다. 사사기 10:16에서는 여러 죄악들의 고백에 이어 이방 신들을 제거하고 여호와를 섬기는 일이 뒤따랐다.

구원은 기드온의 다른 이름, 즉 여룹바알을 통해(참조. 삿 6-9장), 또한 만일 그 이름이 정확하다면 드보라를 도왔던 바락(삿 4-5장)과 입다(삿 11-12장)와 마침내 사무엘(삼상 7장)을 통해 왔다. 우리는 사무엘이 1인칭으로 자신을 지칭하기를 예상할 수도 있었다. 그리고 이러한 난점이 "원문주해"에서 논의된 다른 독법 "삼손"의 이면에 있을 수 있다. 바락은 훨씬 더 어려운 문제다. 우리는 시리아역(Syr)이 실제적으로 보여 주는 대로, 그의 훨씬 유명한 동료인 드보라에 대한 언급을 예상할 수도 있었다. 만일 베단이 옳다면(최근에 McCarthy가 그렇다[*Treaty and Covenant*]; 그리고 Zakovitch, *VT* 22[1972] 123-25), 우리에게는 중대한 수수께끼가 남는다. 자코비치(Zakovitch)는 역대상 7:17에 있는 베단(한글 개역: 브단)이 입다와 마찬가지로 길르앗의 자손임을 주목한다. 그는 베단과 입다가 동일 인물에 대한 다른 이름이라고 제안한다(참조. 여룹바알과 기드온). 그런데 베단이 여기서는 본래 이름이었다. 정확하게는 그것이 나중에 입다란 단어로 각색되었으나, 마소라 본문(MT)은 이 다른 이름들을 두 명의 별개의 인물로 생각한 것이다. 어떤 경우가 되었든지, 여호와께서는 이들 구원자들을 통해서 백성들을 주변의 적들로부터 구원하셨고(수 23:1; 삿 2:14; 8:34), 그들이 안전히 거하게끔 하셨다(참조. 신12:10과 사사기에 있는 "쉼"에 대한 언급들; 3:11)

애굽에서 그리고 사사-구원자 시대에 확립된 그 형식이 가장 최근에 나하시에 의한 위기 중에 깨뜨려졌다. 압제 후 여호와께 부르짖는 대신에 백성들은 "아니오, 우리는 왕을 원합니다"라고 외쳤다. 비슷한 답변이 사무엘이 그들에게 왕의 잠재적 압제들에 대해 경고한 후 8:19에서, 그리고 왕의 선택이 여호와의 여러 구원 행위의 거부로 인식되는 10:19에서 주어졌다. 지상 왕의 선택은 사무엘의 관점에서 볼 때 여호와 왕권의 거부를 의미했다(참조. 삼상 8:7 그리고 삿 8:22-23).

13-15 역설적이게도 있어야 할 여호와를 향한 부르짖음이 없었음에도 불구하고, 사무엘은 그 왕을 여호와의 선물과 그들의 열망의 대상으로 가리켰다: 너희들이 선

택했고(참조. 8:18), 너희들이 요구했던(참조. 8:10) 그 왕이 여기 있다. 쉐알템(שאלתם, "너희들이 구했다")과 사울이란 이름 사이에는 미묘한 언어 유희가 있는지도 모른다(참조. 1:20). 선물로서의 왕권에 관한 한, 신명기 학파 역사가는 왕권을 여호와의 명령이나 행위들을 통해 오는 것으로 보았던 이전의 장들의 많은 구절들을 지적할 수 있었을 것이다(8:9, 22; 9:16, 17; 10:1, 24). 묘하게도 그 동사들의 주어들은 왕권에 관한 신명기의 법에서 뒤바뀌어 있는데, 거기서는 여호와께서 그를 택하시고 백성들이 그에게 직책(왕직-역자주)을 "부여한다"(신 17:15).

14-15절처럼 양자택일의 목록과 함께 마무리되는 것은 다른 신적 소송들(예를 들어, 사 1:18-20)에서도 알려져 있는 것이다. 첫 번째 선택을 통해 만일 백성들이 순종한다면, 그들은 진실로 여호와의 추종자들이 될 것이다(삼하 2:10; 왕상 12:20; 16:21). 이것은 지상 왕권이 좋은 것일 수 있으며, 또한 이스라엘 위에 여호와의 왕권이 지속될 수 있다는 것을 암시한다. 만일 14b절이 돈절법(頓絶法, aposiopesis)으로 간주되지 않는다면, 15절에 있는 양자택일의 대조적 특징이 가장 뚜렷하게 보인다(참조. "원문주해"). 우리의 번역에서 14절에서 충실성에 해당되는 마지막 두 동사는 "순종하다"와 "배반치 않음"이다(참조. 신 1:26, 43; 9:7, 23). 불충실은 15절에서 "순종치 않음"과 "배반"으로 표기된다. 만일 백성들이 두 번째를 선택한다면, 13절의 역설은 백성들과 왕 양측 모두에 해가 되는 결과를 낳는 것으로 해결될 것이다(신 2:15; 삿 2:15; 삼상 7:13; 참조. 출 9:3).

16-19 깜 아타(גם עתה)와 성회로의 부름(참조. 7절)으로 시작하면서, 이 단원은 발생한 사건들에 관해 여호와께 친히 증언할 기회를 드린다. 사무엘이 여호와께 행하시기를 요청한 위대한 일(참조. 신 4:32; 참조. 왕하 8:4)은 밀 수확기에 비를 보내 달라는 것이었다. 팔레스타인에서 3-6월의 폭풍우는 실제적으로 알려진 바가 없을 뿐 아니라(참조. *IDB* 3, 622-623), 밀 수확기의 강우는 농작물에 치명타를 입힐 것이므로 특히 불길했을 것이다(잠 26:1). 이 증언의 목적은 백성들이 왕을 구했던 자신들의 큰 죄(17절과 19절)를 인정하게 만드는 것이다("알고 그리고 보다"에 관해서는 삼상 14:38; 23:22을 참조하라). 4-5절에서 백성들은 사무엘이 결백함을 확증했다. 여기서 그들은 자신들의 죄를 고백한다. 천둥과 비를 동반한 하나님의 큰 표적을 체험하면서 그들은 자신들에게 적대적인 사무엘을 핍박자로 여겼다는 것을 인정했을 뿐만 아니라, 5절에서 그들이 그것의 합법성을 확언했던 장엄한 신적 증거 또한 자신들에게 적대적이라는 것을 인정했다. 여호와와 사무엘에 대한 두려움 때문에(참조. 수 4:14. 거기서 백성들은 그들이 모세를 두려워했던 것처럼 여호수아를

두려워한다), 그들은 사무엘이 예언적 중재자로 자신들을 위해 기도해 줄 것을 요구했다. 신명기적 전승에서 모세는 아론을 위해 기도했으며(신 9:20), 또한 예언 활동은 모세와 같은 한 예언자에 대한 약속의 성취인 것으로 생각되었다(신 18:15). 그 예언 활동과 모세와의 유사성은 적어도 부분적으로 예언자들의 중재 역할 속에 존재한다. 그러므로 저자가 백성들을 위한 기도를 절대 중단하지 않겠다는 사무엘의 약속을 하나님께서 초기에 그리고 지속적으로 이스라엘에 보냈던 전반적인 선지자 활동에 의해 성취된 것으로 이해한다는 인상을 피하기가 어렵다. 물론 그런 선지자들을 지속적으로 보내신 것은 여호와의 의에 대한 추가적인 증거일 것이다.

20-25 12장의 마지막 단원의 대부분은 경고와 권면에 관한 내용이다. 이 장이 편집되었을 즈음, 그 경고들이 597년과 587년의 유배라는 결과로 나타났다: 역사는 역사 속의 하나님의 예언적 말씀의 결과에 의해 설명되었으며, 또한 그런 결과인 것으로 이해되었다(참조. Klein, *Israel in Exile* 25-26). 사무엘은 제2이사야의 구원의 신탁(the Oracles of Salvation)에 있는 중요한 요소와 닮은 보증의 말씀(두려워 말라)을 가지고(참조. *Israel in Exile* 109) 자신의 권면을 시작했다. 그는 왕을 구함으로써 저지른 죄악에 대한 성토의 목소리를 약화시키지 않은 채, 백성들이 여호와로부터 돌이켜 죄를 가중시키지 말고 온 맘으로 여호와를 섬길 것을 촉구했다(20절과 24절; 참조. 삼상 7:3). 21절에서 저자는 우상에 초점을 맞추어 그것을 헛된 것 토후(תהו)로 지칭했다. 이 단어는 창조 전의 혼돈을 묘사하기 위해 창세기 1:2에서, 그리고 아무런 이득이나 유익도 가져다 주지 않는 우상들(사 44:9-10; 57:12; 참조. 렘 2:8; 16:19)을 지시하기 위해 제2이사야에서(41:29; 44:9) 사용되었다. 우상들은 구원을 베풀 수 없는 반면에(10-11절), 구원은 여호와의 신용 보증 중 하나다. 일부 어법이 Dtr에서 독특하고, 그것이 20-25절의 전형적인 권고, 즉 좀더 일반적인 충성 권고에다 우상에 대한 명백한 언급을 덧붙이기 때문에, 많은 학자들은 그것이 제2이사야의 신학에 빚진 어떤 사람이 손질한 부연설명일 것이라고 주장한다. 20절과 21절에서 타수르(תסורו)의 반복은 역시 이차적 손질을 암시할 수 있다. 22절에서 사무엘은 20-21절의 자신의 삽입부(parenthesis)를 뒷받침해 주는 동기 부여를 제공한다. 여호와의 위대한 이름–그분의 본연의 정체와 명성–은 그의 약속을 보증한다(참조. 수 7:9; 사 48:9; 렘 44:26; 겔 20:9, 14, 22; 36:23). 여호와께서 자기 백성을 선택하시는 것은 다양한 형태의 "언약 형식문"으로 표현된다(참조. 신 7:6; 14:2; 27:9; 왕하 11:17). 하나님의 선택과 그분의 위대한 이름은 사무엘하 7:23-24의 다윗의 기도에서도 결합되어 있다. 이스라엘을 하나의 백성으로 만드

시려는 여호와의 결심은 그들에 대한 사랑과 조상들에게 주었던 자신의 서약에 대한 충실성에서 비롯된다(신 7:7-8; 비교. 9:4-5). 만일 이스라엘의 중대한 죄가 사사 시대의 모든 죄의 절정인 한 왕의 선택이었다면, 아마도 사무엘의 죄는 자신의 예언적, 중재적 임무를 수행하지 못한 것일 수 있다. 그는 만일 자신이 기도를 하지 않는다면 자신에게 죽음이 있기를 원했다(저자의 번역 참고 - 역자주). 그러므로 우리는 12장을 그가 지속적인 기도를 약속했다는 이유로 사무엘의 고별사라고 말해선 안 된다. 우리는 23절을 예언적 중재에 대한 신학적 원인론(etiology)으로 말하는 것이 더 낫다(참조. 삼상 7:8-9). 사무엘은 또한 이스라엘을 가르치겠다고 약속했다(참조. 잠 4:11; 시 25:8, 12).

마지막 권고에서(24절), 사무엘은 반복해서 두려움과 섬김이라는 단어들을 사용한다. 그것들은 14절에 나열된 첫 번째의 두 가지 조건이었다. 충심으로(**באמת** - 브에메트) 여호와를 섬기는 것에 관해서는 열왕기상 2:4; 3:6; 열왕기하 20:3을 보라. 이 마지막 일련의 권고들의 기초는 이스라엘을 위한 여호와의 위대한 행위들인데, 그것은 추수기에 큰 강우의 징조를 가리키는 것일 수도 있고(16-18절), 혹은 이스라엘에 대한 여호와와 사무엘의 소송의 법적 기초를 형성한 여호와의 공의를(7절) (혹은 둘 다를) 가리키는 것일 수도 있다.

마지막 구절은 조건적 저주다. 8:6에서 왕을 구하는 것은 악으로 불렸고, 12장에서는 이 요구가 사사 시대의 절정에 이르는 *그*(*the*) 죄악이라 불렸다(19절). 그러나 저자는(23절) 다른 죄들에 대해 경고하는데, 그것은 왕정 시대에 여호와를 두려워하지 않거나, 섬기지 않거나, 순종하지 않는 죄들이다. 이 사무엘의 말을 거역하는 것 혹은 헛되 우상을 섬기는 데로 돌이키는 것은 필연적으로 그 백성과 그들의 왕의 패망에 이르게 될 것이다(참조. 삼상 26:10; 27:1). 그 잠재적 죄인들이 여기서 백성들 자신들이며 단지 그들의 왕들만은 아니라는 것을 주목하라. 물론 후자는 열왕기서에서 주된 범인들이다(그러나 열왕기에 있는 백성들의 죄에 대해서는 왕하 17:21-22과 *Israel in Exile* 32와 n.16을 보라).

해설

이 장은 이스라엘의 왕권 발흥의 마무리 단계에 대한 최종적인 신명기 학파의 반성적 고찰이다. 이 고찰은 7장부터 12장에 이르기까지 그 편집자를 사로잡았다. 이 장들에서 그는 더 오래된 많은 구성본들(compositions)을 통합시켰는데, 그 중 많은 것들이 대단히 긍정적인 방식에서 사울을-그리고 암시적으로 왕권을-다루었다. 예를 들어, 9:1-10:16에서 사울은 한 청년으로서 사무엘 선지자에게서 기름부음을 받았다. 그리고 그는 여호와의 영이 그에게 임했다는 것을 표시하는 일종의 예언적 황홀경을 보여 주었다. 10:17-27a에서 사울이 제비뽑기와 예언적 신탁에 의해 뽑힌 반면, 11:1-15에서는 여호와의 영이 그에게 엄습해서 그가 야베스 길르앗 성을 구하도록 도왔다. 그 전쟁 직후, 사울은 자신의 승리가 여호와의 구원 행위였기 때문에 자신과 여호와를 비방했던 사람들을 용서했다. 그로 인하여 백성들은 자발적으로 그를 길갈의 왕으로 선언했다. 이 세 단원 모두 그 최종적 형식에서 선지자 사무엘이 백성들에게 긍정적인 암시를 주는 역할을 한다. 심지어 사무엘이 가장 미미하게 나타나는 11장에서도, 그는 백성들에게 대관식을 제안했다.

동시에 신명기 학파 역사가는 또한 왕권에 대한 부정적인 해설을 통해 그가 썼거나 아니면 편집했던 본문들을 포함시켰다. 예를 들어, 사무엘은 블레셋과의 전쟁에서 하나님의 승리를 위한 매우 적절한 통로 역할을 함으로써(7상) 암시적으로 왕에 대한 필요를 제거했다. 사무엘은 또한 왕권과 더불어 수반될 사회적 불평등과 권력강화(self-aggrandizement)에 대해 경고했으며, 두 번에 걸쳐 왕권이 왕이자 구원자로서의 여호와에 대한 거부라고 비판했다(8:7; 10:19). 그렇지만 심지어 이 단원들(7:2-17; 8:1-22; 10:18b-19)에서조차도 이러한 부정적 견해들은 8:7, 22에 있는 왕을 세우라는 여호와의 명령에 의해, 또한 이 단원들이 바로 앞 단락에서 논의된 긍정적인 견해들과 뒤섞여 있다는 사실에 의해 균형을 이루고 있다.

이어서 12장은 이러한 비판적인 시대에 대한 결론에서 균형을 가져온다. 사무엘과 여호와는 두 번의 법적 절차(1-5절: 6-15절)에서 결백한 것으로 드러나고, 왕에 대한 요청은 어려운 시기에 여호와께 도움을 기대하지 않은 잘못으로 규정된다. 그러나 여전히 왕권은 또한 8장부터 11장까지의 거의 모든 단원에서 강조되었던 바와 같이 여호와의 선물이다. 지상 왕은 이스라엘의 행위가 반역적이 아니라 순종적이라면 축복이 될 수 있었고(14절), 또는 백성들이 불순종하거나 반역한다면 왕 아래서의 삶은 저주를 받을 수 있었다. 여호와의 의는 그 새로운 왕정의 조건에 맞추어 조정될 수 있었다.

건기 동안에 여호와께서 폭풍우를 보내신 것은 사무엘의 권위를 강조한 것이며 백성들로 하여금 그들의 죄를 분명히 고백하게 만들었다. 그러나 결백한, 그리고 새롭게 권위를 부여받은 사무엘은 미래로 가는 문이 열려 있게 했다. 그 미래는 장차 사무엘이-그리고 그를 표상으로 삼을 다른 선지자들이-백성들을 위해 기도하고 그들이 살아가야 할 방식을 가르치게 될 날이었다. 여호와께서는 기도하고 이끌어 줄 사무엘과 같은 선지자들을 보내심으로써 다시 한 번 자신의 의를 드러내실 것이다. 마치 이스라엘을 모든 위험으로부터 구원하시어 그렇게 하셨던 것처럼 말이다.

이스라엘이 왕권을 선택하도록 만든 이유가 아무리 의심을 살 만해도, 왕권 자체는 하나님의 통치 아래서 불가능한 것은 아니었다. 사무엘상의 남은 부분은, 비록 사울이 한때 왕으로서 여호와의 축복 아래 있었다 할지라도, 결국은 그가 여호와에 의해 거부되어야만 했다는 사실을 보여 주는 것에 주로 할당되었다. 이러한 신명기 학파적 이해 속에서 사울의 거부는 왕권의 거부로 귀결된 것이 아니라, 사울의 대체자인 다윗의 선택으로, 나단의 긍정적인 신탁의 말씀으로, 또한 그 약속의 말씀이 이스라엘의 역사에 커다란 효력을 끼친 것으로 귀결되었다(참조. *Israel in Exile* 30, 39-41).

그러나 여전히 그 약속과 선지자들의 기도와 가르침에도 불구하고, 이스라엘과 그들의 왕은 그들이 불순종한다면 전멸될 것이다. 전체적인 Dtr의 문맥에서, 그 위협은 이미 721년과 587년에 현실이 되었다. 심지어 그 심판에서조차도 여호와는 자신의 약점이나 자신의 불충실, 혹은 자신의 악함을 드러내신 것이 아니었다. 오히려 이 사건들조차도 자신과 이 백성들의 관계에 대한 여호와의 충실하심, 즉 여호와의 의와 조화를 이룰 수 있었다.

15. **왕권을 상실하는 사울**(13:1-23)

참고문헌

Ackroyd, P. R. "The Hebrew Root באש." *JTS* N.S. 2(1951) 31-36. **Bewer, J.** "Notes on 1 Sam 13:21; 2 Sam 23:1; Psalm 48:8." *JBL* 61(1942) 45-49. **Dever, W. G.** "Iron Age Epigraphical Material from the Area of el-Kom." *HUCA* 40-41(1969-1970) 139-204. **Hauer, C.** "The Shape of Saulide Strategy." *CBQ* 31(1969) 153-67. **Jobling, D.** *The Sense of Biblical Narrative.* JSOTSup 7. Sheffield, Eng.: U. of Sheffield(1978) 4-25. **Lane, W. R.** "Newly Recognized Occurrences of the Weight-name PYM." *BASOR* 164(1961) 21-23. **Stoebe, H. J.** "Zur Topographie und Überlieferung der Schlacht von Mikmas. 1 Sam. 13 und 14." *TZ* 21(1965) 269-80. **Yonick, S.** *Rejection of Saul as King of Israel.* Jerusalem: Franciscan Printing Press, 1970.

본 문

1 사울이 왕이 될 때에 사십 세라 그가 이스라엘을 다스린 지 이 년에
2 이스라엘 사람 삼천을 택하여 그 중에서 이천은 자기와 함께 믹마스와 벧엘 산에 있게 하고 일천은 요나단과 함께 베냐민 기브아에 있게 하고 남은 백성은 각기 장막으로 보내니라

1 Saul was …[a] years old when he became king, and he reigned for two years[b] over Israel.
2 Saul picked for himself three thousand men[a] of Israel. Two thousand were with him in Michmash and in the hill country of Bethel, and a thousand were with Jonathan in Gibeah of Benjamin. The rest of the troops he sent to their tents.

3 요나단이 게바에 있는 블레셋 사람의 수비대를 치매 블레셋 사람이 이를 들은지라 사울이 온 땅에 나팔을 불어 이르되 히브리 사람들은 들으라 하니

3 After Jonathan had attacked the garrison (or prefect) of the Philistines at Gibeah,[a] the Philistines heard [b][about it], and Saul blew the trumpet throughout all the land with this message: "Let the Hebrews pay attention."[b]

4 온 이스라엘이 사울의 블레셋 사람의 수비대를 친 것과 이스라엘이 블레셋 사람의 가증히 여김이 되었다 함을 듣고 길갈로 모여 사울을 좇으니라

4 All Israel heard that Saul had attacked the garrison (or prefect) of the Philistines and that Israel had become odious to the Philistines. So the troops were called out to arms behind Saul at Gilgal.

5 블레셋 사람이 이스라엘과 싸우려 하여 모였는데 병거가 삼만이요 마병이 육천이요 백성은 해변의 모래같이 많더라 그들이 올라와서 벧아웬

5 Meanwhile, the Philistines gathered to fight with Israel, [a]coming up against them[a] with three[b] thousand chariots and six thousand charioteers, and

동편 믹마스에 진치매
6 이스라엘 사람들이 위급함을 보고 절박하여 굴과 수풀과 바위틈과 은밀한 곳과 웅덩이에 숨으며

7 어떤 히브리 사람들은 요단을 건너 갓과 길르앗 땅으로 가되 사울은 아직 길갈에 있고 그를 좇은 모든 백성은 떨더라
8 사울이 사무엘의 정한 기한대로 이레를 기다리되 사무엘이 길갈로 오지 아니하매 백성이 사울에게서 흩어지는지라

9 사울이 가로되 번제와 화목제물을 이리로 가져오라 하여 번제를 드렸더니
10 번제 드리기를 필하자 사무엘이 온지라 사울이 나가 맞으며 문안하매

11 사무엘이 가로되 왕의 행한 것이 무엇이뇨 사울이 가로되 백성은 나에게서 흩어지고 당신은 정한 날 안에 오지 아니하고 블레셋 사람은 믹마스에 모였음을 내가 보았으므로

12 이에 내가 이르기를 블레셋 사람은 나를 치러 길갈로 내려오겠거늘 내가 여호와께 은혜를 간구치 못하였다 하고 부득이 하여 번제를 드렸나이다
13 사무엘이 사울에게 이르되 왕이 망령되이 행하였도다 왕이 왕의 하나님 여호와께서 왕에게 명하신 명령을 지키지 아니하였도다 그리하였더면 여호와께서 이스라엘 위에 왕의 나라를 영영히 세우셨을 것이어늘
14 지금은 왕의 나라가 길지 못할 것이라 여호와께서 왕에게 명하신 바를 왕이 지키지 아니하였으므로 여호와께서 그 마음에 맞는 사람을 구하여 그 백성의 지도자를 삼으셨느니라 하고

15 사무엘이 일어나 길갈에서 떠나 베냐민 기브아로 올라가니라 사울이 자기와 함께 한 백성을

troops as numerous as the sand on the seashore.
6 They came and encamped at Michmash, east of Beth-aven. When the men of Israel saw that they were in distress, [a]for the troops were hard pressed,[a] they hid in caves, in briar patches,[b] in rocks, in tombs, and in cisterns.
7 [a]The Hebrews crossed over the Jordan[a] to the land of Gad and Gilead.

8 Saul was still in Gilgal, and all the troops following him were fearful. He waited seven days for the date which Samuel had set,[a] but Samuel did not come to Gilgal and the troops were scattering from him.
9 Saul said, "Bring the burnt offering and peace offerings"; and he carried out the burnt offering.
10 Just when he completed the burnt offering, Samuel showed up, and Saul went out to meet and greet him.
11 Samuel said, "What have you done?" Saul replied, "I noticed that the troops were scattering from me, and you had not arrived within the agreed upon days and the Philistines were assembling to Michmash.
12 Now, I thought, the Philistines will come down to me at Gilgal, but I have not appeased Yahweh. So I forced myself and carried out the burnt offering."
13 Samuel said to Saul, "You have acted foolishly! If you had[a] kept the commandment of Yahweh your God, which he gave you, Yahweh would now have established your kingdom over Israel forever.

14 But now your kingdom will not endure. Yahweh has sought out for himself a man after his own heart and commissioned him to be prince over his people since you have not kept what Yahweh commanded."
15 Samuel rose and went up from Gilgal[a] to go on his own way, but the rest of the troops went up

계수하니 육백 명 가량이라

after Saul to meet the men of war. They came from Gilgal[a] to Gibeah of Benjamin. Saul counted the troops who were present with him — about 600 men.

16 사울과 그 아들 요나단과 그들과 함께 한 백성은 베냐민 게바에 있고 블레셋 사람은 믹마스에 진쳤더니

16 Saul, Jonathan his son, and the people who were with them were staying at Geba of Benjamin, while the Philistines were encamped at Michmash.

17 노략군들이 삼대로 블레셋 사람의 진에서 나와서 한 대는 오브라 길로 말미암아 수알 땅에 이르렀고

17 The raiding parties set out for Michmash in three groups. One group turned toward Ophrah in the land of Shual.

18 한 대는 벧 호론 길로 향하였고 한 대는 광야를 향한 스보임 골짜기가 내려다 보이는 지경 길로 향하였더라

18 A second group took a road toward Beth-horon, and a third went toward the hill which overlooks the Valley of the Hyenas.[a]

19 때에 이스라엘 온 땅에 철공이 없어졌으니 이는 블레셋 사람이 말하기를 히브리 사람이 칼이나 창을 만들까 두렵다 하였음이라

19 There was no blacksmith in all the land of Israel for the Philistines said, "We must bewar[a] lest the Hebrews make a sword or bow."

20 온 이스라엘 사람이 각기 보습이나 삽이나 도끼나 괭이를 벼리려면 블레셋 사람에게로 내려갔었는데

20 All Israel would[a] go down to[b] the Philistines so they could sharpen their plowshares, their mattocks, their axes, and their sickles.[c]

21 곧 그들이 괭이나 삽이나 쇠스랑이나 도끼나 쇠채찍이 무딜 때에 그리하였으므로

21 The price was a pim for the plows and the mattocks, [a]and a third of a shekel for sharpening the axes[a] and for setting the goads.

22 싸우는 날에 사울과 요나단과 함께 한 백성의 손에는 칼이나 창이 없고 오직 사울과 그 아들 요나단에게만 있으니라

22 Whenever there were battles,[a] no sword or spear was found with any of the people who were with Saul and Jonathan, but Saul and Jonathan his son did have them.

23 블레셋 사람의 부대가 나와서 믹마스 어귀에 이르렀더라

23 The Philistine garrison, meanwhile, marched out to the pass of Michmash.

원문주해

1.a. 숫자가 빠져 있다. 몇몇 70인경 필사본들(LXX mss.)은 비록 이차적인 계산으로 보이긴 해도 "30"을 가진다(참조. 삼하 5:4). 2절에서 요나단이 자기 휘하에 1,000명의 군사를 두기에 충분할 정도의 나이가 되었고, 사울은 죽기 전에 손자를 보았기 때문에(삼하 4:4), 그는 40세이거나 그 이상의 연령이 될 듯하다. 이 1.a. 전체가 대부분의 70인경 필사본들(LXX mss.)에서 빠져 있다.

1.b. 요세푸스(*Ant.* 6,387; 그러나 10.143에서 그는 재판으로 기록한다)와 행 13:21은 40으로 읽는다. 그리고 현대의 주석가들은 다양한 숫자를 제안해 왔다. 숫자 2의 난점은 그것의 특이한 철자(Driver를 보라)와 관련되고, 또한 그것이 성경에 보고된 사울에 관한

여러 사건들이 발생하기에 충분한 시간을 허용하는지도 난점이다. 노트는 숫자 2는 신명기 학파 역사가의 연대기와 그 역사적 상황들에 적합하다고 주장한다. *History of Israel*, 176-78를 보라.

2.a. 70인경(LXX) 시리아역(Syr)을 따라 이쉬(אִישׁ)를 삽입하라.

3.a. 70인경(LXX) 탈굼역(Targ)이 그렇다; 참조. 10:5. 이 구절에서 블레셋은 기브아에 수비대를 두고 있었던 것으로 언급된다. 마소라 본문(MT): "게바." 그 단어들은 히브리어에서 단지 철자 하나만 다르며 자주 혼동되었다. 밀러(Miller, *VT* 25[1975] 145-66; 9:1-10:16의 참고문헌을 보라)는 게바, 베냐민의 게바, 베냐민의 기브아, 사울의 기브아 그리고 아마도 기브앗-엘로힘(Gibeath-elohim, 한글 개역: 하나님의 산)이 모두 같은 장소로서 게바를 지시한다고 주장한다.

3.b.-b. 어떤 사람은 추론에 의해 이렇게 수정해서 읽는다: "이 보고, 즉 '히브리인들이 폭동을 일으켰다'는 것을. 그리고 사울은 온 땅에 나팔을 불었다"(this report, "the Hebrews have revolted.' And Saul blew the trumpet throughout all the land). 이러한 수정의 주된 이유는 마소라 본문(MT)에서 사울이 사용한 "히브리인들"이란 단어 때문이다. "히브리인들"은 일반적으로 이방 국가들에 의해 이스라엘을 지칭하는 것으로 사용된다. 갓월드(Gottwald, *Tribes of Yahweh*)는 최근에 마소라 본문(MT)을 이해하는 만족스런 방법을 제안했다. "주석"을 보라.

5.a.-a. 70인경(LXX); 이 단어들은 유사종결(homoioteleuton)에 의해 마소라 본문(MT)에서 없어졌다.

5.b. 70인경 루시안 개정본(LXX^L) 시리아역(Syr); 마소라 본문(MT) 70인경(LXX): "30"(따라서 30천: 즉, 3만－역자주).

6.a.-a. 많은 사람은 이것이 히브리어에서 앞의 세 단어들("that … distress", 한글 개역: 곤궁함을)의 이문(variant)이라고 믿는다. 만일 그렇다면 마소라 본문(MT)은 확장된 것이다.

6.b. 흔히 우베호림(ובחורים, "구멍들 속에서")으로 교정되기도 한다. 참조. 14:11.

7.a.-a. 어떤 사람은 해설자의 기사로부터 "히브리인들"이라는 단어를 제거하여 교정한다: "그들은 요단강을 건넜다." 갓월드의 연구는 다시 마소라 본문(MT)을 명백한 것으로 만든다: "주석"을 보라. 그리고 3.b.와 비교하라.

8.a. 네 개의 히브리어 필사본들(mss.) 70인경(LXX) 탈굼역(Targ)은 아마르(אמר)를 추가한다; 다른 히브리어 필사본들은 샴(שׁם)을 추가한다. 마소라 본문(MT)에서 후자가 빠진 것은 유사시작(homoioarchton)으로 설명될 수 있다.

13.a. 로(לא, "아니다") 대신 루(לו, "만일")로 읽으라. 그렇지만 아마 그 조건문은 단지 마소라 본문(MT)에서 암시될 뿐이다: "당신은 지키지 않았다…당신을. [만일 당신이 그것을 지켰다면] 여호와는 지금 세우셨을 것이다, 등등"(You have not kept … you. [If you had kept it], Yahweh would now have established, etc.). 그런 조건은 역시 14절의 서두에서도 암시되는지 모른다: "그러나 이제[당신은 그것을 지키지 않았기 때문에] 당신의 나라, 이하 생략"(But now[since you did not keep it] your kingdom, etc.). *PAIR*, Vol. 2, p. 173; *GKC* 159dd를 보라.

15.a.-a. 추가적인 단어들이 70인경(LXX) 구 라틴역(OL)에 포함되어 있는데, 그것들은 사울을 길갈로부터 기브아로 도착하게 만드는 데 필수적이다. 그 단어들은 어떤 서기관의 눈길이 첫 번째 길갈에서 두 번째 길갈로 넘어갔을 때(homoioteleuton) 히브리어 본문으로부터 사라지고 말았다.

18.a. 마소라 본문(MT)은 다음을 추가한다: "광야를 향하여."

19.a. 이 구문에 대해서는 *GKC* 152w를 보라.

20.a. 우리는 이 동사를 와우 연속법을 가진 완료형으로 읽으면서 반복 용법(frequentative)으로 이해한다.

20.b. 엘(אל)을 삽입하라; 참조. 70인경(LXX).

20.c. 헤르메쇼(חרמשׁו); 참조. 70인경(LXX); 미소라 본문(MT); 마하라쉬토(מחרשׁתו, "보습들").

21.a.-a. 붸쉘로샤 쉐켈 리숀 하카르두밈(ושׁלשׁ שׁקל לשׁון הקררמים). 참조. NAB, 뷰어(Bewer). 마소라 본문(MT)과 70인경(LXX)은 다소 다른 중자탈락이 발생한 것으로 보인다.

22.a. 이 명사를 여성 복수로 음독하라; 마소라 본문(MT): 여성 단수 연계형.

양식/구조/배경

13장과 14장은 요나단에 의한 블레셋과의 승리의 투쟁을 다룬다. 이 장들은 13:1의 통치 형식문(the regnal formula)에 의해 12장의 왕권의 발흥에 대한 신명기 학파적 요약과 분리되고, 또한 14:47-51(52)의 요약과 족보 구절들에 의해 15장에 있는 아말렉 족속과의 투쟁과도 분리된다. 13장과 14장은 이 주석에서 독립된 단위들로 논의될 것인데, 단지 그것이 편리하기 때문이다.

요약. (불완전한) 통치 형식문(1절)에 이어, 우리는 믹마스와 기브아(2절) 근처에 주둔한 사울의 (상비) 부대의 규모를 알게 된다. 요나단과 사울(아니면, 둘 중 하나)이 블레셋 수비대(혹은 군대장관)를 공격하게 되고, 그로 인해 블레셋이 반격 태세를 갖추자 사울이 남은 군대를 징집하게 된다. 두려움으로 인하여 사울의 추종자들은 숨거나 도망가고 말았다(3-7a절). 사무엘이 길갈에서 있었던 사울과의 조우에 늦었을 때, 사울은 스스로 희생을 드렸다. 그렇지만 그가 시도한 정당화는 사무엘을 만족시키지 못했으며, 사무엘은 그의 나라가 지속되지 못할 것이라고 알렸다.

사실 여호와는 이미 자신의 마음에 합한 한 사람을 위임하신 상태였다. 사무엘과 사울은 길갈을 떠나 각자 갈 길로 향했다(7b-15a절). 사울은 게바에 도착해서 자신의 군사가 단지 600명뿐임을 알았다. 블레셋의 기습 부대는 믹마스로부터 세 방향으로 대열을 펼쳤다(15b-18절). 그 당시에 철을 다루는 기술은 블레셋이 독점적으로 보유하고 있었고, 이스라엘 족속은 농기구의 제조와 수리를 위해 추정컨대 상당한 비용을 지불하면서 그들에게 가야 했다. 이스라엘 족속 중에 단지 사울과 요나단만이 (철로 된?) 검 혹은 창을 소유했다(19-22절). 믹마스로부터 블레셋의 전진으로 뒤이은 전쟁을 위한 무대가 마련되었다(23절).

사울과 요나단 둘 다 이 장에서 블레셋 수비대(혹은 군대장관: 3절과 4절)에 대한 공격으로 신임을 받는다. 이 장의 일관성 없는 기브아와 게바에 대한 언급과 사울의 이상하고도 성공적이지 못한 길갈 여정에 대한 언급으로 인해 역시 상당한 혼동이 발생한다. 일부분 명료한 이해가 다음 세 가지를 확인함으로써 가능해진다: a) 7b-15절에 있는 사울의 거부에 대한 기사로서 이것은 전쟁 기사를 방해하고 있다. 이 사건은 적어도 부분적으로 15장에 있는 유사한 장면과 병행을 이룬다. 둘 다 사울과 사무엘을 연루시키고, 길갈에서 발생하며, 거룩한 전쟁을 다루면서 여러 가지 종교적 전통(sacral traditions)의 위반을 연루시키는 것으로 보인다. 이 단위의 삽입은 4장에 있는 길갈에 대한 언급으로 준비를 갖춘다. 연대기 역시 이 단위가 이차적인 것임을 시사한다. 10:8에 따르면, 청년 사울은 길갈로 가서 7일 동안 기다리게 되어 있다. 그러나 13-14장에서의 전투들은 10:8 이후 몇 날이 아닌 몇 해가 지나 완전히 장성한 아들이 있는, 성인이 된 사울에 의해 지휘된 것으로 보인다. 다른 전승들은 이렇다: b) 블레셋 족속의 수비대(혹은 군대장관)에 대한 사울의 공격에 관한 기사로서 그가 적진 내의 혼란을 이용해서 이스라엘을 승리로 이끄는 내용이다(대략: 13-4a, 16-18; 14:20-23, 31-35). 그리고 c) 믹마스에서 요나단에 의한 블레셋 수비대(מצב – 마짜브)의 패배에 관한 기사(대략: 13:23; 14:1, 4-19, 24-30, 36-45). 본래 독립적이었던 이 전승들(Stoebe), 혹은 한 전승의 병행 판본들(Miller, *CBQ* 36[1974] 157-74. 9:1-10:16에서 참고문헌을 보라)은 13:3; 14:2-3, 13b과 같은 그런 편집적 구절들로 연결되었다. 두 전승 모두 수비대(נציב – 나찌브 혹은 מצב – 마짜브)에 대한 공격을 수반한다. 두 영웅을 한 종 혹은 한 병기 든 자가 수행한다. 두 사람 모두 기브아/게바 근처에서 그 수행을 받는다. 스토베는 사울 전승은 기브아로, 요나단 전승은 게바로 연결시키면서 두 장에 있는 이 두 지명의 일관성 없는 사용을 그 서사 합성본의 복합적 성격 탓으로 돌린다. 의심할 여지없이 본문 비평적 요소들이 불일치한 사용의 한 원인이다(참조. LXX와 각주). 밀러는 기브아와 게바를 현대의 예바(Jeba')와 동일시한다는 점에서, 또한 본래 젊은 사울의 것으로 할당되는 영웅적 행위가 후대의 유다계(Judean circles)에 속한 해설자에 의해 요나단에게 할당되었다고 주장함으로써 스토베를 넘어선다. 그도 그럴듯하긴 하지만 역시 추론을 통해 이 사울 기사(위의 b)가 젊은 사울이 시도한 아버지의 나귀 수색의 연장이라고 제안한다.

남아 있는 구절들은 다음과 같이 이해되어야 한다. 13:1은 사울을 위한 통치 형식문인데, 그것은 열왕기서에서 사용된 것과 비슷하다(예를 들어, 왕상 14:21; 22:42). 그리고 이 구절은 그 신명기 학파 역사가에게 할당되거나, 아니면 이 구절이 70인경(LXX)에 없는 이유로 후대의 기원으로 간주될 경우에는 그를 모방한 어떤 사람에게 할당된다. 2절에 따르면 사울은 단지 다음 구절들에서 다시 일반 징집을 하려고 모병된 군사들을 해산시키고 있는데, 그때 사울은 상비군(a standing army)을 창실했다. 그러나 이 상비군 창설은 그것의 현재의 위치에도 불구하고 그 전쟁의 결과임을 표시해 준다(참조. 14:52과 Miller). 비록 3절이 상당히 고대의 재료를 포함한다 할지라도, 그것은 부분적으로 b와 c전승을 조화시키는 역할을 한다. 19-22절은 제철 기술에 대한 블레셋의 독점을 보고하면서 그 전쟁 기사들 속에서 일종의 부록(excursus)을 형성한다. 버취는 13:2-7a, 15b-18, 23의 연대기적 문제를 강조한다. 그것들의 구체적 세부사항과 대화 부재 그리고 간결한 문체에 주목하면서 8-14절에서 그는 한 개인에 대한 예언적인 심판의 신탁을 발견한다(서론, 8-10절; 비방, 11-13a; 징벌의 선언, 13b-14절[그 선언문은 그것이 한 서사에 끼워 넣어져 있기 때문에, 서론적인 전언자 형식문(messenger formula)이 결여되어 있다. Westermann, 149를 보라]). 그렇지만 그의 모형론적(typological) 주장들이 이 단위를 주전 8세기 후반의 한 시기로 할당한 것은 성공을 거둔 것으로 보이지 않는다. 베이욜라(Veijola, *Ewige Dynastie*, 55-57)는 "자신의 마음에 합한"과 같은 그런 표현들을 지적하고 또한 여호와의 명령의 준수와 그 왕조의 전망의 상관성을 지적하면서, 7b-15a절의 현재의 형태를 신명기 학파의 편집(DtrN)으로 할당하는 하나의 강력한 사례를 만들었다.

주석

[1] 본문상의 공백 때문에 사울이 왕이 되었을 때의 나이는 알려지지 않고 있다.

마소라 본문(MT)에 기록된 그의 2년 간의 통치에 대한 여러 가지 반론은 본문에 준한 것이 아니라 역사적인 것이다. 덧붙여서 비정상적으로 낮은 연수(年數), 즉 Dtr의 연대기적 틀에 부합하는 수치(Noth, *History of Israel*, 176-177를 보라)는 단순히 연대기적 틀에 맞추기 위해 고안된 것은 아닌 것으로 보인다. 해석가들은 사무엘상 13-31장에 옮겨져 있는 역사적 사건들이 2년의 기간 내에 가능했을지를 결정해야 한다. 노트(*History of Israel*, 176-7)와 메이즈(A. D. H. Mayes, *Israelite and Judean History*, 329)는 그렇다고 말한다. 아이스펠트(Otto Eissfeldt, *Cambridge Ancient History*, 575)는 아니라고 말한다. 사울의 아들 이스보셋은 왕이 되었을 때 40세였으며, 마찬가지로 2년 동안 통치했다고 언급된다(삼하 2:10). 사울과 이스보셋이 통치했던 "이스라엘"은 유다를 포함하지 않았을 수도 있다(참조. 삼하 2:4, 거기서 유다 사람들은 다윗을 단지 유다 집 위의 왕으로 기름부을 뿐이다; 삼하 5:3에서 그는 이스라엘 위의 왕으로 기름부음을 받는다).

[2] 사울이 자신과 요나단과 함께 일할 사람 3,800명을 선택한 것은 거룩한 전쟁을 위해 모집된 지원자들에 대한 언급이 아니라(14:52에서처럼), 가신들의 상비군(a standing body of retainers) 창설로 보인다. 3-4절에 따르면, 사울은 온 이스라엘의 의용군들을 소집했다. 6절에서 군사들이 숨거나 도망간 것으로 언급된다. 15절에서 그들의 수는 600명으로 줄어든다. 우리는 2절에서 사울이 3,000명으로 시작했다가 3-4절에서 일반 무장을 요청하여 그 숫자를 크게 늘린 뒤에, 본래의 장정 숫자(즉, 3,000명 – 역자주)에서 겨우 20%만이 남았을 정도로 많은 인원을 잃어버렸다고 가정해야 하는가? 그 기사 전체의 복잡한 성격은 주의를 요하지만 2절이 13-14장의 전쟁(들) 이후의 조건들을 나타낸다는 밀러의 제안은 고려할 만한 장점을 지닌다. 사울은 기브아 북동쪽 약 4.5마일 지점의 믹마스(현대의 Mukhmâs; MR 176142)에서 군대를 이끌었다. 와디 에스 스웨니트(Wadi eṣ-Ṣuwēnīt)의 북쪽에 위치한 믹마스는 해발 약 1,980피트 정도다(Driver). 벧엘(참조. 7:16)은 믹마스 북서쪽 4.5마일 지점에 있으며 고도 2,890피트까지 솟구친다(Driver). 이러한 비교적 높은 고도는 벧엘을 "산지"라 언급한 이유를 설명해 준다. 1,000명의 군사가 요나단에게 할당되었는데, 그가 언급되기는 여기가 처음이며, 이상하게도 그가 사울의 아들이라는 사실을 전혀 시사하지 않는다(비록 시리아역[Syr]에는 그런 통보가 추가되어 있지만 말이다). 요나단과 그의 군대는 베냐민의 기브아에 있었는데, 그 곳은 통상적으로 예루살렘 정북쪽의 텔 엘풀(Tell el-Fûl)과 동일시된다. 어떤 사람은 그 곳의 위치를 기브아에서 약 3마일 정도 떨어진 마을인 게바로 잡는다. 밀러는 기브아

가 항상 게바에 대한 다른 철자라고 생각한다. 기브아와 게바란 단어는 히브리어에서 단지 자음 하나만 다르기 때문에, 또한 그 장소가 지정학적으로 매우 가깝기 때문에 현존하는 기록들이 자주 혼동을 일으키고 서로 충돌된다. 물론 일반 독자들에게는 그 문제란 사소한 것에 불과하다.

3-7a 마소라 본문(MT)은 블레셋 수비대(혹은 군대장관)의 패배를 요나단(3절)과 사울(4절) 탓으로 돌린다. 이것은 13장과 14장의 복잡한 특성을 표시하는지도 모른다. 혹은 4절의 사울에 대한 언급은 요나단의 승리들이 자연히 그의 아버지인 왕이 이끈 정부의 것으로 인정된다는 것을 의미할 수도 있다. 수비대 혹은 군대장관이 나찌브(נְצִיב)의 더 나은 번역인지에 대한 토론에 대해서는 10:5을 보라. 블레셋 족속이 그들의 수비대(혹은 군대장관)의 패배에 대한 소식을 들은 후에, 사울은 양각 나팔을 불어 이스라엘의 의용군을 소집하여(참조. 삿 3:27; 6:34-35; 삼하 20:1; 참조. von Rad, *Der heilige Krieg*, 6) 히브리인들이 주목할 것을 요청했다. 그것은 자주 난점으로 지적된다. 왜냐하면 어떤 이스라엘 사람이 그의 동료 이스라엘 사람을 경멸적인 "히브리인"이라는 호칭으로 부르지 않았을 것이기 때문이다. 그 결과 마소라 본문(MT)에 있는 마지막 세 단어는 그 문장 속에서 자주 앞으로 위치 이동되며, 동사 이쉬메우(יִשְׁמְעוּ, "그들이 들었다")는 파쉐우(פָּשְׁעוּ, "그들이 죄를 지었다")로 수정된다(참조. 3.b.). 그러나 갓월드(Gottwald)는 사울이 히브리인들에게 듣거나 주목하라고 요청할 때는 "제3세력" 혹은 아피루(apiru) 전사들에게 호소하고 있었으며, 그들이 블레셋을 돕고 있었으나 이제는 이스라엘 쪽으로 넘어오라는 초대를 받는다고 제안한다(*Tribes of Yahweh* 423; 참조. 7절과 14:21에 관해서는 아래를 보라). 그 아피루/히브리인들을 사회학적으로 이해하자면, 준 군사적 체계화(a military subspecialization)를 갖춘 치외법권 범주에 속했다.

블레셋 수비대에 대한 공격은 이스라엘이 블레셋에 증오의 대상이 된다는 것을 의미했다. 그래서 백성들은 사울의 소집을 유의하여 듣고 그를 따라 길갈로 모였다(참조. 10:8; 11:14). 5절은 심지어 수정된 형식에서조차 3,000대의 병거를 가진 엄청난 규모의 블레셋 세력을 기록한다 – 시스라는 단지 900대의 병거를 가졌을 뿐이다(삿 4:3)! 믹마스 근처의 지형은 어찌 되었든지 대규모의 전차 부대에는 적합하지 않다. 6,000명의 기병(혹은 마병)은 각 병거당 두 사람의 탑승에 충분한 숫자일 것이다. 비록 야딘(Yadin)이 헷 족속과 마찬가지로 3인승 병거를 가졌다는 것을 보여 주지만(*Art of Warfare* 250, 336), 그럼에도 불구하고 그런 2인승 병거들은 애굽에서부터 알려져 있다(ANET, 172, 183-184). 이스라엘의 압도적인 열세는 "모래만큼 많은 군대"에 의해 시사된다(참조. 수 11:4; 삿 7:12; 삼하 17:11). 블레셋 족속은 믹마스를 점령했는데, 만일 2절의 정보가 전쟁 후의 상황들을 지시하는 것이 아니라면 사울은 거기에 주둔해 있었다("양식/구조/배경"을 보라). 벧아웬의 정확한 위치는 알려져 있지 않다. 올브라이트(Albright)는 벧엘 남쪽의 부르가(*burga*)를 제안했다. 다른 사람은 텔 마리암(Tell Maryam, *MBA* number 88, 89) 혹은 심지어 아이(Ai, *IDB* I, 388-389)를 제안하기도 했다. 호세아서에서 그 이름은 벧엘에 대한 경멸적인 지칭이다(4:15; 5:8; 10:5; 참조. 암 5:5).

이스라엘 족속은 적의 압박 아래 있었기에, 이스라엘 군대는 고통 속에서(삿 2:15; 10:9; 11:7) 모든 가능한 은신처로 도망가고/가거나 숨었다(참조. 14:11). "무덤들"로 번역된 단어는 아랍어에서 무덤 바닥에 있는 시체를 놓는 좁은 구덩이를 지시한다. 비록 그것이 여기서는 일종의 지하 구덩이에 대한 특징적인 언급이 되기에는 부족하지만 말이다(Driver). 사사기 9:46, 49에서, 그것은 어떤 건물의 방을 지시한다. 7a절은 자주 교정되지만(참조. 7.a.), 갓월드는 이 구절의 "히브리인들"이 정상적으로는 블레셋 족속에게 아비루/용병 사역에 채용되었던, 하지만 이번 군사작전에서는 사울과 더불어 싸웠던 이스라엘 족속을 지시할 수 있다고 제안한다(*Tribes of Yahweh* 424). 어쨌든, 그들은 모든 남아 있는 사람들처럼 두려움에 떨면서 요단 동편(트랜스 요르단)의 갓(수 13:24-28)과 길르앗(참조. 11:1)으로 도망갔다.

7b-15a 10:8에 따르면, 사울은 사무엘이 희생을 드리러 와서 그에게 추가적인 지침들을 주기 전까지 길갈에서 7일 동안을 기다려야 했다. 사무엘이 자신의 마감시간을 넘기고 백성들은 그를 단념하고 있을 때, 사울은 번제와 화목제(참조. 6:14; 10:8)를 위한 짐승들을 가져오라고 명령하여 번제를 수행했다. 바로 그때 – 이것은 그가 화목제를 수행하기 전이었음을 의미하는가, 아니면 화목제는 번제의 일부분이었는가(Birch, 126, n. 156)? – 사무엘이 도착했고, 사울은 그에게 인사를 하러(문자적으로는 축복하러; 참조. 왕하 4:29; 10:15) 나갔다. 사무엘의 질문에 대한 답변에서, 사울은 자신의 행동에 대한 책임을 사무엘에게 떠넘기려고 애썼다. 군대는 흩어지는 중이고 블레셋 족속은 집결하고 있었을 뿐만 아니라, 사무엘-당신(이 대명사의 이러한 용법은 강조적이다)도 제때 오지 않았다. 사울의 변명은 적어도 표면적으로는 완전히 경건한 것처럼 보인다. 적이 다가오고 있을 때, 그는 여호와의 중재 요청을 시도하지 않았다는 것, 혹은 문자적 번역 그대로 보자면 아직 그는 그분께 희생을 드림으로써 "하나님을 부드러운 기분에 두지" 않았다는 것을 깨달았다(출

32:11; 왕상 13:6; 그리고 시 45:13[영역본. 12]). 그래서 그는 마지못해("내가 억지로 했다"[I forced myself]) 희생제를 드렸다. 사무엘은 이런 행위를 어리석은 것으로 낙인찍지만(참조. 삼하 24:10), 독자들은 사무엘의 가혹한 비난에 거의 대비하지 못한 상태였으며, 또한 사무엘에 대한 여호와의 명령이 사전에 언급되어 있는 것도 아니기 때문에, 13절에 있는 비난 자체는 그 상황을 명료하게 해주지 못한다. 정상적으로는 거룩한 전쟁 전에 희생들이 드려졌으며(삼상 7:9), 빈번히 하나님의 허락이 모색되었다(참조. 삿 20:23, 27; 삼상 7:9; 14:8-10; 14:37; 23:2, 4, 9-12; 28:6; 30: 7-8; 삼하 5:19, 23). 라이트(G. Ernest Wright)는 7b-15a절에서 "사무엘 절충안"(Samuel compromise)의 위반을 보았다. 왕권에 대해 반대한 사무엘의 처음 태도는 새로운 체제에 의해 누그러들었는데, 그 체제에서는 성령을 입은 구원자(혹은 사사)의 책임들이 (군대를 이끄는 점에서) 그 왕에게, 그리고 (그 왕에게 전쟁에 대한 여호와의 정당화를 전해 주어야 했던) 그 선지자에게 양도되었다. 초기 왕정에서 그러한 왕과 선지자 사이의 관계에 대한 이해에 따르면, 사울은 거룩한 전쟁의 원칙을 위반하고 있었고(참조. 15:10-31), 사무엘의 분노는 쉽게 이해된다. 그 위반이란 단순히 사울이 제사장의 희생 권리를 침해했다는 것이 아닐 듯하다. 왜냐하면 그 왕의 제단 건축과 희생제들이 다음 장에서 호의적으로 언급되기 때문이다(14:31-35). 사울의 징벌은 그의 왕위 계승의 거부로 나타났다. 그가 순종했다면, 다윗과 마찬가지로 그를 위한 영원한 왕조가 가능했던 것이다(참조. 삼하 7:16, 그리고 왕상 2:3-4; 8:25; 9:4-5; 참조. 11:38에 있는 이 약속에 부과된 조건들). 단지 사무엘상 15:28에서만 우리는 사울의 왕권 자체의 거절에 대해서 듣는다. 비록 그의 기름부음이 단지 나중에 가서야 세 장에 기록되어 있지만, 여호와의 마음에 합한 사람(14절; 참조. 렘 3:15 그리고 삼하 7:21)은 명백히 다윗이다. 다윗이 사울을 승계할 귀인(נגיד - 나기드; 참조. 삼상 25:30; 삼하 6:21)이 되리라는 것은 14절에 언급되어 있다. 비록 16:1과 28:17에서 사무엘이 인식하고, 또한 점차 백성들도 그것을 인식하고 있는(참조. *Israel in Exile* 29) 다윗의 임박한 왕권이 사무엘상의 후반부에서 주요한 주제가 된다 할지라도 말이다. 13-14장에서 사무엘의 출현은 7b-15a절에 제한된다. 사무엘이 떠난 후에 사울과 그의 군사들은 베냐민에 있는 기브아로 돌아갔으며, 길갈에서의 거부 장면에 의해 단절된 전쟁 기사가 계속 이어진다.

15b-18 사울의 군사는 지금 600명이다(참조. 14:2; 위의 13:2과 우리의 토론을 비교하라). 사울과 요나단 모두 현재 베냐민의 게바에 위치해 있다. 이 곳이 블레셋

이 진을 쳤던 믹마스에서 떨어져 있는 와디 에스-수웨닛(Wadi eṣ-Ṣuwēnīt)의 바로 맞은편에 있기 때문에, 이 구절의 지리가 의심스러운 것은 아니다. 블레셋의 파괴 공작, 혹은 기습, 분산 공격(참조. 신 20:19; 삿 6:4에서 이 동사가 전쟁에서 농산물이나 과일나무를 파괴하는 데 사용된다)은 믹마스로부터 세 방향으로 진행되었다. 제1편대는 오브라로 가는 길목, 즉 보통 엣-타이입(eṭ-Ṭaiyibh)과 동일시되는 벧엘 북동쪽 4마일 지점의 그 곳을 점령했다(MR 178151; *MBA* Maps 2, 10, 88). 수알 땅의 위치는 알려져 있지 않다(그러나 삼상 9:4을 보라). 두 번째 편대는 서쪽으로 벧호론으로 가는 길목, 즉 바이트 우르 엘-포카(Beit ʿÛr el-Fôqa)와 동일시되는 상부 지역(Upper)으로 향했다(MR 160143; 믹마스 서쪽 약 10마일 지점, *MBA* Maps 10, 88). 세 번째 편대는 동쪽의 광야로 향해 나갔다. 그 언덕(혹은 MT: 경계선) 길은 하이에나(Hyenas) 골짜기(한글 개역: 스보임 골짜기)를 내려다보고 있었다. 어떤 사람은 이 계곡을 와디 파라(Wadi Farah)와 동일시한다(Driver가 그렇다). 다른 사람들은 와디 엘 칼라비스(Wadi el qalābis)를 선호한다(Stoebe). 그러나 또 다른 사람들은 와디 아부 다바(Wadi Abū Ḍabāʾ)라고 한다(McCarter).

19-22 이 문단은 블레셋의 힘의 원천에 대한 흥미 있는 통찰력을 제공한다. 비록 본문상의 문제들이 20-21절의 정밀성이 떨어지게 하지만 말이다. 블레셋 족속은 이스라엘 사람 중에 어떤 대장장이도 허락하지 않았다(여기서 이스라엘 사람은 히브리인들이라는 비하적 용어로 불린다; Gottwald, *Tribes of Yahweh*, 419를 보라). 블레셋 족속은 이스라엘이 무기를 만드는 데 그들의 기술을 이용하지 못하게 했고, 이것은 이스라엘이 농기구를 고치기 위해 블레셋 족속에게 의존하는 추가적인 결과를 낳았다(시 7:13; 창 4:22과 비교하라). 제철 기술의 난점들에 관한 토론에 대해서는 참고문헌과 더불어 갓월드(Gottwald, *Tribes of Yahweh*, 761, n. 335)를 보라. 철기 시대 지층들에서 많은 철제 쟁기들이 고고학자들에 의해 발견되었다(참조. *BRL* 255-256과 *IDB* III 828). 곡괭이에 관해서는 *IDB* III, 314-315를 보라. 도끼에 대해서는 *IDB* I, 323-324; 낫에 대해서는 *IDB* IV, p. 343. פים – 핌이란 문자들이 새겨진 저울들이 증명해 주는 바와 같이, 한 핌(pim)은 약 2/3 세겔 정도였다(한글 개역에는 이 액수가 빠져 있다 – 역자주). 참조. "Pim", *IDB* 4, 832; 또한 데버(Dever), *HUCA* 40-41(1969-70) 182, 그리고 레인(Lane), *BASOR* 164(1961) 21-23. 도끼를 가는 것과 가축 몰이 막대의 마감질은 쟁기의 반 정도의 비용이 들었다. 그런 비용은 의심할 바 없이 보통의 이스라엘 사람에게 철제 무기를 소지할 여지를 없앴다(21절; 참조. Stoebe). 하지만 사울과 요나단은 그들이 더욱 유능해서였는지, 아

니면 저자가 14장에서 두 사람의 지도자 역할을 한층 잘 이해할 수 있게 하려고 했기 때문인지 모르나 무기를 소유하고 있었다. 어쨌든, 이 구절들에 포함된 블레셋의 철기 독점에 대한 가치 있는 역사적 정보는 14장에 보고된 여러 승리의 기적적인 성격을 강화시키는 경향이 있다.

23 본격적인 전쟁은 블레셋 수비대(מצב – 마짜브)가 믹마스 길을 향해 이동했을 때 시작되었다. 케어드(Caird)는 제안하기를, 17-18절의 세 기습 편대가 블레셋의 중앙 진영에서 떨어져 나와 있는 동안 그 수비대가 밖으로 이동했다고 한다.

해설

사울의 통치는 길조를 알리는 듯 사울 자신의 성읍에서 멀지 않은 그 땅의 중심부에서 기습을 감행하던 블레셋 군대에 대한 승리로 시작된다. 사울 또는 요나단에 의해 감행된 최초의 공격은 양측의 군사 행동에 이르게 했으며, 이 전쟁의 결과는 14장에서 논의된다. 블레셋의 철기 독점은 많은 고통을 가져다주었다. 이스라엘 족속은 무기용 농기구를 입수하고 사용하는 데 있어서 블레셋 기술에 의존했으며, 이러한 의존은 동시에 재정적 부담을 불러왔다. 블레셋의 뛰어난 제철 기술 때문에 우리는 왜 그들이 이스라엘에게 그런 큰 위협, 즉 부족 동맹의 폐기와 한 왕의 선택이라는 결과를 가져오는 위협이 되었는지를 이해할 수 있다. 이 같은 이유로, 블레셋의 무기의 우월성은 이스라엘이 그들에게 거두었던 여러 승리의 신학적 중요성을 강화시키는 경향이 있다.

그러나 전쟁과 승리에 대한 이 이야기들의 중심부에는 사무엘과 사울을 연루시키면서 길갈의 고대 성소에서 있었던 사건이 놓여 있다(참조. 11:14). 사울의 정확한 위반이 무엇인지는 우리가 기대한 만큼 명확하지 않지만, 그는 거룩한 전쟁에서 사무엘에게 속한 역할을 침해한 것으로 보인다. 어쨌든, 사무엘은 사울이 여호와의 계명을 위반한 것과 만세를 누릴 왕조가 될 기회를 망쳐 버린 것을 비난했다. 이 거부와 짝을 이루고 있는 것은 또한 사무엘의 입에서 나온 훨씬 더 긍정적인 언급이다. 여호와는 자신의 마음에 맞는 한 사람을 찾아내어 그를 이스라엘의 귀인으로 위임하셨다. 이 심판 장면 이후에 14-15장에서 사울의 통치 중에 있던 다른 이야기들이 뒤따르지만, 16장에서 여호와에 의한 다윗의 한 선택과 기름부음은 이제 특별히 놀라운 것으로 나타나지는 않을 것이다.

16. 사울과 요나단의 군사적 업적(14:1-52)

참고문헌

Albrektson, B. "Some Observations on Two Oracular Passages in 1 Sam." *ASTI* 11(1977/78) 1-10. **Blenkinsopp, J.** "Jonathan's Sacrilege. 1 Sam 14:1-46: A Study in Literary History." *CBQ* 26(1964) 423-49. **Davies, P. R.** "Ark or Ephod in 1 Sam. XIV. 18?" *JTS* 26(1975) 82-87. **Dever, W. G.** et al. "Further Excavations at Gezer, 1967-71." *BA* 34 (1971) 94-132. **Hauer, C. E.** "The Shape of Saulide Strategy." *CBQ* 31[1969] 153-67. **Jobling, D.** "Saul's Fall and Jonathan's Rise: Tradition and Redaction in 1 Sam 14:1-46." *JBL* 95(1976) 367-76. ______. *The Sense of Biblical Narrative.* JSOTSup 7. Sheffield, Eng.: U. of Sheffield, 1978. **Lindblom, J.** "Lot-casting in the Old Testament." *VT* 12 (1962) 164-78. **Madl, H.** *Literarkritische und formanalytische Untersuchungen zu 1 Sam 14.* Bonn: Rheinische Friedrich-Wilhelms-Universität, 1974. **Morgenstern, J.** "David and Jonathan." *JBL* 78(1959) 322-25. **Noort, E.** "Eine weitere Kurzbemerkung zu 1. Samuel XIV 41." *VT* 21(1971) 112-16. **Robertson, E.** "The Urim and Thummin: what were they?" *VT* 14(1964) 67-74. **Schicklberger, F.** "Jonatans Heldentat: Textlinguistische Beobachtungen zu 1 Sam XIV 1-23a." *VT* 24(1974) 324-33. **Seebass, H.** "Zum Text von 1 Sam. XIV 23B-25A und II 29, 31-33." *VT* 16(1966) 74-82. **Strobel, A.** *Der Spätbronzezeitliche Seevökersturm.* BZAW 145. Berlin: Walter de Gruyter, 1976. **Toeg, A.** "A Textual Note on 1 Samuel XIV, 41." *VT* 19(1969) 493-98.

본 문

1 하루는 사울의 아들 요나단이 자기 병기를 든 소년에게 이르되 우리가 건너편 블레셋 사람의 부대에게로 건너가자 하고 그 아비에게는 고하지 아니하였더라	1 One day Jonathan, the son of Saul, said to his weapon-bearer, "Come on, let's cross over to the garrison of the Philistines which is opposite here," but he did not tell his father.
2 사울이 기브아 변경 미그론에 있는 석류나무 아래 머물렀고 함께 한 백성은 육백 명 가량이며	2 Saul was sitting on the outskirts of Geba,[a] under the pomegranate tree [b]by the threshing floor,[b] and the troops with him numbered about six hundred.
3 아히야는 에봇을 입고 거기 있었으니 그는 이가봇의 형제 아히둡의 아들이요 비느하스의 손자요 실로에서 여호와의 제사장이 되었던 엘리의 증	3 Ahijah, son of Ahitub, brother of Ichabod, son of Phinehas, son of Eli, the priest of Yahweh at Shiloh, carried the ephod [for him]. The troops did not

손이었더라 백성은 요나단의 간 줄을 알지 못하니라
4 요나단이 블레셋 사람의 부대에게로 건너가려
하는 어귀 사이 이편에도 험한 바위가 있고 저편
에도 험한 바위가 있는데 하나의 이름은 보세스
요 하나의 이름은 세네라
5 한 바위는 북에서 믹마스 앞에 일어섰고 하나
는 남에서 게바 앞에 일어섰더라

6 요나단이 자기 병기 든 소년에게 이르되 우리
가 이 할례 없는 자들의 부대에게로 건너가자 여
호와께서 우리를 위하여 일하실까 하노라 여호와
의 구원은 사람의 많고 적음에 달리지 아니하였
느니라
7 병기 든 자가 그에게 이르되 당신의 마음에 있
는 대로 다 행하여 앞서 가소서 내가 당신과 마음
을 같이 하여 따르리이다
8 요나단이 가로되 보라 우리가 그 사람들에게로
건너가서 그들에게 보이리니
9 그들이 만일 이같이 우리에게 이르기를 우리가
너희에게로 가기를 기다리라 하면 우리는 우리
곳에 가만히 서서 그들에게로 올라가지 말 것이
요
10 그들이 만일 이같이 말하기를 우리에게로 올
라오라 하면 우리가 올라갈 것은 여호와께서 그
들을 우리 손에 붙이셨음이니 이것이 우리에게
표징이 되리라 하고
11 둘이 다 블레셋 사람의 부대에게 보이매 블레
셋 사람이 가로되 보라 히브리 사람이 그 숨었던
구멍에서 나온다 하고

12 그 부대 사람들이 요나단과 그 병기 든 자를
대하여 가로되 우리에게로 올라오라 너희에게 한
일을 보이리라 한지라 요나단이 자기 병기든 자
에게 이르되 나를 따라 올라오라 여호와께서 그
들을 이스라엘의 손에 붙이셨느니라 하고
13 요나단이 손발로 붙잡고 올라갔고 그 병기 든
자도 따랐더라 블레셋 사람들이 요나단 앞에서
엎드러지매 병기 든 자가 따라가며 죽였으니

14 요나단과 그 병기 든 자가 반일경 지단 안에

know that Jonathan had gone.
4 Within the pass through which Jonathan tried to
cross to the garrison of the Philistines were stone
crags on each side: the name of the one was Bozez
and the name of the other Seneh.
5 The first crag was[a] on the north in front of
Michmash while the second was to the south in
front of Geba.
6 Jonathan repeated to his weapon-bearer, "Come
on, let's cross over to the garrison of these
uncircumcised. Perhaps Yahweh will act for us since
he has no difficulty in winning a victory with many
people or with few."
7 His weapon-bearer concurred, "Do whatever
[a]your heart desires.[a] I'm with you. My desire[b] is the
same as yours."
8 Jonathan continued, "We will cross over to the
men and show ourselves.
9 If they say to us, 'Stay there until we reach you,'
then we'll stand in our place and not go up to
them.

10 But if they say, 'Come up to us,' then we will
go up for Yahweh will have given them into our
hand. Their answer will be a sign."

11 So the two of them showed themselves to the
garrison of the Philistines, and the Philistines said,
"Here come the Hebrews out of the holes where
they have been hiding."
12 The men of the garrison called out to Jonathan
and his weapon-bearer, "Come up to us, and we'll
show you something." Jonathan said to his
weapon-bearer, "Follow me up for Yahweh has
given them into the hand of Israel."
13 Jonathan crawled up on his hands and feet,
with his weapon-bearer right behind him. When
[a][the Philistines] fell before Jonathan,[a] the
weapon-bearer would finish them off behind him.
14 In this first attack Jonathan and his weapon-

서 처음으로 도륙한 자가 이십 인 가량이라

15 들에 있는 진과 모든 백성 중에 떨림이 일어
났고 부대와 노략군들도 떨었으며 땅도 진동하였
으니 이는 큰 떨림이었더라

16 베냐민 기브아에 있는 사울의 파수꾼이 바라
본즉 허다한 블레셋 사람이 무너져 이리저리 흩
어지더라

17 사울이 자기와 함께 한 백성에게 이르되 우리
에게서 누가 나갔는지 점고하여 보라 하고 점고
한즉 요나단과 그의 병기 든 자가 없어졌더라

18 사울이 아히야에게 이르되 하나님의 궤를 이
리로 가져오라 하니 그 때에 하나님의 궤가 이스
라엘 자손과 함께 있음이라

19 사울이 제사장에게 말할 때에 블레셋 사람의
진에 소동이 점점 더한지라 사울이 제사장에게
이르되 네 손을 거두라 하고

20 사울과 그와 함께한 모든 백성이 모여 전장에
가서 본즉 블레셋 사람이 각각 칼로 그 동무를 치
므로 크게 혼란하였더라

21 전에 블레셋 사람과 함께 하던 히브리 사람이
사방에서 블레셋 사람과 함께 와서 진에 들어왔
더니 그들이 돌이켜 사울과 요나단과 함께 한 이
스라엘 사람과 합하였고

22 에브라임 산지에 숨었던 이스라엘 모든 사람
도 블레셋 사람의 도망함을 듣고 싸우러 나와서
그들을 추격하였더라

23 여호와께서 그 날에 이스라엘을 구원하시므로
전쟁이 벧아웬을 지나니라

24 이 날에 이스라엘 백성이 피곤하였으니 이는
사울이 백성에게 맹세시켜 경계하여 이르기를 저
녁 곧 내가 내 원수에게 보수하는 때까지 아무 식
물이든지 먹는 사람은 저주를 받을지어다 하였음
이라 그러므로 백성이 식물을 맛보지 못하고

bearer killed about twenty men [a]in about half a
furrow length of an acre of field.[a]

15 Terror broke out in the camp and[a] on the field,[b]
As for all of the troops[b] – the garrison and the
raiding parties – they also trembled. When the earth
quaked, a terror sent by God resulted.

16 Saul's watchmen at Geba[a] of Benjamin saw that
the camp[b] was surging, going this way[c] and that.

17 Saul instructed the troops who were were him,
"Count and see who has left us." When they had
counted, it turned out that Jonathan and his
weapon-bearer were not there.

18 Saul ordered Ahijah, "Bring near the [a]ephod" for
he carried the ephod[a] at that time before[b] Israel.

19 While Saul was still talking[a] to the priest, the
tumult in the Philistine camp kept growing larger
and larger. Therefore, Saul said to the priest,
"Withdraw your hand."

20 Saul and all the troops with him assembled and
went out to the battle. Surprisingly, the sword of
each man [of the Philistines] was turned against his
companion – a very great confusion.

21 The Hebrews who[a] had been with the Phili-
stines formerly when they came up with them to
the camp, now turned[b] so that they could be with
Israel under Saul and Jonathan.

22 All the men of Israel hiding in Mt. Ephraim
heard that the Philistines were fleeing, and they too
pursued after them in the battle.

23 So Yahweh delivered Israel on that day. And
the battle moved past Beth Aven.[a]

24 [a]All the troops, about 10,000 men, were with
Saul, and there were scattered battles in every city
of Mt. Ephraim. Saul committed a great error[a] on
that day by causing the troops to make this oath:
"Cursed is every man who eats bread before
evening and [before] I take vengeance on my
enemies." None of the troops ate a thing.

25 그들이 다 수풀에 들어간즉 땅에 꿀이 있더라

25 … [a]And there was a honeycomb on the
ground.[a]

26 백성이 수풀로 들어갈 때에 꿀이 흐르는 것을
보고도 그들이 맹세를 두려워하여 손을 그 입에
대는 자가 없으나

26 When the troops came to the honeycomb, [a]its
bees had left,[a] yet no one brought[b] his hand to his
mouth for the troops feared the oath.

27 요나단은 그 아비가 맹세로 백성에게 명할 때
에 듣지 못하였으므로 손에 가진 지팡이 끝을 내
밀어 꿀을 찍고 그 손을 돌이켜 입에 대매 눈이
밝아졌더라

27 Because Jonathan had not heard when his father
made the troops swear, he stretched out the end of
his staff which was in his hand and dipped it[a] into
the honeycomb. When he brought his hand back to
his mouth, his eyes brightened.

28 때에 백성 중 하나가 고하여 가로되 당신의
부친이 맹세로 백성에게 엄히 명하여 말씀하시기
를 오늘날 식물을 먹는 사람은 저주를 받을지어
다 하셨나이다 그러므로 백성이 피곤하였나이다

28 One of the troops said, "Your father made the
troops solemnly swear, 'Cursed is the man who eats
bread this day.' That's why the troops have become
weak."

29 요나단이 가로되 내 부친이 이 땅으로 곤란케
하셨도다 보라 내가 이 꿀 조금을 맛보고도 내 눈
이 이렇게 밝았거든

29 Jonathan replied, "My father has destroyed the
happiness of the land. See how my eyes have
brightened since I took a taste of this honey.

30 하물며 백성이 오늘 그 대적에게서 탈취하여
얻은 것을 임의로 먹었더면 블레셋 사람을 살륙
함이 더욱 많지 아니하였겠느냐

30 Would that the troops had eaten this day of the
spoil of their enemies when they found it, for [a]the
blow against the Philistines would have been greater."[a]

31 그 날에 백성이 믹마스에서부터 아얄론에 이
르기까지 블레셋 사람을 쳤으므로 그들이 심히
피곤한지라

31 They defeated [a]the Philistines that day from
Michmash to Aijalon,[a] and the troops were
extremely weak.

32 백성이 이에 탈취한 물건에 달려가서 양과 소
와 송아지들을 취하고 그것을 땅에서 잡아 피 있
는 채 먹었더니

32 Swooping down[a] on the spoil, the troops seized
sheep, oxen, and calves, slaughtered them on the
ground, and ate them with the blood.

33 무리가 사울에게 고하여 가로되 보소서 백성
이 고기를 피채 먹어 여호와께 범죄하였나이다
사울이 가로되 너희가 무신하게 행하였도다 이제
큰 돌을 내게로 굴려오라 하고

33 Told that the troops were sinning against
Yahweh by eating [meat] with blood, Saul said,
"You have acted faithlessly. Roll a large stone here[b]
to me."

34 또 가로되 너희는 백성 중에 흩어져 다니며
이르기를 사람은 각기 소와 각기 양을 이리로 끌
어다가 잡아 먹되 피 있는 채 먹어서 여호와께 범
죄하지 말라 하매 그 밤에 모든 백성이 각각 자기
의 소를 끌어다가 거기서 잡으니라

34 In addition, Saul commanded, "Spread out
among the troops and tell each man to bring to me
his bull or his sheep, and slaughter and eat them
here. Do not sin against Yahweh by eating [them]
with blood." Each one of the troops brought
[a]whatever was[a] in his hand, and they slaughtered
them there.

35 사울이 여호와를 위하여 단을 쌓았으니 이는
그가 여호와를 위하여 처음 쌓은 단이었더라

35 Thus Saul constructed an altar for Yahweh; it
was the first time he had constructed an altar for
Yahweh.

36 사울이 가로되 우리가 밤에 블레셋 사람을 쫓아 내려가서 동틀 때까지 그들 중에서 탈취하고 한 사람도 남기지 말자 무리가 가로되 왕의 소견에 좋은 대로 하소서 할 때에 제사장이 가로되 이리로 와서 하나님께로 나아가사이다 하매

36 Saul proposed, "Let's pursue after the Philistines tonight and plunder them until morning's light. Let's not leave a single survivor." The troops replied, "Do whatever is good in your eyes." But the priest said, "Let's consult God."

37 사울이 하나님께 묻자오되 내가 블레셋 사람을 쫓아 내려가리이까 주께서 그들을 이스라엘의 손에 붙이시겠나이까 하되 그 날에 대답지 아니하시는지라

37 Saul inquired of God, "Shall I pursue after the Philistines? Will you give them into the hand of Israel?" God did not answer him on that day.

38 사울이 가로되 너희 백성의 어른들아 다 이리로 오라 오늘 이 뉘게 있나 알아보자

38 So Saul said, "Bring here all the officers of the troops so that we may know and see how this sin happened today.

39 이스라엘을 구원하신 여호와의 사심으로 맹세하노니 내 아들 요나단에게 있다 할지라도 반드시 죽으리라 하되 모든 백성 중 한 사람도 대답지 아니하매

39 As Yahweh lives, who delivers Israel, even if this sin involves[a] my son Jonathan, he shall surely die!" Not one of the troops replied to him.

40 이에 그가 온 이스라엘에게 이르되 너희는 저편에 있으라 나와 내 아들 요나단은 이편에 있으리라 백성이 사울에게 말하되 왕의 소견에 좋은 대로 하소서 하니라

40 Then he said to all Israel, "You will be on one side, and I and Jonathan my son will be on the other side." The troops again said to Saul, "Do what is good in your eyes."

41 이에 사울이 이스라엘의 하나님 여호와께 아뢰되 원컨대 실상을 보이소서 하였더니 요나단과 사울이 뽑히고 백성은 면한지라

41 Saul said, "O[a] Yahweh God of Israel, [b]why have you not answered your servant today? If this iniquity is in me or Jonathan my son, O Yahweh, God of Israel give Urim. But if this iniquity is in your people Israel,[b] give Thummin."[c] The result was that Jonathan and Saul were taken while the troops went free.

42 사울이 가로되 나와 내 아들 요나단 사이에 뽑으라 하였더니 요나단이 뽑히니라

42 Saul went on, "Make the lot fall between me and between Jonathan my son.[a] The one Yahweh takes shall die." Although the troops said it shouldn't be this way, Saul forced them and they cast between him and Jonathan his son.[a] The result was that Jonathan was taken.

43 사울이 요나단에게 가로되 너의 행한 것을 내게 고하라 요나단이 고하여 가로되 내가 다만 내 손에 가진 지팡이 끝으로 꿀을 조금 맛보았을 뿐이오나 내가 죽을 수밖에 없나이다

43 Saul said to Jonathan, "Tell me what have you done." Jonathan answered, "I in fact ate a little honey with the end of the staff which is in my hand. For that I am ready to die."

44 사울이 가로되 요나단아 네가 반드시 죽으리라 그렇지 않으면 하나님이 내게 벌을 내리시고 또 내리시기를 원하노라

44 Saul swore, "May God do thus and even more[a] [to me] if you don't in fact die, Jonathan!"[b]

45 백성이 사울에게 말하되 이스라엘에 이 큰 구원을 이룬 요나단이 죽겠나이까 결단코 그렇지 아니하니이다 여호와의 사심으로 맹세하옵나니 그의 머리털 하나도 땅에 떨어지지 아니할 것은 그가 오늘 하나님과 동사하였음이니이다 하여 요나단을 구원하여 죽지 않게 하니라

45 But the troops said to Saul, "Shall Jonathan die since he won this great victory in Israel?[a] As Yahweh lives, there shall not fall to the ground one hair from his head for he has acted with God today." Thus the troops redeemed Jonathan and he did not die.

46 사울이 블레셋 사람 따르기를 그치고 올라가매 블레셋 사람이 자기 곳으로 돌아가니라

46 Saul ceased pursuing the Philistines, and they returned to their place.

47 사울이 이스라엘 왕위에 나아간 후에 사방에 있는 모든 대적 곧 모압과 암몬 자손과 에돔과 소바의 왕들과 블레셋 사람을 쳤는데 향하는 곳마다 이기었고

47 After assuming the kingship over Israel, Saul fought on every side with all his enemies – with Moab, with the Ammonites, with Edom,[a] with the king[b] of Zobah, and with the Philistines. Wherever he turned he was victorious.[c]

48 용맹 있게 아말렉 사람을 치고 이스라엘을 그 약탈하는 자의 손에서 건졌더라

48 He acted with force, defeated Amalek, and delivered Israel from the hand of its plunderers.[a]

49 사울의 아들은 요나단과 리스위와 말기수아요 그 두 딸의 이름은 이러하니 맏딸의 이름은 메랍이요 작은 딸의 이름은 미갈이며

49 The sons of Saul were Jonathan, Ishvi, and Malchishua; as for his two daughters, the name of the first was Merab and the name of the younger Michal.

50 사울의 아내의 이름은 아히노암이니 아히마아스의 딸이요 그 군장의 이름은 아브넬이니 사울의 숙부 넬의 아들이며

50 Saul's wife's name was Ahinoam the daughter of Ahimaaz; the name of the commander of his forces was Abner the son of Ner the uncle of Saul.

51 사울의 아비는 기스요 아브넬의 아비는 넬이니 아비엘의 아들이었더라

51 Kish the father of Saul and Ner the father of Abner were sons[a] of Abiel.

52 사울의 사는 날 동안에 블레셋 사람과 큰 싸움이 있었으므로 사울이 힘있는 자나 용맹 있는 자를 보면 그들을 불러 모았더라

52 There was fierce conflict with the Philistines all the days of Saul. Whenever Saul saw any stalwart man or warrior he would take him into his standing army.

원문주해

2.a. 마소라 본문(MT): 기브아; 그러나 13:16과 14:5에서 마소라 본문(MT)은 게바(Geba)로 읽으며, 이 구절에서도 이것이 지형학적으로 지지 받을 만하게 보인다. 14:16[a]을 보라.

2.b.-b. 마소라 본문(MT): "미그론에서." 참조. 사 10:28, 이 구절에서는 그 곳의 정확한 위치가 아직 확인되지 않았을지라도 믹마스 길의 북쪽 지점이다(참조. *IDB* 3, 377). 우리의 번역은 약간 변화를 준 음독에서 나온 결과다. 여러 제안들의 목록을 위해서는 *BHK*, n.2[b]와 맥카터를 보라.

5.a. 70인경(LXX): 마소라 본문(MT)은 마추크(מצוק, "확고히 고정된" 혹은 "기둥")를

덧붙이지만, 그것은 아마도 다음 단어의 잘못된 중복오사(dittography)다.

7.a.-a. 라크(לך)··· 빌바베카(בלבבך) 대신 70인경(LXX)을 따라 리(לי)··· 레바베카(לבבך)로 읽으라.

7.b. 70인경(LXX)을 따라 히브리어 문장 마지막에 레바비(לבבי, "나의 마음")를 추가하라.

13.a.-a. 70인경(LXX)은 확장되어 더 매끄러운 본문을 가진다: "그들이 요나단 앞에 나타나자 그가 그들을 쳤다." 마소라 본문(MT)이 더 난해하므로 지지 받을 만하다.

14.a.-a. 마소라 본문(MT)이 그렇다. 그 본문은 매우 의심스럽다. 70인경(LXX)의 선행본(*Vorlage*)은 "화살과 들판의 부싯돌로 만든 무기들을 가지고"로 읽었던 것으로 보인다(Wellhausen, McCarter). "부싯돌 무기들"에 해당되는 히브리어와 마소라 본문(MT) 사이에는 상당한 차이가 있다. 맥카터는 70인경(LXX)을 따르지만, 그 독법을 현존하는 모든 본문들에서 잘못된 위치에 들어온 부연설명으로 간주하면서 그것을 13절 끝으로 옮겨놓는다.

15.a. 70인경(LXX); 마소라 본문(MT)에는 "그리고"가 빠져 있다.

15.b.-b. 봐베콜 하암(ובכל העם, "그리고 온 백성과 함께") 대신 독립격(獨立格, casus pendens)의 붸콜 암(וכל עמ, "그리고 온 백성")으로 읽으라.

16.a. 마소라 본문(MT): "기브아." 그러나 13:16; 14:2, 5을 보라.

16.b. 하마하네(המחנה, "그 진영"). 참조. 70인경(LXX); 마소라 본문(MT): "혼란"(ההמון – 헤하몬). 참조. 19절.

16.c. 할롬(הלם)을 삽입하라; 참조. 70인경(LXX).

18.a.-a. 70인경(LXX)을 따라 하 에포드 키 후 나사 하에포드(כי הוא נשׂא האפוד האפוד, "그 에봇을 [취하라]. 왜냐하면 그가 그 에봇을 운반했기 때문이다"); 마소라 본문(MT): 아론 하 엘로힘 키 하야 아론 하 엘로힘(ארון האלהים כי היה ארון האלהים, "하나님의 궤를 [가져오라]. 왜냐하면 하나님의 궤가 [이스라엘 백성과 함께] 있었기 때문이다"). 그러나 하나님의 궤는 사울의 통치 기간에 길르앗 여아림에 보존되어 있었다. 동사 나가쉬(נגשׁ, "가까이 가져오다")는 에봇의 용도에 적합한 사용이다(참조 3:9; 30:7).

18.b. 마소라 본문(MT)의 봐브네(ובני, "그리고 ···자손들") 대신 리프네(לפני, "···앞에")로 읽으라. 참조. 70인경(LXX).

19.a. 마소라 본문(MT)의 띠베르(דִּבֶּר) 대신 따베르(דַּבֵּר)로 음독하라.

21.a. 하하이우(ההיו, "···했었다")로 읽거나 아쉐르(אשׁר, "···하던[who]")를 첨가하라. 마소라 본문(MT): 하이우(היו, "···했다").

21.b. 사비브 웨감(סביב וגם, "돌아서 그리고 또한") 대신 70인경(LXX) 시리아역(Syr)을 따라 사베부 감(סבבו גם)으로 읽으라.

23.a. 70인경 루시안 개정본(LXX[L]): 벧호론. 어떤 성읍이었든지 간에 믹마스에서 아얄론까지의 추격 도중에 있었을 것이다(Driver).

24.a.-a. 마소라 본문(MT)의 처음 세 단어 대신 70인경(LXX)을 따라 읽으라:
브콜 하암 하야 임 샤울 카아쉐레트 엘라핌 이쉬 봐테히 하밀하마 나포체트 브콜 브하르 에프라임 브샤울 샤가 쉐가가 그돌라(וכל העם היה עם שׁאול כעשׂרת אלפים איש ותהי המלחמה נפצת בכל עיר בהר אפרים ושׁאול שׁגה שׁגגה גדולה). 참조. NAB와 드라이버의 폭넓은 토론. 이러한 독법이 어떻게 그리고 왜 마소라 본문(MT)의 형태로 바뀌었는지에 대해서는 아직까지 어떤 확실한 설명도 제시되지 않았으나, 후자에 대해서는 13:6을 보라.

25.a. 이 구절은 심각하게 훼손되어 있다. NAB 편집자들은 다음과 같은 부분적인 재구성을 제시한다: 봐예히 야아르 알 프네 하사데(ויהי יער על פני השׂדה). 참조. 드라이버, 벨하우젠 그리고 우리의 번역. 맥카터는 이 구절의 훼손 과정을 독창적으로 재구성해 보았지만, 그것은 전적으로 신뢰할 만한 것은 아니다.

26.a.-a. 할라크 드바쉬(הלך דבשׁ, "그가 찾아서 갔다") 대신 할라크 드보로(הלך דברו)로 읽는다; 참조. 70인경(LXX).

26.b. 70인경(LXX)을 따라 메쉬브(מֵשׁיב)나 마기쉬(מגישׁ)로 읽으라; 마소라 본문(MT): 마시그(מַשִּׂיג, "대는"[putting]).

30.a.-a. 라바 하마카(רבה המכה)로 읽으라 (4Q LXX); 마소라 본문(MT): 로 라브타 마카(לא רבתה מכה, "타격이 크지 않았다").

31.a.-a. 70인경(LXX): "믹마스에 있는 블레셋 사람들 중 일부." 맥카터는 "아얄론에게"를 삭제한다. 그러나 70인경(LXX)은 여기서 사울의 승리의 범위를 줄임으로써 사울의 통치 기간 중에 블레셋 족속이 강력한 대적은 아니었음을 애써 보여 주려고 하는 것일까?

32.a. 많은 히브리 필사본들과 케레(*Qere*), 그리고 역본들은 봐야아스(ויעשׂ, "그리고 그가 만들었다"; 한글 개역: 달려들었다) 대신 봐야아트(ויעט, "그리고 그가 에워쌌다")로 읽는다.

33.b. 할람(הלם). 70인경(LXX)이 그렇다; 마소라 본문(MT): 하욤(היום, "오늘").

34.a.-a. 마소라 본문(MT)의 쇼로(שׁורו, "자신의 황소") 대신 70인경(LXX)을 따라 아쉐르(אשׁר, "…한 것"[what]).

39.a. 에쉬노(יֶשְׁנוֹ, "그것이 있다") 대신 야쉬나(ישׁנה)로 읽으라(Wellhausen). 그러나 마소라 본문(MT)을 옹호하는 스토베의 견해를 보라.

41.a. 70인경(LXX)을 따라 엘(אל, "…에게")을 삭제하라.

41b.-b. 이 긴 표현은 유사종결(homoioteleuton)에 의해 마소라 본문(MT)에서 누락되었다(이스라엘[1]부터 이스라엘[2]까지). 참조. 알브레크손(Albrektson, *ASTI* II[1977/78] 1-10), 누르트(Noort, *VT* 21[1971 112-16), 토그(Toeg, *VT* 19[1969] 493-98). 마소라 본문(MT)을 옹호하는 사람은 린드블롬(Lindblom, *VT* 12[1962] 164-78)과 스토베이다.

41.c. 마소라 본문(MT)은 툼밈(תֻּמִּים) 대신 타밈(תָּמִים, "완전한, 온전한")으로 읽는다.

42.a.-a. 70인경(LXX); 마소라 본문(MT)은 유사종결로 인해 훼손되어 있다. 서기관의 눈은 "나의 아들 요나단"에서 "그의 아들 요나단"으로 건너뛰어 그 사이에 있는 모든 것을 누락시켰다.

44.a. 많은 필사본(mss)들과 역본들은 "나에게"를 추가한다. 드라이버는 이것이 언급될 필요는 없다고 주장한다. 참조. 왕상 19:2, 이 구절에서 70인경(LXX)은 다시 "나에게"를 추가한다.

44.b. 70인경(LXX): "오늘." 70인경(LXX)은 또한 45절에서 "요나단"을 "오늘"로 바꾼다. 마소라 본문(MT)은 명백히 저자에 의해 의도된 미묘한 뉘앙스를 간직한다. "주석"을 보라. 70인경(LXX)은 요나단이 실제로 죽는 삼상 31장과 조화를 시키려고 하는 것인가?

45.a. 70인경(LXX)이 그렇다; 마소라 본문(MT)은 할릴라(הלילה, "결단코 그렇지 않다")로 이 문절(clause)을 시작한다. 아마도 이 문구는 손상된 중복오사다.

47.a. 70인경 루시안 개정본(LXX^L)은 다음을 추가한다: "그리고 벧르홉에 맞서". 벧르홉과 소바는 암몬 족속이 후에 군사들을 모집한 아람의 두 성읍이었다(참조. 삼하 8:3, 12; 10:6). 만일 벧르홉이 정확하다면, 에돔은 아마 아람으로 교정되어야 한다.

47.b. 4Q 70인경(LXX)과 요세푸스를 따라 단수; 마소라 본문(MT)은 복수. 참조. 삼하 8:3-12.

47.c. 70인경(LXX)을 따라 요시아(יושׁע); 마소라 본문(MT): 야르쉬아(ירשׁיע, "그가 악하게 행했다" 혹은 "그가 그들을 패배시켰다"). 드라이버는 마소라 본문(MT)에 있는 그 동사가 직접목적어를 갖지 않는 것은 이상하다고 지적한다.

48.a. 4Q 70인경(LXX)이 그렇다; 마소라 본문(MT)은 단수.

51.a. 참조. 요세푸스 *Ant.* 6.130. 참조. 역시 삼상 9:1; 마소라 본문(MT)과 4Q 70인경(LXX)은 단수로 다음과 같다: "기스는 사울의 아버지였으며 아브넬의 아버지 넬은 아비엘의 아들이었다." "주석"을 보라.

양식/구조/배경

14장에서는 사울과 블레셋 사이의 전쟁들에 관한 기사가 계속된다. 13:23의 블레셋 족속의 수비대 마짜브(מצב, 이 단어는 14장에서 다섯 번 나타난다)에 대한 언급과 더불어, 우리는 그 전쟁의 두 번째 양상으로 바뀌는 전환점을 갖는다. 46절의 전쟁 기사에 대한 결론에는 사울의 통치에 대한 요약이 덧붙여져 있는데, 그것은 그의 다양한 전쟁들, 그의 가족 그리고 그의 상비군 선발 방식을 나열한다.

요약. 전쟁이 벌어져 블레셋 족속이 믹마스 길로 움직여 전진하고 있을 때, 요나단과 그의 병기 든 자, 그리고 사울과 그의 신탁 제사장 아히야는 그 험한 지역의 다양한 장소에 위치해 있었다(14:1-5; 참조. 13:23). 요나단과 그의 병기 든 자는 자신들의 출현에 대한 블레셋의 반응을 여호와로부터의 한 징조로 받아들여 적군을 기습해서 20명을 죽였다. 그로 인해 그들은 아비규환에 빠지고 말았다. 사울은 그 소란을 보고 자신의 제사장이 신탁을 받기도 전에 그 전투에 뛰어들었다. 블레셋 족속의 공황 상태는 자기들끼리 서로 죽이는 상황에까지 이르게 되었다. 숨어 있었던 히브리인들과 백성들은 승승장구하던 이스라엘 군대에 합류했다(14:6-23a). 사울은 그의 군사들로 하여금 그 전쟁이 종결되기 전까지 먹지 않겠다는 맹세를 하게 만들었다. 이 명령을 듣지 못한 요나단은 약간의 꿀을 먹어 군사들의 비난을 샀다. 요나단은 자신의 새롭게 충전된 힘에 주의를 집중시키면서, 만일 다른 사람들이 먹기만 했다면 그 승리는 한층 더 컸을 것이라고 주장했다(14:23b-30). 군사들이 피채 고기를 먹음으로써 범죄했을 때, 사울은 의식적(ritual) 정결을 보장하는 조치를 취했다(14:31-35). 여호와로부터 전쟁 신탁을 받지 못하자 사울은 누구의 죄가 신적 답변을 방해하고 있는지를 알아보기 위해 우림과 둠밈을 사용했다. 제비뽑기에 의해 요나단이 뽑혔으며, 그는 자신이 금식 규정을 어겼다고 고백했다. 사울은 자신의 아들의 죽음을 명령했으나, 군사들은 요나단이 이스라엘에 승리를 가져다 줄 때 하나님과 함께 행동했다는 이유로 그를 구해 주었다(14:36-46). 사울의 성공적인 전쟁들의 나열(47-48절), 그의 가족(49-51절) 그리고 그의 관례적인 군사 모집(52절)이 이 기사를 끝낸다.

이 장은 몇 가지 방식으로 13장과 연결된다. 요나단의 최초의 공격(13:3)으로 인하여 블레셋 족속은 온 이스라엘과의 전쟁을 위해 전력을 강화했으며, 그것은 14:1-23에 있는 그의 용감한 일탈 행위를 예견했다. 13:6-7a에서 숨었던 이스라엘 족속이 14:22에서는 은신처로부터 나왔다. 사울의 600명의 군사는 13:15과 14:2에서 언급된다. 여전히 그 기사는 버취(Birch)가 주목한 대로 형식상 아주 다르다. 14장은 요나단과 사울이 개별적으로 등장하는 하나의 전쟁 보고로 묘사될 수 있다. 대화의 사용과 인물들의 성격의 능숙한 나열, 그리고 2-5절의 지정학적 정보는 그 서사(narrative) 기자의 고도로 발전된 기법을 보여 준다(다른 문체적 세부 사항에 대해서는 Blenkinsopp과 Schicklberger를 보라). 빈번한 거룩한 전쟁 모티프들이 역시 이 장 전체에 걸쳐 발견된다: 여호와의 소수의 사람 요구, 아비규환과 소동, "여호와가 그 적을 우리 손에 넘겼다"(한글 개역: 붙였다), 혹은 "여호와가 이스라엘을 구했다"는 형식문. 13장은 색다른 연대기적 전승에서 유래했지만, 그것은 이 단락의 서두에 배열된 여러 장치들에 의해 아주 훌륭하게 14장으로 통합되었다. 14장의 31-35

절은 요나단에 대해 어떤 언급도 하지 않으며, 요나단의 죄(24-30절)와 그의 최종적인 제비뽑힘, 그리고 그의 해명(36-46절)에 대한 기사를 단절시킨다. 하지만 피가 연루된 그 사건이 부당한 것만은 아니었다. 비록 사울이 내린 명령 때문에 굶주렸던 군사들 역시 급하게 또한 적절한 의식상의 주의를 기울이지 않고 먹었다 할지라도, 사울의 행위들은 그들을 의식적 부정결로부터 자유롭게 해주었다. 나중에 역시 음식 금지의 덫에 걸려들었던 요나단도 역시 그 군사들이 친히 증언한 말을 통해 구제받는다.

13-14장에 있는 이스라엘의 블레셋과의 전투에 대한 이야기들은 중앙 산지에서 그들에 대한 사울의 우월성을 보여 준다. 하우어(Hauer, *CBQ* 31[1969] 153-67)는 여기서 그 왕의 군사 전략의 첫 번째 단계가 남쪽의 약간 결말을 못 본 전투들과 북쪽의 안전 확보를 위한 시도의 실패(삼하 31장)로 이어진다는 것을 보았다. 이 장들은 적어도 9:16의 부분적 성취였지만("그가 블레셋 족속의 손에서 내 백성을 구원하리라"), 그것들은 또한 괴로움당하는 한 왕에 대해 묘사한다. 덧붙여서, 전투에서(13: 3; 14:1-15), 또한 백성들의 호의적인 변호에서(14:45) 한 지도자로서 사울을 대신한 요나단은 다윗으로 가는 과도기적 인물로서(14:45)의 역할을 한다(Jobling이 그렇게 본다, *JBL* 95[1976] 367-76).

47-51(52)절의 편집적 기능은 명백한 것으로 보인다. 이제 사울에 대한 실제 역사 혹은 최소한 그 역사가 사울을 성공적으로 묘사하는 양상이 끝난다. 15장에서 사무엘에 의한 단호한 사울 거부가 나오고, 16:1-13에서 다윗의 기름부음이 그것을 뒤따라 나온다. 우리가 다윗의 등극사(the History of David's Rise=HDR)라 부르는 기사는 16:14에서 시작되고 있다. 베이욜라는 이 구절들의 추가가 Dtr의 작업에 의한 것이라는 인상적인 증거를 지적했다(*Das Königtum* 79-82). 그는 여타 다른 곳에 있는 신명기 학파적 표현에 상응하는 것들로 다음의 여러 표현들을 인용한다. "사울이 그의 모든 적들과 도처에서 싸웠다"(47절; 참조. LXX로부터 재구성된 것으로서 10:1b); "그가 가는 어디서든지 그는 승리했다"(47절; 참조. 삼하 8:6과 14절); "약탈자들"(48절; 참조. 삿 2:14, 여기서 그것은 도처에 퍼져 있는 적들에 대한 병행으로 사용된다. 그리고 삿 2:16, 여기서 그것은 삼상 14:48처럼 구원자 형식문의 일부다); 그리고 "나라"(47절; 참조 삼상 10:16과 11:14). Dtr이 사무엘하 8:2, 3-5, 12-14에 있는 다윗의 전쟁들에 관한 요약들을 포함하고 있는 것과 마찬가지로 그는 여기서 그런 기사들을 포함시켰는데, 아마도 심지어 다윗에 대한 정보로부터 사울의 업적들을 보완한다("주석"을 보라). 이어서 편집자는 사울의 가족에 대한 언급

을 추가했다. 그 정보가 다윗과 더불어 그의 전쟁 기사들 앞에, 즉 사무엘하 3:2-5; 5:13-16에서 제공될 것인데도 불구하고 말이다. 베이욜라는 나아가 52절의 신명기 학파적 특징을 주장하면서, 52a절이 블레셋 족속에 대한 사울의 우세를 함축한다고 말한다. 그러한 우세는 사울을 포함한(참조. 9:16) 구원자 인물들이 각자 자신의 시대의 군사적 욕구를 완전히 충족시켰다는 Dtr의 개념에 부합하는 결론이다. 사울의 상비군 선발에 대한 공지는 단순히 한 번 더 반복되는 요약 항목만이 아니며, 많은 학자들은 거기서 16:14-23로 넘어가는 전환을 관찰하는데, 그 구절들에서 다윗은 사울의 상임(常任) 병기 든 자로 선발된다.

주석

1-5 블레셋 족속이 비교적 깊은 골짜기, 즉 게바에서 자신들을 사울과 요나단으로부터 분리시킨 그 계곡을 향해 믹마스로부터 남쪽으로 나아갔을 때 전쟁을 위한 무대가 마련되었다(참조. 13:23). 자신의 병기 든 자에게 제안한 요나단의 은밀한 계획이 1절과 6절에서 공히 나타난다. 저자는 그 두 절 사이에서 배경적 정보를 제공한다. 그 병기 든 자는 수행원 이상의 역할을 한 것처럼 보인다. 그와 요나단은 한 팀이 되어 싸웠다. 1-17절에 있는 그 병기 든 자에 대한 아홉 번의 언급을 주목하라. 다윗은 나중에 사울의 병기 든 자로 선발되었고(삼상 16:21), 사울의 병기 든 자들 중 다른 한 사람은 그와 함께 죽었다(삼상 31:5). 병기 든 자들은 역시 아비멜렉(삿 9:34), 요압(삼하 18:15; 23:37) 그리고 아마도 기드온(삿 7:10)과 관련해서도 언급된다.

타작마당 옆 석류나무 아래의 사울의 위치와 3절의 그의 신탁 제사장에 대한 언급은 병행적인 왕실 묘사들과 잘 맞는다. 예를 들어, 이스라엘과 유다의 왕들은 선지자들에게 자문을 구할 때(왕상 22:10) 사마리아에 있는 한 타작마당 곁(한글 개역: 문 어귀 광장)의 보좌에 앉아 있었다. 유사하게 우가릿 문헌들에 나오는 다니엘은 타작마당에 있는 큰 나무 아래 앉아 과부들과 고아들을 재판했다. 그 곳에서도 역시 신현과 점술이 행해졌다(CTCA 17.5.4-8; 19.1.19-25; McCarter). 그 잡목 같은 석류나무는 형용사 "웅장한"을 붙이기가 거의 어렵지만, 다양한 종류의 나무들이 자주 성스러운 장소들과 연관된다(참조. 삼상 10:3). 흥미롭게도 림몬(Rimmon)의 한 바위는 기브아 근처에 위치한다(삿 20:45). 사울의 600명의 군사에 대한 언급(참조. 13:5)은 거룩한 전쟁 신학에 잘 상응한다. 그렇게 적은 숫자로 블레셋의 수천 명의 군사를 상대하여 무엇을 할 수 있단 말인가?

아히야는 에봇(한글 개역: 하나님의 궤)을 나르는 자로서, 이 장의 뒤에서 신탁을 구하라는 요청을 받는다(18절). 아마도 우리는 사울이 2-3절에서 이미 한 가지 신탁을 구하고 있었다고 추론할 수 있다. 제사장 본문들에서 에봇은 속죄일에 대제사장이 입은 정교하게 만들어진 제의용 예복이었다(출 28:1-43). 사무엘(삼상 2:18)과 다윗(삼하 6:14)은 세마포 에봇을 둘러 입었다고 언급된다. 그것은 비록 대제사장이나 속죄일과 연관되지 않았을지라도 역시 어떤 종류의 제의 복장이었음이 명백하다. 기드온은 일종의 금으로 만든 예배용 물품이었던 에봇을 착용했다(삿 8:24-27; 참조. 삿 17:5). 그러나 사무엘상 내에서 에봇은 여덟 차례나 (입는 것이 아니라!) 운반되는 물건이며 신탁에 사용되었다(2:28; 14:3; 21:10[영역본. 9]; 22:18; LXX; 23:6, 9; 30:7; 참조. 역시 14:18에 대한 우리의 번역).

아히야는 그 에봇을 책임지고 있었는데, 그의 계보는 엘리의 손자이자 그의 삼촌인 이가봇(참조. 삼상 4:19, 21)을 거쳐 실로 전승까지 거슬러 올라간다. 아히야는 때로 아히둡의 아들 아비멜렉과 동일시되는데, 그는 놉의 제사장들을 책임지고 있었으며, 다윗이 사울로부터 도망갔을 때는 그에게 골리앗의 검을 주었다(삼상 21:10[영역본. 1-9]; 22:9-20; 참조. 삼하 8:17). 그 이름의 변화는 한 가나안 신의 이름을 제거한 탓으로 돌려진다(*IDB* 1, 67이 그렇다). 그러나 멜렉(מלך־)이 반드시 가나안적이라는 것은 어떤 식으로든 분명하지 않다. 만일 그렇게 된다면, 두 이야기 중 더 연대가 늦은 것이 가장 빈약한 정통성을 지닌 이름을 갖게 된다! 아비야와 아비멜렉은 또한 형제일 수도 있다. 제사장 형제들의 다른 짝들, 홉니와 비느하스 그리고 아히둡과 이가봇을 비교하라.

험한 암벽들인 보세스와 세네가 요나단과 그의 병기 든 자의 업적을 강조하기 위해 언급된다. 그 꼭대기에 이르는 길들은 부분적으로 많은 바위 돌출로 인해 길이 막혔다. 그 암벽들의 이름은 "윤기 있는"(Gleaming) 것이나 "미끄러운"(Slippery) 것(보세스), 그리고 "가시 돋친"(Thorny) 것(세네)과 비슷한 무언가를 의미하는 것으로 보일 것이다. 믹마스 주변의 황폐한 지형에서 그것들을 확인하려는 모든 시도는 쓸모 없는 것으로 증명되었다. 요나단이 자기 아버지에게 자신의 계획을 이야기하지 않았고(1절), 또한 군사들 중 그 누구도 그들을 몰랐기 때문에 그의 은밀한 모험을 위한 훌륭한 무대가 마련되었다.

6-23a절 "할례 받지 않은"이란 단어를 일종의 인종적 모욕으로, 또한 상대를 조

롱하여 승리에 대한 자신감을 표현하기 위해 사용하면서(참조. 삼상 17:26과 36절에서 골리앗을 향한 다윗의 태도) 요나단은 공격을 개시했다. 삼손의 부모는 그들의 며느리의 부모를 "할례 받지 않은"이란 단어로 비하시켰다(삿 14:3). 그리고 삼손과 사울 둘 다 할례 받지 않은 자들의 손에 죽는 것을 두려워했다(삿 15:18; 삼상 31:4). 블레셋 족속이 할례를 시행하지 않았다는 것은 명백한 것으로 보이는 반면에(삼하 1:20과 특히 삼상 18:25, 27과 삼하 3:14을 보라!), 므깃도 상아들(ivories) 중 하나는 포피(包皮)가 없는 해양 민족의 군사들을 그리는데 블레셋 족속이 그들 중 일부였다(Strobel, *Seevölkersturm* 181, 250). 실물 크기의 진흙 남근상이 최근에 게셀 지역의 필리스틴(Philistine) 층에서 발견되었다 – 그리고 그것 역시 할례된 것이었다(참조. Dever, *BA* 34[1971] 131)!

6절에서 요나단은 "아마도"라는 단어로 하나님의 자유가 침해되지 않게 했다 할지라도 여호와께서 행하실 것이라는 경건한 소망을 표현했다(참조. 창 32:21[영역본. 20]). 그리고 여호와께서는 실제로 행하셨고, 요나단은 군사들이 45절에서 증언한 것처럼 그분과 함께 했다. 이러한 병행적인 어휘 사용은 동사 야아세(יעשה, "행하다")가 요시아(יושיע, "구원하다")로 수정되었다고 보기 어렵게 만든다(맥카터는 이러한 수정을 주장하는 가장 최근의 학자다). 하나님이 "몇 사람"만으로 구원하실 수 있다는 것 – 이 경우 단 두 명으로 – 은 기드온이 거룩한 전쟁을 위해 자신의 군대를 줄인 것을 상기시킨다(삿 7:2-8). 그래서 그런 방식으로 요나단의 영웅적 행위들은 여호와의 거룩한 전쟁을 지시하는 것으로 보고된다. 침묵하던 병기 든 자는 마침내 유일한 한마디 말을 통해 자신은 주인의 희망을 성취하기 위해 전적으로 헌신할 것을 고백한다.

요나단과 그의 병기 든 자에 대한 블레셋 족속의 반응은 징조가 되는데(10절), 그것은 거룩한 전쟁 사상(ideology)에 추가적인 강조를 가져온다. 우리는 하나님께서 기드온의 양털과 땅 위에 번갈아 이슬을 내리게 하시어, 자신이 기드온을 통해 이스라엘을 구원하실 것이라는 징조로 삼은 것을 기억한다(삿 6:37-40; 참조. 역시 삼상 6:7-9; 10:1, 7, 9; 12:17). 비슷한 방식으로, 미디안 진영으로 굴러 들어온 보리떡은 하나님께서 이스라엘의 손에 기드온의 적들을 넘기셨다는 징조였다(삿 7:13-15). 왜 첫 번째가 아닌 블레셋의 두 번째 반응이 여호와께서 블레셋 족속을 이스라엘의 손에 넘기셨다는 것을 지시하는 것일까? 아마도 두 반응 사이의 구별은 양털이나 땅이 적셔지는지의 여부만큼이나 임의적인 것일 것이다. 그러나 두 번째 반응을 토대로 공격을 감행하는 사람은 누구나 그 공격을 불러들였고, 또한 전략상 우월한 지리적 위치에 있었던 적에게 맞서 올라가야 할 것이다. 만일 요나단과 그의 보좌관이 수적으로 훨씬 우세하고 더 잘 구비되어 있으며, 또한 전략적으로 훨씬 더 유리한 위치에 있는 적에 대항하여 손발로 기어올라가 승리할 수 있었다면 분명히 그 승리의 영예는 여호와께 돌아갈 것이다. "여호와께서 그 원수를 이스라엘의 손에 넘기실 것이다(혹은 넘기셨다)"는 거룩한 전쟁의 가장 특징적인 문구들 중의 하나다(참조. 수 6:2; 8:1, 7; 10:8, 12, 19; 삿 11:30, 32; 12:3; 참조. von Rad, *Der heilige Krieg, Zürich: Zwingli-Verlag*[1951] 7-8).

비록 블레셋 족속이 자신들을 공격하는 자들을 조롱하면서 히브리인들이 그들의 구덩이들에서 나온다고 묘사했다 할지라도(참조. 13:6), 그들의 "올라오라"는 초대는 곧 거짓된 허세로 드러났다. 블레셋 족속이 "그들에게 무언가를 말하기" 위해서 제안했는지, 아니면 "그들에게 무언가를 보여 주기" 위해서 제안했는지는 그 히브리어로부터 분명하지 않다. 그러나 그들이 요나단이 찾고 있었던 그 징조를 주었다는 사실은 틀림없다. 요나단은 그에 부합해서 다가올 승리가 오로지 자신의 것임이 분명하다고 명시했다. 그것은 사실상 이스라엘의 행위가 될 것이다(12절; 참조. 23절). 요나단은 그 공격을 이끌었으며, 그의 병기 든 자는 쓰러진 자들을 해치웠다(מות – 모트의 폴렐형[Polel]이 가진 유사한 용법에 대해서는 삿 9:54; 삼상 17:51; 그리고 삼하 1:9, 10, 16을 보라). 만일 14절의 끝에서 그 본문에 정확하다면(참조. 14.a.), 두 명의 이스라엘 영웅은 1에이커 크기 들판의 반 정도 거리, 즉 15-20야드와 맞먹는 공간 내에서 20명의 군사를 죽인 셈이 된다(참조. Driver, 109). 그것은 전에 이스라엘을 위협하여 공포에 몰아넣었던 기습 부대를 포함하여 전 블레셋 군대에게 공포심을 주기에 충분했다. 그 지진이 보여 주었던 것처럼(참조. 삼상 4:5; 암 8:8; 욜 2:10), 하나님이 이 공격에 연루되어 있었다. 그분으로부터 나온 두려움(15절)은 블레셋 군사들을 혼란에 빠지게 했다(참조. 창 35:5; 출 23: 27; von Rad, *Der heilige Krieg* 12). "하나님"이란 단어가 때때로 최상급이나 강조적 용례(하나님의 두려움=극도의 두려움; 참조. 맥카터)를 지시할 수 있는 반면, 다른 거룩한 전쟁 문맥들에서 보이는 지진과 하나님의 두려움의 사용은 우리의 번역에 따른 해석에 우호적이다. 게바에서 사울이 믹마스로부터 그 계곡을 가로질러 멀리 전망을 바라보았을 때, 그는 블레셋 군대 내에 큰 혼란이 있음을 발견했다. 그들의 진영은 파도처럼 요동치고 있었다(Wellhausen이 그렇게 해석한다). 문자적으로는 그 진영이 녹아 내리고 있었다. 사울 왕이 자신의 군사 중에 누가 그 혼란 상황에 참여하고 있는지 알아보기 위해 자신의 군사들을 점검했을 때, 그는 놀랍게도 요나단과 그의 보좌관이 빠져 있다는 것을 알았다. 그 비밀이 지켜진 것이었다(참조. 1, 3절)! 그 혼동 속에서 블레셋 족속이 흩어지고 있는지, 아니면 자신의 군사들이 강력한 공격 아래 놓여 있는지는 분명하지 않았을 것이다.

사울의 경건심이 재차 이 장에서 강조되지만, 그것은 그로 하여금(여기에서처럼) 굳게 결심한 행위를 지키지 못하게 하거나, (음식 금지에서처럼) 정반대의 결과를 초래할 뿐인 경건심이든지, 아니면 항상 불길한 듯이 보이는 경건심이다. 그가 아히야를 통해 신탁을 얻으려고 했을 때, 블레셋 족속 중의 혼란은 점점 더 커졌다. 별안간 그는 더 이상 지체할 수 없어서 아히야에게 손을 거두라고 말했다. 그 제사장은 긍정적인 혹은 부정적인 답변을 알아보려고 우림과 둠밈을 사용하기 위해 그 에봇에 손을 뻗치지 않았을까?

사울과 그의 백성들은 블레셋 진영 내의 소란으로 인한 상징적인 전쟁 출정(symbolic summons to battle)에 임했다. 그 소요가 요나단이 궁지에 빠져 있다는 것을 암시했는지도 모르지만, 그들이 전투 장소에 이르렀을 즈음에는 엄청난 대 혼란이 발생한 상태였고(참조. 출 14:24; 신 7:23; 수 10:10; 삿 4:15; 삼상 5:9, 11; 삼상 7:10; 겔 38:21; 참조. von Rad, *Der heilige Krieg* 12), 블레셋 군사들은 마치 기드온의 날들에 그 적들이 그랬던 것처럼 서로를 죽여서 없애고 있었다(삿 7:22). 블레셋 편에서 함께 싸우던 히브리인들, 아마도 아피루 같은(*apiru*-like) 용병들로 추정되는 사람들이 이스라엘의 승산이 높다는 것을 느끼면서 이스라엘 측으로 넘어왔다. "히브리인들"이 이 장에서 두 가지 의미로 사용된다는 것을 주목하라: a) 블레셋 족속이 말할 때는 이스라엘 족속에 대한 경멸적인 지칭으로(14:11; 참조. 13:19), 그리고 b) 이스라엘이나 블레셋 어느 한 편을 위해 돈을 받고 싸우기를 선택할 수 있었던 치외법권의 용병들에 대한 지칭으로(14:21; 참조. 13:3, 7). 승리는 우세자 편승 효과(bandwagon effect)를 가져왔다. 앞서 에브라임 산 위에 숨었던 다른 이스라엘 사람들이 도망가는 블레셋 족속을 추적하는 데 동참했다. 스토베는 에브라임에 대한 언급은 사울의 지도력이 베냐민 경계를 훌쩍 벗어나 있던 사람들에게도 영향을 끼쳤음을 시사한다고 말했다. 많은 사람들이 소탕 작전에 참여하지만 진정한 승리자가 23절에서 언급된다: 여호와께서 그 날에 이스라엘을 구원하셨다(참조. 12절). 하나님이 보내신 공포, 지진 그리고 아비규환 속에 암시되었던 것이 이제 거룩한 전쟁에 관한 전승에서 비롯된 이런 구원자 형식문에서 확증된다(참조. 삼상 4:3; 7:8 그리고 삿 2:18; 6:37; 7:7; 10:12).

23b-30 일단 인근의 벧아웬 성읍을 지나, 전투는 군사의 규모와 전투 범위, 그리

고 사울의 잘못된 서약과 더불어 새로운 국면으로 접어들었다. 사울의 600명의 군사는 10,000명으로 증가했고, 히브리인들과 이스라엘 족속은 그 전투에 참여함으로써 여호와에 대한 충성을 보여 주었다. "에브라임 산지"라는 표현은 지도상에서 엄밀하게 그 위치를 파악하기에는 너무 총괄적인 것이다. 하지만 명백히 그것은 크게 확대된 군사 행동을 함축한다.

이런 광범위한 군사 배치로 인해 요나단은 자신의 아버지가 백성들에게 약속한 서약을 듣지 못했다. 역설적으로 사울의 경건심이 다시 난관의 원인이 된다. 다른 곳에서는 성적 금욕(삼상 21:6[영역본. 5]), 수면 절제(시 132:3-4) 그리고 희생의 서약(삿 11:30-31)이 이스라엘에서 전투병의 헌신의 일부다. 그러나 사울의 서약은 큰 실책(맥카터가 그렇게 이해한다), 혹은 이어지는 사건들이 증명하는 대로 부지중의 죄(24절)였다. 아마도 실책은 역시 봐요엘(ויאל)에 암시된 이중적 의미에 내포되어 있다(24절). 만일 그것이 엘레(אלה)에서 왔다면, 그것은 우리가 번역한 대로 "그는 그들로 하여금 서약을 하게 했다"를 의미할 것이다. 그러나 만일 그것의 유래가 야알(יאל)이라면, 그것은 또한 "그가 바보짓을 했다"를 의미할 수도 있을 것이다(Jobling, *JBL* 95[1976] 374). 사울이 자신의 군사들이 금식하기를 기대한 것은 여호와께서 기드온의 군대 중에서 무릎을 꿇고 물을 마시는 대신 핥아먹은 군사들을 선호한 것을 상기시킨다(삿 7:4-8). 왕이 종일토록 자신의 적들에게 복수하려 한 욕구는 여호수아가 "그 민족이 그들의 적들에게 원수를 갚기까지" 아얄론 계곡에서 태양을 멈추게 한 것과 닮았다(수 10:13). 13장에서 사울이 왕조의 계승을 거부당했을 때, 그는 부정적으로 언급되었다. 이제는 비록 사울의 승리가 여호와의 전쟁을 위한 열정으로 충만히 채워져 있었다 할지라도, 그의 가장 위대한 군사적 승리의 날조차 자신의 잘못된 서약으로 인해 그에게 전적으로 만족스런 결과가 되지는 못했다.

이 모든 것에도 불구하고, 군사들은 사울이 그들에게 내렸던 저주를 두려워하여 음식을 먹지 않았다. 그들은 심지어 벌 떼가 떠나 방치되어 있는 꿀을 발견했을 때조차도 절제했다. 그러나 요나단은, 추정컨대 광활한 그 전쟁터의 범위로 인해서 자기 아버지의 서약을 듣지 못했다. 부지중의 죄가 또한 그의 것이 될 참이었다! 요나단은 훌륭한 군인이었음에도 불구하고 먹기를 삼가지 않고 꿀에 지팡이를 밀어 넣었다. 기드온 군대의 핥아먹은 자들처럼 그는 시간을 허비하지 않았다(참조. Stoebe). 그의 밝아진 두 눈은 새로워진 기력의 징표였다. 시편 13:4과 비교하라(영역본. 3): "나의 눈을 밝히소서, 내가 죽음의 잠을 자지 않도록." 참조. 스 9:8.

바로 그때, 한 군인이 요나단에게 그의 아버지의 서약의 요지를 말해 주었다(참조. 24절의 저주 발언을 가지고 말하는 28절). 그는 요나단에게 그것이 백성들이 지금 쇠약해진 이유라고 설명해 주었다. 이 마지막 설명은 종종 31절을 예견하는 부연 설명으로 간주되어 제거된다(벨하우젠, 맥카터가 그렇게 한다). 그러나 이것에 대한 본문상의 증거는 없으며, 그 설명은 29-30장 즉 요나단이 그 땅을 곤궁에 빠지게 한 것에 대해 자신의 아버지를 신랄히 비난하는 장들에서 요나단의 답변을 위한 문맥을 마련해 놓는다. 그러한 문제를 유발하기는 거룩한 전쟁 규정들을 어긴 아간에 대한 비난거리였으며(수 7:25), 자신이 만나는 무엇이든지 희생으로 드리겠다는 입다의 서약은 그를 큰 난관에 빠지게 했다(삿 11:35). 흥미롭게도 요나단과 입다의 딸은 둘 다 기꺼이 이 잘못된 서약으로 인한 죽음의 판결을 받아들인다. 그렇지만 현재의 상황에서는 요나단이 어떤 자백도 하지 않았다. 오히려 그는 자기 아버지의 서약을 비난했다. 자신의 힘이 꿀을 먹음으로써 회복되었고, 그는 백성들이 적들의 전리품을 먹기를 원했다. 그것은 그들의 눈을 밝게 했을 것이고, 블레셋의 패배를 더 크게 만들었을 것이다. 아이러니컬하게도 백성들이 마침내 다음 문단에서 적들의 전리품을 먹었을 때는 그것이 단지 의식적 죄에 이르게 했을 뿐이다.

31-35 그 승리가 아무리 컸다 할지라도 실제 전투는 그 산지의 끝 언저리에 있는 믹마스 서쪽 약 20마일 지점의 아얄론까지였다. 이 지점과 하루 종일 벌어진 전투에 대한 언급, 그리고 그 적들에게 가한 복수에 대한 언급은 이 구절들에서 여호수아 10:12-13과 세 가지 접촉점을 제공한다. 그날 그 시각 즈음에 사람들은 극단적으로 지치고 굶주렸다. 그들은 그 전리품에 달려들어 몇몇 종류의 가축들을 제단이 없는 바로 그 현장에서 잡았다. 극도의 배고픔 속에서 군사들은 고기를 피 채 먹었다(알[על]의 의미로서 "…와 더불어"에 대해서는 출 12:8을 보라). 군사들이 피 채 고기를 먹었다는 사실을 사울이 전해들었을 때(참조. 창 9:4; 레 17:11; 신 12:23), 그는 그들이 신실치 못하게 행동했다고 비난하면서 큰 돌을 가져오라고 명령했다. 그런 큰 돌은 법궤가 블레셋으로부터 돌아왔을 때 벧세메스에서 희생을 위한 제단으로 사용되었다(삼상 6:14). 그러므로 사울은 제단 위의 희생이 될 도살을 준비했다. 거룩 법전(Holiness Code)의 규정들에 따르면, 피는 제단에 속했다(레 17:6, 11). 짐승의 피를 땅에 쏟지 않는 조건으로 세속 도살이 허용되었던 것은 단지 신명기 학파 입법에서만 그렇다(신 12:15-24). 그러나 31-35절에 있는 기사는 신명기보다 더 오래되었는데, 그 이유는 35절에서 그 어떤 비평 작업의 흔적도 없이 사울의 제단 건축이 연루되어 있기 때문이다(참조. 삼상 7:17에 있는 사무엘의 제

단). 저자는 이것이 사울의 최초의 제단이었다고 언급한다. 우리는 전승에는 사울이 지은 것으로 간주될 수 있는 다른 제단들이 있었다고 추정할 수 있다.

36-46 블레셋 족속과의 싸움을 위한 사울의 열정은 식지 않고 지속된다. 그리고 거룩한 전쟁의 진멸 명령에 순응하여(참조. 삼상 15:3과 von Rad, *Der heilige Krieg* 13) 완전히 그들을 없애 버리자는 사울의 제안은 즉시 군사들의 동의를 받았다. 그렇지만 제사장은 허락을 받기 위해 하나님께 먼저 물어야 한다고 제안했다(18절). 나중에 다윗은 당시 아히야의 조카(혹은 아들? 참조. 삼상 30:7) 아비아달이 간수하고 있던 에봇을 통해 어떤 특정한 전투에 대한 하나님의 승인을 구했다. 사울은 – 30:8의 다윗과 마찬가지로 – 예나 아니오 중 하나의 답변을 요하는 두 개의 질문을 던졌지만, 뜻밖에 그는 전혀 아무런 답신도 받지 못했다. 아마 그것은 "아니오"나 다름없는 반응이었을 것이다. HDR의 저자가 하나님의 호감을 받는 자 혹은 선택자가 누구인지를 보여 주는 방법은 다윗의 계속적인 신탁 획득의 성공과 사울에 대한 하나님의 침묵을 사용하는 것이다(참조. 삼상 28:6). 그렇지만 이 경우에 사울은 그 신탁이 어떤 숨겨진 죄 때문에 실패한 것으로 인식했다. 이것은 이 장에서 어떤 죄가 언급되는 두 번째의 경우인데, 둘 다 사울의 충동적인 서약의 결과들이다. 그는 열정적으로 자신의 서약 준수를 강조하면서, 심지어 범인이 자신의 아들 요나단으로 판명된다 할지라도 그 알려지지 않은 범죄자에게 무서운 징벌을 내리겠다고 으름장을 놓았다. 이 구절이 출애굽기 21:12과 양식 비평적으로 연결된 것에 대해서는 코흐(Koch), 121를 보라. 다시 한 번 사울의 눈에 띄는 경건심은 자신을 비극적 결과에 연루시킨다: 사실은 요나단이 당사자였던 것이다. 그리고 비록 요나단의 무모했던 비밀의 기습 공격은 모르고 있었다 할지라도(3절), 요나단의 음식 금지 위반에 대해서는 알고 있었던 군사들은 사울의 협박에 응답하지 않았다. 그들의 침묵에서 하나님의 침묵이 되울림되고 있다. 사울은 관리들(officers, 문자적으로는 "모퉁이들"; 참조. 삿. 20:2; 사 19:13. 한글 개역: 어른들)을 소집해서 제비뽑기 의례를 준비시켰다. 그 의례의 형식과 전문 용어는 아간의 경우(수 7:16-18)와 10:19-21에서 사울 자신이 선택될 때 사용된 것과 비슷하다. 한쪽에는 군사들이 일렬로 서고 다른 쪽에는 사울과 요나단이 서자는 첫 번째 양편 분리가 제안되었을 때, 군사들은 자신들이 블레셋을 완전히 소탕하자는 사울의 제안(36절)에 동의했던 것과 마찬가지로 사울에게 그의 뜻대로 하라고 말했다(40절). 39절에서 그들의 침묵과 마찬가지로, 그들의 이 승인은 극적인 문학적 국면을 제공한다: 군사들은 알고 있으며 또한 독자들도 무슨 일이 일어날지 알고 있으나, 사울은 완전한 과정을 따라

가도록 허용된 것이 분명하다.

이번 결정은 우림과 둠밈에 의해 만들어졌는데, 그것은 초기 이스라엘의 제비뽑기 형식으로 다윗 이후에는 분명히 실행되지 않았다(Mettinger 243; De vaux, 353). 우림과 둠밈이 언급되어 있는 곳은 다음과 같다: 그것들이 가방처럼 생긴 대제사장의 판결의 가슴판에 놓여 있도록 명하는 출애굽기 28:30; 레위기 8:8의 제사장적 입법; 그리고 그것들이 레위 지파에게 할당된 신명기 33:8로서 이 구절에 따르면 포로기 이후에는 우림과 둠밈을 다루는 제사장은 아무도 없었다; 그것들을 사용할 한 미래의 제사장에 대해 말하는 병행 구절 에스라 2:63=느헤미야 7:65; 그리고 우리의 구절이다. 단지 우림만이 언급되어 있는 곳은 그것이 엘르아살에게 맡겨져 있는 민수기 27:21과 또 한 곳은 사무엘상 28:6이다. 아론은 정교하게 만들어진 옷으로 생각되는 자신의 에봇의 상단에 판결의 가슴판을 부착하게 되어 있었다. 그것은 사무엘상 14장에 있는 우림과 둠밈이 아히야에 의해 운반된 에봇에 부착되어 있었다는 것을 의미하는가? 이것이 그럴듯한 제안이긴 하지만 본문은 에봇이나 아히야가 이 일과 연루되어 있는지의 여부에 대해서는 완전히 침묵하고 있다.

우리의 본문은 실제로 어떻게 이 제비들이 사용되었는지에 대한 묘사일 뿐이며, 그 단어들 자체에 대한 이해는 추론적인 것으로 남아 있다. 우림과 둠밈은 각각 "저주받은, 비난받은"과 "완전하다고 선언된, 무죄 선고된"(참조. McCarter)을 의미하는가? 혹은 우림이 히브리어의 첫 번째 알파벳으로 시작되고 둠밈은 마지막 알파벳으로 시작된다는 점에 어떤 의미가 있는가? 어찌 되었든, 제비는 우림이 사울과 요나단에게, 둠밈은 군사들에게 뽑혔다. 이것은 우리 식의 "동전 앞, 뒤"와 매우 흡사하게 들리지만, 줄곧 이 제비뽑기는 여호와가 친히 자신의 평결을 드러내시는 방법으로 나타난다. 왕실의 한 쌍(사울과 요나단 – 역자주)이 "뽑혔고" 백성들은 면제되었다. 즉, 제비는 그 죄가 사울 아니면 요나단에게 있는 것을 지시한 것이다. 사울은 즉시 다시 제비를 던지기를 원했지만, 군사들이 이때 반대했다 – 그들은 무슨 일이 일어날지를 이미 알고 있었던 것이다! 사울이 최종 결과를 알아보려고 밀어붙였을 때 진정으로 요나단이 뽑혔다. 앞서 영웅적 행위로 기습 공격에 성공한 요나단은 즉시 자신이 음식 금기를 어겼다는 것을 인정하고 그 결과를 순순히 받아들였다. 현재의 맥락에서 요나단 – 그 자신이 왕이 되기에 적합했던 사람 – 의 훌륭한 자질들과 사무엘이 사울에게 더 이상 왕조의 계승이 없다고 선언했던 이전의 장과의 날카로운 대조가 자리잡고 있다. 자신 위에 저주가 내리기를 염원하면서(참조. 삼상 3:17) 사울은 사형선고를 재가했다. 이전에는 왕이 항상 요나단을 "나의 아들, 요나단"으로 불렀지만(39, 40, 42절), 지금은 단순히 "요나단"일 뿐이다(44절).

이제 군사들이 한 번 더 전면에 나섰다: "요나단이(강조를 주목하라) 죽어야 합니까?" 그들은 11:13과 사무엘하 19:23에서 그런 것처럼, 어떤 사람도 죽음에 내어줄 수 없다는 것이 아니라[영역본. 22] 요나단이 이스라엘에 승리를 가져다주었으며 그런 비운을 당해선 안 될 사람이라고 제안하고 있는 것이다. 게다가 그들이 39절의 사울 자신의 위협적 서약과 균형을 이루는 한 서약을 가지고 강조한 바와 같이, 그는 오늘 "하나님과 함께" 행동했다(하나님의 행위는 6절에서 언급된다). 만일 그가 하나님과 함께 했다면, 그래서 그러한 주장이 유효한 것처럼 보인다면, 분명히 하나님은 그와 함께 하셨을 것이고 앞으로도 계속 그렇게 하실 것이다. 머리카락 한 올도 떨어지지 않을 것이다(참조. 왕상 1:52와 삼하 14:11). 요나단을 구해 내는 데 성공한 그들의 집요한 주장은 저자가 그들의 요나단 "구출"을 통해 의미하고자 한 모든 것일까? 아니면 우리는 그들이 돈을 지불했다고 상상해야 하는가?(출 21:30; 민 3:46-51) 아니면 그들이 한 짐승을 대속물로 드렸거나(출 13:13, 15; 34:20), 혹은 심지어 다른 한 사람을 대속물로 드렸다(Budde, Ewald, Wellhausen)고 상상해야 하는가? 어쨌든, 블레셋과의 전쟁은 비록 완전한 궁극적인 승리는 아닐 수도 있었지만 종결되었다.

47-48 우리가 "양식/구조/배경"에서 살펴본 대로, 사울의 전투들에 대한 이 요약은 Dtr로 연결되는 언어적 이음새를 보여 준다. 사울이 싸웠던 특정한 나라들 중에 성경은 암몬족에게 거둔 그의 승리에 대한 기록을(삼상 11장; 참조. 12:12), 또한 13-14장과 이어지는 HDR에 속한 장들에 공히 들어 있는 사울의 블레셋과의 전투에 대한 기록을 포함하고 있다. 사울의 모압, 에돔 그리고 소바 왕과의 충돌에 대한 성경의 기록이 전혀 없기 때문에, 많은 학자들은 이 나라들이 사무엘하 8장에 나오는 다윗이 싸웠던 나라들의 목록에서 보충되었을 것이라고 믿는다(특별히 모압에 대해서는 2절과 12절, 에돔에 대해서는 12-14절, 소바 왕에 대해서는 3-8절). 적들의 목록에 벧르홉(Beth-rehob)을 추가하는 70인경(LXX)의 루시안 개정판(Lucianic recension, 참조. LXX)은 바로 다윗의 전투들의 목록과의 그런 비교에서 유래한 것으로 보인다. 사실상 사울은 어디를 가든지 승리를 거두지 못했기 때문에, 어떤 사람(예를 들어, Birch)은 13-14장이 15장 이하의 장들에 연결되기 전에 47-51절이 추가되었다고 믿는다. 그러나 그 신명기 학파 역사가는 왕권이 15-16장에서 사울로부터 제거되기 전에는 다윗이 그렇게 기록되어 있는 것처럼(삼하 8:6-14), 그가 적당한 구원자 인물이었다는 것을 지시하길 원했었는지도 모른다. 48절에서 별도의

아말렉에 대한 거명과 15장의 문학적 역사에 대한 논증들은 어떤 주석가들로 하여금 48절에 있는 이 나라의 진정성을 의심하게 만들었다(Veijola). 역시 사울이 아말렉을 친 것에 대한 긍정적인 보고와 15장에 있는 전쟁 자체에 대한 기사 사이에도 어떤 긴장이 있다.

48절에 따르면, 사울은 힘있게 행동했다(참조. 민 24:18; 신 8:17-18; 시 60:12). 편집자는 사사 시대에 대한 신명기 학파적 서론에서 이렇게 언급했다: "여호와께서 그들을 약탈한 사람들의 세력으로부터 그들을 구원한 사사들을 일으키셨다"(삿 2:16). 그런 구원자는 또한 사울이었다 – 그래서 이 구절들은 비록 사무엘상의 나머지 부분이 사울의 약점, 질투 그리고 최종적 실패를 연대기적으로 기록한다 할지라도 우리에게 그가 구원자였음을 상기시킨다.

49-52 49절에서 사울의 아들들이 거명되는데, 그들은 요나단, 이스위(Ishvi; 한글 개역의 리스위는 오류다 – 역자주) 그리고 말기수아다. 31:2에서 우리는 사울의 아들들인 요나단과 아비나답, 그리고 말기수아의 죽음을 알게 된다. 반면에 네 번째 아들 이스보셋은 그의 아버지를 뒤이어 생존하고, 잠시 동안 (북) 이스라엘의 왕으로 그를 계승한다(삼하 2-4장). 그 연대기 기자는 네 아들이 나오는 유사한 명부를 갖고 있다: 요나단, 말기수아, 아비나답 그리고 에스바알(대상 9:39). 우리는 왜 아비나답이 49절에서 언급되지 않았는지를 알 수 없다. 그는 아히노암이 아닌 다른 여자의 아들이었을까? 이스위는 단지 49절에서만 언급된다. 이스위는 에스바알/이스보셋과 같은 인물이었을까?(보셋[bosheth]의 변형은 "바알"이란 단어를 히브리 단어 "부끄러움"으로 대체한 데서 유래한다) 많은 사람들이 믿기를 70인경(LXX)은 독창적인 이스요(Ishyo)를 전제하는데, 거기에 있는 그 이름의 철자는 그 아들의 이름에 대한 하나의 야훼주의적 판본(a Yahwistic version)임을 시사하는가? 만일 그렇다면, 마소라 본문(MT)은 자음 치환의 결과인 것이다: 이쉬요(ישיו)가 이쉬뷔(ישוי)로 되었다. 사울의 두 딸은 나중에 다윗에게 아내로 주어질 것이다. 그들의 이름과 삶에 대한 역사는 그때 토론될 것이다. 아히노암과 아히마아스(Ahimaaz)에 대해 우리는 단지 50절이 우리에게 말해 주는 것만을 알 뿐이다(그러나 20:30과 25:43을 보라). 사울은 적어도 한 다른 아내 혹은 첩인 리스바를 가졌다(삼하 3:7; 21:1-14). 그의 사령관은 50절에 나온 대로 아비넬(Abiner)이었거나, 혹은 51절을 포함한 다른 곳에서 그의 이름이 표기된 대로 아브넬(Abner)이었다(참조. 17:55, 57; 20:25; 26:5, 7, 14, 15; 삼하 2:89; 3:27). 성경에는 아브넬의 계보에 대한 두 개의 판본이 있다. 한 판본에서는 아브넬이 기스의 형제이며, 따라서 사울의 삼촌이

다(대상 8:33; 9:39, 그리고 가능하게 삼상 14:50-51 MT). 그러나 후에 사무엘상 9:1에 있는 기스와 아비엘 사이에 넬이 삽입된 것이 분명하다. 두 번째 판본에 따르면, 아브넬과 사울은 사촌으로 각각 아비엘/여이엘(Jeiel)(대상 9:35; Josephus, *Ant.* 6.130과 추정컨대 삼상 9:1)의 아들들인 넬과 기스의 아들들이다. 이 두 번째 판본을 지지하기 위해 우리는 사무엘상 14:51에서 "아들"을 "아들들"로 수정해야 한다. 14:50에 있는 삼촌이란 단어는 그 선행어로 넬 혹은 아브넬을 가질 수 있다는 것을 주목하라. 어떠한 확실한 결론도 가능한 것으로 보이지 않는다. 사울을 위해 단 한 명의 공직자만이 언급되어 있는데, 그런 단순성은 다윗과 특히 솔로몬 휘하의 갑자기 등장하는 많은 관리들의 숫자와 날카롭게 대조된다. 사울은 자신의 군대를 이끌도록 가까운 친척을 선발했는데, 그것은 또한 다윗이 뒤따른 정책이며 그의 지도자들인 아마사, 요압, 아비새 그리고 아사헬은 모두 그의 조카들이었을 수 있다. 긍정적인 요약이 52절에서 계속되었다: 블레셋에 대항한 맹렬한(חזק – 하자크) 전투는 사울이 자신의 전생애 동안 그들과의 전쟁에서 우세를 지켰다는 것을 의미할 수 있다(참조. Veijola, Das Königtum, 81과 n. 59). 사울의 순례 정책에 대한 간략한 공지가 그 장을 종결짓는데, 그것은 그 때까지 이스라엘을 섬겼던 지파 비상 의용군(emergency tribal levy)의 주요한 변화를 지시한다. 미스바 집회 후에 이미 어떤 군인들은 사울을 따라 기브아까지 갔다(10:26). 그가 자신의 상비군을 위해 힘있고 용맹스러운(Smith가 그렇다) 남자들을 선택한 것은 또한 우리에게 16:18을 대비하게 만드는데, 거기서 다윗의 음악적 재능에 덧붙여 건장한 남자다움(גבור חיל – 기뽀르 하일)과 전사다움(איש מלחמה – 이쉬 말르하마)이 다윗의 신임 요건들(credentials)로 거명된다. 다윗은 결국 사울의 병기 든 자가 되었으며(16:21), 그를 위해 많은 전투에 나섰다.

해설

요나단의 블레셋 수비대에 대한 과감한 공격은 사실 이스라엘을 위해 싸우시는 여호와의 행위에 대한 표현이다. 그의 최초의 기습은 하나님으로부터 보내진 공포를 동반한 혼란으로 보완되고 강화되었다. 이 장 전반에 걸쳐 언뜻 사울의 동기가 경건심에서 비롯되었던 것처럼 보인다 할지라도, 사울은 자신의 선한 의도들이 자신이 결심한 행위를 빈번히 준수하지 못하게 하거나, 혹은 그것들이 역효과를 낳는다는 것을 알게 된다. 대체로 우리는 그의 경건심에는 불길한 징크스가 따라다닌다고 말할 수 있을 것이다. 블레셋 사람들 사이에 아비규환이 발생한 것을 보면서, 사울은 자신이 그 싸움에 참여해야 하는지 알아보기 위해 신탁을 구했다. 그러나 그는 단지 시간을 질질 끌 뿐인 그 신탁 추구 절차를 중단시킨 뒤 급히 전쟁터로 달려갔다. 그 곳에서 그는 하나님의 손으로 인해 블레셋 족속이 이미 서로를 살육하고 있음을 발견했다.

사울은 백성들에게 서약을 주어 블레셋 족속에 대한 복수를 갚는 임무가 종결되기까지 먹지 말도록 했다. 그러나 그 서약은 군사들을 쇠약하게 만들었고, 그들은 절망적인 배고픔으로 인해 최종적으로 전리품을 취했을 때 고기를 피 채 먹게 되었다. 요나단 역시 비록 알지 못하는 중에 있었던 일이지만 자신의 아버지의 서약으로 인해 죄를 범하게 되었다. 그는 훌륭한 군사답게 달리는 중에 꿀을 먹었다. 군인으로서 자신의 잘못된 행위에 대해 훈계를 받았을 때, 요나단은 만일 군사들이 먹었더라면 이스라엘의 승리가 더욱 컸을 것이라고 불평을 토로했으며, 자기 아버지가 그 땅의 평화를 깨뜨렸다고(한글 개역: 이 땅으로 곤란케 하였다) 비난했다. 요나단 자신의 기력은 유죄가 되는 그 음식 섭취를 통해 소생되었다.

자신을 따라다니는 징크스에도 불구하고, 사울은 결연히 피를 먹은 자신의 군사들을 구하기 위한 행동을 착수했다. 그는 침착하게 그 짐승들이 도살되어 피가 적합하게 폐기될 수 있는 제단을 세웠다. 전승은 이것을 사울의 최초의 제단으로 기억한다. 의심할 바 없이 다른 수많은 제단들이 있었다.

사울이 블레셋 족속을 전멸시키자고 제안했을 때, 그의 군사들은 즉시 그 추적에 동의했다. 하지만 여호와의 허락을 구했을 때, 그는 어떤 대답도 듣지 못했다. 사울은 누구의 죄로 하나님의 응답이 방해받는지를 알아보려 했다. 서약을 통해 여호와께 호소하면서, 그는 심지어 그 당사자가 설사 요나단이라 할지라도 엄중한 징벌을 내릴 것이라고 위협했다. 군사들은 이 협박에 침묵했다. 그들은 믹마스에서 있었던 블레셋에 대한 요나단의 비밀 습격에 대해서는 모르고 있었지만(3절), 분명히 지금은 그의 범죄 사실에 대해서 알고 있었다. 다시 한 번 사울은 여호와께 돌아서서 이번에는 우림과 둠밈의 제비뽑기 절차에 의존했다. 군사들은 그 왕의 계획에 따라 시행했으나, 제비가 사울과 요나단 중 하나로 좁혀졌을 때 그들은 사울이 더 이상 제비뽑기를 하지 말라고 설득하려고 애썼다. 사울은 강행하여 최종 결과를 보려 했고, 제비는 자신의 아들 요나단을 지목했다. 요나단은 즉시 자신의 죄과를 인정했으며 죽을 준비가 되어 있다고 표명했다. 요나단은 이 장에서 왕이 되기에 적합한 신임 요건들(credentials)을 갖추고 있다 – 그는 용감한 승리를 거두었다. 그는 오로지 달리면서 꿀을 먹었다. 그는 죄를 지었으나 공개적으로 고백하고 남자답게 기꺼이 그 결과를 받아들였다. 군사들은 그를 죽음의 위험으로부터 구해 주었다. 그러나 독자들은 13장 이후에 그가 사울을 계승한다는 생각은 전혀 불가능하다는 것을 알게 된다.

사울은 요나단이 죽지 않는다면 자신 위에 저주가 내릴 것을 기원했다. 그러나 군사들은 그 청년의 승리와 그의 하나님과의 동행을 지적하면서 반대 의사를 표명했다. 그들은 맹세하기를, "여호와께서 살아 계시는 한(한글 개역: 여호와의 사심으로 맹세하노니) 그가 해를 당하지 않을 것이다"라고 했다(45절). 사울은 전에 맹세하기를, "여호와께서 살아 계시는 한 그 범죄한 자는 죽을 것이다"라고 했었다(39절). 그러므로 그의 서약은 자신의 군사들에 의한 유사한 서약에 의해 뒤집혀졌다. 역설적이게도, 군사들의 요나단 구출은 사울을 44절에 있는 그 자신의 서약의 저주 아래 놓이게 만들었다.

이 장의 소란스런 사건들은 사울이 추적을 중단하고 블레셋 족속이 집으로 돌아감으로써 결론이 맺어지지 못한 채 끝났다. 그러나 (신명기 학파의) 편집자는 이것을 계기로 많은 전투들을 요약하면서 여호와께서 그 전투들을 통해 9:16의 약속을 성취하시고 자신의 의를 드러내셨음을 말해 주었다. 이스라엘의 초대 왕에 대한 긍정적인 기사는 사울 가족들의 목록과 그의 상비군에 대한 간략한 언급과 더불어 마무리된다. 비록 이미 그 기사가 이중적인 애증의 감정을 지녔다 할지라도 말이다. 15장부터는 줄곧 사울 자신이 거절되며, 그 책의 나머지는 사울의 편집증과 결국 실패로 돌아간 다윗과의 싸움으로 채워진다.

17. 왕권이 거부된 사울(15:1-35)

참고문헌

Bratcher, R. G. "How did Agag Meet Samuel(1 Sam. 15:32)?" *BT* 22(1971) 167-68. **Brauner, R. A.** "'To Grasp the Hem,' and 1 Samuel 15:27." *JANES* 6(1974) 35-38. **Conrad, D.** "Samuel und die Mari Propheten. Bemerkungen zu 1 Sam 15:27." *ZDMGSup* 1(1969) 273-80. **Fensham, F. C.** "Did a Treaty between the Israelites and the Kenites Exist?" *BASOR* 175(1964) 51-54. **Kempinski, A.** "Is Tel Masos an Amalekite Settlement?" *BARev* 7(1981) 52-53. **Ritterspach, A. D.** *The Samuel Traditions. An Analysis of the Anti-Monarchical Source in 1 Samuel 1-15.* Unpublished dissertation, The Graduate Theological Union, 1967. **Rowley, H. H.** "A Note on the Septuagint Text of 1 Sam. 15:22a." *VT* 1(1951) 67-68. **Seebass, H.** "1 Sam 15 als Schlüssel für das Verständnis der sog. königsfreundlichen Reihe 1 Sam. 9.1-10.16; 11.1-15 und 13.2-14.52." *ZAW* 78(1966) 148-79. **Talmon, S.** "1 Sam. 15:32b - a Case of Conflated Readings." *VT* 11(1961) 456-57. **Tosato, A.** La Colpa di Saul(1 Sam. 15,22-23)." *Bib* 59(1978) 251-59. **Yonick, S.** *Rejection of Saul as King of Israel.* Jerusalem: Franciscan Printing Press, 1970.

본 문

1 사무엘이 사울에게 이르되 여호와께서 나를 보내어 왕에게 기름을 부어 그 백성 이스라엘 위에 왕을 삼으셨은즉 이제 왕은 여호와의 말씀을 들으소서	**1** Samuel said to Saul, "I was the one whom Yahweh sent to anoint you king [a]over Israel.[a] Now, obey [b]the voice of Yahweh.[b]
2 만군의 여호와께서 이같이 말씀하시기를 아말렉이 이스라엘에게 행한 일 곧 애굽에서 나올 때에 길에서 대적한 일을 내가 추억하노니	**2** Thus says Yahweh of hosts, [a]'I have noted[a] what Amalek did to Israel when it beset them on the way as they came up from Egypt.
3 지금 가서 아말렉을 쳐서 그들의 모든 소유를 남기지 말고 진멸하되 남녀와 소아와 젖먹는 아이와 우양과 약대와 나귀를 죽이라 하셨나이다	**3** Now go, smite Amalek, and put [a]them and[a] everything which belongs to them under the ban. Have no pity upon them, but kill them all – men and women, infants and sucklings, oxen and sheep, camels and asses.'"
4 사울이 백성을 소집하고 그들을 들라임에서 계수하니 보병이 이십만이요 유다 사람이 일만이라	**4** Saul assembled the troops and mustered them at Telam:[a] 200,000 infantry and 10,000 men of Judah.

5 사울이 아말렉 성에 이르러 골짜기에 복병하니라

5 Saul came to the city of Amalek [a]and lay in ambush[a] in the wadi.

6 사울이 겐 사람에게 이르되 아말렉 사람 중에서 떠나 내려가라 그들과 함께 너희를 멸하게 될까 하노라 이스라엘 모든 자손이 애굽에서 올라올 때에 너희가 그들을 선대하였느니라 이에 겐 사람이 아말렉 사람 중에서 떠나니라

6 Saul also sent a message to the Kenites: "Go, get away from[a] the midst of Amalek[b] lest I sweep[c] you away with them. You showed kindness to[d] the Israelites when they came up from Egypt." So the[e] Kenites got away from the midst of Amalek.

7 사울이 하윌라에서부터 애굽 앞 술에 이르기까지 아말렉 사람을 치고

7 Saul smote Amalek from Havilah to Shur, which is near Egypt.

8 아말렉 사람의 왕 아각을 사로잡고 칼날로 그 모든 백성을 진멸하였으되

8 While he seized Agag king of Amalek alive, he put all the troops under the ban with the edge of the sword.

9 사울과 백성이 아각과 그 양과 소의 가장 좋은 것 또는 기름진 것과 어린 양과 모든 좋은 것을 남기고 진멸키를 즐겨 아니하고 가치 없고 낮은 것은 진멸하니라

9 Yet Saul and the troops had pity on Agag and on the best of the sheep and cattle, the fatlings[a] and[b] the lambs, and on everything that was good. They refused to put them under the ban. Whatever livestock was[c] common or refuse[c] they put under the ban.

10 여호와의 말씀이 사무엘에게 임하니라 가라사대

10 Then the word of Yahweh came to Samuel,

11 내가 사울을 세워 왕 삼은 것을 후회하노니 그가 돌이켜서 나를 좇지 아니하며 내 명령을 이루지 아니하였음이니라 하신지라 사무엘이 근심하여 온 밤을 여호와께 부르짖으니라

11 "I am sorry that I made Saul king, for he has turned from me and has not carried out my commands." Samuel became angry and prayed to Yahweh all night long.

12 사무엘이 사울을 만나려고 아침에 일찍이 일어났더니 혹이 사무엘에게 고하여 가로되 사울이 갈멜에 이르러 자기를 위하여 기념비를 세우고 돌이켜 행하여 길갈로 내려갔다 하는지라

12 When Samuel got up in the morning to meet Saul, he was told, "Saul went to Carmel where he is setting up a monument for himself, then he left and went on down to Gilgal."

13 사무엘이 사울에게 이른즉 사울이 그에게 이르되 원컨대 당신은 여호와께 복을 받으소서 내가 여호와의 명령을 행하였나이다

13 Samuel came to Saul [a]just when he was offering burnt offerings to Yahweh from the best of the spoil which he had taken from Amalek. As Samuel drew near to Saul,[a] Saul said to him, "Blessed are you by Yahweh! I have carried out the command of Yahweh."

14 사무엘이 가로되 그러면 내 귀에 들어오는 이 양의 소리와 내게 들리는 소의 소리는 어찜이니이까

14 "What then," said Samuel, "is this bleating of sheep in my ears? What is this lowing of cattle which I hear?"

15 사울이 가로되 그것은 무리가 아말렉 사람에게서 끌어 온 것인데 백성이 당신의 하나님 여호와께 제사하려 하여 양과 소의 가장 좋은 것을 남

15 Saul replied, "The troops brought them from Amalek[a] because they spared the best of the sheep and cattle in order to sacrifice them to Yahweh your

김이요 그 외의 것은 우리가 진멸하였나이다
16 사무엘이 사울에게 이르되 가만히 계시옵소서
간밤에 여호와께서 내게 이르신 것을 왕에게 말
하리이다 가로되 말씀하소서
17 사무엘이 가로되 왕이 스스로 작게 여길 그
때에 이스라엘 지파의 머리가 되지 아니하셨나이
까 여호와께서 왕에게 기름을 부어 이스라엘 왕
을 삼으시고
18 또 왕을 길로 보내시며 이르시기를 가서 죄인
아말렉 사람을 진멸하되 다 없어지기까지 치라
하셨거늘

God, but the rest we put under the ban."
16 Samuel said to Saul, "Be quiet. I am going to tell
you what Yahweh has said to me tonight." [Saul]
replied,[a] "Speak."
17 Samuel went on, "Are you (so) small in your
own estimation even though you are head of the
tribes of Israel?
18 Yahweh anointed you as king over Israel and
Yahweh sent you on a journey, saying,[a] 'Go, put
those sinners – Amalek – under the ban. Fight
against them until they are put to an end.'[b]

19 어찌하여 왕이 여호와의 목소리를 청종치 아
니하고 탈취하기에만 급하여 여호와의 악하게 여
기시는 것을 행하였나이까
20 사울이 사무엘에게 이르되 나는 실로 여호와
의 목소리를 청종하여 여호와께서 보내신 길로
가서 아말렉 왕 아각을 끌어 왔고 아말렉 사람을
진멸하였으나
21 다만 백성이 그 마땅히 멸할 것 중에서 가장
좋은 것으로 길갈에서 당신의 하나님 여호와께
제사하려고 양과 소를 취하였나이다

19 Why have you not obeyed the voice of
Yahweh? You have swooped down on the spoil and
done evil in the eyes of Yahweh.'"
20 Saul answered Samuel,[a] "I have obeyed the
voice of Yahweh[b] and gone on the journey on
which Yahweh sent me. I brought back Agag,
21 king of Amalek, and I put Amalek under the
ban. But the troops took some of the spoil, both the
sheep and cattle, the best of that which had been
put under the ban, in order to sacrifice to Yahweh
your God in Gilgal."

22 사무엘이 가로되 여호와께서 번제와 다른 제
사를 그 목소리 순종하는 것을 좋아하심같이 좋
아하시겠나이까 순종이 제사보다 낫고 듣는 것이
숫양의 기름보다 나으니

22 Samuel said, Does Yahweh have as much
pleasure in burnt offerings and sacrifices as in
obeying the voice of Yahweh? Behold, to obey is
better than sacrifice, to hearken than the fat of
rams.

23 이는 거역하는 것은 사술의 죄와 같고 완고한
것은 사신 우상에게 절하는 죄와 같음이라 왕이
여호와의 말씀을 버렸으므로 여호와께서도 왕을
버려 왕이 되지 못하게 하셨나이다
24 사울이 사무엘에게 이르되 내가 범죄하였나이
다 내가 여호와의 명령과 당신의 말씀을 어긴 것
은 내가 백성을 두려워하여 그 말을 청종하였음
이니이다
25 청하오니 지금 내 죄를 사하고 나와 함께 돌
아가서 나로 여호와께 경배하게 하소서
26 사무엘이 사울에게 이르되 나는 왕과 함께 돌

23 For rebellion is like the sin of divination, and
presumption[a] like the vanity of teraphim. Because
you have rejected the word of Yahweh, he has
rejected you [b]from being king.[b]
24 Saul confessed to Samuel, "I have sinned since
I have transgressed the command of Yahweh and
your words. Out of fear for the troops I obeyed
their voice.
25 Now forgive my sin and return with me so that
I may worship Yahweh."
26 Samuel replied to Saul, "I will not return with

아가지 아니하리니 이는 왕이 여호와의 말씀을 버렸으므로 여호와께서 왕을 버려 이스라엘 왕이 되지 못하게 하셨음이니이다 하고

you for you have rejected the word of Yahweh, and he has rejected you from being king over Israel."

27 사무엘이 가려고 돌이킬 때에 사울이 그의 겉옷자락을 붙잡으매 찢어진지라

27 Samuel turned to go, but Saul[a] grabbed the hem of his robe and it tore.

28 사무엘이 그에게 이르되 여호와께서 오늘 이스라엘 나라를 왕에게서 떼어서 왕보다 나은 왕의 이웃에게 주셨나이다

28 Samuel said to him, "Yahweh has torn the kingdom of Israel from you today, and he has given it to your neighbor who is better than you.

29 이스라엘의 지존자는 거짓이나 변개함이 없으시니 그는 사람이 아니시므로 결코 변개치 않으심이니이다

29 Moreover, the Faithful One of Israel does not lie nor change his mind; he is not like a man who changes his mind."

30 사울이 가로되 내가 범죄하였을지라도 청하옵나니 내 백성의 장로들의 앞과 이스라엘의 앞에서 나를 높이사 나와 함께 돌아가서 나로 당신의 하나님 여호와께 경배하게 하소서

30 [Saul] repeated, "I have sinned. Now honor me before the elders of my people and before Israel. Return with me so that I may worship Yahweh your God."

31 이에 사무엘이 돌이켜 사울을 따라가매 사울이 여호와께 경배하니라

31 Samuel did follow after Saul and he[a] worshiped Yahweh.

32 사무엘이 가로되 너희는 아말렉 사람의 왕 아각을 내게로 이끌어오라 하였더니 아각이 즐거이 오며 가로되 진실로 사망의 괴로움이 지났도다 하니라

32 Samuel said, "Bring Agag king of Amalek to me." Agag came to him [a]trembling and hesitant,[a] thinking,[b] "Surely death is bitter."[b]

33 사무엘이 가로되 네 칼이 여인들로 무자케 한 것같이 여인 중 네 어미가 무자하리라 하고 그가 길갈에서 여호와 앞에서 아각을 찍어 쪼개니라

33 Samuel said, "As your sword has bereaved women, so shall your own mother be bereaved among women." And Samuel executed[a] Agag before Yahweh in Gilgal.

34 이에 사무엘은 라마로 가고 사울은 사울 기브아 본집으로 올라가니라

34 Samuel went on to Ramah, while Saul went up to his home in Gibeah.[a]

35 사무엘이 죽는 날까지 사울을 다시 가서 보지 아니하였으니 이는 그가 사울을 위하여 슬퍼함이었고 여호와께서는 사울로 이스라엘 왕 삼으신 것을 후회하셨더라

35 Samuel never saw Saul again until the day of his death though Samuel grieved for Saul. Yahweh, however, felt sorry that he had made Saul king over Israel.

원문주해

1.a.-a. 70인경(LXX); 마소라 본문(MT): "이스라엘, 자신의 백성 위에"(over his people over Israel).

1.b.-b. 70인경(LXX); 마소라 본문(MT): "여호와의 말씀의 목소리를." 11절의 "나의 말"과 23, 26절에 있는 "여호와의 말씀"을 주목하라.

2.a.-a. *GKC* § 106g: "나는 복수하기로 작정했다."

3.a.-a. 70인경(LXX): 마소라 본문(MT)에는 없다. 마소라 본문(MT)에 있는 동사 "놓다"는 2인칭 남성 복수다.

4.a. 브텔람(בְּטְלָאִם)으로 독음하라(Driver); 마소라 본문(MT): "어린 양과 함께"(한글 개역: 들라임에서).

5.a.-a. 70인경(LXX)을 따르라: 봐에에롭(ויארב); 마소라 본문(MT): 봐야렙(וירב).

6.a. 중복오사 레두(רדו)를 삭제하라. 참고. 70인경(LXX).

6.b. 70인경 루시안 개정본(LXX[L])이 그렇다; 마소라 본문(MT): "아말렉 족속".

6.c. 에스프카(אֶסְפְּךָ, "내가 너를 멸할 것이다"); 마소라 본문(MT): 오스프카(שֹׂסְפְּךָ, "내가 너를 모을 것이다").

6.d. 마소라 본문(MT)은 "모두"를 추가한다.

6.e. 70인경(LXX); 마소라 본문(MT)에는 "그"(the)가 없다.

9.a. 하스마님(השמנים); 마소라 본문(MT): 브하미스님(והמשנים, "두 몫"; 한글 개역: 가장 좋은 것).

9.b. 70인경(LXX); 마소라 본문(MT)은 "…위에"(on)를 추가한다.

9.c.-c. 니브자 브니므소트(נבזה ונמאסה; Driver); 마소라 본문(MT)은 이해하기가 어렵다.

13.a.-a. 70인경(LXX)을 따라 다음을 추가하라: 브힌네 후 하알로트 알로트 아도나이 에트 로쉬트 하샬랄 아쉐르 라카흐 마아므로크 봐이크랍 쉐무엘 엘 샤울(ראשית השלל אשר לקח מעמלק ויקרב שמואל אל שאול והנה הוא העלת עלות ליהוה את). 참조. 맥카터. 그리고 헬라어 본문의 별개의 퇴색(retroversion)에 대해서는 부데를 보라. 마소라 본문(MT)은 유사종결로 인해 손상되었다.

15.a. 70인경(LXX); 마소라 본문(MT): "아말렉 족속." 참조. 6절.

16.a. 케레(*Qere*); 케팁(*Kethib*)은 복수.

18.a. 70인경(LXX)은 "당신에게"를 추가한다.

18.b. 중복오사인 오탐(אתם)을 제거하라(Driver). 혹은 아드 켈로트카 오탐(אתם עד כלותך, "당신이 그들을 진멸할 때까지")으로 읽으라(McCarter).

20.a. 마소라 본문(MT)에 있는 아쉐르(אשר)의 용법에 관해서는 *GKC* 157c를 보라.

20.b. 70인경(LXX): "군사들." 참조. 21절과 특히 24절. 그러나 20절에서 사울은 자신의 무고함을 주장하고 있는데, 마소라 본문(MT)이 바람직한 것으로 보인다.

23.a. 드라이버는 이 단어를 명사로 사용된 히필 부정사 절대형으로 설명한다.

23.b.-b. 미믈록(מִמְּלֹךְ); 마소라 본문(MT): 미멜렉(מִמֶּלֶךְ, "한 왕으로부터"; 한글 개역: 왕이 되지 못하게).

27.a. 4Q 70인경(LXX), 시리아역(Syr) 그리고 요세푸스가 그렇다. 이것은 아마도 저자의 의도에 대한 정확한 이해일 것이다. 그러나 "사울"이란 이름이 없는 마소라 본문(MT)

이 아마도 더 본래의 본문이다.

31.a.-a. 4Q 70인경(LXX)이 그렇다; 마소라 본문(MT)은 "사울"을 추가한다.

32.a.-a. 참조. 브래처(Bratcher, *BT* 22[1971] 167-68)와 탈몬(Talmon, *VT* 11[1961], 456-57). 그들은 오래된 라그라데(Lagrade)의 제안에 근거해 있다. 다른 사람들은 킴치(Kimchi)를 따르면서(Stoebe의 참고문헌을 보라) "족쇄에" 혹은 "사슬에"로 읽는다(참조. 욥 38:31).

32.b.-b. 마소라 본문(MT): "진실로 사망의 괴로움이 지났도다." 그러나 70인경(LXX)에는 중복오사로 보이는 동사 "지났도다"가 없다. 맥카터는 70인경(LXX)에 근거해서 아각의 말을 하나의 제안으로 이해한다: "사망이 이만큼 괴로웠을까?" 즉, 사무엘의 손에 죽는 것이 전쟁의 끝에 죽는 것보다 더 나빴을까?

33.a. 이 의미는 고대 역본들에 의해 제안된다. 그 히브리어 동사는 단지 여기서만 나타난다. BDB: "조각내다."

34.a. 70인경(LXX)이 그렇다; 마소라 본문(MT)은 "사울의"를 추가한다.

양식/구조/배경

이 장은 완전히 사울의 아말렉 족속과의 전투를 둘러싼 사건들을 다룬다. 그것의 경계선들은 명확하게 그어져 있다: 앞서 14:47-52에서는 사울의 통치에 대한 여러 가지 요약된 공지가 등장한다. 그 뒤의 16:1-13에서는 다윗의 기름부음에 대한 기사가 등장한다.

요약. 사무엘은 사울에게 모든 살아 있는 생물들을 진멸 아래 두라는 말과 함께, 이스라엘의 해묵은 원수 아말렉을 대항하여 싸우라고 지시한다(1-3절). 겐 족속에게 사면을 부여하면서, 사울과 그의 대군은 아말렉을 그들의 지경 전역에서 굴복시켰다. 그들은 아말렉 백성들을 죽였지만, 아각 왕과 육축 중 가장 좋은 것들은 남겨 놓았다(4-9절). 여호와의 지시를 받은 사무엘은 사울을 찾아 나서 길갈에서 희생을 드리고 있는 그를 발견했다. 사울은 군사들이 희생을 드리기 위해 가장 좋은 육축들을 남겨놓았다고 설명하면서 자신의 무죄를 단언했다. 사무엘은 사울이 전리품을 취함으로써 여호와의 말씀에 불순종한 것을 비난했는데, 이때 사울은 다시 한 번 자신의 무죄와 그의 군사들의 선한 의도를 항변했으나 아각을 살려 준 것은 인정했다. 사무엘은 순종이 제사보다 낫다고 답변했다. 여호와의 사울 거절은 왕으로서의 그에 대한 거절이라는 결과로 귀착될 것이다(10-23절). 이 말을 들었을 때, 사울은 자신의 죄를 고백하고 사무엘에게 자기와 함께 예배를 드릴 것을 애원했다. 그 선지자가 떠나려 할 때 사울은 사무엘의 외투를 찢었으며, 사무엘은 그것을 여호와께서 사울로부터 나라를 떼어 다른 사람에게 준다는 징조로 해석했다. 사울이 재차 자신의 죄를 고백한 후에, 사무엘은 그와 함께 가서 제사를 드렸다(24-31절). 사무엘은 아각을 처형했고(32-33절), 그 후 사무엘과 사울은 각자 집으로 돌아가서 다시는 서로 얼굴을 대면하지 못했다. 여호와께서는 사울을 선택한 것을 후회하셨다(34-35절).

사울이 결정타를 가한 아말렉 격파에 대한 전승은 그 왕에 대한 거절을 위한 배경적인 무대를 제공한다. 아말렉의 과거의 잘못을 복수하도록 여호와께서 명령을 내리셨던 기습 역시(참조. "주석") 그럴싸한 군사적, 정치적인 의미를 지니고 있었다. 사울은 아말렉 족속을 제압하여 유다의 비위를 맞춰 주었을 것이다. 왜냐하면 유다의 영토는 때때로 그들에 의해 난폭한 습격을 당했기 때문이다(참조. 삼상 30장). 이 기사는 참여한 이스라엘 군사의 숫자에 있어서(210,000; 다윗은 삼상 30:10에서 400명을 가지고 아말렉 족속을 공격했다), 또한 그 승리의 지정학적 범위(참조. 하윌라에 관한 "주석")와 아말렉 족속의 완전한 파멸 요구에 있어서(참조. 삼상 30장에 있는 추후의 아말렉의 시글락에 대한 습격과 다윗의 그들과의 전투) 약간의 과장법을 사용한 것으로 보인다.

15장에서 사울의 왕권 박탈은 13:7b-15a에 있는 그의 왕조 거부와 몇 가지 유사성을 지닌다. 두 기사 모두 길갈 성소에서 발생한 제의적 범죄를 다루면서 사무엘과 사울의 조우(遭遇)에 이르게 된다. 또한 두 기사 모두 선지자 권역에서 만들어진 것으로 보인다. 사무엘은 명시적으로 부름 받은 선지자가 아니지만, 15장에서 그 역할을 맡는다: 1절에서 그는 여호와께서 자신을 보내셨다고 주장한다. 2절에서 그는 (예언적) 전언자 형식문인 "여호와께서 이렇게 말씀하신다"를 사용한다. 그리고 10절에서 우리는 "여호와의 말씀이 그에게 임했다"는 것을 읽는다. 하나님 말씀의 전언자로서 사무엘은 거룩한 전쟁에 사울을 보냈고, 한 개인에게 심판의 신탁을 전달했으며, 또한 순종과 제사를 대조시켰다. 버취(Birch)는 그 서사에서 한 개인에 대한 반복되는 심판의 말을 발견한다: 10-13절 서론; 14-21절 고발; 22-23절 신탁 – 이것은 논리적, 문법적으로 서로 연관되는 고발과 선언 둘 다를 포함하고 있다(참조. Westermann, 147); 24-31절 선언 – 이것에 뒤이어 한 징조가 뒤따른다(27-29절). 이러한 형식상의 분석은 13:7b-15a과의 관련성을 조명해 준다. 두 장들에 있는 형식 자체는 8세기의 것이라는 버취의 주장은 확신하기가 어려운 것으로 보인다.

15장이 예언 장르이며 그것의 가능한 배경이 선지자 권역에 있다는 명료한 결론과 달리, 15장과 사무엘상의 다른 자료들 사이의 관계들에 대한 합의는 도출되지 않는다. 그것이 후대의 반(反)-왕정적 자료의 일부라는 생각(Budde, Smith)은 이미 포기되었다. 그것은 이 장이 반(反)-왕정적이 아니라 단지 반(反)-사울적일 뿐이라는 무시 못할 이유 때문이다. 헤르츠베르크(Hertzberg)가 관찰한 11장과의 연결(非-블레셋 원수인 길갈)은 설득력이 없는 것으로 드러났으며, 그것은 사무엘상을 명확히 규명하는 데 별 역할을 하지 못한다. 그뢴백(Grønbaek)은 여기서 다윗의 등극사(HDR)의 시작을 보면서 무엇 때문에 사울이 거부당하고 뒤이어 그에게서 성령이 떠났으며, 또한 16:1-13에서 다윗의 기름부음이 있게 되었는지를 설명한다. 분명히 이 장은 이러한 기능들을 수행하지만(참조. Birch, McCarter), HDR와 같은 가정에 불과한 정경 이전 문서의 정확한 시작을 찾는 것은 빈번히 어떤 결론에 이르지 못한다. 놀랍게도, 이러한 사울에 대한 거절은 사무엘상 28:17-19을 제외하고는 실질적으로 HDR에 언급되지 않고 있으며, 또한 순서적으로 이어질 다윗에 대한 여호와의 기름부음에 대해서도 전혀 언급이 없다. 다만, 다윗의 기름부음은 HDR이 아닌 계승 서사의 일부인 사무엘하 12:7에 가서야 언급된다. 그러므로 베이욜라(Veijola, *Ewige Dynastie* 102, n. 156)는 신명기 학파 역사의 첫 번째 편집자가 14:52에서 16:14로 넘어갔다고 주장한다. 그는 15장의 추가와 사무엘상 28:17-19에서 그 추가의 반복을 두 번째 선지자적 편집으로, 즉 DtrP 탓으로 돌린다. 맥카터는 15:1-16:13을 신명기 학파 이전의, 선지자적 저술가의 문서 일부로 본다. 이 장의 다른 자료들과의 유기적 관계는 명확하지 않다. 그 자료가 7-14장에 있는 것이든 16장 이하의 장들에 있는 것이든 말이다. 그럼에도 불구하고, 이 장이 사무엘상의 최종적 형식 속에서 하는 역할은 그 왕조(13장)의 거절과 비극적 징벌을 당한 사울(14장) 너머로 한 걸음 내딛게 하는 것이다. 15장과 더불어 이제 바로 그 사람은 거절되며, 비록 그 거절에 대해 단 한 번 명시적으로 언급될 뿐이지만, 이러한 거절은 사울과 다윗의 이어지는 경쟁 위에 관을 덮는 보자기처럼 드리워져 있다(즉, 사울의 죽음이 임박했다는 의미-역자주). 사울은 사실 여전히 왕이지만, 다윗은 미래의 왕이요 정당한 왕이다.

주석

1-3 이 장에서 사무엘의 중요성은 1절에서 1인칭 대명사로 주어진 눈에 띄는 위치에 의해 강조된다(목적어 "나를"이 동사 앞에 나타나 강조적이다-역자주). 사

울을 왕으로 – 두 기사에 대한 독자적인 문학적 역사를 암시하는지 모르는 9:16과 10:1처럼 귀인으로가 아닌 – 기름붓도록 보냄을 받은 사무엘은 왕이 여호와의 말을 순종하도록 촉구했다. 이 명령에 대한 사울의 불순종은 이 장의 나머지 부분에서 중요한 주제를 형성한다(11, 13, 23, 24, 26절). 전언자 형식문인 "만군의 여호와께서 이렇게 말씀하신다"에 사용된 신적 칭호는 특별히 거룩한 전쟁 문맥에 어울린다(참조. 1:3, 11; 4:4; 17:45과 삼하 5:10).

광야에서 이스라엘과 아말렉의 분쟁은 영원한 적대감으로 이어졌다. 아론과 훌이 모세의 손을 붙들었을 때 르비딤에서 승리를 거둔 이후에, 여호와께서는 하늘 아래서 아말렉에 대한 기억을 지워 버리겠다고 약속하셨다(출 17:14). 그 약속은 신명기 25:17-19에서 이스라엘을 위한 명령이 되었다. 이 구절은 고통을 가져다준 그 대적의 전술을 언급한다. 아말렉은 지친 사람들을 공격했고, 휘청거리는 사람들을 쳐부수었다. 밀접한 언어적 연관성이 신명기 25장과 사무엘상 15장 사이에 존재한다. "아말렉이 너희가 애굽으로부터 나올 때, 그 길에서 너에게 무슨 일을 행했느냐? 그들이 그 길에서 너를 어떻게 공격했느냐"(신 25:17-18)와 사무엘상 15:2을 비교하라. 아말렉 족속은 에브라임(삿 12:15)과 이스르엘 골짜기(삿 6:33)에도 있었던 것으로 보고되지만, 남방(Negeb)과 시나이(Sinai)에서 살았던 사람들로 보인다. 그들은 남쪽으로부터 정복을 시도하던 이스라엘에게 저항했으며(민 14:43- 45), 부족 동맹기에 지속적인 골칫 덩어리였다(삿 3:13; 5:14; 6:3, 33; 7:12; 10: 12; 12:15). 다윗은 그들과 몇 차례 군사적 충돌이 있었다(삼상 27:8과 30장; 삼하 8:12). 그러나 그 충돌들이 마지막 증거다. 시므온 지파 500명이 그들에게 가한 공격을 제외한다면 말이다. 시므온 사람들의 공격은 히스기야 시대에 있었던 것으로 생각된다(왕상 4:42-43). 이 공격은 에돔에 있는 세일 산에서 이루어졌는데, 아말렉 족속은 족보에 대한 언급들에서 역시 에돔과 관련되어 있다(창 36:12, 16; 참조. 고전 1:36).

여호와는 사울을 통해 아말렉에 대한 자신의 위협을 실천에 옮기기로 결정하셨다. 그들과 그들의 모든 재산은 진멸(חרם – 헤렘) 아래 놓이게 되었다. 그 진멸은 그 백성들을 죽이고 동물들과 재산들을 불태워 버림으로써 하나님께 그 원수와 그들의 물품들을 헌정하는 관례적 행위였다(참조. 신 13:17[영역본. 16]; 수 6: 17). 그러한 관행은 역시 성경 밖에서도 알려져 있다: 모압 왕 메사는 이스라엘의 남자들, 소년들, 여자들, 소녀들 그리고 하녀들을 취해서 그들을 아스다롯-그모스에게 진멸로 바쳤다(*ANET*, 320). 이스라엘에서, 최소한 신명기 학파 권역에서 그 파멸은 모든 제설 혼합주의의 잔재를 일거에 제거하는 하나의 방법으로 이해되었다(참조. 수 10-11장; 신 20:16-18). 비록 그 진멸 정책이 왕정의 부상(浮上)과 더불어 국가 정책으로는 사멸되어 갔던 것처럼 보인다 할지라도, 그것은 빈번하게, 그러나 획일적이거나 보편적이지는 않게 정복과 부족 동맹기에 수용되었다. 하지만 진멸 신학은 선지자 권역에서는 보존되었다(참조. 15장과 왕상 20:42, 거기서 선지자의 아들들[생도들－역자주] 중 하나가 아합이 그 파문을 수행하지 않는 것에 대해 비난을 퍼붓는다).

신명기 20:12-15의 규정들에 따르면 이스라엘 땅의 변방에 있는 먼 성읍들은 단지 그 성읍의 남자들만 진멸 아래 놓이게 되었고, 여자들, 자녀들, 가축과 다른 전리품은 구제될 수 있었다. 그 땅의 성읍들에 대해서는 완전한 파멸이 규정되었다. 그러나 사무엘상 15장에서는, 그 완전한 파멸 명령이 먼 거리에 있는 한 민족인 아말렉에게 내려진다. 이것은 아말렉에 대해 느껴지는 강렬한 증오심, 그리고/또는 그들의 침공 행위에 대한 방어의 필요성을 반영한다. 어쨌든, 한 선지자에 의해 중재된 그 파멸을 위반함으로써 사울은 자신의 왕권을 상실했다. 사울은 이미 가혹하게 행하라는 명령을 받은 상태이고, 3절에서 오해의 가능성은 전혀 열려 있지 않았다: 그는 그들을 죽여야 했으며, 또한 신중성의 요구는 그 명령의 전(全) 포괄성(all-inclusiveness)을 시사해 주었다. 유사한 철저함과 더불어 도엑의 놉 성읍에 대한 무자비한 공격이 발생했다(삼상 22:19). 다윗은 아말렉과의 전투에서 모든 백성들을 죽였으나, 위반 사항을 어기지 않으면서 가축과 어떤 옷들을 남겨두었다(삼상 27:8-9; 30:20). 그러므로 그 진멸은 모든 경우마다 반드시 총체적일 필요는 없었다(참조. 수 6:21-25; 8:27; 11:4). 3절의 약대에 대한 언급은 아말렉 족속이 기드온의 시대에 이스라엘에 대한 침공에서 약대를 이용했기 때문에 특히 적합한 것으로 보인다.

4-9 사울은 들라임(Telam)에서 군대를 모집함으로써 전투를 시작했다. 대부분의 학자들은 이 곳을 여호수아 15:24에 언급된 델렘(Telem)과 동일시하는데, 거기서 델렘은 유다에 할당된 29개의 성읍 중 하나다. 만일 십(Ziph) 바로 직후의 그것에 대한 언급이 지정학적 근접성을 지시하는 것이라면, 남방(Negeb) 어딘가의 한 위치가 제안된다. 십은 통상적으로 헤브론 남쪽 약 32마일 지점으로 지정된다. 델렘은 종종 사무엘상 27:8의 본문에서 70인경(LXX)을 기초로 재구성된다.

사울과 함께 한 군사의 숫자는 엄청났다. 다윗은 단지 400명의 군사를 가지고 아말렉을 대항해서 싸웠으며, 앞 장에서 사울은 어디에서나 600명에서 3,000명을 헤아리는 군사를 가졌다(13:2, 15). 200,000명의 보병과 10,000명의 유다 사람에 대한 한 병행구가 이스라엘(300,000명)과 유다(30,000명)에 각각 파견단이 할당된 사무엘상 11:8에서 발견될 수 있다. 유다가 (전적으로) 사울의 왕국에 통합된 적이 있는지는 의심스럽다. 15장에 묘사된 전투에서 아말렉의 공격은 분명히 유다에 심각한 영향을 주었기 때문에, 유다의 등장은 자신들에게만이 아니라 사울에게도 유리했을 것이다. 어떤 학자들은 그 큰 숫자가 "천"이란 단어의 오해에서 비롯된 것이라고 제안한다. 즉, "천"은 하나의 숫자라기보다는 하나의 군사적 단위를 지시하는 것으로 이해해야 한다. 따라서 일종의 군사적 단위 200개가 이스라엘에서 비롯되고 10개는 유다에서 비롯된다. 이러한 높은 수치들에 대한 언급은 해설자가 사울의 완전한 군사적 우위를 지시하고, 또한 여호와의 온전한 명령을 준수하지 못한 것이 변명의 여지가 없음을 지시하기 위함이었을까?

사울은 아말렉 성읍으로 접근해 갔는데(5절), 그 곳은 전혀 알려져 있지 않다. 실제로 이것은 어떤 아말렉 성읍이 성경에 언급되어 있는 유일한 경우다. 모세 코하베(Moshe Kochave)는 브엘세바 동쪽 약 8마일 지점의 텔 마소스(Tel Masos)가 그 "아말렉 성읍"일지 모른다고 제안했다. 이러한 확인은 아하론 켐핀스키(Aharon Kempinski)의 날카로운 반론을 받았다. 복병들이 숨었던 그 와디(wadi, 건기 때는 바닥이 마르는 하천 – 역자주) 역시 알려지지 않았다(초기 이스라엘의 매복들에 대해서는 수 8:2과 삿 20:29을 보라). 본격적인 공격 이전에 사울은 아말렉과는 달리 애굽에서 행진해 나온 이스라엘을 충정으로 대해 주었던 겐 족속에게 사면을 베풀었다. 펜샴(Fensham, *BASOR* 175[1964] 51-54)은 이러한 충정 또는 헤세드(חסד)에 대한 언급과 도처에 산발적인 겐 족속에 대한 여러 언급들(특별히 출 18장)을 자신의 제안의 기초로 삼았다. 그것은 이스라엘과 겐 족속 사이에 방어 혹은 수비 동맹이 있었다는 제안이었다(참조. Gottwald, *Tribes* 578과 n.511에 인용된 언급들). 겐 족속은 아랏(삿 1:16) 근처의 유다에 정착했던 것으로 알려진다. 적어도 이 본문 – 빈번한 수정 작업이 가해진 본문 그대로 – 에 따르면, 그들은 아말렉 족속과 연합한다. 겐 사람 야엘은 시스라를 죽였는데, 그것은 이스라엘의 유명한 승리의 일부였다(삿 4:11-12; 5:24-27). 그러므로 사울이 이러한 이스라엘의 오랜 우방에게 사면을 베풀었다는 것은 놀라운 일이 아니다(삼상 27:10; 30:29).

7절에서 다시 한 번 그 기사의 지정학적 언급이 우리를 혼동시킨다. 아말렉 족속을 술(Shur)까지 추적하는 것은 충분히 납득이 간다. 그 곳은 딤사(Timsah) 호(湖) 동쪽 어딘가의 애굽 동쪽이나 혹은 국경선에 위치해 있다(*IDB* 4, 342). 술은 사실 사무엘상 27:8에서 아말렉 족속 영토의 한쪽 끝으로 언급된다. 그 지리적 문제는 하윌라와 결부되어 있다. 벨하우젠과 부데는 하윌라를 들라임과 동일시했다. 비록 전투가 시작되었을 당시 사울이 이미 그 지점을 점령한 것처럼 보인다 할지라도 말이다. 맥카터는 하윌라가 "그 와디로부터"로 변경되었다고 추론하면서 그 와디를 소위 "애굽 시내"(민 34:5)라 불리는 와디 엘 아리쉬(Wadi el Arish)와 동일시한다. 이러한 설명은 지정학적으로 그럴듯하게 납득되지만, 맥카터는 마소라 본문(MT)이 어떻게 발전했는지 만족스럽게 설명하지 못하며, 또한 그의 제안에 대한 분문상의 근거가 전혀 없다. 하윌라에 대한 여러 언급들(창 2:11-12; 10:7, 29 그리고 25:18)에도 불구하고 그 곳의 위치 또한 알려져 있지 않다. 창세기 25:18을 보면 하윌라로부터 술까지가 이스마엘 족속의 영토 범위로 주어진다는 언급이 있는데, 이 언급이 사무엘상 15:7의 본래의 독법을 훼손시킨 결과를 가져왔다는 주장이 자주 제안되어 왔다. 하윌라가 서부 아라비아에 위치했을 것이므로(*IDB* 2, 537; Stoebe: 북서 아라비아), 그 전투가 실제로 아라비아로부터 거의 이집트에 이르는 엄청난 거리를 가로질러 벌어졌다는 상상은 불가능하다. 그러나 해설자는 이 장에서 과장법을 사용하고 있으며, 들라임과 아말렉 도성과 그 와디에 대한 그의 언급은 정확하지 않다. 아마도 그는 전적인 승리를 묘사하려는 시도 속에서 창세기 25:18의 영향을 받았을 것이다.

그런데 왜 사울은 아각을 살려 주었을까? 참고로 아각은 성경에서 이름이 언급된 유일한 아말렉 사람이다(참조. 민 24:7). 훨씬 뒤에 아합은 다메섹에 상가(商街, 한글 개역: 거리)를 설립할 권리를 대가로 벤하닷을 살려 주었다. 그 타협은 선지자의 생도 한 사람이 심판의 말을 전하는 결과를 가져왔다(왕상 20:31-42). 사울은 아말렉과 일종의 어떤 거래를 매듭짓기 위해 사면을 베풀었을까? 아니면 그는 아각을 승전(勝戰) 기념물로 이용하길 원했을까(참조. 삼상 18:6-7)? 9절을 보면, 아각을 살려 준 범죄가 사울과 그의 군대 양측 모두의 것으로 여겨지고 있다. 또한 가축들 중 최상의 것을 남겨두었는데, 15절과 21절에서 사울은 그것을 제사용으로 남겨두었다고 말하긴 하지만 역시 그 동기에 대한 구체적인 설명이 없는 것은 마찬가지다. 사무엘은 19절에서 한층 더 이기적인 동기를 지적한다. 9절에 이미 이러한 이기적인 동기의 흔적이 있다고 볼 수 있다: 그들은 상질의 가축들을 진멸시키려 하지 않았다.

[10]-[23] 현 서사의 이 문단은 한 개인에 대한 예언적 심판 발언의 장르에 의해 전해지는데, 하나님 말씀의 수령이라는 전형적인 예언 보고와 더불어 시작된다(참

조. 렘 1:4). 사울을 왕으로 선택한 것에 대한 여호와 자신의 후회는 J의 홍수 기사에 있는 인류 창조에 대한 그분의 후회와 아주 유사하다(창 6:6-7). 이러한 후회 주제는 35절에서 반복되면서 봉합구조(inclusio)를 형성하게 된다(29절에 대해서는 아래를 보라). 사무엘상 앞부분에서 언급된, 여호와께서 사울을 왕으로 세우시는 이야기들은 그를 귀인으로 세우는 것과 비교되면서 신명기 학파의 작업에 할당되어 왔다(8:22; 12:1).

여호와께서는 자신의 명령들을 말씀하시고 실행하시는 분인 반면에(참조. 민 23:19), 사울은 여호와의 말씀을 실행하거나 성취하지 않았다(참조. 신 27:26; 렘 34:18). 이것은 여호와로부터의 타락이나 돌아섬을 의미한다(שׁוּב – 슈브; 참조. 민 14:43; 32:15; 수 22:16, 18; 렘 3:19; 참조. 삼상 12:20에서 סוּר – 수르 사용). 11절의 나머지 부분은 모호하다. 그것은 사무엘이 여호와를 향해 화를 냈다는 의미인가? 마치 웃사가 언약궤를 만져서 징벌을 받았을 때 다윗이 여호와를 향해 화를 냈던 것처럼 말이다(삼하 6:8; 대상 13:11). 또한 다윗이 구원을 위해 여호와께 부르짖었다는 것을 의미하는가? 마치 이스라엘이 사사 시대에 종종 그랬던 것처럼 말이다(예를 들어, 삿 3:9; 6:6; 삼상 7:9). 아니면 11b절이 지시하는 것은 사울에 대한 다윗의 분노와 또한 심야 기도를 통해 여호와로부터 추가적인 지시가 있기를 바란 그의 요청인가(참조. 삼상 12:17, 18. 여기서 사무엘은 여호와께 그 백성의 악행에 대한 증명 수단으로 우레와 비를 보내 달라고 요청한다)? 사무엘이 있었던 위치는 명시되어 있지 않다. 아마도 그는 라마에 있었을 것이다. 왜냐하면 길갈에서 있었던 사건들이 종결된 뒤에 34-35절에서 그 곳(라마)으로 갔기 때문이다. 부르짖었던 그 밤이 지난 후에, 사무엘은 사울이 갈멜에 이르렀다는 것을 알았다. 갈멜은 헤브론 남쪽 약 7마일 지점의 남부 유다에 있는 갈렙 도성(지금의 기르벳 엘 키르밀[Khirbet el-Kirmil], MR 162092)의 하나다(참조. 수 15:55과 삼상 25:2-40, 여기서 그 곳은 나발과 아비가일의 고향이다. 그 외에도 삼상 27:3; 30:5; 삼하 2:2; 3:3을 참조하라.) 그 곳은 사울이 자신을 위한 기념비(문자적으로는 손)를 세웠던 곳이었다. 추정컨대, 그 기념비는 아말렉에 대한 자신의 승리를 기념하기 위한 것이었다. 만일 아말렉 족속과의 전쟁의 목적들 중 하나가 유다의 호감을 얻기 위한 것이었다면, 그가 아말렉의 패배로 가장 직접적인 혜택을 누릴 사람들을 위해 자신이 베푼 은택의 상징물을 남겨두었다는 것은 놀라운 일이 아닐 것이다. 압살롬은 자신에 대한 기억을 영구적으로 남기기 위해 왕의 계곡(King's Valley)에 자신의 기념비를 세웠다(삼하 18:18; 참조. 사 56:5).

갈멜을 떠난 뒤에 사울은 요단 계곡에 있는 길갈로 내려갔다. 그 곳은 그가 왕으로 세움을 받았던 장소이며(삼상 11:15), 또한 일찍이 사무엘이 그에게 그의 왕조의 종말을 표명했던 곳이기도 하다(13:7b-15a). 우리가 재구성한 본문에 따르면, 사울 왕이 아말렉으로부터 취한 가장 좋은 전리품 중에서 번제물을 골라 드리고 있던 찰나에 사무엘 선지자가 도착했다. 사울은 상기된 얼굴로 사무엘에게 인사를 하면서 그를 축복하고(참조. 23:21) 그에게 사무엘에 의해 중재된 하나님의 명령이 성공적으로 수행되었다고 장담했다. 사울이 자신의 무고함을 선언하는 데 사용하신 어휘는 11절에서 여호와께서 사무엘에게 그 왕의 죄과를 선언하는 데 사용한 어휘와 동일했다("나는 여호와의 명령을 실행하였다": "그는 나의 명령을 실행하지 않았다"). 사무엘은 그 짐승들의 울음 소리에 대해 질문을 함으로써 사울의 본색을 폭로하기 시작했다. 버취(Birch)가 말한 대로 그 질문 자체가 그 죄를 명백하게 해주는 것은 아니다. 오히려 그것은 질문과 답변을 통해 죄가 낱낱이 드러나는 청문회와 흡사하다. 비록 사울은 군사들이 "당신의 하나님" 여호와께 희생을 드리기 위해 가축 중 최상의 것을 남겨두었다고 시인했지만, 15절에서 여전히 자신의 무고함을 주장했다(이 구절과 21, 30절[그리고 70인경[LXX]의 25절]에 있는 "당신의 하나님"에 대한 언급이 마찬가지로 아마 여호와가 사울의 하나님이 아니라는 것을 암시하는 것은 아니다). 사울 왕은 명백히 군사들의 미덥지 않은 행동과 기타 다른 모든 것에 대한 진멸의 수행을 구별했다(15, 20-21절). 그 진멸은 사울과 군사들이 함께 수행했던 일이었다(15절의 "우리가"를 주목하라). 70인경(LXX)과 맥카터는 사울이 "내가 그것들을 아말렉으로부터 가져왔다" 그리고 "내가 그것들을 파멸시켰다"고 언급한 것으로 만드는데, 그 결과 군사들과 왕의 이러한 구별된 행위를 놓치고 있다.

사무엘은 여호와께서 지난 밤에 그에게 말씀하신 것을 전해 주겠노라고 약속하면서 계속 질문을 던진다. 아마도 그것은 11절의 여호와께 부르짖는 사무엘의 기도에 대한 두 번째 설명을 보충해 준다. 17절에 있는 그 선지자의 질문이 단순히 의미하는 바는 "당신은 이스라엘 지파들의 두령임에도 불구하고 스스로를 작게 보십니까?"이다. 혹은 그것은 9:21에 있는 사울 자신의 겸손한 고백을 암시하면서 "비록 한때 당신이 스스로 보기에 작았다 할지라도, 당신은 이스라엘 지파들의 두령이 되었습니다"를 의미할 수도 있다. 그러나 아무리 겸손이나 자기 비하가 대단했다 하더라도, 그것이 사울의 책임을 벗어나게 할 수는 없다(Mauchline). 민수기 14:4에서 반역한 무리들은 스스로 두령을 택했으며, 길르앗 장로들은 입다에게 지도권을 부여할 때 "두령"이란 단어를 사용했다(삿 11:8). 왕권에 대해 적의를 가진 것으로 잘 알려진 호세아는 통일 이스라엘이 자신들을 위해 장차 한 두령을 임명할 것이라고 예언했다(호 2:2[영역본. 1:11]). 그러나 현재의 경우 사울은 여호와께 친히 기름부음을 받아 신속히 세워진 합법적인 두령이었다(18절의 서두에서 여호와의 이름의 다소 풍부한 사용은 특별한 강조를 위한 것일 수 있다).

사무엘이 여호와께서 사울을 위임하셨다는 것을 재차 언명했을 때, 그는 아말렉 족속에게 범죄자들이라는 꼬리표를 붙임으로써 그들의 죄악의 증상을 엄중히 진단했다. 그러한 여호와의 대적들은 완전히 파멸시키는 것이 합당했다(참조. 3절; 삼하 22:38과 왕상 22:11). 중심적인 논쟁거리는 사울이 여호와의 명령을 불순종한 것이었다(19절; 참조. 1, 20, 22, 24절). 사무엘은 또한 가축들을 남겨놓은 것이 희생을 드리려는 경건한 의도에서 비롯된 것이 아니었다고 지적했다. 도리어 사울은 그 전리품을 착복했으며 여호와 보시기에 악을 행했다(참조. 삿 2:11; 3:7 등). 사울은 군사들이 행한 것과 자신이 행한 것을 구별하려고 애썼지만, 사무엘은 그에게 핵심적인 책임이 있다고 비난했다. 20-21절에 있는 사울 왕의 변명은 13절과 15절에 있는 것과 거의 동일하다: 나는 여호와께 순종했으며 아말렉을 파멸시켰다. 그러나 군사들이 희생을 드리려는 목적으로 가축들의 일부를 남겨놓았다. 더욱이 그는 한 가지 중대한 일을 추가로 저질렀다: 내가 아말렉 왕 아각을 데리고 왔다. 이러한 행위에 대해서는 8-9절에서 나타난 대로 특별한 이유가 설명되어 있지 않다. 그러나 분명히 자신은 무고하다는 사울의 항변에도 불구하고, 그의 변명은 지금 공허한 것으로 들린다.

22-23절에 있는 사무엘의 응답은 히브리 시에서 나타난다(한때 그것은 그 서사와 무관한 별개의 것으로 보존되어 왔을까?). 22a절에서 시작되는 질문은 그 비난을 구체적으로 지시한다: 여호와께서 원하신 것은 번제와 화목제가 아니라 그분의 목소리를 순종하는 것이었다. 여러 예언서 본문들은 순종이 희생제사보다 더 낫다고 말한다(사 1:10-11, 13; 렘 7:21-26; 호 6:6; 암 5:21-24; 그리고 미 6:6-8; 참조. 시 50:9; 51:18[영역본. 16]; 그리고 막 12:28-34). 내장과 신장 부위의 기름과 양의 기름진 꼬리는 나아가 화목제에서도 태워졌다. 모든 기름은 여호와께 드려졌으나(레 3:16-17; 7:23-25), 그러한 모든 의식의 준수는 말씀의 순종보다 열등한 것이다. 불순종을 반역이라고 규정지음으로써(참조. 신 9:23과 수 1:18?), 또한 그런 반역을 점술의 죄악과 동등시함으로써 비난의 강도는 한층 강화되었다. 점술은 구약에서 지속적으로 금지된다(참조. 신 18:10과 왕하 17:17). 그것은 사악한 열방의

나라들이 비난을 받던 행위였으며(민 22:7; 신 18:14; 수 13:22; 삼상 6:2), 거짓 선지자들이 강한 책망을 받은 행위였다(렘 14:14; 27:9; 29:8; 겔 13:6, 23; 미 3:7). 그런 불순종은 뻔뻔스러움이나 교만에 비견될 수 있으며, "헛된 것과 드라빔"(드라빔은 우상의 일종-역자주)과 동일시될 수 있었다. "헛된 것과 드라빔"은 아마도 사악한 드라빔이나 혹은 무가치한 드라빔을 의미하는 중언법일 것이다. 어떤 구절들에서는 드라빔이 일종의 가족신인 것처럼 보인다(예를 들어, 창 31:34, 35; 삿 17:5; 18:14). 하지만 드라빔은 또한 명백히 신탁의 수단이었다(예를 들어, 호 3:4; 겔 21:26[영역본. 21]). 저자는 드라빔을 "악한" 혹은 "무가치한"을 의미하는 단어 아벤(און)과 연결시키면서, 그것을 우상숭배 행위로 규정지으려고 의도했거나(참조. 사 41:29; 암 5:5), 혹은 다시 한 번 불순종의 행위를 점술의 죄악과 연결시키려 했는지 모른다. 후대의 스가랴 본문에서 우리는 다음과 같이 읽는다: "드라빔들은 허탄한 것을 말하며"(און-아벤; 슥 10:2).

마지막으로 23b절에서, 사무엘은 사울이 여호와의 말씀을 거절했다고 비난했다(여호와 그분 자체를 거부한 것에 대해서는 8:7과 10:19을 보라). 이러한 거절로 인하여 여호와께서는 그 범죄에 합당한 징벌을 내리기로 결정하셨다: 그분은 사울이 이스라엘의 왕으로 다스리는 것을 거부하셨다. 거절이란 선택의 반대말이다(예를 들어, 삼상 10:24; 16:1, 7, 8). 앞서 고찰한 사무엘상 본문에서 백성들은 여호와를 왕으로 삼기를 거절했었다. 이제 묘하게도 사울을 왕으로 다스리는 것을 거절하는 분은 여호와이시다. 23b절은 사무엘상 12:14-15의 내용을 되울린다: "너희가 만일 여호와의 목소리를 듣지 아니하고 여호와의 명령을 거역하면 여호와의 손이 너희 열조를 치신 것같이 너희를 치실 것이라."

24-31 징벌이 선언된 후에, 사울은 23절의 사무엘의 비난을 승인하고 또한 13절의 자신의 거짓말을 인정하면서 자신의 죄(24, 25, 30절)와 자신이 여호와의 계명(혹은 입)을 어긴 것(참조. 12:15!)을 고백했다. 그는 자신의 범죄는 또한 선지자 사무엘의 말을 거역한 것이었음을 인정했다(24절). 이것은 선지자 집단에서 연유한 것으로 보이는 현재의 15장의 중요한 관찰 사항이다. 그의 변명은 서툰 것이었고 심지어 동정심에 호소하는 것이었다: "나는 군사(백성)들을 두려워하여 그들의 말을 청종하였다." 그러나 1절 이후에 줄곧 여호와의 말은 순종해야 하는 것으로 강조되어 왔다. 사울은 사무엘의 용서를 간청했으며(참조. 출 10:17. 여기서 바로는 모세에게 용서를 구한다), 그에게 자신과 함께 돌아가서 여호와께 경배하자고 부탁했다. 사무엘은 용서해 달라는 그 요구를 묵살하고 되돌아가기를 거부했다. 그 이유로

그는 사울이 여호와의 말씀을 거절한 것과 그 결과 여호와께서 그가 왕으로 다스리는 것을 거부하신 사실을 언급했다(26절; 참조. 23절).

사무엘이 떠나려 하자 사울은 그 선지자의 옷자락을 붙잡았는데(참조. 2:19; 28:14), 그만 옷이 찢어지고 말았다. 성경 외 문헌의 병행구들에서 살펴보자면, 옷자락을 붙잡는 것은 사울 입장에서는 또 한 번의 마지막 간청이었다(Brauner, *JANES* 6[1974] 35-38). 그러나 사무엘은 찢겨진 겉옷을 사울의 징벌을 확증하는 징조로 이해했다(참조. 삼상 2:34; 삼하 12:14; 왕상 11:30-31; 13:3; 14:12; 사 7:14; 37:30-31). 가장 가까운 성경의 병행구는 열왕기상 11:29-31인데(참조. 14:8), 이 구절에서 아히야는 자신의 외투를 열두 조각으로 찢어서 그 중 열 조각을 여로보암에게 주었다. 그것은 통일 왕국이 갈기갈기 찢어질 것이고 그 중 이스라엘의 열 지파를 다스리는 왕권이 그에게 주어지게 될 것이라는 징조였다. 만일 사울이 사무엘의 겉옷을 찢었다는 우리의 생각이 옳다면(McKane은 사무엘이 사울의 옷을 찢었다고 주장한다), 그 행위와 그 행위의 의미가 충분히 일관성 있는 것은 아니다. 왜냐하면 왕국은 사울로부터 탈취되어 그보다 더 나은 다른 사람에게 양도될 예정이기 때문이다. 13:14에서 보는 바와 같이, 해설자는 이름에 대한 언급 없이 다윗을 지시한다. 그러나 그 예언의 성취가 28:17에서 언급될 때 다윗의 이름이 추가된다.

수많은 주석가들이 29절은 부연설명이라고 제안한다(Stoebe, McCarter). 하지만 그렇다 할지라도, 현재의 본문은 가장 흥미 있는 긴장을 유발시킨다. 그것은 사울의 왕권에 대한 여호와의 마음이 실제적으로 변했다는 사실(11절과 35절)과 사람과 달리 여호와는 결코 속이지도 않으시고 자신의 마음을 바꾸지도 않으신다는 보다 추상적인 관찰 사이에 있는 긴장이다. 우리가 추상적인 관찰이라고 규정한 것은 사실 바알의 신탁(민 23:19)에서 가져온 축자적 인용으로서 고대 이스라엘의 전통에 뿌리내려져 있던 것이었다. 나짜브 이스라엘(נצב ישראל)이란 단어는 신적 호칭인데, 이것은 여러 가지 영어 번역이 가능하다 – "이스라엘의 영광, 이스라엘의 영존하시는 분, 이스라엘의 승리자, 이스라엘의 불변하시는 분." 우리는 "이스라엘의 신실하신 분"을 선호하는데, 이것은 여호와의 불변성을 함축하고 있는 해석으로서 아랍 동족어의 가능한 지지를 받는다(참조. Wellhausen). 사울이 그의 죄를 반복적으로 고백했을 때, 그는 사무엘 선지자가 장로들(참조. 4:3; 8:4)과 이스라엘 앞에서 자신을 영예롭게 해주고 또한 여호와께 경배하기 위해 자기와 함께 되돌아가 줄 것을 요청했다. 그렇지만 이번에는 그 고백이 용서에 대한 탄원과 연결되지 않았다(참조. 25절). 사무엘이 함께 되돌아가자고 했던 사울의 요청을 결국 받아들인 것은 해설자가 죄인이 된 사울 왕이 잠정적이나마 여전히 왕의 직분을 유지하고 있다는 사실과 왕정 제도가 백성의 장로들과 온 나라 앞에서 사무엘 선지자의 지지를 받는다는 사실을 인정하는 방식이었는지 모른다.

32-33 아간이 여리고에서 탈취한 전리품을 착복함으로써 파멸의 명령을 어겼을 때, 백성들은 그를 돌로 쳐서 불에 태워 응징했다(수 7:25). 현재의 단원에서 사무엘 선지자는 한때 사울에게 명령되었던 그 파멸을 수행했다. 정죄 받은 아각이 비틀거리며 끌려왔고 비탄에 잠겨 사망의 괴로움에 대해 한마디 했다(그러나 한글 개역과 다수 영역본들은 아각이 마소라 본문을 따라 죽을 고비를 넘긴 줄 알고 즐거이 왔다고 번역한다 – 역자주). 사무엘은 군사들 및 사울과는 달리 전혀 동정심을 보여주지 않았다(대조적으로 9절과 15절을 보라). 그는 아각에게 잔인한 군사적 행동에 합당한 징벌이 내려질 것이라고 통보했다: 그의 어머니는 그에게 희생당한 사람들과 똑같이 무자녀 신세가 될 것이다. 사무엘은 아각을 토막내었다. 적어도 이것은 현대 언어학자들이 제안한 그 동사의 의미다(참조. 33절을 주목하라). 우가릿 본문들에서 아낫이 죽음의 신 못(Mot)을 토막낸 것과 비교하라: 그녀는 엘의 아들 못을 체포했다.

그녀는 검으로 그를 토막냈다.
그녀는 체로 그를 키질하였다.
그녀는 불로 그를 태웠다.
그녀는 맷돌로 그를 갈았다….

(M. D. Coogan, *Stories from Ancient Canaan*. Philadelphia: The Westminster Press [1978] 112). 이 일의 집행은 거룩한 전쟁 문학의 일부분으로서 여호와 앞의 성소에서 발생했다.

34-35 이 이야기의 주요 인물들은 각각 자기 집으로 돌아갔다. 사무엘이 사울의 죽음 전에는 그를 보지 않았다는 것은 28장과 엔돌의 무녀의 사건을 미리 지시하는 것으로 보인다. 해설자나 혹은 편집자가 이것이 19:18-24과 모순을 일으키는 것을 어떻게 이해했는지는 설명되지 않았다. 사무엘은 사울로 인해 슬퍼했고 다음 16장은 역시 이것이 언급되면서 시작된다(16:1). 히트파엘형의 "슬퍼하다"라는 동사는 에스라가 포로로 잡혀간 자들의 믿음 없음을 애통해한 것에 사용된다(에 10:6). 사무엘의 초기의 분노는 이제 슬픔으로 변했다(11절). 그러나 사울 이야기 전체에 걸쳐 가장 슬픈 구절은 35b절이다: 여호와께서 사울을 이스라엘 왕 삼으신 것을 후회

하셨더라.

해설

이 장과 더불어 이스라엘의 왕정 발흥 기사가 막바지에 이른다. 왕정 문제의 예비적 해결책이 12장에서 주어진 바 있다. 만일 … 하면, 왕권은 축복이 될 수 있다. 13장에서 사울 왕조는 거부되었다. 14장에서 사울은 비극을 당하는 사람으로 묘사되었다. 마지막으로 현재의 15장에서는 바로 사울 자신의 왕권이 거부되었으며, 그것은 다윗의 등극의 준비 단계가 되었다. 사울과 다윗 사이의 길고도 쓰라린 투쟁이 사무엘상 나머지 부분에 내내 나타나는데, 13-15장의 그림자가 드리워져 있는 것이다.

사울의 죄 고백에 이르기까지의 과정이 기교 있게 묘사된다. 최초의 그의 벅찬 감정과 결백 주장(13절)은 즉시 가축들의 울음 소리에 대한 질문에 의해 반전된다. 그는 그것을 희생을 드리려 한 군사들의 선한 의도 탓으로 돌렸으며 *우리가* 다른 모든 것은 진멸시켰다고 단언했다(15절). 심지어 사무엘이 아말렉 족속을 범죄자로 규정짓고 사울의 불순종과 개인적 착복에 대한 욕망을 비난함으로써 사실 인정을 요구했을 때조차도 사울은 자신의 순종과 명령에 충실하여 적의 군대를 진멸시켰다고 주장했다. 그러나 그는 다시 자신의 군사들이 가축 중 가장 좋은 것을 남겨두었음을 인정했으며, 거의 스쳐 지나가듯 자신이 친히 아각을 살려두었음을 언급했다(20절). 시적인 표현 방식으로 사무엘은 희생을 위한 것이라는 변명을 거절했다. 순종은 여호와께서 원하시는 것이다. 반역은 점술과 드라빔의 사용만큼 사악한 것이다. 게다가 아말렉 족속이 유일한 죄인은 아니다. 사울 역시 죄인이다. 여호와의 말씀에 대한 사울의 불순종은 그의 왕 자격이 거부되는 결과를 가져왔다(21-23절). 사울은 자신이 범죄한 것과 하나님과 선지자의 말씀을 어긴 것을 자백했다. 그는 백성들(군사들)을 두려워하여 여호와와 사무엘 선지자의 목소리 대신에 그들의 목소리를 청종했다(24절). 사무엘은 용서를 위한 그의 탄원을 묵살했으며 그와 함께 예배드리러 되돌아가기를 거절했다(25-26절). 그 심판이 한 예언적 징조(옷이 찢어진 일 – 역자주)에 의해 확증되자 사울은 재차 자신의 죄를 고백했다(27-28절). 하지만 이번에는 군사들에 대한 두려움을 언급하지 않았고 또한 용서를 구하지도 않았다(30절). 그 심판은 최종적인 것이었으며, 다만 그 집행이 연기될 예정이었다. 사무엘은 사울 왕의 예배 초대를 수용했다(31절). 그러나 그는 또한 신학적(ideal)

행위를 구체적으로 실증했다 – 그는 착실히 아각에 대한 파문을 수행했다(32-33절). 비록 선지자와 왕이 살아 생전에는 다시는 서로 만나지 않게 되었을지라도 – 그렇게 사울의 거부는 최종적인 것이었다 – 현재의 15장은 가슴 아프게 종결된다. 사무엘은 사울을 위해 통곡했으며, 여호와께서는 그를 왕으로 세우신 것을 슬퍼하셨다(35절). 그러나 여전히 왕권 자체는 이스라엘을 위해 축복 받은, 또는 잠정적으로 축복 받은 제도로 존속되었다. 하나님은 이미 그것을 사울보다 나은 다른 사람 – 다윗! – 에게 주셨다(28절).

현재의 15장이 보여 주고 있는 대로, 이 장은 독자들을 모순에 빠지게 한다. 11절과 35절이 확증하는 대로 여호와께서는 분명히 사울에 대한 자신의 마음을 바꾸셨다. 그러나 이 본문의 최종적 형식 속에서 우리는 이스라엘의 신실하신 하나님에 대한 일반적인 사실 – 그분은 거짓말도 하지 않으시고 마음을 바꾸지도 않으시며, 마음을 바꾸는 인생들과 같지 않으시다는 것(29절) – 과 약간의 긴장을 일으키게 된 이러한 변천을 주시해야 한다. 여호와의 신실하심에 대한 이러한 확증이 없다면, 독자들은 역사(歷史)나 하나님의 성품을 제멋대로이거나 심지어 겁나는 것으로 볼 수도 있을 것이다. 우리는 하나님은 인생이 의지할 수 있는 분이심을 알 필요가 있다. 그러나 이러한 신학적 진실에 대한 재확증이 역사적 실제를 얼버무리지는 않는다: 사울에 대한 여호와의 마음의 변경은 확고한 것으로 남아 있다. 우리는 하나님의 신실하심과 그분의 자유 사이의 긴장을 어떻게 해결해야 하는지 알 수 없다. 아마 이 모순은 실제적인 진리를 말해 준다: 그분은 결코 자신의 마음을 바꾸지 않으시나, 그럼에도 그분은 그렇게 하시기도 한다. 다른 성경의 문맥들에서 그런 모순들은 여호와의 은총일 수 있다: 시온을 결코 잊으실 수 없는 하나님께서(사 49:15) 자기 백성의 죄는 잊어버리신다(렘 31:34).

18. 사무엘이 다윗에게 기름붓다(16:1-13)

참고문헌

Kessler, M. "Narrative Technique in 1 Sm 16, 1-13." *CBQ* 32(1970) 543-54. **Kutsch, E.** *Salbung als Rechtsakt im Alten Testament und im Alten Orient*. BZAW 87. Berlin: Töpelmann, 1963. **Rose, A. S.** "The 'Principles' of Divine Election. Wisdom in 1 Samuel 16." *Rhetorical Criticism*, ed. J. J. Jackson and M. Kessler. Pittsburgh: The Pickwick Press, 1974, 43-67.

본 문

1 여호와께서 사무엘에게 이르시되 내가 이미 사울을 버려 이스라엘 왕이 되지 못하게 하였거늘 네가 그를 위하여 언제까지 슬퍼하겠느냐 너는 기름을 뿔에 채워 가지고 가라 내가 너를 베들레헴 사람 이새에게로 보내리니 이는 내가 그 아들 중에서 한 왕을 예선하였음이니라

2 사무엘이 가로되 내가 어찌 갈 수 있으리이까 사울이 들으면 나를 죽이리이다 여호와께서 가라사대 너는 암송아지를 끌고 가서 말하기를 내가 여호와께 제사를 드리러 왔다 하고

3 이새를 제사에 청하라 내가 너의 행할 일을 가르치리니 내가 네게 알게 하는 자에게 나를 위하여 기름을 부을지니라

4 사무엘이 여호와의 말씀대로 행하여 베들레헴에 이르매 성읍 장로들이 떨며 그를 영접하여 가로되 평강을 위하여 오시나이까

5 가로되 평강을 위함이니라 내가 여호와께 제사하러 왔으니 스스로 성결케 하고 와서 나와 함께 제사하자 하고 이새와 그 아들들을 성결케 하고 제사에 청하니라

6 그들이 오매 사무엘이 엘리압을 보고 마음에 이르기를 여호와의 기름부으실 자가 과연 그 앞에 있도다 하였더니

1 Yahweh said to Samuel, "How long will you mourn over Saul since I have rejected him from being king over Israel? Fill your horn with oil and go. I am sending you to Jesse, the man from Bethlehem, for I have seen among his sons a king for myself"

2 Samuel replied, "How can I go? Saul will hear about it and kill me." But Yahweh ordered, "Take[a] a heifer in your hand and say, 'I have come to offer sacrifice to Yahweh.'

3 Invite Jesse to[a] the sacrifice, and I shall tell you what you should do. Anoint for me whomever I say to you."

4 Samuel carried out that which Yahweh had commanded. When he came to Bethlehem, the elders of the city came out to meet him, trembling, and asked,[a] "Are you coming in peace?"[b]

5 He said, "Yes, in peace I have come to offer sacrifice to Yahweh. Sanctify yourselves and [a]come with me to the sacrifice."[a] He sanctified Jesse and his sons and invited them to the sacrifice.

6 When they came, he caught sight of Eliab and said, "Surely, before Yahweh, this is his anointed."

7 여호와께서 사무엘에게 이르시되 그 용모와 신장을 보지 말라 내가 이미 그를 버렸노라 나의 보는 것은 사람과 같지 아니하니 사람은 외모를 보거니와 나 여호와는 중심을 보느니라

7 Yahweh, however, said to Samuel, "Do not regard his outward appearance or his height[a] for I have rejected him. It is not according[b] to what [c]man sees that God sees.[c] Man sees the outward form; Yahweh looks at the heart."

8 이새가 아비나답을 불러 사무엘의 앞을 지나게 하매 사무엘이 가로되 이도 여호와께서 택하지 아니하셨느니라

8 Jesse called to Abinadab and made him pass before Samuel, but he observed, "Also this one Yahweh has not chosen."

9 이새가 삼마로 지나게 하매 사무엘이 가로되 이도 여호와께서 택하지 아니하셨느니라

9 Jesse made Shammah[a] pass by, but he said, "Also this one Yahweh has not chosen."

10 이새가 그 아들 일곱으로 다 사무엘 앞을 지나게 하나 사무엘이 이새에게 이르되 여호와께서 이들을 택하지 아니하셨느니라 하고

10 So Jesse made his seven sons pass before Samuel, but Samuel remarked,[a] "Yahweh has not chosen these."

11 또 이새에게 이르되 네 아들들이 다 여기 있느냐 이새가 가로되 아직 말째가 남았는데 그가 양을 지키나이다 사무엘이 이새에게 이르되 보내어 그를 데려오라 그가 여기 오기까지는 우리가 식사 자리에 앉지 아니하겠노라

11 Samuel said to Jesse, "Is that all the boys there are?" He replied, "There is still[a] the youngest (smallest), and he is shepherding the flock." Samuel said to Jesse, "Send and fetch him for we will not go ahead until he comes here."

12 이에 보내어 그를 데려오매 그의 빛이 붉고 눈이 빼어나고 얼굴이 아름답더라 여호와께서 가라사대 이가 그니 일어나 기름을 부으라

12 He (Jesse) sent and brought him. He was ruddy, with beautiful eyes and of fine appearance. Yahweh interjected, "Rise, anoint him. He is the one!"

13 사무엘이 기름 뿔을 취하여 그 형제 중에서 그에게 부었더니 이 날 이후로 다윗이 여호와의 신에게 크게 감동되니라 사무엘이 떠나서 라마로 가니라

13 Samuel took the horn of oil and anointed him in the midst of his brothers. The spirit of Yahweh rushed on David from that time onward, and Samuel rose and went to Ramah.

원문주해

2.a. 4QSam[b] 70인경(LXX), 시리아역(Syr)에서는 명령형; 마소라 본문(MT): 미완료형.

3.a. 참조. 70인경(LXX)과 5절의 히브리어 본문에 있는 마지막 단어; 마소라 본문(MT): "안에"(in).

4.a. 본문 수정판(*Sebir*), 많은 히브리어 필사본들(mss.)과 역본들은 복수로 읽는다; *BHS*: 단수.

4.b. 본문 수정판(*Sebir*), 70인경(LXX)을 따라 하샬롬(השלום)으로 읽는다; 마소라 본문(MT): 샬롬(שלום). 4QSam[b] 70인경(LXX)은 "오, 선견자여!"를 추가한다; 참조. 9:9, 18, 19.

5.a.-a. 마소라 본문(MT); 70인경(LXX): "오늘 나와 함께 즐거워하자." 헤르츠베르그

(Hertzberg)는 70인경(LXX)이 문맥상의 난제, 즉 사실상 가족들만 - 그리고 장로들은 아니다-그 희생제에 참여했다는 난점을 피해 보려 한 것으로 설명한다. 벨하우젠과 다른 많은 사람들은 마소라 본문(MT)을 70인경(LXX)의 개정으로 이해한다. 그들은 70인경(LXX)을 본래의 것으로 여기는 것이다.

7.a. 게보아흐(גבה)를 형용사가 아닌 부정사 연계형으로 파악하라(Driver, *BHK*).

7.b. 70인경(LXX)을 따라 카아쉐르(כאשׁר)로 읽으라; 마소라 본문(MT): 아쉐르(אשׁר).

7.c.-c. 이르에 하아담 이르에 하엘로힘(יראה האדם יראה האלהים)으로 읽으라. 참조. 70인경(LXX). 마소라 본문(MT)에는 중자탈락(haplography) - 아마도 유사종결(homoioteleuton) - 으로 인해 마지막 두 단어가 없다.

9.a. 이 곳과 17:13에서 그런 철자를 가진다; 삼하 13:3, 32; 21:21의 케레(*Qere*)는 쉬므아(שׁמעה); 대상 2:13; 20:7은 쉬므아(שׁמעא); 삼하 21:21의 케팁(*kethib*)은 쉬므이(שׁמעי).

10.a. 70인경(LXX); 마소라 본문(MT)은 "이새에게"를 추가한다.

11.a. 70인경(LXX); 마소라 본문(MT)은 샤아르(שׁאר, "남은")를 추가한다.

양식/구조/배경

다윗의 기름부음에 대한 기사는 명백히 13절에서 끝나는데, 1절은 다른 어떤 것보다 훌륭한 시작을 만든다. 1절에는 15:35에 대한 문학적 암시가 들어 있다(사무엘의 애통).

요약. 사무엘은 베들레헴으로 가서 이새의 아들 중 한 명에게 기름을 부으라는 여호와의 지시를 받았다. 사울의 잠복된 적의가 예상되었지만, 이를 무릅쓰고 여호와께서는 사무엘에게 이새를 희생제에 초청하라고 말씀하셨다(1-3절). 성읍의 장로들은 사무엘이 도착했을 때 그에게 인사를 드렸으며 여러 가지 예비적 의례들이 거행되었다(4-5절). 이새의 아들들 중 일곱 명이 사무엘 앞을 지나가며 심사를 받았으나, 그들 각자가 지니고 있는 호감을 주는 외적인 인상에도 불구하고 그들은 선택받지 못한 채 거절되었다. 결국 다윗이 양을 치는 일로부터 소환되었으며, 사무엘은 여호와의 명령에 따라 그에게 기름을 부었다. 성령이 다윗에게 임한 후에, 사무엘은 라마에 있는 자기 집으로 돌아갔다(6-13절).

다윗과 사무엘은 오직 이 부분과 19:18에서만 서로 직접적인 접촉을 갖는다. 이러한 점으로 미루어, 또한 신명기 학파의 편집(HDR)에서 놀랍게도 다윗이 여호와께 기름부음 받은 사실에 대한 언급이 아예 빠진 점에 근거하여, 많은 사람들이 이 기사의 역사적 배경에 대해 질문하게 되었다. 더욱 흥미로운 것은 다윗이 유다 사람들(삼하 2:4)과 이스라엘의 장로들(삼하 5:3)에게서 기름부음을 받았다고 보고되는 점이다. 거기에는 그가 이전에 여호와께 기름부음을 받았다는 언급이 전혀 없다. 불행하게도 역사적 토론은 이 기름부음 기사가 현재의 문맥 속에서 갖는 기능을 종종 무시해 왔다.

고대 근동에서는 놀라울 정도로 극소수의 민족들만이 왕에게 기름을 부었다. 비슷한 사례가 히타이트(헷) 족속들에게서 나타나는데, 이들의 경우 어떤 애굽의 관리들과 속국의 봉신들이 더불어 기름부음을 받았다 할지라도 가장 좋은 병행 사례다(Kutsch, Mettinger). 이스라엘에서는 제사장과 선지자와 마찬가지로 왕이 기름부음을 받았다. 이러한 기름부음 의식에 대한 이해에 있어서 가장 큰 공헌은 최근의 메팅어(Mettinger)에 의한 것이다. 그는 외교 업무와 사업적 계약, 그리고 결혼식과 노예 석방 시에 기름이 사용된 것을 볼 때 기름부음은 협약이나 언약적 의미를 지니게 된다고 주장한다. 기름부음을 수행하는 개인이나 단체는 스스로 그 기름부음을 받는 사람에게 서약을 하며 그에게 복종을 맹세한다. 그래서 다윗 왕 자신이 그들에게 왕의 서약 혹은 언약을 주었던 반면에(참조. 특히 삼하 5:3), 다윗에게 기름을 부었던 장로들은 왕에 대한 복종을 받아들였다. 유다와 이스라엘의 지도자들에 의한 각각의 독자적인 기름부음은 이러한 이해와 매우 잘 부합한다. 왜냐하면 두 정치적 집단이 각기 개별적으로 다윗 왕에게 충성심을 보여 주었기 때문이다. 어떤 왕이 하나님의 명령으로 기름부음을 받았을 때, 스스로 그 왕에 대한 의무를 졌던 분은 바로 하나님이었다. 그것은 궁극적으로 하나님과 다윗의 언약으로 표현되는 관계를 만들어 냈다. 메팅어에 의한 연대기적 발전의 배열은 결정적 증거가 전혀 없이 본문의 특정한 연대를 요구하기 때문에 의심스럽긴 하지만, 그럼에도 불구하고 기름부음 의식의 의미에 대한 그의 통찰은 평범하게 구별했던 세속적 기름부음과 종교적 기름부음 사이의 차이에 중요한 특징을 부여해 주었다. 세속적 기름부음은 백성들이 왕에게 충성을 맹세하는 방법이다. 종교적 기름부음은 여호와가 왕에 대해 진 의무나 혹은 여호와가 그를 선택했다는 것을 표현하는 방식이다.

다윗의 기름부음에 대한 기사는 HDR(삼상 16:14-삼하 5:10)의 서문 역할을 하는데, 여기서 기름부음은 여호와의 지시에 따라 사무엘에 의해 수행된다. 이 기사는 뒤따르는 전반적인 문맥을 하나님의 약속과 축복이라는 우산 아래 놓이게 한다. 다윗의 왕직 등극 과정에서 군사력이 사용되거나 또는 수상쩍은 용병술이 상당히 자주 사용되기도 했다. 그러나 이러한 인간적인 이야기와 대조적으로 처음부터 곧바로 언급되는 것은 다윗은 하나님이 그를 왕으로 선택하셨기 때문에 왕이 되었다는 것이다.

다윗의 기름부음 이야기는 사울을 귀인으로 기름붓는 이야기와 병행을 이룬다(9:16; 10:1). 두 기사 모두 아직 왕의 지위에 이르지 못한 젊은 청년의 기름부음을 보고한다. 두 기름부음 모두 비밀스럽게 이루어졌으나, 둘 다 여호와께서 명시적으로 말씀하신 명령에서 비롯되었다. 16:1-13에 있는 사울에 대한 여러 암시는 때때로 그에 대해 비판적이다. 엘리압은 그가 사울처럼 키가 컸을지라도 선택받지 못했다(9:2; 10:23). 인간은 단지 외모로 사람을 판단할 뿐이지만, 여호와께서는 실제 그대로 사람을 보신다 – 그는 마음을 관찰하신다.

16:1-13에 있는 몇 가지 항목들은 모호하다. 기름부음에서 장로들의 역할이 구체적으로 지시되지 않았고, 또한 희생을 드리는 것과 기름부음 사이의 관계 역시 전혀 분명하지 않다.

사울 역시 (희생제) 음식과 어떤 관련성이 있었던 예식에서 기름부음을 받았지만, 둘 사이의 관계는 불투명한 것이다(9:12-24).

이 단원는 아마도 HDR의 본래의 일부분은 아니었을 것이다. 17장과 HDR의 나머지 부분은 이 단원을 직접적으로 인식하고 있지 않다. 물론 현재의 편집적 문맥은 사울에 대한 최종적인 거부를 15장에 배치하며, 다윗의 선택/기름부음은 16:1-13에, 그리고 다윗이 사울의 왕궁에 들어간 것은 16:14-23에 배치한다. 다윗이 16:13에서 성령의 은사로 축복을 받는 반면, 16:14에서 여호와의 성령이 사울을 떠난다. (아이러니컬하게도 여호와의 기름부음을 받은 사람인 다윗의 음악으로만 사울 왕이 위안을 얻을 수 있었다).

Dtr은 다윗의 기름부음에 대해 전혀 구체적인 해설을 하지 않는다. 하나님의 기름부음으로 제시된 다윗에 대한 대단히 호의적인 평가는 Dtr에 있는 다윗에 대한 많은 호의적인 언급들과 매우 잘 조화를 이룬다(삼상 13:13-14에서 사무엘에 의해, 삼상 23:17에서 요나단에 의해, 삼상 24:21에서 사울에 의해, 삼상 25:28에서 아비가일에 의해, 삼하 3:9-10, 18에서 아브넬에 의해, 삼하 5:1-2에서 이스라엘 지파들에 의해).

주석

[1]-[3] 15장은 사무엘이 거부된 사울에 대해 슬퍼하는 쓰라린 내용으로 끝났다.

여호와께서는 사울을 왕으로 삼으신 것을 유감스러워하셨다. 16장은 사무엘이 사울을 슬퍼하는 것을 책망 받는 것으로 시작한다. 여호와께서 사울을 이스라엘의 왕으로 거절하셨기 때문에 그 슬픔은 부적절했다(참조. 15:23, 26에 있는 거부에 대한 언급; 거부한다는 말은 없지만 그런 개념이 들어 있는 13:14; 15:11, 28). 여호와께서는 사무엘에게 기름 뿔을 취한 다음(참조. 왕상 1:39. 여기서 사독은 성막에서 취한 기름 뿔을 가지고 솔로몬에게 기름부었다) 베들레헴(MR 169123)으로 갈 것을 지시하셨다. 그 곳은 라마에서 약 10마일 정도 떨어진 장소였다(참조. 15:34). 예루살렘 남남서쪽 약 6마일 지점에 위치해 있는 베들레헴은 유다 지파의 영토에 속해 있었다(수 15:39). 이새의 아들들 중에 여호와께서 왕으로 선택하신(문자적으로는 "보신"; 한글 개역: 예선하신) 사람이 있었다. "선택하다"란 의미를 갖는 "보다"에 관해서는 16:17; 창세기 22:8; 41:33; 열왕기하 10:3과 비교하라. 사울이 귀인으로 기름부음을 받은 반면에(참조. 9:16), 다윗은 왕으로 기름부음을 받게 될 예정이다. 아마 "여호와의 사람"이란 의미(대상 2:13의 철자를 보라: אישי – 이솨이)를 갖는 이새는 구약에서 이러한 이름을 갖는 유일한 사람이다. 다른 구약 본문들을 보면 그의 족보는 유다에게로 거슬러 올라간다(이새의 할아버지는 룻의 남편 보아스이며, 6대 이상을 거슬러 가면 유다와 다말의 아들 베레스이다; 참조. 대상 2:3-12과 룻 4:17-22).

사무엘은 이러한 자신의 사명에 대한 두려운 심정을 표명했다. 그것은 모세(출 3:11, 13; 4:1, 10, 13)와 예레미야(1:6)가 하나님의 위탁을 거절했던 것과 마찬가지였다. 사무엘의 두려움은 충분히 이해가 가는 일이었다. 무엇보다 새로운 왕을 기름붓은 것은 현직 왕인 사울이 위협을 느낄 만한 일로 생각되었다. 사무엘의 반발에 대한 여호와의 응답은 희생을 드릴 짐승을 취하라는 지시였다. 어떤 사람은 이것을 하나의 구실로 삼는 것으로 이해하지만(Smith), 다른 사람들은 사울이 어떤 눈치를 챘을 때 그 희생의 목적을 확증하기 위한 수단이었던 것으로 간주한다(Hertzberg). 창세기 15:9과 신명기 21:3-4과 같은 다른 본문들에는 암소 한 마리가 언급되어 있다. 사무엘의 초대를 받은 하객들이 사울의 기름부음 전에 있었던 식사에 참석했던 것처럼(9:13, 22, 24), 이새는 희생제에 초대될 예정이었다. 사무엘은 단지 여호와께서 그에게 말씀하실 것만을 말해야 했다. 사무엘이 엘리압을 보았을 때는 이 점을 무시한 것 같았다. 그러나 분명히 해설자의 전반적인 의도는 다윗이 전적으로 하나님의 뜻으로 기름부음 받은 것이지 인간 사무엘의 결정으로 된 것이 아니라는 사실을 강조한다.

4-5 베들레헴에 도착했을 때, 사무엘은 그 성읍의 장로들과 만났다(참조. 숙곳 성읍의 장로들, 삿 8:14, 16; 그리고 야베스의 장로들, 삼상 11:3). 장로들이 떤 것은 사무엘에 대한 그들의 경외심을 보여 주는지도 모른다(참조. 삼상 21:2[영역본. 1]에 있는 아히멜렉과 다윗). 그러나 역시 그것은 그들의 염려를 보여 주기도 하는데, 그것은 "당신은 평강 중에 오십니까?"(한글 개역: 평강을 위하여 오시나이까)라는 질문에 반영되어 있다(참조. 왕상 2:13과 왕하 9:17-19). 머클라인(Mauchline)의 생각에 따르면, 장로들은 자신들이 사무엘의 마음을 상하게 만들어서 그로 인해 징벌을 받게 될 것으로 생각했다. 그러나 아마도 그의 방문의 정치적 암시에 대한 두려움이 그들 마음속에 있었을 것이다. 어쨌든 사무엘은 그들을 안심시키고서 하나님께 나아가기 위해 스스로 준비하라고 촉구했다(참조. 출 19:10, 14; 수 3:5; 7:13; 그리고 욥 1:5). 그런 다음 그들에게 희생을 드리러 가자고 요청했거나(MT), 혹은 걱정을 잊고 자기와 함께 즐거워하자고 했다(LXX; 참조. 신 12:12, 18). 장로들은 단지 4b절과 5a절에서만 언급되어 있다. 다른 곳에서는 이새와 그의 가족들에게 초점이 맞추어져 있다. 사무엘은 친히 이새의 가족들을 성결케 하여 그들을(그들만?) 희생제에 초대했다(참조. 13절에서 형제들만 언급되었다).

6-13 6절로 시작하면서 서사(narrative)는 동사 "보다"를 광범위하게 사용한다. 사무엘(선견자, 참조. 각주 4.b.)은 엘리압을 본 뒤(17:13, 28; 대상 2:13) 그가 여호와의 기름부음 받을 자라고 결론지었다. 그러나 그는 여호와가 그의 기름부음 받을 자로 본/선택한 사람이 아닌 것으로 판명되었다. "기름부음 받은 자"란 말은 왕실 인물에 대해 사용되는 경우가 34번인데, 항상 여호와란 이름이나 혹은 그분을 지칭하는 소유대명사와 더불어 나타났다. 즉, 구약에서 어떤 사람을 "기름부음 받은 자"로 부르는 이유는 그 사람이 장로들이나 백성들과 같은 인간에 의해 기름부음을 받았기 때문이 아니라 여호와에 의해 기름부음을 받았기 때문이다. 여호와께서는 사무엘에게 후보자의 용모나 신장을 보지 말 것을 촉구하셨다(여기서 "보다"란 동사는 나바트[נבט]). 사울의 용모와 신장도 눈에 두드러진 것이었다(9:2; 10:23). 장남 엘리압은 이미 거절되었다. 15:23, 26과 16:1에서 사울을 거부할 때 동일한 동사 마아스(מאס)가 사용되었음을 주목하라. 사무엘이 회상해 볼 때 백성들은 외적인 것에 의해 강한 인상을 받는다. 여호와는 어떤 사람의 됨됨이를 진정으로 알고 계신다. 7절에서 "외모"로 번역된 히브리어는 문자적으로는 "눈들"(eyes)이다. 드라이버는 레위기 13:55과 민수기 11:7을 가능한 병행구절로 제시한다. 비록 거기서 "눈"이란 단어가 단수로 사용되었고 외모 못지 않게 색깔을 의미할 수 있지만 말이

다. 어떤 사람은 "눈들" 대신에 70인경(LXX)을 따라 "얼굴"로 읽는다. 하지만 그런 용법 역시 비슷한 사례가 없으며(Smith), 어떻게 "눈들"이라는 독법이 발생했는지를 설명해 주지 않는다. 여호와가 인간의 마음을 "시험하시거나" 혹은 "보시는" 것은 예레미야 17:10과 20:12에 언급되어 있다.

이새는 남은 모든 아들들을 사무엘 앞에 지나가게 했는데, 그 때마다 선지자는 현재의 그 아들들은 여호와의 선택을 받지 않았다고 말했다. 아비나답은 둘째 아들이었다(참조. 삼상 17:13과 대상 2:13). 아마도 사무엘상에서 서로 다른 두 사람이 이 이름을 가지는 것은 우연의 일치만은 아니다. 한 사람은 언약궤가 안치된 집의 주인이었던 사람이었고(7:1), 다른 한 사람은 길보아에서 사울과 함께 죽은 사울의 아들 중 하나였다(31:2). 셋째 아들 삼마는 역시 17:13에서 다른 두 형제와 함께 등장한다(삼마에 대한 다른 언급들에 대해서는 "원문주해" 9.a.를 보라). 이새의 아들들은 우리가 사무엘상 17:12에서 볼 수 있듯이 다윗을 포함해서 여덟 명이었다. 역대상 2:13-15에서는 이새가 다윗을 포함하여 일곱 명을 가진 것으로 인정된다. 사무엘상 16:10의 일곱이란 숫자는 큰 숫자를 나타낸다. 그렇게 많은 아들 중에 아직도 여호와께서 "점지해 두셨던" 사람이 나타나지 않았다. 사무엘이 남은 아들이 더 있는지 물었을 때, 이새는 밖에서 양을 치고 있는 막내 아들이 있다고 대답했다. 여호와께서 막내를 선택하신 것은 그분의 주권적 자유를 분명하게 보여 준다. 그것은 구약의 도처에 나타나 있는 주제다(에서 대신 야곱, 창 25:23; 므낫세 대신 에브라임, 창 48:8-22). 아마도 우리는 하카톤(הקטן)이란 단어에 가장 어릴 뿐만 아니라 "가장 작다"는 암시가 들어 있음을 눈여겨보아야 할 것이다. 그의 작음은 사울의 신장과의 대조를 보여 주는 것일 수도 있다(9:2; 10:23). 물론 사울 역시 가장 작은 부족 중의 가장 작은 혈족 출신이다(9:21). 이스라엘과 고대 근동에서 왕들은 종종 목자로 묘사되었다. 따라서 다윗이 가축을 돌보는 일을 한 것은 아마도 그의 위대한 미래를 은유적으로 상징한다!

사무엘은 의식(rite)이 계속되기에 앞서 사람을 보내 그 소년을 불러오라고 요청했다. 우리는 사무엘이 앉기를 거부했는지(סבב – 사바브의 성경 이후의 의미로, 혹은 *BHK*를 따라 본문을 수정해서), 아니면 다윗이 도착하기 전에 그가 제단에서의 의식 절차를 거부했는지(Smith, Mauchline; 참조. 역시 Grönbaek과 Hertzberg도 마찬가지)를 확신할 수 없다. 우리의 번역 "우리는 계속하지 않을 것이다"는 모호하게 하려는 의도가 있다. 다윗이 왔을 때, 그의 훌륭한 용모는 – 7절에는 다르게 언급되었음에도 불구하고! – 다윗이 여호와의 선택받은 사람이었음을 확증시켜 주었다.

"붉은"이란 형용사는 역시 에서에게도 사용되는데(창 25:25), 그의 붉은 빛의 머리털이나 혹은 피부색을 지시할 수도 있다. "아름다운 눈을 가진"(עם יפה עינים - 임야파 에나임; 한글 개역: 눈이 빼어난)이란 표현은 형용사와 명사가 뒤따르는 전치사로 구성되어 있기 때문에 난해하다. 본문을 수정하자는 제안들은(예를 들어, 붉고 매력적인; McCarter) 거의 동일한 표현이 17:42에도 있기 때문에 설득력이 없다. 맥카터는 정당한 본문상의 근거 없이 17:42을 제거해 버린다. 다윗의 훌륭한 용모는 아이러니컬하게도 압살롬과 엇비슷하다(삼하 14:25-26).

여호와는 3절에서 약속한 대로 사무엘에게 다윗을 기름부으라는 명령을 내렸다(12절). 사무엘은 기름 뿔로 그에게 기름을 부었다(13절). 이 장면은 1절과 봉합 구조(inclusio)를 형성한다. 의식은 다윗의 형제들의 입회하에, 즉 사적으로 혹은 심지어 은밀하게 치러졌다. 추정컨대 이것은 HDR에 있는 다른 사람들이 왜 그 기름부음을 알지 못했는지를 설명해 줄 수 있을 것이다. 17:28에서는 심지어 형제 엘리압조차도 다윗의 기름부음에 대해 모르고 있었던 것으로 보인다. 엘리압이 그 사실을 전혀 몰랐던 실제적인 이유는 사무엘상 16장과 17장의 독자적인 전승사 때문이다.

여호와의 영이 사울에게 그랬던 것처럼 다윗에게 엄습했다(참조. 10:6, 10; 11:6). 그러나 11:6에 있는 성령의 은사는 사울의 기름부음과 직접적인 연관이 없다. 심지어 10:6과 10절에서도 그가 은사를 받은 것은 연대기적으로 기름부음과 동떨어져 있다. 다윗에게 있어서 성령은 틀림없이 기름부음의 직접적인 결과로 보인다. 그리고 그것은 영구적인 것으로(참조. 30:25), 사울처럼 일시적이고 간헐적인 것은 아니었다. 여러 가지 역사적이고 연대기적인 이유들이 이러한 차이점들의 배후에 있을 수 있다. 하지만 현재의 기사들에 있는 사울과 다윗의 기름부음에 대한 대조는 다윗의 성령 수여의 우월성을 증명한다. 그 우월성은 기름부음과 성령 수여의 밀접한 관련성과 성령 수여의 영속성, 이 두 가지 측면 모두에서 그러하다.

이 기사의 절정의 순간에 다윗이란 이름이 최초로 언급된다. 마리(the Mari) 서판에 있는 "사령관"(commander)이란 단어와 이 이름의 비교는 잘못된 것으로 드러났다(마리라는 단어는 실제로 "패배"를 의미한다). "다윗"의 의미에 대한 현대의 여러 해석들 가운데는 "사랑 받는 자/사랑스런 자", "아버지의 형제"(암 6:10; Hertzberg), 혹은 심지어 태양신 도도(Dodo)라는 신적인 이름을 갖는 어떤 이름의 축약형이라는 주장도 있다(참조. 메사 비문[the Mesha inscription]과 Mauchline). 기름부음이 끝난 후 사무엘은 라마의 자기 집으로 돌아갔다(참조. 16:13과 사무엘이 다시 등장하는 19:18).

해설

이 단원의 신학적 요점은 다윗이 여호와에 의해 왕으로 선택되었으며 다름 아닌 바로 위대한 사무엘에 의해 기름부음을 받았다는 것이다. 다윗의 기름부음은 그에 대한 여호와의 책임과 함축되어 있는 것으로 보이는 그와의 언약을 지시해 주었다. 수많은 특징들이 이러한 행위의 하나님 중심적 성격을 강조한다. 사무엘은 여호와께서 어떤 사람에게 기름부을 것인지 지시해 주실 것이라는 말씀을 들었다. 그리고 다윗이 현장에 나타났을 때, 사무엘은 일어나 그에게 기름을 부으라는 하나님의 명령을 받았다. 사무엘의 영적 위엄(aura)이 다윗의 위신을 세워 주었을지라도, 선택 자체는 사무엘에게 속한 것이 아니었다. 사무엘이 여호와께 면박을 당해 왕권의 적합한 요소가 반드시 신장이나 외적인 매력은 아니라는 것을 알기 전까지만 해도, 그는 엘리압에게 기름부으려고 했던 것으로 보인다. 다윗의 유일성은 일곱 형제들 중 아무도 하나님의 눈에 적합하지 않았을 때 분명해졌다. 그는 가장 어렸고 아마도 가장 작았다. 또한 그는 가족 전체가 모여서 사무엘을 만나러 간 동안에 양떼를 돌보는 일을 하고 있었다. 다윗의 왕권은 오로지 여호와의 주권적 선택에 의존해 있었다. 그럼에도 불구하고, 다윗의 빼어난 외모(12절)는 그의 내적인 장점을 외적으로 표현해 주었다. 그의 선택받음과 우월성을 시사하는 또 다른 일은 기름부음에 수반된 성령의 부여였다. 성령은 "그 이후로 계속" 그와 함께 하셨다. 다윗은 이제 신적인 법에 의한(*de jure dei*; 아직 세속의 법에 의한 실제적 왕은 아니지만 – 역자주) 왕이었다. 뒤이은 장들은 어떻게 그가 실제적인(*de facto*) 왕이 되는지를 묘사한다. 모든 정치적 술수와 군사적 행동과 전략, 편의상의 결혼 그리고 블레셋 족속의 편을 든 수상쩍은 노력, 이 모든 행위들은 그보다 우선된 한 가지 사실에 의해 하잘것없는 것이 된다. 이미 처음부터 여호와는 사울의 후계자로 다윗에게 기름부으셨다는 사실.

19. 다윗의 등극 역사(The History of David's Rise[HDR]) (삼상 16:14-삼하 5:10)

참고문헌

Conrad, J. "Zum geschichtlichen Hintergrund der Darstellung von Davids Aufstieg." *TLZ* 97(1972) 321-32. **Grønbaek, J. H.** *Die Geschichte vom Aufstieg Davids(1. Sam. 15-2 Sam 5): Tradition and Composition.* Acta Theologica Danica 10. Copenhagen: Munksgaard, 1971. **Lemche, N. P.** "David's Rise." *JSOT* 10(1978) 2-25. **McCarter, P. K., Jr.** "The Apology of David." *JBL* 99(1980) 489-504. **Mettinger, T. N. D.** *King and Messiah: The Civil and Sacral Legitimation of the Israelite Kings.* ConBot 8. Lund: CWK Gleerup, 1976. **Mildenberger, F.** *Die vordeuteronomistische Saul-David-Überlieferung.* Unpublished dissertation, Tübingen, 1962. **Nübel, H. U.** *Davids Aufstieg in der frühe israelitischer Geschichtsschreibung.* Unpublished dissertation, Bonn, 1959. **Rendtorff, R.** "Beobachtungen zur altisraelitischen Geschichtsschreibung anhand der Geschichte vom Aufstieg Davids." *Probleme Biblischer Theologie*(Festschrift Gerhard von Rad), ed. H. W. Wolff. Munich: Chr. Kaiser, 1971. 428-39. **Rost, L.** *Die Überlieferung von der Thronnachfolge Davids. BWANT* 3/6; Stuttgart: W. Kohlhammer, 1926. Reprinted in *Das kleine Credo und andere Studien zum Alten Testament.* Heidelberg: Quelle und Meyer, 1965. 119-253. **Schicklberger, F.** "Die Davididen und das Nordreich. Beobachtungen zur sog. Geschichte vom Aufstieg Davids." *BZ* 18(1974) 255-63. **Smith, M.** "The So-Called 'Biography of David.'(1 Sam 16-2 Sam 5-9. 21-24)." *HTR* 44(1951) 167-69. **Thiel, W.** "Die David-Geschichten im Alten Testament." *Die Zeichen der Zeit* 3(1977) 161-71. **Veijola, T.** *Die Ewige Dynastie. David und die Enstehung saner Dynastie nach der deuteronomistischen Darstellung.* Helsinki: Suomalainen Tiedeakatemia, 1975. **Ward, R. L.** *The Story of David's Rise: A Traditio-Historical Study of 1 Samuel xvi 14 - 2 Samuel v.* Unpublished dissertation, Vanderbilt, 1967. **Weiser, Artur.** "Die Legitimation des Königs David: Zur Eigenart und Entstehung der sogen. Geschichte vom Davids Aufstieg." *VT* 16(1966) 325-54.

20. 다윗이 왕궁에 들어가다(16:14-23)

참고문헌

Kümmel, W. F. "Melancholie und die Macht der Musik. Die Krankheit Sauls in der historischen Diskussion." *Medizinhist Journal* 4(1969) 189-209. **Thompson, J. A.** "The Significance of the Verb *Love* in the David-Jonathan Narratives in 1 Samuel." *VT* 24 (1974) 334-38. **Willis, J. T.** "The Function of Comprehensive Anticipatory Redactional Joints in 1 Samuel 16-18." *ZAW* 85(1973) 294-314.

본 문

14 여호와의 신이 사울에게서 떠나고 여호와의 부리신 악신이 그를 번뇌케 한지라
15 사울의 신하들이 그에게 이르되 보소서 하나님의 부리신 악신이 왕을 번뇌케 하온즉
16 원컨대 우리 주는 주의 앞에 모시는 신하에게 명하여 수금 잘 탈 줄 아는 사람을 구하게 하소서 하나님의 부리신 악신이 왕에게 이를 때에 그가 손으로 타면 왕이 나으시리이다

17 사울이 신하에게 이르되 나를 위하여 잘 타는 사람을 구하여 내게로 데려오라
18 소년 중 한 사람이 대답하여 가로되 내가 베들레헴 사람 이새의 아들을 본즉 탈 줄을 알고 호기와 무용과 구변이 있는 준수한 자라 여호와께서 그와 함께 계시더이다

19 사울이 이에 사자를 이새에게 보내어 이르되 양 치는 네 아들 다윗을 내게로 보내라 하매
20 이새가 떡과 한 가죽부대의 포도주와 염소 새끼를 나귀에 실리고 그 아들 다윗의 손으로 사울에게 보내니
21 다윗이 사울에게 이르러 그 앞에 모셔 서매 사울이 그를 크게 사랑하여 자기의 병기 든 자를 삼고

14 But the spirit of Yahweh departed from Saul, and an evil spirit from Yahweh afflicted him.
15 The servants of Saul said to him, "Look, an evil spirit[a] is afflicting you.
16 Let our master order your servants, who are before you, to seek a man who knows how to play[a] a lyre. When an evil spirit[b] comes upon you, he will play with his hand and it will be well with you."
17 Saul said to his servants, "Select for me a man who plays well and bring him to me."
18 One of the attendants gave the following response: "I have seen a son of Jesse, the man from Bethlehem, who knows how to play. He is a mighty man of valor, a man of war, skilled with words, of good physique, and Yahweh is with him."
19 Saul sent messengers to Jesse, saying, "Send me David, your son, who is by the flock."
20 Jesse took [a]an ass and put on it bread,[a] a skin of wine, and a kid and sent it by the hand of David his son to Saul.
21 David came to Saul and stood before him. He [Saul] loved him very much, and he [David] became his weapon bearer.

22 이새에게 사람을 보내어 이르되 청컨대 다윗으로 내 앞에 모셔 서게 하라 그가 내게 은총을 얻었느니라 하니라
23 하나님의 부리신 악신이 사울에게 이를 때에 다윗이 수금을 취하여 손으로 탄즉 사울이 상쾌하여 낫고 악신은 그에게서 떠나더라

22 Saul sent a message to Jesse, "Let David remain in my service for he has pleased me."

23 When the spirit of God came on Saul, David would take the lyre and play with his hand. Then there would be respite for Saul. It would be well with him, and the evil spirit would depart from him.

원문주해

15.a. 70인경(LXX); 마소라 본문(MT)은 "하나님의"를 추가한다.

16.a. 70인경(LXX) 탈굼역(Targ)과 함께 부정사 연계형으로 읽는다; 마소라 본문(MT): 분사

16.b. 70인경(LXX); 마소라 본문(MT)은 "하나님의"를 추가한다.

20.a.-a. 참조. 70인경 루시안 개정본(LXX^L), *구 라틴역(OL)*; 마소라 본문(MT); "떡의 나귀".

양식/구조/배경

사울이 다윗을 왕궁으로 취하는 이 기사는 다윗의 기름부음 기사(16:1-13)와 블레셋 거인과의 결투 기사(17장) 사이에 위치해 있다. 이 단원은 여호와의 성령이 일단 사울을 떠난다는 내용을 가진 14절에서 시작된다. 이것은 다윗이 연주할 때 악귀가 반복적으로 떠난다는 내용을 가진 23절에서 끝난다.

요약. 악한 영에게 사로잡힌 사울은 신하들로부터 고통이 엄습할 때 음악을 들려줄 연주자를 찾아보라는 권면을 듣는다. 다윗의 아들들 중에 뛰어난 자격을 가진 사람이 있다는 것을 듣고서 사울은 그를 데려오라는 명령을 내린다. 다윗은 궁전에 도착한 후 사울에게 깊은 인상을 심어 주었으며, 왕은 그에게 영구히 자기 곁에 머물러 달라고 요청했다. 다윗의 연주는 반복적으로 사울의 고통을 경감시켜 주었다(14-23절).

다윗에 대한 하나님의 선택(16:1-13)과 왕실의 다윗 선택에 대한 기사(16:14-23)는 두 기사 사이에 여러 문학적인 결속이나 암시들이 있다 할지라도, 독자적인 전승사를 거쳐 온 것으로 보인다. 두 기사 모두에서 다윗은 양떼 중에 있는 것으로 언급되고(11절과 19절), "보다"란 단어가 선택의 의미로 사용된다(1, 7, 17, 18절).

또한 양자 모두에서 다윗이란 이름이 단지 이야기가 절정에 달한 순간에서만 나타난다(13절과 19절). 다윗의 기름부음에 대한 기사가 성령의 부여로 끝나는 반면에, 사울의 다윗 선택에 관한 기사는 여호와의 성령이 사울을 떠나고 악한 영이 그를 괴롭히는 내용으로 시작된다.

사울의 다윗 선택에 관한 기사는 두 가지 전승을 도입한다. 하나는 악한 영에 사로잡혀 고통을 당하는 사울에 관한 전승으로서, 여기서 그의 질환은 신학적인 것으로 진단된다. 다른 하나는 어려움을 당하는 적대자를 음악으로 진정시키는 다윗에 관한 전승이다. 뒤이은 장들에서(18:10-11; 19:9-10), 우리는 다윗이 사울 왕의 발작 중에 음악을 연주하고 있을 때 그를 두 번이나 죽이려 한 사울의 시도에 대해 읽는다. 사울의 정서 불안은 역시 14:24-46, 20:26-34 그리고 22:6-19에서도 나타나며, 또한 HDR 전반에 걸쳐 보이는 사울과 다윗의 양보 없는 경쟁 관계에서도 나타난다. 음악가 다윗에 관한 전승은 사무엘하 23:1에 반영되어 있는데, 거기서 다윗은 감미로운 목소리를 지닌 이스라엘의 노래하는 자라고 불린다. 그 외에도 노래하는 자 다윗에 대한 전승은 그의 것으로 여겨지는 많은 시편과 사무엘하 6:5, 역대상 6:16(영역본. 31), 16:7-42에서 그리고 다윗이 3,600개의 시편과 450개의 노래를 지었다는 쿰란의 한 시편 문서(11QPs[a])에 있는 보고에서도 나타난다!

이 기사는 다윗의 높은 자질을 강조하며, 또한 사울이 장차 라이벌이요 계승자가 될 사람을 자신의 궁전으로 데려온다는 아이러니컬한 사실을 강조한다. 사울은 다윗의 기름부음에 대해 전혀 몰랐던 것처럼 보인다. 그리고 17장은 블레셋 거인과의 결투에서 다윗이 최초로 사울의 관심을 끌게 된 것을 지시한다. 신명기 학파의 편집은 전혀 보이지 않지만, 1-13절과 14-23절을 나란히 병렬시켜 놓은 효과는 하늘의 왕 여호와와 전임자인 지상의 왕 사울에 의한 다윗의 승인을 강조하는 것이다.

주석

[14]-[23] 10:6, 10 그리고 11:6에 따르면 여호와의 영이 사울에게 엄습했는데, 아마도 그것은 잠시 동안 머물기 위한 것이었고(16:13에서 성령이 다윗에게 영속적인 것으로 부여된 것과 대조하라), 결국 성령은 이스라엘의 초대 왕에게서 영원히 떠났다. 사울에게 있어서 긍정적인 성령 수여의 가능성에 대한 유일한 언급은 19:13에서 나타난다. 이 구절은 사울이 예언자적 은사들을 보여 주는 10장과 짝을 이룬다. 심지어 시시각각으로 그를 괴롭혔던 악한 영조차도 하나님으로부터 온 영으로 명시된다. 구약은 자주 악이나 유혹을 여호와의 손길 탓으로 여긴다(예를 들어, 신 13:

2-4; 암 3:6; 삼하 24:1-대상 21:1). 하나님은 아비멜렉과 세겜 사람들 사이에 악한 영을 보내셨으며(삿 9:23), 미가야 선지자 시대에는 거짓 선지자들의 입술에 거짓을 말하는 영을 주셨다(왕상 22:19-22).

사울의 종들(15절)은 관리들이나 혹은 조언자들이다(참조. 8:14). 그들은 사울에게 사람을 보내어 수금 연주로 그의 주기적인 발작을 완화시켜 줄 음악 연주자를 구하라고 조언했다. 사무엘상 10:5과 열왕기하 3:15과 같은 그런 구절들에서 수금 연주는 선지자(예언자) 집단이 황홀경을 경험하기 위해 사용하는 하나의 촉매제였다. 보통 수금은 몸통(sound-box)에서 뻗어 나온 두 개의 팔을 가졌다. 길이가 모두 같은 여러 개의 줄이 악기 최상단에 있는 가로막대(crossbar)에 붙어 있었다. (주전 1,400년의 것인 므깃도의 수금 그림에 대해서는 *BARev* 6[1980] 18를 보라. 참조. *BARev* 7[1980] 14).

사울은 그들에게 그런 전문 음악가를 찾아보라고 말했다(참조. 사 23:16; 겔 33:32; 시 33:3). 그러자 신하들 중 하나가 즉시 자신이 이미 그 임무에 매우 적합한 한 사람을 알고 있다고 보고했다. 신하가 한 말, 즉 "내가 이새의 한 아들을 보았습니다"(18절)는 1절에 있는 여호와 자신의 언명의 되울림이다. 다윗의 음악적 능력에 덧붙여서 엄청나게 많은 다른 자질들이 나열된다. 그것은 부분적으로 17-20장에 있는 다윗의 여러 활동을 예견해 준다. 그래서 윌리스(Willis)는 16:14-23을 "예견을 위한 편집적 이음새"(anticipatory redactional joint)라고 불렀다(*ZAW* 85[1973] 2954-314). "용기에 찬 사람"(McCarter: "힘이 넘치는 사람"; 한글 개역: 호기 있는 사람)은 아마도 다윗이 출중한 가문 출신임을 암시할 수 있다. 그것은 사울의 아버지 기스에게도 적용된 특징이었다(참조. 9:1). 전투에서의 그의 기술이나 혹은 군사적 단련은 "용사"로 일컬어진 사실에서 엿볼 수 있다. 17:33에서 사울은 블레셋 거인을 그런 용사로 인식한 반면, 다윗은 "단지 소년"에 불과하다고 규정했다. 16장과 17장 사이에 있는 긴장은 그런 독자적인 전승사를 보여 주는 징표다. 물론 다윗의 전투적 용맹성은 그가 블레셋을 패배시킴으로써 드러났다(참조. 18:5-7과 19:8). 능숙한 언변은 이스라엘에서 높이 평가받는 또 하나의 미덕이었다(참조. 잠 23:9; 25:9, 11, 15; 29:20). "능숙한"이란 단어에 대해서는 창세기 41:33, 3과 이사야 3:3을 보라. 다윗은 사무엘상 17:34-36; 24:10-15; 26:18-20과 같은 그런 구절들에서 자신의 웅변 능력을 증명했다. 비록 모세는 스스로 자신이 그런 능력을 가졌다는 것을 부인했지만(출 4:10), 야곱, 요셉, 에스더와 다니엘 역시 능숙한 달변가들로 칭송 받았다. 다윗은 또한 훌륭한 외모를 지니고 있었다. 히브리어 타아르

(תאר)는 라헬(창 29:17), 요셉(창 39:6) 그리고 아비가일(삼상 25:3)의 아름다운 용모에 대해 사용된다. 아도니야가 묘사한 말에서 그 용어는 "좋은"이란 단어와 연결된다(왕상 1:6; 참조. 70인경[LXX]의 삼상 16:18). 훌륭한 외모와 두드러진 신체 조건은 많은 왕권 후보자들과 연관된다: 사울(9:2), 다윗(16:12) 그리고 압살롬(삼하 14:25-26).

다윗의 가장 눈에 띄는 자격은 여호와가 그와 함께 하신다는 것이다. 이것은 18:12, 14, 28 그리고 사무엘하 5:10에서 확증되며, 17:37과 20:13에서는 그에게 약속된 특혜다. 그것은 HDR의 저자가 다윗의 궁극적인 승리를 준비하고 예견하는 문학적 기법 중 하나다. 사울은 그의 종들의 조언을 따라 사람을 보내 다윗을 불러오게 했다. 이 곳 19절에서 다윗의 이름이 처음으로 등장한다. 다윗을 양떼와 연관시키는 설명은 16:1-13과 14-23에 있는 두 개의 기사를 함께 결속시켜 준다(참조. 17:34). 아들이 궁중의 직무에 차출되어 감으로써 명백히 영예를 얻게 된 이새는 다윗을 선물들과 더불어 보낸다(참조. 10:4, 27; 삼하 16:1과 17:27-29). 후에 아비가일은 다윗을 진정시킬 의도로 그에게 많은 음식을 보냈다(삼상 25:18). 떡과 포도주는 다른 몇몇의 기사에서 선물로 언급된다(참조. 창 14:18). 그러나 선물 중 새끼 염소의 정확한 의미는 알기가 어렵다. 우리가 앞서 살핀 대로 비록 사울이 남쪽 지역에서 지속적이고 실질적인 통치권을 유지했는지에 대해서는 많은 의심이 들긴 하지만, 이러한 이새의 행위에서 우리는 사울이 유다 지역에 대해 실질적인 권위를 행사했다고 추측할 수 있다. 왕의 면전에 서는 것은(21절) 알현을 받는 왕 앞에 나타나는 것을 의미하거나(참조. 왕상 3:16), 혹은 왕의 직무를 보러 들어가는 것을 의미한다(창 41:46).

비록 히브리어는 모호하게 "그가 그를 사랑했다"고 말할지라도, 우리는 아마도 사울이 다윗을 사랑했다는 의미로 이해할 수 있을 것이다. 톰슨(Thompson, *VT* 24 [1974] 334-38)은 앞선 모란(Moran)의 연구에 의존하면서, "사랑하다"란 단어에 정치적인 의미를 부여했다(참조. 역시 삼상 18:1, 3과 20:17의 다윗에 대한 요나단의 사랑, 18:22의 다윗의 종들의 사랑, 심지어 18:20에 있는 미갈의 사랑도 아마 그럴 것이다). 다윗은 사울의 특별한 시중드는 자 혹은 병기 든 자가 되었다. 요나단과 그의 병기 든 자 사이의 밀접한 관계(14:1)와 주인의 죽음 뒤 자살을 택한 사울의 병기 든 자의 충성심(31:4-6)을 비교해 보라. 사울은 두 번째로 이새에게 사람을 보내 다윗이 왕궁에서 영구적인 직무를 수행하도록 요청함으로써(22절) 자신이 다윗을 완전히 승인한다는 것을 보여 주었다. 23절은 음악가 다윗의 직무에 대한 묘사다. 하나님의 (악한) 영이 사울에게 임할 때마다 다윗은 수금을 뜯거나 혹은 어쩌면 쳤을 것이며, 이로써 사울을 일시적으로 안정시켰다. 여기서 히브리어로 "안정시키다"란 단어와 "영"이란 단어 사이에 결말 놀이가 존재한다(동사 루아흐[רוח]에 대해서는 욥 32:20을 보라; 참조. 출 8:11[영역본. 15]에 있는 관련된 명사). 사울에게 있어서 다시 만사는 잘 풀려 나갔다. 그것은 그의 종들이 약속했던 결과다(16절). 성령은 영영 오지 않았고, 악한 영은 주기적으로 내쫓아야만 했다.

해설

다윗이 최초로 이스라엘에서 두각을 나타낸 정확한 방식은 우리가 알 수 없을 것이다. 그러나 저자는 미리 다윗의 미래를 조망하거나 암시하기 위해 우선적으로 이 구절들을 사용한다. 사울은 여호와의 성령에 의해 이미 버림을 받았으며 여호와의 악신에 의해 반복적으로 고통을 당했다. 그러나 다윗의 눈에 띄는 특징들은 사울의 신하들에 의해 인식되었다. 참으로 다윗에 대한 신하들의 설명에서 당장에 필요한 음악 연주자의 자질을 넘어서서 왕 후보로서의 그의 자질을 암시하는 모든 일련의 특징들이 나열된다. 무엇보다도 그들은 여호와가 그와 함께 하신다는 것을 인정했다. 아이러니컬하게도, 사울은 종국에는 자신의 자리를 차지하게 될 그 소년을 자신을 섬기는 직무에 끌어들였다. 다윗이 사울 왕에게 안위를 주자, 사울은 그에게 영구히 자기를 섬길 것을 명했다.

이 기사는 왕권에 충정을 바치지 않았다는 비난으로부터 다윗에게 면죄부를 주려고 한다. 뛰어난 자질을 가진 다윗은 왕에게 즉시 호의를 얻었다. 그리고 이새는 사울에게 여러 선물들을 보냄으로써, 또한 22-23절에 암시된 대로 자기 아들의 영구적인 궁중 봉직에 동의함으로써 왕에 대한 모든 경의를 보여 주었다.

사울은 왕권을 허락해 주셨던 여호와의 성령에 의해 버림을 받아 가련한 신세로 전락한다. 그는 하나님으로부터 온 악한 영의 주기적인 공격으로 고통을 받았으며, 증세의 완화를 위해 장차의 적대자요 궁극적인 계승자 다윗에게 의존했다. 다음 장들에서 HDR은 다윗이 충분한 자격을 가진 것을 넘어서 합법적이고 신학적인 자격을 가졌다는 것을 보여 주려 할 것이다.

21. 다윗이 블레셋 족속에게 승리하다(17:1-18:5)

참고문헌

Aclcroyd, P. R. "The Verb Love - *ʾahēb* in the David-Jonathan Narratives. A Footnote." *VT* 25(1975) 213-14. **Deem, A.** "And the Stone Sank into his Forehead. A Note on I Samuel xvii 49." *VT* 28(1978) 349-51. **Galling, K.** "Goliath und seine Rüstung." *Volume du Congrès: Genève.* VTSup 15. Leiden: E. J. Brill, 1966. 150-69. **Hoffner, H. A., Jr.** "A Hittite Analogue to the David and Goliath Contest of Champions?" *CBQ* 30(1968) 220-25. **Honeyman, A. M.** "The Evidence for Regnal Names among the Hebrews." *JBL* 67 (1948) 13-25. **Jason, H.** "The Story of David and Goliath: A Folk Epic?" *Bib* 60(1979) 36-70. **Krinetzki, L.** "Ein Beitrag zur Stilanalyse der Goliathperikope(1 Sam 17, 1-18, 5)." *Bib* 54(1973) 187-236. **Lemche, N. P.** "חפשי in 1 Sam. xvii 25." *VT* 24(1974) 373-74. **Mendelsohn, I.** "The Canaanite Term for 'Free Proletarian.'" *BASOR* 83(1941) 36-39. **Molin, G.** "What is a *Kidon*?" *JSS* 1(1956) 334-37. **von Pákozdy, L. M.** "ʾElhanan - der frühere Name Davids?" BZAW 68(1956) 257-59. **Sasson, J. M.** "Reflections on an Unusual Practice Reported in ARM X: 4." *Or* 43(1974) 404-10. **Skehan, P. W.** "Turning or Burning? 1 Sam 17:53(LXX)." *CBQ* 38(1976) 193-95. **Stoebe, H. J.** "Gedanken zur Heldensage in den Samuelbüchern." *Das ferne und nahe Wort.* BZAW 105. Berlin: A. Tö pelmann, 1967. 208-18. ______. "Die Goliathperikope 1 Sam. xvii-xviii 5 und die Textform der Septuaginta." *VT* 6(1956) 397-413. **Strobel, A.** *Der Spätbronzezeitliche Seevö lkersturm.* BZAW 145. Berlin: de Gruyter, 1976. **Thomas, D. W.** "Kelebh 'Dog': its Origin and Some Usages in the Old Testament." *VT* 10(1969) 410-27. **Thompson, J. A.** "The Significance of the Verb *Love* in the David-Jonathan Narratives in 1 Samuel." *VT* 24 (1974) 334-38. **de Vaux, R.** "Single Combat in the Old Testament." *The Bible and the Ancient Near East.* Tr. D. McHugh. Garden City, N.Y.: Doubleday, 1971. 122-35. **deVries, S. J.** "David's Victory over the Philistine as Saga and as Legend." *JBL* 92(1973) 23-36. **Yadin, Y.** "Goliath's Javelin and the מנור ארגים." *PEQ* 86(1955) 58-69.

본 문

1 블레셋 사람들이 그 군대를 모으고 싸우고자 하여 유다에 속한 소고에 모여 소고와 아세가 사이의 에베스담밈에 진치매

2 사울과 이스라엘 사람들이 모여서 엘라 골짜기에 진치고 블레셋 사람을 대하여 항오를 벌였으니
3 블레셋 사람은 이편 산에 섰고 이스라엘은 저편 산에 섰고 사이에는 골짜기가 있었더라

4 블레셋 사람의 진에서 싸움을 돋우는 자가 왔는데 그 이름은 골리앗이요 가드 사람이라 그 신장은 여섯 규빗 한 뼘이요
5 머리에는 놋투구를 썼고 몸에는 어린갑을 입었으니 그 갑옷의 중수가 놋 오천 세겔이며

6 그 다리에는 놋경갑을 쳤고 어깨 사이에는 놋단창을 메었으니
7 그 창자루는 베틀 채 같고 창날은 철 육백 세겔이며 방패 든 자는 앞서 행하더라

8 그가 서서 이스라엘 군대를 향하여 외쳐 가로되 너희가 어찌하여 나와서 항오를 벌였느냐 나는 블레셋 사람이 아니며 너희는 사울의 신복이 아니냐 너희는 한 사람을 택하여 내게로 내려보내라
9 그가 능히 싸워서 나를 죽이면 우리가 너희의 종이 되겠고 만일 내가 이기어 그를 죽이면 너희가 우리의 종이 되어 우리를 섬길 것이니라

10 그 블레셋 사람이 또 가로되 내가 오늘날 이스라엘의 군대를 모욕하였으니 사람을 보내어 나로 더불어 싸우게 하라 한지라
11 사울과 온 이스라엘이 블레셋 사람의 이 말을 듣고 놀라 크게 두려워하니라

12 다윗은 유다 베들레헴 에브랏 사람 이새라 하는 자의 아들이었는데 이새는 사울 당시 사람 중

1 The Philistines gathered their camps together for war, and they were assembled at Socoh, which belongs to Judah. They encamped between Socoh and Azekah at Ephes Dammim.
2 Saul and the men of Israel also were assembled; encamping in the valley of the Terebinth, they got ready for battle to meet the Philistines.
3 On one hill the Philistines were standing while Israel stood on the opposite hill. In between them was the ravine.
4 A representative came out from the camp[a] of the Philistines, Goliath by name, from Gath. His height was six[b] cubits and a span.
5 A[a] helmet was on his head, and he was dressed in a plated cuirass, with the weight of the cuirass being five thousand shekels of bronze.
6 Bronze greaves[a] were upon his legs, and a bronze scimitar hung between his shoulders.
7 The shaft[a] of his spear was like a weaver's heddle-rod; [b]its blade[b] was six hundred shekels of iron. A shield-bearer went in front of him.
8 He stood and called to the ranks of Israel, and he said to them, "Why do you come out to get ready for war? Am I not a[a] Philistine and you are Saul's slaves? Select[b] for yourselves a man and let him come down against me.
9 If he is able to fight with me and defeat me, we shall be your slaves. But if I prevail over him and defeat him, you will be our slaves and you will serve us.
10 I challenge the ranks of Israel today," the Philistine continued, "give me (such) a man and we shall fight together."
11 Saul and all Israel heard these words of the Philistine, and they were dismayed and very much afraid.
12 [a]David was the son of this Ephrathite from Bethlehem of Judah, whose name was Jesse and

에 나이 많아 늙은 자로서 여덟 아들이 있는 중

who had eight sons. In the days of Saul this man was old, advanced in years.[b]

13 그 장성한 세 아들은 사울을 따라 싸움에 나갔으니 싸움에 나간 세 아들의 이름은 장자 엘리압이요 그 다음은 아비나답이요 제삼은 삼마며

13 The three older sons of Jesse followed[a] Saul to war. The names of his[b] sons who went to war were Eliab the first born, [c]the second[c] Abinadab, and the third Shammah.

14 다윗은 말째라 장성한 삼인은 사울을 좇았고

14 David was the youngest; the three older men followed Saul.

15 다윗은 사울에게로 왕래하며 베들레헴에서 그 아비의 양을 칠때에

15 David would go to and return from Saul in order to shepherd his father's sheep in Bethlehem.

16 그 블레셋 사람이 사십 일을 조석으로 나와서 몸을 나타내었더라

16 Meanwhile the Philistine drew near, morning and evening, and took his stand for forty days.

17 이새가 그 아들 다윗에게 이르되 네 형들을 위하여 이 볶은 곡식 한 에바와 이 떡 열 덩이를 가지고 진으로 속히 가서 네 형들에게 주고

17 Jesse said to David[a], "Take this ephah of roasted grain to your brothers and these ten loaves of bread.[b] Run them to the camp [c]and give[c] them to your brothers.

18 이 치스 열 덩이를 가져다가 그들의 천부장에게 주고 네 형들의 안부를 살피고 증표를 가져오라

18 Bring these ten slices of cheese to the commander of the thousand. See how your brothers are doing and pick up their token.

19 때에 사울과 그들과 이스라엘 모든 사람이 엘라 골짜기에서 블레셋 사람과 싸우는 중이더라

19 Saul and they and all the men of Israel are fighting with the Philistines in the valley of the Terebinth."

20 다윗이 아침에 일찍이 일어나서 양을 양 지키는 자에게 맡기고 이새의 명한 대로 가지고 가서 진영에 이른즉 싸우려고 고함하며

20 David got up early in the morning, left the sheep with a watchman, picked up [the food], and went just as Jesse had commanded him. When he came to the encampment, the army [a]was going out[a] to the battle line, giving a war shout.

21 이스라엘과 블레셋 사람이 항오를 벌이고 양군이 서로 대하였더라

21 Israel and the Philistines drew up their lines opposite each other.

22 다윗이 그 짐을 짐 지키는 자의 손에 맡기고 군대로 달려가서 형들에게 문안하고

22 After David had left his burden with a watchman,[a] he ran to the battle line. On his arrival he asked his brothers how they were doing.

23 그들과 함께 말할 때에 마침 블레셋 사람의 싸움 돋우는 가드 사람 골리앗이라 하는 자가 그 항오에서 나와서 전과 같은 말을 하매 다윗이 들으니라

23 While he was speaking with them, the representative man came up – Goliath, the Philistine, was his name; a man from Gath – from the ranks[a] of the Philistines. David heard him speak his usual words.

24 이스라엘 모든 사람이 그 사람을 보고 심히 두려워하여 그 앞에서 도망하며

24 When all the men of Israel saw the man, they fled before him and were exceedingly afraid.

25 더러는 가로되 너희가 이 올라온 사람을 보았

25 Someone had said, "Men of Israel, do you see

느냐 참으로 이스라엘을 모욕하러 왔도다 그를 죽이는 사람은 왕이 많은 재물로 부하게 하고 그 딸을 그에게 주고 그 아비의 집은 이스라엘 중에서 자유하게 하시리라

this man who has come up? He has come up to challenge/reproach Israel. The king will reward the man who strikes him down with great riches; he will give him his daughter; and he will make his father's house free in Israel."

26 다윗이 곁에 섰는 사람들에게 말하여 가로되 이 블레셋 사람을 죽여 이스라엘의 치욕을 제하는 사람에게는 어떠한 대우를 하겠느냐 이 할례 없는 블레셋 사람이 누구관대 사시는 하나님의 군대를 모욕하겠느냐

26 David said to the men who were standing near him, "What will be done to the man who kills this Philistine and removes the reproach from Israel? After all, who is this uncircumcised Philistine that he should have challenged/reproached the battle ranks of the living God?"

27 백성이 전과 같이 말하여 가로되 그를 죽이는 사람에게는 여차여차히 하시리라 하니라
28 장형 엘리압이 다윗이 사람들에게 하는 말을 들은지라 그가 다윗에게 노를 발하여 가로되 네가 어찌하여 이리로 내려왔느냐 들에 있는 몇 양을 뉘게 맡겼느냐 나는 네 교만과 네 마음의 완악함을 아노니 네가 전쟁을 구경하러 왔도다

27 Then the troops answered him as follows, "Such and such will be done to the man who kills him."
28 When Eliab his older brother heard what he had said to the men, Eliab became furious with David and asked, "Why have you come down, and with whom did you leave those few sheep in the wilderness? I know your arrogance and your bad intentions. You came down just to get a look at the war."

29 다윗이 가로되 내가 무엇을 하였나이까 어찌 이유가 없으리이까 하고
30 돌이켜 다른 사람을 향하여 전과 같이 말하매 백성이 전과 같이 대답하니라

29 David shot back, "What have I done now? Wasn't it just a question?"
30 When he turned from him to someone else, he repeated the question, and they[a] gave the same answer as the first time.

31 혹이 다윗의 한 말을 듣고 그것을 사울에게 고하였으므로 사울이 다윗을 부른지라
32 다윗이 사울에게 고하되 그를 인하여 사람이 낙담하지 말 것이라 주의 종이 가서 저 블레셋 사람과 싸우리이다
33 사울이 다윗에게 이르되 네가 가서 저 블레셋 사람과 싸우기에 능치 못하리니 너는 소년이요 그는 어려서부터 용사임이니라

31 When these words, which David spoke, were heard and reported before Saul, he sent for him.[a]
32 David said to Saul, "Don't let [a]my lord's[a] heart be discouraged upon him! Your servant will go and fight with this Philistine."
33 But Saul objected to David, "You are not able to go against this Philistine to fight with him, for you are a boy while he has been a fighting man from his youth."

34 다윗이 사울에게 고하되 주의 종이 아비의 양을 지킬 때에 사자나 곰이 와서 양떼에서 새끼를 움키면
35 내가 따라가서 그것을 치고 그 입에서 새끼를 건져내었고 그것이 일어나 나를 해하고자 하면 내가 그 수염을 잡고 그것을 쳐 죽였나이다

34 David replied to Saul, "When your servant was tending sheep for his father, a lion or a bear[a] would come and carry off a sheep from the flock.
35 Then I would go after him, knock him down, and rescue [the sheep] from his mouth. If he attacked me, I would grab him by his beard[a] and

kill him with a blow.

36 주의 종이 사자와 곰도 쳤은즉 사시는 하나님의 군대를 모욕한 이 할례 없는 블레셋 사람이리이까 그가 그 짐승의 하나와 같이 되리이다

36 Yes, your servant killed both lion and bear,[a] and this uncircumcised Philistine will be like one of them, for he has challenged/ reproached the battle lines of the living God.

37 또 가로되 여호와께서 나를 사자의 발톱과 곰의 발톱에서 건져 내셨은즉 나를 이 블레셋 사람의 손에서도 건져 내시리이다 사울이 다윗에게 이르되 가라 여호와께서 너와 함께 계시기를 원하노라

37 [a]Yahweh, who rescued me from the power of the lion and the bear, will rescue me from the power of this Philistine." Saul answered David, "Go, and Yahweh will be with you."

38 이에 사울이 자기 군복을 다윗에게 입히고 놋투구를 그 머리에 씌우고 또 그에게 갑옷을 입히매

38 Saul dressed David in [a]a garment, with[a] bronze helmet for his head.[b]

39 다윗이 칼을 군복 위에 차고는 익숙치 못하므로 시험적으로 걸어보다가 사울에게 고하되 익숙치 못하니 이것을 입고 가지 못하겠나이다 하고 곧 벗고

39 He girded his own sword over his garment. [a]After [David] had tried once or twice to walk,[a] he said to Saul, "I am unable to walk in these for I have never tried them." [b]So they removed them from him.[b]

40 손에 막대기를 가지고 시내에서 매끄러운 돌 다섯을 골라서 자기 목자의 제구 곧 주머니에 넣고 손에 물매를 가지고 블레셋 사람에게로 나아가니라

40 Then he took his stick in his hand, chose five smooth stones from the wadi, and put them in the pouch [a](that is, his shepherd's bag).[a] With his sling in his hand he approached the Philistine.

41 블레셋 사람이 점점 행하여 다윗에게로 나아오는데 방패 든 자가 앞섰더라

41 [a]The Philistine was constantly coming closer to David, and his shield bearer was in front of him.

42 그 블레셋 사람이 둘러보다가 다윗을 보고 업신여기니 이는 그가 젊고 붉고 용모가 아름다움이라

42 When the Philistine looked up[a] and saw David, he despised him because he was only a boy – pink-cheeked and fair in appearance.

43 블레셋 사람이 다윗에게 이르되 네가 나를 개로 여기고 막대기를 가지고 내게 나아왔느냐 하고 그 신들의 이름으로 다윗을 저주하고

43 The Philistine called out to David, "Am I a dog that you come against me with a stick?"[a] And the Philistine cursed David by his god.

44 또 이르되 내게로 오라 내가 네 고기를 공중의 새들과 들짐승들에게 주리라

44 The Philistine taunted David, "Come to me and I will give your flesh to the birds of the heavens and the cattle of the field."

45 다윗이 블레셋 사람에게 이르되 너는 칼과 창과 단창으로 내게 오거니와 나는 만군의 여호와의 이름 곧 네가 모욕하는 이스라엘 군대의 하나님의 이름으로 네게 가노라

45 David replied to the Philistine, "You are coming to me with a sword, a spear, and a scimitar, but I am coming against you in the name of Yahweh of hosts, the God of the battle ranks of Israel, whom you have challenged/reproached.

46 오늘 여호와께서 너를 내 손에 붙이시리니 내가 너를 쳐서 네 머리를 베고 블레셋 군대의 시체

46 [a]This day[a] Yahweh will hand you over into my hand. I will strike you down, take off your head,

로 오늘 날 공중의 새와 땅의 들짐승에게 주어 온 땅으로 이스라엘에 하나님이 계신 줄 알게 하겠고

and give [b]your corpse and the corpses[b] of the camp of the Philistines this day to the birds of the heavens and the animals of the earth. Then the whole earth will know that Israel has a God.

47 또 여호와의 구원하심이 칼과 창에 있지 아니함을 이 무리로 알게 하리라 전쟁은 여호와께 속한 것인즉 그가 너희를 우리 손에 붙이시리라

47 In addition, all this assembly will know that Yahweh does not save[a] by sword or spear. Yahweh is in charge of war, and he will give you into our hand."

48 블레셋 사람이 일어나 다윗에게로 마주 가까이 올 때에 다윗이 블레셋 사람에게로 마주 그 항오를 향하여 빨리 달리며

48 [a]When the Philistine rose to go to meet David,[a] [b]David quickly ran toward the battle line to meet the Philistine.[b]

49 손을 주머니에 넣어 돌을 취하여 물매로 던져 블레셋 사람의 이마를 치매 돌이 그 이마에 박히니 땅에 엎드러지니라

49 David put out his hand to the bag and took from it a stone. He slung it and hit the Philistine in the forehead. The stone sank into his forehead, and he fell on his face to the ground.

50 다윗이 이같이 물매와 돌로 블레셋 사람을 이기고 그를 쳐 죽였으나 자기 손에는 칼이 없었더라

50 [a]David was stronger than the Philistine with a sling and stone. He hit and killed the Philistine, with no sword being in David's hand.[a]

51 다윗이 달려가서 블레셋 사람을 밟고 그의 칼을 그 집에서 빼어 내어 그 칼로 그를 죽이고 그 머리를 베니 블레셋 사람들이 자기 용사의 죽음을 보고 도망하는지라

51 When David ran and stood over the Philistine, he took his sword, [a]drew it from its sheath,[a] and killed him by cutting off his head with it. When the Philistines saw that their champion was dead, they fled.

52 이스라엘과 유다 사람들이 일어나서 소리지르며 블레셋 사람을 쫓아 가이와 에그론 성문까지 이르렀고 블레셋 사람의 상한 자들은 사아라임 가는 길에서부터 가드와 에그론까지 엎드러졌더라

52 The men of Israel and Judah then rose, gave the battle cry, and pursued them[a] until you come to Gath[b] and until the gates of Ekron. The slain of the Philistines fell on the Shaaraim road up to Gath and Ekron.

53 이스라엘 자손이 블레셋 사람을 쫓다가 돌아와서 그들의 진을 노략하였고

53 Returning from pursuing the Philistines, the Israelites plundered their camps.

54 다윗은 블레셋 사람의 머리를 예루살렘으로 가져 가고 갑주는 자기 장막에 두니라

54 David took the head of the Philistine and brought it to Jerusalem; but his weapons he put in his own tent.

55 다윗이 블레셋 사람을 향하여 나감을 사울이 보고 군장 아브넬에게 묻되 아브넬아 이 소년이 뉘 아들이냐 아브넬이 가로되 왕이여 왕의 사심으로 맹세하옵나니 내가 알지 못하나이다 하매

55 [a]When Saul saw David going out to meet the Philistine, he said to Abner, the commander of the army, "Whose son is this boy, Abner?" Abner replied, "As your soul lives, king, I do not know."

56 왕이 가로되 너는 이 청년이 누구의 아들인가 물어보라 하였더니

56 The king then ordered, "Be sure you ask whose son this lad is."

57 다윗이 블레셋 사람을 죽이고 돌아올 때에 블

57 When David returned from smiting the

레셋 사람의 머리가 그 손에 있는 채 아브넬이 그를 사울의 앞으로 인도하니
58 사울이 그에게 묻되 소년이여 누구의 아들이뇨 다윗이 대답하되 나는 주의 종 베들레헴 사람 이새의 아들이니이다
1 다윗이 사울에게 말하기를 마치매 요나단의 마음이 다윗의 마음과 연락되어 요나단이 그를 자기 생명 같이 사랑하니라
2 그 날에 사울은 다윗을 머무르게 하고 그 아비의 집으로 다시 돌아가기를 허락지 아니하였고
3 요나단은 다윗을 자기 생명같이 사랑하여 더불어 언약을 맺었으며
4 요나단이 자기의 입었던 겉옷을 벗어 다윗에게 주었고 그 군복과 칼과 활과 띠도 그리하였더라
5 다윗이 사울의 보내는 곳마다 가서 지혜롭게 행하매 사울이 그로 군대의 장을 삼았더니 온 백성이 합당히 여겼고 사울의 신하들도 합당히 여겼더라

Philistine, Abner took him and brought him before Saul, and the Philistine's head was still in his hand.
58 Saul asked him, "Whose son are you, boy?" David answered, "The son of your servant, Jesse, the Bethlehemite."
18:1 When he had finished speaking to Saul, the soul of Jonathan was bound to the soul of David, and Jonathan loved him as himself.
2 On that day Saul took him and would not allow him to return to the house of his father.
3 Jonathan and David made a covenant because [Jonathan] loved him as himself.
4 Jonathan stripped off the robe he was wearing and gave it to David, with his warrior's garment, his sword, his bow, and his belt.
5 [a]Saul placed him in charge of the men of war, and this pleased all the troops and the servants of Saul. David marched out and came home, succeeding in every task Saul assigned him.[a.b]

원문주해

4.a. 70인경(LXX); 마소라 본문(MT)은 복수.

4.b. 마소라 본문(MT); 4Q, 70인경(LXX), 요세푸스(Ant. 6.171)는 "넷." "주석"을 보라.

5.a. 70인경(LXX); 마소라 본문(MT)은 "청동"을 추가한다.

6.a. 역본들을 보라; 마소라 본문(MT): 단수.

7.a. 케레(*Qere*), 70인경(LXX); 마소라 본문(MT): "나무."

7.b.-b. 70인경(LXX); 마소라 본문(MT): "그의 창 날."

8.a. 70인경(LXX); 마소라 본문(MT): "그"(the).

8.b. 보루(WrB)로 독음하라. "주석"을 보라.

12.a.-31.a. 마소라 본문(MT); 70인경 바티칸 사본(LXX^B)에는 없다. "양식/구조/배경"을 보라.

12.b. 70인경 루시안 개정본(LXX^L), 시리아역(Syr), 라틴 벌게이트(Vg); 마소라 본문(MT): "남자들"

13.a. 마소라 본문은 이 동사를 두 가지 형태로 가지고 있다. 어떻게 이런 현상이 발생하게 되었는지에 대한 설명은 드라이버(Driver)를 보라.

13.b. 70인경 알렉산드리아 사본(LXX^{A}); 마소라 본문(MT), 70인경 루시안 개정본(LXX^{L})은 "거기에서"를 추가한다.

13.c.-c. 70인경 루시안 개정본(LXX^{L}); 마소라 본문(MT)은 "그리고 그의 둘째."

17.a. 70인경 알렉산드리아 사본(LXX^{A}); 마소라 본문(MT)은 "그의 아들"을 추가한다.

17.b. 중복오사(haplography)에 의해 없어진 정관사를 복구하라(Driver).

17.c.-c. 70인경 알렉산드리아 사본(LXX^{A}); 유사종결(homoioteleuton)에 의해 마소라 본문(MT)에서 없어졌다.

20.a.-a. 마소라 본문(MT)에서 분사에 붙어 있는 정관사를 제거하라. 드라이버를 보라.

22.a. 70인경 알렉산드리아 사본(LXX^{A}); 마소라 본문(MT)은 "그 짐짝의"를 추가한다.

23.a. 70인경 알렉산드리아 사본(LXX^{A}); 마소라 본문(MT): "동굴들".

30.a. 70인경 루시안 개정본(LXX^{L}); 마소라 본문(MT): "군대."

31.a. 참조. 12[a].

32.a.-a. 70인경(LXX); 마소라 본문(MT): "사람의"(한글 개역: 사람이).

34.a. 마소라 본문(MT)은 부정확하게 직접 목적어를 표시하는 전치사를 추가한다. 추정컨대, 이것은 교정되어 36절에 있는 "곰"이란 단어에 추가되어야 한다.

35.a. 마소라 본문(MT); 70인경(LXX): "목젖." 참조. 부데(Budde), 맥카터. 물론 "턱수염"이나 "갈기"란 사자에게나 적합한 것이다. 그러므로 70인경(LXX)의 독법이 정확한 것으로 보인다.

36.a. 참조. 34[a].

37.a. 70인경(LXX); 마소라 본문(MT)은 "여호와" 앞에 "그리고 다윗이 말했다"를 덧붙인다.

38.a.-a. 70인경(LXX); 마소라 본문(MT): "그의 군복을 (입혔다). 그리고 그는 씌울 것이다." 참조. 맥카터.

38.b. 70인경(LXX); 마소라 본문(MT)은 추가한다: "그리고 그는 그에게 갑옷을 입혔다." 참조. 5절.

39.a.-a. 웨얄레 라레케트 파암 웨파아밈(וילא ללכת פעם ופעמים)(Budde McCarter), 부데와 맥카터. 참조. 70인경(LXX); 마소라 본문(MT): "그는 걸으려고 했으나 실행하지 못했다"(한글 개역: 익숙지 못하므로 시험적으로 걸어보다가. 그러나 이것보다는 "시험적으로 걸어보았으나 익숙지 못했다"가 더 바른 번역이다-역자주).

39.b.-b. 70인경(LXX); 마소라 본문(MT): "그리고 다윗은 자신에게서 그것들을 제거하였다"(한글 개역: 다 벗고).

40.a.-a. 이것은 희귀한 단어 "주머니"에 대한 부연설명으로 보인다. 마소라 본문(MT)에서 이런 삽입은 뒤에 나온 단어에 선행한다.

41.a.-42.a. 마소라 본문(MT); 70인경(LXX)에는 없으므로 맥카터는 그것을 제거한다.

그러나 70인경(LXX)은 40절 끝의 “블레셋 족속”부터 42[ㅁ]절 끝의 같은 히브리어 단어까지가 유사종결로 인해 누락된 것으로 보인다. (히브리어 단어 순서에 의함).

43.a. 70인경(LXX); 마소라 본문(MT)은 복수.

46.a.-a. 70인경(LXX)은 이 단어들을 45절에 연결시킨다.

46.b.-b. 70인경(LXX); 마소라 본문(MT): “시체.”

47.a. *GKC* 53q.

48.a.-a. 동사들은 70인경(LXX)과 똑같이 번역된다; 참조. 맥카터.

48.b.-b. 마소라 본문; 비록 후자가 유사시작(homoioarchton; 카이 에타퀴넨[*και εταχυνεν*]부터 49절의 카이 엑세테이넨[*και εξετεινεν*]까지)에 의해 손상이 되었다 할지라도 70인경 바티칸 사본(LXX^{B})에는 없다.

50.a.-a.-18:5.b. 마소라 본문; 70인경 바티칸 사본(LXX^{B})에는 없다. “양식/구조/배경”을 보라. 참조. 12^{a}-31^{a}.

18:5.a.-a. 70인경 루시안 개정본(LXX^{L}); 마소라 본문(MT): “다윗이 나가서 사울이 맡겨 준 모든 일을 성공적으로 해내자 사울은 그를 군대의 장으로 삼았다. 그리고 이것이 모든 군대(한글 개역: 온 백성)와 사울의 종들을 기쁘게 했다.”

18:5.b. 참조. 17:55.a.

양식/구조/배경

다윗이 블레셋 거인과 결투를 벌이는 이야기는 그 자체로 일관성 있는 하나의 단위를 형성한다. 이 기사에서 다윗은 16장의 사건들로부터 영향을 받지 않는 것으로 보인다. 70인경 바티칸 사본(LXX^{B})에는 없는 18:6a은 다음 단원으로의 전환을 제공해 준다.

요약. 이 기사는 골짜기를 사이에 두고 사울의 군대와 블레셋 족속이 서로 진을 치고 있는 장면으로 시작된다(1-3절). 블레셋을 대표하는 한 투사가 앞으로 나아왔는데, 그의 갑옷과 무기가 상당히 자세하게 묘사된다(4-7절). 그는 이스라엘 족속에게 도전장을 내밀어 자기와 일 대 일의 결투를 벌일 사람을 선택하여 보내라고 말한다. 그 결투의 결과에 따라 그 전쟁의 승자를 결정하여 패한 쪽이 승자의 노예가 되자는 것이었다. 그의 도전은 이스라엘에 큰 두려움을 안겨주었다(8-11절). 다윗과 그의 아버지와 세 명의 형제들이 소개된 후에, 다윗의 아버지는 테레빈나무(Terebinth; 한글 개역: 엘라) 골짜기에서 사울과 함께 진에 머무르고 있던 그의 형제들에게 식량을 전해 주도록 다윗을 베들레헴으로부터 보냈다(12-19절). 다윗이 진영에 도착하자마자, 골리앗이 이전과 마찬가지로 이스라엘에 도전장을 던지러 앞으로 나왔다. 다윗은 사울 왕이 이 도전을 받는 사람에게는 누구라도 상을 베풀겠다고 약속한 것을 들었다(20-25절). 다윗은 살아 계신 하나님을 비난하는 그 블레셋 거인을 할례 받지 못한 자라고 멸시하면서 재차 그와 싸우러 가는 사람이 어떤 상을 받게 되는지 물었다. 엘리압은 다윗의 자질과 동기에 의문을 품은 반면, 사울은 다윗이 한 말을 전해 듣고 그를 소환했다(26-31절). 다윗은 야생 동물의 위협으로부터 자기 양떼를 성공적으로 보호한 것과 그 때마다 있었던 여호와의 도우심을 그 결투의 보증물로 말하면서 그 블레셋 거인과 싸우겠다고 제안했다. 사울은 그의 제안을 받아들여 그를 축복했다(32-37절). 다윗은 사울 왕이 준 옷과 장비들을 입어보려고 한 뒤, 그것들을 정중히 사양하고 대신 막대기 하나와 목동이 쓰는 물매를 무기로 택했다(38-49절). 골리앗은 다윗이 무기가 없이 나오는 것을 보고 조소를 퍼부으며 시체가 되어 짐승의 밥이 될 것이라고 협박했다. 다윗은 응답하길 여호와께서 자신을 보호하실 것이라고 주장하면서, 그 거인과 블레셋 군사들 모두에게 시체 신세가 될 것이라고 위협했다. 다윗은 물맷돌 하나로 골리앗을 쓰러뜨린 다음, 자신의 검으로 그의 머리를 잘랐다. 뒤이은 전투에서 이스라엘은 블레셋을 멀리까지 뒤쫓아가 쳐부순 후 되돌아와서는 그들의 진을 약탈했다. 다윗은 그 블레셋 거인의 머리를 예루살렘에 두고 갑옷은 자기 장막에 두었다(48-54절). 전투가 끝난 후, 다윗은 아브넬의 인도를 받아 사울을 접견했다. 다윗은 손에 적장의 머리를 들고 왕에게 자신이 이새의 아들이라고 말했다(55-58절). 요나단은 다윗을 사랑했으며 두 사람은 함께 언약을 맺었다. 요나단은 심지어 자기 옷을 다윗에게 주어 입게 했다. 사울은 다윗을 곁에 두기로 결정하고 그에게 군대장관의 직책을 주었다(18:1-5).

드보(De Vaux, *The Bible and ANE*)는 성경과 고대의 자료들, 그리고 고대 근동의 문헌들에서 전쟁 시에 양측의 대표자가 일 대 일로 만나 싸우는 사례들을 수집했다. 사무엘하 21:15-22에는 네 개의 그런 사례가 언급되어 있고, 추가로 사무엘하 23:20에도 그런 사례가 하나 있다. 드보는 이스보셋의 군사 12명과 다윗의 군사 12명의 전투를 일 대 일 싸움 개념이 확대된 사례로 보았다. 이와 비슷한 일리아드는 파리스(Paris)와 메넬라우스(Menelaus) 간의 전투와 헥토르(Hector)와 아킬레스(Achilles) 간의 전투를 기록한다. 에누마 엘리쉬에 있는 티아맛에 대한 말둑의 승리는 고대 바벨론에 있는 사례다. 이러한 사례들 중 많은 경우는 사무엘상 17장과는 달리 사실상 일 대 일 결투로 그 전쟁의 승패를 결정짓지 않고 뒤이어 정규군들 사이에 전투가 벌어진다.

현재의 기사 전체에서 거인 골리앗은 도합 47회에 걸쳐 "블레셋 사람"이라고 불린다. 골리앗이란 이름은 단지 두 번만 언급된다: 4절에서 최초로 언급될 때와 23절에서 다윗이 그에 대해 들었을 때. 성경의 다른 곳에서(삼하 21:19; 참조. 23:24) 우리는 야레오르김의 아들 엘하난이 골리앗을 죽였다고 읽는다(문제의 구절들을 마소라 본문으로 비교해 보면 살해된 대상을 "골리앗"이라고 언급한 구절[삼하 21:19]과 "골리앗의 아우 라흐미"[대상 20:5]로 언급한 구절이 나타나 상충되어 보인다. 그러나 만일 삼하 21:9대로 엘하난이 골리앗의 아우 라흐미가 아니라 골리앗을 죽였다면, 다윗이 골리앗을 죽인 명백한 사실과 모순되기 때문에 문제가 된다. 따라서 한글 개역성경과 KJV는 이 충돌을 피해 대상 20:5과 조화를 이루도록 삼하 21:9에 나온 골리앗을 "골리앗의 아우 라흐미"로 번역했다. 한편, 골리앗의 아우 라흐미를 죽인 엘하난의 아버지도 그 이름이 각기 다르게 나타난다. 대상 20:5에서는 "야일", 삼하 21:19에서는 "야레오르김", 삼하 23:2에서는 "도도"이다. 공동번역은 삼하 21:19에서 "야레오르김"을 "야이르"[야일]로 번역해 대상 20:5과 조화시켰다 – 역자주). 이것은 베들레헴 사람 엘하난의 업적이 다윗에게 양도되었거나 엘하난이 다윗의 다른 이름이었다는 가정으로 이끌었다(참조. Honeymoon, *JBL* 67 [1948] 13-25). 사무엘하 21장의 골리앗은 자루가 베틀 채처럼 생겼던 창을 지니고 있었다. 이 무기는 역시 사무엘상 17장의 그 블레셋 사람(골리앗 – 역자주)의 것으로 여겨진다. 후대에 역대기 기자는 조화를 시도하면서 야일의 아들 엘하난(참조. LXX)이 골리앗의 형제인 라흐미(לחמי: 아마 이 이름은 엘하난의 종족인 베트 하라흐미[בית־הלחמי]에서 유래한 것이다)를 죽인 것으로 기록했다.

17:1-18:5의 전승사는 다윗의 기름부음(16:1-13)뿐 아니라, 음악가이자 전쟁의 사람이요 병기 든 자라는 그의 직무도(16:14-23) 우선 전제되지 않은 듯하기 때문에 복잡해진다. 대신 다윗은 군사적 경험이 없고 사울에게 전혀 알려지지 않은 목동으로 묘사된다. 다윗의 형제 엘리압은 다윗과 지도권을 다툰다. 16:1-14에 의하면 그는 다윗의 기름부음을 목격했는데, 마치 그것을 알지 못하고 있는 것처럼 보인다. 그러므로 사무엘상 17장이 독자적인 전승사를 가졌다고 결론내리는 것이 필요하다고 생각된다. 맥카터는 한때 16:23과 18:6 사이에 별개의 이야기가 존재했다고 추론하는데, 그것은 불필요한 것으로 보인다.

전승사를 쓰는 데 있어서 난관은 복잡한 본문의 역사와 관련되어 있다. 구 그리스어 역본(Old Greek), 즉 70인경 바티칸 사본(LXX^B)과 그것과 동일 계열의 필사본들은 17:12-31, 41, 48b, 50, 51^{a-a}, 55-58 그리고 18:1-5을 포함하지 않는다. 이 구절들이 70인경 알렉산드리아 사본(LXX[A])과 그것과 동일 계열의 필사본들에는 포함되어 있는데, 드라이버는 그것들이 본래의 70인경(LXX)에 속한 부분이 아니었다고 주장한다. 70인경 알렉산드리아 사본(LXX[A])은 마소라 본문(MT)에 매우 가까울 뿐만 아니라, 그것은 또한 어떤 핵심 단어들을 번역하는 데 있어서도 70인경 바티칸 사본(LXX[B])으로부터 이탈되어 있다.

벨하우젠과 드라이버는 70인경 바티칸 사본(LXX[B])이 원래의 본문의 여러 문단들을 제거함으로써 조화를 시도했음을 보여 준다고 제안했다. 그러나 이러한 더 짧은 본문은 문맥에 들어맞지 않는다. 예를 들어, 원래의 본문으로 가정되는 17:33과 17:38-40에 따르면 다윗은 전사의 갑옷을 감당하지 못하는 단순한 소년이었지만, 16:18, 21에서는 그가 "전쟁의 사람"(한글 개역: 무용을 갖춘)이며 병기 든 자로 불린다. 나아가 누가, 어떤 이유로 다윗과 요나단 사이의 약조를 보고하는 18:1-5을 제거했는지 추측하기가 힘들다. 이러한 조화론적인 설명이 부적당하고 70인경(LXX)이 여타의 다른 곳에서는 삭제되지 않은 것으로 알려져 있기 때문에, 70인경 바티칸 사본(LXX[B])이 원래의 본문이라고 주장하는 학자들의 숫자가 점차 늘고 있다(McCarter; Caird; Stoebe, *Vt* 6[1956 397-413; Hertzberg; Krinetzki, *Bib* 54 [1973] 187-236). 비록 몇 가지 문제가 남아 있다 할지라도 그것은 또한 나의 견해이기도 하다.

예를 들어, 맥카터는 마소라 본문(그리고 LXX[A])에만 보존된 자료들은 18:10-11, 17-19 그리고 29b-30을 포함했던 독자적인 다른 기사의 일부라고 믿는다. 그는 마소라 본문(MT)의 문맥이나 그 본문(MT) 내에서 이 구절들이 하는 역할에 대한 언급 없이 그것들을 하나의 일관성 있는 독자적인 기사로 이해하는 것이다. 그렇지만 그가 하나의 일관성 있는 기사를 만들어 내기 위해서는 반드시 7:14b-15과 15, 23b, 31절 그리고 18:10-11, 17b절과 29b절을 조화론적으로 이해해야만 한다. 17:31은 맥카터의 주장에 중요한 구절이다. 왜냐하면 이 구절은 사울이 그 거인과 싸우기 전에 다윗에게 사람을 보냈다고 보고하는 반면, 55-58절은 다윗이 그 후에 사울에게 전혀 알려지지 않은 인물로 나타나기 때문이다. 17:31과 17:55-58 둘 다 70인경 바티칸 사본(LXX[B])에는 빠져 있으나, 31절은 55-58절보다 더 후대로 설정되어야 한다. 비슷한 이유로 맥카터는 18:17b을 삭제해야 할 필요가 있다. 왜냐하면 그에 따르면 18:17a, 18-19절에서 다윗에게 메랍을 준 일은 17:25에 있는 약속, 즉 그 블레셋 사람을 죽인 자는 누구든지 사울의 딸을 취하게 될 것이라는 약속의 성취이기 때문이다. 몇몇 구절들, 특히 17:15과 31절은 조화를 이룰 수도 있다. 그러나 모든 긴장을 제거하는 것이 반드시 독자적인 문서를 산출해 내는 것은 아니다. "독자적인 기사"(맥카터에 있는 문단 XXIV-B)는 실제적인 전쟁에 대한 너무 간결하고 부적당한 기사다. 나아가 70인경 바티칸 사본(LXX^B)에 있는 모든 누락이 더 짧은 오랜 본문을 나타낸다고 결론내릴 필요는 없다. 우리는 이미 "원문주해"에서 41절, 48b와 51^{a-a}가 단지 유사시작이나 유사종결로 인한 중자탈락 때문에 70인경 바티칸 사본(LXX^B)에 없다고 주장했다. 본문상의 문제에 대한 우리의 결론은 이렇다: 히브리어 본문은 17:12-31, 50, 55-58과 18:1-5에 하나 이상의 다른 기사들에서 뽑힌 일련의 발췌문이 덧붙여짐으로써 확장되었다. 이 첨가된 구절들은 내적인 일관성을 이루고 있지 않으며, 또한 우리는 그것들의 범위나 그것들의 비정경적 기능에 대해 아는 바가 없기 때문에 그것들을 현재의 문맥과 동떨어진 것으로 이해하는 것은 쓸모가 없다. 그 구절들의 이차적인 특징은 우리의 번역에서 로마체로 쓰여져 있다. 이 구절들을 이해하는 가장 최선의 길은 추론적으로 확정될 수 없는 비(非) 마소라 본문(MT)이 아니라, 마소라 본문(MT)의 교정본에서 그것들의 역할을 주목하는 것이다. 마소라 본문(MT) 교정본의 구조와 의미에 대한 나의 이해는 크리네츠키(Krinetzki, *Bib* 54[1973] 187-236)의 저작에서 큰 도움을 받았다.

다른 자료들이 그 서사에 추가된 연대는 불확실하다. 맥카터는 4세기나 그 이후의 연대를 제안한다. 왜냐하면 추정컨대 마소라 본문(MT)과 70인경(LXX)의 선행 판본들이 4세기 이전에는 나누어지지 않았기 때문이다. 물론 그 자료들이 삽입된 연대는 더욱 오래된 그것들이 작성된 연대에 대해 이무것도 말해 주지 않는다. 이 기사에는 신명기 학파적 문구도 확인되지 않는다.

주석

[1]-[3] 이 기사는 블레셋과 이스라엘 군사들이 남서쪽 유다에 있는 골짜기에서 서로 맞서는 장면으로 시작된다. 소고는 기르벳 아밧(Khirbet Abad)으로 확인된다(MR 147121). 그 곳의 고대 이름이 인근의 베들레헴 서쪽 14마일 지점의 기르벳 슈베이카(Khirbet Shuweika)에 보존되어 있다(참조. 대하 17:7; 28:18). 북서쪽으로 약 2-3마일 지점은 오늘날의 텔 에즈-자카리에(Tell ez-Zakariyeh)인 아세가였다. 에베스 담밈의 위치는 골드(V, Gold, *IDB* 2, 108)와 맥카터에 의해 소고 북동쪽 4마일 지점의 다문(Damun)으로 확인되었다(비록 맥카터는 자신의 책 238쪽에 있는 지도에서 그것의 위치를 남서쪽 약 1.5마일로 잡지만!). 그 지점은 바스 담밈과 같은

장소일 수 있다(대상 1:13; 참조. 삼하 23:9). 테레빈(Terebinth, 한글 개역: 엘라) 계곡(참조. 19절; 21:10[영역본. 9])은 소고 북쪽으로 동서를 나누는 정축(axis)에 자리잡고 있는데, 오늘날까지 그와 동일한 이름으로 불린다(아랍어로 Wadi es-Sant).

[4]-[7] "대표자"(한글 개역: 전쟁을 도모하는 자)라는 말은 문자적으로는 "둘 사이의 사람" 혹은 전선에 나란히 배치된 양 진영의 군대들 사이에서 자유롭게 일 대 일 결투에 나서는 사람을 의미한다(De Vaux, *in The Bible and ANE,* 24). 골리앗은 일 대 일 결투의 최강자였다. 한참 후대의 전쟁 문서(War Scroll)에서는 그 표현이 보병들(infantrymen)이라는 의미로 사용된다. 골리앗이란 이름은 아마도 사무엘하 21:19에 있는 언급에서 취해진 것이었으며(위를 보라), 믿을 만한 블레셋이나 아나톨리아 식의 이름일 수 있다(이와 반대로, Galling, *VTSup* 15; Krinetzki, *Bib* 54 [1973] 187-236). 히타이트(헷) 족과 리디아 족에게서 발견되는 몇 가지 비슷한 끝이름(name-ending)이 맥카터에 의해 인용된다. 그 블레셋 족속의 고향 갓의 위치는 상당한 논쟁거리다. 많은 사람들은 아세가 서쪽 약 5-6마일 지점의 텔 에스 사피(Tell ẹs Ṣâfi[Aharoni]; MR 135123)를 선호한다(비판과 다른 가능성들에 대해서는 Strobel을 보라). 그 블레셋 투사는 키가 9.9피트였다. 70인경(LXX)은 "4규빗 한 뼘"(혹은 6.9피트; 이것은 그 보고를 퇴색시키려는 시도인가? 아니면 마소라 본문[MT]에 있는 인물 묘사가 본래의 것을 과장한 것인가?). 어떤 경우든 그의 거대한 신장과 갑옷은 이스라엘 사람 중 그 누구라도 두려움을 느껴 그의 도전을 받아들이지 못하게 하기에 충분했다.

갤링(Galling, op. cit.)은 골리앗의 갑옷과 무기들에 대한 묘사가 여러 세대를 통해 전수된 것으로서 그 거인이 얼마나 위압적이었고 하나님은 다윗을 통해 얼마나 능력 있게 행동하셨는지를 보여 주기 위해 고안되었다고 믿는다. 그러므로 17장에 있는 묘사는 어떤 미케네 기병대(Mycenean hoplite)를 재구성하기 위해 사용되지 말아야 한다. 갤링은 이집트 그림들에 묘사된 블레셋 족속은 헬멧이 아닌 깃털로 된 머리 장식물을 썼음을 지적하는데, 그는 아시리아(앗수르)인의 머리 덮개가 이러한 헬멧에 대한 모델이 되었을 것이라고 제안한다. 헬멧에 해당되는 단어의 첫 자음은 5절에서 카프(kaph, כ)이고 38절에서는 코프(qoph, ק)다. 크리네츠키(Krinetzki, op. cit.)는 이것을 그 단어의 이방 기원에 대한 표시로 여기는데, 그 증거로 히타이트(헷)와 아랍 친족어들을 인용한다. 한 사람의 비늘 갑옷(판금이 된 보호판)은 세 가지 기준을 충족시켜야 한다: 보호, 가벼움 그리고 이동의 자유로움.

야딘(Yadin)은 주전 10세기의 것인 바로 왕 시삭(Pharaoh Shishak=쉐숑크[Sheshonq])의 갑옷에 대한 그림을 출판했다(참조. *The Art of Warfare* 1, 196-197과 2, 354). "판금이 된"(한글 개역: 어린[魚鱗])이란 단어(5절)가 다른 곳에서는 물고기 비늘을 묘사하는 데 사용된다(레 11:9-12; 신 14:9-10). 만일 성경의 세겔이 0.403 온스에 해당된다면(*IDB* 4, 317), 그 블레셋 군인의 갑옷은 약 126파운드의 무게를 지녔을 것이다! 다리에는 꼭 맞는 정강이 받이를 둘렀는데, 아마 그것은 편안함을 느끼도록 가죽 안감을 댔을 것이다. 그는 두 어깨 사이에 어떤 무기를 매고 있었는데, 몰린(Molin)은 그것을 신월도(新月刀[scimitar]; 초승달처럼 굽은 아라비아 단도－역자주)로 보았다. 그 근거는 쿰란에서 나온 전쟁 문서에서의 그 단어의 용도다. 갤링은 그 무기가 고대 근동 지역에서 잘 알려져 있었다 하더라도, 에게해 지역에서 나온 신월도에 잘 상응되는 것은 전혀 없다고 주장한다. 해설자는 그 블레셋 장수의 창 자루를 베틀 채에 비견한다(참조. 삼하 21:19-대상 20:5과 삼하 23:7). 사무엘하 21:19에서 엘하난이 죽인 골리앗이 바로 그와 똑같은 창을 지녔었다. 크리네츠키와 다른 사람들은 비교의 초점이 그 창의 엄청난 크기와 베틀 채에 있음을 발견한다. 야딘(Yadin, "Goliath's Javelin", *PEQ* 86[1955] 58-69와 *The Art of Warfare* 2, 355)은 그 블레셋 장수가 전형적인 에게해 지역의 창을 지녔다고 생각한다. 그 창은 여러 번의 장거리 투척이 용이하도록 하나의 고리와 그것을 감싸고 있는 줄을 가지고 있었다. 그 고리들은 베틀 위에 다른 실들을 들어올려 주는 잉아 막대기(heddle rod)에 있는 고리들과 흡사했다. 철로 된 그 창의 끝은 철의 무게(참조. 블레셋의 철기 장비들에 대해 언급된 삼상 13:19-22)가 15 내지 16파운드가 나갔다. 그 블레셋 장수가 앞에 들고 나온 방패는 분명히 세워놓는 방패로 원형 방패보다 두 배 크기였을 것이다(מגם; 참조. 왕상 10:16-17). 갤링은 그 병기(방패) 나르는 자에 대한 언급은 호머의 영웅들의 이야기에도, 또한 사무엘상 14장과 31장에 언급된 바 병기 나르는 자를 데리고 있었던 사울과 요나단에 대한 전승에도 의존해 있지 않다고 주장한다. 오히려 그 방패는 해설자가 블레셋 영웅이 얼마나 완벽한 무장을 갖추었는지를 보여 주기 위해 고안한 일련의 무기들 중 마지막 품목이다.

[8]-[11] 전투는 그 블레셋 장수의 도전과 함께 시작되었다. 8절은 그 블레셋 사람의 자유분방한 기세와 그와 상반되어 사울에게 예속된 이스라엘의 약함을 잘 대조해서 보여 준다. 적군의 대표는 이스라엘이 한 사람을 선발해서 그에게 그들의 이름으로 앞으로 나서는 임무를 부여하라고 촉구했다(Krinetzki, *Bib* 54[1973] 191-92). 그 대표자는 블레셋을 대항해서 앞으로 나와야 한다(8절). 아마도 이스라엘 군의

대표자는 산지 위에 있던 적군 및 골짜기로 내려온 그 블레셋 전사의 위치와 대조를 이루었을 것이다. 9절은 그 두 대표자 간의 싸움이 전체 전쟁의 승패를 결정짓는 것을 의미했음을 보여 준다. 52-54절에서 블레셋 사람들은 이러한 동의를 철회하여 그들이 이중적 태도를 지녔음을 드러냈다. 그렇지만 이야기의 이 부분에서 승자 몰수(the winner-take-all) 규정은 단지 이스라엘의 무차별 공격을 강화시켜 주었을 뿐이다.

그 블레셋 장수의 결투 신청(10절)은 자신의 힘을 과시하고 적을 모욕하는 행위를 수반한다. 이 말의 이중적 성격은 우리의 번역에서 하라프(חרף)란 단어를 "도전하다/모욕하다"로 번역함으로써 지시된다(참조. 17:25, 26, 36, 45). 이와 유사한 이스라엘에 대한 도전/모욕을 또 다른 거인이 말한 적이 있다. 바로 삼마의 아들 요나단이 죽인 총 24개의 손가락과 발가락을 가진 거인이다(삼하 21:21). 드보는 10절에 있는 "우리가 서로 싸우자"란 단어들이 "우리가 일 대 일 결투를 약속하자"를 의미하는 것으로 이해한다(*The Bible and ANE*, 123). 왕도 어떤 다른 이스라엘 군인도 그 도전을 받아들이려 하지 않았다.

12-19 70인경 바티칸 사본(LXX^B)에 보존된 더 짧은 본문은 지금 기꺼이 그 임무를 받아들이는 단 한 명의 자원자 다윗에게 주목하게 한다(32절). 그러나 현재 마소라 본문(MT)에 통합된 더 긴 본문은 다윗에 대해 이제껏 보고된 것보다 다소 다른 세부적인 내용을 첨가한다. 베들레헴의 이새는 이전에 16:1에서 등장했었다. 거기서 그는 베들레헴 지역의 갈렙 족속에서 세분된 종족인 에브라임 사람으로 불린다(참조. 룻 1:2; 4:11; 대상 2:19, 24, 50; 4:4; 미 5:1[영역본 2]). 그를 "이" 에브라임 사람으로 부름으로써, 편집자는 16장의 이새와 연결되는 고리를 제공한다. 다윗이란 이름은 12, 14절 그리고 15절에서 첫 번째 단어로 나타나는데, 그 중 15절은 그 이름을 아주 두드러지게 묘사한다. 다윗은 위기 상황에서 요구될 법한 그런 사람이 아니라, 어떤 사람의 한 아들일 뿐이다(12절). 실제로 그는 단지 한 소년에 불과하다(참조. 33, 42, 55, 58절). 다윗은 역대상 2:15에서 일곱째 아들로 여겨지고 있지만, 여덟째의 가장 어린 아들이었다(참조. 16:10-11a). 아마도 12-31절이 그 서사(narrative)에 삽입되기 전에, 이새의 아들 중 단지 네 명만이 여기에 언급되었다. 총 인원 8명은 1:10-11과 조화시키려는 시도다. 싸움을 하기에 이새는 너무 늙었고 다윗은 너무 어렸던 반면, 16:6-9에서 이름이 언급된 나이 많은 세 명의 형제가 사울의 군대에 입대했다. 세 형제 중 단지 가장 맏형인 엘리압만이 발언을 한다. 다윗은 아버지의 양떼를 돌보는 일과 주기적으로 사울 앞으로 가는 일을 번갈아 행하는

심부름꾼으로 묘사된다(15절). 젊은 목자와 심부름꾼인 그는 분명히 부적합한 투사였을 것이다! 15절은 17:12-31과 16:14-23을 조화시키고 있다. 전자는 이새가 다윗을 어떻게 최전선으로 심부름을 보내는지를 보고하며, 후자는 다윗이 사울의 궁전에서 종신 직무를 수행했음을 지시한다. 해결책은 이것이다: 그는 통근자였다!

이런 상황에서 그 블레셋 용사는 40일 동안 연속적으로 도전장을 내밀었다(16절). 크리네츠키(op. cit.)는 "40"이란 숫자에서 위험의 전조를 간파했다(참조. 40일간의 홍수[창 8:6]와 40년 간의 블레셋 통치[삿 13:1]). 우연히 – 비록 해설자는 분명히 이것을 전혀 우연으로 생각하지 않았을지라도 – 이새는 그 위기의 순간에 다윗을 통해 한 에바(약 반 부셀)의 볶은(혹은 구운) 곡식을 군대의 진영에 있는 아들들에게 보냈다. 볶은 곡식(참조. 삼상 25:18; 삼하 17:28; 레 23:14; 룻 2:14)과 빵 덩어리들은 평민들이 선호하는 음식이었다(Krinetzki). 모든 세부 사항이 의미하는 바는 다윗과 그의 가족의 인간적인 비천한 신분에 대한 강조다! 더불어 치즈 열 덩이가 그들의 지휘관에게 보내졌다(18절). 그 지휘관은 군대 사령관 아브넬과 동일 인물인가(참조. 역시 8:12)? 다윗은 그의 형제들이 어떻게 지내고 있는지 묻고 각자의 안전 증표를 가져오라는 지시를 받았다. 이것은 아마도 다윗이 형제들의 급여를 집으로 가져오라는 의미가 아니다. 오히려 그 증표란 물품이 안전히 배달되었고 그들이 잘 지내고 있다는 것을 확증하는 어떤 표시였다(Hertzberg; Ackroyd, *The First Book of Samuel*). 19절은 1-3절의 지정학적 배경에 대한 편집적 연결고리다.

20-25 다음 날, 다윗은 자신의 양떼를 한 관리인에게 넘겨주고(28절), 짐을[자신의 발 혹은 음식물을] 꾸린 후 아버지의 지시를 이행했다. 또다시 우연의 일치로, 그는 두 군대가 소리를 내면서(전쟁 외침) 결전지로 집결하고 있는 바로 그 순간에 진영에 도착했다(참조. 4:5) 다윗은 자신의 짐을 보급병(한글 개역: 짐 지키는 자)에게 맡기고(NEB, 참조. 30:29) 전쟁터로 달려가 형들의 안부를 살폈다(참조. 18절). 음식을 전하라는 이새의 위임이 다윗을 그 이야기에 들어오게 만들었지만, 그 임무에 대한 세부 사항은 이제 부적절하게 된다: 실제적인 음식 전달이 보고되지 않는 것이다. 그가 계속 형들과 이야기하고 있는 동안 – 시간적인 동시성을 주목하라! – 그 블레셋 대표가 블레셋 전열에서 올라와 나타났다(8절에서 그는 한 사람을 택해 자신 앞에 내려보내라고 제안한다). 골리앗이란 이름은 그 거인과 다윗이 최초로 맞닥뜨릴 때 두 번째로 나타난다. 골리앗은 장광설을 늘어놓는다(참조 8-10절). 이스라엘 족속은 그를 보았을 때 달아나 심히 두려워했다. (이탤릭체의 단어들은 히브리어의 언어 유희다.)

그때 사울 왕이 보낸 한 메시지가 도착했다. "이스라엘 사람들아, 너희가 이 사람을 보느냐 … ? 그를 죽이는 사람은 …." 분명히 이것은 장성한 사람(אִישׁ – 이쉬)에게 적합한 일이었다! 그러나 여호와의 도우심으로, 한 소년이 그 일을 넉넉히 해낼 것이다! 사울 왕은 성공을 거두는 이스라엘의 승자에게 세 가지 보상을 약속했다: 큰 재물의 부여, 자신의 딸을 아내로 줌, 그의 전 가족이 이스라엘에서 면제됨(세금이나 징발의 면제 – 역자주). 딸에 대한 약속은 골리앗 기사의 끝에서 언급되지 않고 지나간다. 왕은 메랍(18:17-19, LXX^{B}에는 없음)과 미갈(18:20-27)을 다윗에게 줄 때 다윗에게 보상하기 위해서가 아니라 그를 블레셋의 올무에 빠뜨리려는 속셈으로 딸들을 준 것이다. 그러나 왕의 딸과의 결혼은 왕좌로 가는 길을 닦는 셈이 될 것이며, 그 거인을 쓰러뜨림으로써 다윗은 그 왕좌에 대한 권리를 강화시켰다. 사울은 진정 그에게 딸을 줄 의무를 지고 있었다. 이스라엘 이웃들 중 "면제된" 가족은 세금 납부나 혹은 강제 노역을 면제받을 수 있었다(De Vaux, *Ancient Israel*, 80) 렘치(Lemche)는 "면제된 사람들"이 경작용 땅을 할당받고 왕궁의 창고에서 물품을 공급받는 보호 계층이었다고 제안한다. 멘델손(Mendelsohn)에게 있어서 "면제된 사람들"은 귀족도 노예도 아닌 일종의 중산층이었다. 맥카터는 그런 계층이 이스라엘에 존재했다는 것을 부인하지만, 어떤 사람이 그의 용맹성으로 인해 왕의 "면제"를 받았다는 우가릿 문헌의 병행구에 주목한다. 사울 왕의 아량에 대한 그 말을 퍼뜨린 사람들이 다윗을 돋보이게 만든다. 군인들은 골리앗의 도전을 받는 대신, 단지 왕이 제안한 그 보상들에 대한 말을 전해 주었을 뿐이다.

[26]-[31] 다윗은 독자들에게는 이미 답변이 주어진 한 질문을 던졌다. 그러나 다윗은 그 도전을 적절한 신학적 관점 속에 내놓는다: 이 사람은 할례 받지 못한 블레셋 사람이다(참조. 14:6). 그 사람은 이스라엘에게 하나의 모욕거리다. 왜냐하면 그가 친히 살아 계신 하나님의 군대를 모욕/도전했기 때문이다. 26절과 36절(참조. 왕하 19:4)의 살아 계신 하나님에 대한 언급들은 어떤 이방인이 이스라엘의 하나님을 비방한 문맥에서 등장한다. 예레미야 10:6-10에서 살아 계신 하나님은 우상들과 대조된다. 그 거인이 자신의 (죽은) 신을 힘입어 다윗을 저주하려는 시도는 쓸데없는 일이다(43절). 블레셋의 신 다곤은 사무엘상 5장에서 이미 죽었다는 것이 드러났다! 엘리압은 다윗의 질문을 듣고 화가 치밀었다. 이 기사는 엘리압이 목격한(16:6-13) 그 기름부음에 대해서 모르고 있는 듯하다. 그리고 형제간의 충돌은 요셉 이야기와 어떤 유사성을 갖는다. 엘리압은 다윗이 소수의 양을 돌볼 책임을 소홀히 했다고 말하지만, 독자들은 20절을 통해 그의 비난이 부당하다는 것을 알고 있다. 이어지는

엘리압의 두 가지 비난, 즉 교만과 완악함은 종종 하나님께 대한 인간의 불순종을 묘사하기 위해 사용된다(참조. 교만에 대해서는 신 17:12과 18:22, 그리고 완악함에 대해서는 렘 7:24). 아버지의 지시를 의무감을 가지고 실행했던 다윗은 자신의 직무에 불성실하고 전쟁의 아슬아슬함을 즐기는 미성숙함을 지녔다는 비난을 받기까지 한다. 다윗의 답변은 자신의 무고함에 대한 선언이었다－그는 단지 무해한 질문을 던졌을 뿐이다! 다윗은 형에게 저지를 당하자 다른 군사에게 그 보상들이 무엇인지 물었다. 곧 다윗의 끈덕진 물음이 왕의 귀에 들어가 보고되었으며, 그는 사람을 보내 다윗을 불렀다. 31절은 본래의 기사로 전환하게 만든다. 그 기사는 아마도 다윗이 처음부터 줄곧 진영에 머물렀음을 추측케 한다.

32-37 다윗은 그 곳으로 즉시 가서 왕에게 두려워하지 말 것을 간청했다(참조. 11절). 골리앗이란 이름의 부재는 단순히 그 블레셋 거인이 한때 철저히 익명의 인물이었던 한 기사를 반영하는지도 모르지만, 다윗이 현재의 협상(사울과의－역자주) 중에 골리앗이란 이름을 회피하는 것은 그에 대한 경멸감을 보여 준다. 그는 자신을 순종적인 사람으로("당신의 종"), 또한 다른 군사들은 상이 주어질 것이라는 왕의 말을 단지 여기저기 흘려보냈을 뿐이지만 자신은 그 결투에 스스로 자원한 사람으로 지칭했다. 사울은 줄곧 어떤 결과가 예상되고 있었는지를 명백하게 말해 주었다. 그 블레셋 거인은 다윗의 나이 때부터 이미 전사였던 반면, 다윗은 소년에 불과했기 때문에 그 거인을 이길 수 없을 것이다. 골리앗은 다윗의 나이 때에 이미 전투에 참여했다. 그러나 다윗은 왕이 생각한 만큼 경험이 없는 자가 아니었다. 사자와 곰이 양떼를 습격하곤 했는데, 그는 그 때마다 그 야생 동물들을 쳐죽여 양떼를 구했다. 짐승들이 자신을 공격할 때, 그는 갈기를 움켜잡고 사자와 맞붙었다(우리는 35[a]를 목젖으로 읽도록 수정해야 하는가?). 이 할례 받지 못한(참조. 26절) 블레셋 사람은 단순히 이러한 야생 동물 중 하나와 다를 바 없을 것이다. 이는 특히 그가 살아 계신 하나님의 군대를 모욕/도전했기 때문이다(참조. 26절). 다윗은 목양 중의 갖은 위험 속에서 자신을 구해 주셨던 하나님을 신뢰했다(37절). 35절에서 다윗은 구원을 확신한다. 그 블레셋 사람에 대한 신학적 비방을 통해 다윗은 승리에 대한 더욱 큰 확신을 가졌던 것으로 보인다. 사울은 다윗의 기세 등등한 모습에 설득당한 뒤 한 가지 희망을 말하면서 그를 내보냈다: "하나님이 너와 함께 하시리라." 여호와의 영은 이미 사울을 떠난 상태였으며(16:14), 앞서 16:18에서 그 왕의 신하들 중 하나가 여호와께서 다윗과 함께 하신다는 것을 알고 있었다. 그러나 이제 왕조차도 그것을 인정한다. 실로 사울은 그렇게 되길 희망한다. 다윗은 사울의 입을

통해 합법화된 것이다.

38-40 여전히 사울은 다윗의 말이 함축하는 바를 완전히 알지 못했다. 그는 즉시 다윗이 자격을 갖춘 자발적인 지원자로서 적당한 장비만 갖추면 된다고 생각했다! 그러나 심지어 가벼운 군장 – 군복과 놋 투구, 그리고 왕의 검 – 마저도 다윗에게는 너무 과중한 것이었다. 인간적 견지에서 보자면, 그런 장비들은 머리부터 발끝까지 중무장을 하고 신월도와 거대한 창을 갖추고 있던 골리앗을 공격하기에는 너무 조잡하고 부적합했다. 그러나 다윗은 이 군장 사용에 관한 한 경험이 없고 부적합한 소년이었다! 사울은 앞서 다윗에게 한마디 훈시를 했었다: "네가 가서 저 블레셋 사람과 싸우기에 능치 못하리라"(33절). 다윗은 그 말을 확증하면서 이렇게 시인했다: "이것을 입고 가지 못하겠나이다." 결코 전투 장비 일체로 무장하지 않으려고 하는 그는 16:18, 21의 전쟁의 사람(한글 개역: 호기와 무용이 있는 사람 – 역자주)과 병기 나르는 자에 전혀 들어맞지 않는다. 다윗은 손에 막대기 혹은 지팡이를 들고(이것은 삼하 23:21에서 차용된 전승인가? 그러나 거기 있는 샤바트[שׁבט]는 히브리 단어다), 그 와디(엘라 골짜기) 강바닥에서(참조. 2절) 물매에 사용될 다섯 개의 매끈한 돌을 고른 뒤 주머니에 넣었다. 얄쿠트(ילקוט, "주머니")는 구약에서 단 한 번 나오는 단어다. 그것을 목자의 가방으로 확인해 주는 고대의 부연설명이 그 앞에 위치하게 되었다(참조. 40.[a] 와 Wellhausen). 앗시리아(앗수르)의 물매꾼은 놋으로 된 쇠미늘 갑옷을 입고 있는데, 그 모습이 산헤립의 궁전에 그려져 있다(7세기, IBD 1, 115). 물맷돌은 양쪽 끝에 끈들이 부착된 작은 쌈지에 돌을 놓고 물매를 머리 위에서 빙빙 돌리다가 갑자기 한쪽 끝을 푼다. 사무엘상 17장은 명백하게 그 물매를 목동의 무기로 이해하는데, 그것은 또한 베냐민 사람들이 증명해 준 대로 놀라운 정확성과 더불어 조직화된 군사들도 사용할 수 있었다(삿 20:16; 참조. 역시 삼상 25:29; 대상 12:2과 대하 26:14).

41-47 본격적인 싸움 전에, 그 거인과 다윗은 신랄한 비방전을 전개했다. 잘 무장된 거인은 추가적인 보호를 위해 앞에 방패 든 자를 세우고서(7절), 단지 소년에 불과하고(참조. 33절, 55절, 58절) 그것도 홍조를 띤 단정한 용모를 지닌 다윗을 멸시했다! 어떤 사람들은, 비록 어떤 본문상의 증거도 없지만, 후자의 설명이 16:12을 생각나게 하는 것으로서 그 구절과 조화를 이루게 하기 위한 부연설명이라고 믿는다. 그 블레셋 사람은 그런 하잘것없는 상대와 싸워야 한다는 것에 모욕감을 느꼈다. 그는 멸시하면서 말했다. "네가 나를 개로 여기고 막대기를 들고 내게 나아 왔느냐?" 70인경(LXX)은 좀더 확대해서 "그리고 돌을 가지고"를 추가시킨다. 그러나 다

윗은 답변했다. "아니다. 너는 개만도 못하다"(이 짧은 답변은 LXX 본문에만 나온다 – 역자주). 드라이버는 후자를 "유별나게 재빠른 답변"이라고 불렀다. 그 거인의 경멸은 그런 대결들에서 보이는 통상적인 수사학적 미사여구를 반영해 준다. 싸움에 도전한 측은 자신의 힘을 과시하면서 상대의 힘을 조롱한다. 독자는 그 거인이 퍼부은, 이름이 언급되지 않은 신을 동원한 저주가 전혀 해를 끼치지 않는다는 것을 안다. 왜냐하면 그의 신은 살아 있는 신이 아니기 때문이다. 그러나 저주에 대한 시도는 군사적 충돌을 신학적 대결로 전환시킨다.

그 블레셋 사람은 다윗을 비아냥거리면서 시체를 얌전히 매장하지 않고 새와 짐승의 먹이로 널려 놓겠다고 협박했다(참조. 삼상 31:8-13에서 블레셋 사람들이 사울과 그의 아들들을 취급한 장면, 렘 7:33과 8:1-2에 있는 유사한 저주들). 그런 매장 안 된 사체의 노변 방치에 대한 이스라엘의 두려움이 시편 79:2-3에 표현되어 있다. 다윗은 그 거인의 조롱을 맞받아 쳤다. 검이나 창 또는 신월도를 갖지 않은 명백히 불리한 입장을 다윗의 은밀한 무기가 능가하고도 남음이 있다: 그는 만군의 여호와의 이름으로 왔다(이름이 언급되지 않은 그 블레셋 신과 비교됨을 주목하라). 이 칭호가 담고 있는 군사적 함의는 이어지는 부연설명에서 계속 되풀이된다: "이스라엘 군대의 하나님." 만군의 여호와와 이스라엘의 군대가 그 블레셋 사람에 의해 모욕을 당했다. 46절에 있는 첫 번째의 "이 날"이 45절에서 시작된 문장을 끝내는지(LXX가 그렇다), 아니면 그것이 46절에 있는 다윗의 새로운 협박을 시작하는지는 분명하지 않다(MT가 그렇다). 다윗은 자신의 임박한 승리에 대해 여호와를 신임하면서, 그 블레셋 사람의 목을 베서 그와 다른 블레셋 사람들의 시체를 새와 짐승의 먹이로 널려 놓겠다고 장담했다. 아마도 그 블레셋 사람의 협박에 있는 "들의 짐승"(בהמת השׂדה – 브헤마트 하사데)과 다윗의 협박에 있는 "땅의 동물"(חית הארץ – 하야트 하아레츠) 간의 대조 속에는 점진적 확대가 보인다. 그 대결의 신학적 특징은 46절에서 두드러진다: 그 대결을 통해 온 땅이 이스라엘의 하나님을 알게 될 것이다. 47절의 무리들은 이 전쟁을 위해 모인 군사들을 지시하거나(참조. 민 22:4과 렘 50:9), 혹은 이 이야기가 후대에 제의적 정황 속에서 낭송되었다는 암시일 수도 있다(Hertzberg가 그렇다). 무기가 없는 다윗의 상태는 여호와께서 또한 그것들을 필요로 하지 않았다는 것을 증명해 주었다. 결국 전쟁은 여호와 자신께 속한 것이었다(참조. 출 15:3).

48-54 48절은 그 블레셋 사람의 육중한 움직임과 다윗의 번개처럼 빠른 이동을 대조시켜 준다. 다윗의 돌 하나가 그 블레셋 사람의 방어망을 뚫고 지나 그의 급소

하나를 가격했다. 독자들은 이것이 재수 좋은 한 방이 아니라, 그 정확성은 여호와의 손에서 온 것이라는 것을 인식하게 된다. 갤링(Galling, *VTSup* 15, abb 21)은 시편 151편에 대한 19세기의 그림 하나를 출판했는데, 그것은 이러한 이해를 명료하게 만들어 준다: 다윗이 물매를 돌릴 때 창조주의 두 손가락이 다윗과 골리앗 사이에서 중재를 한다. 딤(Deem, *VT* 28[1978] 349-51)은 49절에서 보통 "이마"로 번역된 단어가 "정강이 받이"로 이해되어야 한다고 제안한다. 그러므로 다윗이 정강이 받이 끝 바로 위의 정강이를 조준했다. 그 돌이 무릎을 움직일 수 있도록 노출시킨 정강이 부분을 쳤다는 것이다. 그러나 이것이 한 거인을 때려눕힐 수 있었을까? 그 거인은 여호와에 대한 경외심에서, 혹은 비천한 패배로 인해 땅에 얼굴을 박고 쓰러졌다. 보충적인 50절은 47절의 메시지를 강조한다. 검도 없이 단지 물매와 돌을 가진 하잘것없는 다윗이 그 블레셋 사람보다 더 강했다. 다음 구절에 언급된 검은 다윗의 것이 아니며, 그것은 실제로 필수적인 것이 아니었다. 다윗은 멸시받던 목자의 무기를 가지고 거인을 죽였으며, 그 적장의 목을 그의 검으로 자름으로써 그를 더욱 불명예스럽게 만들었다. 유사하게 브나야는 애굽 사람의 손에서 창을 탈취해 그것을 가지고 그를 죽였다(삼하 23:20). 시누(Sinuhe)는 레테누(Retenu)의 전투용 도끼(battle axe)를 가지고 그의 한 전사를 죽였다(참조. de Vaux, in *The Bible and ANE*). 골리앗의 목 절단은 46절의 위협의 성취였다.

블레셋 족속이 무슨 일이 발생했는지를 목격했을 때, 그들은 전쟁 약조를 어겼다(참조. 9절). 그들은 이스라엘 족속이 그 블레셋 사람의 조롱을 듣고 그랬던 것(24절)과 마찬가지로 달아났다. 이스라엘과 유다 군사들이 그 추적에 함께 참여했다(참조. 11:8). 유다에 대한 언급은 아마도 시대착오적인 것으로서 그 추격에 전심전력을 다했음을 지시하려는 의도였을 것이다. 물론 전반적인 전쟁은 유다에서 발생했다(참조. 1절). 전쟁 함성을 내지르면서(참조. 20절), 그들은 블레셋 족속을 추격하여 그 블레셋 거인의 고향인 가드까지 이르렀다. 에그론(기르벳 엘 무콰나[Khirbet el-Muqanna']; MR 136131)은 가드와 마찬가지로 "블레셋의 다섯 성읍" 중 하나였는데, 가드 북쪽 약 5마일 지점에 있었다(참조. 삼상 5:10). 7:14에 따르면, 사무엘은 그와 동일한 경계를 이스라엘에 회복시켜 주었다. 사아라임은 그 이름을 따라 도로 명칭이 붙여졌는데, 여호수아 15:36에 따르면 소고와 아세가에 가까운 위치였다. 『학생 지도 편람』(the Student Map Manual)은 아세가 북동쪽 약 1마일 지점의 기르벳 에쉬-샤리아(Khirbet esh-Sharia)에 있는 한 곳을 제안한다(MR 145124). 가드와 에그론에 이르는 노상에 흩어진 살해된 자들은 명백하게 썩은 사체로 널려 있게 됨으로써 다윗의 위협이 성취되었다(46절). 추격을 마친 후에, 이스라엘(유다가 없음을 주목하라!)은 블레셋 진영을 약탈했다.

다윗이 골리앗의 머리를 예루살렘으로 가져왔다는 것은 불가능한 것으로 보일 것이다. 왜냐하면 예루살렘은 여전히 여부스 족속의 수중에 있었기 때문이다(참조. 삼하 5:6-9; 삼상 17:57). 아마 사울의 시체가 야베스길르앗에 있는 첫 번째 매장지에서 기스에 있는 무덤으로 옮겨온 것처럼(참조. 삼하 21:12-14; Willis), 예루살렘은 이 승전 기념물이 최종적으로 매달린 장소일 것이다. 칼슨(Carlson)은 다윗이 그 머리를 블레셋 수중의 예루살렘 성벽 위에 매달아 놓았다고 제안했다(참조. 이에 대한 비판으로는 Stoebe, *Das Erste Buch Samuelis*). 그뢴백(Grønbaek)의 제안에 의하면, 그 예루살렘에 대한 언급은 이 이야기가 결국 거기에 전해졌다는 사실에서 비롯된 것이다. 마소라 본문(MT)에 따르면, 다윗은 그 거인의 무기들을 자신의 장막에 두었다. 헤르츠베르그(Hertzberg)는 어린 다윗은 장막을 소유하지 않았을 것이라고 지적하면서, 그 본문을 수정해서 "여호와의 장막"으로 읽는다. 헤르츠베르그에 의하면, 이것은 미스바에 있는 장막 성소다. 다른 사람들은 비슷한 수정을 가하지만 이 성소의 위치를 다윗이 결국 골리앗의 검을 발견하고 그것을 빌렸던 놉이라고 본다(삼상 21:9-10[영역본. 8-9]). 맥카터는 다윗의 장막으로 보고 마소라 본문(MT)을 따르지만, 과연 골리앗의 머리가 예루살렘 대신 놉으로 취해졌을지를 묻는다.

55-58 이 구절들은 원래의 기사를 보충하는데, 다른 주요 보충 단락의 마지막 구절인 31절과 충돌을 빚으며, 본 기사의 32-39절과도 충돌한다(참조. 역시 16:14-23). 다윗은 사울도 그의 총사령관도 그를 누군지 몰랐을 정도로 관심 밖의 인물이었다. 아브넬은 예전에 14:50에서 언급된 바 있었다. 왕의 살아 계심으로 하는 맹세에 대해서는 사무엘하 14:19; 15:21을 보라. 참고로 열왕기하 2:2, 4, 6; 4:30에서는 한 선지자의 살아 있음으로 맹세한다. 56절에서 나아르(נער) 대신 알람(עלם)이란 단어는 다윗의 어린 나이를 강조할 것이다. 전쟁이 끝난 후에 아브넬은 다윗을 왕에게 데리고 왔다. 그리고 사울은 세 번째로 반복된 질문을 한다. 다윗은 자신을 "당신의 종, 이새"의 아들로 밝힌다. 이 단어들은 다윗도 그의 아버지도 배역자가 아니었다는 것을 강조한다. 무엇보다도 그의 아버지는 세 아들을, 그리고 결국은 네 아들을 그 전쟁터로 보냈다.

18 1-5 다윗과 사울의 대화가 있은 후, 요나단은 호감과 정치적 신의로 그에게 결속되어 있다고 느꼈다(참조. Ackroyd, *VT* 25[1975] 213-14). 비슷하게 요나단의 사랑은 정치적이면서 개인적이었다(참조. 18:16, 22, 28; 20:17; Thompson, *VT* 24

[1974] 334-38). 비록 다윗이 17:25에 약속된 왕의 딸을 아직 얻지 못했을지라도, 그는 왕의 아들의 사랑을 얻었다. 그는 나중에 요나단의 사랑이 여자의 사랑보다 더 낫다고 말했다(삼하 1:26). 16:22에 따르면, 비록 사울이 이미 그렇게 한 바 있었을지라도, 그는 이제 다윗을 종신직 시종으로 삼았다. 다윗과 맺은 요나단의 언약은 그에 대한 사랑을 기반으로 한 것이었다. 이것으로 다윗은 사울의 명백한 상속자의 지지를 확보했다. 다윗은 요나단의 죽음을 애도하면서(삼하 1:26) 그를 자신의 (언약) 형제로 언급했다. 이 언약으로 인해 나중에 다윗은 사울의 땅을 요나단의 다리 장애 아들인 므립바알/므비보셋에게 하사했으며, 사울의 다른 후손들에게 들이닥친 비극으로부터 그를 살려 주었다(삼하 9장; 21:7).

요나단은 자신의 옷들을 벗어서 다윗에게 주었는데, 그것은 암묵적으로 계승권을 그에게 넘겨주는 행위였다(Mettinger). 톰슨(Thompson)은 열등한 사람이 더 큰 사람에게 자신의 무기들을 양도한다는 반복적인 주제에 주의를 집중시킨다. 다음 몇 가지를 주목하라. 어떻게 사울이 자신의 무기들을 다윗에게 제공했는가(17:38-39), 어떻게 골리앗의 검이 다윗에게 양도되었는가(17:51과 21:10[영역본. 9]), 그리고 어떻게 요나단이 그에게 자신의 검과 활을 주었는가. 요나단이 다윗에게 건네 준 옷은 왕실 관복이었을 것이다(참조. 24:5, 12[영역본. 4, 11]에서 다윗은 사울의 겉옷 자락을 벤다). 이 관복과 더불어 요나단은 다윗에게 자신이 매일 입는 전투복과 허리띠를 주었다. 소년 다윗은 이제 사울이 자신의 군사 업무를 맡기기에 충분한 성인으로 간주되었다. 이 계급 승진은 온 군대(혹은 참조 구절인 18:7, 16, 28에 의해 여기서 "백성"을 의미한다)와 사울의 보좌관들을 기쁘게 했다.

해설

다윗과 블레셋 거인의 이야기는 믿음의 사람을 통해 무슨 일이 성취될 수 있는지를 보여 주는 전형적인 본보기다. 벤 시라(Ben Sira)는 이렇게 주해한다.

> 소년 시절에 그는 한 거인을 죽였으며,
> 　백성들로부터 치욕을 제거하지 않았던가?
> 그때 그는 물매에 돌을 놓고 손을 높이 들어
> 　골리앗의 거만을 쓰러뜨렸다.
> 왜냐하면 그는 지극히 높으신 주님께 호소했으며,
> 　그분은 그의 오른손에 힘을 주셨기 때문이다.
>
> (시락서 47:4-5)

불행히도 히브리서 저자가 다윗의 믿음이 충만한 행위들을 설명하기에 이르렀을 때는 시간이 부족했다(히 11:32). 진실로 다윗은 아버지의 심부름을 수행했으며, 또한 전 군대가 우물쭈물하고 친형제가 자신을 비웃고 있을 때 영웅적 과업에 자원했기에 그도 역시 순종의 귀감이었다. 그러나 37-47절에서, 다윗은 거듭 여호와만이 진정한 승리의 원천이라는 것을 명백히 밝힌다. 다윗의 돌은 그가 이스라엘 군대의 하나님이신 만군의 여호와의 이름을 신뢰했기 때문에 표적에 적중했다.

이 이야기는, 비록 그것이 처음의 16장 기사를 무시하고 있을지라도, 왕권에 대한 다윗의 자격을 강화시킨다. 여호와께서는 양떼를 공격한 야생 동물과 싸울 때든지 블레셋의 도전에 직면한 이스라엘의 대표로 나설 때든지 다윗을 통해 구원을 주셨다. 사울은 여호와께서 다윗과 함께 계실 것을 약속했으며, 전쟁이 끝나자 그는 다윗을 고향으로 돌려보내는 대신 총사령관 직위에 임명했다. 왕의 아들이요 그의 확실한 상속자인 요나단은 다윗을 사랑했으며, 자신이 그와 개인적으로 그리고 정치적으로 결속되어 있는 것을 느꼈다. 그는 다윗과 언약을 맺었으며 상징적으로 자신의 옷가지와 무기를 벗어 내렸다. 그것은 사실상 자신의 계승권을 포기하고 그것을 다윗에게 양보하고 있는 것이나 다를 바 없었다. 온 군대와 사울의 보좌관들은 다윗이 권력에 오른 것을 기뻐했다. 다윗은 반역자가 아니었다. 그와 그의 아버지는 사울의 종으로 확인된다. 사울이 여전히 명목상의 왕이었으나, 다윗은 이미 이스라엘의 지도자였다.

22. 사울의 질투와 다윗의 성공(18:6-30)

참고문헌

Ben-Barak, Z. “The Legal Background to the Restoration of Michal to David.” *Historical Books of the* OT. VTSup 30. Leiden: E. J. Brill, 1979, 15-29. **Coats, G. W.** “Self-Abasement and Insult Formulas.” *JBL* 89(1970) 14-26. **Glück, J. J.** “Merab or Michal.” *ZAW* 77(1965) 72-81. **Moran, W. L.** “The Ancient Near Eastern Background of the Love of God in Deuteronomy.” *CBQ* 25(1963) 77-87. **Stoebe, H. J.** “David und Mikal. Überlegungen zur Jugend-geschichte Davids.” *Von Ugarit nach Qumran.* BZAW 77. Berlin: Töpelmann, 1958. 224-243.

본 문

6 무리가 돌아올 때 곧 다윗이 블레셋 사람을 죽이고 돌아올 때에 여인들이 이스라엘 모든 성에서 나와서 노래하며 춤추며 소고와 경쇠를 가지고 왕 사울을 환영하는데
7 여인들이 뛰놀며 창화하여 가로되 사울의 죽인 자는 천천이요 다윗은 만만이로다 한지라

8 사울이 이 말에 불쾌하여 심히 노하여 가로되 다윗에게는 만만을 돌리고 내게는 천천만 돌리니 그의 더 얻을 것이 나라밖에 무엇이냐 하고

9 그 날 후로 사울이 다윗을 주목하였더라

10 그 이튿날 하나님의 부리신 악신이 사울에게 힘있게 내리매 그가 집 가운데서 야료하는고로 다윗이 평일과 같이 손으로 수금을 타는데 때에 사울의 손에 창이 있는지라
11 그가 스스로 이르기를 내가 다윗을 벽에 박으리라 하고 그 창을 던졌으나 다윗이 그 앞에서 두 번 피하였더라
12 여호와께서 사울을 떠나 다윗과 함께 계시므로 사울이 그를 두려워한지라

6 [a]When they came back, when David returned from striking down the Philistine[a], [b]female dancers came out from all the cities of Israel to meet[b] him[c], with tambourines, rejoicing, and lyres.
7 The women[a] sang with these words, “Saul has struck down his thousands and David his ten thousands.”

8 [a]Saul was very angry.[a] This matter displeased Saul and he thought, “They ascribe to David ten thousands, but to me they only reckon thousands. [b]The only thing left for him is the kingdom.”[b]”

9 Saul watched[a] David suspiciously from that time onward.

10 [a]The next day an evil spirit from God rushed on Saul and he became ecstatic in the midst of the house. David was playing an instrument with his hand as was his daily custom, and Saul had a spear in his hand.
11 Saul lifted[b] the spear and thought, “I'll nail David to the wall.” David eluded him a couple times.[a]
12 Saul feared David [a]since Yahweh was with him, but had departed from Saul.[a] Saul transferred him

13 그러므로 사울이 그로 자기를 떠나게 하고 천
부장을 삼으매 그가 백성 앞에 출입하며

14 그 모든 일을 지혜롭게 행하니라 여호와께서
그와 함께 계시니라
15 사울이 다윗의 크게 지혜롭게 행함을 보고 그
를 두려워하였으나
16 온 이스라엘과 유다는 다윗을 사랑하였으니
그가 자기들 앞에 출입함을 인함이었더라
17 사울이 다윗에게 이르되 내 맏딸 메랍을 네게
아내로 주리니 오직 너는 나를 위하여 용맹을 내
어 여호와의 싸움을 싸우라 하니 이는 그가 생각
하기를 내 손을 그에게 대지 말고 블레셋 사람의
손으로 그에게 대게 하리라 함이라
18 다윗이 사울에게 이르되 내가 누구며 이스라
엘 중에 내 친속이나 내 아비의 집이 무엇이관대
내가 왕의 사위가 되리이까 하였더니
19 사울의 딸 메랍을 다윗에게 줄 시기에 므홀랏
사람 아드리엘에게 아내로 준 바 되었더라

20 사울의 딸 미갈이 다윗을 사랑하매 혹이 사울
에게 고한지라 사울이 그 일을 좋게 여겨

21 스스로 이르되 내가 딸을 그에게 주어서 그에
게 올무가 되게 하고 블레셋 사람의 손으로 그를
치게 하리라 하고 이에 다윗에게 이르되 네가 오
늘 다시 내 사위가 되리라 하니라
22 사울이 그 신하들에게 명하되 너희는 다윗에
게 비밀히 말하여 이르기를 보라 왕이 너를 기뻐
하시고 모든 신하도 너를 사랑하나니 그런즉 네
가 왕의 사위가 되는 것이 가하니라 하라
23 사울의 신하들이 이 말로 다윗의 귀에 고하매
다윗이 가로되 왕의 사위 되는 것을 너희는 경한
일로 보느냐 나는 가난하고 천한 사람이로라 한
지라
24 사울의 신하들이 사울에게 고하여 가로되 다
윗이 여차여차히 말하더이다
25 사울이 가로되 너희는 다윗에게 이같이 말하
기를 왕이 아무 폐백도 원치 아니하고 다만 왕의
원수의 보복으로 블레셋 사람의 양피 일백을 원

to another place and appointed him commander of
a thousand. [In this post] David went out and
came in before the troops.
14 David was successful in[a] every undertaking and
Yahweh was with him.
15 Saul saw that he was quite successful, and he
stood in awe of him.
16 All Israel and Judah loved David because he
went out (to war) and came home before them.
17 [a]Saul said to David, "Here's my oldest daughter,
Merab. I'll give her to you as a wife if you'll be a
warrior for me and fight the battles of Yahweh."
Saul thought, "Let not my hand be against him; let
the hand of the Philistines be against him."
18 David asked Saul, "Who am I and who are my
kinfolk[a] (my father's family) in Israel that I should
be the king's son-in-law?"
19 When the time came to give Merab, the
daughter of Saul, to David, she was given to Adriel,
a man from Meholah, as a wife.[a]
20 Michal, the daughter of Saul, had fallen in love
with David. When they told Saul, the news pleased
him.
21 Saul thought, "I will give her to him. Let her
be a trap for him, and let the hand of the
Philistines be against him." Saul said to David a
second time, "You will be my son-in-law today!"[a]
22 Saul instructed his officials, "Speak quietly to
David as follows: 'The king takes delight in you,
and all his officials love you. So become the king's
son-in-law.'"
23 Saul's officials spoke these things within earshot
of David, and David responded, "Do you think it's
a little thing to become the king's son-in-law? I am
only a poor and insignificant man!"
24 Saul's officials informed him, "David has spoken
as follows."
25 Saul answered, "Thus you shall say to David,
'The king wants no bride-price, except[a] for 100
Philistine foreskins, so that he may be avenged on

하신다 하라 하였으니 이는 사울의 생각에 다윗을 블레셋 사람의 손에 죽게 하리라 함이라
26 사울의 신하들이 이 말로 다윗에게 고하매 다윗이 왕의 사위 되는 것을 좋게 여기므로 만기가 되지 못하여서
27 다윗이 일어나서 그 종자와 함께 가서 블레셋 사람 이백 명을 죽이고 그 양피를 가져다가 수대로 왕께 드려 왕의 사위가 되고자 하니 사울이 그 딸 미갈을 다윗에게 아내로 주었더라
28 다윗과 함께 계심을 사울이 보고 알았고 사울의 딸 미갈도 그를 사랑하므로
29 사울이 다윗을 더욱 더욱 두려워하여 평생에 다윗의 대적이 되니라
30 블레셋 사람의 방백들이 나오면 그들의 나올 때마다 다윗이 사울의 모든 신하보다 더 지혜롭게 행하매 이에 그 이름이 심히 귀중히 되니라

his royal enemies.'" Saul planned to make David fall by the hand of the Philistines.
26 His officials told David these things, and it pleased David to become the king's son-in-law. [a]When the time had not yet expired,[a]
27 David rose and went, together with his men, and struck down 100[a] Philistine men. He then brought their foreskins [b]and counted them out completely[b] for the king in order to become the king's son-in-law. Thereupon, Saul gave him Michal, his daughter, as wife.
28 Because Saul saw [a]and knew[a] that Yahweh was with David [b]and that all Israel loved him,[b]
29 he [a]kept on being[a] afraid of David all the more. [b]Saul was hostile to David for the rest of his life.
30 The leaders of the Philistines would come out to fight, and whenever they sallied forth, David was more successful than all the officials of Saul. His name was very honored.[a]

원문주해

6.a.-a. 마소라 본문(MT); 70인경 바티칸 사본(LXX^B)에는 없다. 마소라 본문(MT)에서 17:55-18:5의 추가로 인해 연속성이 단절된 이후, 이 부연설명이 17:1-54을 18:6b-30에 연결해 준다. 마소라 본문(MT)에 있는 첨가 구절들은 17장에서와 같이 로마체로 쓰여져 있다.

6. b.-b. 참조. 70인경 바티칸 사본(LXX^B); 마소라 본문(MT)은 이것을 "여인들"(참조. 7절)이 주어였던 이문과 병합시킨다: "여인들이 이스라엘 모든 성에서 나와서 노래하며(병합 과정에서 첨가됨) 춤추는 사람들이 맞이하여."

6. c. 마소라 본문(MT): "사울 왕"; 70인경(LXX): "다윗." 원래의 대명사가 두 본문 전승에서 서로 다른 고유명사로 대치되었다.

7.a. 70인경 바티칸 사본(LXX^B); 마소라 본문(MT)은 "축하하고 있었던"을 추가한다. 참조. 삼하 6:5.

8.a.-a. 마소라 본문(MT); 70인경 바티칸 사본(LXX^B)에는 없다. 이 장을 통해 마소라 본문(MT)은 사울과 다윗 간의 긴장을 고조시키며 다윗의 장점을 확대시킨다. 참조. 8.b., 10.a-11.a., 12.a., 17.a.-19.a., 26.a.-a., 27.a., 27.b., 28.a. 그리고 29.a.-30.a.

8.b.-b. 마소라 본문(MT); 70인경 바티칸 사본(LXX^B)에는 없다. 참조. 8.a.-a.

9.a. 명사 "눈"에서 파생한 명사 유래 분사(denominative participle)로 생각된다. 드라이버를 보라.

10.a.-11.a. 70인경 바티칸 사본(LXX^B)에는 없다. 마소라 본문(MT)은 19:9-10과 관련된 단락을 추가함으로써 사울과 다윗 간의 적의를 고조시킨다. 참조. 8.a.

11.b. 나탈(נטל)에서 온 것처럼 독음한다; 마소라 본문(MT)은 그것을 툴(טול, "던졌다")에서 유래한 것으로 추론한다.

12.a.-a. 마소라 본문(MT); 70인경 바티칸 사본(LXX^B)에는 없다. 8.a.-a.를 보라.

14.a. 마소라 본문(MT): 레(־ל); 많은 사람은 베(־ב)로 수정한다.

17.a.-19.a. 마소라 본문(MT); 70인경 바티칸 사본(LXX^B)에는 없다. 8.a.-a.와 "양식/구조/배경"을 보라.

18.a. 이 드문 단어는 평범한 단어인 "생명"으로 오해되었으며, 아마도 "나의 아버지 집"으로 부연설명되었을 것이다.

21.a.-a. 마소라 본문(MT); 70인경 바티칸 사본(LXX^B)에는 없다. 이 부연설명은 미갈 사건을 이차적인 17-19장과 조화시키기 위해 추가되었다.

25.a. 키 임(כי אמ)으로 읽으라; 마소라 본문(MT): 키(כי).

26.a.-a. 마소라 본문(MT); 70인경 바티칸 사본(LXX^B)에는 없다. 참조. 8.a.-a. 이 추가는 다윗의 열심과 열망을 보여 준다.

27.a. 70인경 바티칸 사본(LXX^B); 마소라 본문(MT)은 그 수를 200으로 늘려 잡는다. 참조. 8.a.-a.

27.b.-b. 마소라 본문(MT); 70인경 바티칸 사본(LXX^B)에는 없다. 참조. 8.a. 이 부연설명은 26.a.와 관련되어 있을 것이다(참조. 히브리어의 유사성).

28.a.-a. 마소라 본문(MT); 70인경 바티칸 사본(LXX^B)에는 없다. 참조. 8.a.-a.

28.b.-b. 70인경 바티칸 사본(LXX^B); 마소라 본문(MT): "그리고 사울의 딸 미갈이 그를 사랑한다는 것을." 29.a.-30.a.에 있는 부연설명은 28절을 19:1-7에 있는 그것의 원래 문맥으로부터 분리시킨다. 이때 28절은 28.b.에 있는 현재의 대체 독법이 되면서 선행한 단락의 결론으로 간주되었다.

29.a.-a. 봐요세프(ויוסף)로 읽으라.

29.b.-30.a. 마소라 본문(MT); 70인경 바티칸 사본(LXX^B)에는 없다. 참조. 8.a.-a.

양식/구조/배경

이 단원은 17:1-54에 있는 다윗이 블레셋 거인을 패배시킨 기사의 후편을 이룬다(참조. 17:55-18:5). 아마도 18:28-29a이 한때 그 단원의 일부였을지도 모르지만(아래를 보라), 19장은 요나단을 다루는 새로운 사건을 소개한다.

요약. 승리를 거두고 귀향하던 다윗을 여자들이 환영하자, 사울은 그들에게 분노와 질투로 반응했다(6-9절). 악한 영에 사로잡힌 채, 그는 자신의 창으로 음악가 다윗을 죽이려고 했다(10-11절). 사울은 분노를 품고 다윗을 군사 직위에 임명했으나, 다윗은 모든 임무에서 성공을 거두었다. 이것은 사울의 분노와 다윗에 대한 백성들의 사랑을 증폭시켰다(12-16절). 다윗은 대단히 겸손한 반응을 보였다. 사울은 자신의 딸 메랍을 다윗에게 주겠다고 제안했다. 그러나 그는 결국 딸을 다른 사람에게 주었다(17-19절). 사울의 딸 미갈은 다윗을 사랑하게 되었다. 다윗은 100명의 블레셋 사람의 양피를 신부 값으로 지불하고 그녀를 얻었는데, 그것은 사울이 다윗을 해치려는 계획의 일부로 설정된 것이었다. 다윗은 다시 겸손함을 보였다(20-27절). 사울은 계속적인 성공을 거둔 다윗에게 여호와와 백성들 양자 모두가 호의를 가지고 있다는 사실을 알고 있었기에 두려움이 고조되었다(28-30절).

다윗과 미갈의 결혼은 사무엘상, 하에서 중요한 주제를 형성한다. 사무엘상 19:11-17에서 그녀는 다윗이 자신의 아버지로부터 탈출하는 것을 돕기 위해 술책을 썼다. 사무엘상 25:44에 따르면, 그녀의 아버지는 나중에 그녀를 갈림에 사는 라이스의 아들 발디에게 주었다. 다윗은 아브넬과 이스보셋과 더불어 싸울 때 미갈을 자신에게 돌려줄 것을 요구했으며, 이스보셋은 그녀를 고향으로 돌려보내 그녀의 두 번째 남편에게 고통을 안겨주었다(삼하 3:13-16). 벤 바락(Ben-Barak)은 고대의 법적 자료들에서 유래한 이 사건에 대해 한 가지 가능성 있는 법적인 설명을 제공했다. 남편이 그 나라를 떠날 것을 강요받은 한 여자가 2년을 기다린 후에 재혼할 수 있었다. 그렇지만 만일 그녀의 첫 번째 남편이 돌아오게 된다면, 그녀는 그와 재결합하게 된다. 두 번째 결혼에서 낳은 어떤 자녀라도 친아버지와 머물게 된다. 마지막 이야기에서 미갈은 다윗이 언약궤 앞에서 뛰면서 춤추었다는 이유로 그를 경멸했으며, 그녀가 다윗을 비판했을 때 그는 미갈을 꾸짖으면서 자신의 행위를 변호했다. 그 결과 그녀는 영원히 자녀를 낳지 못하게 되었다(삼하 6:17-23). 다윗과 사울의 딸의 결혼, 그리고 그녀가 먼저 사랑에 빠지고 그의 탈출을 도운 일은 사울의 합법적 계승자라는 다윗의 주장에 대한 중요한 지지 근거를 제공했다.

제안된 메랍과의 결혼은 70인경 바티칸 사본(LXX^B)에는 나타나지 않는데(아래를 보라), 아마도 본래 기사의 일부는 아니다. 그것은 현재의 형식 속에서 사울의 이중성을 보여 준다. 그 왕은 다윗이 결혼 약조의 일부분으로 벌인 전투에서 죽기를 희망했다(17절). 또한 그는 결혼 날짜가 다가왔을 때 자신의 딸을 제공하길 거절했다. 맥카터는 제안되었던 메랍과의 결혼은 17:25에 있는 사울이 세운 약속의 성취라고 믿는다. 그러나 이러한 이해는 현재 형태의 본문에 들어맞지 않는다. 왜냐하면 17b절에 따르면 사울의 제안 목적은(맥카터는 이것을 편집이라고 생각한다) 그녀를 통해서 다윗을 파멸시키기 위한 것이기 때문이며, 또한 그 왕이 메랍을 블레셋 거인에 대항했던 과거의 행위(17a절)에 대한 보상이 아니라 미래의 영웅적 행위에 대한 보상으로 지정했기 때문이다. 메랍의 다섯 아들(LXX^L, Syr; MT는 미갈로 읽으며, Glück은 미갈을 지지한다)과 바실래의 아들인 아드리엘의 두 아들은 후에 기브온 사람들에게 처형당했다(삼하 21:7-9). 글뤽(Glück)은 이 다섯 아들이 사실은 미갈의 아들들이라고 주장한다.

17장과 마찬가지로 70인경 바티칸 사본(LXX^B)에 제시된 본문과 마소라 본문(MT) 사이에는 많은 차이점들이 있다. 우리는 다시 그것들을 로마자로 표시함으로써 마소라 본문(MT)에 추가된 것들의 이차적 특징을 지시했다. 그러나 17장에서처럼 우리는 그것들을 독자적인 기사의 일부가 아닌 마소라 본문(MT)의 편집의 일부로 이해해야 한다고 믿는다. 그것들의 이차적 특징은 메랍과 미갈이 연루된 사건들을 비교함으로써 나타난다. 만일 메랍 이야기가 본래의 것이라면, 왕의 딸인 미갈과의 가능한 결혼에 대해 놀라는 다윗의 반응은 의미가 없을 것이다(23절). 대부분의 추가물들과 다른 독법들의 목적은 다윗에 대한 사울의 증오심을 돋보이게 하거나 다윗의 미덕을 확대시키고 있는 것처럼 보인다. 다음은 그것을 명확하게 보여 준다.

18:6[a-a]	17:55-18:5로 묘사된 부록에 뒤이어 나타나 형식상 17:1-54로 연결시키는 다리. 이 문절(clause)은 그 자체로 이문병합(conflate)일 수 있다(Mc Carter를 보라).
18:8[a-a]	사울의 분노.
18:8[b-b]	다윗이 왕국을 노리는 것에 대한 두려움.
18:12[a-a]	여호와께서 다윗과 함께 하시고 사울을 떠나심.
18:17-19	다윗을 넘어뜨리기 위해 메랍을 주겠다는 제안을 하고 그 제안을 어기는 사울의 이중성.
18:21[a-a]	17-19절을 20-27절과 연결시키는 데 필요한 부연설명.
18:27[a]	각주를 보라. 다윗은 요구받은 양피 100명분이 아니라 200명분을 확보했다.
18:27[a-a]	다윗은 자신이 획득한 것들을 그 수량만큼 다 주었다.
18:28[a-a]	호감을 받는 다윗의 신분에 대한 사울의 주관적인 이해를 강화시킨다.
18:28[b-b]	맥카터는 18:28-29a이 한때 19:1-7 단원의 일부였다고 제안한다. 이 구절과 29절의 전반부가 뒤이어 논의된 부연설명에 의해 단절될 때, 편집자는 이스라엘의 사랑을 미갈의 사랑으로 대체시켜 이어지는 문맥에 적합하게 만들었다.

18:29[b]-30[a] 사울을 향한 오랜 적의와 다윗의 영속적인 성공에 대한 강조.

이 단원에 신명기 학파적 편집의 증거는 없다.

주석

6-9 비록 아무런 필사본의 증거가 없다 할지라도 6[a-a]는 이문병합인 것으로 보이는데, 이것은 두 가지 다른 방식으로 전쟁으로부터의 귀환을 묘사한다. 갈대 바다(the Sea of Reeds)에서 승리한 후 미리암과 여자들이 노래하며 춤을 추었다(출 15:20). 그리고 입다의 딸 역시 춤을 추면서 승리한 자신의 아버지를 맞았다(삿 11:34). 우리의 단원에서 보면, 무녀들은 모두 이스라엘의 모든 성읍에서 왔다. 유사하게 광범위한 정치적 지지가 16절과 28절에 기록되어 있다. 소고(탬버린)는 히브리 성경에서 항상 기쁨이나 흥겨움과 관련되는데(참조. 사 5:12의 축제에 대한 언급), 그것은 작은 원통형 북이었다. 소고들은 10:5에서 선지자 대열에 의해 운반되었으며, 다윗이 예루살렘으로 법궤를 옮길 때 그것들은 축하 의식에 사용되었다(삼하 6:5). "기뻐함"(rejoicing)은 구체적 행위를 위해 사용된 추상명사다. 스토베(Stoebe, *Das Erste Buch Samuelis*)는 "즐거운 소리로"(with joyful sounds)를 제안한다. 여기서 경쇠(lyres)란 단어는 단 한 번 나오는 어휘(a hapax legomenon)이며, 그 단어의 히브리어 어원은 일종의 세 개의 현을 가진 악기를 가리킬 것이다(저자는 이 히브리 단어를 "수금들"[lyres]로 번역하면서 그것이 세 개의 현을 가진 악기라고 간주하지만, 그것은 한글 개역 "경쇠", 공동번역 "꽹과리", NIV "lutes" 그리고 DBY[다비 영역본] "triangles" 등으로 다양하게 번역된다. 우리말 "경쇠"란 트라이앵글의 일종을 의미한다 – 역자주).

여자들이 노래한 이행연구(二行聯句, couplet) 역시 21:12[영역본. 11]과 29:5에서 인용되는데, 한때는 당파적 성향이 없는(non-partisan) 승리의 노래였을 수도 있다. "수천"(한글 개역: 천천)과 일만(한글 개역: 만만)은 시편 91:7과 우가릿 본문들에서 동의적 의미로 사용된다. 그 이행연구는 "우리의 두 영웅이 많고 많은 사람들을 죽였다!"로 바꾸어 해석할 수 있다. 나아가 그 이행연구는 사울과 다윗 사이의 대조를 보여 주는데, 듣는 사람들이 그 숫자들을 비교해서 생각하게 만든다. 사울의 관점에서 보면, 다윗에 대한 공평한 주장마저도 수상하게 생각했을 수 있다. 어떤 경우든지 사울은 그 노래를 가능한 최악의 의미로 이해했다. 그의 불쾌한 마음(20절과 26절에서 미갈과의 결혼 제안에 대한 사울과 다윗의 기쁨을 대조하라)은 평생 동안 다윗을 의심하는 결과를 가져왔다. "의심스럽게 주목했다"(포엘형 분사로 이해되거나 독음된다)에 해당하는 히브리어는 문자적으로는 사울이 그 시간 이후로 그에게서 줄곧 눈을 떼지 않았다는 것을 말한다. 8[b-b]의 추가는 사울의 질투가 다윗의 군사적 업적들을 넘어섰다는 것을 명백하게 만든다. 그는 왕의 보좌를 두려워했다!

[10]-[11] 19:9-10의 모형이 된 것으로 보이는 이 보충 구절들은 다윗에 대한 사울의 맹렬한 공격들을 매우 이른 시기로 설정한다. 하나님으로부터 악한 영이 사울에게 임했다(참조. 사울에 대해 10:6, 10; 11:6; 다윗에 대해 16:13). 그것은 그 왕이 하나님에 의해 거절된 이유가 다윗에 대한 그의 증오심과 관련되어 있음을 보여 준다. 그 결과는 황홀경이나 비정상적인 행위였다(문자적으로는 "그가 예언했다"). 우리는 아마도 그런 "예언 행위"가 긍정적으로 관찰되는 10:10, 13과 사울의 황홀경적인 행위를 매우 부정적으로 보는 듯한 19:20-24을 대조해 봐야 할 것이다. 평상시 그대로인 다윗은 바로 이때 음악을 연주해서 그 왕을 안정시키려고 애쓰는 중이었다. 사울의 창은 홀과 마찬가지로 사실상 그의 왕권의 표시인 것으로 보인다(참조 22:6과 26:7). 11절에서 사울에 의해 인용된 단어들이 그가 생각한 것인지, 아니면 그가 실제로 말한 것인지가 완전히 분간되는 것은 아니다(참조. 17절과 21절). 나중에 다윗의 참모 아비새는 사울을 그(사울-역자주)의 창으로 땅에 꽂기를 원했다(26:8). 그러나 다윗은 그런 생각을 거절했다.

[12]-[16] 12[a-a]의 추가는 다윗에 대한 사울의 두려움에 관해 신학적 이유를 제공한다(참조. 29절). 여호와께서 다윗과 함께 있다는 것은 이미 16:18에서 확증되었으며, 사실상 17:37에서 사울 자신에 의해 약속된 바 있었다. 역시 18:14, 28과 비교해 보라. 편집자는 여호와께서 사울을 떠나셨다는 생각을 지지하면서 16:14에 호소할 수 있었다. 사울은 두려움으로 인해 다윗을 천부장에 임명하게 되었는데(참조. 8:12와 17:18), 그것은 다윗을 자신 앞에서 제거하기 위함이었다. 명백히 그는 다윗이 전쟁터에서 쓰러지게 될 것으로 기대했다. 이 야비한 보직 임명은 18:5(보충 구절)에 있는 언급과 대조된다. 거기서 사울은 다윗을 군장으로 세웠는데, 그것은 자신을 영예롭게 하도록 하기 위함이었다. "출입"은 전투를 벌이는 것을 의미하는 상투적인 문구이며, 누군가의 "앞에서" 나가고 들어오는 것은 전투 중의 지도자임을 의미한다(참조. 민 27:17; 삼상 8:20; 삼하 5:24). 새로 임명한, 그리고 아마도 더욱 위험한 직책을 통해 다윗이 더 큰 성공을 거두었을 때 사울이 느꼈을 실망감을 상상해 보라(14절과 15절; 참조. 18:5과 30절). 드라이버는 사울의 걱정이 단순한 두려움에서

(12절) 큰 위압감으로(15절), 그리고 더욱더 큰 두려움(29절)으로 점차적으로 상승한 것을 발견했다. 다윗 자신의 유다 지파뿐만 아니라 모든 이스라엘(16절; 참조. 6절과 28절)이 그의 군사적 위용에 대해 다윗을 찬양했다. 이스라엘과 유다에 대한 언급은 통일 왕국의 두 대표 지역구(two main constituencies)에 대한 표현인지도 모른다. 이 지파들의 다윗에 대한 사랑은 사실상 그를 왕으로 인정하는 표시다(참조. Moran, *CBQ* 25[1963] 77-89, 그리고 18:1에 언급된 요나단의 사랑).

17-19 이 보충 구절은 사울이 한때 자신의 장녀 메랍을 다윗에게 약속했다는 것을 기록한다(참조. 14:49). 장녀와의 결혼은 추측컨대 미갈과의 결혼보다 더욱 강력한 왕직에 대한 권리를 제공했을 것이다. 편집자는 17:25의 약속을 심중에 두고 있었을 것이다(Grønbaek). 그러나 만일 그렇다면, 그는 그 약속에 새로운 의미를 부여하고 있는 것이다: 다윗은 장차의 영웅적 행위 덕분에 그 딸을 가질 수 있을 것이다. 16:18에 따라 기뽀르 하일(גבור חיל, "용감한 능력자")로 알려진 다윗은 17절에서 사울로부터 용사가 되어 달라는 요청을 받는다. 14:52에 따르면, 사울은 많은 그런 용사들을 자신의 호위대로 임명했다(참조. 역시 10:26 LXX; 삼하 2:7; 17:10). "여호와의 전쟁들"(참조. 민 21:14)이 신명기 학파적 구절인 25:28에서 언급된다. 거기서 아비가일은 다윗이 사실상 그들과 싸웠다는 것을 인정한다. 사울이 자신의 딸을 주는 이면의 동기(아마도 또다시 발설된 말이 아닌 생각이다)는 21절에서 반복된다. 사울은 자신에게 비난이 돌아오지 않으면서도 다윗을 위험에 처하게 만들기를 원했다(참조. 천부장으로 다윗을 임명한 일, 13절). 나중에 다윗은 여호와의 기름부음 받은 자에게 손을 대는 사람은 그 누구든 그에게 혐오감을 표현했다(24:6; 26:9). 다윗은 사울의 제안에 겸손한 모습으로 대답했다. 그 겸손은 아마도 역시 하나님의 뜻의 권위를 받아들인다는 것을 암시할 수 있다(Ackroyd). 도전적인 직무로의 임명에 대한, 혹은 하나님의 신탁(oracle)에 대한 응답에 있어서 그런 자기 비하는 빈번하게 언급된다(참조. 삿 6:15; 삼상 9:21; 삼하 7:18; 다른 예들과 토론에 대해서는 Coats를 보라). 맥카터는 다윗의 말을 사울의 제안에 대한 거절로 이해한다. 비교적 드문 단어인 "친속"(참조. 아마 시 42:9[영역본. 8]: "나의 친속의 하나님", 한글 개역: 나의 생명의 하나님)은 마소라 본문(MT)에서는 마치 그것이 더욱 일반적인 명사 "생명"이었던 것처럼 지시된다. 우리가 괄호로 묶은 "나의 아버지의 집안"(18절)은 분명히 "친속"을 설명하려는 고대의 시도다.

왕의 사위라는 다윗의 지위가 이 장의 나머지 부분에서 줄곧 반복적으로 강조된다(21, 22, 23, 26, 27절). 아비멜렉 역시 22:14에서 다윗을 미갈에 의한 왕의 사위로 언급한다. 사울의 이중적인 처세는 그가 메랍을 아드리엘에게 줄 때 폭로된다. 아드리엘은 분명히 아즈리엘의 아람어 동의어인데, 그것은 "하나님은 나의 구원이시다"를 의미한다. 므홀랏 혹은 아벨 므홀랏은 갈릴리 바다 남쪽 약 23마일 지점의 요단강 서쪽 언덕에 있는 텔 아부수스(Tell Abû Sûs, MR 203197; Stoebe, *Das Erste Buch Samuelis*; 그리고 *Student Map Manual*)나 혹은 이 지점에서 7.5마일 가량 떨어진, 길르앗에 속한 요단 동편(트랜스 요르단)의 텔 엘-마클룹(Tell el-Maqlub, MR 214201; Glueck, *ZAW* 77[1965] 72-81; McCarter)과 동일시된다. 이 결혼은 기브온 족속이 다윗의 허가를 받고 그 부부의 다섯 자녀를 살해했기 때문에 불행한 것으로 증명되었다(삼하 21:5-9)

[20]-[27] 다윗에 대한 미갈의 사랑은 사울과 다윗 양자 모두에게 하나의 기회를 준 것처럼 보였다. 사울에게 있어서 그것은 자신에게 아무런 손해도 돌아오지 않고 다윗을 위험에 빠뜨릴 기회였다. 다윗에게 있어서 그것은 왕좌에 대한 권리를 강화시킬 수 있는 기회였다(26절; 참조. McCarter). 다윗은 사울 집안에서 점점 증가하는 정치적 지지를 발견했다. 그를 사랑했던 사람은 처음에 사울 왕이었으며(16:21), 이어서 장남 요나단이 그러했다(18:1, 3; 20:17). 사울은 미갈이 일종의 덫, 즉 미끼가 달린 덫의 방아쇠와 같은 것이 되기를 의도했다(참조. Driver). 추가된 21[a-a]는 17-19절의 봉합형 구조(inclusion)와 관련된 편집의 일부다. 만일 17-19절이 본래의 것이라면, 우리는 다윗이 사울의 두 번째 제안을 진지하게 받아들였다는 것에 놀라게 된다. "두 번째"란 번역은 문맥에 의해 요구된 것으로 보인다(참조. 욥 33:14; Stoebe, *Das Erste Buch Samuelis*에 있는 다른 제안들). 18장의 본래의 판본에서, 사울의 예비 사위를 향한 접근은 훨씬 더 신중했다. 사울 왕은 자신이 다윗을 기뻐하며 모든 신하가 그를 "좋아한다"는 말이 관리들을 통해 새나가도록 했다. 신하들은 그 장의 나머지 부분에서 주요 역할을 하며(23, 24, 26, 30절), 다윗에 대한 그들의 지지 역시 보충된 18:5에서 확증된다. 23절의 "귀에"(within earshot of)라는 번역은 너무 정밀한 것일 수 있다. 신하들이 이 메시지를 직접 다윗에게(그의 귀에) 말했는지도 모른다. 메랍이 제안되었을 때와 마찬가지로 다윗은 겸손히 응답했다. 왕의 사위가 된다는 것은 전혀 사소한 일이 아니었다. 다윗은 가난했으며, 아마도 공주에게 걸맞는 신부 값을 지불할 수 없었을 것이다. 그는 왕실에 대한 희망을 가질 수 없는 완전히 비천한 사람이었다(참조. 사 3:5. 여기서 "비천한"이란 단어가 "존귀한"이란 단어의 반대말로 사용된다).

이스라엘에서 신부 값은 신랑이 그 여자의 아버지에게 지불했다. 단지 이 곳과 남자가 자신이 범한 여자의 아버지에게 신부 값을 지불해야 한다는 조항인 출애굽기 22:5-16[영역본. 6-17], 그리고 창세기 34:12에서만 그 규정이 분명하게 언급된다. 창세기의 그 구절은 흥미롭다. 왜냐하면 그것은 아버지가 자신이 요구한 값을 정할 수 있다는 것을 지시하기 때문이다(참조. deVaux, 27). 사울은 돈 대신 일종의 노역 방식을 제안한다(참조. 창 29:15-30와 수 15:16-삿 1:12). 그러나 그 제안은 자비가 아니라 하나의 사기다. 사울은 이 임무를 수행하는 중에 다윗이 블레셋 족속의 손에 의해(혹은 수중에) 쓰러지길 바랐다. 현대의 독자들에게는 전적으로 천박한 인상을 주는 그 양피로 된 신부 값은 우리가 삼손 이야기에서 발견할 수 있는 것과 동일한 종류의 민족 정서(ethnic humor), 즉 오랜 적대감에 의해 발생된 민족 정서를 반영한다. 다윗에게 신부 값의 요구를 통보할 때, 왕은 그렇게 함으로써 자신의 대적인 블레셋 족속에게 복수하게 될 것이라는, 겉으로 보기엔 경건한 소망을 표출했다. 우리는 다윗이 그 교활한 제안을 눈치챘는지 알 수 없지만, 어쨌든 그 제안은 그가 바라고 있던 왕실의 자격을 증진시킬 기회를 그에게 제공했다. 다윗과 그의 "군사들"(여기서 최초로 언급된다; 참조. 23:3. 물론 다윗은 당시 천부장이었다)은 신속히 가서 100명의 블레셋 사람을 죽여 양피를 왕에게 전해 주었다. 마소라 본문(MT)은 다윗의 행위를 과장하는 것으로 보인다. 그는 왕이 숨을 거두기 전에(26[a-a], 한글 개역: 만기가 되지 못하여서) 그 일을 행했으며, 요구된 것보다(27[a-a]) 두 배가 많은 양피를 얻었고, 왕에게 정확한 수량 그대로 드렸다(27[b-b])! 이것은 거의 사울이 원했거나 예상했던 결과가 아니었지만, 그는 적어도 임시적이나마 자신의 말에 충실해야만 했다. 그러나 사무엘상 25:44에 따르면, 그는 나중에 미갈을 다른 남자에게 주었다.

28-30 사울은 재앙의 조짐을 알 수 있었다. 여호와께서 왕권을 노리는 이 자와 함께 하셨으며(참조. 12절에 있는 보충), 온 이스라엘이 그를 사랑했다(참조. 6절의 이스라엘의 모든 성읍에서 나아온 여자들과 16절에 있는 온 이스라엘에 대한 언급). 이제 그의 두려움은 새로운 단계에 이르렀다. 그 두려움으로 인해 사울은 상황을 전환시켜 다윗을 죽이려는 음모에 요나단과 다른 사람들을 끌어들이려고 했는지도 모른다(19:1-7; McCarter). 마소라 본문(MT)은 우리에게 사울이 이 일들을 보았을 뿐만 아니라, 그것들이 사실인 것을 알았다고 알려 준다. 편집자는 사울이 다윗에게 자신의 모든 원수들을 응징해 달라고 부탁한 직후에 다윗의 대적이 되었다는 사실을 추가시킨다(29절). 블레셋 방백들이(이 용어에 대해서는 29:3, 4, 9을 보라) 출정해 나왔을 때, 다윗은 그들에게 승리를 거두었다(참조. 14절과 15절, 그리고 18:5

에 있는 그의 성공). 이 단원은 시작과 마찬가지로, 다윗이 사방에서 존귀함을 얻은 것으로 끝맺는다.

해설

이 단원에 있는 재료들은 사울의 고통스러운 딜레마를 묘사한다. 그의 질투심과 사악함이 커질수록 다윗은 더욱 성공을 거두었다. 다윗의 영웅적 업적들에 대한 대중들의 찬사로 인해 초조해진 사울은 그를 두 차례 죽이려고 했으며, 오로지 그를 제거하고 위험에 빠뜨리기 위해 승진시켰다. 사울은 다윗의 성공을 보았을 때(14, 15절) 그의 두려움이 경외감으로 바뀌었다. 사울은 다윗의 결혼을 위해 두 딸을 제안했으나, 두 경우 모두 위험한 군사적 업적과 연결시켜 블레셋 족속이 자신을 위해 경쟁자 다윗을 제거시켜 줄 것을 바랐다. 비록 사울이 첫째 딸의 제안을 취소하고 둘째 딸을 위해 지나치게 위험한 신부 값을 지정했을지라도, 다윗은 부여된 임무를 완수했다. 다윗은 그의 선임자의 사위가 되었다. 이 장이 끝날 때 사울은 점점 더 두려워했으며, 반면에 다윗은 반복적으로 블레셋의 침략에 대항하여 성공을 거두었다. 다윗은 사울의 관리들보다 더 빛이 났으며 도처에서 영예를 얻었다. 사울의 행위의 동기가 무엇이었든지, 즉 그것이 좋은 뜻이었든(16:21-22), 두려움이나 의심이었든, 아니면 노골적인 악의였든지 간에 그것들은 모두 다윗의 성공으로 이어졌다(McCarter).

이러한 결과들은 단순히 정치적인 손익(損益)만은 아니다. 여호와는 다윗과 함께 하셨으며(12, 14, 28절), 사울의 악의적이며 심지어 비이성적인 행위(무아경)는 최종 편집자에 따르면 심리학적 문제 못지 않게 신학적 문제였다: 하나님으로부터 온 악한 영이 사울에게 엄습했으며(10절), 여호와는 그를 떠나셨다(12절).

사울의 딸 미갈은 다윗을 사랑했는데, 이러한 애착 역시 요나단의 사랑이 이제껏 그러했고 또한 추후에도 그럴 것처럼(20:17) 정치적 충절을 함축하고 있었다. 더욱이 승리의 귀환을 하던 영웅을 춤추며 맞이하는 여자들은 온 이스라엘의 국가적 충절에 대한 표현이었다. 온 이스라엘과 유다 또한 다윗을 사랑했다. 다시 말해, 그들은 다윗의 군사적 성공으로 인해(16, 28절) 그에게 정치적 충절을 보여 주었다.

23. 네 번의 탈출(19:1-24)

참고문헌

Schmidt, Ludwig. *Menschlicher Erfolg und Jahwes Initiative.* WMANT 38. Neukirchen-Vluyn: Neukirchener Verlag, 1970, 103-13. **Smith, S.** "What Were the Teraphim?" *JTS* 33(1932) 33-36. **Wilson, R. R.** *Prophecy and Society in Ancient Israel.* Philadelphia: Fortress Press, 1980. For 19:18-24, see also the Bibliography at 9:1-10:16.

본 문

1 사울이 그 아들 요나단과 그 모든 신하에게 다윗을 죽이라 말하였더니 사울의 아들 요나단이 다윗을 심히 기뻐하므로	**1** Saul told Jonathan his son and all his servants about his intention to kill David even though Jonathan, the son of Saul, found great delight in David.
2 그가 다윗에게 고하여 가로되 내 부친 사울이 너를 죽이기를 꾀하시느니라 그러므로 이제 청하노니 아침에 조심하여 은밀한 곳에 숨어 있으라	**2** So Jonathan reported to David, "Saul[a] seeks to kill you.[b] Be careful in the morning. [c]Hide yourself and stay hidden.[c]
3 내가 나가서 너 있는 들에서 내 부친 곁에 서서 네 일을 내 부친과 말하다가 무엇을 보거든 네게 알게 하리라 하고	**3** But I will go out and stand by the side of my father in the field where you are. I will speak up on your behalf to my father and I'll see what's to be seen and report it to you."
4 요나단이 그 아비 사울에게 다윗을 포장하여 가로되 원컨대 왕은 신하 다윗에게 범죄치 마옵소서 그는 왕께 득죄하지 아니하였고 그가 왕께 행한 일은 심히 선함이니이다	**4** Jonathan spoke up well for David to Saul, his father. He admonished him, "Let not the king sin against his servant David, for he has not sinned against you, and his deeds are very good.[a]
5 그가 자기 생명을 아끼지 아니하고 블레셋 사람을 죽였고 여호와께서는 온 이스라엘을 위하여 큰 구원을 이루셨으므로 왕이 이를 보고 기뻐하셨거늘 어찌 무고히 다윗을 죽여 무죄한 피를 흘려 범죄하려 하시나이까	**5** He took his life in his hands and struck down the Philistine, and Yahweh brought about a great victory for all Israel [a][through his hand].[a] When you saw that, you were happy. Why do you sin against innocent blood by killing David for no good reason?"
6 사울이 요나단의 말을 듣고 맹세하되 여호와께서 사시거니와 그가 죽임을 당치 아니하리라	**6** Saul listened to Jonathan, and Saul swore, "As Yahweh lives, he shall not be put to death!"

7 요나단이 다윗을 불러 그 모든 일을 알게 하고 그를 사울에게로 인도하니 그가 사울 앞에 여전히 있으니라

7 Jonathan summoned David and[a] informed him about all these things. Then Jonathan brought David to Saul, and he served before him just as before.

8 전쟁이 다시 있으므로 다윗이 나가서 블레셋 사람들과 싸워 그들을 크게 도륙하매 그들이 그 앞에서 도망하니라

8 But the war continued to go on. When David went out to fight the Philistines, he inflicted a great blow against them so that they fled before him.

9 사울이 손에 단창을 가지고 그 집에 앉았을 때에 여호와의 부리신 악신이 사울에게 접하였으므로 다윗이 손으로 수금을 탈 때에

9 The evil spirit from God[a] came on Saul, who was sitting in his house with his spear in his hand, while David was playing the lyre with his hand.

10 사울이 단창으로 다윗을 벽에 박으려 하였으나 그는 사울의 앞을 피하고 사울의 창은 벽에 박힌지라 다윗이 그 밤에 도피하매

10 Saul sought to pin David to the wall with the spear, but he escaped from Saul. As [Saul] struck the spear into the wall, David fled and escaped.

11 사울이 사자들을 다윗의 집에 보내어 그를 지키다가 아침에 그를 죽이게 하려 한지라 다윗의 아내 미갈이 다윗에게 일러 가로되 당신이 이 밤에 당신의 생명을 구하지 아니하면 내일에는 죽임을 당하리라 하고

11 [a]That night[a] Saul sent messengers to the house of David to watch him [b]so that he might kill him[b] in the morning. Michal, his wife, advised David, "If you do not save your life tonight, tomorrow you will be put to death."

12 미갈이 다윗을 창에서 달아 내리우매 그가 도망하여 피하니라

12 Michal let David down through the window, and he took off and made his escape by flight.

13 미갈이 우상을 취하여 침상에 뉘고 염소털로 엮은 것을 그 머리에 씌우고 의복으로 그것을 덮었더니

13 Michal took the teraphim and put it on the bed, and she placed goats' hair where his head should be. Then she covered him with (his) garment.

14 사울이 사자들을 보내어 다윗을 잡으려 하매 미갈이 가로되 그가 병들었느니라

14 When Saul sent messengers to arrest David, she said, "He's sick."

15 사울이 또 사자들을 보내어 다윗을 보라 하며 이르되 그를 침상 채 내게로 가져오라 내가 그를 죽이리라

15 Then he[a] sent messengers to visit David with these instructions: "Bring him up to me in the bed so I can kill him."

16 사자들이 들어가 본즉 침상에 우상이 있고 염소털로 엮은 것이 그 머리에 있었더라

16 The messengers came and discovered the teraphim teraphim on the bed, with the goats' hair where his head should be.

17 사울이 미갈에게 이르되 너는 어찌하여 이처럼 나를 속여 내 대적을 놓아 피하게 하였느냐 미갈이 사울에게 대답하되 그가 내게 이르기를 나를 놓아 가게 하라 어찌하여 나로 너를 죽이게 하겠느냐 하더이다 하니라

17 Saul scolded Michal, "Why did you so deceive me and let my enemy get away and escape?" Michal answered Saul, "He said,[a] Let me go! Why should I kill you?"

18 다윗이 도피하여 라마로 가서 사무엘에게로 나아가서 사울이 자기에게 행한 일을 다 고하였고 다윗과 사무엘이 나욧으로 가서 거하였더라

18 Meanwhile David had fled and escaped, coming to Samuel at Ramah. He reported to him all which Saul had done to him. Then he and Samuel went and sat in the camps.

19 혹이 사울에게 고하여 가로되 다윗이 라마 나욧에 있더이다 하매

19 Saul was informed, "David is in the camps at Ramah."

20 사울이 다윗을 잡으려 사자들을 보내었더니 그들이 선지자 무리의 예언하는 것과 사무엘이 그들의 수령으로 선 것을 볼 때에 하나님의 신이 사울의 사자들에게 임하매 그들도 예언을 한지라

20 Saul sent messengers to arrest David, but they[a] saw [b]the prophetic guild[b] prophesying ecstatically, with Samuel standing as leader above them. Then the spirit of God came on the messengers of Saul and they prophesied ecstatically.[c]

21 혹이 그것을 사울에게 고하매 사울이 다른 사자들을 보내었더니 그들도 예언을 한고로 사울이 세번째 다시 사자들을 보내었더니 그들도 예언을 한지라

21 When Saul heard this report, he sent other messengers and they also prophesied ecstatically – even they also. When he sent a third set of messengers, they prophesied ecstatically – even they also.

22 이에 사울도 라마로 가서 세구에 있는 큰 우물에 이르러 물어 가로되 사무엘과 다윗이 어디 있느냐 혹이 가로되 라마 나욧에 있나이다

22 Finally, even he also went to Ramah and came to the cistern of the[a] threshing floor, which is on the bare spot.[a] He asked where Samuel and David were and they[b] replied, "Over there, in the camps, at Ramah."

23 사울이 라마 나욧으로 가니라 하나님의 신이 그에게도 임하시니 그가 라마 나욧에 이르기까지 행하며 예언을 하였으며

23 He went[a] to the camps at Ramah and the spirit of God came on him – yes, on him. He continued his trip, prophesying ecstatically all the way, until he came to the camps at Ramah.

24 그가 또 그 옷을 벗고 사무엘 앞에서 예언을 하며 종 일 종야에 벌거벗은 몸으로 누웠었더라 그러므로 속담에 이르기를 사울도 선지자 중에 있느냐 하니라

24 Then[a] he stripped off his clothes and he[b] prophesied ecstatically before Samuel.[c] He fell down naked all that day and all night. That is why people ask, "Is even Saul among the ecstatic prophets?"

원문주해

2.a. 70인경 바티칸 사본(LXX^B): 마소라 본문(MT)은 "나의 아버지"를 추가한다.

2.b. 70인경 바티칸 사본(LXX^B): 마소라 본문(MT)은 "그리고 이제"를 추가한다.

2.c.-c. 참조. 70인경(LXX): 마소라 본문(MT): "가만히 숨어 있고 몸을 숨겨라."

4.a. 70인경 바티칸 사본 및 루시안 개정본(LXX^{BL}): 마소라 본문(MT)은 "너를 향하여"를 추가한다.

5.a.-a. 그와 같은 어떤 표현이 의미에 맞도록 요구된다. 70인경 루시안 개정본(LXX^L)은 "그를 통하여"로 읽는다. 그러나 그 번역자가 자신의 본문에 브야도(בידו)를 가지고 있었는지, 아니면 그가 자유롭게 번역을 했는지는 불분명하다.

7.a. 70인경 바티칸 사본 및 루시안 개정본(LXX^{BL}): 마소라 본문(MT)은 "요나단"을 추가한다.

9.a. 70인경 바티칸 사본(LXX^B); 참조. 70인경 루시안 개정본(LXX^L). 마소라 본문(MT): "여호와."

11.a.-a. 봐예히 브라엘라 하후(ויהי בלילה ההוא)로 읽으라. 참조. 70인경 바티칸 사본(LXX^B). 마소라 본문(MT)은 라엘라 후(לילה הוא)로 읽으며 그것을 10절 끝에 붙인다.

11.b.-b. 참조. 70인경(LXX); 마소라 본문(MT)은 부정사 앞에 별도의 와우("그리고")를 둔다: "그리고 그를 죽이기 위해." 그 *와우*는 중복오사(dittography)에 의해 발생했다; 그것은 살인의 책임을 사울이 아니라 사자들의 것으로 만든다. 참조. 벨하우젠, 드라이버.

15.a. 참조. 70인경 바티칸 사본(LXX^B); 마소라 본문(MT): "사울."

17.a. 70인경(LXX); 마소라 본문(MT)은 "나에게"를 추가한다.

20.a. 70인경(LXX)과 다른 역본들; 마소라 본문(MT): "그가."

20.b-b. 70인경(LXX)을 따라 코헬렛(קהלת)으로 읽으라; 마소라 본문(MT)의 독법인 라하카트(להקת)는 자음치환(metathesis)으로 인한 것이다.

20.c. 70인경(LXX); 마소라 본문(MT)은 추가한다: "심지어 그들도." 이 표현에 대한 히브리어 감 헤마(גם המה)는 21절에서 두 번 나타난다.

22.a.-a. 하고렌 아쉐르 바스피(הגרן אשר בשפי); 참조. 70인경(LXX). 마소라 본문(MT): 하가돌 아쉐르 바쉐쿠(הגדול אשר בשכו, "세구[Seccu]에 있는 큰 우물").

22.b. 본문 수정판(*Sebir*); 마소라 본문(MT): "그가."

23.a. 70인경 루시안 개정본(LXX^L). 70인경 바티칸 사본(LXX^B)는 "거기로부터"(from there)를 추가한다; 마소라 본문(MT)은 "거기"를 추가한다.

24.a. 그리고 24.b. 70인경(LXX); 마소라 본문(MT): 감 후(גם הוא, "심지어 그도"). 참조. 21절과 20.c.에 언급된 추가.

24.c. 마소라 본문(MT); 70인경(LXX): "그들."

양식/구조/배경

이 장은 네 개의 독특한 사건들로 구성된다: 1-7절, 9-10절, 11-17절, 18-24절. 사울, 다윗 그리고 요나단을 수반하는 새로운 단위의 이야기가 20:1에서 시작된다. 어쩌면 1-7절은 한때 18:28-29a(그 곳을 참조하라)에 연결되었을 것이다.

요약. 사울이 다윗을 죽이려는 자신의 계획을 공포했을 때, 그의 아들 요나단은 블레셋 거인에 대한 그의 승리를 언급하면서 왕의 경쟁자를 옹호하는 발언을 했다. 요나단의 권고에 마음이 움직인 사울은 다윗을 죽이지 않겠다고 맹세했으며, 다윗은 사울의 궁전으로 복귀했다(1-7절). 진행되던 블레셋과의 전쟁에서 다윗은 큰 승리를 거두었다(8절). 다윗이 사울을 위해 음악을 연주하고 있을 때, 왕은 악한 영에 의해 사로잡혀 그 젊은 음악가를 죽이려 했다. 다윗은 탈출했다(9-10절). 다윗을 궁중으로 체포해 들이려는 사울의 시도는 미갈로 인해 실패로 돌아갔다. 미갈이 창문을 통해 다윗의 탈출을 도운 뒤 그가 여전히 아파서 침상에 누워 있는 것처럼 꾸며 사울의 사자(使者)들을 속였기 때문이다. 다윗을 체포하기 위해 두 번째 파송된 사자들은 그 속임수를 알게 되었다. 미갈은 아버지에게 다윗이 자신을 협박했기 때문에 그를 도왔다고 말했다(11-17절). 다윗이 도망쳐 사무엘에게 갔다는 말을 사울이 들었을 때, 그는 다윗을 체포하기 위해 세 무리의 사자들을 보냈다. 그러나 그들은 선지자 무리를 보았을 때 모두 무아경에 빠졌다. 사울은 직접 다윗을 체포하려했으나 그도 역시 무아경에 빠지고 말았다. 사무엘 앞에서 그의 무아경은 벌거벗음을 수반했다. 이러한 행위는 백성들로 하여금 "사울도 선지자 중에 있느냐"는 질문을 하게 만들었다(18-24절).

헤르츠베르그(Hertzberg)와 다른 사람들은 1-7절에서 한 이야기에 대한 두 판본을 찾아냈다. 한 판본에 따르면 요나단은 다윗을 숨게 했고, 그 후 자신과 사울의 대화의 결과를 그에게 보고한 반면, 다른 판본에서는 다윗이 직접 왕과 그의 아들 사이의 대화 내용을 엿들었다. 아마도 3절의 "너 있는 들에서"란 말은 서기관들이 19:1-7과 20장을 비교하여 추가시켰을 것이다(20:5, 11, 24, 35절. 19:2의 "아침에"란 표현을 주목하라. 그리고 20:5, 12, 18, 35과 비교하라; "나가다"가 19:2과 20:35에 나타난다. Stoebe를 보라). 19:1-7에 있는 이야기는 사울과 다윗의 불화를 완화시키고 그렇게 해서 독자들의 긴장을 증대시키는 기능을 한다(Grønbaek; Hertzberg). 이러한 요나단의 중재는 긍정적 결과들을 가져온다. 그 정반대가 20장에 대해 사실이다.

8절은 블레셋과의 전쟁에 대한 다소 일반적인 언급이며, 우선적으로 사울과 다윗 간의 화해에 대해 말하는 1-7절과 사울의 다윗에 대한 공격을 보고하는 9-10절을 연결시키는 역할을 한다. 비록 18:10-11이 본문 비평상의 이유와 다른 여러 이유로 인해 이차적인 것으로 간주된다 할지라도, 이 구절과 9-10절은 병행을 이룬다.

11-17절은 미갈이 어떻게 다윗의 탈출을 도왔는지를 묘사한다. 현재의 문맥에서 그 구절들은 사울의 또 다른 자녀인 요나단에 의한 다윗의 구출에 연속을 이룬다. 그렇지만 1-7, 9-10 그리고 11-17절에 있는 사건들은 아마도 역사적 순서로 놓여 있지 않다. 왕의 공격을 받은 다윗은 왕의 군사들이 쉽게 자신을 체포할 수 있었던 자기 집으로 가지 않았을 것이다. 오히려 11-17절이 역사적으로 18:20-27의 기사에 이어진다. 거기서 사울은 영웅적 행위로 신부 값(블레셋 군사들의 양피 – 역자주)을

모았던 다윗에게 미갈을 주기로 동의했었다. 그러나 결혼식 날 밤에(참조. "원문주해" 11.a.) 사울은 본색을 드러내 자신의 새 사위를 죽이려고 했다. 다윗은 자신의 아내의 영리한 행위 – 그리고 이중성! – 로 인해 탈출할 수 있었다.

18-24절은 "사울도 선지자 중에 있느냐"라는 표현에 대한 원인론적(etiological) 설명을 제공하는데, 그 구절은 10:10-12과 관련된다(거기에 있는 토론을 보라). 스토베(Stoebe)는 9:1-10:16과 19:18-24에 있는 공통된 주제들을 추적한다: 사울과 다윗은 각각의 이야기에서 사무엘에게 가는데, 전자는 산당(high place)을 언급하고 후자는 "진영들"(camps)을 언급한다. 사무엘은 9장에 있는 희생제를 드리는 무리와 19장에 있는 선지자 무리의 우두머리다. 두 기사에서 사울은 성령에 사로잡히고 무아지경에 빠진 모습을 보인다. 10:10-12과 19:18-24에 있는 원인론적(etiological) 서사들은 전혀 다르다. 10:7에서 하나님의 임재가 의미하는 것은 상황에 따라 요구되는 그 어떤 일도 사울이 모두 할 수 있다는 것인 반면, 19장에서 사울은 무아지경에 의해 자신의 능력을 잃어 버린다. 10장에서 성령강림과 무아지경의 행위는 사울의 기름부음을 확증한다. 19장의 성령강림과 무아지경의 행위는 사울을 벌거벗은 채 무력하게 땅에 누워 있는 상태로 이끈다. "사울도 선지자 중에 있느냐?"는 질문은 10장에서 긍정적인 의미를 내포하지만, 19장에서 사울의 무아경은 악한 영의 임재로 초래된 정신착란으로 여겨진다. 맥카터가 제안한 대로 19장에서의 선지자적 무아지경에 대한 부정적 평가 때문에 이 단원이 선지자적으로 수정된 성령(the spirit of prophetic revision)과 관련되는 것은 정당화되지 않는다. 이 구절들은 거의 10:10-12의 모방이다. 그것들은 여호와께서 더 이상 사울과 함께 하시지 않는다는 추가적인 증거를 제공한다.

18-24절과 이 장의 나머지 구절들과의 통합은 역사적이기보다는 주제와 관련된(thematic) 것이다. 11-17절에서 다윗이 사울로부터 탈출한 뒤 라마 북쪽으로 도망간 것 같진 않다. 왜냐하면 사무엘상 나머지 부분들에 따르면 유다 남부 지역이 그의 도피처이기 때문이다. 많은 주석가들 역시 15:35(사무엘은 사울이 죽는 날까지 다시 그를 보지 않았다)과 19:18-24 사이의 모순을 지적한다. 이것은 19:18-24이 후대에 HDR에 추가되었다는 의미일까(McCarter)? 아니면 이것은 단순히 HDR에 있는 다양한 이야기들의 서로 다른 기원으로 인해 결국 불일치가 있게 된 또 다른 사례인가? 19장에 있는 주제적 논증의 분명한 발전으로 인해(역사적 난점들에도 불구하고) 우리는 두 번째 대안을 선호한다.

또다시 신명기 학파 역사가는 이 장에서 자신의 분명한 작업 흔적들을 전혀 남겨

놓지 않았다.

주석

[1]-[7] 사울은 다윗과 자신의 딸의 결혼이 결과적으로 블레셋에 의한 그의 죽음을 초래하기를 기대했었다. 이제 이 구절들 속에서 사울이 다윗을 죽이려는 음모에 직접 개입하는 것은 갈등(다윗과의 갈등－역자주)이 확대되었다는 표시다. 아이러니컬하게도 그는 다윗을 사랑하던 요나단과(참조. 18:1, 3; 20:17) 그 베들레헴 젊은이를 지지하던 궁중 관리들에게(18:22) 자신의 계획을 말해 주었다. 1절에서 요나단의 다윗에 대한 애착은 "기뻐하다"란 단어에서 표현되는데, 동일한 단어가 18:22에서 사울의 다윗을 향한 태도에서 사용되었다. 요나단은 이 구절들에서 특히 신중한 협상을 진행하면서 사울을 세 번에 걸쳐 "나의 아버지"로 언급한다(MT는 네 번). 다윗을 죽이려 하는 사울에 대한 요나단의 말(2절)은 10절에서 성취되는데, 사울이 실제로 자신의 창으로 다윗을 죽이려 한 것이다. 다윗은 숨어야 하지만 요나단은 사울과 관련하여 매우 공개적으로 다윗을 위한 역할을 하기로 동의했다. 3절의 히브리 문장에서 대명사 "나는"이 두 번 사용되어 크게 강조된다. 요나단은 다윗을 위해 말을 전해 주겠다고 약속했다(전치사 베[בְּ]의 이러한 용법에 대해서는 신 6:7; 시 87:3과 *GKC* § 1191을 보라). 자신이 알게 된 것을 다윗에게 알려 주겠다는 요나단의 약속은 사울과의 대화가 다윗이 숨어 있던 바로 그 들판에서 발생하게 되었다는 생각과 약간의 긴장 관계에 놓여 있다. 맥카터는 요나단이 사울에게 다윗에 대해 좋은 말을 한 것과 이집트의 서기관들더러 자신의 왕에 대해 좋은 말을 해 달라는 압디-헤파(Abdi-hepa)의 요청(참조 *ANET* 487-489)을 비교한다. 그는 또한 다윗의 행위가 "선하다"는 요나단의 보증에서 정치적인 색채를 발견한다. 성경 외 문헌들의 병행구들이 제시한 바에 따르면, 이것은 다윗의 행위들이 사울 왕에게 드려야 할 그의 충성과 일치한다는 것을 의미한다(참조. 24:18-20). 요나단은 자신의 아버지에게 다윗의 무죄한 피를 흘림으로써 죄를 짓지 말라고 권고한다. 무고한 피를 흘리는 것은 율법에 따르면(신 19:10; 21:8; 27:25), 그리고 므낫세 통치에 관한 기사들에 따르면(왕하 21:16; 24:4) 피 흘리는 죄(bloodguilt)에 해당될 것이다. 비록 다윗이 본의 아니게 놉의 제사장들의 죽음을 불러왔지만(삼상 22:22), 나중에 아비가일은 자신의 남편 다윗이 피 흘리는 죄를 모면할 수 있도록 도왔다. 사울과의 대화에서, 요나단은 그에게 다윗이 왕의 충성스런 종이라고 확인해 주었으며(참조.

17:58의 이새에 대한 다윗의 언급), 또한 그가 왕에 대항하여 죄를 짓지 않았음을 상기시켜 주었다. 그렇지만 요나단은 다윗의 무고함에 대한 언급으로 만족하지 않았다. 그는 계속해서 다윗이 어떻게 생명을 무릅쓰고(그 숙어에 대해서는 삼상 28:21; 삿 12:3; 욥 13:14을 보라) 그 블레셋 사람(골리앗)을 죽였는지를 상기시켜 주었다. 이러한 용감한 행동은 하나님 자신의 구원의 목적에 대한 표현의 하나였다(Ackroyd): 그렇게 해서 여호와는 온 이스라엘에 승리를 주셨다(5절). 이러한 행위로 인해 다윗이 개인적인 박수 갈채를 받았지만, 사실 그것은 온 이스라엘을 위한 행위였다(참조. 17:11; 18:6, 16, 28). 다윗이 죄를 범하지 않았기 때문에, 또한 그가 충심으로 여호와의 뜻에 부합한 행동을 하고 백성들과 사울 자신을 기쁘게 했기 때문에("당신이 이것을 보고 기뻐했다"), 요나단은 자신의 아버지에게 까닭 없이 다윗을 죽이는 죄를 범하지 않도록 간청했다. 아비가일 또한 다윗이 "까닭 없이" 자신의 남편을 죽이는 죄를 범하지 않도록 미리 조치를 취했다(삼상 25:31).

사울은 요나단의 열정적인 다윗에 대한 변호에 마음이 움직여 맹약을 함으로써 자신의 마음이 바뀌었음을 강조했다(6절). 그 후 사울의 말은 다윗에게 전달되었다. 요나단은 다윗이 궁중으로 돌아올 때까지 호위하여 그가 전과 같이 왕을 모시게 함으로써 자신의 화해의 행위를 완료했다(참조. 16:21-23; 18:13). 비록 사울이 다윗을 죽이려는 의도를 가졌었다 해도, 요나단은 자신의 아버지를 설득해서 다윗을 살려 주어 그를 다시 궁중 악사로 고용하게 만들었다.

[8] 이 구절은 1-7절의 사울과 다윗의 화해로부터 9-10절의 다윗에 대한 사울의 공격 재개로 전환시킨다. 블레셋과의 전쟁이 확대되었고(참조. 14:52), 따라서 의심할 바 없이 많은 전투가 벌어졌다. 전쟁에서 다윗은 성공을 거두어 영광을 얻게 되었고(18:6-9와 같이), 사울의 질투와 열등감을 가져왔다.

[9]-[10] 사울의 악행은 하나님의 악한 영 탓이다(참조. 16:14-16과 우리가 토론한 18:10-11에 있는 이차적인 병행구에 대한 설명을 보라). 이 구절들이 배정된 위치는 특별히 사울의 명성을 손상시키고 있다. 그가 다윗을 죽이지 않고 궁중으로 돌아오게 한 이후 보고된 유일한 사건은 계속되는 블레셋과의 전쟁에서 다윗의 승리였다. 그러므로 사울의 행위들은 특히 바르지 못하고 속 좁은 것이었다. 사울은 단지 악한 영을 가졌기 때문에 앉아 있는(움직이지 않는-역자주) 표적을 맞출 수 없었을 뿐이다. 이번에는 다윗이 달아나 재치 있게 탈출에 성공했다.

[11]-[17] 다윗을 "그날 밤에"(한글 개역: 이 밤에) 체포하려고 애를 썼는데, 추정컨대 그 어구는 한때 결혼식 날 밤을 지칭했을 수 있다. 그러나 현재의 이 구절들의

위치는 왕이 자신을 죽이려 할 때 다윗이 자기 집으로 도망갔음을 암시한다. 여기서 사울 가문의 열등한 식구인 그의 딸 미갈이 다윗을 구출할 기회를 갖게 된다. 사울은 다윗의 집으로 세 번에 걸쳐 사자들을 보냈다(참조. 18-24). 첫 번째 사자들에게는 아침에 사울이 다윗을 죽일 수 있도록 그 집을 감시하라는 임무를 주었다(참조. 11.b.-b.). 삼손이 한 기생이 집에 들어갔을 때, 가사 사람들 역시 아마도 좀더 약해질 시점인 아침에 그를 칠 계획을 세웠다(삿 16:1-3). 19:1에서 볼 수 있는 대로, 다윗에 대한 사울의 노골적인 살해 시도는 그가 다른 사람의 다윗 살해를 개의치 않았다는 것을 보여 준다. 메랍과 미갈의 사례에서 보듯이, 사울은 블레셋을 이용하여 다윗을 제거하기를 희망했다(참조. 18:17, 21a, 25b). 미갈은 다윗에게 재빠르게 행동할 필요가 있음을 조언했으며, 여기서 그녀는 자신의 아버지와 정반대 역할을 했다. 미갈은 다윗이 창문을 통해 내려가게 했다(참조. 수 2:15; 행 9:25; 고후 11:32-33). 그 행위 자체는 아주 바람직한 것은 아니었을 것이다. 왜냐하면 사울의 수비대가 그 집 주변을 밤새 지키고 있었기 때문이다. 그러므로 많은 사람들은 여호수아 2:15을 따르면서 다윗 집의 벽은 곧 그 성읍의 성벽이었을 것이며, 따라서 미갈이 창문을 통해 다윗의 탈출을 도왔을 때 그를 동시에 성 바깥으로 내려 줄 수 있었을 것이라고 제안한다.

다윗의 탈출을 도운 후에, 미갈은 사울의 사자들을 지체시킴으로써 다윗이 탈출할 시간을 벌게 했다. 그녀는 드라빔(teraphim, 한글 개역: 우상)과 염소 털을 사용하여 마치 다윗이 침상에 누워 있는 것처럼 보이게 만든 다음 겉옷으로 덮어 위장시켰다. 우리의 번역에서는 이 겉옷이 다윗의 것이었다고 제안했다. 다른 사람들은 그 단어를 "담요"로 이해한다.

"드라빔"(복수형－역자주)은 완전하게 적합한 어원이 존재하지 않는데(참조. THAT 2, 1057), 구약에서는 15회 언급된다. 라헬은 자신의 아버지에게서 그것들을 훔쳐 말안장 주머니 아래에 숨기고 그 위에 앉았다(창 31:19, 34-35). 이 경우에 의하면, 드라빔은 비교적 작은 크기의 가정 신들(house gods)이었을 것으로 보인다(참조. 창 31:30, 32). 그것들을 소유한 사람은 누구든지 그 가족 내에서 지도권이나 재산권을 가졌을 것이다. 미갈이 그랬던 것처럼, 라헬은 드라빔으로 자신의 아버지를 속였다. 그 창세기 기사 또한 종교적인 것에 초점이 맞추어진다: 드라빔은 생리 중인 여자가 그 위에 앉으면 쓸 수 없게 되는 것으로 생각될 만큼 약했다. 드라빔은 또한 미가의 비정통적 가정 성소에서 제의 시설의 일부였다(삿 17:5; 18:14, 17-18, 20). 사사기와 호세아 3:4에서 드라빔은 에봇과 관련되어 있다. 또한 사무엘상

15:23, 열왕기상 23:24, 에스겔 21:26[영역본. 21] 그리고 스가랴 10:2을 볼 때 점술과 연관되어 있는 것으로 보인다. 사무엘상 19:13에 있는 드라빔이란 단어는 그 어미가 임(ים)이지만(남성 복수 – 역자주) 단수로 간주되어야 한다. 그 드라빔은 다윗이 침상에 있는 것처럼 보이게 할 만큼 컸기 때문에, 그것은 거의 사람 크기였을 것으로 생각된다. 세이볼드(K. Seybold)는 그 드라빔이 하솔에서 발견된 제의용 가면들과 비슷한 것이었을 수 있다고 제안했다(참조. *THAT* 2, 1058). 드라빔은 구약에서 줄곧 비판적으로 취급되기 때문에, 우리는 그것이 왜 다윗의 집에서 발견되었는지를 물을 수 있다(참조. *THAT* 2, 1058). 그렇지만 그것을 사용한 사람은 바로 사울의 딸 미갈이었음을 주목하기 바란다. 어쨌든 그 계략은 성공했고, 사울의 사자들은 두 번째의 다윗 집 방문에서 완전히 농락당했다. 그들은 침상에 겉옷이 덮인 채 누워 있는 모조 인형을 본 것인데, 그가 아프다는 미갈의 말을 들었다. 그들은 즉시 다른 지시를 받으러 사울에게 돌아갔다. 염소 털에 대한 언급은 이불이나 두껍게 짠 방충망(왕하 8:15; Stoebe), 혹은 베개(Hertzberg)나 실로 짠 가발(참조. McCarter와 그 단어의 어원에 대한 그의 뛰어난 토론)로 이해되어 왔다. 미갈은 염소 털을 침상의 상단 끝이나, 혹은 아마도 침상의 사람 머리가 위치하는 부분에 놓았다(참조. 창 28:18). 아크로이드는 그 드라빔이 "병든" 다윗에게 도움을 주기 위해 침상 곁에 둔 치료용 우상이라고 제안했다. 그러나 단순히 드라빔을 모형 인형으로 사용한 것이 더 타당하게 보인다. 사울은 "병든" 다윗을 침상 채 들고 오기로 작정했다. 세 번째로 온 사신들은 침상에는 단지 드라빔만이 있는 것을 발견했다. 사울과 그의 사자들은 다윗처럼 보이도록 옷이 입혀진 무가치하고 사악한 우상(참조. 삼상 15:23)에 의해 속아 넘어갔다.

당연히 사울은 다윗을 도운 일로 아들 요나단에게 그렇게 하는 것과 마찬가지로(참조. 20:30-31) 미갈에게 심하게 화를 냈다. 그는 그녀가 거짓말을 한 것을 비난했다(참조. 삼상 28:12과 창 29:25). 이때 미갈은 자신의 목숨을 보호하기 위해 고안해 낸 두 번째 거짓말을 했다(첫 번째는 "그가 아프다"였다). 미갈은 실제로는 다윗이 목숨을 건지도록 도망가라고 충고한 것이었지만, 그녀는 사울에게 다윗이 만일 탈출을 도와주지 않으면 자신을 죽인다는 협박을 가했다고 말했다. 이러한 해명은 분명 사울을 만족시키기에 충분했으며, 저자는 미갈이 말한 두 가지 거짓말에 대해 도덕적 평가를 내리지 않는다. 더욱 중요한 것은 사울 집안의 미천한 식구가 다윗이 사울로부터 탈출하는 일에 핵심 역할을 했다는 사실이다. 이러한 탈출과 속임수 이후에 다윗은 다시는 사울의 궁전에 나타나지 않았다.

18-24 18절은 독자들에게 다윗의 탈출이 성공적이었음을 되새겨준다(참조. 12절). 이상하게도 그는 안전한 도피처를 찾아 기브아 북쪽 2마일 지점의 라마에 있는 사무엘의 집으로 이동했다(1:19; 2:11; 7:17; 8:4; 20:1을 보라). 다윗은 사무엘에게 사울이 자신에게 행한 모든 일을 말해 주었다(7절에 있는 덕담과 비교하라). 사무엘의 반응은 언급되지 않지만, 아마도 그는 거의 놀라지 않았을 것이다. 15장에서 결정적으로 사무엘과 사울의 관계는 깨뜨려졌으며, 16:1-13에서는 그가 다윗에게 기름붓는 일이 보고되었다. 이 최신의 보고는 사무엘 자신의 초기의 판단이 옳았음을 확증해 주었다. 사무엘과 다윗은 "처소"(camps, 한글 개역: 나욧)로 들어가 거했다. "처소"란 단어는 오직 현재의 문맥에서만 나타나는데(18, 19, 22, 23절: 20:1), 아마도 고유명사 나욧(RSV)은 아닐 것이다. 왜냐하면 그것은 항상 또 다른 지명인 라마와 연관되기 때문이다. 이것은 통상적으로 아카드어 나움(*nawūm*)과 비교되는데, 그 단어는 목초지나 초원을 의미한다. 아마도 이스라엘의 예언자 무리들은 그러한 목자의 주거지에 살고 있었을 것이다(참조. 삼하 7:8; 렘 33:12). 린드블롬(Lindblom)은 그 단어를 엘리사와 선지자의 아들들이 살고 있던 오두막에 비교했다(왕하 6:1-7). "처소" 혹은 "오두막"은 적합한 번역으로 보인다.

사울은 정탐을 통해 다윗이 어디에 있는지 곧 알아차린 후 그를 체포하기 위해 세 번에 걸쳐 부하들을 파견했다. 첫 번째 사자들이 도착했을 때, 그들은 선지자의 무리들이 "예언을 하고 있는 것"(또는 예언의 신탁을 전하고 있는 것)을 보았다(**נבא** – 나바의 니팔형; 참조. Wilson, *Prophecy and Society* 138). 사무엘은 그들의 지도자로서 그들 앞에 서 있었다(참조. 왕상 4:7; 왕하 2:5; 룻 2:5, 6). 사무엘은 10장에서 선지자 무리의 일원이 아니었지만, "아버지"라 칭하는 한 지도자가 거기서 언급된다(10:12). 하나님의 영이 사울의 사자들에게 임했으며, 그들은 특유한 선지자적 행동을 보여 주었다(**נבא** – 나바의 히트파엘형; Wilson, Ibid. 182). 우리는 이러한 행동을 우리의 번역에서 예언적 무아지경(prophetic ecstasy)으로 번역했다. 사울의 사자들의 무아지경(추측컨대, 선지자들의 경우도)은 이 단원에서 부정적인 관점으로 관찰되기 때문에, 그 영은 이전에 언급된 하나님으로부터 온 악한 영이었을 것이다(참조. 16:14). 하나님의 영은 사울을 돕는 대신에 그를 시달리게 했다. 사울은 이 소식을 듣고 두 번째 파견단을 보냈으나 그들 역시 첫 번째 사자들과 마찬가지로 무아지경에 빠졌다. 세 번째 사자들도 동일한 일을 겪었다. 그 삼중적 파견단은 엘리야를 체포하도록 세 번에 걸쳐 파견된 50인의 군사들과, 나아가 사무엘상 10:2-7의 세 가지 징조와 비교되어 왔다(왕하 1:9-18). 그륀백은 여기서 특징적인 영웅 서사 주제(epic motif)를 발견한다. 선지자들의 무아지경은 마치 전염병이라도 되는 것처럼 세 차례 찾아온 사자들에게 번졌다(참조. 10:5-6과 민 11:24-30).

결국 사울 자신이 직접 다윗을 찾아 나서기로 결심했다. 민둥 산지(bare height, 이것은 9:13의 산당인가?; 한글 개역은 고유명사 "세구")에 있는 타작마당(한글 개역: 큰 우물)에 도착해서, 사울은 다윗과 사무엘이 어디에 있는지를 물었다. 민둥 산지는 흔히 아무것도 자라지 못하는 뜨겁고 건조한 지역이었다(렘 4:11; 사 41:18; 49:9). 그런 이유로 민둥산은 타작마당에 적합한 장소였다. 사울이 "처소"를 향해 출발했을 때, 하나님의 영은 역시 그에게도 임했다. 그 영은 사울이 사무엘이나 선지자들이 실제 있었던 곳에 도착하기 전에 그를 사로잡았다(참조. 민 11:26). 해설자는 대명사 뒤에 감 후(גַּם הוּא)를 덧붙임으로써 사울의 놀람을 표현한다. 그 처소를 향해 가는 도중에 사울도 무아지경에 빠진 선지자적 행동을 보여 주었다. 24절은 이것이 무엇을 의미하는지를 지시해 준다. 사울은 "제정신을 잃은 상태"였으며(참조. 무아지경이란 단어의 어원) 옷을 벗어 던졌다. 사자들은 이런 행동을 하지 않았던가? 혹은 사울의 행동이 얼마나 통제불능이었는지를 강조하기 위해 단지 사울에 대해서만 그것이 언급되었는가? 마소라 본문(MT)에 있는 두 개의 부연설명(24.a.와 24.b.)은 사자들 역시 예언을 하면서 옷을 벗었다는 것을 암시한다. 사울은 자신의 왕조와 왕의 권리를 부인했던(13장과 15장) 선지자 사무엘 앞에서 이러한 통제불능의 행동을 저질렀다. 사무엘 앞에서의 사울의 거친 행동은 사무엘의 판결을 확증시켜 주었다. 70인경(LXX)은 사울이 단지 "그들" 앞에서, 즉 다른 선지자들 앞에서 무아지경에 빠졌다고 말한다. 그러나 이것은 아마도 15:35과 조화를 시키려는 시도일 것이다. 그 구절은 사무엘이 죽을 때까지 다시는 사울을 보지 않았다고 말하기 때문이다. 사울은 사무엘 앞에서 종일토록 벌거벗은 채 대책 없이 누워 있었다. 성경 시대에 벌거벗음은 수치와 연관되어 있었다. 창세기 2:25은 동산에 있던 아담과 하와가 벌거벗었으나 부끄러워하지 않았다는 것을 놀라운 일로 보고하고 있음을 주목하라(참조. 삼하 10:4-5과 미 1:11). 드라이버는 사울이 긴 제복을 아래 내려놓은 것으로, 단지 외투만 벗은 것이라고 제안하다(사 20:2 -4; 미 1:8). 사울이 사무엘 앞에서 대책 없이 벌거벗고 누워 있는 동안, 다윗은 탈출할 좋은 기회를 잡았다(참조. 11-17절; 20:1).

24절에 따르면, 이 사건으로 인해 이런 말이 생겼다: "사울도 선지자 중에 있느냐?" 이 속담의 본래의 의도가 무엇이었든지 간에(참조. 10:10-12에 대한 토론), 그것이 사무엘서 내에서 이보다 앞서 사용되었을 때는 사울에 대해 긍정적인 평가를 했던 것으로 보인다. 거기서 그 속담은 그의 기름부음을 확증해 주었고, 또한 그가 다른 마음을 가졌음을 보여 주었던 것이다. 비록 현재의 19장에서 그 속담의 질문을 어떤 모호성을 지니고 있지만, 여기서의 평가는 부정적이다. 윌슨은 그것이 부정적인 답변을 암시하고 있는 것으로 받아들인다: "아니다! 사울은 선지자가 아니다. 그는 제정신이 아니다"(*Prophecy and Society* 183). 다른 사람들은 그것을 적지 않게 가혹한 긍정적 답변을 암시하는 것으로 여긴다: "그렇다! 그는 무아지경에 빠진 선지자들 중에 속했다." 그러나 그런 선지자들은 이 단원을 구성한 사람(혹은 사람들)에 의해 멸시된다. 그런 선지자들 축에 낀다는 것은 좋지 않은 일이다.

해설

19장을 구성하는 네 번의 탈출은 대단한 편집적 통일성을 보여 준다. 다윗을 죽이려는 사울의 시도는 자신의 아들이자 예정된 상속자인 요나단에 의해, 또한 자신의 계승자가 될 어린 목동의 재치로 인해, 왕의 딸인 다윗의 아내에 의해 그리고 사무엘 선지자에 의해 가로막혔다.

이 이야기들은 다양한 방식으로 사울을 악한 사람으로 보이게 만들었다. 당장에 그렇든 아니면 나중의 사건들을 통해 그렇든 말이다. 이 장에 따르면, 왕은 자신의 손으로 직접 문제를 해결하기로 결정했다: 그는 요나단과 그의 종들에게 자신이 다윗을 죽일 의도가 있다는 것을 말했으며, 그에게 창을 던졌고, 다윗을 체포하여 죽이려고 사자들을 보냈으며, 또한 다윗을 추적하여 사무엘의 집으로 갔다. 당시 세 차례에 걸친 사무엘의 집으로의 사자 파견은 황홀경에 빠진 바람에 소용없게 되었다. 사울이 요나단에게서 자신의 살해 계획에 대해 지적 받았을지라도, 바로 다음 장은 요나단과 사울 사이의 대화의 부정적인 결과를 기록한다. 19:1-7에서의 화해 이후에, 사울이 다윗을 공격하기 위해서는 단지 또 다른 다윗의 전승에 대한 소식과 악한 영의 임재 외에는 필요한 것이 없었다. 사울은 미갈의 재치와 속임수에 농락당했다; 그녀의 작전은 부분적으로 왕의 사자들을 바보로 만들어 정죄하는 인상을 내포하고 있었다. 심지어 사울이 그녀가 다윗이 아프다고 말한 것이 거짓이라는 것을 알아차린 이후에도, 그녀가 자신의 행위를 다윗이 죽이겠다고 협박한 탓으로 돌렸을 때 그는 재차 농락당했다. 물론 독자들은 전체적인 탈출 계획이 왕의 딸 자신의 착상이라는 것을 알고 있다. 다윗이 탈출에서 보여 준 영민함은 사울의 좌절된 체포 노력과 대조되는데, 미갈의 사건에서도 다윗이 사무엘에게 도망갔을 때도 그러했다. 후자의 경우에 사울은 희망이 사라지고 딱한 처지가 된 것으로 보인다. 다윗이 탈출에 성공했을 때, 사울은 사무엘 앞에서 땅에 벌거벗고 누워 있다. 한때 사울의 기름부음을 확증해 주었던 선지자적 황홀경은 이제 그를 이미 여호와께서 떠나신 사람으로 확인시켜 주는 데 사용된다.

다윗의 능숙한 솜씨가 그에게 도움이 되었을 뿐 아니라, 그는 지위 높은 왕실 가족의 일원들 및 종교적 지도자인 사무엘의 도움을 받았다. 물론 이러한 모든 탈출은, 마치 블레셋 거인에 대한 그의 승리가 사실은 온 이스라엘을 승리로 이끄는 여호와의 방식이었던 것처럼, 여호와께서 그와 함께 하신다는 사실의 증거들이었다.

24. 쌍방간의 신의(20:1-21:1)

참고문헌

Driver, G. R. "Old Problems Re-Examined." *ZAW* 80(1968) 174-83. **Finkelstein, E.** "An Ignored Haplography in Samuel." *JSS* 4(1959) 356-57. **Jobling, D.** *The Sense of Biblical Narrative.* JSOTSup 7(1978) 4-25. **Lapointe, R.** *Dialogues bibliques et dialectique interpersonnelle.* Paris: Desclée et Cie, 1971, 320-26. **Mastin, B. A.** "Jonathan at the Feast: A Note on the Text of I Samuel xx 25." *Historical Books of the OT.* VTSup 30. Leiden: E. J. Brill, 1979. 113-24. **Sakenfeld, K. D.** *The Meaning of Hesed in the Hebrew Bible.* HSM 17. Missoula, Mont.: Scholars Press, 1978. 82-90.

본 문

1 다윗이 라마 나욧에서 도망하여 와서 요나단에게 이르되 내가 무엇을 하였으며 내 죄악이 무엇이며 네 부친 앞에서 나의 죄가 무엇이관대 그가 내 생명을 찾느뇨
2 요나단이 그에게 이르되 결단코 아니라 네가 죽지 아니하리라 내 부친이 대소사를 내게 알게 아니하고는 행함이 없나니 내 부친이 어찌하여 이 일은 내게 숨기리요 그렇지 아니하니라
3 다윗이 또 맹세하여 가로되 내가 네게 은혜 받은 줄을 네 부친이 밝히 알고 스스로 이르기를 요나단이 슬퍼할까 두려운즉 그로 이를 알게 하지 아니하리라 함이니라 그러나 진실로 여호와의 사심과 네 생명으로 맹세하노니 나와 사망의 사이는 한 걸음뿐이니라
4 요나단이 다윗에게 이르되 네 마음의 소원이 무엇이든지 내가 너를 위하여 그것을 이루리라
5 다윗이 요나단에게 이르되 내일은 월삭인즉 내가 마땅히 왕을 모시고 앉아 식사를 하여야 할 것이나 나를 보내어 제삼일 저녁까지 들에 숨게 하고
6 네 부친이 만일 나를 자세히 묻거든 그 때에 너는 말하기를 다윗이 자기 성 베들레헴으로 급히 가기를 내게 허하라 간청하였사오니 이는 온 가

1 When David fled from the camps in Ramah, he came before Jonathan and said, "What have I done, and what is my iniquity, and what is my sin in your father's sight, that he seeks my life?"
2 He [Jonathan] answered him, "God forbid! You will not die. Look, my father [a]does nothing[a] big or little unless he informs me. Why would my father hide this matter from me? It isn't so."
3 David replied,[a] "Your father indeed knew that I have found favor in your eyes, and he thought, 'Let not Jonathan know this [b][plot on David's life][b] lest he be grieved.' But as Yahweh lives and as you yourself live, there is only about a step between me and death."
4 Jonathan then said to David, "Whatever you want[a] I'll do for you."
5 David proposed to Jonathan, "Behold, tomorrow is the new moon, and I will not[a] sit [b]with the king[b] to eat, but you must give me permission to go and I will hide in the field until evening.[c]
6 If your father misses me especially, you shall say, 'David begged permission from me to run to

가기를 내게 허하라 간청하였사오니 이는 온 가족을 위하여 거기서 매년제를 드릴 때가 됨이니이다 하라

7 그의 말이 좋다하면 네 종이 평안하려니와 그가 만일 노하면 나를 해하려고 결심한 줄을 알지니

8 그런즉 원컨대 네 종에게 인자히 행하라 네가 네 종으로 여호와 앞에서 너와 맹약케 하였음이니라 그러나 내게 죄악이 있거든 네가 친히 나를 죽이라 나를 네 부친에게로 데려갈 것이 무엇이뇨

9 요나단이 가로되 이 일이 결코 네게 있지 아니하리라 내 부친이 너를 해하려 결심한 줄 알면 내가 네게 이르지 아니하겠느냐

10 다윗이 요나단에게 이르되 네 부친이 혹 엄하게 네게 대답하면 누가 그것을 내게 고하겠느냐

11 요나단이 다윗에게 이르되 오라 우리가 들로 가자 하고 두 사람이 들로 가니라

12 요나단이 다윗에게 이르되 이스라엘의 하나님 여호와께서 증거하시거니와 내가 내일이나 모레 이맘때에 내 부친을 살펴서 너 다윗에게 대한 의향이 선하면 내가 보내어 네게 알게 하지 않겠느냐

13 그러나 만일 내 부친이 너를 해하려 하거늘 내가 이 일을 네게 알게 하여 너를 보내어 평안히 가게 하지 아니하면 여호와께서 나 요나단에게 벌을 내리시고 또 내리시기를 원하노라 여호와께서 내 부친과 함께 하신 것같이 너와 함께 하시기를 원하노니

14 너는 나의 사는 날 동안에 여호와의 인자를 내게 베풀어서 나로 죽지 않게 할 뿐 아니라

15 여호와께서 너 다윗의 대적들을 지면에서 다 끊어 버리신 때에도 너는 네 인자를 내 집에서 영영히 끊어 버리지 말라 하고

16 이에 요나단이 다윗의 집과 언약하기를 여호와께서는 다윗의 대적들을 치실지어다 하니라

17 요나단이 다윗을 사랑하므로 그로 다시 맹세

Bethlehem, his city, for the annual sacrifice is being held there for his whole clan.'

7 If he then says, 'That's good,' there will be safety for your servant. But if he gets really angry, know that evil has been decided upon by him.

8 Act loyally toward[a] your servant for you have brought your servant into the covenant of Yahweh with you. But if there is any iniquity in me, you kill me yourself Why should you bring me to your father in any case?"

9 Jonathan responded, "Far be that from you! If I should discover that my father has decided that evil should come upon you, wouldn't[a] I tell you about it?"

10 David asked Jonathan, "Who will tell me if[a] your father answers harshly?"

11 Jonathan said to David, "Come, let's go out into the field." When the two of them had gone out into the field,

12 Jonathan said to David, "Yahweh, the God of Israel, is a witness[a] that I will sound out my father about this time tomorrow,[b] whether he is favorable toward David [c]or not.[c] Then I will send to you [d]and inform you.[d]

13 So may Yahweh[a] do to Jonathan and so may he keep on doing if [b]it seems good[b] to my father [c]to bring[c] evil upon you and I do not inform you and send you away so that you can go in peace. May Yahweh be with you just as he was with my father.

14 [a]If I am still alive, show loyalty[b] to me. But if I die,[a]

15 do not cut off your loyalty toward my house forever. When Yahweh cuts off each one of the enemies of David from the face of the earth,

16 [a]may the name of Jonathan not be cut off from[a] the house of David. May Yahweh require it of[b] David!"

17 Again Jonathan [a]swore to David[a] because he

케 하였으니 이는 자기 생명을 사랑함같이 그를 사랑함이었더라
18 요나단이 다윗에게 이르되 내일은 월삭인즉 네 자리가 비므로 네가 없음을 자세히 물으실 것이라
19 너는 사흘을 있다가 빨리 내려가서 그 일이 있던 날에 숨었던 곳에 이르러 에셀 바위 곁에 있으라
20 내가 과녁을 쏘려 함같이 살 셋을 그 곁에 쏘고
21 아이를 보내어 가서 살을 찾으라 하며 내가 짐짓 아이에게 이르기를 보라 살이 네 이편에 있으니 가져오라 하거든 너는 돌아올지니 여호와께서 사시거니와 네가 평안 무사할 것이요
22 만일 아이에게 이르기를 보라 살이 네 앞편에 있다 하거든 네 길을 가라 여호와께서 너를 보내셨음이니라
23 너와 내가 말한 일에 대하여는 여호와께서 너와 나 사이에 영영토록 계시느니라
24 다윗이 들에 숨으니라 월삭이 되매 왕이 앉아 음식을 먹을 때에
25 왕은 평시와 같이 벽 곁 자기 자리에 앉았고 요나단은 섰고 아브넬은 사울의 곁에 앉았고 다윗의 자리는 비었으나
26 그러나 그 날에는 사울이 아무 말도 아니하였으니 이는 생각하기를 그에게 무슨 사고가 있어서 부정한가 보다 정녕히 부정한가 보다 하였음이더니
27 이튿날 곧 달의 제이일에도 다윗의 자리가 오히려 비었으므로 사울이 그 아들 요나단에게 묻되 이새의 아들이 어찌하여 어제와 오늘 식사에 나오지 아니하느뇨
28 요나단이 사울에게 대답하되 다윗이 내게 베들레헴으로 가기를 간청하여
29 가로되 청컨대 나로 가게 하라 우리 가족이

loved him, for he loved him with the love he had for himself.
18 Jonathan [a]went on,[a] "Tomorrow is the new moon, and you will be missed when your seat is empty.
19 Since you will be missed[a] [b]on the third day,[b] come to the place where you hid on the day of the deed, and stay there beside [c]this mound.[c]
20 On my part, [a]on the third day[a] I will shoot [b]an arrow from the side of the mound,[b] aiming it[c] toward a target.
21 When I send the boy to go find the arrow,[a] if I say to the boy, 'Hey, the arrow[b] is away from you toward me, get it!' [then] come, [David],[c] for it will be safe for you and there will be no trouble, as Yahweh lives.
22 But if I say this to the lad, 'Hey, the arrow[a] is away from you, farther on!' get away, for Yahweh will have sent you on your way.
23 Concerning this thing which we have discussed – I and you – Yahweh will be[a] between me and you forever."
24 David then hid in the field.
25 At the new moon the king sat [a]at the table[a] to eat. The king sat on his chair, as usual, [a]by the wall,[a] with Jonathan [b]in front of him,[b] and Abner sitting at the side of Saul. David's place was vacant.
26 Saul did not say anything on that day because he thought, "Something happened to him so that he is unclean.[a]"
27 The next day of the new moon festival, [a]the second day,[a] the place of David was still vacant. Saul said to Jonathan, his son, "Why did the son of Jesse not come [b]to the table[b] yesterday or today?"
28 Jonathan answered Saul, "David begged leave of me [a][to go][a] to Bethlehem.[b] He said, 'Let me go for our clan has a sacrifice in our city.
29 [a]My brothers gave me orders to be there.[a] Now,

그 성에서 제사할 일이 있으므로 나의 형이 내게
오기를 명하였으니 내가 네게 사랑을 받거든 나
로 가서 내 형들을 보게 하라 하였으므로 그가 왕
의 식사 자리에 오지 아니하였나이다
30 사울이 요나단에게 노를 발하고 그에게 이르
되 패역부도의 계집의 소생아 네가 이새의 아들
을 택한 것이 네 수치와 네 어미의 벌거벗은 수치
됨을 내가 어찌 알지 못하랴
31 이새의 아들이 땅에 사는 동안은 너와 네 나
라가 든든히 서지 못하리라 그런즉 이제 보내어
그를 내게로 끌어오라 그는 죽어야 할 자니라
32 요나단이 그 부친 사울에게 대답하여 가로되
그가 죽을 일이 무엇이니이까 무엇을 행하였나이
까
33 사울이 요나단에게 단창을 던져 치려 한지라
요나단이 그 부친이 다윗을 죽이기로 결심한 줄
알고
34 심히 노하여 식사 자리에서 떠나고 달의 제
이일에는 먹지 아니 하였으니 이는 그 부친이 다
윗을 욕되게 하였으므로 다윗을 위하여 슬퍼함이
었더라
35 아침에 요나단이 작은 아이를 데리고 다윗과
정한 시간에 들로 나가서
36 아이에게 이르되 달려가서 나의 쏘는 살을 찾
으라 하고 아이가 달려 갈 때에 요나단이 살을 그
의 위로 지나치게 쏘니라
37 아이가 요나단의 쏜 살 있는 곳에 이를 즈음
에 요나단이 아이 뒤에서 외쳐 가로되 살이 네 앞
편에 있지 아니하냐 하고
38 요나단이 아이 뒤에서 또 외치되 지체 말고
빨리 달음질하라 하매 요나단의 아이가 살을 주
워가지고 주인에게로 돌아왔으나
39 그 아이는 아무런지 알지 못하고 요나단과 다
윗만 그 일을 알았더라
40 요나단이 그 병기를 아이에게 주며 이르되 이
것을 가지고 성으로 가라

if I have found favor in your eyes, let me get away
and see my brothers.' That is why he did not come
to the table of the king."

30 Saul was[a] angry with Jonathan and said to him,
"You son of a rebellious girl![b] Don't I know that
you are the comrade[c] of the son of Jesse, to your
own shame, and to the shame of your mother's
nakedness.
31 For all the days which the son of Jesse remains
alive on the earth [a]you will not establish your
kingship.[a] Now send and get him for me for he is
a son of death!"
32 Jonathan answered Saul,[a] "Why should he be
put to death? What has he done?"
33 Saul lifted[a] the spear against him to strike him
down, and Jonathan knew that it [b]had been
determined[b] by his father to kill David.
34 Jonathan jumped up[a] from the table in furious
anger, and he did not eat bread on the second day
of the new moon festival for he grieved for David
because his father had humiliated him.
35 In the morning Jonathan went out to the field
for the meeting with David, and his little servant
boy was with him.
36 He said to his boy, "Run, find the arrow[a] which
I am shooting." The boy ran and he shot the arrow
to make it go past him.[b]
37 The boy came to the place where Jonathan had
shot the arrow when Jonathan called after the boy
and said, "Is the arrow not away from you even
farther?"
38 Jonathan called after the boy, "Hustle. Hurry
up. Don't stop!" After the boy had picked up the
arrow, he came[a] to his master.
39 But the boy did not know anything. Only
Jonathan and David knew what was happening.
40 Jonathan gave his weapons to the boy who was
with him and told him, "Go, enter[a] the city."

41 아이가 가매 다윗이 곧 바위 남편에서 일어나서 땅에 엎드려 세 번 절한 후에 피차 입맞추고 같이 울되 다윗이 더욱 심하더니

41 After the boy had gone, David rose from beside [a]the mound,[a] fell on his face to the ground and prostrated himself three times. Each one kissed his comrade and each one cried with his comrade greatly.[b]

42 요나단이 다윗에게 이르되 평안히 가라 우리 두 사람이 여호와의 이름으로 맹세하여 이르기를 여호와께서 영원히 나와 너 사이에 계시고 내 자손과 네 자손 사이에 계시리라 하였느니라 다윗은 일어나 떠나고 요나단은 성으로 들어오니라

42 Jonathan said,[a] "Go in peace for we two have sworn together in the name of Yahweh: 'Yahweh will be[b] between me and between you, and between my seed and your seed forever.'"

21:1 다윗이 놉에 가서 제사장 아히멜렉에게 이르니 아히멜렉이 떨며 다윗을 영접하며 그에게 이르되 어찌하여 네가 홀로 있고 함께 하는 자가 아무도 없느냐

21:1 Then David[a] rose and left while Jonathan entered the city.

원문주해

2.a.-a. 케레(Qere) 70인경(LXX); 케팁(Kethib)으로 아사(לוֹ עָשָׂה).

3.a. 70인경(LXX); 마소라 본문(MT): "다시 맹세했다."

3.b.-b. 꺾쇠괄호로 묶인 단어들은 "이것"의 앞부분이 1절의 마지막 문절(clause)임을 지시한다.

4.a. 타아봐(תַּאֲוֶה). 참조. 70인경(LXX), 탈굼역(Targ); 마소라 본문(MT): 토마르(תֹּאמַר, "말하다").

5.a. 70인경(LXX); 마소라 본문(MT)에는 없다.

5.b.-b. 마소라 본문(MT); 70인경(LXX)에는 없으며 맥카터는 제거시킨다. 그러나 그 단어들은 필요한 것으로 보인다.

5.c. 70인경(LXX); 마소라 본문(MT)은 "셋째 날 저녁"으로 읽는다. 이것은 35절과 조화시키는 것이다. 참조. 12.b. 아주 색다른 해결책에 대해서는 드라이버, ZAW 80(1968) 175-77를 보라.

8.a. 임(עִם), 참조. 70인경(LXX)과 다른 역본들; 마소라 본문(MT): 알(עַל).

9.a. 하로(הֲלֹא). 참조. 부데(Budde), 드라이버; 마소라 본문(MT): "그리고…않으리라"("그리고 나는 너에게 그것에 대해 말하지 않으리라").

10.a. 임(אִם) , 참조. 70인경(LXX); 마소라 본문(MT): 오 마(אוֹ מָה).

12.a. 아드(עַד) 시리아역(Syr); 유사종결(homoioteleuton)로 인해 마소라 본문(MT)과 70인경(LXX)에는 없다. 스토베는 마소라 본문(MT)이 더 짧은 본문이기 때문에 우월하다고 주장한다. 그에 따르면 이렇다: "여호와, 이스라엘의 하나님으로, 나는…하리라"(By

Yahweh, the God of Israel, I will⋯).

12.b. 마소라 본문(MT), 70인경(LXX)은 "세 번째 [날에]"를 추가한다. 참조. 5b절과 35절.

12.c.-c. 마소라 본문(MT)은 이 단어들 앞의 문장을 나눈다.

12.d.-d. 마소라 본문(MT); 70인경(LXX) "들판으로." 후자는 11절과 조화시키는 것인가? 아니면 마소라 본문(MT)이 13절과 조화시키는 것인가?(맥카터)

13.a. 마소라 본문(MT); 70인경 바티칸 사본 및 루시안 개정본(LXX[BL]) "하나님."

13.b.-b. 칼형; 마소라 본문(MT): 히필형.

13.c.-c. 레하비(לְהָבִיא), 스미스(Smith). 이 추측에 의한 독법은 유사종결에 의해 상실되었을 것이다. 그 재구성은 확실하지는 않다. 드라이버, 맥카터 그리고 스토베를 보라.

14.a.-a. 이 구절은 매우 난해하다. 벨로(ולא)라는 표현은 마소라 본문(MT)에서 세 번 나타나지만, 두 번째 것은 70인경(LXX)에 없으며 아마도 마소라 본문(MT)이 이차적인 것이다. 나머지 두 번의 경우 벨루(וְלֻא)로 구두점을 찍으라. 참조. 맥카터와 여러 역본들.

14.b. 70인경(LXX); 마소라 본문(MT): "여호와에 대한 충절." 후자는 삼하 9:3에 근거한 부연설명인가?

16.a.-a. 이크로트 쉠 예호나탄 메임(יכרת שׁם יהונתן מעם), 참조. 70인경(LXX); 마소라 본문(MT): 봐이크로트 예호나탄 임(ויכרת יהונתן עם).

16.b. 마소라 본문(MT)과 여러 역본들: "⋯ 의 대적들." 스미스는 이 표현을 부연설명으로 본다. "주석"을 보라.

17.a.-a. 레하쉬비아 레다뷔드(להשׁבע לדוד, 니팔형)로 읽으라. 참조. 70인경(LXX); 마소라 본문(MT): "다윗이 맹세하게 했다"(히필형). 이 구절의 나머지는 70인경(LXX)에서 다른 형태로 나타난다.

18.a.-a. 참조. 70인경(LXX); 마소라 본문(MT): "그에게 이르렀다(=말했다)."

19.a. 티프코드(תפקד), 참조. 70인경(LXX); 마소라 본문(MT): 테레드 메오드(מאד תרד). 맥카터는 후자를 동사 루드(רוד)에서 끌어와 "너는 오랫동안 사라지게 될 것이다"(=너는 극심하게 떠돌 것이다)로 읽는다.

19.b.-b. 우쉘리쉬트(וְשִׁלַּשְׁתָּ, "그리고 셋째", "그리고 셋째 날에")로 읽으라. 마소라 본문(MT)의 모음은 와우 연속을 가진 칼 완료형으로 읽는다: "그리고 너는 세 번째로 행할 것이다"(You will do a third time).

19.c.-c. 하에르갑 홀아(הארגב הלאז, 뒤의 단어는 마지막 자음이 "자인"이 아닌 "헤"가 되어야 하는 히브리어 "홀아"[저편에]의 오자로 생각된다 – 역자주), 참조. 70인경(LXX); 마소라 본문(MT): 하에벤 하아젤(האבן האזל). 역시 41.a.-a.를 보라.

20.a.-a. 쉘리쉴(שְׁלִישִׁת)으로 읽으라(맥카터); 마소라 본문(MT): "셋."

20.b.-b. 하헤찌 이찌다흐(החצי מצדה); 참조. 맥카터, "그 곁으로부터 그(=어떤) 화

살"(the [=a certain] arrow from its side). 마소라 본문(MT)은 멤(מ)을 앞 단어에다 붙인다: "세 개의 화살". "화살"이란 단어가 이 장에서 색다른 철자로 나타났으며, 후대의 사본 제작자들은 이것을 복수로 만들기 위해 철저히 교정했다. 참조. 21.a., 21.b., 22.a., 36.a. 원래의 것은 36, 37, 38절에 보존되어 있다.

20.c. 참조. 70인경(LXX); 마소라 본문(MT)은 추가한다: "내가 친히."

21.a. 마소라 본문(MT): "화살들." 참조. 20.b.-b.

21.b. 마소라 본문(MT): "화살들." 참조. 20.b.-b.

21.c. 마소라 본문(MT)은 "오다"에 접속사 "그리고"를 추가한다. 꺾쇠괄호의 단어들은 명료하게 만들기 위해 추가된 것들이다.

22.a. 마소라 본문(MT): "화살들." 참조. 20.b.-b.

23.a. 마소라 본문(MT); 70인경(LXX)은 "증인"을 추가한다. 핑켈스타인(Finkelstein, *JSS* 4[1959] 356-57)은 마소라 본문(MT)이 원래의 독법인 아드 아드 올람(עד עד עולם, "영원히 한 증인")으로부터의 중자탈락(haplography)이라고 제안한다. 그러나 정상적인 어순은 이러한 재구성을 차단하는 것으로 보인다. 그리고 유사한 재구성을 포함하는 42절은 마소라 본문(MT)에 "증인"이라는 단어가 없으나, 70인경(LXX)에서는 그것을 가진다. 참조. 12.a.

24.a. 4QSam^b 70인경(LXX); 마소라 본문(MT): "음식 곁에." 참조. 34절에 있는 "음식"이란 단어.

25.a.-a. 70인경 루시안 개정본(LXX^L); 마소라 본문(MT); 70인경 바티칸 사본(LXX^B): "그 벽을 따라 의자 곁에서(MT: 향하여)"

25.b.-b. 봐예카뎀(ויקדם), 참조. 70인경(LXX); 마소라 본문(MT) 봐야콤(ויקם), "그리고 [요나단이] 일어섰다". 마스틴(Mastin)은 마소라 본문(MT)을 옹호하면서 이렇게 번역한다: "요나단은 (자신의 아버지를 섬기기 위해) 직위를 얻었다."

26.a. 마소라 본문(MT)과 여러 역본들은 키 로 타호르(כי לא טהור)를 추가한다. 이것은 본래의 독법인 빌티 타호르 후(בלתי טהור הוא)의 이문(異文)이다.

27.a.-a. 베욤 하쉐니(ביום השני), 참조. 70인경(LXX); 마소라 본문(MT): 하쉐니(השני).

27.b.-b. 4QSam^b 70인경(LXX); 마소라 본문(MT): "식사하러." 참조. 24.a.

28.a.-a. 70인경(LXX); 마소라 본문(MT)에는 없다. 70인경(LXX)이 선행본(Vorlage)에서 첨가가 되어 있는지, 혹은 그것이 대단히 촘촘한 문장을 자유롭게 번역한 것인지는 불확실하다.

28.b. 마소라 본문(MT); 70인경(LXX)은 추가한다: "그의 성읍." 이것은 아마도 6절과 조화시키기 위함이다. 참조. 역시 28.a.

29.a.-a. 봐아니 쫘부 리 아히(ואני צון לי אחי) 4QSam^b, 참조. 70인경(LXX); 마소라

본문(MT): 붸후 찌봐 리 아히(והוא צוה לי אחי, "그리고 나의 형제가 친히 나에게 거기에 있을 것을 명했다").

30.a. 마소라 본문(MT): 4QSam[b] 70인경(LXX)은 "매우"를 추가한다.

30.b. 나아라트(נערה) 참조. 70인경(LXX)과 4QSam[b](후자는 복수); 마소라 본문(MT): 나아봐트(נוית), 아봐(עוה)의 니팔 분사형("완고한 여인, perverse woman"). 마소라 본문(MT)은 확장된 것으로 보인다.

30.c. 헤베르(חבר), 참조. 70인경(LXX); 마소라 본문(MT): 빠하르(בחר, "선택하다"). 철자가 뒤바뀜.

31.a.-a. 4QSam[b]; 마소라 본문(MT): "너와 너의 왕권이 서지 못할 것이다."

32.a. 70인경(LXX); 마소라 본문(MT)은 추가한다: "그의 아버지 그리고 그에게 말했다."

33.a. 봐이톨(וַיָּטֶל). 마소라 본문(MT)의 발음 = "그가 던졌다." 참조. 18:11.

33.b.-b. 칼레타(כלתה), 벨하우젠; 마소라 본문(MT): 칼라(כלה). 70인경(LXX)은 7, 9절과 마찬가지로 "이 악이 작정되었다."

34.a. 봐이프하즈(ויפחז), 4QSam[b]. 참조. 70인경(LXX); 마소라 본문(MT)은 더 친숙한 ויקם("일어섰다")를 갖는다.

36.a. 단수; 마소라 본문(MT)은 복수. 참조. 20.b.-b.

36.b. 4QSam[b]는 "그 성읍으로"를 추가한다. 이것은 아마도 그것 앞에 있는 레하아비로(להעברו)의 부분적인 중복오사일 것이다.

38.a. 마소라 본문(MT); 70인경 알렉산드리아 사본 및 루시안 개정본(LXX[AL]): "그가 그것을 가져왔다." 전자는 뽀(בוא)의 칼형이고 후자는 히필형이다.

40.a. 70인경 바티칸 사본(LXX[B]). 마소라 본문(MT): "가져오다." 이 단어는 70인경 루시안 개정본(LXX[L])에는 없다.

41.a.-a. 하에르갑(הארגב), 참조. 70인경(LXX); 마소라 본문(MT): 하네게브(הנגב). 참조. 19.c.-c.

41.b. 아드 하가돌(עד הגדול) 참조. 벨하우젠. 그러나 드라이버는 심하게 반대한다. 마소라 본문(MT)에 있는 독법 아드 다뷔드 힉딜(עד דוד הגדיל)은 잘 이해가 안 된다. 스토베: "다윗을 위해 몹시."

42.a. 70인경 바티칸 사본(LXX[B]); 마소라 본문(MT)은 "다윗에게"를 추가한다.

42.b. 마소라 본문(MT); 70인경(LXX)은 "증인"을 추가한다. 참조. 23.a.

21.1.a. 4QSam[b], 70인경(LXX); 마소라 본문(MT)에는 없으나, 현재의 편집의 문맥에서 의미상 필요하다.

양식/구조/배경

이 단원의 단락들은 다윗과 요나단 사이의 상호 보호의 약속들로 묶인다. 앞 장은 미갈과 사무엘이 연관되면서 다윗의 탈출을 다룬 반면, 21-22장은 놉의 제사장들과의 사건을 다룬다. 20장과 21장으로 장을 구분한 것은 히브리어로 볼 때 오류라는 것을 주목하라. 사무엘상 21:1(히브리어 성경)은 영어 역본들에서 42절의 마지막 부분이다.

요약. 다윗이 사울의 적개심에 당황하고 있는 동안, 요나단은 자신의 아버지의 사악한 의도를 부인했다. 다윗은 요나단에게 그 위협이 실제적인 것임을 납득시키고 그로부터 지원의 약속을 보장받았다. 요나단은 연회에 다윗이 오지 않은 것을 대신 변명해 주기로 동의했다. 그것은 사울이 진정으로 다윗을 해칠 의도가 있는지를 그의 반응을 통해 결정하기 위함이었다. 다윗은 만일 사울이 부정적인 반응을 보인다면 자신이 어떻게 그것을 알 수 있을지를 물었다(1-10절). 요나단은 다윗을 들로 데려가 자신은 다윗에게 어떤 나쁜 소식일지라도 전해 주겠다고 맹세했으며, 다윗을 위해 사울이 왕으로서 누렸던 것과 동일한 축복을 빌었다. 요나단은 다윗에게 결코 자신의 집으로부터 자신에 대한 기억을 지워 버리지 말 것을 부탁한 다음, 반복해서 다윗에 대한 사랑에서 우러난 자신의 언약을 체결했다(11-17절). 요나단은 자신의 종과 함께 활을 쏠 것이며, 그 종에게 화살을 찾는 방향을 지시함으로써 사울의 기분을 전해 주겠다고 설명했다. 요나단은 반복해서 달아나 몸을 숨긴 다윗에 대한 자신의 신의를 다짐했다(18-24a절). 처음에 사울은 월삭 행사에 다윗이 불참한 것을 중요하게 생각하지 않았으나, 둘째 날에 그는 요나단에게 왜 다윗이 거기에 없는지를 물었다. 요나단은 아버지에게 미리 준비해 둔 답변을 전했으나, 사울은 수긍하지 않았다. 왕은 요나단을 비웃으면서 그가 왕직의 권리를 잃어 버릴 수 있다고 경고했다. 요나단이 다윗을 변호했을 때, 왕은 자신의 아들을 죽이려고 했다(24b-34절). 요나단은 자신이 사울에게 간 뒤의 부정적인 결과를 다윗에게 알려 주기 위해 화살 시위를 당겼다. 종이 지시를 받고 돌아갔을 때, 요나단과 다윗은 상대방을 향한 서로의 애정을 나타내면서 이러한 사태의 결과에 슬퍼했다. 요나단은 다윗을 떠나 보내며 그들 자신과 각자의 후손들 사이의 좋은 관계를 보장하기로 상호간에 맹세한 서약을 상기시켜 주었다(20:35-21:1).

다윗과 요나단의 관계는 다윗의 왕직의 권리를 보여 주기 위해 HDR에서 효과적으로 사용된다(19:1-7; 20:1-21; 23:15-18; 참조. 18:1-5). 현재의 단원은 HDR의 이러한 목적에 잘 부합하지만 연대기적 순서를 벗어난 것으로 보인다. 19:9-10에서 사울이 다윗을 죽이려고 한 이후에(참조. 18:10-11), 그리고 미갈(19:11-17)과 사무엘과의 사건들(19:18-24) 이후에 다윗이 자신을 향한 사울의 의도가 적대적인지를 여전히 알아볼 필요가 있었을 것 같진 않다. 또한 다윗이 왕의 월삭 행사에 기대되거나 환영받는 손님이었을 것 같지도 않다.

이 단원은 신명기 학파 역사가에 의해 보충되었던 것 같다(Veijola, *Ewige Dynastie* 81-87; McCarter). 10절에 있는 다윗의 질문에 18-24a절에서 요나단이 답변한다. 11절은 그 구절들에 대한 적합한 도입부를 형성한다. 12-17절에서 두 사람의 역할은 1-10절과 비교된다. 지금 다윗은 요나단의 요구에 따라 약속한다. 요나단과 그의 후손을 충실하게 대하겠다는 다윗의 언약(14-15절)이 사무엘하 9장에서 성취된다. 거기서 므립바알/므비보셋이 다윗의 왕궁으로 들어가고 그의 아버지에게 속했던 땅을 하사받는다(참조. 역시 삼하 16:1-4, 19:25-31 그리고 21:7). 12-17절의 목적은 사무엘상에 통합된 두 개의 초기 문서인 HDR과 계승 서사(Succession Narrative) 사이의 다리를 잇는 것이다(Veijola, McCarter). 42b절은 "왜냐하면"으로 시작되는데(한글 개역에는 없다 – 역자주), 이것 역시 이러한 편집의 일부다. 왜냐하면 그것이 13절과 17절에 만들어진 서약을 되돌아보며 지시하기 때문이다. 42a와 42b절 사이의 부자연스런 전환을 주목하라. 42b절이 없다면, 42a절과 21:1 사이는 매끄럽게 연결되고, 이러한 형태의 본문에서 21:1에 있는 문장의 주어는 필요하지 않을 것이며, 가장 오래된 증거 본문들에도 존재하지 않는다(참조. "원문주해" a).

맥카터가 이렇게 엮어진 편집의 목적에 대해 실질적으로 베이욜라와 동의한다 할지라도, 그는 11절, 23절과 40-42a절 역시 Dtr의 것으로 돌린다. 11절에 대해 내린 결정은 달리 생각해 볼 수도 있지만, 베이욜라의 입장은 나머지 두 개의 구절들에 대해서는 설득력이 있다. 23절과 42b절 사이에는 두 개의 차이점이 보인다: 23절에서 여호와의 현존이 요나단과 다윗 사이에 확증된다. 그러나 42b절에서는 이러한 신적인 연관이 또한 두 사람의 후손들에게 연장된다. 이것은 12-17절에 의해 발생된 확장이다. 덧붙여서 "영원히"란 단어가 23절에서는 "우리 두 사람이 사는 날까지"를 암시하는 반면, 42b절에서는 문자 그대로 "영원히"를 의미한다. 역시 40-42a절에 관해서도 베이욜라의 입장은 그럴듯하다. 왜냐하면 42절의 a와 b 사이에 부자연스러운 연결이 있기 때문이다. 그렇지만 그는 맥카터와 동의하여 40-42a절이 본래의 기사에 첨가된 것이라고 주장한다. 왜냐하면 18-23절의 전체적인 요점은 요나단과 다윗의 그러한 개인적 만남이 불가능하다는 것을 지시하기 때문이다. 베이욜라는

40-42a절에 설명된 그 사건이 신명기 학파의 편집 이전에 첨가된 것이라고 주장한다. 그 편집의 범위에 대한 이러한 차이점에 덧붙여, 그것의 연대에 대해서도 역시 두 사람은 의견이 일치하지 않는다.

주석

1-10 다윗의 피신은 HDR에서 반복되는 주제를 이룬다(참조. 19:12, 18; 21:11; 22:17, 20; 27:4). 아마도 다윗은 우리가 위에서 언급한 라마를 떠나 기브아로 돌아갔을 것이다. 비록 이러한 편집상의 연결이 우리가 위에서 살핀 대로 역사적으로 가능하지 않은 것처럼 보이지만 말이다. 1절과 3절에서 요나단에 대한 다윗의 존경심과 5절과 27-28절에서 월삭 행사에 참석하지 않겠다고 그에게 간청한 다윗의 모습은 사울의 장남에 대한 그의 신의를 보여 주는 것이며, 또한 그에 따라 결국 사울에 대한 그의 신의를 간접적으로 나타낸 것이다. 다윗의 개인적인 무고함-19:4에서 요나단이 친히 그것을 확증해 주었다-때문에, 왕이 그의 생명을 해하려는 시도는 다윗을 당황하게 만들었다. 먼저 요나단은 자신의 아버지와의 친밀한 관계를 들어 다윗의 두려움을 해소해 주었다("아버지"란 단어가 이 단원에서 13번[혹은 14번, MT] 사용되었다). 사울은 아들에게 자신의 모든 계획을, 그 중요성을 유의하지 않은 채 다 전해 주었다. 아모스에 있는 유명한 구절은 여호와와 선지자들 사이에 유사한 친밀성이 있었던 것으로 묘사한다: "주 여호와께서는 자기의 비밀을 그 종 선지자들에게 보이지 아니하시고는 결코 행하심이 없으시리라"(암 3:7). 요나단의 부인에도 불구하고, 다윗은 요나단이 사울에 대해 진실을 말했다는 것을 알았다. 다윗은 사울이 자신을 죽이려는 의도를 요나단에게 말하지 않은 이유가 자신이 요나단에게 호의를 얻었기 때문인 것으로 보았다(참조. 그들의 사랑에 대한 언급들). 그리고 사울은 자신의 아들이 다윗을 안타까이 여기기를 원치 않았다. 실제로 요나단은 어렵사리 사울의 태도를 알게 되었을 때 슬퍼했다(34절). 아이러니컬하게도, 사울은 다윗이 자신의 눈에 들어 다시 한 번 그 젊은 음악가에게 자신의 부하가 될 것을 요청한 바 있었다(16:22). 여호와의 살아 계심과 요나단의 생명으로 맹세하면서, 다윗은 자신이 중대한 죽음의 위험에 처해 있다고 강조했다. "걸음"이란 단어는 이사야 27:4에서 그 어근의 동사 형태가 나타나고, 또한 아람어와 시리아 동족어가 있다 할지라도(Driver) 단 한 번 사용된 것이다(hapax legomenon). 맥카터는 70인경(LXX)에 기초하여 이 본문을 수정해서 읽는다: "그는 나와 죽음 사

이에 한 약정을 맹세했다." 요나단은 2절에서 자신의 아버지와 친밀한 관계를 주장했는데, 다윗과 일체감을 갖고 그가 원하는 것은 무엇이든지 행하겠다고 제의했다. 조블링(Jobling)은 요나단이 그렇게 함으로써 상징적으로 자신의 아버지의 왕권을 다윗에게 이양했다고 믿는다(참조. 18:1-5).

다윗은 사울 왕의 월삭 행사에 참석하지 않기로 결정했다. 그 날에는 특별한 제물들이나 음식들이 준비되었으며(참조. 민 28:11-15; 스 3:5; 느 10:34[영역본. 33]), 에스겔에 따르면 장차 다가올 시대의 왕은 실제로 그 날의 제물들을 제공할 것이다(45:17; 46:6-7). 8세기에는 이 날에 이스라엘의 상거래가 중지되었다(암 8:5; 또한 왕하 4:23을 보라; 사 1:13-14, 그리고 de Vaux, 469-70에 있는 토론). 왜 다윗이 그 왕과 아브넬 장군, 그리고 사울의 장남 요나단과 함께 먹기로 예정되었는지는 분명하지 않다. 헤르츠베르그는 그것이 사위로서의 다윗의 역할 때문이라고 추측했다. 아마도 그것은 그의 대중적인 명성이나(18:6-8) 왕의 병기 나르는 자로서의 역할과(16:21) 관련되었을 것이다. 만일 사울 왕이 다윗의 불참을 문제 삼는다면, 요나단은 다윗이 베들레헴에서 있게 될 그의 혈족의 매년 축제에 갈 수 있도록 허락을 요청했다고 말할 예정이었다(참조. 1:3, 21). 이 계략은 그 왕의 진정한 의도가 무엇인지를 파악하기 위한 일종의 예견 작업이었다. 만일 사울이 그 변명을 받아들인다면 다윗은 안심할 수 있을 것이고, 만일 그가 화를 내면서 받아들이지 않는다면 다윗을 향한 그의 의도는 다만 악할 뿐이리라.

다윗은 그들간의 언약 관계로 인해 요나단에게 자신에 대한 신의를 보여 달라고 요청했다. 언약에 대한 이전의 유일한 언급은 18:3에 있는데, 우리는 그 구절을 이차적인 구절의 일부로 간주했었다. 20:8에 있는 이 언급 때문에 18:1-5의 첨가가 요구되었을까? 다윗과 요나단은 또한 사무엘상 23:18에서 언약을 맺었다. 8절에서 다윗은 두 차례 자신을 요나단의 종으로 말함으로써 요나단에 대한 자신의 신의를 보여 주었다. 그는 만일 어떤 알려지지 않은 죄악으로 인해 자신의 목숨이 요구된다면 요나단이 자신을 죽이라고 제안했는데, 이것은 다윗의 겸손한 마음을 보여 준 것이었다. 더불어 다윗이 가장 절친한 친구에게 자신을 죽이라고 한 제안은 사울이 여호와의 기름부은 자 위에 손을 댐으로써 피 흘리는 죄를 범하지 않도록 막아 줄 것이다(참조. 24:6). 히브리어 단어의 순서는 9절에 있는 "당신의 아버지에게"란 어구에 특별한 강조를 부여한다. 요나단은 즉각 다윗이 죄를 범했을 가능성을 부인했다. 요나단은 만일 아버지가 어떤 해를 끼치려 한다면, 그것을 다윗에게 알려 줌으로써 그를 향한 신의를 지키겠다고 동의했다. 사울의 살의에 찬 계획을 가로막으려고 하는 사람은 누구나 매우 곤란한 상황에 처할 것이기 때문에, 다윗은 나쁜 소식이 어떤 방식으로 자신에게 전달될(혹은 전달될 수 있는) 것인지를 요나단에게 물었다.

[11]-[17] 우리가 주목한 대로 11절은 한때 18절로의 전환을 이루었을지 모르지만, 현재의 본문에서 그것은 12-17절을 도입시킨다. 추정컨대, 들판에서의 대화가 왕실보다 더 안전했을 것이다(그러나 Hertzberg를 보라). 신명기 학파에 의한 첨가(12-17절)는 그들 사이에 있는 양면적 관계를 보고한다. 요나단은 자신의 증인으로 이스라엘의 하나님이신 여호와께 호소하면서(참조. 삼상 2:30; 25:32, 34; 삼하 7:27; 왕상 1:30과 48. 베이욜라에 따르면, 그것은 Dtr 구절들에서 나타난다), 이튿날 아버지의 의향을 살펴보겠다고 제안했다. 왜 요나단이 그때 다윗 대신 그 제안을 내놓았는지, 그리고 이 제안된 예정표가 어떻게 5절과 조화를 이루게 되는지는 분명하지 않다. 어쨌든 요나단은 다윗에게 모든 것을 전해 주어(9절) 그를 평안히 보내겠다고(참조. 42절) 거듭 약속했다. 13절에서 사용된 자기 저주(self-imprecation) 형식은 앞서 3:17과 14:44에서 나타났다. 대명사 "나" 대신 요나단이란 이름의 사용에 있어서, 베이욜라는 그것을 편집자의 문체적 특징으로 보았다(참조. 삼상 25:22과 삼하 3:9).

요나단은 여호와가 자신의 아버지와 함께 하셨던 것처럼 다윗과 함께 하시기를 빈다고 말함으로써 은연중에 임박한 다윗의 왕권을 인정했다. 이러한 두 부분으로 된("…하는 것처럼, …하다" - 역자주) 형식문은 다른 신명기 학파적 문맥들에서도 감지된다(왕상 1:37; 수 1:5, 17; 3:7; Veijola). 반면에, 본래의 HDR에 있는 형식문은 항상 하나로 되어 있다(참조. 삼상 16:18; 17:37; 18:12, 14, 28; 삼하 5:10). 사울의 장남 요나단은 기꺼이 다윗을 승인한 반면, 그의 아버지는 그렇지 않았다(그러나 23:17을 참조하라!). 물론 앞 장들을 읽은 독자들은 여호와께서 더 이상 사울과 "함께" 하시지 않는다는 것을 안다.

14절과 더불어 역할이 바뀌어 이제 요나단이 다윗에게 호의를 요청하기 시작한다. 요나단은 친구 다윗이 자신에게, 또한 자신이 만일 죽을 경우 자기 자손들(집)에게도 신의를 보여 주길 원했다. 계승 서사(Succession Narrative)는 요나단의 아들 므립바알/므비보셋에게 보여 준 다윗의 신의를 보고한다(삼하 9:1, 3, 7). 다윗의 적들에 대한 약속은 신명기 학파적 구절들(삼상 25:26, 29, 39a; 삼하 3:18; Veijola)에 빈번하게 언급되어 있다. 그리고 사무엘하의 앞에 있는 장들은 사실상 이것이 어떻게 성취되었는지를 보고한다(7:1; 8장). 이러한 임박한 승리들이 15절에서 요나단에 의해 언급된다: "여호와께서 각각의 다윗의 대적들을 끊어 버릴 때." 이 표현은 다윗이 왕이 될 것이라는 것을 예견한다. 요나단의 자손들은 유사한 운명을 겪지 않을 것이다－요나단의 이름은 끊어지지 않을 것이다(사 48:19; 56:5; 룻 4:10). 나중에 사울은 다윗에게 자신의 이름을 멸하지 않겠다는 서약을 요구했다(삼상 24:22-23[영역본. 21-22]). 다윗은 요나단의 이름이 간직되도록 므립바알/므비보셋을 자신의 왕실로 받아들였다. 다윗이 이 책무를 이행하지 않을 시에는 왕의 아들 요나단이 다윗에게 저주를 있기를 기원한다고 했지만, 한 필사자가 이 저주를 완화시켰다. 즉, 그 필사자가 제시한 것은 여호와께서(요나단이 아닌－역자주) 다윗의 대적들에게서 저주를 "요구"함으로써 이 약속을 보장하신다는 것이다(참조. 창 31:39; 삼하 4:11). 분명 그는 다윗의 머리에 실현될 소지가 있는 저주가 내려진다는 것이 적합하지 않다고 느꼈던 것이다(Smith). 비슷한 교정이 마소라 본문(MT)의 사무엘상 25:22과 사무엘하 12:14에서 만들어졌다. 현재의 단위 11-17절은 요나단이 자신의 서약을 반복하는 것과 더불어 닫힌다(참조. 12-13절). 그의 서약은 다윗에 대한 사랑에 기초해 있었다. 그 사랑은 그에 대한 다윗의 사랑과 동일한 것이었다(참조. 18:1, 3). 모란(Moran)은 앗수바니팔의 봉신들이 다음과 같은 명령을 받았음을 지적했다: "너희는 (그를) 너희 자신처럼 사랑해야 한다." 다른 곳과 마찬가지로 여기서 요나단의 사랑에 담긴 정치적 함의들이 분명히 나타난다.

[18]-[24] 18절과 더불어 우리는 10절에 있는 다윗의 질문에 대한 요나단의 응답으로 되돌아온다. 삼 일째가 되면 다윗의 부재는 쉽게 해명되지 않게 될 것인데, 그때 그는 몸을 숨기라는 지시를 받는다. 5절에 있는 다윗의 말은 사울의 의도에 대한 시험이 첫날 저녁에 마무리될 것임을 암시한다(그러나 5.c.를 보라). 그 "행동 개시의 날"(the "day of the deed"－한글 개역: 그 일이 있던 날, 19절)은 사울이 다윗을 죽이려는 의도를 선언하는 날이거나(19:1-2), 혹은 다윗을 벽에 박으려는 시도(19:9-10)를 지시할 수 있다. 우리는 확실히 알 수 없다. 19:1-2에 대한 토론에서 우리는 그 본문과 20장 사이의 상호관계를 살펴보았다. 20장은 19:2에 있는 은신에 대한 언급일 수 있는 것이다. 요나단은 다윗이 숨어 있던 둔덕 근처에 화살을 쏜 다음, 자신의 종에게 내린 지시로 사울의 생각이 무엇인지를 암시해 줄 계획이었다. 다윗과 요나단이 공개적으로 만나는 것은 더 이상 안전하지 않았다.

만일 요나단의 지시가 화살이 그 종을 넘어서 앞편에 떨어져 있다는 것이면, 그것은 여호와께서 다윗을 그의 갈 길로 보내셨다는 신호가 될 것이다. 6절과 29절에서 사울에게 준 변명에 따르면, 다윗이 요나단에게 궁중의 기념식에 빠지는 것을 허락해 달라고 요청했던 것으로 들린다. 그러나 22절에서 우리는 다윗에게 궁중을 영원히 떠날 것을 허용하고 보호해 주신 분은 여호와이심을 읽는다. 그 두 사람 사이의 유대관계는 여호와 자신에 의해 유지될 것이다. 23절에 있는 "영원히"란 단어가 함축하는 것은 "우리의 평생 동안"인 것 같다.

24b-34 이 구절들은 다윗이 먼저 제안하고 요나단이 자기의 것으로 삼은 전략의 수행을 보고한다. 사울 왕은 자신의 등을 벽에 댄 채 가장 안전한 자리를 잡았다(Hertzberg). 사울은 첫째 날에는 다윗이 의식상의 부정결 때문에 참석하지 않았을 것이라고 생각했다. 예를 들어, 사람이 밤중에 겪는 몽정(nocturnal emission)은 그를 하루 동안 부정하게 만들었을 것이다(신 23:11[영역본. 10]). 다른 육체적 유출들이나 사체와의 접촉은 유사한 결과를 가져왔을 것이다(레 7:20-21; 15:16-18). 그러한 설명은 둘째 날에는 통하지 못할 것이다. 사울의 기분은 다윗을 "이새의 아들"로 언급했을 때 드러났다(27절). 이것은 반복적으로 다윗을 폄하하여 언급할 때 사용된다(참조. 30, 31절; 22:7, 8, 13; 25:10; 삼하 20:1). 요나단은 이름으로 다윗을 언급하면서, 자신과 다윗이 합의한 답변을 주기 시작했다(28절). 요나단은 덧붙여 다윗의 형제들이 그가 참석해야 한다고 고집을 부렸다고 말함으로써 다윗의 간청을 더욱 그럴듯하게 꾸몄다(이 구절과 6절에서 그 간청은 부정사 절대형에 완료형 동사가 이어지는 방식으로 표현된다: 히브리어에서 이것은 동사를 강조하는 방법이다 – 역자주). 요나단은 사울 왕이 다윗의 변명을 사소한 것으로 생각하지 않기를 바랐다! 사울에 대한 다윗의 요청은 요나단이 자신에게 호의를 가졌다는 가능성에 기초해 있었다(29절). 일찍이 다윗은 요나단에게 사울 왕이 그 사실을 알고 있다는 것을 말한 바 있었다(3절).

사울은 순간 속지 않았다. 왕은 자신의 아내(아히노암?)를 패역부도한 여자로 불렀고, 자신의 장남도 그 어머니와 같이 취급했다(참조. 삿 16:12)! 요나단은 자신이 아들과 신하로서 충성을 맹세한 아버지를 버렸다는 비난을 받았다. 요나단은 거듭 사울을 "나의 아버지"라고 언급한 반면, 사울은 그를 "나의 아들"로도 이름으로도 부르지 않았다. 사울은 요나단이 다윗의 동료나 동맹자가 되는 것을 비난했다. 그 우정은 자신의 어머니의 벌거벗음이나 치부의 수치처럼 그에게 수치라는 것이다. 사울은 요나단이 마치 처음부터 잘못한 것처럼 대했다. 요나단은 어리석게도 다윗과의 우정으로 자신이 왕위를 이어받을 기회를 날려 보내고 있었다(13:13-14에 있는 사울을 위한 이상적 왕조의 거절은 신명기 학파적이다). 다윗의 세력에 대한 사울의 두려움은 요나단이 23:17에서 보고한 것을 예견한다: "나의 아버지 사울은 당신이 왕이 되리라는 것을 알고 있다." 다윗을 세 번에 걸쳐 "이새의 아들"로 부른 데 이어, 사울은 이제 그를 죽음의 아들로 지시하면서 그를 죽이려는 의도를 나타냈다(31절). 요나단은 아버지의 계획에 대해 예리한 질문을 했고, 그렇게 함으로써 다윗의 무고함을 확증했다(참조. 1절, 8-9절). 사울이 다윗과 연합한 이유로 자신의 아들을 죽이려고 창을 집어들었을 때, 요나단은 의심할 여지없이 아버지의 진정한 의도를 알아차렸다. 공동 식사에 참여하지 않은 채 그가 돌연히 떠난 것은 그의 분노와 슬픔의 상징이었다. 그는 다윗에 대해 가슴 아파했다. 그리고 적어도 다윗의 말에 따르면, 사울은 요나단의 그러한 심정을 알고 있었다(3절). 30절의 사울의 분노는 두려움과 질투의 성격이 있는 반면, 34절에 있는 요나단의 분노는 정당한 것으로 보인다. 맥카터는 요나단이 분노에 차서 떠난 이유를 아버지에게 굴욕을 당한 탓으로 돌린다. 그의 존경하는 친구가 이새의 아들과 죽음의 아들로 불렸다. 사울은 자신의 아들을 너저분한 별명으로 지칭하고 그를 죽이려고 할 만큼 다윗을 증오했다. 그리고 이러한 것들이 가족 제의(월삭 행사 – 역자주)에 참여하라는, 겉보기에는 순수했던 요구에 대한 반응이었다!

20[35]-21[1] 왕의 답변이 가혹한 것이었기 때문에, 요나단은 다윗에게 은밀히 그 소식을 전달해야만 했다. 그의 몸종이 주인이 쏜 화살을 주우러 갔을 때, 요나단은 멀리 가서 찾으라는 불길한 소리를 외쳤다. 우렁찬 소리로 내린 그 명령은 사울의 계획에 대해 의심할 여지가 없게 만들었다. 어리석은 종은 무슨 일이 일어나고 있는지 몰랐으며, 이야기는 일단 다윗과 요나단이 재빨리 각자의 길로 감으로써 끝날 수도 있었다(21:1). 그러나 이야기는 40-42a절로 확장되어 두 친구 사이의 감명 어린 이별 장면을 보여 준다. 요나단은 자신의 무기들 혹은 장비를 몸종에게 준 다음 그것들을 가지고 성으로 들어가라고 말했다. 그렇게 해서 요나단 혼자 남아 다윗과 함께 있게 되었다. 요나단이 이런 책략을 써서 당장 비밀을 유지할 수 있었을까? 아니면 이런 구실이 요나단이 이미 활을 쏜 상태이기 때문에 그 종에게 통했던 것일까? 다윗은 세 차례에 걸쳐 요나단 앞에서 친히 엎드려 1-3절에서 자신이 보여 주었던 것과 동일한 정중함을 드러내 보였다.

요나단은 13절에서 약속했던 것처럼 다윗을 평안히 보냈다. 그들의 입맞춤은 그들의 사랑을 나타냈다. 그들의 눈물과 비통한 슬픔. 그 신명기 학파적 추가는 그들의 평화의 근거를 두 사람이 여호와의 이름으로 맹세한 서약에 두었다(참조. 16-17절). 여호와는 23절에서와 같이 단지 두 주인공만을 보호하실 작정이 아니었다. 그분의 보호는 15-16절에서 보는 것처럼 두 사람의 후손들에게까지 확장될 것이다.

42절의 "영원히"란 단어는 15절에서처럼 그저 말 그대로의 의미일 뿐이다.

해설

이 흥미진진하고 감동적인 이야기는 다윗의 등극 이야기에서 주요 역할을 한다. 우리는 이것으로부터 다윗이 도망간 것은 불충성 때문이 아니라 자신의 목숨을 건지기 위함이었다는 것을 알 수 있다. 진정으로 그의 무고함이 1, 8-9절과 32절에서 반복적으로 주장된다. 한편, 사울은 지나친 두려움과 광기 어린 질투심으로 제정신이 아니었다. 그래서 그는 가족 제의 행사에 참석하기 위해 왕의 식탁에 불참한다는 다윗의 변명을 받아들이지 않았다. 사울의 말은 그의 계획이 실패했음을 드러낸 것이었다. 그는 요나단을 반역한 여자의 아들로 칭했으며, 세 차례에 걸쳐 다윗을 이새의 아들로 폄하했다. 사울의 의도와 경멸은 "너는 죽음의 아들이다!"는 절규에서 절정에 달했다.

절대적으로 자신의 아버지께 충성했던 요나단은 다윗과 또한 긴밀한 관계였다. 그는 다윗을 여호와와의 언약관계로 끌어들였고, 따라서 여호와께서는 두 사람이 사는 날 동안 그들 사이를 연결해 주는 역할을 하실 것이다. 요나단은 다윗과 함께 하면서 자신의 아버지의 의도를 다윗에게 알려 줄 계획을 발전시켰다. 또한 그는 예리한 질문으로 아버지의 호칭하기(name-calling)에 응답했다: "그가 왜 죽어야 합니까? 그가 무슨 일을 했습니까?"

다윗은 그 왕의 아들 앞에서 걸맞는 존경심을 나타냈다. 그는 자신의 안전을 위해 요나단의 신의에 의존했다. 하지만 여전히 다윗의 미래의 성공은 요나단에게 이양될 왕권과 사울의 왕조를 부정할 우려가 있었다. 그래서 사울의 입장에서는 다윗을 자신의 궁전 밖으로 쫓아내는 것으로 충분치 않았다. 사울은 다윗이 사라진 이후에도 그가 요나단과 자신의 왕조에 가할 위협으로 인해 그를 추적해야만 했다. 다윗이 계속 도망칠 때 우리는 그를 안전히 그의 길로 보내신 분은 바로 여호와시라는 것을 안다.

신명기 학파 편집자는 이 논제들을 중지시킨 다음 새로운 요소를 추가시킨다. 사울의 집이 지속되는 전적인 이유는 다윗이 꾸준한 사랑을 베풀었기 때문이다. 다윗의 모범적 행위(참조. 왕상 15:5)는 강조될 만하다. 이 논제를 통해 편집자는 우리가 다윗의 등극 역사와 계승 서사(Succession Narrative)라고 부르는 정경 이전(pre-canonical) 문서들을 통합시킬 수 있었다. 그 본문의 최종적 형태에서 요나단은 다가

오는 다윗의 왕권을 인식하고 있었다. 그는 여호와께서 사울과 블레셋 족속과 같은 다윗의 모든 대적들을 제거시킬 어느 시점을 내다보았다. 그래서 다윗은 자유로이 보다 평온한 과업을 수행할 수 있었다. 요나단은 여호와께서 자신의 아버지 사울과 함께 하셨던 것처럼 다윗과 함께 하시기를 기도했다. 여호와께서는 단순히 다윗과 요나단 사이를 연결시키는 분으로만 찬양 받으신 것이 아니라, 또한 다윗의 집 또는 후손들과 요나단의 후손들 사이의 관계를 보장하는 보증인 역할을 하셨다. 요나단은 두 번의 맹세를 통해 다윗에게 정보를 제공하여 사울의 손에서 안전할 수 있도록 해주겠다고 말했다. 이 서약의 근거는 요나단의 사랑에 있었다. 그렇다! 사울의 장자요 유력한 상속자가 다윗을 자신처럼 사랑했던 것이다.

25. 제사장이 다윗을 선호하다(21:2-10[영역본. 1-9])

참고문헌

Bič, M. "La folie de David." *RHPR* 37(1957) 156-62. **Grassi, J. A.** "The Five Loaves of the High Priest." *NovT* 7(1964-65) 119-22. **Otto, E.** "Silo und Jerusalem." *TZ* 32 (1976) 65-77.

본 문

2 다윗이 제사장 아히멜렉에게 이르되 왕이 내게 일을 명하고 이르시기를 내가 너를 보내는 바와 네게 명한 바 일의 아무것이라도 사람에게 알게 하지 말라 하시기로 내가 나의 소년들을 여차여차한 곳으로 약정하였나이다

2(EVV. 1) David came to Nob, to Ahimelech, the priest. When Ahimelech came out trembling to meet David, he said to him, "Why are you by yourself and no one is with you?"

3 이제 당신의 수중에 무엇이 있나이까 떡 다섯 덩이나 무엇이든지 있는 대로 내 손에 주소서

3(2) David replied to[a] the priest, "The king gave me an assignment, but he ordered me, 'Let no one know[b] about this mission on which I am sending you, and on which I ordered you.' So I have stationed[c] my men someplace around here.

4 제사장이 다윗에게 대답하여 가로되 항용 떡은 내 수중에 없으나 거룩한 떡은 있나니 그 소년들이 부녀를 가까이만 아니하였으면 주리라

4(3) Now, if[a] there are five loaves of bread under your control, give them, or[b] whatever is on hand, into my possession."

5 다윗이 제사장에게 대답하여 가로되 우리가 참으로 삼 일 동안이나 부녀를 가까이 하지 아니하였나이다 나의 떠난 길이 보통 여행이라도 소년들의 그릇이 성결하겠거든 하물며 오늘날 그들의 그릇이 성결치 아니하겠나이까 하매

5(4) But the priest objected to David, "There is no secular bread under[a] my control but only holy bread. If only[b] the men have kept themselves from women, [c]you may eat it."[c]

6 제사장이 그 거룩한 떡을 주었으니 거기는 진설병 곧 여호와 앞에서 물려낸 떡밖에 없음이라 이 떡은 더운 떡을 드리는 날에 물려낸 것이더라

6(5) David responded to the priest, "Of course women have been kept from us just as formerly when I went out to war so that all[a] the men were holy even when it was a secular campaign. How much more when today the men [b]are consecrated,[b] together with their gear."

7 그 날에 사울의 신하 한 사람이 여호와 앞에 머물러 있었는데 그는 도엑이라 이름하는 에돔 사람이요 사울의 목자장이었더라

7(6) So the priest gave him the holy bread for there was no bread there except the bread of the presence, [a]which had been removed[a] from before

8 다윗이 아히멜렉에게 이르되 여기 당신의 수중에 창이나 칼이 없나이까 왕의 일이 급하므로 내가 내 칼과 병기를 가지지 못하였나이다
9 제사장이 가로되 네가 엘라 골짜기에서 죽인 블레셋 사람 골리앗의 칼이 보자기에 싸여 에봇 뒤에 있으니 네가 그것을 가지려거든 가지라 여기는 그 밖에 다른 것이 없느니라 다윗이 가로되 그같은 것이 또 없나니 내게 주소서
10 그 날에 다윗이 사울을 두려워하여 일어나 도망하여 가드 왕 아기스에게로 가니

Yahweh to put warm bread there on the day it was taken away.

8(7) One of the official of Saul was detained there on that day. His name was Doeg the Edomite, the strongest of the runners[a] in Saul's service.

9(8) David said to Ahimelech, [a]"Is there[a] here under your control a spear or a sword since I did not bring along my sword or my weapons because the command of the king was urgent?"[b]

10(9) The priest replied, "The sword of Goliath, the Philistine, whom you struck down in the valley of the Terebinth, is wrapped in a garment behind an[a] ephod. If you want it for yourself take it, for there is no other weapon here." David said, "There is none like it. Give it to me."

원문주해

3.a. 4QSam^b, 70인경 바티칸 사본(LXX^B), 마소라 본문(MT)은 "아히멜렉"을 추가한다.

3.b. 70인경 바티칸 사본(LXX^B); 마소라 본문(MT)은 "어떤 것"을 추가한다.

3.c. 야아드티(יעדתי) 4QSam^b, cf. 70인경 바티칸 사본(LXX^B); 마소라 본문(MT): 요다티(יודעתי).

4.a. 임(אם), 참조. 70인경 알렉산드리아 사본(LXX^A); 마소라 본문(MT): 마(מה).

4.b. 마소라 본문(MT); 70인경 바티칸 사본(LXX^B)에는 없다.

5.a. 타하트(תחת), 참조. 70인경(LXX); 마소라 본문(MT): 엘 타하트(אל תחת). 이 추가된 단어는 앞 단어의 손상된 중복오사다.

5.b. 마소라 본문(MT); 70인경 바티칸 사본 및 루시안 개정본(LXX^{BL})에는 없으며 4QSam^{b}에서는 그 줄 위에 쓰여져 있다.

5.c.-c. 아칼템 미메누(אכלתם ממנו) 4QSam^b, 참조. 70인경(LXX); 마소라 본문(MT)에는 없다. 중자탈락? 아니면 마소라 본문(MT)은 파격구문(破格構文, anakoleuton: 문장 내에서 격이 일치하지 않아 아마 필사상의 오류로 판단되는 구문–역자주)이어서 더 긴 독법에 의해 매끄럽게 수정되었는가(Stoebe)?

6.a. 콜(כל), 참조. 70인경 바티칸 사본(LXX^B); 마소라 본문(MT): 켈레이(כלי). 이것은 그 구절에 있는 마지막 단어를 따라간 것이다.

6.b.-b. 70인경(LXX), 시리아역(Syr)을 따라 복수; 마소라 본문(MT)은 단수.

7.a.-a. 4QSam^b. 마소라 본문(MT)은 앞 단어 "진설"(presence)에 맞추어 복수(Cross)이

거나 다음 단어의 첫 글자의 중복오사로 인해 복수다(Driver).

8.a. 하라찜(הרצים) 그래츠(Graetz), 드라이버(Driver); 마소라 본문(MT): 하로임(הרעים, "목자들").

9:a.-a. 붸헨 하예쉬(והן היש), 참조. 70인경(LXX); 마소라 본문(MT): 붸인 예쉬(יש ואין).

9.b. 네헤라츠(נחרץ) 클로스터만(Klostermann), NAB, 맥카터(McCarter); 마소라 본문(MT): 나후츠(נחוץ, BDB, 637를 보라).

10.a. 4QSam[b]; 마소라 본문(MT): "그"(the). "에봇 뒤에"(behind an ephod)는 70인경 바티칸 사본(LXX[B])에 없다. 맥카터는 그 어구를 보존하지만 "보자기에 싸여"(wrapped in a garment)를 고대의 부연설명이나 다른 독법으로 여긴다.

양식/구조/배경

2-10절(영역본. 1-9)에서 다윗은 제사장 아히멜렉과 만난다. 앞 단원 20:1-21:1은 다윗과 요나단 사이의 쌍방 신의와 그들의 감동적인 고별을 묘사했다. 2-10절(영역본. 1-9)은 22:6-23으로 연결되는데, 거기서 사울은 다윗과 공모했다는 혐의로 놉 제사장들을 처형한다. 아히멜렉에 대한 두 개의 서사 단편(narrative segments) 사이에 21:11-16의 다윗의 아기스 방문, 그리고 22:1-5의 다윗의 여행 문집(travel miscellany)이 자리한다(영역본. 10-15).

요약. 다윗은 홀로 놉에 있는 아히멜렉에게 가서 자신이 비밀스런 왕의 사명을 수행하는 중이라고 설명했다. 다윗이 떡을 요청했을 때, 그 제사장은 다만 다윗과 그의 수행원들이 성적 행위를 삼갔을 때에만 떡을 줄 수 있다고 대답했다. 다윗은 그것을 보증하고서 진설병을 받았다(2-7절[영역본. 1-6]). 그 날에 사울의 관리 중 한 사람인 에돔 사람 도엑이 역시 성소에 있었다(8절[영역본. 7]). 다윗이 무기를 요청했을 때, 그는 가공할 만한 골리앗의 검을 받았다(9-10절[영역본. 8-9]).

사무엘상에 따르면, 아히둡의 아들 아히멜렉은 엘리의 증손자였다(삼상 14:3). 놉에 있던 그와 그의 동료 제사장들은 실로를 맡고 있던 제사장 계보를 잇고 있었다. 엘리와 홉니와 비느하스의 죽음 후에 실로의 계보는 예루살렘 북쪽에 있는 성소로 이적되었다. 다윗의 음식과 무기 요청이 받아들여진 것은 아주 저명한 제사장 계보에 의한 암시적 승인을 의미했다. 마찬가지로, 전에 다윗은 사울의 아들과 딸인 요나단과 미갈의 지지를 받았었다. 22:6-23에 따르면, 2-10절(영역본. 1-9)의 기본적인 긍정적 결과로 놉 제사장의 처형이 뒤따랐다. 두 기사의 관계와 두 부분으로

된 이야기 전체의 편집상의 의미에 대해서는 22장에서 토론될 것이다.

주석

[2]-[7] [영역본. 1-6] 놉에 있는 성소의 위치는 아마 구 예루살렘 정북쪽이자 사울의 수도였던 기브아 남쪽의 엘-이사위예(el-Isawiyeh; MR 173134)이었는지도 모른다(*Student Map Manual*, Aharoni; 약간 다른 장소에 대해서는 Driver를 보라). 현재의 문맥에 추가하여 놉은 또한 이사야 10:32과 느헤미야 11:32에서도 언급된다. 아히멜렉은 사울의 사제로 그를 위해 전쟁 신탁을 받았던 아히야의 형제였다(14:3, 18 LXX). 어떤 사람(예를 들어, Hertzberg)은 아히야와 아히멜렉을 동일시한다. 다윗이 접근해 왔을 때 아히멜렉이 보여 준 두려움은, 사무엘이 새로운 왕에게 기름을 붓기 위해 베들레헴으로 왔을 때 그 성읍의 장로들이 보여 준 두려움(16:4)을 생각나게 한다. 또한 아히멜렉의 두려움은 22:6-23에 보고된 그 이야기의 무서운 절정을 예견한다. 다윗은 자신의 단신 여행이 사울에 의해 부여된 비밀스런 임무에 필수적인 것이라고 전했다. 이 사건을 보고하기 위해 생존한 유일한 증인들은 다윗과 그의 지도급 제사장의 한 명인 아비아달, 그리고 에돔 사람 도엑이었다. 임무에 대한 다윗의 거짓말은 분명 아히멜렉의 두려움을 진정시키기에 충분했다. 다윗의 군사들은 최초로 22:1-2에 보고되었는데, 그들은 "어딘가"에 주둔해 있었다. "어딘가"라는 단어는 히브리어로 보면 모호한 두 단어로 된 총괄 개념(two-word generalization)으로서, 룻기 4:1에서는 어떤 인명을 대신해서 사용된다(비슷하게 영어의 "Mr. So-and-So": 즉, 우리말로 "아무개 씨" – 역자주).

다윗과 그의 군사들은 배가 고팠으며(참조. 삼상 25:8), 다윗은 그 제사장에게 떡 다섯 개를 요구했다. 이것은 분명 대략적인 개수였는데, 왜냐하면 스토베(Stoebe)가 지적한 것처럼 한 사람 몫으로는 너무 많고 대원들 전체의 몫으로는 너무 적기 때문이다. 다윗은 전혀 지나친 요구를 하지 않았다: 그는 떡이든 아니면 무엇이 되었든 수중에 있는 것을 취하길 원했다(4.b.를 보라). 불행히도 그 제사장은 단지 거룩한 떡을 지니고 있었을 뿐이다. 그나마 제사장은 다윗의 군사들이 작전 중에 성관계를 멀리했다는 조건으로 그것을 다윗에게 제공했다. 성적인 절제는 거룩한 전쟁에 참여하는 사람들이나(von Rad, *Der heilige Krieg*, 7; 참조. 신 23: 10-15[영역본. 9-14]; 수 3:5; 삼하 11:11-12), 또는 제의에 참여하기로 예정된 사람들에게 규정된 실천이었다. 다윗은 이 규정을 쉽게 충족시켰다. 이전의 세속적 군사 행동에서(참조. 삼상 18:13-14), 다윗과 그의 종자들은 "거룩"했다. 즉, 그들은 의식에 주의를 기울였던 것이다. 그들과 그들의 장비가 성별되었던 현재의 군사 행동에서는 얼마나 더 절제를 했을 텐가! "세속적"(חל – 할)이란 단어는 5-6절에 있는 "거룩"의 반대말로, 레위기 10:10 및 에스겔서와 마찬가지 의미다(참조 *THAT* 1, 575). 거룩한 전쟁을 위한 준비로서의 "성별"에 대해서는 요엘 4:9을 보라(영역본. 3:9). 다윗의 진정한 임무를 몰랐던 그 제사장은 그의 확증을 액면 그대로 받아들여 그에게 거룩한 떡, 즉 진설병을 주었다. 제사장적 전승에 따르면, 진설병은 고운 밀가루로 만든 12개의 떡으로 구성되었으며 성소 안 여호와 앞에 두었다(출 25: 30; 35:13; 레 24:5-9; 대상 9:32; de Vaux 422). 레위기 법에 따르면, 이 떡은 매 안식일마다 새로운 것으로 진열해 놓았는데 아론과 그의 아들들이 먹게 되어 있었다. 아히멜렉은 그의 시중 드는 자들과 더불어 의식적(ritual) 요구 조건들을 충족시킨 다윗에게 이 떡을 주었다. 신약에서 예수님은 이 사건을 예외적 변명이 가능한 제의 규정의 위반으로 인용하셨다(마 12:3-4; 막 2:25-26; 눅 6:3-4). 다윗의 시대에는 단지 제사장들만이 진설병을 먹을 수 있었다는 규정이 아직 형식을 갖추지 않았을 가능성이 있다. 다윗은 진설병이 성소의 제 위치에서 물려내어진 이후에 그것을 먹을 수 있었다.

8 [영역본. 7] 이 구절의 의의는 단지 22장에서 분명해지는데, 거기서 도엑은 사울에게 다윗이 행한 일을 말하고(6-10), 이어서 놉 제사장을 사형시킨다(11-19). 그의 에돔 국적은 잠재적으로 그가 불길한 인물임을 나타낸다(참조. 창 25:25, 30; 민 20:14-21; 삼하 8:13-14; 왕상 11:14-22). 달음질하는 자들은 왕의 수행원들의 일부였으며(삼상 8:11과 특별히 22:17), 왕실 병거 앞에서 행진하는 일종의 경호원들이었다(삼하 15:1; 왕하 1:5; de Vaux, 123-24). 도엑의 위세가 언급된 것은 어쩌면 22:18-19에서 끊임없이 보여 준 그의 엄청난 잔혹 행위를 믿을 만하게 만들기 위함인지 모른다. 맥카터는 "가장 강한"을 대신하는 "지도자" 혹은 "장"(chief)이 암시하는 바를 그럴듯하게 제안한다. 동사 "머물러 있다"(detain)는 성전으로부터의 배제를 암시하는 예레미야 36:5이나 느헤미야 6:10에서 자주 인용되는 병행구로 설명되지 않는다. 스토베는 도엑이 서원이나 양육 신탁(incubation oracle), 혹은 어떤 참회 행위를 위해 실로에 머무르게 되었는지 모른다고 제안한다.

9-11 [영역본. 8-9] 다윗은 첫 번째 요구가 받아들여지자 아히멜렉에게 무기를 요청했다. 거의 믿기 어렵게도 그 이유가 사울 왕의 명령이 긴박하여 자신이 비무장 상태로 출발하게 되었기 때문이라는 것이다. 아히멜렉이 가지고 있었던 유일한 무

기는 골리앗의 검이었다. 다윗이 그 블레셋 사람의 머리를 자르기 위해 그 검을 사용한 이후(17:54), 그것에 대한 마지막 가능한 지시는 다윗이 그 거인의 검을 자신의 막사로, 아니면 몇몇 사람이 수정하는 대로 여호와의 전으로 갖다놓았다는 언급이었다(17:54). 만일 이 수정이 정확하지 않다면, 다윗에 대한 이야기들이 그 블레셋 사람의 검의 운명에 대한 두 가지 상이한 전승으로 17장과 21장에 보존되었는지도 모른다. 그 검을 뒤에 숨겨놓는 에봇은 (세마포) 옷이 아니라 신의 형상이거나 (삿 8:27), 어쩌면 신탁을 만드는 기구였을 것이다. 다른 곳에서 그 신탁 기물은 아히멜렉의 형제 아히야(14:3; 14:18 LXX)나 혹은 그의 아들 아비아달(삼상 23:6, 9; 30:7)과 관련되어 있었다. 이 검이 정확히 다윗이 원한 그 검이었던 것 같다.

해설

아히멜렉과 관련된 이 사건의 완전한 의미는 단지 22:6-23에 있는 이 이야기의 두 번째 부분과 연결될 때에만 명백해진다. 제사장에 대한 다윗의 사기 행위에 대해서는 아무런 비난이 없다(그러나 22:22을 보라). 사실상 그는 거룩한 전쟁과 세속적 군사 행동 양자 모두에서 성적 절제의 법규들을 준수하는 이상적인 군인인 듯하다(정반대로 삼하 11장, 군대와 여호와의 궤가 전장에 있는 동안 다윗과 밧세바의 간음).

아히멜렉의 도움은 어떤 점에서 분별력이 없다. 그렇지만 그의 아들 아비아달은 다음 장에서 제사장으로 다윗을 돕기를 자청한다(22:20-23). 그러나 아히멜렉이 다윗에게 떡과 성소에 안치되어 있던 유명한 무기를 준 것은 이 미래의 왕에 대한 암묵적인 승인을 부여한다. 그륀백은 이 기사에서 다윗의 재치에 넘어간 순진한 아히멜렉의 모습을 발견한다. 그러나 아마 다윗의 정직성과 아히멜렉의 순진함에 대해 집착하는 것은 지나친 해석일 것이다. 중요한 것은 그 계보가 엘리 가문으로 거슬러 올라갈 수 있는, 또한 블레셋과의 전쟁에서 사울과 동반했던 한 제사장이 이제 음식과 무기로 다윗의 대의를 지원한다는 것이다. 우리가 살피게 되듯이 다윗은 그런 대접에 정중히 보답할 것이지만, 실로의 상속자들에 의한 다윗의 인증은 아히멜렉의 유일하게 생존한 아들을 통해 지속될 것이다.

26. 미치광이 다윗(21:11-16[영역본. 10-15])

참고문헌

Crüsemann, F. "Zwei alttestamentliche Witze. I Sam 21 11-15 und II Sam 6 16, 20-23 als Beispiele einer biblischen Gattung." *ZAW* 80(1980) 215-27. **Gehman, H. S.** "A. Note on I Samuel 21:13(14)." *JBL* 67(1948) 241-43. **Wainsright, G. A.** "Some Early Philistine History." *VT* 9(1959) 73-84.

본　문

11 아기스의 신하들이 아기스에게 고하되 이는 그 땅의 왕 다윗이 아니니이까 무리가 춤추며 이 사람의 일을 창화하여 가로되 사울의 죽인 자는 천천이요 다윗은 만만이로다 하지 아니하였나이까 한지라	**11**(EVV. 10) David rose that day and fled from Saul. He came to Achish, king of Gath,
12 다윗이 이 말을 그 마음에 두고 가드 왕 아기스를 심히 두려워하여	**12**(11) whose officials said to him, "Is this not David, the king of the land? Isn't it about him that they sing with dances, 'Saul has struck down his thousands, and David his ten thousands'?"
13 그들의 앞에서 그 행동을 변하여 미친 체하고 대문짝에 그적거리며 침을 수염에 흘리매	**13**(12) David reflected on these matters in his heart and was very much afraid of Achish, the king of Gath.
14 아기스가 그 신하에게 이르되 너희도 보거니와 이 사람이 미치광이로다 어찌하여 그를 내게로 데려왔느냐	**14**(13) Therefore, he changed[a] his behavior in their presence and acted like a fool [b]as they sought to restrain him.[b] He beat[c] on the doors of the gate and let his spittle run down on his beard.
15 내게 미치광이가 부족하여서 너희가 이 자를 데려다가 내 앞에서 미친 짓을 하게 하느냐 이 자가 어찌 내 집에 들어오겠느냐 하니라	**15**(14) Achish said to his officials, "Look at him act like a madman. Why do you bring him to me? **16**(15) Do I lack madmen that you have brought this one to go crazy on me? Should he enter my house?"

원문주해

14.a. 봐예샤네(וַיְשַׁנֶּה), 참조. 70인경(LXX); 마소라 본문(MT): 봐예샤노(וַיְשַׁנּוֹ) "그

리고 그는 그것을 변경시켰다".

14.b.-b. 드라이버의 견해를 따라 부연되었다(paraphrased); 마소라 본문(MT): "그들의 손에."

14.c. 봐이토프(ויתף), 참조. 70인경 (NAB); 마소라 본문(MT): 봐예타브(ויתו, "그는 표시를 냈다", 한글 개역: 그적거렸다). 맥카터는 70인경(LXX)이 제안하는 자음들을 재구성하지만 그것들을 다른 어근에서 온 것으로 추론한다. 이에 따른 독법: "그가 침 뱉었다."

양식/구조/배경

다윗과 가드 왕 아기스의 만남에 대한 기사는 다윗과 아히멜렉의 이야기인 21:2-10(영역본. 1-9)과, 그리고 다윗의 여행담인 22:1-5과 명확히 분리되는 별개의 단위다. 11-16절은 영어 역본들에서 10-15절이다.

요약. 다윗이 가드 왕 아기스에게 갔을 때, 그는 자신의 군사적 성공으로 인해 이스라엘에서 추앙 받는 인물로 인식된 상태였다. 두려움 속에 다윗은 이상한 행동을 보여 주었으며, 그래서 아기스는 이미 자신에게 있는 미친 사람들로도 충분한데 왜 다윗을 데리고 왔느냐고 물었다(11-16절[영역본. 10-15절]).

후에 가드 왕 아기스는 다윗을 신하로 받아들여 그에게 시글락에 대한 통치권을 주었으며, 또한 그에게 자신을 경호할 임무를 부여했다(27:1-28:2). 그는 심지어 사울의 죽음을 불러온 전투 행렬에 다윗을 데리고 갔으나, 블레셋 군주들의 고집으로 그를 시글락으로 돌려보내기도 했다(29장). 성경에 있는 세 개의 다른 언급들은 거의 역사적인 조명을 주지 못한다. 솔로몬의 통치 기간 동안에 시므이가 가드 왕 마아가의 아들 아기스에게 도망갔던 두 종을 추적했다. 그러나 이것은 40년 이상이나 지난 뒤의 사건일 것이기 때문에 그가 다윗과 관련된 아기스인지는 의심스럽다(왕상 2:39-40). 시편 34편의 표제는 다윗이 어떤 식으로 자신을 내쫓아 보냈던 아비멜렉(아기스가 아님) 앞에서 미친 체했는지를 말해 준다. 시편 56편은 표제로 볼 때 블레셋 족속이 가드에서 다윗을 체포했던 때와 관련되어 있다.

21:11-16(영역본. 10-15)에 있는 이야기는 하나의 격언(apophthegm)으로 분류되어 왔는데, 그 이야기가 의미하는 것은 서사(narrative)의 전체적인 관점이 아기스의 발언에 대한 배경을 제공한다는 것이다. 크뤼즈만(Crüsemann)은 그 이야기가 답변되지 않은 많은 질문들을 남겨둔다는 점을 지적한다(왜 다윗은 아기스에게 갔을까? 그는 익명으로 갔을까? 그 왕은 언제 나타났을까? 실제로 다윗은 어떻게 내쫓

겼을까?). 21:11-16(영역본. 10-15)은 다윗이 아기스에게 망명한 것을 묘사한다는 점에서 27장과 병행을 이룬다. 부데는 21:11-16(영역본. 10-15)을 후대의 저자의 것으로 돌린다. 그 저자는 27장이 다윗의 애국심을 의심스럽게 만든다고 생각했다는 것이다. 크뤼즈만은 이 본문의 현재의 기능이 무엇이 되었든지, 다윗에게 비판적이었던 사람들이 그것을 형성한 책임이 있다고 믿는다. 다윗은 위험에 처하자 제정신을 잃어버렸다! 다윗과 미친 사람들과의 결부는 고압적인 통치자에 대한 전형적인 반응으로 보인다. 두 개의 기사 2-10절(영역본. 1-9)과 11-16절(영역본. 10-15)은 서로 모순되는데, 그것은 다윗이 블레셋 성읍으로 망명하기 바로 직전인 전자의 기사에서 골리앗의 검을 입수했기 때문이다. 간단히 말하자면, 다윗이 블레셋으로 넘어가려는 첫 번째의 실패로 돌아간 시도는 이무것도 준비된 것이 없었다.

11a절(영역본. 10a)은 편집상 전 기사에 엮어져 있다. 이 기사를 사무엘상 안에서 이 지점에 둔 의의는 "해설"에서 토론될 것이다.

주석

아기스란 이름은 18세기의 이집트 문서에 있는 크레타족(Cretan) 이름들과 비교되어 왔으며, 70인경(LXX) 필사본은 호머와 버질(Vergil)에 있는 아에네아스(Aeneas)의 아버지 안키세스(Anchises)의 이름과 유사하다. 나아가 다른 사람들은 에살핫돈 시대의 에그론 왕 이카우수(Ikausu)를 지적한다(토론을 위해서는 *AOTS*, 415; Stoebe, Wainwright, 그리고 Baumgartner, *Lexikon*, p. 44를 보라). 이 모든 비교들 배후에는 아기스가 셈족의 이름이 아닌 블레셋 이름을 가졌다는 가정이 놓여 있다(참조. 골리앗). 가드와 블레셋의 다른 다섯 도성의 일반적인 우두머리들이 군주(lords)로 불려진 반면(예를 들면, 5:8), 아기스는 왕으로 불려졌다. 그의 성읍 가드(추론적인 위치에 대해서는 5:8을 보라)는 놉의 남서쪽 약 23마일 지점에 있었다. 그 왕의 관료들은 즉각 다윗을 그 땅의 왕으로 인식했다. 맥카터는 여호수아 12:1, 7에 있는 "그 땅의 왕들"이라는 표현을 지적하면서 다윗이 지역 맹주로 인식되고 있는 것으로 제안한다. 다른 사람들은 여기서 단지 시대착오를 발견할 뿐이겠지만, 왕이라는 호칭은 이야기꾼이 아마도 요나단, 미갈, 사무엘과 아히멜렉과 마찬가지로 원수인 블레셋 족속이 이미 다윗을 왕으로 인식하고 있다는 것을 지적하려는 시도일 수 있다. 비록 다윗이 적의 성읍으로 피신했다 할지라도, 그를 향한 하나님의 계획은 아직 완전히 무산되지는 않았다. 아기스의 신하들은 다윗이 자신들에게 줄 위험에 대한 증거로 그의 여러 군사적 승리에 대한 이행시(二行詩, couplet)를 인용했다(참조. 18:7; 29:5). 다윗의 원래의 의도가 무엇이었든, 그의 정체는 탄로가 났으며 이 사태에 대한 생각은 그에게 두려움을 불러일으켰다. 70인경(LXX)의 29:9에 따르면, 아기스는 비슷한 말로 다윗에게 블레셋 군주들이 개인적인 소견으로 그에 대해 하는 말을 받아들이지 말라고 했다.

다윗은 어떤 면에서 사울을 생각나게 하는 방식으로 자신의 행동을 변모시켜 그 위기 상황에 대처한 셈이다(참조. 19:18-24). "행동"(문자적으로 맛[taste], 판정[judgement])이란 단어는 25:33에서 다윗이 아비가일에 대해 사용하는 단어다. 그의 미쳤거나 어리석은 행동(참조. 렘 25:16; 51:7; 나 2:5[영역본. 4])은 그들의 수중에(한글 개역: 그들 앞에) 있는 동안에 발생했다. 비록 시편 34편은 다윗이 결국은 내쫓겼다고 말하지만, 어떻게 그가 실제적으로 그들로부터 탈출했는지는 분명하지 않다. "원문주해" 14.c.가 지시하는 대로, 다윗이 성 입구 대문짝에서 그런 행동을 보인 것이 대문에 몸을 친 것인지(참조. 히브리어 어근 타파프[תפף]), 아니면 거기에 침을 뱉은 것인지(참조. 아람어 어근 타파프[תפף])는 분명하지 않다. 또한 그것이 성읍 대문인지, 아니면 궁전 대문인지도 분명하지 않다. 어쨌든, 다윗의 행동은 입에서 게거품이 나는 것을 포함했다("침"이라고 번역된 명사는 그 외 유일하게 나타나는 욥 6:6에서 끈적끈적한 음료[slimy juice]라는 의미를 지닌다; 한글 개역: 흰자위).

아기스는 다윗이 미친 행동을 하는 것을 지적하면서 그를 먼저 알아보았던 그의 신하들에게 왜 그를 자신에게 데리고 왔는지 물었다. 어근 샤가(שׁגע)는 종종 선지자들의 황홀경 행위를 지시하기 위해 사용된다(참조. 왕하 9:11; 호 9:7; 렘 29:26). 그 어근은 또한 신명기 28:34에서 언약의 저주들이 어떻게 백성들을 미치게 만들 것인지를 지시하는 데 사용된다. 15-16절(영역본. 14-15)은 다윗에 대한 해학적인 비평에 덧붙여 또한 반(反)-블레셋적 편견을 갖는다. 가드는 더 이상 필요가 없을 만큼 너무 많은 광적인 사람들로 가득 차 있었다! 아기스는 다윗이 황홀경에 빠진 행동으로 자신을 귀찮게 하지 않기를 원했다(Driver). 왕의 마지막 질문은 독자들로부터 역설적인 답변이 나오게 한다. 아니다! 다윗은 지금 아기스와 연합하지 않을 것이다. 하지만 언젠가는 그렇게 할 것이다(참조. 27장과 29장). 사실은 그가 결정적으로 블레셋 군대를 패배시킬 때가 올 것이다(삼하 5:17-25). 그러나 당장은 아기스는 다윗을 멸시했기 때문에 그를 멀리 내보냈다.

해설

다윗의 미친 행동은 한때 그에 대해 비판적이던 사람들이 풀어 놓은 이야기인지도 모른다. 그러나 현재의 문맥에서는 그 행동이 블레셋 족속의 냉대와 관련되어 언급된다. 그들은 미친 자들로 미여 터질 지경이었으며, 그래서 그들의 왕 아기스는 다윗의 전술에 속을 수 있었다. 스토베는 다윗이 일종의 전사 황홀경(warrior ecstasy)을 보여 주고 있었는지 모른다고 제안했다. 그렇게 해서 그가 자신을 하나님의 능력에 사로잡힌 사람의 하나로 알렸다는 것이다.

현재의 문맥 속에 있는 이야기는 27장에서 다윗이 결국 블레셋 족속에게 넘어가리라는 것을 예견하는데, 아마도 반역에 대한 비난으로부터 다윗을 면제시켜 주려는 의도를 갖는다. 이렇게 다윗이 미친 행동을 함으로써 아기스와 합류하려던 첫 번째 시도가 실패로 끝난 이후, 그 미래의 왕은 사울에 의한 다른 많은 적대적 행동에 직면하게 된다. 결국, 그는 선택의 여지없이 아기스와 손을 잡아야 했다. 현재의 문맥적 배치는 또한 도엑이 사울에게 다윗이 아히멜렉과 벌인 행위들에 대해 보고할 시간을 제공한다. 다윗은 가드와 모압을 거친 뒤(21:11-16[영역본 10-15]), 상대적으로 안전한 유다에 도착했다. 때는 사울이 놉에서 제사장들을 학살하기 전이었다. 이제 이미 블레셋 족속은 다윗을 일종의 왕으로 인식했으며, 그가 그들의 수중에서 탈출한 것은 23-26장에 있는 그의 도피 생활을 특징지어 줄 많은 탈출들의 전조가 된다. 다윗의 미친 행동 때문에 블레셋 왕은 그를 처형하거나 투옥하지 않았으며, 해를 입히지 않고 그의 갈 길로 보냈다. 해설자는 마치 제사장 아히멜렉이 다윗에게 음식과 무기를 제공하여 그를 구했던 것처럼, 이러한 이방인의 보호 속에서 여호와의 손길을 보지 않았을까?

27. 아비아달과 도망자 다윗의 제휴(22:1-23)

참고문헌

Mazar, B. "The Military Elite of King David." *VT* 13(1963) 310-20. **Thomas, D. W.** "A Note on *nōda*ʿ in I Samuel xxii. 6." *JTS* 21(1970) 401-2.

본 문

1 그러므로 다윗이 그 곳을 떠나 아둘람 굴로 도망하매 그 형제와 아비의 온 집이 듣고는 그리로 내려가서 그에게 이르렀고
2 환난 당한 모든 자와 빚진 자와 마음이 원통한 자가 다 그에게로 모였고 그는 그 장관이 되었는데 그와 함께 한 자가 사백 명가량이었더라

3 다윗이 거기서 모압 미스베로 가서 모압 왕에게 이르되 하나님이 나를 위하여 어떻게 하실 것을 내가 알기까지 나의 부모로 나와서 당신들과 함께 있게 하기를 청하나이다 하고
4 부모를 인도하여 모압 왕 앞에 나아갔더니 그들이 다윗의 요새에 있을 동안에 모압 왕과 함께 있었더라
5 선지자 갓이 다윗에게 이르되 이 요새에 있지 말고 떠나 유다 땅으로 들어가라 다윗이 떠나 헤렛 수풀에 이르니라

6 사울이 다윗과 그와 함께 있는 사람들이 나타났다 함을 들으니라 때에 사울이 기브아 높은 곳에서 손에 단창을 들고 에셀나무 아래 앉았고 모든 신하들은 그 곁에 섰더니

7 사울이 곁에 선 신하들에게 이르되 너희 베냐민 사람들아 들으라 이새의 아들이 너희에게 각기 밭과 포도원을 주며 너희로 천부장 백부장을 삼겠느냐

1 David left there and made his escape to the cave of Adullam. On hearing this, his brothers and the whole house of his father came down to him there.
2 Also joining him was every person who was in trouble, every person who owed money, and everyone who was discontent. He became their commander, and they numbered about 400 men.
3 David went from there to Mizpeh of Moab and said to the king of Moab, "Let my father and my mother stay[a] with you[b] until I know what God will do for me."
4 He [a]left them[a] in the presence of the king of Moab, and they stayed with him all the time David was in the stronghold.
5 Gad, the prophet, told David, "You ought not to stay in the stronghold. Go, get on your way to the land of Judah." So David left and came to the Forest of Hereth.
6 Saul heard that David and the[a] men who were with him had been discovered. At that time Saul was sitting in Gibeah under a tamarisk tree [b]on the high place,[b] with his spear in his hand, and all his officials were standing by him.
7 [a]He said to them,[a] "Listen, Benjaminites, will the son of Jesse give to all of you fields and vineyards, and will he make [b]all of you[b] commanders of thousands and commanders of hundreds,

8 너희가 다 공모하여 나를 대적하며 내 아들이 이새의 아들과 맹약하였으되 내게 고발하는 자가 하나도 없고 나를 위하여 슬퍼하거나 내 아들이 내 신하를 선동하여 오늘이라도 매복하였다가 나를 치려 하는 것을 내게 고발하는 자가 하나도 없도다

9 때에 에돔 사람 도엑이 사울의 신하 중에 섰더니 대답하여 가로되 이새의 아들이 놉에 와서 아히둡의 아들 아히멜렉에게 이른 것을 내가 보았었는데

10 아히멜렉이 그를 위하여 여호와께 묻고 그에게 식물도 주고 블레셋 사람 골리앗의 칼도 주더이다

11 왕이 보내어 아히둡의 아들 제사장 아히멜렉과 그 아비의 온 집 곧 놉에 있는 제사장들을 부르매 그들이 다 왕께 이른지라

12 사울이 가로되 너 아히둡의 아들아 들으라 대답하되 내 주여 내가 여기 있나이다

13 사울이 그에게 이르되 네가 어찌하여 이새의 아들과 공모하여 나를 대적하여 그에게 떡과 칼을 주고 그를 위하여 하나님께 물어서 그로 오늘이라도 매복하였다가 나를 치게 하려 하였느뇨

14 아히멜렉이 왕에게 대답하여 가로되 왕의 모든 신하 중에 다윗같이 충실한 자가 누구인지요 그는 왕의 사위도 되고 왕의 모신도 되고 왕실에서 존귀한 자가 아니니이까

15 내가 그를 위하여 하나님께 물은 것이 오늘이 처음이니이까 결단코 아니니이다 원컨대 왕은 종과 종의 아비의 온 집에 아무것도 돌리지 마옵소서 왕의 종은 이 모든 일의 대소간에 아는 것이 없나이다

16 왕이 가로되 아히멜렉아 네가 반드시 죽을 것이요 네 아비의 온 집도 그러하리라 하고

17 왕이 좌우의 시위자에게 이르되 돌이켜 가서 여호와의 제사장들을 죽이라 그들도 다윗과 합력하였고 또 그들이 다윗의 도망한 것을 알고도 내게 고발치 아니하였음이니라 하나 왕의 신하들이

8 because all of you have conspired against me and no one informed me when my son [a]made a covenant[a] with the son of Jesse? No one of you [b]took pity[b] on me and informed me when my son established my servant over me as one who lies in wait, as he is this day."

9 Doeg, the Edomite, who had a position among the officials of Saul, responded: "I saw the son of Jesse come to Nob, to Ahimelech, the son of Ahitub.

10 He inquired of Yahweh for him and gave him provisions; he also gave him the sword of Goliath the Philistine."

11 The king sent a delegation to summon Ahimelech, the son of Ahitub,[a] and his whole father's house, the priests who were in Nob. All of them came to the king.

12 "Listen, son of Ahitub," the king demanded. "Here I am, my Lord," he replied.

13 Saul said to him, "Why have you and the son of Jesse conspired against me by giving him bread and a sword and by inquiring of God for him so that he could rise up against me as one who lies in wait, as he is doing this day?"

14 He[a] answered the king, "Who among all your officials is as faithful as David? He is the king's son-in-law [b]and a commander over[b] your bodyguard, honored in your house.

15 Was today the first time that I inquired of God for him? By no means! Let not the king attribute anything against his servant and[a] against my whole father's house for your servant did not know anything trivial or important about this."

16 The king replied, "You shall surely die, Ahimelech, you and the whole house of your father."

17 Then the king commanded the runners who stood by him, "Turn and kill the priests of Yahweh for[a] their hand is with David since they knew that he was a fugitive but did not inform me (about his

손을 들어 여호와의 제사장들 죽이기를 싫어한지
라
18 왕이 도엑에게 이르되 너는 돌이켜 제사장들
을 죽이라 하매 에돔 사람 도엑이 돌이켜 제사장
들을 쳐서 그 날에 세마포 에봇 입은 자 팔십오
인을 죽였고
19 제사장들의 성읍 놉의 남녀와 아이들과 젖먹
는 자들과 소와 나귀와 양을 칼로 쳤더라
20 아히둡의 아들 아히멜렉의 아들 중 하나가 피
하였으니 그 이름은 아비아달이라 그가 도망하여
다윗에게로 가서
21 사울이 여호와의 제사장들 죽인 일을 다윗에
게 고하매
22 다윗이 아비아달에게 이르되 그 날에 에돔 사
람 도엑이 거기 있기로 그가 반드시 사울에게 고
할 줄 내가 알았노라 네 아비 집의 모든 사람 죽
은 것이 나의 연고로다
23 두려워 말고 내게 있으라 내 생명을 찾는 자
가 네 생명도 찾는 자니 네가 나와 함께 있으면
보전하리라 하니라

presence)." But the officials of Saul refused to put
out their hand to attack[b] the priests of Yahweh.
18 Then the king said to Doeg, "You! Go out and
attack the priests." Doeg, the Edomite, went out,
[a]and he attacked the priests[a] on that day, eighty
-five men who carried the[b] ephod.
19 He struck down Nob, the city of the priests,
with the edge of the sword—men and women,
children and newborn, ox and ass and sheep,[a]
20 But one son of Ahimelech, the son of Ahitub,
escaped, and his name was Abiathar.
21 Fleeing to David, Abiathar told David that Saul
had murdered the priests of Yahweh.
22 "I knew at that time," David remarked to
Abiathar, [a]"that Doeg, the Edomite,[b] would surely
report[a] to Saul. I am guilty[c] for every life lost from
your father's house.
23 Stay with me. Don't be afraid. Surely,[a] anyone
who seeks my life will also seek yours, but you will
be under guard with me."

원문주해

3.a. 예쉐브(ישב) 참조. 시리아역(Syr) 라틴 벌게이트(Vg); 마소라 본문(MT): 야짜(יצא, "나가다"); 맥카터 야나흐(ינח, "머물다"); 드라이버 야짜그(יצג, "뒤에 남다").

3.b. 70인경(LXX)을 따라 단수; 마소라 본문(MT)은 복수.

4.a.-a. 누아흐(נוח)의 히필형으로 발음하라; 마소라 본문(MT)=나하(נחה)의 히필형.

6.a. 70인경(LXX); 마소라 본문(MT)은 관사가 없다.

6.b.-b. 빠바마(בבמה), 참조. 70인경(LXX); 마소라 본문(MT): 빠라마(ברמה, "라마에서").

7.a.-a. 이문병합(異文併合)된 70인경(LXX)에서 온 두 가지 독법 중에 두 번째 것; 마소라 본문(MT): "사울은 곁에 서 있던 자신의 신하들에게 말했다."

7.b.-b. 붸쿨켐(וכלכם), 참조. 70인경(LXX); 마소라 본문(MT): 레쿨켐(לכלכם).

8.a.-a. 뒤이어 나오는 베리트(ברית)가 없이 카라트(כרת). 참조. 11:2 MT; 20:16 MT.

8.b.-b. 하말(חמל), 참조. 70인경(LXX); 마소라 본문(MT): 할라(חלה, "아프다"; 한글 개역: 슬퍼하다).

11.a. 70인경(LXX); 마소라 본문(MT)은 "제사장"을 추가한다.

14.a. 70인경(LXX); 마소라 본문(MT): "아히멜렉."

14.b.-b. 붸샤르 알(ושר על)로 읽으라. 참조. 70인경(LXX); 마소라 본문(MT): 붸사르 알(וסר אל).

15.a. 참조. 70인경(LXX) 시리아역(Syr); 마소라 본문(MT)은 접속사가 없다.

17.a. 70인경(LXX); 마소라 본문(MT)은 "또한"을 추가한다. 즉, 요나단의 지원에 덧붙여 제사장들이 다윗 곁에 나란히 있었다(참조. 8절).

17.b. 마소라 본문(MT); 70인경(LXX): "…에 대해 죄짓다."

18.a.-a. 마소라 본문(MT): "그리고 그는 제사장들을 쳐 죽였다." 이것은 우리의 번역과 70인경(LXX)에 주어진 독법의 이문병합(異文融合)이다: "그리고 그는 여호와의 제사장들을 죽였다."

18.b. 70인경(LXX); 마소라 본문(MT)은 "세마포로 된"을 추가한다. 형용사 "세마포로 된"은 에봇이 겉옷인 곳에서만 적절하다.

19.a. 70인경(LXX); 마소라 본문(MT)은 "검의 날로."

22.a.-a. 마소라 본문(MT)과 70인경(LXX)에 전제된 이 본문은 "에돔 사람 도엑이 반드시 사울에게 고할 것이다"와 "그가 반드시 고할 것이다"의 이문병합(異文融合)이다. 참조. 맥카터.

22.b. 참조. 70인경(LXX); 마소라 본문(MT)은 "거기에 있었다"를 추가한다.

22.c. 합티(חבתי), 참조. 70인경(LXX), 시리아역(Syr). (Wellhausen, Driver): 마소라 본문(MT): 삽티(סבתי, "나는 돌이켰다).

23.a. 키(כי)는 확정적(asseverative) 의미로 사용된다.

양식/구조/배경

1-5절은 다윗의 여행 목록이며, 이어지는 6-23절은 놉에서의 제사장 학살 사건을 보고한다. 이 두 문단은 21:11-16[영역본. 10-15]의 아기스와 관련된 사건과 23장의 그일라에서의 사건들과 아주 명확하게 분리되어 있다.

요약. 다윗은 아둘람으로 도망갔으며, 거기서 친족들과 한 많은 400명의 사람들이 합류했다. 이어서 그는 안전을 위해 부모를 모압으로 모시고 갔으나, 자신은 선지자 갓의 지시에 따라 유다로 되돌아왔다(1-5절). 사울은 기브아에서 자신의 신하들이 주변에 둘러 있을 때, 그들이 자신에게 음모를 꾸몄다고 비난했다. 즉, 요나단이 다윗과 언약을 맺고 그를 경쟁자로 세우려고 애쓴 사실을 신하들이 말해 주지 않았다는 것이다. 도엑은 사울에게 아히멜렉이 다윗을 위한 신탁을 구하고 그에게 식량과 골리앗의 검을 주었다는 사실을 알려 주었다(6-10절). 사울은 아히멜렉과 놉에 있는 다른 제사장들을 기브아로 소환하여 도엑이 비난한 사실에 대해 물었다. 아히멜렉은 다윗의 믿을 만한 자격을 나열했으며, 이번이 자신이 다윗을 위해 구한 첫 번째 신탁은 아니었다는 것을 밝혔다. 그는 공모에 대해 어떤 것도 알지 못한다고 말했다. 왕은 아히멜렉과 그의 가족에게 사형을 선고했다. 그리고 자신의 신하들이 그의 명령을 수행하기를 거부했을 때, 그는 도엑을 보내 85명의 제사장을 죽이고 놉 성읍을 파괴하게 했다(11-19절). 그러나 아비아달은 그 학살을 피해 다윗에게 합류했다. 다윗은 도엑에 대한 자신의 의심을 상기하면서 자신이 제사장들을 죽음으로 몰아갔다고 자책했다. 그는 아비아달을 초대해 자신과 함께 머물러 보호를 받게 했다(20-23절).

1-2절은 어떻게 다윗이 한 무리의 추종자들을 모집했는지를 보고한다. 그 추종자들은 뒤이은 장들에서 자주 언급된다. 다윗이 부모를 모압에 데려다 모신 것은 룻기와 어렴풋이 관련되는데, 그 일은 아마도 다윗의 군사 모병보다 앞선 일이었을 것이다. 룻기에서 다윗의 조상들은 베들레헴을 떠나 모압을 향해 가야 했다. 모압에 대한 이러한 우호적인 태도는 다윗이 그들을 처참히 패배시킨 일과 상충된다(삼하 8:2). 1-5절에 있는 몇 가지 지정학적 언급들은 분명하지 않다.

6-23절의 구조는 중요한 해석의 실마리를 제공한다. 사울은 자신의 신하들을 공모 혐의로 비난했는데, 그 이유는 그들이 자신에게 요나단이 다윗과 협약을 맺었다는 사실과 또한 그가 다윗을 키워 주어 자신을 매복하여 기다리는 자(8절)가 되게 한 사실을 알리지 않았기 때문이다. 사울의 신하들 중 도엑만이 이러한 비난에 대해 자신을 변호했는데, 그는 그 비난의 화살을 아히멜렉에게 돌림으로써 그렇게 했다. 즉, 아히멜렉이 다윗을 위해 여호와께 물었으며(21:20-10[영역본. 1-9]에 언급되지 않았으나 22:15에서 아히멜렉이 승인한 활동), 다윗에게 식량과 검을 주었다는 것이다. 이렇듯 사울의 신하들의 결속을 깨뜨린 것은 바로 한 에돔인이었으며, 제사장들에 대한 그의 갖가지 비난은 왕의 비난들의 되울림이었다.

사울에 의한 두 번째 비난 퍼붓기는 아히멜렉과 그의 동료 제사장들에게 가해졌다. 사울은 그들이 다윗에게 떡과 검을 주었으며, 그를 위해 하나님께 신탁을 구해 다윗이 자신을 매복하여 기다리는 사람으로 출현할 수 있게 했다고 비난했다(13절; 참조. 8절). 아히멜렉은 이러한 비난에 맞서 자신과 다윗을 변호했다. 그의 변호는 다윗을 위해 하나님께 신탁을 구했다는 비난에 집중되었다. 그는 다윗이 사울의 신하들 중 가장 믿을 만한 사람이었다고 언급했다. 즉, 다윗은 왕의 사위이자 그의 경호대장이였으며, 왕실에서 존귀한 사람이었다는 것이다. 이러한 신용 보증은 아히멜렉 자신이 다윗을 위해 하나님께 구한 것을 정당화시키는 것처럼 보였을 것이다. 그러나 여기에 덧붙여 아히멜렉은 이것이 다윗을 위해 구한 첫 번째 신탁이 아니라고 말했다. 그는 자신이 왕의 종임을 고백했으며, 자신은 다윗의 계획에 대해 아무것도 모른다고 말했다. 21:3에서 다윗은 아히멜렉에게 말하기를, 왕의 명령에 따라 아무도 그의 임무를 눈치채지 않아야 한다고 말한 바 있었다.

왕은 이어서 제사장들에 대한 일로 보발군들(runners, 한글 개역: 시위자)에게 불만을 쏟아냈다. 제사장들의 손(*hand*)이 다윗과 함께 있었을지라도, 보발군들은 제사장들에게 자신들의 손을 내밀기를 꺼리고 있었다. 사울은 아히멜렉이 방금 말했던 것과 상충되는데도 불구하고 제사장들이 다윗의 도피에 대해 알고 있다고 비난했다. 결국 그는 제사장들이 자신에게 알리지 않았다고 비난했다. 그것은 사울이 8절에서 자신의 신하들에게 퍼부은 것과 동일한 비난이었다.

에돔 사람 도엑에 의해 학살이 벌어진 후, 아비아달 자신도 도피 중이던 다윗에게 도망쳤다. 다윗은 도엑이 좋지 않은 일을 꾸미고 있다는 사실을 알고 있었음을 시인했다(사울은 제사장들이 다윗에 대해 알고 있다고 비난했는데, 그들은 그것을 부인했었다). 비록 문맥은 진정한 범인이 사울과 에돔 사람 도엑이라는 것을 알려주지만, 그는 겸손히 자신의 행동이 제사장들을 죽음으로 몰아갔다고 실토했다. 살의를 지닌 사울의 다윗 추적이 아히멜렉이 죽고 현재 아비아달이 위험에 처하게 된 배경의 진정한 이유로 확인된다.

이 단원은 신명기 학파 역사가에게 중요하다. 2:27-36과 3:11-14에 선언된 엘리 집에 대한 저주는 4장의 잠정적인 성취 이후에 여기서 더 진전된 성취를 보여 준다. 제단으로부터 제거되지 않은 사람(2:33)은 이제 아비아달로 확인된다(22:20-23). 물론 2:33의 부정적인 형세는 솔로몬이 아비아달을 유배시켰을 때 마무리된다(왕상 2:26-27). 22절의 다윗의 과오에 대한 실토는 이미 직전의 문맥에 있는 사울과 도엑의 행위에 의해 완화되는데, 놉에서의 학살이 실제로 2:27-36에서 선언된 저주에서 연유한 일이라는 사실에 의해 중요하지 않게 된다. 베이욜라(Veijola, *Ewige Dynastie*, 40-41) 역시 22:18b*g*와 22:19이 신명기 학파의 것이라고 주장한다. 그 편집자는 죽임을 당한 사람들의 정확한 숫자를 제공했으며, 그들이 에봇을 운반했다고 언급했다(에봇 운반 역시 2:28; 14:3, 18 LXX에서 Dtr의 표시다). 19절은 놉에서의 학살을 거룩한 전쟁의 관례에 순응한 것으로 만든다(참조. 신 13:16-17; 20:16-17). 베이욜라는 주장하길, 신명기 학파 이전의 전승은 사울이 도엑을 사형 집행자로 이용하여 놉에서 다소 먼 곳에 있던 제사장들을 살해한 것이라고 했다(6, 11,

18a, 21절). 놉 자체에 가한 행위는 단지 19절에만 보고되어 있다.

주석

1-5 아둘람은 다윗의 측근들이 늘어났을 때 그가 머물렀던 장소다. 그 곳은 오늘날 일반적으로 갓의 남동쪽 약 10마일 지점, 혹은 갓과 헤브론 사이 중간 쯤의 기르벳 에쉬-샤이크 마드쿠르(Dhirbet esh-Sheikh Madhkûr)와 동일시된다(*Student Map Manual*, Aharoni; MR 150117). 벨하우젠 이후 많은 사람들이 1절의 본문을 수정하여 아둘람 "요새"로 읽어 왔을지라도(참조. 4-5절과 삼하 23:14=대상 11:16), 아둘람 "동굴"은 사무엘하 23:13(=대상 11:15)에서 다시 나타난다. 아둘람은 여호수아 15:35(참조. 창 38:1)에서 유다 성읍으로 간주되기 때문에, 5절에서 먼저 유다로 가라는 지시는 명료하지는 않다. 헤르츠베르그는 아둘람이 블레셋의 일부로 간주될 수 있을 만큼 블레셋 지경에 가까이 있다고 주장한다(참조. 수 12:15). 스토베는 아둘람이 사울 시대에 이스라엘의 완전한 통제하에 있었던 것이 아니라고 제안한다.

다윗의 형제 엘리압과의 갈등에 대한 초기의 보고에도 불구하고(17:28-30), 우리는 다윗의 가족이 그를 지지했다는 사실에 놀라지 않는다. 더욱 흥미롭고 중요한 것은 일단의 억눌리고 소외된 사람들이 그의 추종자가 되었다는 사실이다. 이것은 사울 가계의 새로운 왕정에 대한 자연스러운 반발인 것처럼 보일 수 있다. 그리고 그 반발은 나중에 나오는 다윗의 범법자 혹은 "히브리 사람"으로서의 역할과 매우 잘 부합한다(참조. 27:8-12; 28:3). 포위를 당한 전쟁의 공포를 겪어 본 사람들이 또한 비탄이나 "고통" 속에 있는 것으로 언급되었다(참조. 신 28:53, 55, 57; 참조. 렘 19: 9). 금전적 빚을 진 사람들은 필시 가난한 사람들이었다(참조. 출 22:24[영역본. 25]; 왕하 4:1; 사 24:2). 불평하는 자들은 비통한 심령을 가졌다. 비통한 심령은 집이 없거나 버림받은 사람들, 혹은 엄청난 손실을 당한 사람들의 전형적인 특징이었다(삼상 1:10, 한나; 30:6, 자녀들을 잃은 시글락 사람들; 삼하 17:8, 새끼 잃은 곰 같은 심정으로 비통해하는 다윗. 참조. 또한 18:25; 욥 3:20). 다윗의 새로운 추종자들은 400명을 헤아렸다. 나중에 그 숫자는 600명으로 늘어나게 될 것이다(참조. 23:13; 25:13; 27:2; 30:9, 10). 그런 무리의 대장으로서 다윗은 입다를 닮았다(삿 11:3).

우리는 다윗의 모압 여행을 위에서 그의 조상들과 모압 족속의 관계를 연관시켰다. 모압 족속이나 블레셋 족속과 같은 사울 왕의 원수들이 그 왕의 경쟁자를 몹시 지원하고 싶어했을 것이라는 가정 역시 그럴듯하다. 모압의 미스베는 그 위치가 알려져 있지 않다. 그 이름 자체는 파수대를 의미한다. 왕의 직책은 이스라엘보다 모압에서 더 일찍 존재했었다(참조 삿 3:12). 다윗의 매우 세속적인 안전 수단들에도 불구하고, 그는 모압 왕과의 대화 중에 하나님께서 자신의 운명을 통제하고 계신다는 믿음을 보여 주었다. 그는 부모에게 하나님께서 자신을 위해 무슨 일을 하실 것인지 알게 될 때까지 머물러 있기를 요청했다(3절).

4-5절에 언급된 요새는 위치가 불확실하다. 그것은 모압에 있는 불특정한 장소일 수 있다. 그렇다면 그것은 다윗의 부모가 모압에서 단지 짧은 기간을 보낸 다음 다윗이 유다로 갔을 때 돌아왔다는 것을 의미할 것이다. 아마도 4절에 있는 시간에 대한 언급은 자유롭게 받아들여져야 할 것이다: 다윗의 부모는 그의 불안정한 삶이 일부분 끝날 때까지 모압에 머물렀다(Hertzberg). 시리아역은 두 구절 모두 "요새" 대신에 미스베로 읽는다. 맥카터는 5절에서 이 독법을 채택하지만 4절의 요새를 아둘람으로 이해한다(그는 또한 1절의 "동굴"이라는 단어를 "요새"로 수정한다.)

마침내 선지자 갓이 다윗에게 유다로 가라는 지시를 내렸다. 갓은 다윗이 왕이 된 후에 왕실 선지자나 선견자로 섬겼다(왕하 24:11-19; 인구 조사와 관련하여 대상 21:9-19). 역대상 29:29에서 어떤 역사서들이 갓에게 속한 것으로 언급되며, 또한 그의 계명들이 히스기야 통치하에서 인용된다(대하 29:25). 이 무명의 선지자의 조치로, 다윗은 놉에 대한 사울의 피의 복수가 발생하기 전에 유다의 피난처에 이를 수 있었다. 헤렛 숲은 또 다른 불분명한 장소다. 벨하우젠, 부데, 스토베와 다른 사람들은 헤렛이 호레쉬(Horesh)의 아람어적 변형이라고 제안하면서(삼상 23:15, 18-19), 호레쉬를 십(Ziph)의 남쪽 약 2마일 지점이자 헤브론의 남동쪽 5 내지 6마일 지점의 기르벳 고레이사(Khirbet Khoreisa, MR 154113)와 동일시한다. 맥카터는 헤렛 숲의 위치로 그일라 근처(참조. 23:1)의 가라스(Kharas) 마을을 제안한다(MR 154113).

6-10 놉 학살에 대한 기사는 사울이 기브아에서 자신의 궁전 가운데 앉아 있는 것과 더불어 시작된다(참조. 9:21). 거기서 그는 다윗이 발견되었다는, 혹은 "휴가 중"(Thomas)이라는 소식을 들었다. 사울이 거한 특정한 장소는 추정컨대 일종의 제의 시설인 산당에 위치해 있었다(참조 9:12). 그 장소는 위성류나무(tamarisk, 한글개역: 에셀나무)로 알려진 곳이었다. 그 나무는 아마도 드보라가 재판을 했던 종려나무와 같이 신성한 나무였을 것이다(삿 4:5). 위성류(胃星柳)는 "사막의 와디에서

자라는 부드러운 재질의 나무로 수많은 가는 잔가지들과 가시 같은 잎사귀를 가지고 있으며, 분홍이나 하얀 꽃이 짧은 수염과 같이 핀다"(*IBD* 3, 1592). 산지에는 이러한 종류의 나무가 드물기 때문에 이 특별한 나무의 중요성이 커졌는지도 모른다. 위성류는 브엘세바에서 아브라함이 심은 나무였으며(창 21:33), 사울이 야베스길르앗에서 그 나무 아래에 묻혔다(삼상 31:13). 사울은 자신이 항상 지니던 창을 손에 들고서(참조. 삼상 18:10; 19:9, 10; 26:7, 8, 11, 12, 16; 삼하 1:6), 자신의 측근인 모든 신하들에게 둘러싸여 있었다. 상당히 흥미롭게도, 그들 모두는 사울의 베냐민 지파 출신이었다(참조 9:21). 아마도 그것은 상대적으로 미약한 그의 권력 기반을 시사한다. 사울 집안 출신인 베냐민 사람 시므이가 압살롬의 반역 때 다윗을 저주하기도 했다(삼하 16:5-11; 19:16-23).

사울은 "이새의 아들"(7, 8, 9절과 13절에서 다윗에 대한 경멸적 용어; 그러나 17절을 보라)이 과연 자신의 약속을 그 추종자들에게 이행할 수나 있겠느냐고 물었으며, 또한 이 약속이란 궁중 사람들의 은밀한 협력에 대한 보상이라는 것을 암시해 주었다. 왕실의 밭과 포도원의 하사는 사무엘이 예견한 왕권 남용의 하나였다(삼상 8:14). 사람들을 천부장과 백부장으로 임명하는 것은 사무엘에 의해 예고된 또 다른 학대의 되울림이다(8:12). 사울은 이 일을 행하는 다윗의 권리가 아니라 그의 약속의 신뢰성을 문제 삼은 것이다.

사울은 자신에게 정보를 알리지 않은 이유로 신하들을 공모자로 비난했다(8절; 참조. 17절). 사울의 입장에서는, 신하들이 자신의 아들과(요나단이라는 이름이 언급되지 않았다!) 이새의 아들이 언약을 맺었다는 사실을 자신에게 알려 주었어야만 했다. 그런 언약은 20:8과 아마 이차적 본문들인 18:32과 20:16에 언급되어 있다. 사울이 불만을 품은 이유는 아무도 자기 아들이 자신의 종 다윗을 도와 왕을 매복하여 기다리는 사람이 되게 했다는 사실을 알리지 않았기 때문이다. 이러한 비난은 13절에서 급변하여 다윗에 대한 아히멜렉의 친절이 왕을 매복하여 기다리는 사람에 대한 지원으로 이해될 정도가 되었다. 양자 모두에서 70인경(LXX)은 "매복하는 사람" 대신 "적"으로 읽는다(איב – 오예브; MT ארב – 오레브).

도엑은 사울의 관료들 중에(על – 알; 참조. 6절; McCarter의 제안은 "그가 그들 위에서 통솔했다") 속해 있었으며 홀로 자신이 자기 변호를 했다. 역시 그는 다윗을 이새의 아들로 언급했으며, 아히멜렉(그 제사장의 이름이 사용된다는 것을 주목하라)과 왕의 경쟁자인 이새의 아들 사이에 무슨 낌새가 느껴진다고 보고했다. 사울의 첫 번째 비난은 아히멜렉이 다윗을 위해 신탁을 구했다는 것이었는데, 그것은

15절에서 아히멜렉이 인정했다 할지라도 20장에서는 언급되지 않은 일이었다. 나중에 아히멜렉의 아들 아비아달은 에봇을 수단으로 다윗을 위해 신탁을 구했다(23:6, 9; 30:7-8). 도엑은 또한 그 낌새에 대한 예로 아히멜렉이 다윗에게 "식량"을 줄 때 그것이 거룩한 떡이라는 중대한 사실을 언급하지 않고 주었다는 것을 지적했다(참조. 21:5, 7[영역본. 21:4, 6]). 때때로 골리앗의 검에 대한 언급은 문학 비평가들에 의해 제거되는데, 그 이유는 그것이 "그가 주었다"는 말을 반복하기 때문이다. 14-15절에 있는 아히멜렉의 변명은 그가 다른 두 가지에 대해서는 언급조차 하지 않기 때문에, 신탁 추구가 주된 비난이었다는 것을 시사한다. 도엑은 사울이 정보를 얻지 못했다는 이유로 비난받을 수 없었다(참조. 9절)!

11-19 왕은 아히멜렉과 그의 제사장 집안 전체를 왕실 접견에 불러들였다. 사울의 무뚝뚝한 한마디인 "아히둡의 아들아 듣거라"에 이어 아히멜렉의 바쁜(초조한?) 답변이 이어진다. 사울은 이제 그 제사장과 다윗을 공모자들로 낙인찍고 음식과 검의 제공(더 이상 골리앗의 검으로 지시되지 않는다), 그리고 특히 신탁 청구로 이새의 아들이 왕을 매복해서 기다리게 만든 일을 비난거리로 간주했다(13절; 참조 8절).

아히멜렉의 변호는 훌륭했다. 그는 주요 비난거리는 인정했지만, 자신은 다윗의 요구를 유의해야 할 그럴듯한 이유를 가졌다고 주장했다. 그가 이름을 언급하는(14절) 다윗은 사울의 신하 중 하나일 뿐 아니라, 그들 중에 가장 신임을 받는 사람이었다. 두 번째로, 다윗은 왕의 사위였다. 비록 독자들은 사울이 다윗을 더 이상 사위로 인정하지 않기를 원했다는 사실을 알고 있다지만 말이다(19:11-17; 참조. 삼상 25:44). 다윗의 세 번째 자격은 왕의 경호부대(어원상으로 왕에 대한 순종으로 결속된 사람들)의 우두머리라는 그의 지위였다. 후에 브나야는 다윗의 경호대의 우두머리로 일했다(삼하 23:22-23=고전 11:24-25). 결국 우선적인 세 가지 특징들의 결과로 추론해 보건대, 다윗은 왕의 집에서 존귀한 대우를 받았다. 이러한 자격들이 충분하지 않았다면, 아히멜렉은 앞서 있었던 일에 호소할 수 있었다: 그는 전에 다윗을 위해 신탁을 했었다—혹은 적어도 그는 자신이 그렇게 했다고 말했다. 그 제사장은 왕이 충성스런 종인 자신에게, 또한 자신의 아버지의 온 집에 죄를 돌리지 말아 달라고 부탁했다—아히멜렉의 온 집은 나중에 그와 더불어 죽게 될 것이다(18-19절). 아히멜렉은 결국 최후의 필사적인 주장에 매달린다: 그는 결코 다윗의 계획에 대해 아무것도 몰랐다(참조. 21:3[영역본. 2] 그리고 22:15)!

왕은 설득되지 않고 아히멜렉과 그의 집안 전체에 사형을 선고했다. 왕은 자신의 보발군들에게 되돌아가 여호와의 제사장들을 죽이라고 부탁한다. 왜냐하면 그들은 다윗을 지원했으며, 또한 그들은 그가 도망자라는 것을 알고 있었음에도 자신에게 보고하지 않았기 때문이다. 신하들은 왕의 보호를 받을 자격이 있는 여호와의 제사장을 학살하길 꺼렸기 때문에 그 요청을 거절했다(다시 다윗에 대한 그들의 암묵적인 지지를 주목하라). 궁중 사람들이 살육에서 몸을 뺀 반면, 왕에게 아히멜렉을 밀고한 에돔 사람 도엑은 사울을 실망시키지 않았다. 히브리어 본문은 사울의 명령과 도엑의 명령 수행에 있는 대명사들에 강조를 준다(18절): 네가 나가서 쳐라! 바로 그가, 즉 에돔 사람 도엑이 바로 제사장들을 죽인 장본인이었다. 18절을 보면, 사울의 명령에서도 그 명령의 수행에 대한 서사에서도 희생자들은 여호와의 제사장들로 지칭되지 않았다. 물론 도엑은 여호와 숭배자(Yahwist)가 아니었다(그러나 21:8[영역본. 7]을 보라).

그 날에 85명의 제사장들이 쓰러졌다(LXX는 305명으로 기록한다; 요세푸스, *Ant.* 6.260은 385명). 이 제사장들은 에봇을 (입은 것이 아니라) 운반했다(참조. 2:28; 14:3; 14:18 LXX). 그들의 성읍인 놉은 그 땅의 성읍들에 대한 법들을 따라 완전한 진멸 아래 놓였다(신 13:16-17; 20:16-17). "칼날"이란 용어는 역시 거룩한 전쟁의 문맥에서 나타난다(수 10:28, 30, 32; 삿 1:8, 25). 사울은 아각에 대한 진멸을 수행하는 데 충실하지 못했으며(15장), 그것은 왕권의 상실로 이어졌다. 이제 그는 그 진멸이 여호와의 제사장들에 대해 이루어진 것을 보았다!

[20]-[23] 그러나 최후로 살아남은 제사장 아비아달은 탈출한 뒤 다윗에게 합류해 그의 권력의 길에 함께 동반했다(참조. 23:6, 9과 30:7-8, 거기서 그는 저주를 불러오는 에봇을 사용했다). 사무엘하 15:24-36과 열왕기상 4:4에서 아비아달은 다윗의 제사장으로 사독과 나란히 거명된다. 그는 다윗이 누워 죽어 가고 있을 때 아도니야 편에 서 있었으며(왕상 1:7), 결국은 아나돗으로 유배되었다(왕상 2:26-27). 그렇지만 지금으로서는 그의 탈출은 다윗에게 하나님의 음성을 승인해 주는 격이 되었다. 그는 도망다니는 다윗에게로 도망갔다. 아비아달은 가장 예리한 형식으로 사울에 대한 비난을 퍼부었다: 왕이 친히 여호와의 제사장들을 죽였다! 이 일이 기브아에서 발생했다는 암시와 놉 성읍에 대한 침묵은 18b*g*와 19절이 신명기 학파의 것으로 확인되는 것을 지지하는지도 모른다. 다윗의 속셈은 완벽했다. 아비아달은 다윗에 대한 진실을 모르고 있었지만, 다윗은 도엑에 대한 진실을 알고 있었다. 도엑은 분명히 사울에게 고자질을 할 것이다(동사에 부정사 절대형이 더해진 효과를 주목하라: 히브리어에서 동사 앞에 부정사 절대형이 오면 동사가 강조된다 - 역자주).

다윗은 스스로 아히멜렉의 전 가족의 생명에 책임이 있다고 고백했다. 벨하우젠, 부데 그리고 드라이버는 23절을 바꿔 읽는다: "너의 생명을 찾는 자가 나의 생명을 찾는다." 그러나 마소라 본문(MT)은 다소 다른 생각을 갖는데, 우리는 그것을 본래의 것으로 주장한다: 나의(다윗) 생명을 찾는 자(사울)는 따라서 너의 생명을 또한 찾는다. 사울이 아히멜렉과 그의 가족을 죽인 실제적인 이유는 그가 다윗에게 속하기를 원했기 때문이다. 제사장들의 죽음에 있어서 다윗의 잘못은 사울이 자신을 죽이길 원했다는 사실에서 온 돌연한 결과다. 사울의 공격 대상인 다윗은 피신해 온 아비아달을 보호했으며, 그렇게 해서 그는 엘리 제사장 가문의 마지막 일원에게서 의미 있는 지원을 끌어냈다.

해설

이 장에 있는 많은 인물들은 뚜렷한 신학적, 정치적 평가를 내릴 수 있다. 사울은 이전에 자신을 지지했던(14:3, 36-37) 제사장들을 파멸시켰다. 분명히 자신의 왕실 사람들(신하들과 보발군들)에게 버림당한 것으로 보이는 사울과 고자질꾼 에돔 사람 도엑은 제사장 아히멜렉과 그의 온 집안과 참으로 그들의 성읍과 거기에 있는 모든 것을 없앴다.

한편, 다윗은 자신의 집안 대표자들과 사회의 "억압받은 자들"의 대표자들에게 지지를 받았다. 그들은 아둘람에서 다윗의 군사 작전에 동참했다. 그의 지지자들 가운데는 모압 왕, 선지자 갓 그리고 사울 왕의 친아들이 있었던 것으로 보인다. 궁중 사람들은 암묵적으로 또한 사울의 학살 명령을 수행하길 거부함으로써 그를 지지했다. 마지막으로 다윗은 놉 제사장들과 그들 중 최후의 생존자인 아비아달의 지지를 받았는데, 그는 다윗의 도피에 합류했다.

다윗의 행동은 거의 완벽했다. 그는 부모를 안전하게 돌보았으며 모압 왕에게는 하나님께서 자신을 위해 무언가를 하시기를 기다리는 중이라고 말했다. 그는 한 선지자에게 순종했으며, 도망친 한 제사장에게는 도피처를 제공했다. 그의 유일한 잘못은 여호와의 제사장에게 자문을 구하여 그를 위험에 노출시킨 것이었다(왕이 자신에게 사명을 맡겨 보냈다는 거짓말에 대해 어떤 비난도 허용되지 않는다). 도엑에 관해서는 다윗의 부주의가 의도치 않은 놉의 대학살을 가져왔다. 어떤 의미에서 이 장은 이러한 잘못을 완화시킨다: 대학살은 사울과 도엑의 행위였으며, 엘리 집안에 대한 위협의 성취였다. 어쨌든, 그 집안의 마지막 생존자는 이제 다윗이 함께 해줌으로써 안전을 달성했다.

사울의 비난들 중 일부는 전적으로 믿기 어려운 것만은 아니다. 그의 왕실 관료들, 그의 아들 그리고 제사장들은 다윗에 대한 암묵적 혹은 노골적인 지지를 보내고 있다. 그러나 사울은 다윗을 두 번이나 자신을 매복하여 기다리는 사람으로 낙인찍으면서 잘못을 범했다. 이미 상당한 기간 동안, 그리고 앞으로 전개될 장들에서(23-27장) 다윗은 사울 왕으로부터 벗어나려고 애쓰면서 그에게서 탈출한 도망자였다. 많은 사람들의 지원을 받은 다윗은 이제 추가적으로 종교적 관료들인 갓과 아비아달의 지도 – 따라서 여호와 자신의 인도하심 – 를 누리게 되었다.

28. 여호와는 다윗을 내어주지 않으신다(23:1-24:1[영역본. 23:2])

참고문헌

Cross, F. M. "The Oldest Manuscripts from Qumran." *JBL* 74(1955) 147-72. **Koch, K.** *The Growth of the Biblical Tradition*. Tr. S. M. Cupitt. New York: Charles Scribner's Sons, 1969. **Long, B. O.** "Etymological Etiology and the Dt Historian." *CBQ* 31(1969) 35-41.

본 문

1 혹이 다윗에게 고하여 가로되 보소서 블레셋 사람이 그일라를 쳐서 그 타작마당을 탈취하더이다

1 "The Philistines are fighting at Keilah," David was informed, "and they are robbing the threshing floors."

2 이에 다윗이 여호와께 묻자와 가로되 내가 가서 이 블레셋 사람을 치리이까 여호와께서 다윗에게 이르시되 가서 블레셋 사람을 치고 그일라를 구원하라 하시니

2 David asked Yahweh, "Shall I go and smite these Philistines?" "Go, smite the Philistines," Yahweh replied,[a] "and rescue Keilah."

3 다윗의 사람들이 그에게 이르되 보소서 우리가 유다에 있기도 두렵거든 하물며 그일라에 가서 블레셋 사람의 군대를 치는 일이리이까

3 David's men interjected, "We are afraid here in Judah: how much more when we go to Keilah against the ranks of the Philistines!"

4 다윗이 여호와께 다시 묻자온대 여호와께서 대답하여 가라사대 일어나 그일라로 내려가라 내가 블레셋 사람을 네 손에 붙이리라 하신지라

4 When David had asked Yahweh again, he answered and said, "Rise, go down to Keilah for I am giving the Philistines into your hand."

5 다윗과 그의 사람들이 그일라로 가서 블레셋 사람과 싸워 그들을 크게 도륙하고 그들의 가축을 끌어오니라 다윗이 이와 같이 그일라 거민을 구원하니라

5 David and his men then went to Keilah to fight against the Philistines. After driving their cattle away, he carried out a great slaughter among the Philistines, and he rescued the inhabitants of Keilah.

6 아히멜렉의 아들 아비아달이 그일라 다윗에게로 도망할 때에 손에 에봇을 가지고 내려왔었더라

6 After Abiathar, the son of Ahimelech, had fled to David, [a]he went down with David to Keilah, with the ephod[a] in his hand.

7 다윗이 그일라에 온 것을 혹이 사울에게 고하매 사울이 가로되 하나님이 그를 내 손에 붙이셨도다 그가 문과 문빗장이 있는 성에 들어갔으니 갇혔도다

7 Saul, who had been told that David had come to Keilah, said, "God has [a]handed him over[a] into my hand for he has boxed himself in by going to a city with doors and a bar."

8 사울이 모든 백성을 군사로 불러 모으고 그일라로 내려가서 다윗과 그의 사람들을 에워싸려 하더니

8 Saul summoned all his troops for war to go down to Keilah to besiege David and his men.

9 다윗이 사울의 자기를 해하려 하는 계교를 알고 제사장 아비아달에게 이르되 에봇을 이리로 가져오라 하고

9 Because David knew that Saul was conspiring evil against him, he said to Abiathar, the priest, "Bring the Ephod here."

10 다윗이 가로되 이스라엘 하나님 여호와여 사울이 나의 연고로 이 성을 멸하려고 그일라로 내려오기를 꾀한다 함을 주의 종이 분명히 들었나이다

10 David prayed, "O Yahweh, God of Israel, your servant has heard that Saul seeks to come to Keilah to destroy the city on account of me.

11 그일라 사람들이 나를 그의 손에 붙이겠나이까 주의 종의 들은 대로 사울이 내려 오겠나이까 이스라엘의 하나님 여호와여 원컨대 주의 종에게 일러 주옵소서 여호와께서 가라사대 그가 내려오리라

11 Now,[a] will Saul come down as your servant has heard? O Yahweh God of Israel, tell your servant." Yahweh replied, "He will come down."

12 다윗이 가로되 그일라 사람들이 나와 내 사람들을 사울의 손에 붙이겠나이까 여호와께서 가라사대 그들이 너를 붙이리라

12 David then asked, "Will the citizens of Keilah hand me and my men into the hand of Saul?" Yahweh answered, "They will hand you over."

13 다윗과 그의 사람 육백 명 가량이 일어나 그일라를 떠나서 갈 수 있는 곳으로 갔더니 다윗이 그일라에서 피한 것을 혹이 사울에게 고하매 사울이 가기를 그치니라

13 So David and his men, some 600[a] in number, rose and went out of Keilah and wandered wherever they chose. [b]When Saul was informed[b] that David had escaped from Keilah, he stopped his military maneuver.

14 다윗이 황무지 요새에도 있었고 또 십 황무지 산골에도 유하였으므로 사울이 매일 찾되 하나님이 그를 그의 손에 붙이지 아니하시니라

14 David dwelled in the wilderness, in the strongholds; aye, he stayed in the hill country in the wilderness of Ziph. Saul sought him all those days, but Yahweh[a] did not surrender him into Saul's hand.

15 다윗이 사울의 자기 생명을 찾으려고 나온 것을 보았으므로 그가 십 황무지 수풀에 있었더니

15 Davida [a]was afraid[a] since Saul had gone out to seek his life while David was in the wilderness of Ziph, in Horesh.

16 사울의 아들 요나단이 일어나 수풀에 들어가서 다윗에게 이르러 그로 하나님을 힘있게 의지하게 하였는데

16 Jonathan the son of Saul rose and went to David at Horesh and encouraged him by Yahweh.[a]

17 곧 요나단이 그에게 이르기를 두려워 말라 내 부친 사울의 손이 네게 미치지 못할 것이요 너는 이스라엘 왕이 되고 나는 네 다음이 될 것을 내 부친 사울도 안다 하니라

17 Jonathan said to him, "Do not be afraid, for the hand of Saul my father will not find you, and you will be king over Israel, with me as your second in command. What's more, even Saul my father knows this."

18 두사람이 여호와 앞에서 언약하고 다윗은 수풀에 거하고 요나단은 자기 집으로 돌아가니라

18 After the two of them had made a covenant in the presence of Yahweh, David continued to dwell at Horesh, but Jonathan went to his own home.

19 때에 십 사람들이 기브아에 이르러 사울에게

19 Some Zipbites[a] went up to Saul at Gibeah with

나아와 가로되 다윗이 우리와 함께 광야 남편 하길라산 수풀 요새에 숨지 아니하였나이까

this report: "Is not David hiding with us, in the strongholds at Horesh, on the hill of Hachilah which is south of Jeshimon?

20 그러하온즉 왕은 내려오시기를 원하시는 대로 내려 오소서 그를 왕의 손에 붙일 것이 우리의 의무니이다

20 Now, [a]just as the king wants[a] to come down, come down. It will be our duty to hand him over into the hand of the king."

21 사울이 가로되 너희가 나를 긍휼히 여겼으니 여호와께 복 받기를 원하노라

21 "You are blessed by Yahweh," Saul remarked, "because you have had pity upon me.

22 혹이 내게 말하기를 그가 심히 공교히 행동한다 하나니 너희는 가서 더 자세히 살펴서 그가 어디 은적하였으며 누가 거기서 그를 보았는지 알아보고

22 Come, prepare further. Find out and investigate his place, where his fleet[a] foot stays for someone[b] told me that he is acting very craftily.

23 그가 숨어 있는 모든 곳을 탐지하고 실상을 내게 회보하라 내가 너희와 함께 가리니 그가 이 땅에 있으면 유다 천천인 중에서 그를 찾아내리라

23 Investigate and find out[a] so I can go with you. If he is in the land, I will spy him out among all the clans of Judah."

24 그들이 일어나 사울보다 먼저 십으로 가니라 다윗과 그의 사람들이 광야 남편 마온 황무지 아라바에 있더니

24 They rose and went to Ziph ahead of Saul. David and his men were in the wilderness of Maon, near the Arabah, to the south of Jeshimon.

25 사울과 그의 사람들이 찾으러 온 것을 혹이 다윗에게 고하매 이에 다윗이 바위로 내려 마온 황무지에 있더니 사울이 듣고 마온 황무지로 다윗을 따라가서는

25 Saul and his men went to seek him.[a] When David was informed, he went down to the crag and dwelled in the wilderness of Maon.

26 사울이 산 이편으로 가매 다윗과 그의 사람들은 산 저편으로 가며 다윗이 사울을 두려워하여 급히 피하려 하였으니 이는 사울과 그의 사람들이 다윗과 그의 사람들을 에워싸고 잡으려 함이었더라

26 Saul heard and pursued after David in the wilderness of Maon. Saul went on one side of this mountain while David and his men went on the other side of this mountain. David made haste to get away from Saul, but Saul and his men were circling toward David and his men in order to apprehend them.

27 사자가 사울에게 와서 가로되 급히 오소서 블레셋 사람이 땅을 침노하나이다

27 When a messenger came to Saul to say, "Hurry, come for the Philistines have made a raid against the land,"

28 이에 사울이 다윗 쫓기를 그치고 돌아와서 블레셋 사람을 치러 갔으므로 그 곳을 셀라하마느곳이라 칭하니라

28 Saul stopped pursuing David and went to meet the Philistines. For this reason they called that place the Crag of Divisions.

29 다윗이 거기서 올라가서 엔게디 요새에 거하니라

24:1(EVV. 23:29) David went up from there and stayed at the strongholds of En-gedi.

원문주해

2.a. 70인경(LXX); 마소라 본문(MT)은 "다윗에게"를 추가한다.

6.a.-a. 붸후 에트 다뷔드 케일라 야라드 에포드(והוא את דוד קעילה ירד אפוד); 참조. 70인경(LXX). 처음 세 단어는 유사종결(homoioteleuton)로 상실되었다. 그 결과 야라드(ירד)와 에포드(אפוד)의 순서가 바뀌어 마소라 본문(MT)에 보존된 본문을 만들어 냈다.

7.a.-a. 니카르(נכר) 대신 시카르(סכר)로 읽으라(MT). 참조. 드라이버와 사 19:4에서 이 동사는 동일한 의미로 사용된다.

11.a. 붸아타(ועתה); 참조. 70인경 바티간 사본 및 루시안 개정본(LXX[BL]), 그리고 4QSam[b]에 있는 여백 주기(space requirements). 토론을 위해 크로스와 맥카터를 보라. 마소라 본문(MT): 하야스기루니 바알레이 케일라 베야도(היסגרני עלי קעילה ידו)로 12절의 중복오사다.

13. a. 마소라 본문(MT); 70인경(LXX): 400.

13.b.-b. 봐유가드 레샤울(ויגד לשאול) 4QSam[b], 70인경 루시안 개정본(LXX[L]), 이디오피아역; 마소라 본문(MT), 70인경 바티칸 사본(LXX[B]) 우레샤울 후가드(ולשאול הגד).

14.a. 4QSam[b], 70인경(LXX); 마소라 본문(MT): "하나님."

15.a.-a. 봐이라(וַיִּרָא); 마소라 본문(MT): 봐야르(וַיַּרְא, "그리고 그가 보았다").

16.a. 4QSam[b], 70인경(LXX); 마소라 본문(MT): "하나님."

19.a. 마소라 본문(MT); 70인경(LXX): "십 족속."

20.a.-a. 레콜 네페쉬 하멜렉(לכל נפש המלך), 참조. 70인경(LXX); 마소라 본문(MT): 레골 아봐트 나프쉐카 하멜렉(לכל אות נפשך המלך), 동의어 명사들의 이문병합(conflation).

22.a. 하므헤라(המהירה), 참조. 70인경(Ehrlich); 마소라 본문(MT): 미 라아후(ראהו מי).

22.b. 이 단어는 의미가 통하도록 보충되었다.

23.a. 70인경 바티칸 사본(LXX[B]); 마소라 본문(MT)은 미콜 하마하보임 아쉐르 이트하베 샴 붸샤템 엘라이 엘 나콘(מכל המחבאים אשר יתחבא שם ושבתם אלי אל נכון, "그가 숨어 있는 모든 은둔 장소에 대해서, 그리고 확실한 정보를 가지고 내게 돌아오라"; 한글 개역: 그가 숨어 있는 모든 곳을 탐지하고 실상을 내게 회보하라)을 추가한다.

25.a. 70인경(LXX); 마소라 본문(MT)은 봐브(waw)의 중자탈락으로 이 대명사가 없다.

양식/구조/배경

이 장에서 다윗은 사울로부터 두 번 탈출하며, 두 기사 사이에는 요나단과의 만남이 끼어들어 있다. 이 단원은 다윗이 엔게디로 이동하는 것으로 마무리된다. 그 장소는 뒤이은 사울과의 조우가 발생한 곳이다. 마지막 절은 마소라 본문(MT)에서 24:1이지만, 영어 본문에서는 23:29이다.

요약. 다윗은 블레셋 사람들이 그일라를 공격하고 있다는 말을 들었을 때 그들과 싸우라는 여호와의 허락을 받았다. 여호와로부터의 두 번째 신탁은 다윗의 사람들의 두려움을 진정시켰다. 블레셋 사람들은 그 전쟁에서 많은 사상자를 냈으며, 반면에 그일라 거주민들은 구출되었다. 아비아달은 다윗에게 도망갔으며 에봇을 지니고 있었다(6절). 사울이 그일라로 진군해 오고 있다는 말을 들었을 때, 다윗은 여호와께 물었다. 이번에는 에봇을 통해서였다. 여호와의 답변은 다윗과 그의 600명의 사람들이 도망가라는 것이었다(7-13절). 광야에서 사울의 다윗 추적은 여호와로 인해 성공을 거두지 못했으나, 그럼에도 불구하고 다윗은 두려워했다(14-15절). 요나단과 다윗은 광야에서 만나 언약을 체결했다. 요나단은 다윗의 다가오는 왕권을 인정하면서 자신의 아버지 역시 그것을 알고 있다고 말했다(16-18절). 어떤 십 사람들이 사울에게 광야에 있는 다윗의 위치를 알려 주었으나, 사울의 추적은 새로운 블레셋의 침공에 대한 소식이 도착했을 때 중단되었다. 왕은 적을 방어하기 위해 되돌아갔다. 다윗은 엔게디로 이동했다(19절-24:1[영역본. 23:29]).

그일라에서 다윗이 사울로부터 탈출한 기사는 두 차례 여호와께 묻는 일로 흥미를 돋군다. 각각의 간구는 한 쌍의 질문으로 이루어진다. 두 번째 쌍의 질문에 있어서 매개물은 에봇이다. 첫 번째 쌍에 있는 질문의 매개물은 명시되지 않았다. 대부분의 주석가들은 6절이 이차적이며/이거나 제 위치를 벗어난 것이라고 믿는다. 그것은 손에 에봇을 지닌 아비아달의 도착을 보고한다. 만일 이 언급이 2절에 있었다면, 그것은 다윗이 첫 번째 쌍의 질문에서 어떻게 여호와께 물었는지를 분명히 말해 주었을 것이다. 만일 그 언급이 그 기사의 본래의 부분이었다면, 9절 이후의 위치가 그 언급을 위해 더 좋은 자리였을 수도 있다. 그 언급이 다소 어색하게 6절에 위치한 것은 그것이 9절에 있는 아비아달의 에봇 사용을 22:20의 그의 도착과 연결시키기 위해 추가시킨 부연설명이었음을 암시한다.

다윗이 광야에서 사울로부터 탈출한 기사는 지리학적-지질학적 형식(geographical geological formation)의 이름에 대한 원인론으로 끝난다(28절, 한글 개역의 지명 "셀라 하마느곳"의 의미는 "탈출의 바위"다 – 역자주). 14-15절은 19절에서 시작되는 탈출 기사의 몸통에 대한 배경과 서론을 제공한다.

16-18절에 있는 요나단의 방문은 베이욜라(Veijola)에 의해 Dtr의 것으로 할당된

다(*Ewige Dynastie*, 88-90). 16절에 있는 서사 문장 이후에 요나단은 17절에서 구원의 신탁을 전달하는데, 그것은 다윗이 두려워하지 않아야 할 네 가지 이유를 제시한다. 18절은 다윗과 요나단이 만남의 마지막에 무엇을 했는지 말해 준다.

주석

1-5 블레셋의 공격은 그일라를 대상으로 했는데, 그 성읍은 헤브론 북서쪽 약 8마일 지점이자 아둘람 남쪽 약 3마일 지점(22:1을 보라)인 기르벳 킬라(Khirbet Qîlā, MR 150113)로 확인된다. 여호수아 15:35과 44절에 따르면 비록 아둘람과 그일라가 유다에 할당된 지역이지만, 쉐펠라(Shephelah, 이 히브리어는 "낮은 땅"이라는 뜻이며, 역본에 따라 고유명사로 보기도 하지만 한글 개역은 이것을 "평지"로 번역했다 – 역자주)에 있는 그것들의 위치는 아마도 이웃하는 블레셋 지역의 침공에 노출되었을 것이다. 타작마당은 즉시 곡식의 이용이 가능하고 마당과 관련된 방어벽이 낮아서 필연적으로 공격 대상이 되었을 것이다. 그리고 이러한 곡식의 약탈은 농부들에게 큰 고통을 가져다주었을 것이다. 다윗은 여호와께 싸움의 허용 여부에 대한 질의를 통해 정치적으로 장점이 많았던 그일라 구출 역시 신적 승인을 얻었다. 다른 신적 질의들에 대해서는 28:6; 30:8; 삼하 2:1 그리고 5:19, 23을 보라. 다윗은 그 대적을 "이" 블레셋 사람들로 언급함으로써 그들을 경멸하는 태도를 보여 주었다(참조. 14:6: "이 할례 받지 못한 자들"). 다윗은 포위당한 자신의 부족 사람들을 돕고, 또한 그들의 영원한 대적을 상대로 이스라엘의 대의를 보여 주기를 원했다. 하나님의 확정적인 답변은 다윗이 그일라를 "구하라"는 지시였다. 이것은 다윗에게 이스라엘을 침략하는 자들로부터 "구했던" 사사의 기능을 부여했다(삿 2:16과 여러 구절들). 다윗의 사람들은 유다의 중심 지역에 있었으면서도 두려움을 나타냈다. 만일 그들이 그일라 근처의 접전 지역에서 싸워야 한다면, 그것은 너무나 끔찍한 일일 것이다. 그 곳은 그들이 블레셋의 군사 대열과 맞닥뜨려야 하는 장소기 때문이다. 블레셋은 틀림없이 돌격대를 동반할 것인데, "대열"이란 단어는 그 돌격대에 대한 꽤 강한 인상을 주면서 다윗의 사람들에게는 공포를 느끼게 하는 단어다. 그러한 이유로 우리는 그 본문을 70인경(LXX)을 기초로 한 수정을 하지 않기로 결정했다(McCarter와 반대로). 블레셋 군사 대열은 17장에서 열 차례 언급되었다.

신적 질의들은 종종 쌍을 이루며 나타난다(예를 들어, 삼상 30:8). 그러나 이 경우에 두 번째 질의는 다윗의 사람들의 염려를 제거하기 위해 재확증을 확보하는 역할을 했다. 현재의 문학적 문맥에 따르면, 다윗의 출발 지점은 헤렛 숲이 될 것이다(22:5; 참조. Driver). 하나님의 답변은 "나는 블레셋 족속을 너의 손에 넘겨줄 것이다(붙일 것이다)"였다. 그 답변은 거룩한 전쟁에서 표준 문구이며(참조. von Rad, *Der Heilige Krieg* 7-8), 그것은 그 전쟁 역시 주님께 속해 있다는 것을 암시한다(참조. 17:47). 다윗은 소떼를 몰아 약탈해 옴으로써 공격을 시작했다(대부분의 역본은 먼저 소떼를 약탈한 후 블레셋 사람들을 친 것으로 번역한다. 그러나 한글 개역은 먼저 그들을 학살 한 후에 소떼를 약탈한 것으로 번역한다 – 역자주). 그 소떼는 아마도 블레셋 족속이 전리품을 수송하기 위해 끌고 온 짐 나르는 가축들이었다(Hertzberg). "대 살육"(5절)은 벧세메스에서 이스라엘의 손실과(6:19), 다윗 자신의 이전의 블레셋에 대한 승리를 생각나게 한다. 다윗은 그일라의 유다 거주민들을 구했으며, 그것은 첫 번째 질의에 대한 응답에서 받은 명령의 성취였다(2절).

[6] 이 구절은 아비아달이 다윗을 버린다는 22:20의 보고에 추가되며, 또한 그것을 변경시킨다. 비록 앞선 구절의 언급은 아비아달이 헤렛 숲으로 갔다는 것을 암시할지라도, 현재의 구절에 의하면 그는 곧장 그일라로 왔다. 게다가 그 제사장은 하나님께서 "예"와 "아니오"의 답변을 주시는 에봇을 가져갔다(에봇에 대한 토론에 대해서는 삼상 2:18, 28; 14:3을 보라). 다윗은 또한 30:7-8에서 아비아달이 에봇을 통해 자문을 구하도록 했다.

[7]-[13] 사울이 자신의 경쟁자 다윗이 빗장으로 봉쇄된 두 문이 있는 어떤 성읍으로 들어갔을 때 하나님께서(여호와가 아니다!) 다윗을 자신의 손에 넘겨주셨다고 믿은 것은 실수였다. 추정컨대, 사울이 그 성읍에서 다윗을 체포하는 일은 유다의 뚫려 있는 장소들보다 훨씬 쉬웠을 것이다. 사울은 여호와께서 그일라에게 베푸신 구원을 기뻐하지 않고, 대신 다윗의 전략적 실수를 역이용하려 했다. 그는 다윗과 그의 600명의 사람들을 포위하기 위해 자신의 모든 사람들을 불러냈다(이 동사에 대해서는 15:4을 보라). 9절에 있는 단어의 순서가 분명히 말해 주는 바와 같이, 다윗은 사울이 당초 예상했던 대로 블레셋 족속이 아닌 자신에 대적하여 음모를 꾸미고 있다는 것을 깨달았다. 그 서사는 사울의 악의에 찬 책략들과 신적 허가에 의해 거둔 다윗의 성공적인 군사적 승리들을 대조한다. 아비아달을 불러들여 포위당한 다윗은 이스라엘의 하나님이신 여호와께 기도드렸다(10, 11절; 참조. 20:12에 있는 요나단의 서약). 10절과 11절에서 다윗의 경건함과 의존적 심정은 "당신의 종"이라는 스스로의 호칭에 의해 표현된다. 사울의 불경건은 그가 다윗을 죽이기 위해 그일라 성읍을 파괴하려 할 때 분명해졌다. 다윗은 먼저 그가 "정녕 들었던"(10절의 부

정사 절대형을 주목하라) 보고가 사실인지를 확인해 보았다. 답변은 이러했다: "그렇다. 사울은 그일라를 치러 오는 중이다." 다윗은 이어서 그일라 주민들에게 자신들의 성읍을 구하기 위해 자신을 넘겨줄 것인지를 물었다. 그 질문과 답변은 그일라 주민들의 배은망덕과 다윗의 숭고함을 두드러지게 한다. 비록 독자들의 심정으로는 덧붙여 말하고 싶은 것이 다윗은 블레셋 족속에 의한 약탈로부터 이 성읍을 구했다는 것이지만 에봇은 이렇게 계시했다: "그렇다. 그들은 너를 넘겨줄 것이다." 신적 응답을 들은 후에 다윗은 탈출에 성공했다. 다윗의 600명의 사람들이 사울의 모든 사람들(8절)에 맞서는 상대가 안 되는 전쟁에서 무엇을 할 수 있을 것인가? 허둥지둥 도망친 다윗과 그의 사람들은 아무 곳이나 정해서 이리저리 피해 다니기를 계속했다(13절). 다윗은 더 이상 한 성읍에만 제한되어 있지 않았기 때문에, 사울은 추적을 거두어들였다.

[14]-[15] 사울과 다윗의 다음 대면은 복잡할 뿐 아니라 부정확한 일련의 지정학적 언급들에 의해 소개된다. 다윗은 광야에서, 혹은 다소 정확하게는 산지(hill country)에서(그일라는 쉐펠라에 있었다: 쉐펠라에 대해서는 1-5절의 역자주를 보라), 즉 십 광야에서 여러 요새들을 점령했다. 십 역시 유다 성읍의 하나였으며(수 15:55), 그것은 일반적으로 텔 십(Tell Ziph, MR 162098)으로 확인된다. 텔 십은 그일라 남동쪽 약 13마일 지점이자 헤브론 남동쪽 약 5마일 지점에 있다. 사울이 다윗을 끊임없이 수색했을지라도(14절; 참조. 15절과 25절에서 그가 다윗 혹은 그의 생명을 찾는 모습), 여호와께서는(14.a.를 보라) 왕의 기대에도 불구하고(7절) 다윗을 사울의 손에 넘기지 않으셨다. 이 장에 있는 다윗에 대한 여호와의 군사적 지원은 공격적이면서(4절) 동시에 방어적이었다(14절). 다윗 자신은 사울의 수색이 바로 자신의 생명을 노린 것이라는 사실을 알았기 때문에 그의 사람들만이 아니라(3절) 이제 자신도 두려워했다(15절). 다윗의 광야 체류지는 나아가 호레쉬(Horesh)로 명시된다(15, 16 그리고 18절; 한글 개역: 15, 16절 "수풀", 18절 "숲"). 많은 사람들은 이 지명을 십의 남쪽 약 2마일 지점인 기르벳 고레이사(Khirbet Khoreisa, MR 162095)로 확인하지만 그것은 "숲" 혹은 "숲으로 된 고지대"(BDB, 361b)를 의미할 수 있다.

[16]-[18] 신명기 학파에 의한 이 삽입 부분은 요나단과 다윗의 마지막 만남을 보고한다. 저자는 요나단이 사울의 아들이었음을 언급함으로써 그 아이러니를 강조한다. 요나단은 여호와에게 의지하여 다윗의 용기를 북돋운다(참조. 삿 9:24; 사 35:3; 렘 23:14; 겔 13:22; 느 6:9). 요나단의 발언은 마치 구원의 신탁과 똑같이 "두려워

말라"는 보장의 말로 시작한다. 이 경우에, 그것은 15절에서 다윗이 겉으로 드러낸 두려움에 대한 응답이다. 14-15절에 보고된 살의를 품은 사울의 끈질긴 추적에도 불구하고, 요나단은 다윗에게 "나의 아버지"의 손이 너를 찾지 못할 것이라고 장담했다. 이어서 그는 다윗에게 그가 왕이 될 것이라고 보장했으며, 그렇게 해서 현재의 왕의 친아들이 다윗의 미래의 역할을 승인했다. 앞서 있었던 아마도 두 번째 장면에서, 요나단은 자신의 겉옷을 벗어서 다윗에게 주었다. 그것은 상징적으로 다윗이 요나단을 대신한다는 것을 지시했다(18:4). 요나단은 왕국에서 이인자가 되는 것에 동의했다(이인자란 용어에 대해서는 에 20:2-3과 대하 28:7을 보라). 물론 독자들은 31:2에서 요나단의 너무 이른 죽음으로 이 약속이 실현되지 못했음을 인식하게 된다. 이 언약과 요나단의 이름을 제하지 않을 것이라는 다윗의 약속(삼상 20:16)은 후에 므립바알(므비보셋)에 대한 그의 친절로 존중된다. 그는 왕의 아들의 한 명인 것마냥 왕의 식탁에서 먹도록 허용된 것이다(삼하 9:11). 요나단의 마지막 보장은 다윗의 합법성을 크게 확대시켰다: "그리고 나의 아버지 사울도 이것을 안다." 사울 자신이 24:21에서 이 승인을 표명했다(참조. 26:25). 마찬가지로 사울의 장군 아브넬도 역시 사울 집에서 다윗에게로 왕국이 이양될 것을 맹세한 바 있었다(삼하 3:9-10).

두 친구 요나단과 다윗은 여호와 앞에서 쌍방 언약을 맺었다(언약에 대한 이전의 언급들은 요나단이 언약의 발기인이라는 것을 암시한다, 18:3과 20:8). 요나단이 호레쉬(한글 개역: 숲, 수풀)에서 다윗을 떠나 자신의 집으로(기브아에?) 돌아감으로써, 편집자는 본 이야기의 흐름으로 복귀를 완료했다.

19-241 [영역본. 23:29]) 어떤 십 사람들이 기브아 북쪽으로 가서 사울 왕에게 그들의 영토에 있는 유명한 도망자에 대해 말했다. 많은 학자들은 19절에 있는 호레쉬에 뒤이은 지정학적 언급들이 26:1, 3에 있는 십 족속에 대한 병행 기사에서 유래한 부연설명이라고 제안해 왔다. 아무튼 이러한 지정학적 언급들에 대해 거의 알려진 바 없을지라도, 이 제안은 아마도 정확할 것이다. 십 족속은 사울 왕에게 자신들의 지역으로 내려오길 원하면 그렇게 하라고 촉구했으며, 자신들은 다윗을 그에게 양도할 "의무"가 있음을 인정했다(14절). 사울은 그들의 호의로 인해 그 유다 족속의 십 사람들을 축복했다. 아이러니컬하게도, 사울은 앞 장에서는 자신의 족속인 베냐민 사람들을 꾸짖은 바 있었다. 그 이유는 그들이 왕에게 대항하는 다윗을 요나단이 어떻게 지원했는지 알려 주지 않음으로써 자신에게 호의를 보이지 않았다는 것이었다(22:8). 왕은 십 족속에게 다윗의 신속한 발걸음이 어디서 멈추고 쉬고 있는

지 정확한 장소를 지목하라고 요구함으로써 자신의 경쟁자에 대한 격앙된 감정을 드러냈다. 다윗이 매우 교활하게(한글 개역: 공교히) 행동하고 있다는 소문이 왕에게 들렸다(22절, 아니면 이것은 그가 천신만고 끝에 은신처를 발견했다는 의미인가?). 다윗이 그일라에 은둔함으로써 일을 그르친 것처럼 보였으나, 여호와의 신탁으로 그가 성공적인 도피를 했다는 사실을 기억하라. 사울의 반복적이고 방어적인 지시들을 주목하라: "더 준비하라", "찾아서 살펴보라", "살펴서 찾아라"(마지막 두 표현은 문자적으로 "알아보라"로, 혹은 그 역으로 번역될 수도 있다). 사울은 다윗의 정확한 위치를 확신했을 때에만 그들과 함께 갈 것이다. 사울은 다윗이 그 땅을 완전히 떠난 것이 아니라면, 유다의 모든 부족들 중에 그가 있을 만한 곳은 어디든지 탐색하기로 결심했다(참조. 10:19).

십 족속이 사울에 앞장서서 선발대로 출발했을 즈음, 다윗과 그의 친위대는 아라바에 있는 마온 광야로 이동한 상태였다. 아라바는 중앙 협곡의 이름으로 요단 강과 사해가 그 일부에 속해 있었다. 여기서는 그것이 보다 일반적으로 유다 광야에 대해 사용되는 것이 분명하다. 마온은 현대의 기르벳 마인(Khirbet Ma'în, MR162090)으로 확인되는데, 그것은 헤브론 남쪽 8마일 지점이자 십 남쪽 약 4.5마일 지점에 위치한다. 또한 여시몬(Jeshimon) 남쪽(한글 개역: 광야 남쪽, 삼상 23:19) 지역에 대한 언급은 그것이 모호하기 때문에 별로 도움이 되지 못한다. 그것은 26장에서 유래한 부연설명일 수 있다. 두 사람은 고양이와 쥐의 생사 게임에 연루되었다. 사울이 자신을 추적한다는 소식을 들었을 때, 다윗은 이름이 명시되지 않은 한 바위산으로 내려갔다. 분명히 그 바위산은 언덕으로 되어 있어서, 다윗이 한쪽 편에 서 있고 사울은 맞은편에서 협공 작전을 펼치면서 다윗을 향해 진군해 오고 있는 형세였을 것이다. 그러나 협공 작전이 끝나기 직전에, 한 전령이 새로운 긴급 상황에 대한 소식을 가지고 사울에게 달려왔다: 귀찮게 구는 블레셋 족속이 또다시 침공했다. 사울은 선택의 여지가 없었다. 그는 다윗에 대해 추적을 중단하고 블레셋 족속과 싸워 왕실의 의무를 수행해야만 했다. 그러므로 우리가 원인론적(etiological) 언급에서 보듯이, 사람들은 이 장소를 분쟁 바위(Crag of Divisions[dissension, strife]), 혹은 미끄럼 바위(Crag of Slipperinesses)라고 불렀다(거기서 다윗과 사울이 미끄러지듯 비켜갔다[slip away]). 현대의 학자들은 그 히브리어 단어의 어원을 확신하지 못하며, 아마도 성경 저자는 단지 민간 어원(popular etymology)을 기록하고 있을 것이다. 우리가 이 언어 유희에 있는 판단 기준이 무엇인지를 확신할 수는 없지만, 일반적 의미는 투명하고 확실하다.

다윗은 또다시 탈출해서 사해에 있는 엔게디('Ain Jidī; MR 187097)로 이동했다. 이 지역은 후대에 주후 66-70년과 주후 132-135년에 있었던 두 번의 유대 반란 때 유대 게릴라 대원들을 위한 은신처 역할을 했다. 마사다가 바로 남쪽에 위치해 있다.

해설

여호와께서는 다윗을 사울의 손에 넘겨주지 않으셨다(14절). 이 하나님의 섭리에 대한 언급은 현재의 장에 있는 사울과 다윗의 마주침이 지닌 신학적 기능을 요약한다. 다윗이 그일라 족속을 블레셋으로부터 구출한 직후에 그를 넘겨주려 한 그일라 시민들의 배반 행위도, 또한 십 족속에 의한 다윗의 은신처의 폭로도 다윗의 자유를 막을 수는 없었다. 다윗은 심지어 자신의 사람들이 자신이 이동할 때 닥칠 블레셋 족속과의 충돌을 염려했을 때도 유다 족속을 구하러 갔다. 다윗을 사울에게 넘기지 않으신 동일하신 여호와께서 블레셋을 다윗의 손에 넘겨주셨다(4절). 그것은 다윗의 사람들의 두려움을 종식시키고 승리를 보증하기에 충분했다.

사울은 자신의 유다 지파의 경쟁자가 그일라 전투에서 블레셋을 이긴 것을 마땅히 기뻐했어야 한다. 그러나 오히려 사울은 그일라로 간 다윗의 여정에서 그의 전략적 실수를 찾아내어 포위된 성읍 안에 있는 그를 체포할 생각이었다. 끝없는 불신을 가진 사울은 십 족속에게 발자취가 없는 광야 속의 다윗의 위치에 대한 정확한 정보를 요구했다. 그러나 사울이 다윗을 죽이기를 마무리하려던 바로 그 시점에 블레셋의 습격 소식이 전해졌다. 1-13절에서 블레셋에 대한 다윗의 승리를 기뻐하지 않았던 사울이 좋지 않은 시기에 재출현한 그들로 인해 엉망이 되었다는 것은 얼마나 아이러니컬한가?

이 장을 통해 신적인 신탁은 다윗의 여러 모험을 수반한다. "가서 블레셋을 치라", "나는 그들을 너의 손에 넘겨줄 것이다" – 이것은 여호와께서 그일라 전투 이전에 다윗에게 두 번의 신탁을 통해 말씀하신 것이다. 전투 이후에, 과거 실로와 놉의 제사장이었던 아비아달이 에봇을 통해 전달한 메시지는 사울이 공격할 것이고 그일라의 주민들은 적당한 시기에 다윗을 넘겨줄 것이라는 내용이었다.

신명기 학파 역사가는 십 광야에 있는 다윗에 대한 기사에 요나단을 깜짝 출현(cameo)시켰다. 요나단은 여호와를 의지하여 그를 격려했으며, 자신을 명령에 따라 복종하는 이 인자로 여기면서 그가 왕이 될 것이라고 선언했다. 이미 나의 아버지도 당신이 왕이 될 것이라는 사실을 안다! 그 장면은 두 친구가 여호와 앞에서 언약 관계로 들어가는 것으로 마무리된다. 비록 그일라 주민들과 십 족속은 신의가 없었지만, 요나단은 다시 한 번 신의가 있는 사람으로 출현한다. 인간적으로 말하자면, 요나단은 다윗의 권력 부상으로 인해 거의 패배한 상황이었다. 그러나 이 베냐민 족속의 법적 상속자는 다윗의 배후에서 정치적 지지를 보냈다. 그가 Dtr의 관점에서 본 여호와의 뜻이라는 것에 기꺼이 동의했던 것이다.

29. 다윗이 여호와의 기름부음 받은 자 죽이기를 거부하다 (24:2-23[영역본. 1-22])

참고문헌

Baars, W. "A Forgotten Fragment of the Greek Text of the Books of Samuel With Plate." *OTS* 14(1965) 201-5. **Danin, A.** "Do You Know When the Ibexes Give Birth?" *BAR* 5, 6(1979) 50-51. **Gordon, R. P.** "David's Rise and Saul's Demise: Narrative Analogy in 1 Samuel 24-26." *TynBul* 32(1980) 37-64. **Koch, K.** *The Growth*. Cf. *Bibliography* at 23:1-24:1.

본 문

1 사울이 블레셋 사람을 따르다가 돌아오매 혹이 그에게 고하여 가로되 보소서 다윗이 엔게디 황무지에 있더이다

2(EVV. 1) When Saul returned from fighting the Philistines, they told him, "David is in the wilderness of En-gedi."

2 사울이 온 이스라엘에서 택한 사람 삼천을 거느리고 다윗과 그의 사람들을 찾으러 들염소 바위로 갈새

3(2) With three thousand select men from all Israel, Saul went to seek David and his men in the vicinity of the cliffs of the ibexes.

3 길가 양의 우리에 이른즉 굴이 있는지라 사울이 그 발을 가리우러 들어가니라 다윗과 그의 사람들이 그 굴 깊은 곳에 있더니

4(3) Coming to the sheepfolds on the road, where there was a cave, Saul went in to relieve himself though David and his men were sitting in the back part of the cave.

4 다윗의 사람들이 가로되 보소서 여호와께서 당신에게 이르시기를 내가 원수를 네 손에 붙이리니 네 소견에 선한 대로 그에게 행하라 하시더니 이것이 그 날이니이다 다윗이 일어나서 사울의 겉옷 자락을 가만히 베니라

5(4) David's men said to him, "This is the day about which Yahweh alerted you when he said, 'I am giving your enemy[a] into your hand. Do to him whatever seems right in your eyes.'" David rose and stealthily cut off the skirt of Saul's robe.

5 그리한 후에 사울의 옷자락 벰을 인하여 다윗의 마음이 찔려

6(5) Later David's conscience bothered him because he had cut off the skirt of Saul's robe.[a]

6 자기 사람들에게 이르되 내가 손을 들어 여호와의 기름부음을 받은 내 주를 치는 것은 여호와의 금하시는 것이니 그는 여호와의 기름부음을 받은 자가 됨이니라 하고

7(6) "May death be my lot from Yahweh," David swore to his men, "if I should do this thing to my lord, the anointed of Yahweh, by stretching out my hand against him. After all, he is Yahweh's anointed."

7 다윗이 이 말로 자기 사람들을 금하여 사울을
해하지 못하게 하니라 사울이 일어나 굴에서 나
가 자기 길을 가니라
8 그 후에 다윗도 일어나 굴에서 나가 사울의 뒤
에서 외쳐 가로되 내 주 왕이여 하매 사울이 돌아
보는지라 다윗이 땅에 엎드려 절하고

9 사울에게 이르되 다윗이 왕을 해하려 한다고
하는 사람들의 말을 왕은 어찌하여 들으시나이까

10 오늘 여호와께서 굴에서 왕을 내 손에 붙이신
것을 왕이 아셨을 것이니이다 혹이 나를 권하여
왕을 죽이라 하였으나 내가 왕을 아껴 말하기를
나는 내 손을 들어 내 주를 해치 아니하리니 그는
여호와의 기름부음을 받은 자가 됨이니라 하였나
이다
11 나의 아버지여 보소서 내 손에 있는 왕의 옷
자락을 보소서 내가 왕을 죽이지 아니하고 겉옷
자락만 베었은즉 나의 손에 악이나 죄과가 없는
줄을 아실지니이다 왕은 내 생명을 찾아 해하려
하시나 나는 왕에게 범죄한 일이 없나이다

12 여호와께서는 나와 왕 사이를 판단하사 나를
위하여 왕에게 보복하시려니와 내 손으로는 왕을
해하지 않겠나이다

13 옛 속담에 말하기를 악은 악인에게서 난다 하
였으니 내 손이 왕을 해하지 아니하리이다

14 이스라엘 왕이 누구를 따라 나왔으며 누구를
쫓나이까 죽은 개나 벼룩을 쫓음이니이다

15 그런즉 여호와께서 재판장이 되어 나와 왕 사
이에 판결하사 나의 사정을 살펴 신원하시고 나
를 왕의 손에서 건지시기를 원하나이다

16 다윗이 사울에게 이같이 말하기를 마치매 사
울이 가로되 내 아들 다윗아 이것이 네 목소리냐
하고 소리를 높여 울며
17 다윗에게 이르되 나는 너를 학대하되 너는 나

8(7) David restrained[a] his men with these words
and did not allow them to rise up against Saul. [b]So
Saul rose and went down[b] the road.
9(8) [a]Afterward David also arose and went out of[a]
the cave. He called to Saul, "My lord, the king!"
Saul looked behind him where David was bowed
down, with his nose to the ground in prostration.
10(9) David said to Saul, "Why have you listened
to the human rumor that David is seeking to harm
you?
11(10) Look, your eyes have seen this day that
Yahweh has given you[a] into my hand in the cave.
Yet I refused[b] to kill you and [c]my eye[c] took pity on
you. 'I will not stretch out my hand against my
lord,' I said, 'for he is Yahweh's anointed.'

12(11) [a]My father, see, aye, see,[a] the skirt of your
robe in my hand. [b]I cut off[b] the skirt of your robe,
but I did not kill you. Know this and see that there
is no evil or rebellion in my hand. I have not
sinned against you even though you hunt my life in
order to take it.
13(12) May Yahweh judge between me and
between you, and may Yahweh give me vengeance
over you. My hand, nevertheless, will not be
against you.
14(13) As the ancient proverb says, 'From wicked
people comes wickedness.' So, my hand will not be
against you.
15(14) After whom has the king of Israel come
out? Whom are you pursuing? a dead dog or[a] one
flea?
16(15) May Yahweh act as an arbitrator. May he
judge between me and between you. May he
see(what's happening), defend my cause, and free
me from your hand."
17(16) When David finished speaking these words
to Saul, Saul responded, "Is this your voice, my son
David?"
18(17) Saul raised his voice and cried. "You are

를 선대하니 너는 나보다 의롭도다

more righteous than I," he continued, "because you treated me well even though I treated you evilly.

18 네가 나 선대한 것을 오늘 나타내었나니 여호와께서 나를 네 손에 붙이셨으나 네가 나를 죽이지 아니하였도다

19(18) This day you have demonstrated how you dealt kindly with me. [a]Although Yahweh had handed me over into your hand, you did not kill me.

19 사람이 그 원수를 만나면 그를 평안히 가게 하겠느냐 네가 오늘날 내게 행한 일을 인하여 여호와께서 네게 선으로 갚으시기를 원하노라

20(19) When a person runs into his enemy, does he send him away with good treatment? May Yahweh repay your goodness because [a]you showed it to me today.[a]

20 보라 나는 네가 반드시 왕이 될 것을 알고 이스라엘 나라가 네 손에 견고히 설 것을 아노니

21(20) Now, then, I know that you will surely be king, and the kingdom of Israel will prosper in your hand.

21 그런즉 너는 내 후손을 끊지 아니하며 내 아비의 집에서 내 이름을 멸하지 아니할 것을 이제 여호와로 내게 맹세하라

22(21) Swear to me, now, by Yahweh, that you will not cut off my descendants after me, or destroy my name from the house of my father!"

22 다윗이 사울에게 맹세하매 사울은 집으로 돌아가고 다윗과 그의 사람들은 요새로 올라가니라

23(22) After David had sworn to him, Saul went to his home, but David and his men went up to the stronghold.

원문주해

5.a. 케레; 케팁: "적들"

6.a. 어떤 히브리어 필사본들, 70인경(LXX), 시리아역(Syr), 탈굼역(Targ); "겉옷"이란 단어는 마소라 본문(MT)에는 없다.

8.a. 스토베는 이 의미를 마소라 본문(MT)으로부터 끌어온다. 부데와 다른 사람들은 마소라 본문(MT)에 있는 이 동사가 보통 "산산조각 나다"를 의미한다고 지적하면서, 그 본문을 봐임나(וימנע) 혹은 그와 비슷한 것으로 변경시킨다.

8.b.-b. 70인경(LXX); 마소라 본문(MT): "그리고 사울은 동굴에서 일어나서 갔다."

9.a.-a. 마소라 본문(MT); 70인경(LXX): "그리고 다윗은 그 뒤에서 …로부터 일어섰다."

11.a. 현존하는 모든 본문들은 대부분 "오늘날"을 추가한다.

11.b. 봐에마엔(ואמאן), 참조. 70인경(LXX); 마소라 본문(MT): 붸아마르(ואמר, "그리고 그가 말할 것이다").

11.c.-c. 참조. 라틴 벌게이트역(Vulg); 마소라 본문(MT)에는 없다. 70인경(LXX)은 뒤이은 동사를 1인칭으로 파악한다: "나는 동정심을 가졌다."

12.a.-a. 마소라 본문(MT); 70인경(LXX): "그리고 보라."

12.b.-b. 70인경(LXX); 마소라 본문(MT): "왜냐하면 내가 잘라냈을 때." 마소라 본문

(MT)을 번역함에 있어서, 우리는 뒤따르는 "그러나"를 생략해야 한다.

15.a. 엔(אן) 4Q, 참조. 70인경(LXX): 마소라 본문(MT)에는 없다.

19.a. 4Q, 참조. 70인경(LXX); 마소라 본문(MT)은 그 절에 불변사 에트(את)를 접두시킨다.

20.a.-a. 참조. 4Q, 70인경(LXX); 하욤 하제(היום הזה, "오늘날")라는 어구는 마소라 본문(MT)에서 제자리를 벗어나 있다.

양식/구조/배경

이 장에 나오는 사건은 26장에 있는 사건과 밀접한 병행을 이루는데, 마지막 구절에서 해결에 이르게 된다. 이 단원의 시작에 대한 유일한 질문은 1절에 있는 지정학적 언급이 이전 사건을 결론짓는지(나의 견해), 아니면 그것이 새로운 사건의 시작인지(Hertzberg)에 대한 것이다. 우리의 토론을 통해 히브리어 본문에 있는 구절 수가 수용된다. 영어 역본들에서 구절 수는 항상 하나가 적다. 즉, 이 책의 24:2=영역본 24:1.

요약. 사울은 3,000명의 사람을 데리고 다윗에 대한 추적을 재개한다. 우연히 생리적 욕구로 인해, 그는 다윗이 숨어 있던 바로 그 동굴에서 배변을 하게 된다(2-4절). 다윗의 사람들은 여호와께서 승인하신 것이니 사울을 죽이라고 재촉하지만, 다윗은 여호와의 기름부음 받은 자를 손대기를 거절한다. 대신 그는 단지 사울의 겉옷 자락을 자른다. 그것은 다윗에게 양심의 가책을 느끼게 하는 행동이었다. 양쪽의 군대가 동굴을 떠난 후에, 다윗은 사울 왕에게 이르기를 여호와께서 자신에게 황금의 기회를 주신 것 같았지만 그를 죽이지 않았다고 말해 주었다. 단지 겉옷만 자름으로써 다윗은 여호와께서 기름부은 사람에 대한 존경심과 자신이 변절치 않았음을 보여 주었다. 다윗은 자신의 무고함을 확증해 달라고 여호와를 불렀으며, 자신을 추적하는 왕의 부당한 지나친 행동에 대해 불만스러워했다(9-16절). 사울은 눈물을 흘리며 다윗의 더 큰 의와 자신의 어리석음을 인정했다. 그는 다윗에게 여호와의 축복이 임하기를 빌었으며, 다윗이 자신의 후계자가 된다는 사실에 동의했다. 사울은 단지 다윗이 왕좌에 오르게 될 때 자신의 후손들을 살려 주겠다는 맹세를 하라고 요청했을 뿐이다(17-22).

코흐(Koch)는 양식비평적 관점에서 24장과 26장을 철저히 논의했다. 그는 이 두 장을 독일 문학에서 알려진 영웅담들(heroic sagas)과 비교했다. 그는 그 영웅담들이 본래 용사들이 진영 내의 모닥불 주변이나 그들의 숙소에서 저녁에 모여 나눈 이야기였다고 제안한다. 수많은 요소들로 인해, 코흐는 현재의 기사 형태가 다윗이 자신의 왕권을 굳힌 후에 예루살렘에서 만들어진 개정본들에서 유래되었다고 결론짓는다. 그가 보기에, 24장은 현재 다윗의 왕권 등극을 묘사하는 필사 자료에서 유래했다. 그는 그런 종류에 속한 복합적인 문학 유형(complex literary type)을 "역사적 저작"(historical writing)이라고 불렀다.

이러한 제안들은 그럴듯하며, 또한 구약 문헌의 역사가들이 따를 만한 가치가 있다. 그러나 24장과 26장의 현재의 의미와 기능은 다른 요소들을 고려함으로써 더욱 명료해질 수 있다. 언급될 필요가 있는 것은 이 두 개의 장은 아마도 하나의 사건에 대한 서로 다른 기억의 산물일 수 있다는 것이다. 26장에서 사울도 다윗도 전에 유사한 사건이 발생했다는 것을 시사하지 않는다. 코흐가 논증한 대로, 두 장은 공히 비슷한 개요를 갖는다(*The Growth of the OT* 142): A: 다윗은 사울로부터 도망치는 중에 광야에 있었다; B: 그는 자신의 추적자를 죽일 기회를 가졌다; C: 어떤 사람이 이 기회는 여호와에 의해 주어진 것이라고 제안했다; D: 다윗은 여호와의 기름부음 받은 자를 존중했기 때문에 사울을 죽이길 거부했다; E: 그럼에도 불구하고, 그는 자신이 무슨 일을 행할 수도 있었는지를 보여 주는 한 조각의 물증을 취했다; F: 사울은 다윗의 무고함과 우월성을 인정했다. 다음 목록은 두 기사 사이에 있는 내용의 유사성을 보다 상세하게 보여 줄 것이다.

24장	26장
밀고자들이 다윗의 위치를 사울에게 폭로한다, 2절	십 사람들이 다윗에 대해 사울에게 알린다, 1절; 참조. 23:14, 15, 19
기브아, 하길라, 여시몬(한글 개역: 광야), 23:19	기브아, 하길라, 여시몬(한글 개역: 광야), 1절
온 이스라엘로부터 선택된 3,000명의 사람들이 다윗을 찾는다, 3절	온 이스라엘로부터 선택된 3,000명의 사람들이 다윗을 찾는다, 2절
길에서, 4절, 참조. 8절	길에서, 3절
다윗과 그의 사람들이 동굴에 앉아 있다, 4절	다윗과 그의 사람들이 광야에 앉아 있다, 3절
다윗의 사람들: 여호와께서 사울을 죽일 기회를 주고 계신다, 5절	아비새: 하나님께서 사울을 죽일 기회를 주고 계신다, 8절
다윗이 사울의 겉옷 자락을 벤다, 5절	다윗이 사울의 창과 물병을 취한다, 12절
다윗: 내가 사울을 해친다면 죽음이 나의 운명이 되게 하소서, 7절	다윗: 내가 사울을 해친다면 죽음이 나의 운명이 되게 하소서, 11절

다윗이 사울을 "나의 주"(7, 9, 11절) 그리고 여호와의 기름부음 받은 자(7, 7, 11절)로 언급한다.	다윗이 사울을 "나의 주"(17, 18, 19절; 참조. 15, 16절) 그리고 여호와의 기름부음 받은 자(9, 11, 16, 23절)로 언급한다.
다윗이 누가 사울을 향해 손을 뻗는 것에 대해 경고한다(7, 11절)	다윗이 누가 사울에게 손을 대는 것에 대해 경고한다(9, 11, 23절)
다윗이 사울을 부른다, 9절	다윗이 군사들과 아브넬을 부른다, 14절
다윗이 사울에게 왜 사람들의 말을 듣는지 묻는다, 10절	다윗은 사람들이 사울을 혼란스럽게 했을 것이라고 제안한다. 19절
다윗: 여호와께서 당신을 나의 손에 주셨다, 11절, 참조. 5절	다윗: 여호와께서 당신을 나의 손에 주셨다, 23절
다윗의 무고의 시간으로서 "오늘날", 11, 19, 20절	다윗의 무고의 시간으로서 "오늘날", 8, 19, 21, 23, 24절
다윗은 사울에게 그의 겉옷 자락을 보여 줌으로써 자신의 무고함을 주장한다, 12절	다윗은 사울에게 창과 물병을 보여 줌으로써 자신의 무고함을 주장한다, 16절
다윗: 나의 손에는 아무런 악이 없다, 12절	다윗: 무슨 악이 내 손에 있습니까?, 18절
다윗: 나는 죄를 짓지 않았다, 12절	사울: 나는 죄를 지었다, 21절
다윗: 당신은 나의 생명을 찾는다, 12절; 사울을 이스라엘의 왕으로 부른다, 15절	다윗: 이스라엘의 왕이 나의 생명을 찾으러 왔다, 20절
다윗: 당신은 누구를 쫓습니까?, 15절	다윗: 나의 주께서 왜 쫓습니까?, 18절, 참조. 20절
다윗: 여호와께서 당신의 손으로부터 나를 구원(판결)하실지라, 16절	다윗: 그분이 나를 모든 환란에서 나를 구원하실지어다, 24절
사울: 이것이 너의 목소리냐, 나의 아들아?, 17절	사울: 이것이 너의 목소리냐, 나의 아들아?, 17절; 참조. 21, 25절
סגר 칼형, 19절; 참조. 23:12, 20	סגר 피엘형, 8절
사울: 여호와께서 너의 선을 갚으실지라, 20절; 너는 더 의롭다, 18절	다윗: 여호와께서 각 사람의 의를 갚으시리라, 23절
사울: 너는 분명히 왕이 될 것이다, 21절	사울: 너는 분명히 너의 일을 달성할 것이고 승리할 것이다, 25절
다윗과 사울이 각자 자기 길을 간다, 23절	다윗과 사울이 각자 자기 길을 간다, 25절

두 장의 연령 비교와 관련하여 다양한 의견이 개진되어 왔다. 코흐, 베이욜라, 부데 그리고 슐테(Schulte)는 24장이 더 오래되었다고 믿는다. 벨하우젠, 스미스, 뉘벨(Nübel), 모빙켈(Mowinckel), 케어드(Caird) 그리고 맥카터는 26장이 더 오래된 것이라고 믿는다. 맥카터는 24장이 HDR에 추가된 보다 폭넓은 보충물의 일부라고 믿는다. 또한 그는 70인경(LXX)에는 없는 골리앗 이야기의 여러 부분들에서 HDR을

찾아낸다. 그것은 20:11-17, 23, 40-42와 23:14-18, 19-24a 그리고 25:28-31이다. 나의 판단으로는 이 두 장의 연령의 우열은 결론을 내릴 수 있을 만큼 확립되지 않았으며, 이 문제를 강조하는 사람들은 HDR 내에서 혹은 사무엘서 내에서 둘 중 하나의 기능을 무시하는 경향이 있다. 그러므로 우리는 각 장의 특징과 기능에 집중할 것이다.

24장에서 다윗이 사울의 목숨 대신 단지 그의 겉옷 자락만 취한 이후, 그 기사는 사울에 대한 다윗의 연설(10-16절)과 다윗에 대한 사울의 응답(17-22절)으로 구성된다. 26장에서는 정반대로 다윗이 사울의 진영으로부터 탈출한 후에, 그가 아브넬에게 말하고(14a절), 아브넬은 응답하며(14b절), 다시 다윗이 아브넬에게 대답한다(15-16절). 이어서 사울(17a, 21, 25a절)과 다윗(17b-20, 22-24절)이 쌍방간의 대화를 나눈다. 두 장 모두에서 사울이 마지막 말을 한다.

24장은 다윗의 입에서 나오는 사울에 대한 존대 호칭이 특징적이다: 나의 주, 여호와의 기름부음 받은 자(7절); 나의 주 왕(9절); 나의 주… 여호와의 기름부음 받은 자(11절); 나의 아버지(12절); 이스라엘의 왕(15절). 사울은 다윗을 나의 아들로 호칭함으로써 응답한다(17절). 이 장에서 유일한 아버지/아들 호칭의 사용은 그 용어들의 생물학적인 부정확성에도 불구하고, 자신의 전임자에 대한 다윗의 존경심과 그 전임자의 다윗 승인을 눈에 띄게 한다.

5b-6절은 위치를 벗어난 것처럼 보이기 때문에 모든 주석가들을 혼란시켜 왔다. 5a절에서 다윗의 사람들은 사울을 죽이라고 제안한다. 뒤이은 5b-6절에서 다윗이 사울의 겉옷 자락 한 조각을 취하는 일과 그에 따른 양심의 가책이 뒤따른다. 그 다음에 다윗은 결코 사울을 해치지 않겠다고 맹세했으며(7절), 자신의 사람들이 사울을 해치지 못하게 제지했다(8a절). 5b-6절은 8a절 뒤에 오는 것이 논리적으로 더 잘 어울리는 것처럼 보인다. 스미스는 5b-6절과 12절이 후대의 부연설명들이라고 제안했다. 아크로이드(Ackroyd)는 5b-6절이 우연히 8a절 뒤에 있는 본래의 위치에서 빠져 사본의 여백에 기록된 다음 후대의 복사본 필사자에 의해 부정확한 위치에 재삽입되었다고 주장했다. 그러나 그는 또한 이러한 혼란이 이 장에서 두 이야기의 결합의 결과가 아닐까 생각하기도 했다. 현재의 기사에서 6-7절은 사울의 겉옷을 자른 것에 대한 다윗의 경건한 반응이다. 만일 5b-6절이 이차적이라면, 7절은 사울을 죽여야 한다는 사람들의 제안에 대한 그의 반응이었을 것이다. 옷 조각을 취한 일 자체는 어떤 잘못된 일로(6절), 또한 다윗의 무고함에 대한 증거로(12절) 이해되는 것 같다.

그륀백은 5b-6절과 21-23a절이 HDR의 편찬자에 의해 더 오랜 이야기에 덧붙여진 것이라고 믿는다. 그는 또한 24장과 26장에 있는 이야기들이 서로에게 영향을 주기 시작하기 전에 지녔던 것으로 보이는 형태를 재구성하려 한다. 한편, 베이욜라(*Ewige Dynastie* 90-93)는 18-19절과 20b-23a절이 Dtr의 공헌이었다고 제안한다. 왜냐하면 이 구절들에서 이루어진 화해로 인해 26장이 원래의 HDR에는 아마도 없던 속편(sequel)이 되었을 것이기 때문이다. 그렇다면 이 구절들은 왜 다윗이 사울의 자리를 차지하도록 선택되었는지를 설명하려는 역사가의 시도다(참조. 삼하 3:9-11과 6:21). 이것은 다윗에 우호적인 다른 말들이 역시 Dtr의 것으로 할당된다는 그의 생각과 조화를 이룬다(예를 들어, 20:12-17, 42b; 23:16-18). 이 정밀한 구절들이 신명기 학파적으로 구성된 것이든 아니든, 베이욜라는 우리의 관심을 현재의 본문 배열 속에 있는 매우 중요한 몇몇 구절로 이끈다.

주석

[2]-[4] [영역본. 1-3절] 새로운 블레셋에 의한 위기로 인해(23:27-28) 잠시 중단된 사울-다윗 전투는 해설자가 더 이상 아무런 상세한 내용도 제공하지 않지만 결국 마침표를 찍었다. 대신, 그가 보고하는 것은 우리가 십 족속이라고 추측할 수 있는 밀고자들이(참조. 23:14, 15, 19; 26:1) 사울에게 그의 경쟁자가 엔게디에 머물고 있다는 것을 말해 주었다는 것이다(정확한 위치에 대해서는 24:1을 보라). 3,000명의 사울 군대(참조. 26:2)는 전에 자신이 만들었던 상비군(standing army: 참조. 13:2)과 규모 면에서 비슷했으며, 다윗과 함께 있었던 사람들의 규모에 비해서는 다섯 배였다(3:13). 더불어 사울의 군사적 우월성은 "사람들"이라는 단어를 변경시킨 "선택된 사람들"이란 단어에 의해 지시되며, 또한 그의 사람이 "온 이스라엘"의 군대를 대표했다는 사실에 의해서도 알 수 있다(참조. 26:2). 사울의 다윗 추적(3절; 참조. 23:14, 15, 25; 26:2, 20)은 결국 그를 들염소들이 사는 절벽으로 몰고 갔다. 들염소는 지금도 엔게디 근처의 절벽에 살고 있다. 그 염소는 샘 근처에서 볼 수 있는 풍부한 풀을 뜯어먹고 자라며, 신선한 물을 마시고 절벽 위에 은신처를 갖는다(Danin). 사울은 그 길을 따라 걸어가다가 양우리로 갔다. 아마도 그 곳은 동굴 입구 주변의 낮은 석벽(石壁)일 가능성이 있다(참조. 민 32:16, 24; 습 2:6). 그는 배변을 하기 위해 그 동굴로 들어갔다. 아마 이것은 사울에 대한 조롱으로 이해되어야 한다(McCarter). 이러한 해석은 모압 왕 에글론에 대한 기사에 의해 한층 강화된

다. 에글론은 에훗을 점령하고 있던 비슷한 상황에서 그에게 죽임을 당했던 것이다(삿 3:24). 그러나 아마도 해설자는 단지 사울이 호위대의 시중을 받지 않은 채 혼자 그 동굴로 들어갔으며, 그로 인해 다윗이 그를 죽일 기회를 훨씬 더 쉽게 만들어 주었다는 사실을 암시하려고 했을 것이다. 사울이 다윗과 그의 사람들이 머무르고 있었던 동굴을 선택하여 불행을 당할 뻔했다는 것은 그의 비극적 운명과 아마도 하나님의 인도하심에 대한 징조였다. 다윗의 군대는 동굴 뒤편이나 아니면 입구 쪽에서 갈라진 지굴 중 한 곳에 있었을 것이다.

[5]-[8] [영역본. 4-7] 다윗의 사람들은 기회를 인식하고 그에게 사울을 죽일 기회는 여호와의 약속의 성취라고 확신시켰다. 그 기회는 다윗에게 기름부을 때 주신 적절한 약속이었을 것이지만 – 특별히 케팁(Kethib)으로 읽기가 선택된다면(5.a.를 보라) – 그럼에도 불구하고 성경은 그 신탁 부여에 대한 기록을 보존하고 있지 않다. 그렇지만 이 신탁이 주어진 때에 대한 침묵은 단지 24장이 한때 독자적으로 전수되었으며, HDR의 일부가 아니었다는 것을 시사하는 수도 있다. 앞 장에서 여호와께서는 다윗에게 블레셋 족속을 그의 손에 넘겨주겠다고 보장하셨다(23:4).

어떻게 다윗이 사울의 옷자락을 자르는 데 성공했는지는 분명하지 않다. 왕은 생리적 욕구에 따라 잠들었던 것일까(참조. 26:7, 12)? 옷을 벤 것은 사울이 사무엘의 겉옷을 찢은 15:27을 되풀이하는데, 그것은 왕국이 사울로부터 찢겨지리라는 징조로 이해되었다(참조. 왕상 11:29-31에서 아히야가 자신의 옷을 찢는 일). 만일 그 행위가 여기서 이러한 의미, 즉 다윗이 사울로부터 왕권을 찬탈한다는 의미를 역시 포함하고 있다면, 6절에 있는 다윗의 양심의 가책은 아주 적절한 것으로 보일 것이다(참조. Gordon, 55-57). 다윗이 백성들을 계수했던 사무엘하 24:10을 따르자면, 역시나 다윗의 마음(양심?)이 그를 두들겼다. 그때 그는 "제가 범죄하였나이다"라고 고백했다. 왕의 겉옷(일부)의 소유는 그가 합법적 계승자였음을 암시하는지도 모른다(참조. 18:4에서 요나단이 자신의 겉옷을 벗어 다윗에게 준 일). 물론 나중에 24장에서 다윗은 자신의 무고함의 징표로 옷자락을 내놓았다 – 그것은 다윗이 왕의 목숨을 취할 기회를 포착했을 때 단지 겉옷만 잘랐다는 사실을 알려 주었다. 다윗은 위반할 시에 치명적인 결과를 가져올 서약을 맹세했다(7절; 참조. Mettinger의 해석, 199). 그것은 여호와의 기름부음 받은 자에게 손을 대지 않겠다는 것이었다. 따라서 현재의 문맥에서 겉옷을 취한 것은 억제와 무고함의 표시다(참조. 12절). 우리가 "양식/구조/배경"에서 언급한 대로, 7절에 대해 많은 주석가들이 사울의 옷을 베는 것이 아니라 처치하자는 제안에 대한 응답으로 이해한다. 여호와의 기름부음 받은 자에 대한 존경은 HDR 전체에 걸쳐 다윗의 특징으로 묘사된다. 몇 개의 병행구들이 바로 인접한 26장에 있다(9, 11, 16, 23절). 그러나 우리는 또한 사울을 죽였다고 주장한 아말렉 사람에게 내린 다윗의 사형선고를 회상할 필요가 있다(삼하 1:14, 16). 그러므로 해설자는 사울의 죽음에 있어서 어떠한 공모 혐의에서든 다윗을 면죄시키려고 무던히 애를 쓴다. 다윗은 두 번의 황금의 기회를 가져 그 때마다 그의 사람들 중 한 명 혹은 다수가 사울을 죽이는 것이 여호와의 뜻이라고 설득했을 때도(24:5; 26:8) 한결같이 폭력으로 자신의 대의를 이루기를 거부했다. 그는 여전히 사울을 "나의 주"라고 불렀으며, 그를 여호와의 기름부음 받은 왕으로 인정하여 그에게 손을 대지 않으려 한 충성스런 신하였다(7, 9, 11절; 참조. 26:9, 11, 23). 비록 8절에 있는 첫 번째 동사가 정확히 암시하는 것이 불분명하다 할지라도(8.a.를 보라), 그것은 분명히 다윗이 사람들을 설득해 폭력을 막으려 한 그의 어떤 행위를 묘사한다. 25장에서 아비가일과 다윗 둘 다 여호와께서 다윗으로 하여금 폭력에 개입하지 못하도록 막으셨다고 말한다(26, 34절). 자신의 사람들이 여호와께서 사울을 그의 손에 넘겨주셨다고 주장했음에도 불구하고, 다윗은 그들이 사울을 대적하여 일어서는 것을 허용하지 않았다(문자적으로는 주지 않았다).

9-16 [영역본. 8-15] 다윗의 발언은 그의 무고함을 선언했으며, 사울의 지나친 추적을 지적했다. 그의 충성스러운 발언인 "나의 주, 왕"(9절)은 존경을 표하는 부복을 수반했다. 다윗은 사울이 그가 자신의 왕을 해치려고 노리고 있다고 단언하는 소문들에 귀를 기울이고 있다고 비난했다. 사울은 다윗의 변호에 대해 자신의 입장 표명을 요청 받은 셈이다. 왜냐하면 그는 다윗이 가졌던 황금의 기회, 즉 동굴 속에서 여호와께서 주신 것으로 돌린 기회를 직접 확인했기 때문이다. 동정심에 이끌려 다윗은 다시 한 번 "나의 주"로 지칭된 사울(11절)을 죽이기를 거절했다. 여호와의 기름부음 받은 자로서 사울의 목숨은 신성 불가침이었다. 사울의 옷자락은 다윗이 비겁한 짓을 원치 않았다는 것을 눈으로 확인할 수 있는 증거였다. 사울은 다윗이 죽일 기회를 가졌음에도(11절), 그가 자신의 옷자락으로 만족했다는 것을 눈으로 확인했다. 이제 (12절) 그는 다윗 측에는 더 이상 사악함도 반역도 없다고 진술해야 했다(12절). 다윗은 사울을 아버지라고 불렀다(12절). 그것은 존경심과 사울의 직무를 상속할 다윗의 권리를 동시에 암시하는 단어였다. 물론 두 사람은 혈연 관계가 없었으며, 나아가 서로 다른 지파 출신이었다. 다윗이 사울에 대해 죄를 짓지 않았다고 주장했음에도 불구하고, 왕은 그를 죽이려고 추적했다. 다윗은 자신의 무고함과 왕의 잘못을 믿으면서, 여호와께서 그 사건의 상벌을 결정해 주시고 두 사람 사

이의 문제를 여호와의 법을 시행하여 해결해 주시기를 원했다(참조. 창 16:5; 31:53). 다윗 자신은 사울에 대한 어떠한 종류의 폭력도 포기했다: "나의 손은 당신을 대적하지 않을 것이다." 다윗은 악한 행위는 악인들로부터 온다는 전통적 지혜에 호소했다(14절). 다윗은 만일 내가 행악자라면 당신은 오래 전에 죽었을 것이라고 넌지시 암시해 주었다(Stoebe). 다윗은 반복하기를, 엄밀히 자신이 악하지 않았기 때문에 "나의 손이 당신을 대적하지 않을 것이다"고 했다(14절).

다윗은 또한 사울의 추적의 부당성에 주의를 집중시켰다(15절). "이스라엘의 왕"이라는 호칭을 누리는 분이 진정 죽은 개 혹은 한 마리 벼룩, 즉 다윗처럼 하찮은 사람을 추적합니까? 자신을 죽은 개로 언급하는 것은 왕 앞에서 자기 비하를 암시한다(삼하 9:8; 참조. 삼하 16:9; 왕하 8:13 LXX; Lachish Ostracon 2, 11. 3-4; 5, 1. 4; 6, 1. 3.). 여호와께서 중재자가 되어서 두 사람 사이에 결정(재판)하셔야 한다(참조. 13절). 그렇다. 여호와께서는 사울이 그랬던 것처럼, 무슨 일이 일어났는지 살펴보시고 다윗을 위해 그 사건을 밝히셔야 한다(참조. 25:39). 편파적이지 않은 신적 판결로 여호와께서는 다윗을 왕의 권력으로부터 벗어나게 하실 것이다.

17-22 [영역본. 16-21] 다윗의 열정적인 변론에 대한 사울의 응답은 언뜻 보기에 미온적인 것으로 보인다. 왜 사울은 단지 그 말을 하는 사람이 다윗이냐고 물어보기만 했을까? 그러나 사울이 다윗을 "내 아들아"라고 부르는 것을 주목하라. 이것은 사울에게 주어진 영예와 12절에서 다윗이 부른 "나의 아버지"라는 호칭으로 그에게 부여된 자격을 되풀이하고 있다. 사울은 두 사람의 관계를 아버지와 아들의 관계로 인준함으로써 응답했다. 그는 눈물로 다윗의 설득에 대응했다. 앞서 네 장에서 사울은 다윗을 죽어 마땅한 죽음의 아들로 간주했다(20:31). 이제 사울은 나아가 다윗이 둘 중에 더 의롭다고 말했다. 그는 주어진 관계 속에서 충성스럽게 행동했다(von Rad, *Old Testament Theology*, I, 373). 다윗은 사울을 잘 대접해 주었다. 사울은 그를 악하게 대접했다. 그래서 사울은 다윗의 무고함에 동의했다. 악은 다윗의 편이 아니라 사울의 편에 있었다(18절). 다윗이 자신의 말로 주장한 것처럼(11절) 여호와께서 다윗에게 기회를 주셨다는 사실에도 불구하고(19절), 왕의 대적은 그를 잘 대접하여 그를 죽이기를 거절했다. 사울은 14절의 다윗의 격언에 부합하여 자신도 한 격언을 인용했다: 적들이 마주치면 아무도 자신의 적을 그냥 보내 주지 않는다(20절, 한글 개역: 사람이 그 원수를 만나면 그를 평안히 가게 하겠느냐). 그러나 다윗은 왕을 안전한 길로 보내 줌으로써 상식에 어긋난 행동을 했다. 사울은 다윗이 선으로 행했기 때문에(18, 19, 20절), 여호와가 선으로 그에게 보답하시기를

간구하면서 다윗을 축복했다(20절).

마지막으로, 사울은 뚜렷한 변명을 하지 않은 채 덧붙여 말하기를, "나는 네가 반드시 왕이 될 것을 알고 이스라엘 나라가 네 손에 견고히 설 것을 아노니"(21절)라고 했다. 23:17에 있는 신명기 학파의 기록에서, 요나단은 다윗에게 계승을 확신시켰고 자신의 아버지가 이것이 현실이 될 것임을 안다는 사실을 흘려 보냈다. 이제 사울은 이 놀라운 진술을 자신의 것으로 만들었다. 그는 단지 다윗이 훗날 사울의 후손들을 몰살하지 말도록 맹세할 것을 요청했을 뿐이다. 다윗은 요나단의 아들 므립바알(므비보셋)을 왕궁의 보호 아래 둠으로써 이 약속을 성취했다(삼하 9장). 비록 사울의 기브온 후손들에 대한 다윗의 취급은 그의 성격의 다른 측면을 보여 주었지만 말이다. 드고아의 지혜로운 여인과 같이(삼하 14:7), 사울은 이제 단지 한 가지 희망, 즉 자신의 가족이 어떠하든지 생존하기를 바라는 희망만을 품을 뿐이다.

23 [영역본. 22] 사울의 가족을 죽이지 않겠다는 자비로운 맹세를 함으로써 다윗은 그 삽화를 만족스러운 결론으로 끌고 갔다. 왕은 기브아에 있는 자신의 집으로 돌아갔으며, 다윗과 그의 호위대는 요새로 올라갔다. 만일 이것이 아둘람으로 확인된다면(참조. 22:1), 그들은 실제로 "올라간" 셈이다. 해발 680피트에 있는 엔게디를 떠나 3,040피트의 헤브론을 통과해서, 그들은 1,160피트의 아둘람에 도착했을 것이다.

해설

HDR은 왜 다윗이 사울을 대체했는지를 보여 주고 이스라엘의 초대 왕과 두 번째 왕 사이의 갈등에 대한 적절한 관점을 부여하려는 의도를 가진다. 사람들의 재촉과 여호와께서 주신 유리한 기회에도 불구하고, 다윗은 사울이 여호와의 기름부음 받은 자이기 때문에 그에게 폭력의 손을 대기를 거절했다. 의심할 바 없이 이 이야기의 의도는 사울 본인을(삼하 1장) 또는 나아가 다윗의 또 다른 왕족 경쟁자인 이스보셋도(삼하 4장) 해치지 않았다는 다윗의 주장을 훨씬 더 신뢰할 수 있게 만들려는 것이었다. 역시 나중의 이 두 경우에서도 다윗은 여호와의 의로운 기름부음 받은 자를 해친다는 관념에서 비롯된 민감한 반응을 보인다.

두 주인공의 발언은 이야기의 의미를 전달해 준다. 다윗은 무력으로 사울에게서 왕좌를 찬탈하려 했는가? 아니다. 다윗은 어떠한 반역적 의도를 품지 않아 무고하다. 다윗은 사울의 옷자락만을 자름으로써 자신의 무고함을 보여 주었다. 한편, 사울은 진정한 악인으로 나타난다. 비록 다윗이 죽은 개에 붙은 벼룩 한 마리만큼 하찮았을지라도, 사울은 5대 1의 수적 우세를 가지고 그를 추적했으며 엄청난 군사력을 동원해 그 무고한 베들레헴 사람을 사냥했다. 다윗은 반복적으로 그리고 자신감을 가지고 그 문제를 결판내 달라고 요청했다. 전임자에 대한 그의 충성은 의심받아선 안 된다. 다윗의 말을 보면 사울은 "나의 주님", "이스라엘의 왕"이며, 의미심장하게 "나의 아버지"였다.

사울은 다윗의 변론으로 억누를 수 없는 감정에 사로잡힌 것으로 묘사된다. 그는 즉시 다윗이 무고하며 자신이 죄를 범했다고 동의했다. 다윗은 하나님께 판결해 달라고 요청했는데, 사울은 그 하나님께 다윗이 행한 모든 선한 일에 대해 보답해 달라고 요청했다. 눈에 보이는 후회나 변명 없이 왕은 다윗의 왕권의 필연성을 확언했다. 주권을 잡고 있는 기름부음 받은 자가 은밀히 기름부음 받았던 자의 합법성을 확언한 것이다. 반역죄에 대해 어떠한 비난도 없었고, 오히려 사울의 끈질긴 추적의 부당성에 대한 솔직한 인정이 있었다. 사울은 다윗에게서 어떠한 정치적인 호의를 구하거나, 나아가 요나단에게 이 인자의 자리를 주도록 제안하지도 않았다(참조. 23:17). 단지 그가 구한 것은 단지 자신의 가문이 생존하게 해달라는 것이었다. 다윗이 후대에 므립바알(므비보셋)에게 베푼 친절로 인해 이러한 사울의 요구는 다윗의 훌륭한 명망 쌓기에 일조했다.

30. 다윗과 아비가일(25:1-44)

참고문헌

Driver, G. R. "A Lost Colloquialism in the Old Testament(I Samuel xxv.6)." *JTS* 8(1957) 272-73. **Gordon, Robert P.** "David's Rise and Saul's Demise." See *Bibliography* at chap. 24. **Levenson, J. D.** "I Samuel 25 as Literature and as History." *CBQ* 40(1978) 11-28. ______. "I Samuel 25 as Literature and History." *Literary Interpretations of Biblical Narratives.* Volume II. Ed. K. R. R. Gros Louis. Nashville: Abingdon, 1982. 220-42. ______ and **B. Halpern.** "The Political Import of David's Marriages." *JBL* 99(1980) 507-18.

본 문

1 사무엘이 죽으매 온 이스라엘 무리가 모여 그를 애곡하며 라마 그의 집에서 그를 장사한지라 다윗이 일어나 바란 광야로 내려가니라

1 Samuel died, and all Israel came together to mourn for him and to bury him in his homeland at Ramah. David rose and went down to the wilderness of Maon.[a]

2 마온에 한 사람이 있는데 그 업이 갈멜에 있고 심히 부하여 양이 삼천이요 염소가 일천이므로 그가 갈멜에서 그 양털을 깎고 있었으니

2 There was a man at Maon, whose business was in Carmel. He was a very rich man who owned three thousand sheep and one thousand goats. At this time he was shearing his sheep in Carmel.

3 그 사람의 이름은 나발이요 그 아내의 이름은 아비가일이라 그 여자는 총명하고 용모가 아름다우나 남자는 완고하고 행사가 악하며 그는 갈멜 족속이었더라

3 The man's name was Nabal and his wife's name was Abigail. The woman had outstanding insight and was beautiful in appearance, but the man was harsh and his deeds were evil. He was a Calebite.[a]

4 다윗이 광야에 있어서 나발이 자기 양털을 깎는다 함을 들은지라

4 When David heard in the wilderness that Nabal was shearing his sheep,

5 다윗이 이에 열 소년을 보내며 그 소년들에게 이르되 너희는 갈멜로 올라가 나발에게 이르러 내 이름으로 그에게 문안하고

5 he sent ten young men, instructing[a] the young men as follows: "Go up to Carmel, and when you have come to Nabal, ask him in my name for peace.

6 이같이 그 부하게 사는 자에게 이르기를 너는 평강하라 네 집도 평강하라 네 소유의 모든 것도 평강하라

6 Say thus [a]to my brother,[a] 'Peace to you, peace to your house, and peace to everything you own!

7 네게 양털 깎는 자들이 있다 함을 이제 내가 들었노라 네 목자들이 우리와 함께 있었으나 우리

7 Now I have heard that you are shearing. Furthermore, when some of your shepherds were

가 그들을 상치 아니하였고 그들이 갈멜에 있는 동안에 그들의 것을 하나도 잃지 아니하였나니

with us[a] we did not harm them nor was anything of theirs missing during the entire time they were in Carmel.

8 네 소년들에게 물으면 그들이 네게 고하리라 그런즉 내 소년들로 네게 은혜를 얻게 하라 우리가 좋은 날에 왔은즉 네 손에 있는 대로 네 종들과 네 아들 다윗에게 주기를 원하노라 하더라 하라

8 Ask your young men, and they will tell you. May the young men find favor in your eyes since we have come on a special day. Give whatever is available[a] to your son David."

9 다윗의 소년들이 가서 다윗의 이름으로 이 모든 말을 나발에게 고하기를 마치매

9 When the young men[a] came they spoke all these words to Nabal in the name of David, but [b]he reacted arrogantly,[b]

10 나발이 다윗의 사환들에게 대답하여 가로되 다윗은 누구며 이새의 아들은 누구뇨 근일에 각기 주인에게서 억지로 떠나는 종이 많도다

10 Nabal asked David's servants, "Who is David and who is Jesse's son? These days many are the slaves who break away from their masters.

11 내가 어찌 내 떡과 물과 내 양털 깎는 자를 위하여 잡은 고기를 가져 어디로서인지 알지도 못하는 자들에게 주겠느냐 한지라

11 Should I take my bread, my wine,[a] and my meat which I have slaughtered for [b]my shearers,[b] and give it to men whose place of origin I do not know?"

12 이에 다윗의 소년들이 돌이켜 자기 길로 행하여 돌아와서 이 모든 말로 그에게 고하매

12 David's young men turned back on their way. After their return they came and told him all these words.

13 다윗이 자기 사람들에게 이르되 너희는 각기 칼을 차라 각기 칼을 차매 다윗도 자기 칼을 차고 사백명 가량은 데리고 올라가고 이백 명은 소유물 곁에 있게 하니라

13 David ordered his men, "Each one of you, gird on his sword." Each one girded on his sword, and David girded on his sword. About four hundred men went up after David while two hundred stayed with the gear.

14 소년 중 하나가 나발의 아내 아비가일에게 고하여 가로되 다윗이 우리 주인에게 문안하러 광야에서 사자들을 보내었거늘 주인이 그들을 수욕하였나이다

14 One[a] of the young men said to Abigail, the wife of Nabal, "David sent messengers from the wilderness to greet our master, but he flew off the handle at them.

15 우리가 들에 있어 그들과 상종할 동안에 그 사람들이 우리를 매우 선대하였으므로 우리가 상하거나 잃은 것이 없었으니

15 The men were very good to us and did not harm us, nor did we lose anything all the time we stayed with them when we were in the field.

16 우리가 양을 지키는 동안에 그들이 우리와 함께 있어 밤낮 우리에게 담이 되었음이라

16 They were a wall of protection to us night and day for the entire time we were with them, shepherding the sheep.

17 그런즉 이제 당신은 어떻게 할 것을 알아 생각하실지니 이는 다윗이 우리 주인과 주인의 온 집을 해하기로 결정하였음이니이다 주인은 불량한 사람이라 더불어 말할 수 없나이다

17 Now, know and see what you will do for evil is planned against our master and his whole house. Yet he is such a good-for-nothing that a person cannot talk to him."

18 아비가일이 급히 떡 이백 덩이와 포도주 두 가죽 부대와 잡아 준비한 양 다섯과 볶은 곡식 다섯 세아와 건포도 백 송이와 무화과 뭉치 이백을 취하여 나귀들에게 싣고

18 Abigail quickly took two hundred loaves of bread, two skins of wine, five dressed sheep, five seahs of roasted grain, one hundred[a] (clusters of) raisins, and two hundred fig cakes and put them on donkeys.

19 소년들에게 이르되 내 앞서 가라 나는 너희 뒤에 가리라 하고 그 남편 나발에게는 고하지 아니하니라

19 She instructed her young men, "Pass on in front of me while I come after you." She did not say a word to her husband.[a]

20 아비가일이 나귀를 타고 산 유벽한 곳으로 좇아 내려가더니 다윗과 그의 사람들이 자기에게로 마주 내려오는 것을 만나니라

20 Riding on her donkey, she went down under cover of the mountain. Just then David and his men were coming down toward her, and she met them.

21 다윗이 이미 말하기를 내가 이 자의 소유물을 광야에서 지켜 그 모든 것을 하나도 손실이 없게 한 것이 진실로 허사라 그가 악으로 나의 선을 갚는도다

21 David had thought, "I guarded everything that belonged to him in the wilderness for nothing, and there was never anything missing from all which belonged to him. But he has returned to me evil for good.

22 내가 그에게 속한 모든 것 중 한 남자라도 아침까지 남겨두면 하나님은 다윗에게 벌을 내리시고 또 내리시기를 원하노라 하였더라

22 May God do thus to David[a] and more also, if I leave until morning anyone of his men who pisses against a wall!"

23 아비가일이 다윗을 보고 급히 나귀에서 내려 다윗의 앞에 엎드려 그 얼굴을 땅에 대니라

23 Abigail saw David and quickly got down off her donkey and fell [a]before David on her face[a] and prostrated herself on the ground[b] at his feet.

24 그가 다윗의 발에 엎드려 가로되 내 주여 청컨대 이 죄악을 나 곧 내게로 돌리시고 여종으로 주의 귀에 말하게 하시고 이 여종의 말을 들으소서

24 "On me,[a] my lord, be the guilt," she said. "Let your handmaid speak to you, listen to the words of your handmaid.

25 원하옵나니 내 주는 이 불량한 사람 나발을 개의치 마옵소서 그 이름이 그에게 적당하니 그 이름이 나발이라 그는 미련한 자니이다 여종은 내 주의 보내신 소년들을 보지 못하였나이다

25 Let not my lord set his heart against this good-for-nothing man,[a] for like his name so he is; his name is Nabal('Fool'), and there is folly in him. I, your handmaid, did not see my lord's men whom you sent.

26 내 주여 여호와께서 사시고 내 주도 살아계시거니와 내 주의 손으로 피를 흘려 친히 보수하시는 일을 여호와께서 막으셨으니 내 주의 원수들과 내 주를 해하려 하는 자들은 나발과 같이 되기를 원하나이다

26 Now, my lord, as Yahweh lives and as you live, [a]just as[a] Yahweh has restrained you from getting involved in bloodguilt and from getting victory for yourself by your own hand, may your enemies and those who seek evil for my lord be like Nabal.

27 여종이 내 주에게 가져온 이 예물로 내 주를 좇는 이 소년들에게 주게 하시고

27 And now, let this present, which your maid servant has brought[a] to my lord, be given to the young men who Walk at the heels of my lord.

28 주의 여종의 허물을 사하여 주옵소서 여호와께서 반드시 내 주를 위하여 든든한 집을 세우시리니 이는 내 주께서 여호와의 싸움을 싸우심이요 내 주의 일생에 내 주에게서 악한 일을 찾을 수 없음이니이다
29 사람이 일어나서 내 주를 쫓아 내 주의 생명을 찾을지라도 내 주의 생명은 내 주의 하나님 여호와와 함께 생명싸개 속에 싸였을 것이요 내 주의 원수들의 생명은 물매로 던지듯 여호와께서 그것을 던지시리이다
30 여호와께서 내 주에 대하여 하신 말씀대로 모든 선을 내 주에게 행하사 내 주를 이스라엘의 지도자로 세우신 때에

31 내 주께서 무죄한 피를 흘리셨다든지 내 주께서 친히 보수하셨다든지 함을 인하여 슬퍼하실 것도 없고 내 주의 마음에 걸리는 것도 없으시리니 다만 여호와께서 내 주를 후대하신 때에 원컨대 내 주의 여종을 생각하소서
32 다윗이 아비가일에게 이르되 오늘날 너를 보내어 나를 영접케 하신 이스라엘의 하나님 여호와를 찬송할지로다
33 또 네 지혜를 칭찬할지며 또 네게 복이 있을지로다 오늘날 내가 피를 흘릴 것과 친히 보수하는 것을 네가 막았느니라

34 나를 막아 너를 해하지 않게 하신 이스라엘의 하나님 여호와의 사심으로 맹세하노니 네가 급히 와서 나를 영접지 아니하였더면 밝는 아침에는 과연 나발에게 한 남자도 남겨두지 아니하였으리라
35 다윗이 그가 가져온 것을 그의 손에서 받고 그에게 이르되 네 집으로 평안히 올라가라 내가 네 말을 듣고 네 청을 허락하노라

36 아비가일이 나발에게로 돌아오니 그가 왕의 잔치 같은 잔치를 그집에 배설하고 대취하여 마음에 기뻐하므로 아비가일이 밝는 아침까지는 다소간 말하지 아니하다가

28 Forgive the persistence of your handmaid for Yahweh will indeed make for my lord a sure house because my lord is fighting the wars of Yahweh, and evil has not been found in you [a]all the days that you lived since your birth.[a]
29 If a man rises[a] up to pursue you and to seek your life, the life of my lord will be bound up in the bundle of the living in the care of Yahweh your God, but the life of your enemies he will throw out as from the midst of the hollow of a sling.
30 When Yahweh does to my lord according to everything he promised –[a][the good][a] – concerning you, and when he has appointed you as prince over Israel,
31 may there not be for you a cause of tottering or stumbling,[a] [b]for having poured out blood for no reason or for my lord's hand obtaining his own victory. May Yahweh treat my lord well and remember your handmaid."
32 David replied to Abigail, "Blessed be Yahweh the God of Israel, who sent you to meet me.[a]

33 Blessed be your discretion and blessed be you because you have kept me today from getting involved in bloodguilt and from my own hand winning my own victory.
34 On the other hand, as Yahweh the God of Israel lives, who restrained me from doing evil to you, if you had not quickly come to meet me, there would not have been left for Nabal until the light of morning one man to piss against the wall."
35 David received from her hand everything which she had brought him, and he said to her, "Go in peace to your house. Look, I have obeyed your voice and reacted favorably to you."
36 Abigail came to Nabal, who had a banquet in his house like the banquet of a[a] king, and the heart of Nabal was merry; he was very drunk. She did not tell him a thing, little or big, until the light of morning.

37 아침에 나발이 포도주가 깬 후에 그 아내가 그에게 이 일을 고하매 그가 낙담하여 몸이 돌과 같이 되었더니
38 한 열흘 후에 여호와께서 나발을 치시매 그가 죽으니라
39 다윗이 나발의 죽었다 함을 듣고 가로되 나발에게 당한 나의 욕을 신설하사 종으로 악한 일을 하지 않게 하신 여호와를 찬송할지로다 여호와께서 나발의 악행을 그 머리에 돌리셨도다 하니라 다윗이 아비가일로 자기 아내를 삼으려고 보내어 그에게 말하게 하매
40 다윗의 사환들이 갈멜에 가서 아비가일에게 이르러 그에게 일러 가로되 다윗이 당신을 아내로 삼고자 하여 우리를 당신께 보내더이다
41 그가 일어나 몸을 굽혀 얼굴을 땅에 대고 가로되 내 주의 여종은 내 주의 사환들의 발 씻길 종이니이다 하고
42 급히 일어나서 나귀를 타고 따르는 처녀 다섯과 함께 다윗의 사자들을 따라가서 다윗의 아내가 되니라
43 다윗이 또 이스르엘 아히노암을 취하였더니 그들 두 사람이 자기 아내가 되니라
44 사울이 그 딸 다윗의 아내 미갈을 갈림에 사는 라이스의 아들 발디에게 주었더라

37 But in the morning, when the wine had drained out of Nabal, his wife told him these things and his heart died inside him and it became like a rock.
38 About ten days later, Yahweh smote Nabal and he died.
39 When David heard,[a] he said, "Blessed be Yahweh who has pleaded the cause of my reproach at the hand of Nabal and has hem back his servant from evil. Yahweh has brought back the wickedness of Nabal on his head." Then David sent and spoke to Abigail to get her for himself as a wife.
40 David's servants came to Abigail at Carmel, and they reported to her, "David sent us to you to get you for him as a wife."
41 She rose and prostrated herself with her face to the ground, saying, "Your handmaid is a servant to wash the [a]feet of my lord's servants.[a]"
42 Quickly Abigail rose and rode on her donkey [a]with her five young women walking[a] at her heels. She followed the messengers of David and became his wife.
43 David had taken Ahinoam from Jezreel, and the two of them became his wives.
44 But Saul gave Michal his daughter, the wife of David, to Palti, the son of Laish, who hailed from Gallim.

원문주해

1.a. 70인경(LXX); 마소라 본문(MT): 파란(Paran; MR 018792). 참조. 창 21:21; 민 10:12; 12:16; 13:3, 26. 파란은 남부 시나이 반도에 위치한 장소로 이 문맥에 있는 다른 장소들보다 훨씬 먼 남쪽에 있다.

3.a. 케레(*Qere*), 탈굼역(Targ), 라틴 벌게이트(Vulg), 스미스(Smith); 케팁(*Kethib*): "그는 그의 마음과 같았다."

5.a. 70인경(LXX): "그리고 그는 말했다"; 마소라 본문(MT): "그리고 다윗이 말했다."

6.a.-a. 라틴 벌게이트(Vulg)를 따르는 벨하우젠이 그렇다.

7.a. 마소라 본문(MT); 70인경(LXX)은 "광야에서 그리고"를 추가해서 21절과 조화를 이룬다.

8.a. 70인경 바티칸 사본(LXX[B]): 마소라 본문(MT)은 "너의 종들에게 그리고"를 추가한다.

9.a. 70인경(LXX): 마소라 본문(MT)은 "다윗의"를 추가한다.

9.b.-b. 봐이프하츠(ויפהץ), 참조. 70인경(LXX)과 덧붙여 20:34에 대한 4QSam[b]와 70인경(McCarter): 마소라 본문(MT): 봐야누후(וינוחו, "그들이 쉬었다").

11.a. 70인경(LXX): 마소라 본문(MT): "물."

11.b.-b. 마소라 본문(MT): 4Q 70인경(LXX): "나의 양들의 털 깎는 사람."

14.a. 70인경(LXX): 마소라 본문(MT)은 "젊은이"를 추가한다.

18.a. 마소라 본문(MT): 70인경(LXX): "호멜." 참조. 삼상 30:12, 두 송이의 건포도; 삼하 16:1, 백 송이의 건포도.

19.a. 70인경(LXX): 마소라 본문(MT)은 "나발"을 추가한다.

22.a. 70인경(LXX): 마소라 본문(MT): "다윗의 대적들." 더 오래된 독법은 다윗이 자신에 대한 저주를 불러일으키는 것을 피하려는 시도다.

23.a.-a. 참조. 70인경(LXX), 벨하우젠, 드라이버; 마소라 본문(MT): 레아페이 다뷔드 알 파네이하(לאפי דוד על פניה).

23.b. 본문 수정판(*Sebir*) 아르좌(ארצה); 마소라 본문(MT)은 24절의 서두에 봐티폴(ותפל, "그리고 그녀가 엎드렸다")을 추가한다. 이 동사는 70인경(LXX)에는 없다.

24.a. 70인경(LXX): 마소라 본문(MT)은 잘못된 중복오사인 아니(אני)를 추가한다.

25.a. 70인경(LXX): 마소라 본문(MT)은 알 나발(על נבל)을 추가한다.

26.a.-a. 카아파르(כאשר, McCarter): 마소라 본문(MT): 아쉐르(אשר). 자음 카프(kaph, כ)가 중자탈락으로 사라졌다.

27.a. 3인칭 여성 단수로 읽으라; 마소라 본문(MT): 3인칭 남성 단수.

28.a.-a. 드라이버의 의역; 마소라 본문(MT) "너의 날들로부터."

29.a. 벨하우젠, 부데(Budde) 등의 사람을 따라 붸캄(וקם)으로 읽으라; 마소라 본문(MT): 봐야콤(ויקם, "그리고 그가 일어섰다").

30.a.-a. 잘 파악되었지만, 이 표현은 아마도 부연설명이다(Driver).

31.a. 참조. 70인경(LXX) 4QSam[e]; 마소라 본문(MT)은 "마음의"를 추가한다.

31.b. 70인경(LXX): 마소라 본문(MT)은 "그리고"를 추가한다.

32.a. 70인경(LXX): 마소라 본문(MT)은 "이 날에"를 추가한다.

36.a. 70인경(LXX): 마소라 본문(MT) "그"(the).

39.a. 70인경(LXX): 마소라 본문(MT)은 "나발이 죽었다"를 추가한다.

41.a.-a. 마소라 본문(MT): 70인경(LXX): "당신의 종의 발."

42.a. 참조. *BHK*; 마소라 본문(MT): "그리고 걷던 그녀의 다섯 처녀." 따라서 전체 문장은 이렇게 읽는다: "재빨리 아비가일과 그녀의 발꿈치에서 걷던 다섯 처녀가 일어나

그녀의 나귀에 탔다." 마소라 본문(MT)은 나귀에 여섯 여자가 탄 것이다!

양식/구조/배경

이 장의 사건들은 다윗이 사울의 생명을 취하지 않았던 24장과 26장에 있는 병행 전승들에 의해 둘러싸여 있다. 이 단원의 도입부를 결정하기 어려운 유일한 난점은 사무엘의 죽음에 대한 고립된 언급에 의해 주어진다(1절).

요약. 사무엘의 죽음 후에(1a절), 다윗은 유다 광야에서 나발과 아비가일을 만났다. 아비가일은 아름답고 슬기로웠으나, 나발은 매우 부유했음에도 불구하고 완고하고 악했다(1b-3절). 다윗은 나발에게 인사차 파견단을 보내 그에게 자신이 나발의 목자들을 보호해 준 대가로 식량을 요청했다(4-8절). 나발은 이 요구를 묵살하면서 그것을 반역한 노예의 요구로 취급했는데, 이로 인해 다윗과 그의 400명의 사람들은 나발과의 전투를 위해 무장하게 되었다(9-13절). 나발의 소년들은 다윗이 자신들에게 선을 베풀었음에도 불구하고 나발이 그를 얼마나 잘못 대우했는지를 아비가일에게 알렸다. 그들은 임박한 위험과, 자신들의 불량한 주인과 대화가 불가능하다는 사실을 알렸다(14-17절). 남편에게 말하지 않고, 아비가일은 다윗을 달래기 위해 선물로 많은 식량을 가지고 출발했다(18-20절). 다윗은 이미 나발의 무례함 때문에 그에 대한 복수를 공언한 상태였다(21-22절). 아비가일은 공손히 다윗에게 그녀의 어리석은 남편을 해치지 말라고 요구했다. 그녀는 여호와께서 피 흘림의 죄로부터 어떻게 다윗을 구해 주셨는지를 지적하면서 다윗을 대적하는 모든 자들이 나발과 같이 되기를 바라는 소원을 표명했다. 그녀는 선물을 내놓으면서 다윗을 위한 견고한 왕조와 모든 적들로부터의 보호를 예언했다. 그녀는 다윗에게 피 흘림의 죄가 그의 왕권에 위험 요소가 된다고 경고했으며, 그에게 자신을 기억해 달라고 요청했다(23-31절). 다윗은 오로지 그녀의 지혜로운 행위로 인해 자신이 나발의 가문을 파멸시키지 않게 되었다고 인정했다. 그는 그녀의 선물을 받아들인 뒤 그녀를 집으로 돌려보냈다(32-35절). 아비가일은 나발이 술에서 깨기를 아침이 될 때까지 기다린 다음 무슨 일이 일어났었는지를 전해 주었다. 그의 마음(한글 개역: 몸)은 돌이 되었으며, 그는 열흘 뒤에 죽었다(36-38절). 다윗은 하나님께서 자신이 폭력적 행위를 못하도록 막아 주신 것과 나발에게 공의가 이루어진 것을 본 것으로 인해 그분을 찬양했다. 그는 아비가일에게 사자를 보내 그녀가 자신의 아내가 될 것을 요청했으며, 그녀는 즉시 그 제안을 받아들였다(39-42절). 다윗은 또한 아히노암과 결혼했으나, 사울은 미갈을 다른 사람에게 주었다(43-44절).

레벤슨(Levenson)에 의한 최근의 세 가지 연구는 이 장의 문학적 특징을 돋보이게 해주었으며, 어떻게 아비가일과 나발이 각각 지혜와 미련함을 대표하는지를 보여 주었다. 다윗, 나발, 아비가일, 나발의 종들 그리고 다윗의 사자들의 말들은 해설자가 지혜와 미련함의 주제를 길게 다루고 아비가일과 다윗이 가치를 강조할 기회를 충분히 마련해 준다. "주석" 단원에 있는 많은 내용들은 레벤슨의 연구에 의존해 있다.

사울이 미갈을 다른 사람에게 주는 일에 대한 언급을 제외하면, 그 왕은 이 장에서 나타나지 않는다. 그 대신 우리는 다윗이 어떻게 은사를 받은 한 여자, 즉 세력가인 나발의 과부와 결혼하게 되었는지 듣는다. 다윗의 위협이 있고 난 이후의 나발의 죽음과 뒤이은 다윗과 아비가일과의 결혼에 대해 어떠한 의심이 있다 하더라도, 그것은 나발의 어리석음과 아비가일의 영웅적 행위들에 의해 묵살되고 만다. 그녀는 남편이 자초한 위험을 제거하고 다윗이 폭력 행위를 못하도록 예방조치를 취했던 것이다. 다윗과 아비가일의 결혼(참조. 27:3; 30:5; 삼하 2:2; 3:3; 대상 3:1)은 유다와 갈렙 족속의 중요한 연결 고리를 제공하며, 독자들에게 갈렙 영토의 수도인 헤브론에서 다윗의 기름부음을 준비시킨다. 다윗과 이즈르엘의 아히노암의 결혼은 추가적인 유다의 지지를 시사한다. 레벤슨이 이즈르엘의 아히노암을 아히마아스의 딸이요 사울의 아내인 아히노암(14:50)과 동일시하는 것이 정확한지는 의심스럽다. 레벤슨은 나아가 사울이 죽기 전에 다윗이 헤브론에서 5년 반 동안 왕좌에 올랐다고 주장한다. 그러나 성경의 명백한 증거에 의하면, 사울은 다윗이 헤브론에서 왕이 되기 전에 죽었다. 성경은 사울의 아내와의 불순한 관계에 대해 침묵했던 것일까?

26절은 다윗이 이미 폭력을 제지받았으며 나발이 죽었다는 것을 전제하는 것처럼 보인다. 그러므로 맥카터는 그것을 41절과 42절 사이의 위치로 이동시킨다. 그렇지만 26절의 어색한 위치는 베이욜라의 제안에 의해 더 잘 설명된다. 그의 제안은 21-22, 23b, 24b-26, 28-34절 그리고 39a절이 Dtr의 손에서 나왔다는 것이다(참조. *Ewige Dynastie*, 47-55). 그 역사가가 자신의 해석을 추가했기 때문에 돌연히 26절의 연대기적 문제가 발생한 것이다. 이 추가적인 구절들에 있는 다윗의 무고함에 대한 강조, 그리고 그의 미래의 왕권과 다윗의 적들의 몰락에 대한 강조는 신명기 학파적 편집에서 전형적이다. 베이욜라는 방대한 양의 어휘를 신명기 학파의 것으로 확인한다: "하나님께서 X에게 그렇게, 또한 그 이상을 행하시기를 원하노라"(So may God do thus to X and more also; 삼상 25:22이며 한글 개역은 벌을 내리시고 또

내리시기를 원하노라-역자주), "벽에 오줌 누는 사람들"(삼상 25:22, 34이며 이것의 히브리어 마쉬틴 베키르를 한글 개역과 대부분의 영어 역본에서는 단순하게 "남자"로 번역했다-역자주), "분명한 집", "귀인", "…하시는 여호와는 복되도다" 등등. 자세한 내용은 "주석"을 보라. 우리가 이 장을 신명기 학파 역사의 일부로 이해하고 있으며 HDR로서의 그것의 본래 의미를 재구성하려는 시도를 하고 있지 않기 때문에, 정확히 어느 구절들이 그 역사가가 쓴 것이고 어느 것이 더 오래된 문서에 속하느냐에 대한 여러 가지 견해 차이는 그렇게 중요한 것은 아니다. 맥카터는 28-31절이 최초의 혹은 요시아 때의(Josianic) Dtr의 편집의 일부인 것으로 간주한다.

주석

[1]a 19:22에서 마지막으로 언급된 사무엘이 죽었으며, 그렇게 해서 다윗은 아주 중요한 신학적 후원자를 잃었다. 그의 죽음은 28장에 있는 사울과 엔돌의 무녀와의 만남을 위한 필수적인 전제조건이다. 사무엘의 엄청난 중요성은 고향에서(아마 문자적으로 그의 집이 아니다!) 가진 그의 장례에서 온 이스라엘의 애곡으로 증명된다. 사무엘이 항상 되돌아간 중심지(7:17) 라마의 위치에 대해서는 사무엘상 1:1에 대한 "주석"을 보라.

[1]b-[3] 다윗의 여정은 마온의 광야에 이르렀다(23:24, 25절). 마온 성읍에는 매우 부유한 사람이 한 명 살고 있었는데, 그는 갈멜(기르벳 엘-키르밀[Khirbet el-Kirmil]; MR 162092)에서 가축을 기르고 있었다. 갈멜(Carmel)은 마온 북부 약 1마일 지점에 있다. 그 곳은 사무엘상 15:12에서 마지막으로 언급되었는데, 사울이 아말렉 족속에 대한 자신의 승리를 기념하기 위해 거기에 기둥을 세웠을 때였다. 비록 그 곳이 유대 지역이었으며(참조. 수 15:55) 또한 사울의 유다 통치는 아무리 살펴도 모호했지만, 해설자는 우리로 하여금 사울이 이 성읍에서 알려져 있고 존경을 받았을 것이라는 추측을 하게 만든다. 고든(Gordon)은 나발이 많은 상징적인 방식으로 사울을 대리한다고 믿는다. 어쨌든 나발은 엄청난(문자적으로는 "큰"; 참조. 왕하 4:8) 부자였으며, 그의 부는 심지어 그의 이름이 드러나기도 전에 열거된다. 비교를 해보자면, 꾸며낸 욥의 사례를 살피면 양이 칠천, 약대가 삼천, 소가 오백 겨리, 암나귀가 오백이었다(욥 1:3). 해설자가 우리에게 이 부자가 바로 이 순간에 갈멜에서 양털을 깎고 있었다고 말해 줄 때, 배경 무대는 더욱 확장된다. 나발이란

이름은 히브리어로 "어리석은"을 의미하는데, 이것은 이어지는 이야기에서 나타나는 그의 성격에 잘 부합한다. 어떤 사람도 그들의 자녀에게 그런 경멸적인 의미를 지닌 이름을 붙였을 것 같지 않기 때문에, 어떤 학자들은(예를 들어, Levenson *CBQ* 40[1978] 14) 그의 본래의 이름이 이와 같은 적절한 상징적 이름으로 대체되었을 것이라고 믿는다. 한편, 바르(Barr)는 나발이 그 사람의 본래의 이름이지만, 그것이 덜 경멸적인 의미를 가졌었다고 제안한다. 동족어들에 근거해서, 그가 제시하는 어원학적 의미는 "불꽃", "보내어진", "고귀한" 혹은 "능숙한"이다. 나발의 우둔함은 전형적인 미련한 자의 그것에 상응한다. 그들은 미련한 것을 말하고 악을 공모하며 굶주리거나 목말라하는 사람들에게 먹을 것과 마실 것을 주지 않는다(사 32:5-8; 잠 16:21; Levenson, Ibid). 아비가일은 자신의 남편과 정반대였다. 그녀의 이름은 "나의 (신적인) 아버지가 기뻐하신다"와 비슷한 의미이며, 그녀는 아름다운 외모를 지닌(참조. 16:11-12에 있는 다윗) 지적인 여자였다. 나발은 성격이 완고하고 행동은 악했다. 케팁(*Kethib*)을 따르자면, 그는 자신의 마음과 같았다. 레벤슨은 잘 알려진 시편 구절인 "어리석은 자는 그 마음에 이르기를 하나님이 없다 하도다"(시 14:1//53:1)에 주의를 집중시킨다. 만일 우리가 번역한 대로 케레(*Qere*)를 따른다면, 나발은 갈렙 사람이었다. 갈렙 족속의 시조가 된 조상 갈렙은 정탐 사건에서 충실한 사람이었다. 그 결과 그는 자신이 직접 정복한 헤브론 정 중앙의 영토를 약속받았다(민 15:13-14; 신 1:22-36; 수 14:6-15). 헤브론 성읍(엘-가릴[el-Khalil]; MR 160103)은 마온 북쪽 약 8마일 지점에 있었다. 이 저명한 갈렙 가문과의 다윗의 마지막 결혼(42절; 참조. 삼상 27:3; 30:5; 대상 3:1)은 어떻게 그가 사울의 죽음 이후에 헤브론에서 기름부음을 받기에 충분한 정치적 힘을 지니게 되었는지를 규명하는 데 도움을 준다(삼하 2:2).

[4]-[8] 다윗은 나발이 양털을 깎는 지역에 있다는 소식을 듣고 자신이 과거에 베푼 호의에 대한 보답으로 나발에게서 식량을 받아내도록 한 사자들을 보냈다. 그의 10명의 파견단(a minyan?, 이 용어는 유대 종교에서 사용되는 용어로 공적 예배를 수행하기 위해 필요한 정족수를 의미한다 – 역자주)은 상세하고 격식을 갖춘 의전을 수행했다. 다윗은 나발을 "나의 형제"로 부르면서(6절, 그러나 6.a.-a.를 보라), 그 사람과 그의 전 가족에게, 또한 그가 가진 모든 것에 평강이 있기를 빌었다. 해설자는 우리로 하여금 다윗이 나발과 그의 가족을 해치거나 결코 그의 풍부한 재산을 감소시키려 하지 않았다는 것을 이해하기를 원한다. 어떤 의미에서 다윗은 예전의 보호에 대한 대가를 요구한 셈이었다. 나발의 목자들은 다윗과 연합한 전 기간 동안

에 자신들의 소유 중 어떤 것도 해를 입거나 잃지 않았다. 나발은 자신의 소년들에게 물어보도록 요구받았는데, 그들이 나발에게 다윗의 친절을 알려 주어 다윗의 소년들은 호의적인 대접을 받게 될 것이다. 다윗의 친위대는 특별한 날에 왔으며(먹고 마시기에 좋은 날, McCarter; 혹은 축제일, 에 8:17; 9:19, 22), 사절단이 나발에게 요청한 것은 단지 당장에 필요한 것을 달라는 것뿐이었다(삼상 10:7). 사절단은 나발의 "아들"의 이름으로 정중한 요구를 했다(참조. 24:16; 26:17, 21, 25. 이 구절들에서 사울은 다윗을 "나의 아들"로 부른다). 다윗이 아들이라고 부른 자신의 호칭(self-designation)은 경외심과 존경을 보여 주었다. 벤하닷이 어떻게 엘리사의 아들로 불리는지를 주목하라(왕하 8:9). 마찬가지로 아하스가 디글랏 빌레셋에게 자신을 그의 아들이라고 불렀다(왕하 16:7). 다윗과 나발의 관계는 다시 한 번 그와 사울의 관계와 비슷하다(Levenson).

[9]-[13] 다윗의 사자들이 납득할 만한 전갈을 전달했을 때, 나발은 부정적으로 반응했다. 비록 여호와께서 사무엘을 통해 다윗에게 기름을 부으셨고, 요나단과 사울이 다윗의 임박한 왕권에 동의했음에도 불구하고(삼상 23:17; 24:2), 나발은 자신이 마치 다윗에 대해 전혀 들은 바가 없는 것처럼 행동했다. "이새의 아들"은 대체로 다윗에 대한 부정적인 설명에서 사용된다(20:27에 열거된 구절들을 보라). 나발은 많은 종들이 그들의 주인들에게 반역을 저지르고 있다는 사실과, 무엇보다도 다윗에게 가담했던 사람들이 그 사회에서 이탈한 불순분자처럼 행동하는 것을 못마땅하게 여겼다(참조. 22:2). 아이러니컬하게도 나발 자신의 종들이 즉시 그에게 불충성스럽게 행동한다! 나발은 수사학적인 질문으로 묻기를, 왜 자신이 일꾼들에게 주려고 했던 떡, 포도주 그리고 고기를 취해서 어느 지방 사람들인지 알 수 없는 이름모를 반역자 무리들에게 주어야 하느냐고 했다. 거절당한 사신들이 돌아오자마자 다윗은 군대를 결집했다. 그와 함께 약 400명의 사람들이 싸우러 떠났고(참조. 삼상 30:9-10, 21-25), 200명은 후방에 남았다. 다윗 사람들의 전체 인원 600명에 대해서는 23:13; 27:2; 30:9을 보라; 사무엘상 22:2은 400명이다.

[14]-[17] 군사적 재앙은 필연적인 것으로 보였다. 다윗은 한 어리석은 자에게 무력을 행사함으로써 그의 명성을 더럽히게 될 것이다. 하나님의 섭리로 나발의 소년들 중 하나가 반역하여 아비가일에게 그녀의 남편 나발에 대한 소식을 알렸다. 나발이 자신에게 인사차 와서 축복을 전한(참조. 5-6절) 사신들을 퉁명스럽게 대우했다는 것이다. 파견단의 화평의 목적을 무시하면서 나발은 "이성을 잃은" 상태였다(참조. 14:32.a.; 15:19). 나발의 사람들은 자신들이 여전히 존경심을 품고 주인으로 불렀

던 사람을 못마땅하게 여겼던 것이 분명하다. 그들은 또한 다윗이 7절에서 주장했던 것을 확증했다: 그들이 다윗과 함께 머무는 동안 아무도 해를 당하지 않았으며, 단 한 명도 잃지 않았다(7절). 다윗의 선행은 그들이 그와 함께 있던 기간 내내 밤낮으로 보호해 준 것이었다(참조. 삼상 19:4). 절박한 심정으로 그들은 아비가일이 어떤 조치를 취해 줄 것을 요청했다. 왜냐하면 그들은 재앙이 자신들의 주인과 전 가족에게 닥치고 있다는 것을 알고 있었기 때문이다. 물론 그들의 두려움은 다윗의 군사적 기백을 암시해 주었다(참조. 삼상 18:7). 나발은 그들에게 합리적인 대화가 불가능한 불량한 사람으로 비쳐졌다(참조. 1:16에 있는 토론). 불량자 나발이 미래의 왕 다윗을 멸시했는데, 그것과 똑같이 어떤 불한당들이 미스바에서 사울이 신적인 제비뽑기로 선택된 후에 그에게 공물 헌납을 거부한 바 있었다(삼상 10:26-27).

18-20 총명한 아비가일은 자신이 무슨 일을 해야 하는지를 알고 그것을 재빨리 행동에 옮겼다(참조. 23, 34, 42절). 나발이 다윗에게 떡과 포도주와 고기를 제공하길 거부한 후, 아비가일은 떡 이백 덩이, 포도주 두 부대 그리고 잡은 양 다섯 마리를 취했다. 가죽(נבלי – 니블리)이란 단어와 나발이란 히브리 단어 사이에는 곁말 놀이가 의도되었는지도 모른다. 덧붙여 그녀는 볶은 밀 혹은 보리 다섯 세아(약 한 부셀, 한글 개역: 되)와 건포도 백 개(송이)와 무화과 뭉치 이 백 개를 취했다(참조. 30:11-12. 여기서는 도망자였던 한 애굽인이 비슷한 음식을 제공받았다). 아비가일은 현명하게도 남편에게 자신이 무슨 일을 계획하고 있는지를 말하지 않았다. 물론 그는 그녀가 가지 못하게 막으려 했을 것이며, 이야기는 너무 빨리 극적인 절정에 도달했을 것이다(참조. 37절에 있는 그녀의 충격). 아비가일의 여행의 시점 또한 완벽했다. 왜냐하면 그녀가 다윗을 만나려고 나귀를 타고 내려가고 있던 바로 그 시간에, 다윗과 그의 사람들이 나발의 소유물을 향해 오고 있었기 때문이다. 그들이 어떻게 서로 알지 못한 채 접근했는지를 묘사한 설명은 23:26과 유사하다.

21-22 해설자(아마도 이 경우 신명기 학파 역사가)가 다윗의 마음에 가득 찬 생각을 기록하기 때문에, 다윗과 아비가일의 만남은 연기된다. 다윗은 자신이 나발의 소유물을 보호해 준 것이 절대적으로 헛된 일이었다고 애석히 여겼다. 실로 나발은 사울의 방식대로(24:18[영역본. 17]) 선을 악으로 갚았던 것이다. 다윗은 나발의 사람들 중에 아침까지 단 한 명도 살아남지 못하게 하리라고 서약을 공언했다(참조. 27:9, 11; 30:17). 베이욜라는 "벽에 오줌을 누는 자들"이라는 모든 천박한

언급들을 다양한 신명기 학파적 작업으로 돌린다(왕상 14:10; 16:11; 21:21; 왕하 9:8). 다윗의 생각들에 대한 이러한 보고는 그의 분노의 정확한 성격과 그것이 나발의 가족에게 얼마나 큰 위험이 되었는지를 강조한다.

23-31 아비가일은 다윗을 찾아내자마자 재빨리 나귀에서 내려 그의 앞에 엎드렸다. 아비가일이 따라왔던 다윗의 사람들과 종들은 어느 곳에도 보이지 않았기에, 그 두 사람은 개인적인 대화를 나눌 기회를 가졌다. 아비가일은 나발에 대한 비난이나(참조. 삼하 14:9), 혹은 맥카터의 말대로 아마도 다윗과의 대화로 인한 비난을 기꺼이 감수할 뜻이 있음을 표명함으로써 감동적인 발언을 시작했다. 그녀는 충성되고 순종적이다(24절에서 "당신의 여종"의 두 번 사용, 그리고 25, 26절에서 다윗을 자신의 주로 두 번 지칭. 이것은 그녀의 종들이 나발을 주로 불렀던 17절과 대비된다). 그렇지만 그녀는 그녀의 남편이 불량자라는 사실에 청년들과 동의했다. 나발은 정확히 그의 이름과 같았다(참조. 라틴 격언 "Nomen est omen" : 이름이 곧 징조다 – 역자주): "바보가 그의 이름이며, 어리석음이 그에게 있다!"(참조. 다시 한 번 사 32:5-6). 아비가일 자신의 무고함은 그대로였다: 그녀 – 당신의 여종! – 는 자신의 주, 다윗이 보낸 사절단을 접견하지 못했던 것이다(25절)!

26절은 이야기의 결론을 예견하는 것으로 보인다. 그래서 맥카터는 그것을 41-42절 사이로 옮긴다. 우리는 그 문제가 Dtr에 의한 첨가들로 인해 발생했다고 생각한다. 그녀의 서약은 여호와의 사심과 다윗의 삶 – 아마도 다가오는 왕실 인물의 징조 – 에 근거해 있다. 다윗의 신뢰를 떨어뜨릴 수 있었던 두 가지 일은 피 흘림의 죄 – 이 경우에 그것은 어떻게든지 정당화될 수 없었던 것으로 보인다 – 와 자신의 승리에 대한 지나친 자랑이었다. 다윗이 24장과 26장에서 사울을 죽일 기회를 과감히 거절한 반면, 나발의 경우에 있어서는 단지 아비가일의 행동으로 인해 다윗은 피 흘림의 죄를 모면하게 되었다. 레벤슨(*CBQ* 40[1978] 23)은 25장에서 다윗의 어두운 측면이 최초로 드러나는 것을 본다. 그것의 결과는 밧세바와 우리야가 연루된 간음과 살인이다(삼하 11-12장). 자신의 손으로 승리를 획득하는 것은 신명기 학파 신학에서 볼 때 하나의 흠이다(참조. 신 20:4; 삿 7:2). 아비가일의 행위는 다윗이 죄를 모면하게 되는 직접적인 원인이지만, 미래의 왕의 완전함을 진정으로 보호하는 자는 여호와 자신이시다. 아비가일은 다윗의 대적들과 그를 해치려고 하는 사람들이 나발과 똑같이 저주를 받게 되기를 기도한다. 이 문맥에서 이러한 대적들 중 한 명은 사울일 것이다(참조. 압살롬의 죽음에서 유사한 저주, 삼하 18:32)! 그녀의 첫 번째 발언의 결론에서 아비가일은 다윗에게 "축복"을, 즉 18절에 언급된 음식물을 주었다. 이러한 축복은 14절에서 다윗이 나발에게 보냈던 축복을 되울린다(참조. 유다의 장로들을 위한 그의 축복, 30:26). 그리고 그것이 그녀의 어리석은 남편의 가혹한 말과 대비된다. 상징적으로 이러한 축복은 미래의 왕을 위한 공물을 나타내는 것으로 보일 것이다. 굶주린 자들을 위해 베푼 그 축복은 다윗의 모든 추종자들의 더할 나위 없는 소원을 표현한다. 다윗 자신은 그 선물을 받아들이지 않았기 때문에 뇌물 수수를 했다는 비난은 받지 않을 수 있었다.

아비가일의 발언은 두 번째 문단을 이루는데, 아마도 그것은 다윗의 미래의 왕권을 보다 뚜렷하게 만드는 Dtr의 것으로 돌려진다(28-31절). 그 현명한 여인은 한 번 더 발언하려고 양해를 구하는 것으로 시작했으나, 그 후 말을 계속하여 여호와께서 다윗에게 견고한 집이라는 선물을 주셨음을 확증했다(참조. 삼하 7:11, 17, 26, 27; 왕상 2:24; 왕상 11:38, 모든 Dtr). 다윗은 여호와의 전쟁을 수행하는 중이었기 때문에(참조. 민 21:14) 왕이 될 만한 자격이 있었다. 해설자는 임박한 다윗과 아말렉 족속의 전쟁을 염두에 두고 있었는지도 모르지만(창 30장), 사울 역시 다윗에게 자신의 딸 메랍과의 결혼을 조건으로 여호와의 전쟁을 수행하라고 요청했었다(삼상 18: 17, 이것은 본문 비평적 관점에서 보면 이차적인 구절이다). 결국 다윗의 평생의 무고함은 그에게 왕이 될 만한 자격을 부여했다.

아비가일은 추측되는 위험으로 인해 마음이 초조했다—누군가가 다윗을 추적하여 그의 생명을 노리고 있는지도 모른다. 다시 한 번 이 문맥으로 인해 즉시 사울이 생각나게 된다. 사울의 다윗 추적은 24:15(영역본. 14)과 26:18에서 보고된다. 그런 비상 사태 속에서 아비가일은 다윗의 목숨이 생명 싸개(the bundle of the living)로 싸이게 되길 기도했다(참조. 욥 4:17, 그리고 유사한 용어인 생명 책, 출 32:32; 33; 사 4:3; 시 69:29[영역본. 28]; 단 12:1). 생명 싸개나 생명 책에서 제외된다는 것은 죽음을 의미하는 것이었다. 이런 이유로 아비가일은 다윗의 대적들이(사울!) 물매의 돌같이 내던져져서 죽게 되기를 빌었다. 곧바로 이어지는 문맥에서 "사람들"은 다윗에게 사울을 죽이라고 촉구하고(24:5[영역본. 4]), 역시 사람들이 다윗을 대적하라고 사울을 부추긴다(24:10[영역본. 9] 그리고 26:19). 아비가일은 다윗의 왕권을 예언하는 사람들(사무엘, 요나단, 사울)의 합창 대열에 합류했다. 여호와께서 다윗을 지도자 혹은 왕으로 지명함으로써 자신의 약속을 성취하실 때(참조. 9:16에 대한 토론) 불필요한 피 흘림이나 혹은 자력 구원(self-deliverance)으로 인한 어떠한 양심의 거리낌도 없어야 한다(참조. 삼상 19:5). 아비가일은 다윗의 평안을 빌었으며, 그가 자신의 왕국에 입성하게 될 때 자신을 기억해 달라고 요청했다(31절).

어찌 되었든, 그녀는 남편의 무례한 행동에 대해 모르고 있었던 것이다(25절). 여호와께서 자신이 약속하신 모든 선을 행하실 것이라는 그녀의 언급은 언약적 의미가 함축되어 있다고 볼 수 있다(McCarter가 그렇다).

32-35 다윗이 아비가일에게 대답하기 시작한 문절, "…하신 여호와는 찬양 받을지라"는 다른 신명기 학파적 문맥들(왕상 1:48; 5:21[영역본. 7]; 8:15, 56; 10:9)과 병행을 이룬다. 다윗을 향한 아비가일의 여행은 남편을 구하기 위한 용감한 시도로는 이해되지 않으며, 다윗 편에 합류하려는 기회주의적 시도는 더욱더 아니다. 오히려 그것은 여호와의 계획의 일부였다. 다윗은 그녀의 분별력을 칭송했다(참조. 잠 11:22, 여기서 분별력 없는 아리따운 여인은 돼지 코에 금 고리로 비유된다). 분별력이란 단어는 3절에 있는 그녀의 지혜를 되울린다. 아비가일은 피 흘림의 죄와 26절에서 그녀가 지적한 대로 다윗 자신의 힘으로 승리를 얻는 잘못으로부터 그를 구해냈다. 다시 한 번 아비가일의 용기는 즉시 이스라엘의 여호와 하나님의 행위에서 연유한 것으로 이해된다. 오로지 다윗에 대한 그녀의 재빠른(34절; 참조. 18, 23절) 임무 수행은 그가 모든 나발의 사람들–재차 벽에 오줌 누는 사람들로 확인되는 자들–을 제거하지 못하도록 막았다. 그녀로부터 음식 혹은 공물을 받은 후, 다윗은 그녀를 평강 중에 보냈다. 평강은 앞서 다윗이 나발의 집에 전하려고 애쓴 축복이었다(5-6절). 아비가일은 자신의 임무를 완수했으며, 다윗은 그녀의 요청에 긍정적으로 답변했다(문자적으로는 "내가 너의 얼굴을 들었다"). "사람의 얼굴을 드는 것"은 어떤 요청의 승인을 암시한다(참조. 창 19:21; 32:20-21).

36-38 아비가일이 집에 도착했을 때, 그녀의 어리석은 남편은 왕에게 적절한 잔치를 열어 털깎기의 마무리를 기념하고 있었다(양털 깎기와 관련된 지나친 음주에 관한 유사한 언급에 대해서는 삼하 13:23-28을 참조하라). 그의 과도한 먹고 마심은 굶주리고 목이 마른 대열을 위한 다윗의 식량 요구와 날카롭게 대비된다. 나발은 왕처럼 축제를 벌였지만, 미래의 왕의 합법적인 요구를 거절했다. 자신의 아내가 다윗과 회합을 갖고 있는 동안, 나발은 거나하게 취해 있었다. 언제나 빈틈없는 여인 아비가일은 남편이 마음이 기쁠 때 그에게 그 소식을 말하지 않았다(참조. 삼하 13:28). 포도주가 나발의 진을 다 빼놓은 아침에–네벨(נבל)이 역시 포도주 가죽부대를 의미하기 때문에, 아마 우리는 여기서 곁말 놀이를 관찰해야 한다(Gordon, 51)–아비가일은 자신이 무슨 일을 했는지를 밝혔다. 그리고 그가 이전에 가진 기쁜 마음이 "죽었다". 마음(한글 개역: 몸)이 돌과 같이 되었다. 에스겔 역시 존경심이 없고 완고한, 돌로 된 마음에 대해 말했다(36:26). 자신의 아내에게 속은 어리석

은 나발은 실제 사실로 인해 파멸했다. 열흘 후, 여호와께서 치명타를 가하셨다 – 다시 한 번 집안 싸움에 의해 명백하게 예견된 그 죽음은 또 다른 신학적 국면으로 이끈다. 마치 26:10에서 여호와께서 어느 날 사울을 치실 것이라고 말씀하신 것과 똑같이(38절), 여호와께서는 나발을 치셨다(참조. Gordon, 49).

39-42 다윗은 나발이 죽었다는 소식을 들었을 때 자신 곁에 계시어 폭력 행위에 연루되지 않도록 막아 주시고(참조. 24:16[영역본. 15]) 나발의 악을 그의 머리에 되돌리신(참조. 왕상 2:44) 여호와를 찬양했다. 다윗은 즉시 아비가일에게 청혼했다. 아비가일은 마치 자신이 처음 다윗을 만났을 때 엎드린 것처럼 몸을 굽혀 절을 함으로써 승낙했다(23-24절). 다윗은 여호와의 종으로 묘사된다(39절). 아비가일은 종처럼 자청하여 그 사자들의 발을 씻어 주었다(환대의 표시, 창 18:4; 19:2; 24:32; 43:24; 삿 19:21). 어리석은 나발은 어느 누구의 종도 아니었다. 재빨리 – 이 표현의 네 번째 사용 – 아비가일은 자신이 나귀에 올라 다윗을 만나러 갔다. 이번에는 다섯 명의 시중드는 여자들이 수행했다. 해설자는 결코 그 여인의 미덕 혹은 부귀가 시선을 벗어나지 않게 한다! 아비가일은 완전히 합법적인 방식으로 다윗의 아내가 되었다.

43-44 다윗은 그 전에 이즈르엘의 아히노암을 아내로 취했었다. 한때 아히노암이 사울의 아내였을 것 같지는 않다(14:50; 반대로 Levenson, *CBQ* 40[1978] 27). 이즈르엘은 정확한 위치가 알려져 있지 않지만, 마온, 십 그리고 갈멜 근처의 산지에 있는 마을인 것 같다(수 15:56). 반 비크(Van Beek)는 헤브론 남서쪽 6마일 지점의 기르벳 타라마(Khirbet Tarrama)를 제안한다(*IDB* 2, 907). 아히노암과 아비가일은 다윗이 가드 왕 아기스에게 도망갔을 때(27:3), 그리고 그가 아멜렉 족속의 포로가 되었을 때 그를 동반했다(30:5). 마침내 그들은 다윗의 기름부음을 위해 그와 함께 헤브론으로 갔다(삼하 2:2-4). 다윗과 아히노암의 아들 암논은 나중에 다말을 강간하는데, 그것은 다윗이 바로 잡아주지 않은 불의이며, 또한 압살롬의 반역의 원인들 중 하나가 된 범죄였다. 다윗과 아비가일 역시 길르압(삼하 3:3) 혹은 다니엘(대상 3:1)이라는 이름을 가진 아들을 가졌다. 다윗의 두 번에 걸친 유다 지파 여자와의 결혼은 그가 헤브론에서 왕이 된 전략을 설명하는 데 도움이 된다. 그 와중에 사울은 자신의 딸로서 다윗의 첫 번째 아내가 되어 그가 아버지로부터 탈출하는 것을 도왔던 미갈을 갈림 성읍 출신 라이스의 아들 발디(Palti) 혹은 발디엘(Paltiel, 삼하 3:15)에게 주었다. 이사야 10:30에 따르면, 갈림이란 이름을 가진 성읍은 예루살렘 정북쪽에 위치해 있었다. 그 목록에 있는 다른 마을은 라이사라는

이름을 가졌는데, 그것은 히브리어로 발디의 아버지의 철자와 아주 흡사하다.

해설

다윗이 사울의 목숨을 살려 준 일에 대한 두 개의 기사 사이(24, 26장)에 사무엘상은 다윗이 부자요 어리석은 갈렙 사람 나발을 만나는 기사가 포함된다. 나발은 이기적이고 무례하며, 또한 선을 악으로 갚은 그런 부류의 사람이었다. 그는 미래의 왕 다윗에게 무례하게 굴었으며, 또한 자신은 왕의 연회를 베풀어 술에 취할 만큼 넉넉했음에 불구하고 그에게 필요한 양식을 주기를 거부했다. 갈렙 영토에서 중요한 정치적 인물인 나발은 여러 방면에서 사울의 성품과 삶의 모델이 된다. 그의 죽음은 자신의 아내가 다윗과 함께 행한 일로 인한 충격이 원인이었는데, 또한 그것은 여호와께서 사울을 치신 것처럼 그를 치신 결과이기도 했다. 나발의 죽음에 있어서 다윗의 공모에 대한 언급이 전혀 없다. 나발이 비록 죽어 마땅했을지라도, 아비가일과 여호와는 미래의 왕이 피 흘리는 죄와 자력 구원에서 벗어나도록 구했다. 나발은 단지 다윗과 아비가일이 서로 팔짱을 끼고 가도록 내몰았을 뿐이다.

아비가일은 지혜롭고 아름다운 여자였다. 그것은 완고하고 미련한 그녀의 남편과 완벽한 대조를 이룬다. 그녀의 빠른 행동들과 유창한 말들은 다윗으로 하여금 죄를 짓지 못하게 막았으며, 그녀를 왕비가 될 자격이 있는 여자로 묘사해 준다. 유사하게 룻기는 다윗의 위대한 조모를 가문의 미덕의 모형인 영민한 여자로 묘사한다. 아비가일은 다윗의 임박한 왕권을 선전하는 사람들의 합창 속에 또 하나의 목소리가 되었다. 미와 지혜에 덧붙여, 또한 그녀는 중요한 정치적 관계를 결혼으로 연결시켰다. 왜냐하면 뒤이은 구절들에서 그녀는 항상 나발의 미망인으로 언급되기 때문이다(27:3; 30:5; 삼하 2:2). 이 장이 시작될 때, 다윗은 자신이 호의를 베풀었던 사람에게 보상을 요구하면서 좋지 않은 모습으로 나타난다. 그러나 우리는 다윗의 분노를 촉발한 자는 바로 우둔한 자였으며, 그 어리석은 자의 아내와 이스라엘의 하나님 여호와께서 다윗으로 하여금 어떤 죄를 짓지 못하도록 막으셨다는 것을 알게 된다. 비록 다윗의 신학적 조언자인 사무엘이 죽었을지라도, 또한 그의 첫 번째 아내 미갈을 아버지가 다른 사람에게 주었다 할지라도, 이 장은 다윗이 유다의 중요한 성읍들과 관련된 여인들과 두 번의 결혼을 하는 것으로 마무리된다-이즈르엘의 아히노암과 갈멜 출신 아비가일.

우리는 사울의 추종자들은 이 모든 사건들에 대해 다른 이해를 가졌지 않았을까 의심해 본다. 그러나 해설자에 관한 한 다윗과 나발의 관계는 결코 폭력 행사에 이르지 않았으며, 뒤이은 그의 경쟁자의 아내와의 결혼은 다윗에게 좋은 일이었다 - 사람이 어디에서 미와 지혜를 겸비하고 뛰어난 정치적 관계를 지닌 여자를 찾을 수 있겠는가? 그 결혼은 또한 아비가일에게도 좋은 것이었다. 요컨대, 그녀가 친히 한 말로 하자면 그녀의 첫 번째 남편은 미련한 자요 불량자였던 것이다.

31. 반복 : 다윗이 여호와의 기름부음 받은 자 죽이기를 거부하다(26:1-25)

참고문헌

Drinkard, J. F., Jr. "ʿAl Pĕnê as 'East of.'" *JBL* 98(1979) 285-86. **Gordon, R. P.** "David's Rise." Cf. Bibliography at 24:2-23. **Koch, Klaus.** *The Growth*. Cf. Bibliography at 23:1-24:1. **Thornhill, R.** "A Note on *ʾl-nkwn*, 1 Sam. xxvi 4." *VT* 14(1964) 462-66.

본 문

1 십 사람이 기브아에 와서 사울에게 이르러 가로되 다윗이 광야 앞 하길라 산에 숨지 아니하였나이까

1 The Ziphites came to Saul at Gibeah with this report: "Is not David hiding on the hill of Hachilah, facing Jeshimon?

2 사울이 일어나 십 황무지에서 다윗을 찾으려고 이스라엘에서 택한 사람 삼천과 함께 십 황무지로 내려가서

2 Saul rose and went down to the wilderness of Ziph, and with him came 3,000 select men from Israel to seek David in the wilderness of Ziph.

3 광야 앞 하길라산 길 가에 진치니라 다윗이 황무지에 있더니 사울이 자기를 따라 황무지로 들어옴을 깨닫고

3 While Saul encamped on the hill of Hachilah, in the vicinity of Jeshimon, on the road, David was staying in the wilderness. On hearing that Saul had come after him into the wilderness,

4 이에 탐정을 보내어 사울이 과연 이른 줄 알고

4 David sent spies to learn whether Saul had come [a]for sure.[a]

5 일어나 사울의 진 친 곳에 이르러 사울과 넬의 아들 군대장관 아브넬의 유하는 곳을 본즉 사울이 진 가운데 누웠고 백성은 그를 둘러 진쳤더라

5 David rose and came to the place where Saul was camping, and David saw the spot where Saul was lying with Abner the son of Ner, the commander of his forces. Saul was lying within the barricade of wagons, with the troops encamped round about him.

6 이에 다윗이 헷 사람 아히멜렉과 스루야의 아들 요압의 아우 아비새에게 물어 가로되 누가 나로 더불어 진에 내려가서 사울에게 이르겠느냐 아비새가 가로되 내가 함께 가겠나이다

6 David spoke up and asked Ahimelech the Hittite and Joab's brother Abishai the son of Zeruiah, "Who will go down with me to Saul into the camp?" "I shall go down with you," Abishai replied.

7 다윗과 아비새가 밤에 그 백성에게 나아가 본즉 사울이 진 가운데 누워 자고 창은 머리 곁 땅에 꽂혔고 아브넬과 백성들은 그를 둘러 누웠는

7 When David and Abishai came upon the troops by night, Saul was lying inside the barricade of wagons asleep, with his spear stuck in the ground

지라

by his head. Abner and the troops were lying around him.

8 아비새가 다윗에게 이르되 하나님이 오늘날 당신의 원수를 당신의 손에 붙이셨나이다 그러므로 청하오니 나로 창으로 그를 찔러서 단번에 땅에 꽂게 하소서 내가 그를 두 번 찌를 것이 없으리이다

8 Abishai told David, "God has handed over your enemy today into your hand. Let me pin him with his spear into the ground with one jab. I will not need a second try."

9 다윗이 아비새에게 이르되 죽이지 말라 누구든지 손을 들어 여호와의 기름부음을 받은 자를 치면 죄가 없겠느냐

9 David replied to Abishai, "Don't destroy him! Who could stretch[a] out his hand against Yahweh's anointed and remain guiltless?

10 또 가로되 여호와께서 사시거니와 여호와께서 그를 치시리니 혹 죽을 날이 이르거나 혹 전장에 들어가서 망하리라

10 As Yahweh lives," David continued, "Yahweh must be the one to strike him, whether his time comes and he dies, or whether he goes into battle and is swept away.

11 내가 손을 들어 여호와의 기름부음을 받은 자를 치는 것을 여호와께서 금하시나니 너는 그의 머리 곁에 있는 창과 물병만 가지고 가자 하고

11 May I die through Yahweh's power if I stretch out my hand against Yahweh's anointed. Now, take the spear which is by his head and the water jug, and let's get out of here."

12 다윗이 사울의 머리 곁에서 창과 물병을 가지고 떠나가되 깨든지 이를 보든지 알든지 하는 사람이 없었으니 이는 여호와께서 그들로 깊이 잠들게 하셨으므로 그들이 다 잠이었더라

12 So David took the spear and the water jug [a]which were by his head,[a] and they got away without anyone seeing or knowing or waking.[b] All of them were asleep because the deep sleep from Yahweh had fallen upon them.

13 이에 다윗이 건너편으로 가서 멀리 산꼭대기에 서니 상거가 멀더라

13 After David had passed to the other side, he stood on the top of the hill at a distance – the space between them was great.

14 다윗이 백성과 넬의 아들 아브넬을 대하여 외쳐 가로되 아브넬아 너는 대답지 아니하느냐 아브넬이 대답하여 가로되 왕을 부르는 너는 누구냐

14 David called out to the troops and to Abner [a]the son of Ner,[a] "Won't you answer, Abner?" And Abner replied and said, "Who are you [b]that calls?"[b]

15 다윗이 아브넬에게 이르되 네가 용사가 아니냐 이스라엘 중에 너 같은 자가 누구냐 그러한데 네가 어찌하여 네 주 왕을 보호하지 아니하느냐 백성 중 한 사람이 네 주 왕을 죽이려고 들어갔었느니라

15 David responded to Abner, "Aren't you a man? Who is equal to you in Israel? Why did you not keep guard over your lord the king when one of the troops came to destroy the king your lord?

16 네 행한 이 일이 선치 못하도다 여호와께서 사시거니와 여호와의 기름부음 받은 너희 주를 보호하지 아니하였으니 너희는 마땅히 죽을 자니라 이제 왕의 창과 왕의 머리 곁에 있던 물병이 어디있나 보라

16 The thing which you have done is not good! As Yahweh lives, you all are doomed to die since you did not keep watch over your lord, over Yahweh's anointed. Now look where the spear of the king is or[a] the water jug which was by his head."

17 사울이 다윗의 음성을 알아 듣고 가로되 내

17 At this moment Saul recognized the voice of

아들 다윗아 이것이 네 음성이냐 다윗이 가로되
내 주 왕이여 내 음성이니이다
18 또 가로되 내 주는 어찌하여 주의 종을 쫓으
시나이까 내가 무엇을 하였으며 내 손에 무슨 악
이 있나이까
19 청컨대 내 주 왕은 이제 종의 말을 들으소서
만일 왕을 격동시켜 나를 해하려 하는 이가 여호
와시면 여호와께서는 제물을 받으시기를 원하나
이다마는 만일 인자들이면 그들이 여호와 앞에
저주를 받으리니 이는 그들이 이르기를 너는 가
서 다른 신들을 섬기라 하고 오늘날 나를 쫓아내
어 여호와의 기업에 붙지 못하게 함이니이다
20 그런즉 청컨대 여호와 앞에서 먼 이 곳에서
이제 나의 피로 땅에 흐르지 말게 하옵소서 이는
산에서 메추라기를 사냥하는 자와 같이 이스라엘
왕이 한 벼룩을 수색하러 나오셨음이니이다
21 사울이 가로되 내가 범죄하였도다 내 아들 다
윗아 돌아오라 네가 오늘 내 생명을 귀중히 여겼
은즉 내가 다시는 너를 해하려 하지 아니하리라
내가 어리석은 일을 하였으니 대단히 잘못되었도
다
22 다윗이 대답하여 가로되 왕은 창을 보소서 한
소년을 보내어 가져가게 하소서

23 여호와께서 각 사람에게 그 의와 신실을 갚으
시리니 이는 여호와께서 오늘날 왕을 내 손에 붙
이셨으되 나는 손을 들어 여호와의 기름부음을
받은 자 치기를 원치 아니하였음이니이다
24 오늘날 왕의 생명을 내가 중히 여긴 것같이
내 생명을 여호와께서 중히 여기셔서 모든 환난
에서 나를 구하여 내시기를 바라나이다
25 사울이 다윗에게 이르되 내 아들아 다윗아 네
게 복이 있을지로다 네가 큰 일을 행하겠고 반드
시 승리를 얻으리라 하니라 다윗은 자기 길로 가
고 사울은 자기 곳으로 돌아가니라

David and asked, "Is this your voice, my son
David?" "Yes, my lord the king," David answered.
18 "Why does my lord pursue his servant? What
have I done? What evil is on my hand?

19 Now let my lord the king listen to the words of
his servant. If it is Yahweh who provoked you
against me, he will be soothed by a gift, but if
human beings are responsible for this, they should
be cursed before Yahweh since they have driven me
today from sharing in the inheritance of Yahweh.
They implied, 'Go, serve other gods.'
20 Now, do not let my blood fall to the ground
away from the presence of Yahweh seeing that the
king of Israel came out to seek [a]my life[a] just as a
person hunts a partridge in the mountains."
21 "I have sinned," Saul replied. "Return, my son
David, for I will not do you harm[a] because my life
was valued in your eyes this day. I have acted very
stupidly; I have erred terribly."

22 "Here is[a] the king's spear," David rejoined, "Let
one of the boys come over and fetch it. Yahweh
will repay each man's righteousness and fidelity.
23 Though Yahweh gave you today into my[a] hand,
I refused to stretch out my hand against Yahweh's
anointed.

24 Just as your life had value today in my eyes, so
may my life have value in the eyes of Yahweh. May
he deliver me from every trouble."
25 Saul assured David, "Blessed are you, my son
David. You shall surely accomplish your work, and
you will have the upper hand." Then David went
on his way while Saul returned home.

원문주해

4.a.-a. 마소라 본문(MT); 70인경(LXX): "그일라로부터." 한 장소의 이름이 예상되기 때문에, 어떤 사람들은 70인경(LXX)이 훼손되었다고 생각하면서 본문을 "하길라"로 바꾸

려한다(Thornhill, *VT* 14[1964] 462-66; McCarter).

9.a. 이쉴라흐(ישׁלח), 참조. 70인경(LXX). 마소라 본문(MT): 샬라흐(שׁלח, 첫 자음 י의 중자탈락)

12.a.-a. 70인경(LXX); 마소라 본문(MT): "사울의 머리(구역) 곁에."

12.b. 70인경(LXX); 마소라 본문(MT)은 키(כי)를 추가한다.

14.a.-a. 마소라 본문(MT); 70인경(LXX): "그가 말했다."

14.b.-b. 하코레(הקרא), 참조. 70인경(LXX); 마소라 본문(MT): 카라타 엘 하멜렉(קראת אל המלך). "왕에게"(MT)와 "나에게"(어떤 70인경 필사본들[LXX mss.])란 표현은 또 다른 확장들이다.

16.a. 붸에이(ואי), 참조. 탈굼역(Targ); 마소라 본문(MT): 붸에트(ואת).

20.a.-a. 나프쉐이(נפשׁי), 참조. 70인경(LXX); 마소라 본문(MT): 파르오쉬 에하드(פרעשׁ אחד, "벼룩 한 마리"). 이것은 이 기사를 24:15과 조화시키려는 부연설명이다.

21.a. 70인경(LXX); 마소라 본문(MT)은 "다시"를 추가한다. 이것은 24:18과 조화시키는 것인데, 그 구절에서 사울은 과거에 다윗을 부당하게 대우했다는 것을 시인한다.

22.a.-a. 케레(*Qere*); 케팁(*Kethib*): "오 왕이시여, 창이…."

23.a. 많은 히브리어 필사본(mss), 참조. 70인경(LXX)과 시리아역(Syr); 마소라 본문(MT)은 소유격 접미가 없다.

양식/구조/배경

이 단위는 십 족속이 다윗의 은신처를 사울에게 폭로하는 것으로 시작해서 두 사람이 각각 자신의 길로 가는 것으로 끝난다.

요약. 십 족속이 사울에게 다윗이 어디에 숨어 있는지 말하자, 왕은 3,000명의 사람을 데리고 자신의 경쟁자를 추적했다. 다윗은 밀정들을 통해 사울과 아브넬이 어디에 야영하고 있는지를 알았다(1-5절). 아비새는 다윗과 함께 그 진영으로 가기를 자원했으며, 그에게 하나님께서 사울을 그의 손에 넘기셨다는 확신을 주었다. 다윗은 사울을 죽이자는 아비새의 제안을 거절하면서, 사울의 생명은 오로지 친히 여호와에 의해 취해져야 한다고 고집했다. 다윗이 사울의 머리 곁에 있던 창과 물 주머니를 취했을 때, 여호와께서 진영 전체가 잠들게 하셨으므로 아무도 그들이 온 것을 감지하지 못했다(6-12절). 진영에서 상당히 떨어진 곳에서, 다윗은 아브넬이 왕을 보호하지 않은 것에 대해 질책했다. 아브넬과 다른 군사들은 왕에 대한 적절한 호위를 하지 못했다는 이유로 비난을 받았다. 다윗의 수중에 있는 창과 물 주머니는 그들의 실패에 대한 증거였다(13-16절). 이 시점에서 사울은 다윗의 목소리를 인식했으며, 다윗은 왕이 그의 무고한 종을 추적하는 것을 비판했다. 만일 왕의 분노가 여호와께로 말미암은 것이라면, 하나의 희생이 그분께 드려져야만 한다. 만일 사울이 행하는 이 일이 사람들로 말미암은 것이라면, 그들이 저주를 받아 마땅하다. 왜냐하면 그들은 다윗으로 하여금 강제로 이스라엘을 떠나 우상의 땅에 살도록 했기 때문이다. 사울은 다윗을 추적한 자신의 죄를 인정했으며 다시는 그를 해치지 않고 자신이 그에게서 친절한 대우를 받은 것처럼 대하겠다고 약속했다. 사울의 생명은 다윗에 의해 그 가치가 빛났다. 다윗은 자신의 생명이 여호와의 보시기에 그와 유사한 가치를 지니기를 소망했다. 사울은 다윗을 축복하고 그의 위대한 성공을 예견했다. 그들은 각각 자신의 길로 갔다(17-25절).

여기서 형식(영웅담)에 대한 토론을 반복할 필요는 없다. 또한 24장과 26장 사이의 언어적 관계에 대한 토론과 24장에서 이미 거론되었던 두 장의 연대 비교에 대한 토론 역시 그러하다. 현재의 장에 있는 발언들의 구조는 훨씬 더 복잡하다. 다윗이 사울의 창과 물병을 빼올 수 있을 만큼 사울과 가깝게 접촉하는 동안, 그는 아히멜렉과 아비새에게 물었다(6a절). 아비새는 다윗에게 응답하여(6b절) 사울을 죽이겠다고 자원했으며(8절), 다윗은 사울에 대한 어떠한 폭력 행사도 거절했다(9-11절). 두 번째 대화는 다윗이 아브넬과 사람들에게 연설하는 장면이다(14a절). 아브넬이 다윗에게 응답하고(14b절), 다윗은 그의 근무태만에 대해 아브넬을 비판한다(15-16절). 이 시점에서 사울과 다윗이 연루된 세 번째 대화가 나타난다. 사울은 그 목소리가 다윗의 것이냐고 물었다(17a절). 다윗은 자신의 무고함을 항변했으며, 그 땅으로부터 자신을 몰아내 결국 여호와 앞에서 벗어나게 한 왕의 추적에 대해 불만을 토로했다(17b-20절). 사울은 자신의 잘못을 인정했으며(21절), 다윗은 자신이 사울을 살려 주었음을 재차 설명하면서 자신의 생명이 여호와에 의해 소중히 여겨지기를 바라는 희망을 피력했다(22-24절). 이어서 사울이 다윗을 축복했다(25a절). 심문과의 여러 가지 비교를 위해서는 Hayes, *Form Criticism*, 126를 보라.

아히멜렉과 아비새와의 대화에서 다윗은 왕을 사울로 불렀으나, 이어지는 아비새에게만 했던 발언에서는 그를 두 번이나 여호와의 기름부음 받은 자로 언급했다(9, 11절). 그 영예로운 호칭은 아브넬에 대한 다윗의 대답에서도 이어졌다: "너의 주 왕" 그리고 "왕이신 너의 주"(15절); "너의 주 여호와의 기름부음 받은 자"(16절). 사울에게 말을 할 때, 다윗은 그를 "나의 주, 왕"(17절), "나의 주"(18절), "나의 주 왕"(19절), "이스라엘의 왕"(20절), "오, 왕께서"(22절) 그리고 "여호와의 기름부음 받은 자"(23절)로 불렀다. 그러므로 다윗의 발언들은 사울을 위한 칭호들로 가득

찼는데, 그것들은 자신의 전임자에 대해 충성을 표현하고 그에게 신체적 해를 끼치자는 경박한 생각을 거절하는 칭호들이다.

다윗이 현재의 장에서 사울을 "아버지"로 부르지 않는 반면, 왕은 자신의 세 차례의 발언에서 각각 다윗을 "내 아들아"라고 부른다(17, 21, 25절). 이 호칭들은 다윗에 대한 사울의 승인을 보여 주며, 아마도 권좌에 대한 다윗의 주장이 합법적이라는 것을 암시한다.

현재의 장에는 신명기 학파적 편집에 대한 뚜렷한 표시는 없다.

주석

[1]-[5] 십 족속이 사울에게 가서 행한 임무 수행은 23:19에 있는 유사한 행동과 병행을 이룬다. 하길라와 여시몬은 23:19에서처럼 헤브론 남쪽이 아니라 마온과 관련되므로 헤브론 남동쪽에 위치해 있는데 확인되지 않은 장소들이다(참조. Drinkard, Driver). 사울과 그의 군사 3,000명은 엔게디 근처의 들염소 바위 지역(24:3[영역본. 2])이 아니라 십 광야에 있는 다윗을 추적하러 갔다(2절). 그렇지만 지정학적 차이는 미비하며 동일한 일반적인 특징을 지닌 지역을 의미한다. 그러나 현재의 장에 따르면 다윗은 의욕적으로 사울을 찾았는데, 먼저 밀정들을 보냈으며 나중에는 왕의 진영으로 들어갔다. 24장에 따르면, 사울은 마치 우연과도 같이 다윗이 머무르고 있던 동굴로 들어갔다. 해설자는 14:50, 51에서 마지막으로 언급된 사울의 장군 아브넬의 존재에 주목함으로써 26장의 장면을 설정한다. 군대는 사울 주위를 둘러 진을 치고 있었으며, 마차로 가로막은 곳의 한가운데에 왕이 있었다(Baumgartner, 576). 물론 이러한 방어로 인해 다윗의 영웅적 행위는 훨씬 위험하고 경탄할 만한 것이 된다. 24장에서 다윗은 동굴 속에서 시중드는 자가 없는 사울에게 접근했었다.

[6]-[12] 헷 사람 아히멜렉은 적어도 또 한 명의 헷 사람 우리야가 다윗의 군대에 복무하고 있었다 할지라도(삼하 11장; 23:39) 다른 방식으로는 알려져 있지 않은 인물이다. 아히멜렉의 침묵은 다윗을 쾌히 돕고자 하는 아비새의 태도와 대비되며, 이러한 돋보기 효과가 이 이야기에서 아히멜렉이 존재하는 중요한 이유일 것이다. 아비새는 다윗의 누이인 스루야(대상 2:16)의 아들로서, 요압과 아사헬과 더불어 다윗의 조카이기도 하다. 명장 30인(elite Thirty: 한글 개역 "삼십 두목")의 일원으로서, 아비새는 항상 중대한 공격을 가할 태세를 갖추고 있었다. 그는 시므이의 머

리를 자르길 원했으며(삼하 16:5-11; 참조. 19:22[영역본. 21]), 블레셋의 수장을 죽였고(삼하 21:16-17), 또한 아브넬의 암살에 동참했다(삼하 3:30). 아비새가 요압과 함께 수행한 다른 업적들은 사무엘하 2:18-24; 10:9-14; 18:2-14; 20:6-10에 보고되어 있다. 비록 다윗이 이 두 사람의 난폭한 행위를 불평하지만 말이다(삼하 3:39; 16:10; 19:23[영역본. 22]). 아비새가 기꺼이 사울의 진영에 잠입하려고 한 것은 그리 놀랄 일이 아니다!

두 사람이 밤중에 진영에 들어왔을 때, 사울은 창을 머리맡의 땅에 꽂아둔 채 잠들어 있었다. 이 창은 왕 자신의 무기를 직접 사용하여 그 왕을 손쉽게 죽일 수 있는 수단을 제공했을 것이다(참조. 삼하 23:21). 재미있게도 이 무기는 다윗을 죽이려고 던진 것이었다(18:10-11; 19:10; 참조. 20:33). 이번 경우에 그 창이 그 지도자의 장막을 지시하는 역할을 하는지에 대해서는 의심스럽다(참조. Caird). 왕의 경호원들이 분명했던 아브넬과 다른 군사들은 모두 순식간에 잠들었다. 아비새는 다윗에게 이것이 하나님이 주신 기회라고 확신시켰다(참조. 24:5의 다윗의 사람들[영역본. 4]). 그러나 24장과 대조적으로 아비새는 자신이 직접 살인을 하겠다고 자원하여 자신의 지도자가 범죄하지 않게 했으며, 스루야의 아들들의 평상시의 남성적 기개를 보여 주려 했다. 그는 자신이 사울을 단번에 땅에 꽂을 수 있다고 호언장담했다. 다윗이 자신에게 두 번째 찌르라고 허락할 필요가 없을 것이다(참조. 삼하 20:10). 다윗은 여호와의 기름부음 받은 자인(참조. 11, 16, 23절) 사울을 해치려는 제안을 즉각 거부했다(참조. 삼하 1:14). 왕에게 치명타를 가할 권리를 가진 유일한 분(참조. 삼상 25:38; 삼하 12:15; 대상 13:20)은 여호와 자신뿐이시다. 그러한 신적 원인으로 인한 죽음은 자연적 순리를 통해 혹은 전투 중의 죽음을 통해(삼상 31장의 분명한 예견) 올 수 있었다. 신적 재가를 받은 암살 시도란 심지어 하나의 가능성으로도 열거되지 않는다. 다윗은 여호와의 사심에 기반을 둔 서약으로 자신의 금지를 확고하게 만들었다. 그것을 어기면 자신의 죽음을 불러오게 될 두 번째 서약을 통해(11절, 참조. 24:7[영역본. 6]), 다윗은 여호와의 기름부음 받은 자에게 손을 대지 않겠다고 맹세했다(참조. 9, 23절과 24:7, 11[영역본. 6, 10]). 대신 다윗은 아비새에게 사울의 창과 물병을 취하라고 말했다(참조. 왕상 17:12; 19:6). 그것들은 의심할 여지없이 다윗이 왕을 죽일 수 있었던 기회를 가졌으나 자신이 거절했음을 증명하게 될 개인 장비였다. 아비새에게 내린 자신의 지시에도 불구하고, 12절은 다윗 자신이 창과 물병을 취한 책임이 있는 사람이라는 것을 분명히 한다. 그러나 24:6(영역본. 5)과 대조적으로, 이러한 물질적 증거물의 수집이 어떠한 양심의 가책도 일으키지 않았다. 왕의 진영 한가운데로의 진입과 왕의 개인 장비의 과감한 훔치기는 들키지 않고 완전히 성공했다. 왜냐하면 여호와께서 진영 전체에 잠을 쏟아부으셨기 때문이다. "깊은 잠"(תרדמה – 타르데마)이란 단어는 창세기 2:21에서 여호와께서 남자의 갈비뼈 하나를 취해 여자를 창조하려고 어떻게 남자를 무의식에 빠뜨리셨는지를 묘사하기 위해 사용된다. 그 단어는 또한 여호와께서 잘려진 짐승들 사이를 지나가심으로써 아브라함과 계약을 맺을 때 그가 경험한 무의식의 상태를 묘사한다(창 15:12; 참조. 사 29:10). 사울의 진영에 들어감으로써, 다윗은 24장에서 사울의 옷자락을 자른 행동보다 훨씬 더 과감한 행동을 했다. 그러나 결국 그의 성공의 이유는 여호와께서 섭리 가운데 모든 3,000명의 사람들에게 쏟아지시게 한 잠 때문이었다.

13-16 다윗은 진영에서 탈출에 성공한 다음, 안전한 거리의 진영 맞은편 산 위에 서서 아브넬을 향해 책망의 소리를 질렀다. 고든(Gordon, *TynBul* 32[1980] 60)이 관찰한 대로, 두 사람 사이의 간격은 단지 물리적인 것만은 아니다. 앞으로의 운명과 전망에 있어서, 그들은 양극단에 떨어져 서 있다. 아브넬은 이스라엘에서 비견할 자가 없는 남자다운 군인으로 묘사되지만, 그는 자신의 주인에 대한 공격을 감시하는 데 실패했다(15절에 중복되는 "너의 주"라는 언급을 주목하라). 10절에서 다윗은 여호와의 사심에 호소한 서약으로 아비새가 살인을 못하도록 제지했다. 이제 16절에서 동일한 여호와의 사심에 대한 호소가, 다윗이 사울의 전 군대를 근무 태만으로 비난할 때 만들어진다(우리의 번역 "너희 모두"는 히브리어에서 대명사들이 복수로 전환되었음을 지시한다). 그 비난은 여호와께서 보내신 잠으로 인해 군사들이 어쩔 수 없었기 때문에 부당한 것으로 보인다. 그러나 이 발언은 다윗으로 하여금 왕의 생명에 대한 자신의 존경심을 되풀이해서 말할 기회를 제공한다. 또한 그것은 아브넬에게 잘못을 돌리는 것이고, 그로 인해 훗날 요압에 의한 그의 죽음이 상당히 정당화된다(삼하 3:27). 다윗은 미래의 왕으로서 사형을 선고했다(16절). 다윗은 창과 물병을 손에 들고 자신이 어떻게 군대의 방어망을 뚫었는지, 그럼에도 무력을 사용하기를 거부했는지를 보여 주었다(참조. 24:12[영역본. 11]).

17-25 여기서 사울은 대화에 참여하여 24:17(영역본. 16)에서 했던 것과 동일한 질문을 던진다: "내 아들 다윗아 이것이 네 목소리냐?" 다윗의 존경 어린 "나의 주 왕이시여"란 호칭에 뒤이어 즉시 그렇다는 답변이 주어진다(26:17). 24:15(영역본. 14)에서와 같이, 다윗은 왕이 자신을 추적하는 것을 비난하고 자신의 무고함을 항변했다 – 그의 손에는 어떤 악도 없다(참조. 24:12[영역본. 11]). 다윗의 말은 그의

충성심을 의심할 수 없게 만든다. 사울은 나의 주 왕이었으며, 다윗은 그의 (순종하는) 종이었다(19절). 만일 어떤 설명하기 어려운 이유로 사울의 추적을 유발시킨 분이 여호와이시라면–마치 나중에 그분께서 다윗으로 하여금 백성들을 계수하도록 충동시키셨듯이(삼하 24:1), 그분은 제물을 흠향하심으로써 마음을 누그러뜨렸을 것이다(참조. 창 8:21). 만일 다른 사람들이 추적을 유발시킨 것이라면, 그들의 행동은 다윗을 이스라엘 땅(여기서 여호와의 기업으로 묘사된 땅)을 강제로 떠나게 하는 것이므로 그들이 저주를 받아 마땅하다. 이스라엘로부터의 추방은 다른 신을 섬기라는 말과 같았다(19절). 인간의 행위가 사울의 추적 원인이었을 가능성은 다윗이 27장에서 가드 왕 아기스에게 도피한 것을 설명해 주고 정당화한다. 다윗의 손은 악한 사람들의 악랄한 요구에 의해 강요되었다. 20절에 따르면, 다윗은 죽음보다는 여호와의 면전에서 벗어난 곳에서 자신의 피가 뿌려지는 것을 더 두려워했다. 사울의 추적의 실제적인 책임은 여호와도 충동을 일으키는 사람도 아니며, 오히려 충성스런 한 국민의 생명을 취하려고 특별한 노력을 수행하고 있던 이스라엘의 왕인 자신에게 있었다(20절; 참조. 24:12, 15[영역본. 11, 14]). 사울은 자고새들(partridges; 한글 개역–"메추라기들")을 힘이 다 빠지도록 끈질기게 추적해서 사냥하는 사람들만큼이나 가혹했다. 자고새에 해당하는 히브리어는 문자적으로 "산에서 부르는 것"이다(참조. 17:11). 이것은 또한 산 위에서(13절) 외치는 다윗(14절)을 지시하는 묘사이기도 하다.

24장에서 사울은 다윗의 더 우월한 의와 자신의 악한 행동을 인정한 바 있으며, 26장에서는 솔직하게 자신의 죄를 고백한다(24:12[영역본. 11]에서 다윗이 한 말, "나는 죄짓지 않았다"와 정반대). 사울은 심지어 다윗에게 돌아오라고 촉구한다. 그것은 "이방인의 땅으로 가지 말라는" 의미이거나 혹은 그가 19:11-12에서 떠났던 "왕궁으로 돌아오라"는 의미일 수 있다. 어느 경우이든지, 다윗은 그 제안을 거부했다. 다윗이 자신의 생명을 그렇게 대단히 소중하게 생각해 주었기 때문에, 사울은 그를 해치지 않겠다고 약속했다. 그는 자신의 어리석음(사무엘이 13:13에서 그에게 퍼부었던 비난; 참조. 삼하 24:10)과 몹시 쓰라린 잘못을 인정했다(참조. 14:24에서 역시 실수로 지적된 부적절한 그의 서약).

다윗은 창을 왕에게 되돌려주겠다고 제안했다. 물병에 대한 그의 침묵은 수수께끼로 남는다(물병은 비교적 가치가 떨어지는 물건이어서 되돌려줄 만한 것이 아니었을까? 아니면 왕이 적의 수중에 있던 물병으로 물을 마시길 주저하기라도 했을까?). 다윗은 여호와께서 친히 자신에게 여호와의 기름부음 받은 자를 죽일 기회를 주셨음에도 불구하고 그를 죽이기를 거부한 것에 대해 그분께서 보답해 줄 것이라고 예상했다. 24:20(영역본. 19)에서 사울은 여호와께서 다윗에게 보답해 주시기를 기도했다. 여기서 그 소원은 다윗의 것인데, 이것은 사울과 자신의 관계에서 간직한 자신의 충성심(의)에 대한 언급이 그의 것인 경우와 마찬가지다. 사울 왕 자신도 알게 된(21절) 자신의 생명에 대한 다윗의 존중(24절)은 그의 생명에 대해서도 유사한 신적인 존중으로 보답 받아야 한다. 여호와께서 모든 환란에서 자신을 구원해 달라는 다윗의 소원(24절)은 24:16(영역본. 15)에 있는 그의 소원과 밀접한 병행을 이룬다. 사무엘하는 이 소원의 성취를 보고한다.

사울은 마치 자신이 전에 다윗의 은신처를 폭로한 십 족속을 축복했던 것처럼(23:21) 다윗을 축복했다. 왕이 친히 자신의 경쟁자의 축복을 승인하는 동안, 다윗은 왕을 대적해서 흔드는 자는 누구든지 저주를 받을 것이라고 단언했다(19절). 다윗의 미래에 대한 사울의 예견이 26:25에서는 24:21만큼 명백한 것은 아니지만, 그는 분명히 다윗이 자신들이 연루된 싸움에서 우위를 점할 것임을 인정했다. 24:23(영역본. 22)과 마찬가지로 다윗은 자신의 길로 갔고 사울은 집으로 돌아왔다.

해설

24장과 26장에 있는 기사들 사이에는 상당한 중복이 있다. 우리는 하나의 사건이 이중적 형식으로 전승을 통해 내려왔다는 사실에 거의 의심을 품지 않는다. 또한 우리는 HDR 저자 자신이 다윗에 대한 자신의 변호와 사울에 대한 비판을 강화하기 위해 두 기사를 통합시켰다고 믿는다(McCarter와 정반대).

다윗은 현재의 장에서 위험을 무릅쓰고 사울의 진영 한가운데로 침입하여 왕에게 손 대기를 거절하는 모습을 보여 주면서 더욱 영웅적으로 나타난다. 동시에 이 두 번째 기사는 왜 그가 잠시 동안 블레셋 족속에게 넘어가야 했는지를 설명해 준다－악한 사람들의 보고들로 인해 그는 여호와의 기업으로부터 쫓겨났던 것이다. 다윗은 시종일관 왕을 존경했으며, 반복적으로 자신이 왕의 무방비 상태를 이용하길 거절했음을 강조한다.

사울은 자신의 죄와 어리석음, 그리고 잘못을 인정했기 때문에 자신의 범죄에 대해 더욱 솔직하다. 여호와께서 사울을 부추기셨든지, 아니면 사람이 그랬든지 왕 자신이 다윗에 대한 가차없는 추적에 책임이 있다. 비록 다윗이 이 장에서 사울을 자신의 아버지로 부르지 않음에도 불구하고, 사울은 세 번에 걸쳐 다윗을 자신의 아들로 부른다. 사울은 다윗이 장차 성공할 것임을 알고 있으며, 나아가 그를 왕궁으로 초대하는 것으로 보인다. HDR은 다윗이 사울의 궁중에서 살게 될 것임을 암시한다. 우리가 그들의 갈등에 대한 많은 이야기들로부터 도출할 수도 있는 결론에도 불구하고 말이다.

현재의 장은 부수적으로 다가올 다른 사건들을 대비한다. 여호와께서는 사울과 같은 사람을 위해 죽음의 시간을 정해 놓으신다 – 그 죽음이 자연적 원인에 의해서든 아니면 전쟁을 통해서든. 어떤 죽음이 될지는 길보아 산 전투에서 사울의 죽음을 통해 결정될 것이다. 아비새는 스루야의 모든 아들들의 강점이기도 하고 독소이기도 한 행동의 신속성을 보여 준다. 아브넬과 사울의 군대는 왕을 보호하는 데 실패하여 비난받는다. 다윗이라 불리는 왕을 포함하여 누구든지 왕을 보호하지 못하는 사람은 죽어야 하기 때문에, 이 일로 인해 그들은 죽어 마땅하다. 나중에 다윗은 요압의 아브넬 살해를 승인하지 않지만, 독자들은 사울의 장군이 죽어 마땅하다는 사실을 안다.

다윗은 여호와께서 자신의 의에 대해 보상하시고 다윗이 사울의 생명을 크게 존중한 만큼 자신의 생명을 존중히 여겨 주시길 기대한다. 다윗의 대담한 심야의 탈출이 영웅적이었다 할지라도, 그 탈출의 성공은 단지 초자연적인 간섭으로 인해 가능했을 뿐이다. 여호와께서는 사울의 전 진영에 깊은 잠을 쏟으심으로써 다가올 다윗의 왕권에 대한 승인을 보여 주셨다.

이것이 왕좌를 둘러싼 두 경쟁자의 마지막 만남이었다. 또한 HDR의 기사가 계속 진행될 때 우리는 화해가 지속적으로 이루어지지 않았다는 사실을 안다. 그러나 다윗에 대한 사울의 마지막 말은 축복이었으며 그의 궁극적인 승리에 대한 예견이었다. 그가 세 번에 걸쳐 "내 아들아"라고 부른 그 사람은 사실상 그의 후계자가 될 것이다.

32. 이중적 대행자 다윗(27:1-28:2)

참고문헌

Ackroyd, P. R. "The Hebrew Root באש." *JTS* N.S. 2(1951) 30-36. **Cross, F. M.** "The History of the Biblical Text in the Light of Discoveries in the Judaean Desert." *HTR* 57(1964) 281-99. **Wainwright, G. A.** "Some Early Philistine History." *VT* 9(1959) 73-84.

본 문

1 다윗이 그 마음에 생각하기를 내가 후일에는 사울의 손에 망하리니 블레셋 사람의 땅으로 피하여 들어가는 것이 상책이로다 사울이 이스라엘 온 경내에서 나를 수색하다가 절망하리니 내가 그 손에서 벗어나리라 하고

2 일어나 함께 있는 육백 인으로 더불어 가드 왕 마옥의 아들 아기스에게로 건너가니라

3 다윗과 그의 사람들이 각기 가족을 거느리고 가드에서 아기스와 동거하였는데 다윗이 그 두 아내 이스르엘 여자 아히노암과 나발의 아내 되었던 갈멜 여자 아비가일과 함께 하였더니

4 다윗이 가드에 도망한 것을 혹이 사울에게 고하매 사울이 다시는 그를 수색하지 아니하니라

5 다윗이 아기스에게 이르되 내가 당신께 은혜를 받았거든 지방 성읍 중 한 곳을 주어 나로 거하게 하소서 당신의 종이 어찌 당신과 함께 왕도에 거하리이까

6 아기스가 그 날에 시글락을 그에게 주었으므로 시글락이 오늘까지 유다 왕에게 속하니라

7 다윗이 블레셋 사람의 지방에 거한 날 수는 일년 넉 달이었더라

8 다윗과 그의 사람들이 올라가서 그술 사람과 기르스 사람과 아말렉 사람을 침노하였으니 그들은 옛적부터 술과 애굽 땅으로 지나가는 지방의

1 David thought to himself, "I will be swept away one day by Saul. There is nothing better for me to do [a]than to escape[a] to the land of the Philistines. Then Saul will lose hope[b] of seeking me any more throughout the territory of Israel, and I will escape from him."

2 David rose to go over, he and the six hundred men with him, to Achish the son of Maon, king of Gath.

3 David lived with Achish[a] – both he and his men, each person and his household. With David were his two wives, Ahinoam the Jezreelite, and Abigail, the wife of Nabal the Carmelite.[b]

4 When Saul was informed that David had fled to Gath, he did not keep pursuing him any more.

5 "If I have found favor in your eyes," David said to Achish, "let me be given a place in one of the outlying cities where I can live. Why should your servant live with you in the royal city?" So Achish gave him on that day Ziklag.

6 [a]For this reason[a] Ziklag has belonged to the kings of Judah up to this day.

7 The length of time David dwelled in the fields of the Philistines was a year and four months.

8 David and his men went up and raided the Geshurites[a] and Amalekites. [b]The land was occupied from Telam[b] until you come[c] to Shur in the

거민이라
9 다윗이 그 땅을 쳐서 남녀를 살려 두지 아니하고 양과 소와 나귀와 약대와 의복을 취하고 돌아와서 아기스에게 이르매
10 아기스가 가로되 너희가 오늘은 누구를 침노하였느냐 다윗이 가로되 유다 남방과 여라무엘 사람의 남방과 겐 사람의 남방이니이다
11 다윗이 그 남녀를 살려 가드로 데려가지 아니한 것은 그의 생각에 그들이 우리에게 대하여 이르기를 다윗의 행사가 이러하여 블레셋 사람의 지방에 거하는 동안에 이같이 행하는 습관이 있다 할까 두려워함이었더라
12 아기스가 다윗을 믿고 말하기를 다윗이 자기 백성 이스라엘에게 심히 미움을 받게 하였으니 그는 영영히 내 사역자가 되리라 하니라
28:1 그 때에 블레셋 사람이 이스라엘을 쳐서 싸우려고 군대를 모집한지라 아기스가 다윗에게 이르되 너는 밝히 알라 너와 네 사람들이 나와 한가지로 나가서 군대에 참가할 것이니라
2 다윗이 아기스에게 이르되 그러면 당신이 종의 행할 바를 아시리이다 아기스가 다윗에게 이르되 그러면 내가 너로 영영히 내 머리 지키는 자를 삼으리라 하니라

direction of [d]the land of[d] Egypt.
9 When David would attack the territory, he would not preserve alive any man or woman, but he would seize sheep, cattle, asses, camels and garments. Then he would return and [a]bring them[a] to Achish.
10 If Achish asked him, "Whom[a] did you raid today?" David said, "The Negeb of Judah," or "the Negeb of Jerahmeel,"[b] or "the Negeb of the Kenizzites."[c]
11 He[a] would not preserve any man or woman alive to bring them to Gath lest they report about his activities.[b] So David did, and this was his custom for all the time he lived in the fields of the Philistines.
12 Achish trusted David, thinking, "He has really made himself odious among his own people Israel. He shall become my permanent servant."
28:1 At that time the Philistines assembled their troops for battle to fight against Israel. Achish said to David, "You ought to understand fully that it is with me that you will go out [a]with the troops, you and your men."[a]
2 David answered Achish, "This being so, you finally will get to see what your servant can do." Replied Achish to David, "Therefore, I'm going to make you my permanent bodyguard."

원문주해

1.a.-a. 키 임 이말레트(כי אם אמלט), 참조. 70인경(LXX); 마소라 본문(MT): 키 히말레트 이말레트(כי המלט אמלט).

1.b. 70인경(LXX); 마소라 본문(MT)은 필요 이상의 미메니(ממני)를 추가한다.

3.a. 70인경(LXX); 마소라 본문(MT)은 추가한다: "갓에서."

3.b. 70인경(LXX)은 이 이방인을 나발로 해석한다; 마소라 본문(MT)은 아비가일을 갈멜 족속으로 이해한다.

6.a.-a. 알켄(על כן), 참조. 본문 수정판(*Sebir*); 마소라 본문(MT): 라켄(לכן).

8.a. 참조. 70인경(LXX); 마소라 본문(MT)은 추가한다: "그리고 그 기르스 사람들

(Girzites)" 혹은 케레(*Qere*)가 그런 것처럼 "그리그 고 기스르 사람들(the Gizrites)." 그러나 게셀 성읍(Tell Jezer; MR 142140)에 대한 후자의 언급은 명백히 지나치게 먼 북쪽이다. 스토베(Stoebe)는 기르스 사람들이 70인경(LXX)에서는 우연히 누락된 알려지지 않은 족속이라고 믿는다.

8.b.-b. 붸힌네("보라") 하아레츠 노쉐베트 미믈라트(הארץ נושבת מטלם["보라"] והנה). 참조. 70인경(LXX)과 맥카터에 의한 훌륭한 토론; 마소라 본문(MT): 키 헨나("그들은", 여성 복수) 요쉬보트 하아레츠 아쉐르 메올람(ישבות הארץ אשר מעולם ["they" f.] כי הנה, "왜냐하면 그들은 옛적부터 그 땅에 거주했기 때문이다").

8.c. 마소라 본문(MT); 이 표현은 분명 70인경(LXX)에는 존재하지 않지만, 델람과 술에 대해 혼란을 주는 이중적 번역을 갖는다.

8.d.-d. 마소라 본문(MT); 이 표현은 분명 내부에서의 중자탈락(halograpy)에 의해 70인경 바티칸 사본(LXX^B)에는 존재하지 않는다: 테스…게스(τῆς…γῆς).

9.a.-a. 많은 사람들은 이 동사를 11절에서처럼 히필형으로 이해한다; 마소라 본문의 모음을 따르면 칼형으로 "오다"이다.

10.a. 임 메이(עמ מי) 4Q, 70인경(LXX): 마소라 본문(MT): 임(אם).

10.b. 참조. 4Q 70인경(LXX); 마소라 본문(MT): "여라무엘 사람들."

10.c. 70인경(LXX)을 따라 "그나스 사람"; 마소라 본문(MT): "겐 사람." 어느 쪽이든 다 가능한 생각이다(참조. 30:29 LXX과 15:6과 30:29 MT. 이 구절들에서는 양쪽 모두 아말렉 사람들과 관련되어 있다). 우리는 그나스 사람들을 선택하는데, 그 이유는 그것이 다윗의 발언들을 반어적 속임수(ironic twist)로 만들기 때문이다. 다윗은 아기스에게 그가 자신의 친족을 공격하는 중이라고 말한 셈이다. 참조. "주석."

11.a. 70인경 바티칸 사본(LXX^B); 마소라 본문(MT): "다윗."

11.b. 마소라 본문(MT)과 70인경(LXX)은 추가한다: "이르기를." 이 역본들은 이어지는 문장을 해설자의 설명이 아닌 생존자들의 보고의 일부로 오해했다.

28:1.a.-a. 마소라 본문(MT); 참조. 4Q 요세푸스 *Ant* 6.325: 레밀하마 이즈르엘(יזראל למלחמה, "이즈르엘에서의 전쟁을 위해"). 이 독법에 대해서는 울리히(Ulrich, 171-72)를 보라. 쿰란 본문은 요세푸스에 있는 독법이 궁극적으로 권위 있는 한 히브리어 이본으로 거슬러 올라간다는 것을 보여 주었다. 그러나 이 이본은 "더 쉬운" 독법("전쟁을 하러"가 "군대와 함께" 혹은 "진영에서"를 대체한다)이며, 또한 29:1, 11과 연결시키려는 시도다. 그러한 이유로 아마도 마소라 본문(MT)이 선호되었을 것이다(McCarter, Ulrich는 이와 반대다) 크로스(Cross)는 이것을 4Q에 있는 원-루시안 독법의 한 가지 예로 인용한다.

양식/구조/배경

다윗이 아기스의 군대에 합류한다는 기사(참조. 21:11-16, 영역본. 10-15)는 27장 전체와 28장의 처음 두 구절에 걸쳐 나온다. 거기서 엔돌의 무녀 이야기가 그 기사에 끼어들고, 그것은 다시 29-30장에서 재개된다.

요약. 다윗은 사울에 의해 체포되는 것을 두려워했기 때문에 아내들과 600명의 사람들을 데리고 가드 왕 아기스의 군대에 합류했다(1-4절). 다윗이 외딴 곳의 성읍을 봉토로 요구하자 시글락이 그에게 주어졌다. 그는 블레셋 사람들과 6개월을 머물렀다(5-7절). 다윗은 남쪽의 여러 민족들을 주기적으로 침공해서 그들로부터 많은 노획물을 가져왔다. 그러나 그는 그들이 자신을 사울 왕에게 밀고하지 못하도록 한 사람도 살려두지 않았다. 다윗이 아기스에게 전한 자신의 행위에 대한 보고는 모호했으며, 그 왕은 다윗이 자신의 동족을 침략하고 있다고 결론지었다(8-12절). 이스라엘과 전쟁이 벌어졌을 때 아기스는 다윗에게 자신과 동반해야 한다고 고집했다. 다윗이 자신의 군사적 기백을 자랑할 때, 아기스는 만일 다윗이 자신의 경호를 맡으면 그에게 보답을 하겠다고 약속했다(28:1-2).

사무엘상에서 이 사건은 다윗이 두 번째로 아기스에게 합류하려는 시도로 나타난다. 그러나 현재의 단원에는 앞서 나오는 21:11-16(영역본. 10-15)에 있는 기사에 대해 어떤 언급도 없다. 후자의 구절에 대한 토론에서, 우리는 그것의 목적이 다윗의 블레셋 사람들에게로의 탈출을 덜 심각하게 보이도록 하려는 데 있었을 수 있다고 제안했다. 26장에서 27장으로의 전환은 어색하다. 비록 다윗과 사울이 24장과 마찬가지로 26장에서도 화해하게 되지만, 다윗은 자신이 나라를 떠나야 한다는 결론을 내린다. 이러한 서투른 전환은 HDR이 완전히 새로운 작품이라기보다는 적어도 상당한 분량이 이미 존재하고 있던 문서들의 편찬이라는 것을 시사하는지 모른다.

블레셋 지경으로의 이동에 대한 이유와 규모를 설명한 후에(1-4절) 해설자는 다윗의 요청, 즉 그가 블레셋 수도에 있음으로써 부담이 되지 않도록 한 성읍을 봉토로 할당해 달라는 요청을 보고한다(5절). 아기스가 시글락을 제공하는 것이 보고되는데, 이것은 왜 이 성읍이 몇 년 후에 남쪽 왕들에게 속하게 되었는지를 말해 주는 원인론적 설명으로 나온다(6절). 7절은 연대기적 보고다.

다윗의 여러 침략과 그것에 대한 기사들은 나중에 그가 유다 백성들에게 베풀 호의를 위한 무대를 설정한다(30:16-21). 그것들은 또한 어떻게 그 미래의 왕이 반역

죄를 저지르지 않으면서 아기스의 환심을 샀는지를 보여 준다. 그렇지만 그 책략은 갑자기 새롭게 복잡한 양상으로 발전한다. 어리석은 아기스에게서 다윗이 거둔 바로 그 성공으로 인해 그는 동족과의 전쟁에 참여하라고 초청 받은 것이다. 이야기꾼은 잠정적으로는 잘못된 결말을 독자들 앞에 잠시 보류해 두며, 나아가 29장에서 다윗의 이 진퇴양난의 상황을 해결하기도 전에 사울이 보여 주고 있는 편집 증세가 어떤 것인지를 보고하기조차 한다.

이 단원에는 신명기 학파적 편집에 대한 어떠한 뚜렷한 흔적도 존재하지 않는다.

주석

1-4 다윗과 사울의 갈등에 대한 마지막 큰 단편이 조만간 왕이 자신을 체포해 제거할 것이라는 다윗 자신의 생각과 더불어 시작된다(참조. 창 8:21; 삼상 21:13). 26:10에서 다윗은 사울이 언젠가 전쟁에서 "제거될 것"이라고 예견했다. 블레셋은 이스라엘 영토 밖에 있었기 때문에, 또한 그 곳은 사울의 통치권 밖이었다. 다윗의 탈출은 사울로 하여금 단호했으나 불가능했던 추적을 포기하도록 하기 위한 의도였다.

이때 다윗의 친위대는 600명의 군사와 그들의 가족들(각 남자들과 그의 가족들, 3절), 그리고 그가 유대 땅에서 결혼했던 두 아내(25:42-43)를 포함했다. 그의 여행은 가드 왕 아기스에게로 향했다(그 곳의 위치에 대해서는 5:8에 있는 "주석"을 보라). 21:11-16(영역본. 10-16)에 따르면 다윗은 그 왕 앞에서 미친 척했었다. 2절에서 아기스의 아버지는 마옥으로 확인되는데, 열왕기상 2:39에 따르면 그의 이름은 가드 왕 아기스의 아버지인 마아가(מעכה)와 아주 비슷하다. 두 사람을 동일시하는 데 있어서 가장 큰 난점은 이 두 사건 사이에 40년 이상의 간격이 있다는 사실이다. 다윗이 블레셋 사람들에게 도망갔다는 것을 사울이 알았을 때, 그는 다윗에 대한 수색을 포기했다(4절; 참조. 24:3[영역본. 2]; 25:26, 29; 26:2, 20).

5-7 이 단원에 있는 다윗과 아기스의 대화는 항상 최상의 예의와 의전 격식을 따른다. 그러나 그들은 또한 항상 충분한 대화가 부족하다. 다윗은 자신과 친위대가 수도 성읍에서 짐이 되지 않도록 자신의 작전 수행을 위해 외곽의 기지를 달라고 요청했다. 그는 또한 동시에 자신을 왕과 분리시킴으로써 간섭을 덜 받고 행동할 수 있는 분위기를 만들었으며, 자신이 그런 행동들에 대해 설명해 줄 유일한 사람이 될 것이다. 아기스는 그에게 시므온(수 19:5; 참조. 대상 4:30)과 유다(수 15:31)

에 할당된 성읍인 시글락을 주었다. 후자에 대한 언급은 아마도 9세기나 그 이후의 행정적 변화로 만들어진 유다 지역의 목록에서 온다(참조. Aharoni, *Land of the Bible*, 347-56). 그뢴백은 시글락은 본래 시므온에 속해 있었으며, 블레셋 족속이 다윗 시대 직전에 시므온 영토의 많은 부분을 차지했다고 제안한다. 시글락은 텔 에쉬-샤리아(Tell esh-Shārî'ah, MR 119088)로 확인되는데, 이 곳은 가자 남동쪽 약 15마일 지점이며 가드 남서쪽으로는 약 25마일 지점이다. 비록 시글락과 가드가 둘 다 확인이 불확실하지만, 요점은 분명 다윗이 상당한 자유를 누릴 수 있을 만큼 아기스로부터 충분히 떨어져 있었다는 것이다. 아기스 또한 다윗에게 한 성읍을 제공함으로써 남부 전선에 여러 골치 아픈 민족들을 공격할 사람을 확보했기 때문에 의심 없이 이러한 배치가 이득이 있다고 생각했다. 저자는 이러한 봉토의 배치가 시글락이 유다 왕들의 개인적 소유가 되는 법적인 근거였다고 말한다. "유다 왕들"이라는 표현 자체는 아마도 왕국의 분열을 전제할 수 있다(이러한 표현에 대해서는 왕하 18:5; 23:5, 11-12, 22을 보라). 만일 시글락에 대한 이러한 원인론적 언급이 본래의 HDR의 일부라면, 그것은 이 문서의 연대가 10세기 후반이나 가장 빠르게는 9세기 초반임을 암시한다. 7절에 있는 연대기적 언급은 문자적으로 다윗이 블레셋에서 "여러 날"과 넉 달을 머물렀다는 것이다. "날들"은 일년과 동의어로 볼 수 있을 것이다(참조. 삿 17:10; 삼하 14:26). 29:3에서는 아기스가 다윗이 여러 날과 해를 머물렀다고 말한다!

[8]-[12] 다윗은 시글락에 있는 전초 기지로부터 그술 사람들과 아말렉 사람들에 대한 주기적인 침공을 감행했다. 그들은 아마도 이스라엘의 전통적인 대적이었다(아말렉 족속에 대해서는 14:48; 15장; 30장을 보라). 그술 족속에 대해서는 그들이 정복된 땅의 일부에 사는 백성들로서 블레셋 족속 및 아위 족속(Avvim)과 관련되어 있다는 사실 외에는 거의 알려져 있지 않다. 이어서 아위 족속은 신명기 2:23에서 가자와 연관되어 있다. 또 다른 그술 족속이 요단 동편(트랜스 요르단)에 있는데(신 3:14; 수 12:5; 13:11, 13; 삼하 13:37), 따라서 그들은 현재의 문맥과 관련이 없다. 들라임(Telam; 참조. "원문주해" 8.b.)은 헤브론 남쪽 약 30마일 지점의 성읍이며(참조 15:4), 술(Shur)은 딤사 호(湖) 동쪽 어딘가에 있는 이집트 동쪽이나 접경 지역에 위치해 있다(15:7). 비록 본문과 지정학적 정보 둘 다 불확실하다 할지라도, 이 이야기는 어떻게든 우리에게 다윗의 침공이 시글락 남쪽에서 성공을 거두었으며 따라서 아기스의 시야 밖에서 성과를 올렸다고 말하려 한다. 다윗이 포로를 전혀 잡아오지 않는 정책은 사울이 아말렉과의 전쟁에서 아각 왕을 체포한 불

순종(15:8)과 날카롭게 대조된다. 그렇지만 다윗은 옷가지들뿐만 아니라 많은 종류의 가축들을 풍부하게 전리품으로 취했다(전쟁에서 전리품으로서의 옷에 대해서는 삿 8:26과 왕하 7:8을 보라).

다윗은 그러한 전투들을 통해 자신의 군대와 스스로를 보충했고 또한 나중에 있었던 아말렉과의 전투 후에는 유대 동족들에게 전리품을 제공하여 그들의 환심을 사기도 했다(30:26-31). 그러나 이번에는 그가 물품들을 아기스에게 가져왔다. 또다시 대화는 완전하지 않았다. 아기스는 자신의 남쪽 대적들이 정복되고 있다는 것에 기뻐했으나, 동시에 그는 다윗이 역시 이스라엘의 대적들을 밀어내는 셈이 되고, 어쩌면 그가 유다에서 전리품들을 개인적으로 착복했으리라는 것을 깨닫지 못하고 있었다. 아기스가 누구를 침략했느냐고 물었을 때, 다윗은 유다의 네게브(한글 개역: 남방; 참조. 삼하 24:7; 대하 28:18)와 여라무엘의 네게브, 그리고 겐 족속의 네게브를 언급하면서 어렴풋하게 대답했다(참조. 삼상 30:14, 29). 유다 네게브는 브엘세바 지역에 있었을 것이다(삼하 24:7). 여라무엘 네게브는 이 성읍의 남쪽 어디쯤이고 겐 족속의 네게브는 헤브론(수 14:6-14; 15:52-54)과 드빌(수 15:15-19; 삿 1:11-15) 근처였을 것이다. 어쨌든, 그 소식은 왕에게는 다윗이 자신의 동족을 침공하고 있는 것처럼 들렸다! 이것은 아기스와 다윗 사이의 신뢰 관계를 형성하는데 도움이 되었다. 동족 사이에서 자신을 매국노로 만드는 자(참조. 창 34:30; 출 5:21; 삼상 13:4; 삼하 10:6; 16:21)는 그 누구든, 그가 이스라엘 사람일지언정 믿을 수 있는 사람이었다! 아기스의 사람들이 일찍이 다윗을 그 땅의 왕으로 언급한 바 있었지만(삼상 21:11), 아기스는 이제 그를 영원한 종 혹은 동맹자로 간주했다(참조. 신 15:17; 출 21:6; 욥 40:20[영역본. 41:4]).

그 왕은 유다가 다윗 자신의 부족이라는 것과, 또한 다윗이 여라무엘(족보상으로 람[Ram]의 "형제"로 간주된다. 참조. 대상 2:9, 25-33, 42) 및 겐 사람들(겐 사람들의 이름의 시조가 된 조상은 갈렙의 손자 그나스인데, 그는 여라므엘의 "형제"이자 다윗의 조상인 람의 "형제"였다)과 친족 의식을 갖고 있다는 사실을 거의 눈치채지 못했다.

고무적인 소식으로 아기스의 마음을 사로잡은 일이 다윗의 사람들 사이에 회자되었을 때 한바탕 웃음이 일어났을 것이다. 그들이 유다 친족들을 살아 생전에 공격할 일은 전혀 없었을 것이다. 다윗이 생존자를 전혀 남겨두지 않은 행위는 일부 도망자들이 아기스에게 가서 사건의 진상을 말하지 못하도록 하기 위함이었다. 이것은 블레셋 사람들 사이에 있는 동안 다윗의 교과서적인 작전 절차였다. 다윗의 이방 땅 체류는 불충성의 시기가 되기는커녕 아말렉과 같은 대적들을 격파하고 원수 된 블레셋 사람들을 속이면서 보낸 시기였다(그러한 다윗의 군사적 업적이 사울을 돕는 일이 되어, 결과적으로 그에게 충성한 셈이 되었다는 의미 – 역자주).

28 1-2 그러나 이제 블레셋의 대외 정책은 중대한 전환점을 갖게 되었다: 그들은 이스라엘과의 전쟁을 위해 군사 행동에 돌입했다. 만일 다윗이 자신의 동족들을 대항하여 블레셋 편에서 싸우라는 명령을 받는다면, 다윗의 친 – 이스라엘 게릴라 전술은 모두 수포로 돌아가고 말 것이다. 특별히 이 전투가 사울이 죽을지도 모를 전투였을 것이기에 더욱 그러했다. 이제 다윗은 멀리 시글락에 숨어 있을 수 없었다. "너와 네 사람들이 나와 함께(한글 개역: 한 가지) 나가서 군대에 참가할 것이니라"고 아기스가 말했다. 히브리어 문장은 "나와 함께"란 단어를 특별히 눈에 띄게 한다. 다윗은 재빨리 그 상황을 자신에게 유리한 방향으로 돌리려 했다. "그렇게 하겠습니다. 당신은 당신의 종이 이 전장에서 어떻게 행할지를 알게 될 것입니다(한글 개역: 그러면 당신이 종의 행할 바를 아시리이다)"라고 다윗이 말했다. 아기스가 대답했다. "그렇다면", 다시 말해 네가 그 약속을 지킨다면 "나는 너를 종신 호위대장으로 삼을 것이다(한글 개역: 그러면 내가 너로 영영히 내 머리 지키는 자를 삼으리라)." 다윗이 블레셋 진영에서 거둔 바로 그 성공이 이제 튕겨나온 탄환이 되어 그의 머리로 날아오기 직전이었다. 다윗은 덫에 걸려 꼼짝 못할 상황에 봉착한 것일까?

해설

다윗의 등극 역사는 그의 블레셋 진입에 대해 아주 긍정적인 해석을 시도한다. 그는 조만간 성공을 거두게 되어 있는 사울의 가차없는 추적 때문에 어쩔 수 없이 그 땅을 벗어나야 했다. 그 추적은 24장과 26장에서 다윗이 왕을 죽일 기회를 그냥 넘겼던 두 차례의 사건에도 불구하고 계속되었다. 각각의 사건에서 분명히 매번 두 사람 사이의 화해가 이루어졌던 것으로 보인다. 그렇지만 사실은 다윗을 대적하도록 사울을 부추기던 백성들이 그 젊은 베들레헴 사람으로 하여금 그 땅을 떠나 다른 신들이 경배를 받는 장소로 가도록 강요하고 있었다. 다윗은 사울 왕에게 자신이 그런 이방 땅에서 (왕으로부터 – 역자주) 폭력을 당하지 않게 해 달라고 간청했다(26:19-20).

다윗은 자신의 강요된 추방을 이용하여 블레셋 사람들을 잔꾀로 속인 뒤 다른 이스라엘의 대적들을 상대로 싸웠다. 다윗은 아기스에게 유다를 침공했다는 말을 했지만, 독자들은 이것은 사실이 아니라 가드 왕 아기스를 어리둥절하게 만들려는 무고한 거짓말이라는 것을 알고 있다.

다윗이 고향을 떠나 있던 시간은 유다 백성들을 강성케 하는 데 사용되었고, 나아가 시글락을 영구적인 왕실의 봉토로 입수하여 왕실의 재산에 추가시키는 데 사용되었다. 다윗의 냉정한 전쟁 전략은 빈틈없이 수행된 과감한 행동으로 이해되었다. 그는 포로들이 밀고자가 되어 자신의 은신처를 파괴하지 못하도록 그들을 모두 죽여야만 했다.

그러나 만일 이스라엘과의 전투에 합류해 달라는 아기스의 요구가 다윗으로서는 거절할 수 없는 초청인 것이 판명된다면, 다윗과 같은 사람이라도 이러한 과감한 도박에서 질 수도 있었을 것이다. 왕의 요청에 대한 다윗의 즉각적인 수용은 그에게 시간을 벌게 했으며, 또한 그것은 아기스가 다윗의 두드러진 자질을 인식한 사람들의 대열에 합류하게 되었다는 사실을 보여 주었다(21:11-16[영역본. 10-15]과는 정반대). 다윗이 중대한 전투에서 이스라엘과의 격돌을 어떻게 모면하는지를 보여 주기 전에, 해설자는 사울이 다윗의 부재 가운데 새로운 나락에 떨어진다는 것을 언급할 것이다(28장).

33. 엔돌에서의 나쁜 소식(28:3-25)

참고문헌

Beuken, W. A. M. "I Samuel 28: The Prophet as 'Hammer of Witches.'" *JSOT* 6(1978) 3-17. **Hoffner, H. A.** "אוֹב *'ôbh.*" *TDOT* I, 130-34. ______. "Second Millennium Antecedents to the Hebrew *'ôb.*" *JBL* 86(1967) 385-401. **Lust, J.** "On Wizards and Prophets." *Studies in Prophecy.* VTSup 26. Leiden: E. J. Brill, 1974, 133-42. **Smelik, K. A. D.** "The Witch of Endor: I Samuel 28 in Rabbinic and Christian Exegesis Till 800 A.D." *VC* 33 (1979) 160-79.

본 문

3 사무엘이 죽었으므로 온 이스라엘이 그를 애곡하며 그의 본성 라마에 장사하였고 사울은 신접한 자와 박수를 그 땅에서 쫓아내었었더라

3 At Samuel's death all Israel mourned for him and buried him in Ramah, in[a] his own city. Meanwhile Saul had removed the (images of) ancestral spirits and ghosts from the land.

4 블레셋 사람이 모여 수넴에 이르러 진치매 사울이 온 이스라엘을 모아 길보아에 진쳤더니

4 The Philistines assembled and came to encamp at Shunem while Saul assembled all Israel to encamp at Gilboa.

5 사울이 블레셋 사람의 군대를 보고 두려워서 그 마음이 크게 떨린지라

5 When Saul saw the camp of the Philistines, he was afraid and his heart trembled very much.

6 사울이 여호와께 묻자오되 여호와께서 꿈으로도, 우림으로도, 선지자로도 그에게 대답지 아니하시므로

6 Saul inquired of Yahweh, but Yahweh did not answer him either through dreams, Urim, or prophets.

7 사울이 그 신하들에게 이르되 나를 위하여 신접한 여인을 찾으라 내가 그리로 가서 그에게 물으리라 그 신하들이 그에게 이르되 보소서 엔돌에 신접한 여인이 있나이다

7 Saul instructed his servants, "Seek out for me a [a]woman dealing with ancestral spirits[a] since I want to go to her and inquire of her." "There is a [a]woman dealing with ancestral spirits[a] in En-dor," his servants replied.

8 사울이 다른 옷을 입어 변장하고 두 사람과 함께 갈새 그들이 밤에 그 여인에게 이르러는 사울이 가로되 청하노니 나를 위하여 신접한 술법으로 내가 네게 말하는 사람을 불러 올리라

8 Saul disguised himself, putting on different clothes. Accompanied by two men, he set off and they came to the woman by night. He said, "Divine for me with an ancestral spirit and bring up the one I tell you."

9 여인이 그에게 이르되 네가 사울의 행한 일 곧

9 "You know," the woman observed to him, "what

그가 신접한 자와 박수를 이 땅에서 멸절시켰음을 아나니 네가 어찌하여 내 생명에 올무를 놓아 나를 죽게 하려느냐

10 사울이 여호와로 그에게 맹세하여 가로되 여호와께서 사시거니와 네가 이 일로는 벌을 당치 아니하리라
11 여인이 가로되 내가 누구를 네게로 불러 올리랴 사울이 가로되 사무엘을 불러 올리라
12 여인이 사무엘을 보고 큰 소리로 외치며 사울에게 말하여 가로되 당신이 어찌하여 나를 속이셨나이까 당신이 사울이시니이다
13 왕이 그에게 이르되 두려워 말라 네가 무엇을 보았느냐 여인이 사울에게 이르되 내가 신이 땅에서 올라오는 것을 보았나이다
14 사울이 그에게 이르되 그 모양이 어떠하냐 그가 가로되 한 노인이 올라오는데 그가 겉옷을 입었나이다 사울이 그가 사무엘인 줄 알고 그 얼굴을 땅에 대고 절하니라

15 사무엘이 사울에게 이르되 네가 어찌하여 나를 불러 올려서 나로 분요케 하느냐 사울이 대답하되 나는 심히 군급하니이다 블레셋 사람은 나를 향하여 군대를 일으켰고 하나님은 나를 떠나서 다시는 선지자로도 꿈으로도 내게 대답지 아니하시기로 나의 행할 일을 배우려고 당신을 불러 올렸나이다
16 사무엘이 가로되 여호와께서 너를 떠나 네 대적이 되셨거늘 네가 어찌하여 내게 묻느냐

17 여호와께서 나로 말씀하신 대로 네게 행하사 나라를 네 손에서 떼어 네 이웃 다윗에게 주셨느니라

18 네가 여호와의 목소리를 순종치 아니하고 그의 진노를 아말렉에게 쏟지 아니하였으므로 여호와께서 오늘날 이 일을 네게 행하셨고

19 여호와께서 이스라엘을 너와 함께 블레셋 사람의 손에 붙이시리니 내일 너와 네 아들들이 나

Saul has done by cutting off the (images of) the ancestral spirits and the ghosts[a] from the land. Why are you laying snares for my life in order to kill me?"
10 Saul swore to her,[a] "As Yahweh lives, no iniquity will come upon you in this matter."

11 "Whom shall I bring up for you?" the woman asked. He replied, "Bring up Samuel for me."
12 When the woman saw Samuel, she cried out with a loud voice and said to Saul, "Why have you deceived me? You are Saul!"
13 The king said to her, "Do not be afraid.[a] What have you seen?" [b]She said,[b] "I saw gods coming up from the underworld."
14 "What was his form?" he asked her. "An erect[a] man came up," she answered, "and he was wrapped up in a robe." Then Saul knew for sure that it was Samuel. He bowed down, with his face to the ground, and prostrated himself
15 Samuel spoke up,[a] "Why have you disturbed me by bringing me up?" Saul replied, "I have a great deal of trouble since the Philistines are fighting against me, and God has departed from me. He had not answered me any more either through prophets or through dreams. So I called[b] you to tell me what I should do."
16 Samuel went on, "[a]Why did you ask me since Yahweh has departed from you and is [b]with your neighbor[b]?
17 Yahweh has done to you[a] just what he threatened by my hand. Yahweh has torn kingship from your hand and given it to your neighbor David.
18 Just as you did not listen to the voice of Yahweh and did not carry out my hot displeasure on Amalek, therefore, Yahweh has done this thing to you today.
19 [a]Yahweh will also give Israel with you into the hand of the Philistines.[a] Tomorrow you and your

와 함께 있으리라 여호와께서 또 이스라엘 군대를 블레셋 사람의 손에 붙이시리라

sons [b]will fall at the same time,[b] and Yahweh will also give the camp of Israel into the hand of the Philistines."

20 사울이 갑자기 땅에 온전히 엎드러지니 이는 사무엘의 말을 인하여 심히 두려워함이요 또 그 기력이 진하였으니 이는 그가 종일 종야에 식물을 먹지 못하였음이라

20 Saul fell down to the ground at his full length in a flash. He was very much terrified by the words of Samuel, and there was no strength in him since he had not eaten bread all day and all night.

21 그 여인이 사울에게 이르러 그 심히 고통함을 보고 그에게 이르되 여종이 왕의 말씀을 듣고 나의 생명을 아끼지 아니하고 왕이 내게 이르신 말씀을 청종하였사오니

21 The woman came to Saul and saw that he was very disturbed. She said, "Your maidservant listened to your voice, and I took my life in my hands by hearkening to your words which you spoke to me.

22 그런즉 청컨대 이제 여종의 말을 들으사 나로 왕의 앞에 한 조각 떡을 드리게 하시고 왕은 잡수시고 길 가실 때에 기력을 얻으소서

22 Now, you also listen to the voice of your maidservant. I will place before you a morsel of bread. Eat it. Let there be strength in you when you set out on the road."

23 사울이 거절하여 가로되 내가 먹지 아니하겠노라 그 신하들과 여인이 강권하매 그 말을 듣고 땅에서 일어나 침상에 앉으니라

24 여인의 집에 살진 송아지가 있으므로 그것을 급히 잡고 가루를 취하여 뭉쳐 무교병을 만들고 구워서

25 사울의 앞에와 그 신하들의 앞에 드리니 그들이 먹고 일어나서 그 밤에 가니라

23 [a]He refused and said, "I shall not eat.[a]" But when his servants and even the woman urged[b] him, he listened to their voice. Rising from the ground he sat down on the bed. The woman had a stall-fed calf in the house, and she quickly butchered it. She took flour, kneaded it, and baked unleavened cakes. When she set them before Saul and his servants, they ate. Then they rose and set out that[a] same night.

원문주해

3.a. 70인경(LXX); 마소라 본문(MT): "그리고 안에"(and in). 마소라 본문(MT)의 접속사는 아마 설명의 와우(waw explicativum)로서, 대개 "즉"(that is)으로 해석된다. 참조. *GKC* 154a n. 1b.

7.a.-a. 에쉐트 옵(אשת אוב), 참조. 70인경(LXX); 마소라 본문(MT)은 이문병합되었다: 에쉐트 빠알라트 옵(אשת בעלת אוב). 참조. 맥카터.

9.a. 이 단어의 마지막 자음 멤(*mem*)은 중자탈락에 의해 마소라 본문(MT)에서 사라졌다. 이어지는 단어 또한 멤으로 시작한다는 것을 주목하라.

10.a. 70인경(LXX); 마소라 본문(MT)은 "여호와에 의해"를 추가한다.

13.a. 마소라 본문(MT)은 이 동사 후에 키(כי)를 추가한다; 70인경(LXX)은 에이폰(εἰπὸν, "말하라!")을 추가한다.

14.a. 조케프(זקף), 참조. 70인경(LXX)과 시 145:14; 마소라 본문(MT): 자켄(זקן, "늙은").

15.a. 70인경 바티칸 사본(LXX[B]); 마소라 본문(MT)은 "사울에게"를 추가한다.

15.b. 참조. GKC 48d와 스토베. 그들은 권유법(cohortative)의 자기 격려 용법(self-encouragement)에 주의를 집중시킨다.

16.b.-b. 임 레에카(עם רעך), 참조. 70인경(LXX), 시리아역(Syr); 마소라 본문(MT): 아레카(ערך). 설득력 있는 히브리어 어원이 존재하지 않는다. 스미스는 짜레카(צרך, "[여호와는] 너의 대적이다")로 읽는다.

17.a. 70인경(LXX); 마소라 본문(MT): "그에게." 분명 본래의 레카(לך)가 중자탈락으로 훼손되었고, 그 후 본문이 잘못 교정되었다.

19.a.-a. 임카 노플림(עמך נפלים), 참조. 70인경(LXX); 마소라 본문(MT): 임미(עמי, "[너와 너의 아들들]이 나와 함께 있을 것이다").

23.a.-a. 마소라 본문(MT): 70인경(LXX): "그는 먹지 않았을 것이다." 70인경 루시안 개정본(LXX[L])은 이 이문들을 병합시킨다.

23.b. 봐이프쯔루(ויפזרו), 참조. 70인경(LXX)과 정확한 어근이 4Q(=NAB)에 보존되어 있는 삼하 13:25, 27; 마소라 본문(MT): 봐이프르쭈(ויפרצו, "부서졌다"). 이것은 자음치환(metathesis)을 보여 주는 이문이다.

25.a. 4Q, 70인경(LXX): 하라엘라(הלילה); 마소라 본문(MT)은 정관사를 전치사 베(ב)로 대체한다.

양식/구조/배경

엔돌의 무녀와의 사건은 비록 지정학적으로는 장소를 벗어났다 할지라도, 28장 내에서 하나의 자충족적인(self-contained) 단위를 형성한다.

요약. 사무엘의 죽음과 매장 후 어떤 시점에 블레셋과 이스라엘 사이의 전선은 북쪽에 형성되었다. 사울은 적들로 인해 두려워 떨면서 여호와의 지시를 구했으나 허사였다. 그는 초혼술의 도움을 받기로 결정했다. 그러나 그런 행위는 자신이 일찍이 금지시켰던 것이었다(3-7절). 사울은 변장을 한 채 초혼술사를 찾아가 그녀를 설득하여 말하기를, 왕실의 금지령이 있었지만 그런 의식의 수행이 범죄 행위가 아니라고 했다. 이어서 그는 그녀에게 사무엘을 불러내 달라고 요구했다(8-11절). 그녀는 그 선지자를 불러낸 뒤에야 비로소 사울을 알아보았다. 왕의 요구에 의해 그녀가 오로지 사무엘일 수밖에 없었던 어떤 사람을 묘사하자 왕은 엎드렸다(12-14절). 그 노령의 선지자는 사울과의 대화에서 자신을 성가시게 한다고 불평했으며, 여호와께서 예전에 사울을 왕권에서 폐위하겠다는 위협을 지금 성취하고 계신다고 선언했다. 아말렉과의 전투에서의 패배로 인해 사울 왕과 그의 아들들은 이튿날이면 쓰러지게 될 것이고, 이스라엘 진영은 여호와에 의해 블레셋 족속에게 넘어갈 것이다(15 -19절). 사울은 두려움으로 무너져 내렸다. 그러나 그 무녀는 사울에게 자신의 말을 듣고 단식을 중단하라고 촉구했다. 사울은 처음에는 거절했으나, 부하들과 그 여자의 간청에 따라 고기와 무교병을 먹었다. 사울과 그의 사람들은 새벽이 되기 전에 떠났다(20-25절).

이 사건에서 긴장으로 가득 찬 사무엘과 사울의 조우는 수치스러운 결과를 가져왔다. 두 사람 사이의 이전의 마지막 만남에서는 사울이 밤새도록 땅에 벗은 채 누워 있었다(19:18-24). 현재의 장은 아멜렉 족속과의 전쟁에서 도출된 주제들을 상기시키며(15장), 길보아 전투에서의 사울의 죽음을 예견한다(31장).

드라이버는 이 장이 분명 지정학적으로는 제자리를 벗어나 있다고 지적한다. 28:4에서 블레셋 족속은 수넴에 있는 이즈르엘 북쪽에 위치해 있다. 반면에, 29:1에서는 그들이 여전히 샤론에 위치한 아벡에 있었다. 그들은 29:11에서는 단지 이즈르엘에 도착했을 뿐이다. 정확한 지정학적 순서는 28:3-25을 29-30장 뒤에 배치함으로써 만들어질 수 있을 것이다. 그러나 다른 본래의 배열을 제안하기보다는 해설자의 의도로 생각하는 것이 더 나아 보인다. 즉, 그는 블레셋의 군사 작전에 참가하도록 초대받은 다윗이 직면한 딜레마를 묘사한 후에 독자들의 관심을 사울과 전쟁을 대비하던 그의 행동들로 전환시킨 다음, 이어서 다윗이 딜레마에서 탈출하는 것을 묘사하는 것으로 되돌아온다. 아말렉 족속에 대한 다윗의 승리(30장)는 그들에 맞서 거룩한 전쟁을 수행한 사울의 패배(15장)와 명확하게 대비된다. 그것은 사울이 왕권을 상실한 주된 이유였다(28장).

왜 그 마녀가 사무엘의 출현 후에야 사울을 알아보게 되었는지는 명확하지 않다. 어떤 사람은 일부 70인경(LXX) 필사본들을 따라 12절에서 "사무엘" 대신 "사울"로 읽는다. 그렇게 되면 그녀가 사울을 보았을 때, 그녀는 "당신은 사울이다"라고 말한 셈이다. 그러나 이것은 왜 그녀가 8-11절에서 그를 알아보지 못했는지 그 이유를 설명하지 못한다. 다른 사람들은(예를 들어, McCarter) 11-12a절이 하나의 선지자적 편집에서 유래했으며, 본래 사울의 신분을 그녀에게 노출시킨 것은 사울의 다급한 목소리의 맹세였다고(10절) 제안한다. 내가 선호하는 세 번째 가능성은 본문의 통일성을 견지하면서 해석하는 것이다. 그런 입장에서 관찰하면, 그녀로 하여금 정확한 실상을 파악하여 누가 왕실의 방문객인지를 알 수 있게 해준 그 무언가는 12절에 있는 사무엘의 출현과 그와 사울 간에 있었던 오랜 인연에 대한 전승이다. 아마도 사무엘의 출현은 평상시의 옵(אוב, "혼령")보다 더 큰 경외심을 일으켰을 것이다. 요컨대 그녀는 13절에서 그를 "신들"로 언급했으며(한글 개역은 14절에서 이것을 복수 "신들"이 아닌 단수 "신"으로 번역한다. 이런 차이가 나는 이유는 히브리어 단어 "엘로힘"이 흔히 단수로 "하나님", "신"으로 번역되지만, 빈번히 복수로 "신들"을 가리키기도 하기 때문이다), 그는 평상시의 선지자 복장인 겉옷을 입고 있었다(14절).

17-19a*a*절은 그것이 선지자적 편집에 의해서든(McCarter), 아니면 신명기 학파의 작업(DtrP, Veijola, *Ewige Dynastie*, 57-59)에 의해서든 일반적으로 사무엘이 준 원래의 신탁의 확장으로 간주된다. 17a절에서 여호와의 말씀의 성취에 대한 언급은 다른 유사한 신명기 학파적 언급들을 상기시킨다(예를 들어, 왕상 15:29; 16:12). 17b절은 15:28에 대한 직접적인 암시다. 사울이 여호와의 목소리에 청종하지 않았다는 비난(18절)은 15:19, 20, 22의 비난의 반복이다. "맹렬한 화를 내다"(18절, 한글 개역: 진노를 쏟다)는 선지자적 근원을 가진 화법이다(호 11:9). 반복적으로 나타나는 19a*a*절은 17-18절에서 원래의 신탁에 추가되어 하나의 다리를 형성하고 있다. 그러나 이 구절은 여호와께서 단순히 이스라엘 진영만이 아니라 이스라엘을 블레셋 족속의 손아귀에 넘겨주실 것이라고 말하고, 그렇게 하여 31장에 있는 패배의 쓰라림을 강조한다. 내가 판단하기에, 17-19a*a*절을 신명기 학파에게 귀속시키는 것은 호감을 가질 만한 장점이 있다.

주석

3-7 사무엘의 죽음은 이미 25:1에서 보고되었는데, 그것이 현재의 장에서 그의 사후의 출현을 예견하는 가운데 한 번 더 기록된다. 3절은 사울이 조상의 혼령들의 형상과 귀신들의 형상을 금지시켰다는 새로운 정보를 제공한다. 호프너(Hoffner, *TDOT* I, 131-33)는 옵(אוב)이란 단어를 성경 외 문헌의 어떤 단어(*ab*-압)에 관련시킨다. 그 단어는 땅에 있는 의식을 위한 구덩이를 지시하며, 또한 거기서 연유하여 이런 구덩이에서 나온 혼령들이나, 아니면 그런 구덩이나 웅덩이를 관리하는 사람들을 지시한다. 그렇지만 러스트(Lust, *VTSup* 26, 133-42)는 히브리 단어 옵(אוב)이 자주 복수로 나타나는데, 여기서 다수의 구덩이들이 암시되는 것은 아닌 것 같다는 이유로 이러한 해석이 가진 난점들을 지적했다. 덧붙여 히타이트어와 앗

시리아(앗수르)어에서 본래 두 번째 음소는 *b*가 아닌 *p*이다. 러스트는 그 단어를 어원학적으로 "아버지"에 상응하는 단어와 관련시키면서 그 명사가 죽은 조상들 혹은 그들을 나타내는 데 사용된 형상들이나 기구를 지시하는 것으로 이해했다. 그 명사가 조상의 영들의 형상이나 기구를 지시할 수 있기 때문에, 그것들을 "만들거나"(왕하 21:6; 대하 33:6) 혹은 "불에 태울 수"(왕하 23:24) 있었다. 그 단어 자체는 3절과 9절의 많은 번역들과 달리(예를 들어, RSV) 초혼술사를 의미하지 않는다. 오히려 초혼술사는 옵(אוב)에게 묻는 사람(신 18:11), 혹은 그들 중 한 명이나 여럿에게 사로잡히는 사람이다(레 20:27). 이 장에서 초혼술사는 "조상의 혼령의 (혹은 그것를 다루는) 여자"이다(7^{a-a}). 명사 이드오니(ידעני)는 혼령들이나 그들의 형상을 지시한다. 러스트는 여러 다른 학자들을 따르면서, 이 혼령들을 미래에 대한 지적인 능력을 가진(ידע – 요데아) 존재로 이해한다. "조상의 혼령들" 그리고 "귀신들"이란 단어들은 다른 곳에서는 "죽은 자"(신 18:11; 사 8:19)와 혹은 "저승"(אטים – 이팀, 사 19:3. 이것은 죽은 자의 혼령인 아카드어 에팀무[*etimmu*]와 관련되어 있다)과 병행해서 사용된다. 혼령이나 그 형상의 사용을 금지시킨 사울의 조치는 일관된 성경의 율법 전통과 잘 부합한다(예를 들어, 레 19:31; 20:6; 27; 신 18:11). 또한 그러한 조치는 사울이 뒤이어 초혼술에 의존한 것을 그의 더 나은 지식과 판단에 어긋나는 행위로 만든다.

블레셋 군대는 수넴(현대의 솔렘[Sôlem]으로 그 산 남쪽에 있다)에 야영하고 있었다(네비 다히[Nebi Daḥi]; MR 181218). 수넴은 이즈르엘 성읍의 북쪽 약 3.5마일 지점이다(저린[Zer'în]; MR 181218). 사울은 길보아 산지(현대의 예벨 푸쿠아[Jebel Fuqû'a]) 위에 이스라엘을 정렬시켰다. 그 곳은 이즈르엘 계곡 남쪽에서 남동 방향으로 뻗은 산줄기로서 어디였든지 간에 수넴으로부터는 5마일에서 12마일 떨어진 곳이었다. 블레셋 사람들은 에그론 성읍에서 북쪽으로 약 60마일 지점에 있었는데, 그 위치는 그들의 광활한 진군의 범위와 그들이 이스라엘을 두 동강내려는 위협적인 상황을 보여 준다. 사울은 블레셋 군대로 인해 두려워 떨었으나, 그가 여호와께 도움이나 지침을 얻으려는 노력은 허사로 돌아갔다. 히브리어는 곁말 놀이를 보여 준다: 사울은 여호와께 "사울했다(물었다)"(Saul sauled Yahweh, 히브리어 동사 샤알[묻다]은 사울의 이름과 어근이 동일하다 – 역자주). 여호와께서는 마치 14:37에서 요나단의 전쟁 규칙 위반이 하나님의 침묵을 불러왔을 때처럼 응답하지 않으셨다. 사울은 아비아달이 에봇을 가지고 다윗에게 망명했을 때 이미 직접적인 신적 계시를 받을 기회를 잃어버렸다(삼상 23:6). 이제 여호와께서는 꿈으로도(참조. 왕상 3:5; 욥 33:15-18), 우림으로도(민 27:21에서 또한 단독으로도 사용된다; 보통은 둠밈과 함께 사용된다. 참조. 14:18, 41에 있는 우리의 토론과 출 28:30; 레 8:8; 신 33:8; 스 2:63; 느 7:65에 있는 다른 언급들), 또한 예언으로도 그에게 응답하지 않으셨다. 절망적 상황에서, 사울은 자신이 분명 완전하게 철폐하지는 않았을지라도 금지시켰던 수단으로 선회했다. 그가 자신의 종들에게 조상의 혼령을 부를 수 있는 여자를 찾으라고 요구하자, 그들은 즉시 엔돌 마을(현대의 기르벳 사프사페[Khirbet Ṣafṣâfeh]; MR 187227)에서 한 여자와 만났다. 엔돌은 사울이 위치한 길보아에서 북쪽으로 약 6마일 지점이며, 나아가 블레셋이 있던 위치에서도 북쪽이었다. 초혼술을 사용하기 위해 사울은 자신이 세운 법규들을 어겨야만 했으며, 또한 발각을 무릅쓰고 적의 전선 뒤로 몰래 잠입해야만 했다.

[8]-[11] 사울은 변장을 했는데(참조. 왕상 14:2; 20:38; 22:30), 그것은 분명히 블레셋 사람들을 속이고 그 무녀에게서 자신의 신분을 숨기기 위한 것이었다. 두 사람의 수행을 받으면서(참조. 23절 이하), 사울은 밤에 그 여자를 찾아갔다 – 변장이나 불순한 자문을 구하기에 딱 좋은 때다! 사울이 요구했던 점술은 블레셋 족속이 사용하던 행위이자(삼상 6:2) 널리 악한 것으로 알려진 관행(삼상 15:23)의 일종이었다. 신명기의 법은 확고하게 그것을 금지시켰다(신 18:10). 사울은 그 여자에게 늙은 선지자를 불러내라고 말했다 – 이것은 사무엘이라는 사람을 찾는 일이었다. 그 여자는 사울이 지금 자신으로 하여금 왕실의 명령을 어기게 하여 자신을 위험에 빠뜨리고 있다는 점을 상기시켰다. 어떤 독자든지 사울이 법 제정자이자 동시에 파괴자라는 역설을 놓칠 수 없다. 사울은 여호와의 사심으로 맹세하기를 – 또다시 이것은 그가 불러내길 원했던 죽은 자의 혼령과 역설적인 대조를 이룬다 – 그녀가 그 행동으로 인해 어떠한 유죄 판결도 당하지 않을 것이라고 했다. 아마 이 이야기는 그 범죄가 사울의 단독 행위임을 암시하려는 의도를 지녔는지도 모른다. 그렇게 보장을 받은 후에 그녀는 누구를 불러내야 하는지 물었다. 사울은 자신의 마지막 전투에 대한 소식을 알아보기 위해 사무엘을 원했다.

[12]-[14] 여기서 어떠한 의식(儀式)도 설명되지 않는다. 아마 뷰켄(Beuken)이 제안한 대로, 사무엘은 그 무녀가 주문으로 죽은 혼령을 불러내기 전에 살아 계신 하나님의 예언자로 나타남으로써 그녀를 골탕먹였는지도 모른다. 어떤 경우든지 그 여자가 사무엘을 보았을 때, 그녀는 소리를 지르면서 즉시 사울을 알아보았다. 변장을 했든 말든, 초혼술이 금지되었든 말든 이 혼란한 시대에 사무엘을 만나기를 원할 사람은 오로지 단 한 사람밖에 있을 수 없었다. 무녀는 두 번째 질문에서(12절; 참

조. 9절) 사울에게 어찌하여 자신을 이런 식으로 대하고 있느냐고(속였느냐고 – 역자주) 물었다. 심지어 그 무녀마저도 그 기름부음 받은 왕을 퇴짜놓은 것이다. 비록 왕 자신은 두려움과 떨리는 마음으로 인해 이러한 극단적 행동을 하게 되었지만, 무녀에게는 걱정하지 말라는 말로 그녀를 애써 설득했다. "너는 무엇을 보느냐?"라고 그가 물었다(참조. 아모스가 이상 중에 여호와께서 그에게 물은 질문들, 암 7:8; 8:2). 그 여자는 조상의 영이나 혼령을 기대했으나 어떤 신적인 존재를 보았다(13절). 이 신들(한글 개역은 단수)은 지하 세계에서 올라오고 있었다. 왕은 그녀로 하여금 최악의 소식은 일단 보류하게 하면서 계속 질문 공세를 했다. 그 서 있는(혹은 늙은) 사람은 겉옷을 입고 있었는데(14절), 그것은 사무엘의 표준 복장이었다(삼상 2:19; 15:27). 그것은 사울을 확신시키기에 충분했으며, 따라서 그는 그 선지자의 말에 대한 복종의 표시로 땅에 납작 엎드렸다.

15-19 사무엘은 자신의 무덤에서 방해를 받고 있다고 불만을 토로함으로써 사울에게 신탁을 주기 시작했다(참조. 사 14:9. 그리고 무덤의 침해를 지시하는 이 동사의 사용에 대해서는 시돈의 탑닛 왕의 비문[Tomb Inscription of King Tabnit of Sidon], KAI 13.4, 6, 7을 보라). 무덤은 사람이 평안히 안식할 수 있는 장소여야만 했다(참조. 욥 3:13-19). 사울은 다가오는 블레셋과 벌인 전쟁과 관련된 참상을 언급함으로써, 또한 하나님께서 자신을 떠나셔서 아무런 대답을 하지 않으신다는(참조. 5-6절) 불평을 늘어놓음으로써 자신의 간청의 이유를 변명했다. 일찍이 해설자는 여호와의 영이 사울을 떠났으며(삼상 16:14), 여호와께서 다윗과 함께 하시지만 사울에게서는 떠나신 것으로 보고했다(삼상 18:12). 그러나 사울 자신이 이제 그것을 인식하게 되었다. 그것은 일전에 사울이 마침내 다윗 왕권의 불가피성을 인식했던 것과 마찬가지였다(삼상 24:21[영역본. 20]). 사울의 판단은 사무엘에 의해 확증되고 뚜렷해졌다 – 왕을 떠난 이는 사실은 여호와이셨다(16절). 사울은 자신이 어떻게 해야 하는지 알게 해 달라고(혼령이란 단어인 이드오니[ידעני]에 대한 곁말놀이) 사무엘을 부른 것이었다. 사무엘은 두 번째의 "어찌하여"(16절; 참조. 15절)로 대답했다. 사울은 하나님께 버림받았는데, 어찌하여 그가 어떤 신적인 답변을 기대해야 하는가? 여호와께서는 이제 그의 이웃인 다윗과 함께 하셨다(16절 ;참조. 7절과 15:28). 이것은 하나님께서 전에 예언하신 것의 성취였다. 특별히 사무엘은 15장에서 여호와께서 사울에게서 왕국을 찢어서(27-28절 ;참조. 왕상 11: 31) 다윗에게 주실 것이라고 말씀하신 바 있었다. 사울은 여호와의 목소리에 순종하지 않은 일(15:19, 23)과 아각과 아말렉에 대한 거룩한 전쟁의 모든 규정을 준수하지 않은

일(15장 여러 곳)로 인해 비판을 받았다. 이전의 그러한 불순종으로 인해 여호와께서는 이제 사울로부터 왕국을 찢으심으로써, 대답을 거절하심으로써 그리고 "오늘"(18절) 참혹한 전쟁을 준비하고 계심으로써 자신의 분노를 터뜨리고 계신다. 신명기 학파적 편집에서 마지막 행(19a*a*절)은 "원래의" 신탁에서와 마찬가지로(19b절) 여호와께서 이스라엘(의 진영)을 블레셋 족속의 손에 넘기시리라는 것이다. 그 언어는 거룩한 전쟁의 어휘다(von Rad, *Der Heilige Krieg*, 8). 여호와의 자비가 아니라, 이제 그분의 거룩한 전쟁이 이스라엘에 대항하여 준비되고 있었다. 설상가상으로, 사무엘은 사울과 그의 두 아들이 이튿날 쓰러질 것이라고 예언했다.

[20]-[25] 신탁이 마무리될 때, 사울은 즉각 그 선지자 앞에 쓰러졌다. 모든 다른 동료들보다 머리 하나만큼 더 컸던(삼상 9:2) 사울이 이제 그 선지자 앞에서 자신의 키가 다하도록 전신을 쭉 뻗어 엎드렸다. 심지어 왕이라 할지라도 그의 키 때문에 존경을 받을 수는 없었다. 블레셋에 대한 사울의 본래의 두려움은 그 선지자의 말로 인해 다른 국면으로 확장되어 더 증가된 상태였다. 그렇다! 그는 24시간 동안 먹지 못했기 때문에 전혀 기력이 없었다. 아마 사울은 현재의 주술 의식을 준비하는 가운데 의식에 따른 금식을 했는지도 모른다. 그러나 아마도 그는 적의 군사 분계선에 아주 가까운 엔돌로의 잠입이 몹시 힘들었던 관계로 먹지 못했을 것이다. 무녀가 사울에게 다가갔을 때, 그녀는 그가 마치 예기치 못한 죽음 앞에 직면한 것마냥(Beuken, 12; 참조. 출 15:16; 레 26:16 등) 거의 혼절한 상태에 있음을 발견했다(20-21절). 아이러니컬하게도 그 여자는 자신은 왕의 목소리를 청종했으며, 왕은 자신의 목소리에 청종해야 한다고 언급했다. 물론 그가 여호와의 말씀을 청종하는 데는 완전히 실패했지만 말이다. 그녀는 생명을 무릅쓰고 죽은 자를 불러냈었다(21절; 참조. 9절). 그것은 마치 사울이 그녀를 만나려고 생명을 무릅쓴 것과 같았다. 그러나 이 모든 일에는 그 어떤 바람직한 명분이나 목적도 없었다. 그 여자는 분명히 좋은 음식을 통해 쓰러진 왕이 회복될 것이라고 생각했다. 사울은 처음엔 먹기를 거절했다. 왜냐하면 그는 자신의 죽음이 음식으로는 피할 수 없는 것임을 알았거나, 아니면 그녀의 초대를 받아들이는 것은 전문적으로 죽음을 조장하는(초혼술과 점술이 사형에 해당되므로－역자주) 어떤 사람으로부터 원기를 받아들이는 것을 의미하기 때문이었다. 그녀와 함께 먹는 것은 하나님과 그의 선지자에 대한 거부의 표시일 것이다. 또한 운명이 확실하기 때문에 먹는 것은 의미가 없었다. 그녀와 사울의 종들이 여전히 그를 재촉하고 있을 때, 왕은 자신이 알기에 아무런 유익이 없었던 그 제안을 받아들였다. 그녀의 초대를 거절했다가 뒤이어 받아들이는 사울의 비일

관성은 그가 초혼술을 금지한 뒤에 친히 그것을 찾아 나섰던 것보다는 더 심각하지 않았다. 그가 불순종했던 것은 그 여자와 자신의 종들의 목소리였지(23절) 여호와의 목소리는 아니었다(18절).

다행히도 그 여자의 집에는 마구간에서 키운 송아지 한 마리가 있었다(참조. 렘 46:21; 암 6:4; 말 3:20[영역본. 4:2]). 그녀는 즉시 그것을 잡아 적절할 만큼 떡을 곁들여 제공했다. 요세푸스의 덧붙인 말에 의하면, 그 여자는 단 한 마리의 송아지만을 소유하고 있었다. 그녀는 노동하는 여자였으며, 그 송아지를 자신의 유일한 소유로 만족해야만 했기 때문에 그것을 힘들게 한 지붕 아래서(집 안에서 – 역자주) 먹여서 키우고 돌보았다. 그때 사울은 그녀의 환대를 칭찬했다(*Ant.* 6. 339-340). 뷰켄(Beuken)이 주장한 대로, 어떤 의미에서 그 여자는 사울에게 의전상의(ceremonial) 궁중 음식을 제공했다. 비록 그가 왕권에 대한 모든 희망이 사라지고 말았다는 것을 이제 막 알게 되었지만 말이다. 필자의 역설적 기법들이 이 장의 마지막까지 계속된다. 음식으로 생기를 되찾은 사울과 그의 수행원들은 내일의 위험으로 인해 그날 밤 떠났다.

해설

사울은 다가오는 전쟁으로 인해 두려워했다. 하나님은 더 이상 그의 간구에 대답하지 않으셨다 – 에봇은 사라졌고 꿈과 우림 그리고 선지자들은 침묵했다. 그러나 더 넓은 맥락에서 보면, 다윗의 여러 차례의 간청은 즉시 응답을 얻었다(삼상 22:10, 13, 15; 2:2, 4; 30:8; 삼하 2:1; 5:19, 23).

절망적 상황에서 사울은 초혼술을 통해 미래를 알려고 했다. 그러나 그것은 그 자신이 금지시킨 행위였으며, 더구나 그가 찾았던 죽은 혼령은 과거 자신에게 천벌을 내린 사무엘이었다. 그의 모순된 행동은 이 장의 마지막까지 계속되는데, 그가 처음에는 먹기를 거절했다가 나중엔 압력에 못 이겨 먹고 만 것이다. 그는 목숨을 내놓고 대적의 경계선 후방에 살고 있던 한 여자를 만나러 갔으며, 동시에 그는 또한 그녀의 목숨을 위험에 처하게 했다. 그는 그녀와 자신의 종들의 말에 순응했으나, 여호와의 목소리는 청종하지 않았다. 비록 그 여인은 사울의 목소리에 순응했으나, 왕 자신의 지령에 의해 이 문제로 유죄 판결을 받을 일은 없었다.

사울은 평소와 같이 선지자 복장을 하고 나타난 사무엘과 마지막 면담을 가졌다. 그 늙은 선지자가 지하 세계에서 올라왔을 때, 여인은 그의 출현에 신들이 나타난

듯 깊은 인상을 받았다. 모습을 드러낸 사람은 바로 사무엘이었기에, 그녀는 자신의 은밀한 방문객이 다름 아닌 사울임이 분명하다는 것을 알게 되었다. 사무엘은 15장에서 최초로 보고된 사울의 폐위를 재차 언급했으며, 그것이 현재의 사건들 속에서 성취되고 있다고 선언했다. 더구나 사울 왕과 두 아들은 내일 죽게 될 것이다.

사울은 이 사건에서 독자들은 오래 전부터 알고 있던 사실을 시인했다－하나님께서 그로부터 떠나셨다는 것이다. 그 여자가 왕에게 마지막 궁중식 음식을 제공할 때, 그것은 공허한 몸짓에 불과했다. 그에게는 죽음이 자리하고 있었고, 왕권에 대한 모든 희망은 완전히 사라지고 말았다.

34. 구사일생(29:1-11)

참고문헌

Talmon, S. "Double Readings in the Masoretic Text." *Textus* 1(1960) 144-84.

본 문

1 블레셋 사람들은 그 모든 군대를 아벡에 모았고 이스라엘 사람들은 이스르엘에 있는 샘 곁에 진쳤더라
2 블레셋 사람의 장관들은 수백씩 수천씩 영솔하여 나아가고 다윗과 그의 사람들은 아기스와 함께 그 뒤에서 나아가더니

3 블레셋 사람의 방백들이 가로되 이 히브리 사람들이 무엇을 하려느냐 아기스가 블레셋 사람의 방백들에게 이르되 이는 이스라엘 왕 사울의 신하 다윗이 아니냐 그가 나와 함께 있은 지 여러 날 여러 해로되 그가 망명하여 온 날부터 오늘까지 내가 그의 허물을 보지 못하였노라
4 블레셋 사람의 방백들이 그에게 노한지라 블레셋 방백들이 그에게 이르되 이 사람을 돌려보내어 왕이 그에게 정하신 그 처소로 가게 하소서 그는 우리와 함께 싸움에 내려가지 못하리니 그가 전장에서 우리의 대적이 될까 하나이다 그가 무엇으로 그 주와 다시 화합하리이까 이 사람들의 머리로 하지 아니하겠나이까
5 그들이 춤추며 창화하여 가로되 사울의 죽인 자는 천천이요 다윗은 만만이로다 하던 이 다윗이 아니니이까
6 아기스가 다윗을 불러 그에게 이르되 여호와께서 사시거니와 네가 정직하여 내게 온 날부터 오늘까지 네게 악이 있음을 보지 못하였으니 나와 함께 군중에 출입하는 것이 나의 소견에는 좋으나 장관들이 너를 좋아하지 아니하니

1 The Philistines had gathered all their forces to Aphek while Israel was camping at the spring near Jezreel.
2 As the Philistine lords were passing in review by their hundreds and thousands, and David and his men were passing in review at the rear with Achish,
3 the Philistine commanders said, "What about these Hebrews?" Achish replied to the Philistine commanders, "Is this not David, the servant of Saul, king of Israel, who has been with me [a]for some time.[a] I have found no fault in him from the time he defected [b]to me[b] until this day."
4 The Philistine commanders, however, were angry at him and[a] said to him, "Return the man[b] to his place where you assigned him. Let him not go down with us into battle lest he become[c] an adversary [d]in the battle.[d] For how can he make himself pleasing to his master except with the heads of these men?
5 Is not this David the one about whom they danced and sang: 'Saul has struck down his thousands and David his ten thousands?'"
6 Achish summoned David and said to him, "As Yahweh lives, you are an upright man, and your marching out and coming home with me with the troops have been good in my eyes. I have found no fault with you from the time you defected to me until this day, but in the eyes of the lords you are not[a] good.

7 너는 돌이켜 평안히 가서 블레셋 사람의 장관들에게 거슬려 보이게 말라

7 Now return and go in peace. Do no evil in the eyes of the Philistine lords."

8 다윗이 아기스에게 이르되 내가 무엇을 하였나이까 내가 당신의 앞에 오늘까지 있는 동안에 당신이 종에게서 무엇을 보셨기에 나로 가서 내 주 왕의 원수와 싸우지 못하게 하시나이까

8 David replied to Achish, "What have I done and what fault have you found in your servant from the time when I first served before you until this day that would disqualify me from going and fighting against the enemies of my lord the king?"

9 아기스가 다윗에게 대답하여 가로되 네가 내 목전에 하나님의 사자같이 선한 것을 내가 아나 블레셋 사람의 방백들은 말하기를 그가 우리와 함께 전장에 올라가지 못하리라 하니

9 In answer, Achish said to David, "I admit that you are good in my eyes,[a] but the Philistine commanders have said, 'He shall not go up with us into the battle!'

10 그런즉 너는 너와 함께 온 네 주의 신하들로 더불어 새벽에 일어나라 너희는 새벽에 일어나서 밝거든 곧 떠나라

10 Now get up in the morning, you[a] and the servants of your master who accompanied you, [b]and go to the place where I assigned you. Let not a bitter thought be in your heart for you are good in my sight.[b] Get up in the morning, as soon as it is light, and go."

11 이에 다윗이 자기 사람들로 더불어 일찍이 아침에 일어나서 떠나 블레셋 사람의 땅으로 돌아가고 블레셋 사람은 이스르엘로 올라가니라

11 David and his men got up to go[a] to return to the land of the Philistines, but the Philistines went up to Jezreel.

원문주해

3a.-a. 참조. 탈몬(Talmon), *Textus*(1960) 171. 마소라 본문(MT)은 이 독법 제 야밈(זה ימים)을 동의어인 제 샤나임(זה שנים)과 병합시킨다.

3.b.-b. 참조. 70인경(LXX); 유사종결(homoioteleuton)에 의해 마소라 본문(MT)에는 없다.

4.a. 70인경(LXX); 마소라 본문(MT)은 추가한다: "블레셋 사람의 방백들."

4.b. 70인경(LXX); 마소라 본문(MT)은 추가한다: "그리고 그가 돌아가게 하라." 이것은 분명 두 다른 독법의 병합으로 보인다.

4.c. 70인경(LXX); 마소라 본문(MT)은 "우리를 향해"를 추가한다.

4.d.-d. 마소라 본문(MT); 70인경(LXX): "진영에서."

6.a. 마소라 본문(MT); 70인경(LXX)에는 없다. 맥카터는 70인경(LXX)을 선호하면서, 다윗이 블레셋 방백들(3, 4, 9절)에게만 미움을 받은 것이지 군주들(2, 6, 7절)에게는 그렇지 않았다고 주장한다. 그러나 6-7절은 군주들 역시 그가 주변에 있는 것을 원치 않았다는 것을 암시하는 듯하다.

9.a. 70인경 바티칸 사본(LXX^B); 마소라 본문(MT)은 추가한다: "하나님의 사자처럼."

이 표현은 삼하 14:17과 19:28[영역본. 27]에서 다윗의 재판 능력에 대해 사용된다. 동일한 부연설명이 70인경 루시안 개정본(LXX^L) 본문 10절에서 만들어진다.

10.a. 70인경 바티칸 사본(LXX^B); 마소라 본문(MT)에는 없다.

10.b.-b. 참조. 70인경 바티칸 사본(LXX^B). 히브리어는 *BKH* n. 10^b에서 재구성된다.

11.a. 70인경 바티칸 사본(LXX^B); 마소라 본문(MT)은 "아침에"를 추가한다.

양식/구조/배경

이것은 하나의 자충족적인 단위인데, 다윗이 사울을 대적한 블레셋의 전쟁에 참여하게 될 사태를 어떻게 모면하게 되는지를 설명한다.

요약. 대열 점검을 하는 동안 블레셋 방백들은 왜 히브리 사람들이 자신들의 군대에 끼여 있냐고 물었다. 아기스는 다윗의 전적인 충성을 옹호했지만, 방백들은 그가 전쟁에서 자신들을 역공하지 않도록 시글락으로 되돌려 보내야 한다고 고집했다. 그들은 다윗이 사울에게 충성심을 보일 것이라고 예상했다. 왜냐하면 그들은 그 두 전사를 찬양하는 노래를 들은 적이 있었기 때문이다(1-5절). 아기스는 자신이 느끼는 호감을 다윗에게 확인시켜 주었으나, 다른 사람들의 반대로 선택의 여지가 없다고 말했다. 다윗은 자신이 싸우고 싶은 열망이 있으며 아기스를 실망시키지 않겠다고 항변했다. 아기스는 이에 동의하면서 그의 제명을 방백들 탓으로 돌렸다. 다윗은 그의 충고에 유의하여 블레셋 사람들이 전투를 하러 출정할 때 그 곳을 떠났다(6-11절).

이 사건은 일련의 아기스 기사들의 일부다(21:10-15; 27:1-28:2; 29-30장). 특별히 이것은 다윗이 어떻게 28:1-2에 보고된 딜레마에서 빠져 나왔는지를 보여 준다. 다윗은 이스라엘과 싸우라는 아기스의 제안을 받았을 때 싸울 의지가 있다는 것을 보여 주기 위해 억지로 그와 연합해야만 했다. 이 장에서 다윗은 아기스 앞에서 그에 대한 자신의 충성을 유지하지만 어쨌든 전투 참가는 면제된다.

사울이 천천을 다윗이 만만을 죽인 것을 칭송하던 전승의 노래가 여기서 세 번째로 사용된다. 18:7에서 여자들이 골리앗과의 전투 후에 다윗의 더 큰 기백을 칭송하기 위해 그 노래를 불렀으며, 이때 그 노래는 사울을 격분시켰다. 또한 그것은 일찍이 아기스의 종들에 의해 다윗이 그 땅의 왕이라는 증거로 인용된 적이 있었다(21:12[영역본. 11]). 현재의 장에서 그 노래의 인용이 암시하는 것은 다윗이 사울을 최대로 이롭게 하기 위해 일할 것이 예상된다는 것과 그가 상황이 요구하면 수많은 사람을 죽이기를 주저하지 않을 것이란 점이다.

이 장에는 신명기 학파적 편집에 대한 어떤 뚜렷한 흔적도 존재하지 않는다.

주석

1-5 블레셋 족속은 이전의 전투에서 그랬던 것처럼(참조. 4:1) 샤론 평지에 있는 아벡에 군대를 집결시켰다. 이스라엘 군대는 이미 북쪽의 이즈르엘 성읍 근처에 있었다(참조. 28:4). 그들은 자주 아인 얄루드('Ain Jālūd)로 확인되는 어떤 샘 근처에 진을 치고 있었다. 그 샘은 이즈르엘 동남동 방향 약 1.75마일 지점에 있는 길보아 산지 북쪽 기슭에서 흘러나온다. 블레셋 족속의 "군주들"은 블레셋의 주요 다섯 성읍의 지도자들이었다(참조. 5:8, 11; 6:4, 12, 16, 18; 7:7). 분명히 그들은 이 장에서 다윗의 동참을 반대하는 데 유별나게 목소리를 높였던 "방백들"과는 구별될 것이다. 여러 부대들이 지나갈 때(수백 혹은 수천, 참조 8:12 LXX; 출 18:21; 민 31:14), 방백들은 "히브리인들"이 거기 온 이유를 질문했다. 여기서 "히브리인"은 타국인들이 이스라엘 사람들을 폄하하는 이름으로 사용하는 용어다(참조. 4:6, 9; 13:3, 19; 14:11, 21).

아기스는 이스라엘의 왕정 체제에서 다윗이 했던 역할에 주의를 집중시킴으로써(그는 사울의 종이었다), 또한 다윗이 자신을 섬기러 투항해 온 이후로 전혀 흠이 없었다고 확증함으로써 자신의 부하인 다윗을 변호했다. 아기스는 다윗이 시글락에서 출정한 친(親) 유다 지역의 습격에 대해(참조. 27장), 그리고 이전의 그의 미친 기괴한 행위에 대해(21:10-15) 전혀 모르고 있었던 것 같다. 그렇지만 블레셋 방백들은, 비록 다윗을 시글락의 변방 기지로 되돌려 보내야 한다고 제안하긴 했어도, 다윗이 전혀 상관하지 않기를 원했다. 아이러니컬하게도 다윗은 블레셋 군주들과 방백들의 직접적인 지휘하에 있는 것보다 시글락에 있는 것이 자신에게 더 유익했을 것이다. 그들은 다윗이 전쟁의 열기 속에서 적으로 돌변할까 봐(민 22:22, 32; 삼하 19:23[영역본. 4]; 11:14, 23, 25) 그리고 그가 자신들이 다윗의 군주로 지칭한(4절) 사울에게 여전히 충성을 다 할까 봐 두려워했다. 요컨대 심지어 아기스마저도 그를 사울의 종이라고 불렀었다. 다윗이 블레셋 군사들의 목을 벰으로써 그의 과거의 군주의 비위를 맞출지 모를 일이었던 것이다. 28:2에서 아기스가 "머리를 지키는 자"(혹은 경호원)로 삼겠다는 제안을 한 그 사람이 실제로는 많은 블레셋 사람들의 목을 대가로 지불하게 할지도 모르는 법이었다. 더욱이 사람들은 노래와 춤으로 다윗과 사울을 칭송했었다. 그 두 사람은 명성 있는 전사였으며, 그들에 대한 민간의 노래는 심지어 그들이 한 팀으로 일한다는 것을 암시할 수도 있었다. 어쨌든, 다윗은 기회가 주어진다면 살육을 주저하지 않았을 것이다.

6-11 아기스는 다윗에게 부정적인 소식을 건네야만 했다. 먼저 그는 다윗에 대한 자신의 존경심을 확증했는데, 여호와의 이름으로 서약하면서 그것을 강조했다. 여호와에 대한 경외가 단지 실언인지, 아니면 특별한 정중함을 보여 주기 위해 의도된 것인지는 확실하지 않다. 그는 다윗과 그의 군사적 업적들을 칭송했다. 비록 우리가 27장에서 보았듯이, 이 업적들 중 많은 것이 다윗의 정치적 사리사욕에서 이루어진 것이라 할지라도 말이다. 아기스는 3절에서 자신이 블레셋 동료들에게 말했던 것, 즉 바로 오늘까지 자신은 다윗에게서 아무런 흠도 찾지 못했다는 사실을 되풀이했다. 그렇지만 블레셋 군주들은 그에게서 그렇게 호감을 느끼지 못했다. 다윗은 자신이 섬겼던 사람에게서 최대의 호의를 받으면서 물러나게 되었으며, 아기스는 그에게 블레셋 군주들을 자극하는 어떤 행동도 하지 말라고 경고했다(7절). 그는 다윗이 싸울 권리를 주장하는 것을 단념시킨 것인가? 아니면 단순히 다윗이 자신의 제명에 대한 반발로 어떤 보복 행위를 하지 말라고 경고한 것인가? 다윗은 떠나기 전에 자신의 무고함과 충성심을 항변했다(그는 자신을 아기스의 종으로 간주했다, 8절). 그의 무고함과 충성은 아기스가 두 번이나 동의했던 것처럼(3, 6절) 현재 이 순간까지 지속되어 왔다. 그는 자신이 어떤 이유로든 "나의 주, 왕"의 대적들과 싸울 자격을 박탈당하게 될 것이라는 사실에 놀라움을 실토했다. 그것은 아기스에게는 아주 좋은 소식인 양 들렸을지 모르지만, 다윗은 아마 "나의 주, 왕"이란 말로 사울을 지시하려고 의도했는지도 모른다(참조. McCarter). 사울의 대적들과 싸운다는 것은 아기스와 그의 블레셋 동료들을 의미했을 것이다! "주"라는 단어는 이 장에서 다윗과 상급자의 관계를 지시하기 위해 세 번 사용된다(4, 8, 10절). 각각의 경우에 지시된 사람은 아마도 사울일 수 있다. 이러한 이중적 의미는 아기스에게는 아무런 효용이 없었다. 그는 그저 자신의 개인적인 다윗에 대한 평가를 재확증했으며, 자신의 제명의 책임을 다른 블레셋 방백들에게 돌렸다. 아기스는 다윗에게 그와 그의 주인(=사울)의 군사들을 챙겨 이전에 할당해 준 장소로 돌아가라고 촉구했다. 그는 다윗에게 원통한(문자적으로는 쓸데없는) 생각을 버리라고 경고했다(10절). 다윗과 그의 사람들은 이튿날 일찍 일어나 블레셋 족속이 이즈르엘을 향해 운명의 진군을 시작했을 때 그들의 블레셋 변방 기지로 떠났다.

해설

다윗의 진퇴양난의 상황이 어떻게 해서 그에게 더 좋은 방식으로 마무리될 수 있었는지는 상상하기가 어렵다. 블레셋 족속 가운데 그의 정치적 상관은 다윗의 개인적인 합병과 그의 대단한 군사적 용맹성, 그리고 그의 흠 없는 행동을 확증해 주었다. 아기스가 자신의 동료들로부터 다윗을 제명하라는 강요를 받았을지라도, 그는 다윗을 축복 속에(문자적으로는 평안히) 돌려보내 그로 하여금 시글락의 공격 거점에서 이득이 있는 습격을 계속하도록 시켰다.

다윗은 친히 자신의 무고함을 큰소리로 항변했다. 그는 아기스의 종이었으며 블레셋 족속이 어떤 전쟁에서라도 – 그 전쟁이 얼마나 중대한 것인지와는 상관없이 – 자신을 가로막는다는 것은 상상할 수 없었다. 동시에 해설자는 다윗의 해외 체류가 반역 행위가 아님을 분명히 했다. 우리는 세 차례에 걸쳐 다윗이 자신의 "주" 사울과 지속적인 관계를 갖고 있음을 듣는다 – 블레셋 방백들의 입에서, 그리고 다윗 자신과 아기스의 입에서. 아기스는 다윗이 이스라엘 왕 사울의 종임을 시인했다.

이중적 의미를 지닌 호칭을 통해 다윗은 자신이 순진한 촌뜨기가 아님을 암시해 주었다. 그는 자신의 주 왕의 대적들과 싸우기를 원했다. 아기스와 블레셋 사람들은 그것을 비유를 맞춰 주는 인사치레로 받아들였는지 모르지만, 현실의 독자들은 다윗이 이스라엘의 주 사울 왕의 대적 블레셋 족속을 포함한 모든 대적들과 항상 싸울 태세를 갖추고 있다는 것을 추론할 수 있다.

어울리지 않게 이교도의 입에서 나온 여호와의 서약을 제외하고는 어떤 뚜렷한 신학적 언명도 이 장의 특색을 이루지 않는다. 그러나 이 성경의 해설자는 분명히 여기서 단순히 또 하나의 행운에 불과한 것이 아니라 하나님의 섭리하시는 손길을 본다.

35. 왕 같은 영웅(30:1-31)

참고문헌

Stoebe, H. J. "Raub und Beute." *Hebröische Wortforschung.* VTSup 16. Leiden: E. J. Brill, 1967, 340-354. **Whitelam, K. W.** *The Just King: Monarchical Authority in Ancient Israel.* JSOTSup 12(1979).

본 문

1 다윗과 그의 사람들이 제삼일에 시글락에 이를 때에 아말렉 사람들이 이미 남방과 시글락을 침노하였는데 그들이 시글락을 쳐서 불사르고

1 When David and his men came to Ziklag on the third day, Amalek[a] had made a raid [b]on the Negeb[b] and on Ziklag, and they had smitten Ziklag and burned it with fire.

2 거기 있는 대소 여인들을 하나도 죽이지 아니하고 다 사로잡아 끌고 자기 길을 갔더라

2 Although they had taken captive the women [a]and everyone[a] who was in it, from young to old, they did not kill anyone. Rather, they had led them away and gone on their way.

3 다윗과 그의 사람들이 성에 이르러 본즉 성이 불탔고 자기들의 아내와 자녀들이 사로잡혔는지라

3 David and his men came to the city, which had been burned with fire, and from which their wives, their sons, and their daughters had been taken captive.

4 다윗과 그와 함께 한 백성이 울 기력이 없도록 소리를 높여 울었더라

4 David and the troops who were with him lifted up their voice and cried until they no longer had enough strength to cry.

5 (다윗의 두 아내 이스르엘 여인 아히노암과 갈멜 사람 나발의 아내 되었던 아비가일도 사로잡혔더라)

5 Even the two wives of David had been taken captive, namely, Ahinoam the Jezreelite and Abigail the wife of Nabal the Carmelite.

6 백성이 각기 자녀들을 위하여 마음이 슬퍼서 다윗을 돌로 치자 하니 다윗이 크게 군급하였으나 그 하나님 여호와를 힘입고 용기를 얻었더라

6 David was very distressed for the troops thought to stone him. Each one of the troops was bitter because of their (lost) sons and daughters, but David took courage in Yahweh his God.

7 다윗이 아히멜렉의 아들 제사장 아비아달에게 이르되 청컨대 에봇을 내게로 가져오라 아비아달이 에봇을 다윗에게로 가져오매

7 David ordered Abiathar the priest, the son of Ahimelech, "Bring the ephod here to me."[a]

8 다윗이 여호와께 묻자와 가로되 내가 이 군대를 쫓아가면 미치겠나이까 여호와께서 대답하시

8 David inquired of Yahweh, "[a]Shall I pursue[a] after this band? Shall I overtake them?" He replied to

되 쫓아가라 네가 반드시 미치고 정녕 도로 찾으리라

him, "Pursue, for you will surely overtake them and deliver them."

9 이에 다윗과 그와 함께 한 육백 명이 가서 브솔 시내에 이르러는 뒤떨어진 자를 거기 머물렀으되

9 David and his six hundred men who were with him traveled to the Wadi Besor, but the rear-guard reserve stayed behind,

10 곧 피곤하여 브솔 시내를 건너지 못하는 이백 인을 머물렀고 다윗은 사백 인을 거느리고 쫓아가니라

10 While David and his four hundred men gave chase, two hundred men stayed behind because they were too exhausted to pass over the Wadi Besor.

11 무리가 들에서 애굽 사람 하나를 만나 다윗에게로 데려다가 떡을 주어 먹게 하며 물을 마시우고

11 On finding an Egyptian in the field, they took him to David and gave him bread, which he ate. Then they gave him water to drink.

12 무화과 뭉치에서 뗀 덩이 하나와 건포도 두 송이를 주었으니 그가 낮 사흘 밤 사흘을 떡도 먹지 못하였고 물도 마시지 못하였음이라 그가 먹고 정신을 차리매

12 They also gave him a slice of fig cake.[a] When he ate, his vigor returned for he had not eaten bread nor drunk water for three days and three nights,

13 다윗이 그에게 이르되 너는 뉘게 속하였으며 어디로서냐 가로되 나는 애굽 소년이요 아말렉 사람의 종이더니 사흘 전에 병이 들매 주인이 나를 버렸나이다

13 David asked him, "To whom do you belong, and where are you from?" The Egyptian lad answered, "I am the slave of an Amalekite. My master abandoned me because I was sick for three days.[a]

14 우리가 그렛 사람의 남방과 유다에 속한 지방과 갈멜 남방을 침노하고 시글락을 불살랐나이다

14 We raided[a] the Negeb of the Cherethites and whatever belonged to Judah, and the Negeb of Caleb. Ziklag we burned with fire."

15 다윗이 그에게 이르되 네가 나를 그 군대에게로 인도하겠느냐 그가 가로되 당신이 나를 죽이지도 아니하고 내 주인의 수중에 붙이지도 아니하겠다고 하나님으로 맹세하소서 그리하면 내가 당신을 이 군대에게로 인도하리이다

15 David said to him, "Will you lead us down to this marauding band?" He replied, "Swear to me by God that you will not kill me or hand me over into the hand of my master, and I shall bring you down to this marauding band."

16 그가 인도하여 내려가니 그들이 온 땅에 편만하여 블레셋 사람의 땅과 유다 땅에서 크게 탈취하였음을 인하여 먹고 마시며 춤추는지라

16 When he brought him down, they[a] were spread out over the surface of the earth, eating, drinking, and celebrating over all the great booty which they had taken from the land of the Philistines and the land of Judah.

17 다윗이 새벽부터 이튿날 저물 때까지 그들을 치매 약대 타고 도망한 소년 사백 명 외에는 피한 사람이 없었더라

17 David smote them from break of dawn until evening [a]of the next day and he killed them.[a] Not one of them escaped except the four hundred young men who rode on their camels to get away.

18 다윗이 아말렉 사람의 취하였던 모든 것을 도로 찾고 그 두 아내를 구원하였고

18 He[a] saved all which Amalek had taken. Even his two wives David delivered.

19 그들의 탈취하였던 것 곧 무리의 자녀들이나 빼앗겼던 것의 대소를 물론하고 아무것도 잃은 것이 없이 다윗이 도로 찾아왔고

19 Not one of them was missing, from young to old, including sons and daughters. From the booty and everything they had taken David restored everything.

20 또 양떼와 소떼를 다 탈취하였더니 무리가 그 가축 앞에 몰고 가며 가로되 이는 다윗의 탈취한 것이라 하였더라

20 He[a] took the sheep and cattle [b]and drove them before him.[b] People said, "This is the booty of David."

21 다윗이 이왕에 피곤하여 능히 자기를 따르지 못하므로 브솔 시내에 머물게 한 이백 인에게 오매 그들이 다윗과 그와 함께 한 백성을 영접하러 나온지라 다윗이 그 백성에게 이르러 문안하매

21 David came to the two hundred men he[a] had stationed by the Wadi Besor because they had been too tired to come after David. They came out to meet David and the troops who accompanied him. As David approached with the troops, they[b] greeted them.

22 다윗과 함께 갔던 자 중에 악한 자와 비류들이 다 가로되 그들이 우리와 함께 가지 아니하였은즉 우리가 도로 찾은 물건은 무엇이든지 그들에게 주지 말고 각 사람의 처자만 주어서 데리고 떠나가게 하라 하는지라

22 But all the evil and worthless individuals from the men who had gone with David spoke up in reply, "Because they did not go with us,[a] nothing of the booty which we have saved shall be given them, except for each man's wife and his sons. Let them take them away and go!"

23 다윗이 가로되 나의 형제들아 여호와께서 우리를 보호하시고 우리를 치러 온 그 군대를 우리 손에 붙이셨은즉 그가 우리에게 주신 것을 너희가 이같이 못하리라

23 But David interjected, "Do not do this after[a] what Yahweh has given us. He guarded us and gave into our hands this marauding band which had come against us.

24 이 일에 누가 너희를 듣겠느냐 전장에 내려갔던 자의 분깃이나 소유물 곁에 머물렀던 자의 분깃이 일반일지니 같이 분배할 것이니라 하고

24 Who would listen to you in this matter? The portion of those who went down into battle shall be identical with that of those who stayed with the gear. They shall share and share alike."

25 그 날부터 다윗이 이것으로 이스라엘의 율례와 규례를 삼았더니 오늘까지 이르니라

25 From that time onward he made it a rule and custom in Israel until this day.

26 다윗이 시글락에 이르러 탈취물을 그 친구 유다 장로들에게 보내어 가로되 보라 여호와의 원수에게서 탈취한 것을 너희에게 선사하노라 하고

26 David came to Ziklag and sent some of the booty to the elders of Judah [a]and to his compatriots,[a] "Here is a present for you," he said, "from the booty of the enemies of Yahweh."

27 벧엘에 있는 자와 남방 라못에 있는 자와 얏딜에 있는 자와

27 There were portions for those in Bethuel,[a] those in Ramath[b]-negeb, those in Jattir,

28 아로엘에 있는 자와 십못에 있는 자와 에스드모아에 있는 자와

28 those in Ararah,[a] those in Siphmoth, those in Eshtemoa,

29 라갈에 있는 자와 여라므엘 사람의 성읍들에 있는 자와 겐 사람의 성읍들에 있는 자와

29 those in Carmel,[a] those in the cities of the Jerahmeelites, those in the cities of the Kenizzites,[b]

30 홀마에 있는 자와 고라산에 있는 자와 아닥에

30 those in Hormah, those in Bor-ashan, those in

있는 자와 헤브론에 있는 자에게와 다윗과 그의 사람들의 왕래하던 모든 곳에 보내었더라

Ether,[a] those in Hebron, and for all the places that David and his men visited from time to time.

원문주해

1.a. 70인경(LXX); 마소라 본문(MT) "한 아말렉 사람."

1.b.-b. 알 하네게브(על הנגב), 참조. 70인경(LXX); 마소라 본문(MT): 엘 네게브(נהב אל).

2.a.-a. 붸이트 콜(ואת כל), 참조. 70인경(LXX); 마소라 본문(MT)에는 없다. 이 추가는 3절에 의해 요구된다.

7.a. 70인경(LXX); 마소라 본문(MT)은 추가한다: "그리고 아비아달이 에봇을 다윗에게 가져왔다."

8.a.-a. 의문사 헤(ה)는 마소라 본문(MT)에 포함되어 있지 않다. 그러나 드라이버와 맥카터를 보라.

12.a. 야밈(ימים), 참조. 히브리어 필사본들(mss), 70인경(LXX), 구 라틴역(OL), 시리아역(Syr), 탈굼역(Targ); 마소라 본문(MT)에는 없다. 삼상 9:20을 보라.

14.a. 엘(אל) 혹은 알(על)을 넣으라.

16.a. 70인경(LXX)을 따라 헴마(המה); 마소라 본문(MT)에는 유사종결로 인해 없다.

17.a.-a. 레모호라트 봐예미템(למהרת וימיתם), 참조. 70인경 루시안 개정본(LXX[L]), 맥카터; 마소라 본문(MT): 레모호라탐(למחרתם=?)

18.a. 70인경(LXX); 마소라 본문(MT): "다윗."

20.a. 70인경 바티칸 사본(LXX[B]); 마소라 본문(MT): "다윗."

20.b-b. 봐인하그 레파나이브(וינהג לפניו), 참조. 라틴 벌게이트(Vulg). 마소라 본문(MT)은 "그 앞에" 대신 확장된 본문인 "그 소유 앞에"를 갖는다. 70인경(LXX)은 "그 전리품 앞에"를 갖는다. 동사의 단수형은 70인경(LXX)을 반영한다; 마소라 본문(MT)은 복수형이다.

21.a. 5개의 히브리어 필사본(mss.)과 역본들을 따른 음독이다; 마소라 본문(MT)의 나머지는 "그들이"를 갖는다.

21.b. 70인경(LXX), 시리아역(Syr); 마소라 본문(MT): "그가."

22.a. 6개의 히브리 필사본, 70인경(LXX), 시리아역(Syr) 라틴 벌게이트(Vulg); 마소라 본문(MT): "나와 함께."

23.a. 아하레이(אחרי), 참조. 70인경(LXX); 마소라 본문(MT): 에하이 에트(אחי את).

26.a.-a. 70인경(LXX)을 따라 접속사가 추가된다. 이 명사의 형식에 대한 토론에 관해서는 드라이버를 보라. 맥카터는 레아라이브(לעריו, "성읍별로")로 추론한다.

27.a. 참조. 대상 4:30; 수 19:4; 70인경(LXX): 베이트 쪼르(בית צור, 맥카터 역시); 마소라 본문(MT): 베이트엘(ביתאל, 벧엘), 참조. 수 15:30 70인경(LXX). 나는 거의 알려진 바 없는 브두엘(Bethuel) 성읍이 원래의 것이며 70인경(LXX)은 더 쉬운 독법으로 대체했다고 제안한다. 증거가 확실하지 않기 때문에 두 성읍의 위치는 "주석"에서 다룬다.

27.b. 참조. 70인경(LXX)과 수 19:8; 마소라 본문(MT): "라못."

28.a. 아르아라(ערערה), 참조. 수 15:22: 아드아다(עדעדה); 마소라 본문(MT): 아로에르(ערער). 우리가 선택한 형식은 현대적 이름에 부합한다. "주석"을 보라.

29.a. 70인경(LXX); 마소라 본문(MT): "라갈."

29.b. 4Q 70인경(LXX); 마소라 본문(MT): "겐 족속." 참조. 27:10.

30.a. 에테르(עתר), 참조. 수 15:42; 19:7; 마소라 본문(MT): 아타크(עתך).

양식/구조/배경

아벡에서 다윗의 제명(29장)에 이어 그가 아말렉 족속을 패배시키는 장면이 등장하고, 사울의 죽음이 그것을 뒤따른다(31장).

요약. 다윗이 시글락에 도착했을 때, 그는 아말렉 족속이 그 성읍을 불태워 자신의 두 아내를 포함해 주민들을 포로로 데려갔다는 사실을 알았다. 그는 여호와께 호소하여 자신의 군사들의 비판에 대응했다. 여호와께서는 다윗이 대적들을 대항하여 성공적인 군사 작전을 수행할 것이라고 말씀하셨다(1-8절). 그가 400명의 사람을 데리고 추적을 시작했을 때, 아말렉 족속이 뒤에 버리고 떠난 한 애굽 사람을 만났다. 그 사람은 아말렉 사람들이 습격했다는 것을 확인시켜 주었으며, 만일 자신의 안전을 보장해 준다면 다윗을 아말렉 진영으로 데려가 줄 수 있다고 말했다. 아말렉 족속은 쉽게 발견되었는데, 그들은 자신들의 성공적인 공격을 자축하고 있었다(9-16절). 이틀 간의 전투에서 다윗은 모든 포로들을 구해냈으며, 아말렉 군대를 몰살하고 추가로 많은 전리품을 획득했다(17-20절). 다윗과 싸웠던 사람들은 전쟁이 진행되는 동안 후방에 머물렀던 200명의 군사를 분배에서 제외시켜 주기를 원했다. 그렇지만 다윗은 싸우러 나간 사람들과 후방에 남은 사람들이 동등하게 몫을 받아야 한다고 주장함으로써 한 가지 관례를 수립했다(21-25절). 다윗은 덤으로 획득한 전리품을 남쪽 유다 지역의 많은 성읍과 백성들에게 나눠 주었다(26-31절).

이 장은 블레셋 군사 작전에서 다윗의 제명과 그 이전의 아말렉에 대한 그의 습격(27:8)을 잇는 자연스러운 순서를 형성한다. 그의 대단히 성공적인 군사 작전이 31장에 있는 사울의 패배와 대조를 이룬다. 아말렉에 대한 사울 자신의 성공적인 군사 작전은 그가 불순종함으로써 왕권을 대가로 지불하는 계기가 되었었다(15장; 28:18). 이스라엘과 아말렉의 상호 행동에 대해서는 15장의 "주석"을 보라.

다윗이 싸움에 참가했던 군사들과 후방에 머물렀던 군사들을 공평하게 대우한 것은 이스라엘의 영속적인 관습에 대한 원인론적 설명을 제공한다(21-25절). 문학비평적 관점에서 보면, 그것은 이차적인 것일 수 있다. 왜냐하면 그것은 그 전리품이 다윗의 것이라는 생각(20절)과 모순되며, 또한 그가 그것을 남 유다의 여러 지지자들에게 분배해 주었다는 내용(26-31절)과도 그러하기 때문이다. Dtr은 분명히 이 장에 어떠한 추가도 하지 않았다.

주석

[1]-[8] 다윗과 그의 사람들이 아벡에서 시글락에 있는 자신의 옛 성읍(27:6)까지 50마일 이상의 거리를 되돌아오는 데는 삼 일이 걸렸다. 그가 없는 동안에, 이스라엘의 오랜 원수 아말렉 족속(15장 "주석"을 보라)은 대략 네게브(한글 개역: 남방)를, 구체적으로는 다윗의 성읍 시글락을 습격했다. 그들에 의한 성읍의 소각은 이전에 다윗이 자신들에게 가한 습격에 대한 보복으로 볼 수 있을 것이다(27:8). 아말렉 족속은 여자들(2-3절)과 아이들(3절), 그리고 아마도 전 주민들을(2[a-a]) 포로로 잡아갔다. 성인 남자 포로들에 대해서는 뚜렷한 언급이 전혀 없다. 아마도 전투 자격을 갖춘 남자들은 모두 다윗과 함께 있었거나, 아니면 이러한 침묵은 그들의 공격의 잔혹성을 시사한다 – 단지 여자들과 아이들만 포로로 잡혀갔다. 어떤 경우든, 그들의 정책은 아기스에게 자신에 대한 정보를 알리지 못하도록 누구도 살려두지 않은 다윗의 정책(27:11)과 대조된다. 아말렉 족속이 아무도 죽이지 않았기 때문에, 다윗이 자신에게 의지하고 있었던 모든 사람을 완전히 구출하는 것이 가능했을 것이다.

파괴된 성읍을 본 뒤에, 다윗과 그의 사람들은 기력이 다하도록 울었다(4절). 다윗의 손실은 자신의 사람들의 손실 못지 않았다. 왜냐하면 역시 자신의 두 아내 아비노암과 아비가일도 잡혀갔기 때문이다(참조. 25:42-43; 27:3). 그럼에도 다윗은 자신의 문제보다는 군사들의 탄식 때문에 괴로워했다. 자신들의 자녀(그리고 아내)에 대한 슬픔(참조. 왕하 4:27)과 분노(참조. 삼하 17:8) 가운데, 그들은 다윗을 향해 돌을 던지기를 원했다. 그런 살육은 마치 자신들의 지도자가 적절한 보호를 제공하지 못했다는 이유로 그를 파문하길 원하기라도 한 듯 법적인 의미를 내포하고 있는 것으로 보일 것이다. 다윗은 자신의 슬픔이나 군사들의 반역에 낙심하지 않고 힘과 용기를 달라고 여호와께 의지했다(참조. 대하 15:8). 다행히도, 다윗은 제사장 아비아달에게 의존할 수 있었다. 그는 실로 성소의 생존자로 다윗에게 피신해 온 자였다(22:20-23; 23:6, 9). 사울은 더 이상 여호와로부터의 신탁을 얻을 길이 없었으나(28:6), 아비아달은 미래의 왕이 에봇을 사용할 수 있게 했다(에봇에 대해서는 14:3에 대한 "주석"을 보라). 신탁을 구한 다윗은 전형적으로 이중적인 질문을 던졌다: "내가 추적하리이까? 내가 치리이까?"(참조. 23:2). 답변은 재확증해 주시는 것 이상이었다: "추적하라. 너는 반드시 쳐야 하리라(부정사 절대형의 강조 용법을 주목하라). 그리고 너는 반드시 구원하리라(다시 부정사 절대형)." 다윗은 자신의 질의에서 아말렉 족속을 "강도떼"(한글 개역: 군대)로 지칭했다(참조. 15절; 삼하 3:22; 4:2; 왕상 11:24; 왕하 5:2; 6:23)

9-16 다윗은 600명의 사람과 함께 출발하여 와디 브솔(Wadi Besor)에 도착했다(아마 와디 가제[Wadi Ghazzeh], McCarter; 다른 사람들은 와디 에쉬-샤리야[Wadi esh-Sharî'ah]로 본다). 그 곳은 시글락 남쪽 약 15마일 지점에 있다. 브솔은 이 장에서만 나타나는데, 항상 정관사를 가지기 때문에 헤르츠베르그(Hertzberg)는 그 이름이 원인론적으로 (다윗을 위한) 복된 소식의 와디(Wadi of the Good News)로 이해되어야 한다고 믿는다! 이 지점으로부터는 단지 400명의 사람들만이 다윗과 함께 계속 전진했는데, 후방을 지킨 다른 200명의 예비 병력은 그 와디를 건너온 뒤 기진맥진하게 되었기 때문이다 – 아벡으로부터의 행군과 시글락으로부터의 여정은 말할 것도 없다. 군사들의 분리는 21-25절에 있는 사건에 대한 필요한 정보를 제공한다. 비교적 작은 규모의 다윗의 기동대가 상당히 큰 규모임이 틀림없는 아말렉 군대를 상대로 승리를 거두게 되리라. 아말렉 군대는 사실상 완전히 파멸되었다 – *겨우* 400명만이 탈출했다(17절). 그러나 여전히 이 빈약한 생존자들은 그 규모가 다윗의 기동대 전체와 동일했다. 전투병과 후방 수비대로의 유사한 병력 분리는 나발에 대한 다윗의 공격에서도 나타났다(25:13). "피곤했다"로 번역된 동사는 단지 10절과 21절에만 나온다. 같은 어근의 한 명사는 "시체"를 의미한다.

그들을 추적하는 중에, 다윗의 군대는 병으로 인해 아말렉 대장에 의해 버림받은 한 애굽인 종을 만났다. 다윗은 즉시 모범이 될 만한 환대를 한 노예에게 보여 주었다. 그는 빠른 회복을 위해 그 노예에게 음식과 마실 것뿐 아니라 몇 개의 무화과 뭉치도 주었다(삼상 25:18). 비록 그 사람은 72시간 동안이나 음식이나 물을 섭취하지 못해 쇠약한 상태였음에도 즉시 원기를 회복했다. 그는 아말렉 사람들이 유다에 속한 영토에 있는 그렛 족속의 네게브(남방)를 습격한 범인이었다고 실토했다.

그렛 족속(삼하 8:18; 15:18; 20:7; 20:23 케레[Qere]; 왕상 1:38, 44)은 아마도 블레셋 사람들에게 고용된 크레타 섬의 상인들이었을 수 있다. 그들은 자주 블렛 족속(Pelethites)과 관련되며, 그렛 족속이란 단어는 때로 블레셋 족속과 동의어로 사용된다(겔 25:16; 습 2:5). 그렛 족속의 네게브(남방)는 추정컨대 블레셋 영토의 남부에 있는 시글락 근처의 지역이다. 원인론적으로 그렛 족속은 크레타 섬이 배경임을 암시한다. 때때로 블레셋 족속 자신들이 그 섬으로부터 온 것으로 언급되었다(암 9:7). 갈렙의 네게브(남방)는 헤브론에서 중앙을 차지하지만 25:3에서 갈렙 사람 나발과 관련된 마온과 갈멜과 같은 여러 성읍들을 포함한다. 그 곳은 겐 족속의 네게브(남방)의 한 구역이었다. 그 애굽인은 그들이 습격한 범위를 자세히 설명한 후에 다윗과 그의 사람들을 자극하는 중대한 사실을 토로했다: 아말렉 족속이 시글락을 불태웠다. 아말렉 족속이 애굽인 소년을 거칠게 대접한 것은 그들의 도덕적 비열함을 증명해 준다. 그 소년과의 연합으로 다윗은 이스라엘 안팎에서 계속 늘어나고 있던, 미래의 왕을 지지하는 사람들의 인원을 더 늘린 셈이다. 다윗이 그에게 자신을 그 강도떼(한글 개역: 군대)에게 인도해 달라고 요청했을 때, 그는 다윗에게 자신을 죽이거나 전 주인에게 넘겨주지 말라는 약속을 요구했다. 그것은 반역한 노예가 예상할 법한 비운이었다. 그도 역시 아말렉을 "이 강도떼"라고 언급함으로써(15절) 다윗의 대의에 대한 충절을 암시해 주었다. 그가 다윗과 그의 사람들을 아말렉 진영으로 데려갔을 때, 그들은 흡족한 마음으로 무장을 풀고 있음을 발견했다. 그들은 먹고 마시면서 마치 자신들이 순례자들의 집회에 참여하고 있는 것처럼 흥겨워하고 있었다(Driver). 기드온 역시 무장을 해제하고 있는 적들을 발견한 바 있었다(삿 8:11). 그러나 적어도 그들은 규율에 어긋난 방식으로 사방에 흩어져 있지는 않았다. 아말렉 족속은 자신들이 블레셋과 유다에서 탈취해 온 엄청난 전리품을 탐욕스럽게 만끽하고 있었다. 그들은 무방비 상태와 무분별한 폭식으로 인해 이미 죽을 준비가 다 되어 있었다.

17-20 네쉐프(נשף)의 의미의 모호함(그것은 우리의 번역처럼 첫 새벽빛이나 혹은 스미스처럼 "여명"을 의미할까?)과 본문상의 불확실성(17[a-a]를 보라) 때문에, 전투의 지속 시간은 확신하기가 불가능하다. 전투는 이틀 걸렸을까? 아니면 단 몇 시간 걸렸을까? 그렇지만 승리는 완전했는데, 비교해서 말한다면 낙타를 타고 도망친 400명의 정예군(참조 15:3)을 제외하고는 한 사람도 탈출하지 못했다. 다윗은 바로 신탁이 예언했던 대로(8절) 자신의 두 아내를 포함해서 포로로 잡힌 모든 사람들을 구출했다(18절). 노소(老小)를 막론하고 한 사람도 잃지 않았다(참조. 삼하 17:22).

아말렉 족속이 방금 직전까지 흥에 겨워한 모든 자녀들과 노획물이 재탈환되었다. 다윗의 승리의 완전성은 31장에 있는 사울의 비참한 패배와 날카롭게 대비된다. 다윗은 친히 양떼와 소떼를 몰고 돌아왔다. 그것은 어쩌면 고맙게 여긴 사람들이 그에게 양도해 준 것들인지도 모른다. 이 노획물이 어떻게 입수되었든지 간에, 사람들은 그것을 다윗의 것으로 칭송했다. 이미 그는 완숙한 승전보를 울리는 왕처럼 행세했다.

21-25 전투를 마친 후, 다윗과 그의 사람들이 후방을 지키기 위해 남은 군사들에게 돌아갔다. 10절과 21절에서 탈진이 이러한 대열 구분의 이유였다고 나오지만, 그런 식의 군사 배치는 의례적인 군사 전략의 일부였는지도 모른다(삼상 25:13). 뒤에 남았던 사람들이 그들을 환영했으며, 또한 추측컨대 그들에게 전투 보고를 해 줄 것을 요청했을 것이다. 그 뒤에 다윗의 병사들 가운데 악하고 불량한 몇 명이 후방 수비를 맡았던 예비병들을 비판하면서, 어찌해서 그들은 싸우지도 않았는데 노획물을 나누어 가져야 하느냐고 물었다(참조. 10:27). 그들이 보기에, 이 사람들은 그들의 아내와 자녀들을 찾아갈 권리만 있지 다윗의 군대가 획득한 부수적인 노획물에 대한 권리는 없었다. 그러나 다윗은 그들을 꾸중했는데, 왜냐하면 자신들을 지켜 주고 이 강도떼를 자신들의 손에 넘기신 분은 바로 여호와이셨기 때문이다(참조. 신 20:4). 그들에게 권리가 있었던 전리품은(신 20:14), 실제 전투에 참가했든 후방에 남아 있었든 모든 사람에게 동등하게 분배되어야 한다. 현재의 장에서 후방을 지켰던 사람들은 탈진으로 인해 뒤에 머물러야만 했다. 우리는 그들의 임무가 군대를 위한 의례적이고 필수적인 예방조치가 아니었을까 짐작한다. 우리가 듣는 바는, 다윗이 이후로 계속 두 편의 군사들이 균등하게 분배를 받아야 한다는 관습을 확립했다는 것이다. 유사하게, 모세는 미디안과의 전쟁에서 얻은 전리품을 전투병들과 남은 회중들에게 분배했으며(민 31:25-31), 여호수아는 정복 전쟁 후 비전투원 형제들과 전리품을 나누어 가지라는 지시와 함께 르우벤, 갓 그리고 므낫세 반 지파를 집으로 돌려보냈다(수 22:8). 이러한 언급들 중 첫 번째 것은 아마도 HDR보다 후대의 것일 가능성이 있으며, 그것들 중 어느 것도 전례로 인용되지 않는다. 오히려 *다윗*이 이스라엘에서 그것을 "확립된 관습"(NEB)으로 만들었다. 다윗은 이전에 자신이 전쟁에서 왕 같은 지도력을 보여 준 것처럼(18:7; 21:12[영역본. 11]; Whitelam), 여기서 왕의 사법적 기능을 수행하고 있다. 이것은 이스라엘에서 존귀한 관습이었기 때문에, 해설자의 관점은 다윗이 유다와 이스라엘 양쪽 모두의 왕이 된 시점에서 비롯된 것일 수 있다. 이러한 정보의 원인론적 특징이 오늘날까지 이

관습이 지속되었다는 언급에서 나타난다.

26-31 다윗은 와디 베솔(Wadi Besor)로부터 계속 이동하여 자신의 도성 시글락에 도착했다. 그는 부수적으로 획득한 전리품을 자신을 위해 취하지 않고 유다의 장로들과 거기 있던 동포들에게 보냈다. 유다의 장로들은 다윗이 후에 자신들의 왕으로 기름부음을 받았을 때 중요한 역할을 수행했는지도 모른다. 사무엘하 2:4은 기름부음 예식에서 단지 유다 "사람들"만 언급할 뿐이지만, 이스라엘을 다스리기 위해 그가 기름부음을 받는다는 병행 기사는 명백하게 장로들을 언급한다(삼하 5:3). 다윗이 선물을 보낸 것은 마치 아비가일이 다윗에게 선물을 보내 그의 추종자들이 혜택을 누렸던 것과 같았다(삼상 25:27). 다윗은 그 전리품은 여호와의 대적들로부터 취한 것이며, 그들의 패배는 단순히 자신의 영광(20절)이 아닌 하나님의 영광을 높이게 될 것이라고 말했다.

언급된 성읍들은 모두 유다의 남부에 위치해 있는데, 그것들은 결국 헤브론에서의 다윗의 기름부음으로 이어질 하나의 전략의 일부로서 이치에 맞는다. 브두엘(Bethuel. 가능하게는 Kh. el-Qaryatein, 참조. Stoebe; MR 161083)은 아랏 남쪽으로 몇 마일 떨어진 지점에 있다(수 15:30 LXX; 19:4; 대상 4:30); 벧-주르(Beth-zur. 참조. 27[a]; 현대의 Kirbet eṭ-Ṭubeiqah, MR 159110)는 헤브론 북쪽으로 4 내지 5마일 지점에 있다(수 15:58; 대상 2:45). 라맛-네게브(Ramath-negeb. 아마 기르벳 가제[Khirbet Ghazzeh], Aharoni, MR 16508; 더 가능성 있게는 Bir Rakhmeh; MR 138043)는 브엘세바 남동쪽 19마일 정도에 위치해 있다. 얏딜(현대의 기르벳 아티르[Khirbet 'Attîr]; MR 151084)은 에스드모아(Eshtemoa) 남쪽 4-5마일 지점의 유다 산지에 있다(수 15:42, 48; 19:7; 21:14=대상 6:42[영역본. 567]). 아라라(한글 개역: 아로엘; 현대의 기르벳 아르 아라[Khirbet 'Ar 'arah]; MR 148062)는 브엘세바 남동쪽 약 11마일 지점의 유다 네게브(남방)에 있다(수 15:22). 십못은 알려져 있지 않다. 헤브론(수 15:50; 21:14=대상 6:42[영역본. 57]). 갈멜(기르벳 엘-키밀[Khirbet el-Kirmil]; MR 162092)은 헤브론 남동쪽 7마일, 에스드모아 북동쪽 4마일 지점이다(삼상 25:2; 수 15:55). 여라무엘 족속의 성읍들은 브엘세바 남쪽이었을 수도 있다(참조. 27:10; 대상 2:9, 25-27). 겐 족속의 성읍들은 헤브론 지역에 있었을 수도 있다(참조. 수 15:15-17과 삼상 27:10). 홀마(아마도 기르벳 엘-메샤쉬[Khirbet el-Meshâsh]; MR 146069)는 브엘세바 동쪽 7마일 지점에 있다. 볼-아산(Bor-ashan, 정확한 위치는 모른다; 한글 개역: 고라산)은 에델 근처의 세펠라(shephelah)에 있었던 것으로 보인다(수 15:42; 19:7; 21:16 LXX). 에델(기르벳 엘-아테르[Khirbet el-'Ater]; MR 138113)은 헤브론 남서쪽 15마일 지점이다(수 15: 42; 19:7). 그리고 오랜 갈렙 족속 성읍인 헤브론(엘-가릴[el-Khalil]; MR 160103). 그곳은 다윗이 유다 위에 기름부음 받은 왕이 될 장소(삼하 2:1-4), 또한 이스라엘 위에 왕이 될 장소였다(삼하 5:3). 이러한 곳들은 다윗과 그의 사람들이 주기적으로 방문했던 장소였다. 그 중 많은 곳이 의심할 바 없이 예전에 다윗의 습격을 받지 않는 혜택을 누렸다(27:10).

해설

사울의 전 생애의 마지막 시기에, 해설자는 다윗의 높은 자질과 암시를 통한 사울의 함량 미달을 보여 준다. 아기스의 초청으로 다윗은 어쩔 수 없이 자신의 백성과 거의 싸울 뻔했지만, 대신 더욱 적절하게도 그는 이스라엘의 영원한 대적인 아말렉 족속과의 싸움에 열중하게 되었다. 다윗의 군사들은 시글락에서 자신들이 당한 피해를 조사했을 때 그를 대항할 태세였다. 그러나 다윗은 하나님께 의존하여 보호를 요청함으로써 모범적인 행동을 보여 주었다. 다윗의 군사 작전은 완전히 성공적이었다. 그의 사람들 중 일부가 후방을 지킨 사람들에게 전리품을 나누기를 꺼리는 사악하고 불량한 사람들인 것으로 드러났을 때, 다윗은 그 약탈물을 공평히 분배했고 성숙하게 왕의 사법적 기능을 행사했다. 그는 자신의 두 아내를 구출했다. 그의 아내들은 자신의 왕권에 대한 주장에 있어서 정치적으로 상당히 중요했던 것으로 보인다. 또한 다윗은 동료인 유다 사람들에게 아말렉으로부터 취한 전리품을 나누어 줌으로써 그들의 비위를 맞추려 했다. 그의 군사들은 그 전리품을 다윗의 것으로 지칭함으로써 그의 왕권을 암시적으로 인정했으며, 그의 대의적 목표는 가장 어울리지 않은 한 이방인, 즉 아말렉의 노예였던 한 애굽인의 도움을 받았다.

다윗의 영웅주의, 공평성 그리고 그의 관대함을 강조하는 것에 덧붙여, 해설자는 분명히 다윗의 성공을 여호와 자신의 행위로 본다. 다윗은 반역적인 전쟁에 빠질 위기를 모면했으며, 대신 이스라엘에서 약자와 포로를 방어하는 자신의 모습을 보여 줄 기회를 부여받았다. 포로를 죽이지 않는 아말렉의 정책과 또한 여호와의 손길로 인해 그는 백성들을 구원할 수 있었다(8, 18, 22절). 에봇의 도움을 받은 제사장 아비아달에 의해 여호와로부터 신탁이 전달되었는데, 그것은 다윗이 아말렉을 추적해야 하며, 그가 그들을 따라잡아 포로들을 구해낼 것이라는 내용이었다. 같은 시기에 사울은 신적인 보호가 없었다. 후에 한 아말렉 사람이 옳건 그르건 사울을 죽였다고 주장할 것이다(삼하 1:1-16). 아말렉 족속에 의해 버림받은 한 애굽인이 다윗의 위대한 승리에 일조할 것이다. 이 아말렉 진영의 낙오병을 발견한 것은 분명히 전능자에게 질의했던 다윗의 질문에 대한 답변의 일부였다.

사울의 아말렉 군사 작전은 예전에 사무엘이 최종적으로 여호와의 돌이킬 수 없는 거절을 선언했던 계기가 됐었다. 사울의 최후의 실패 직전에 다윗의 성공적인 군사 작전은 그가 바로 신탁의 지도로 나아가고 있는 왕에게 어울리는 특징과 행동을 지녔음을 묘사한다.

36. 사울의 죽음과 매장(31:1-13)

참고문헌

Driver, G. R. "A Hebrew Burial Custom." *ZAW* 66(1954) 314-15. **Wright, G. E.** "Fresh Evidence for the Philistine Story." *BA* 29(1966) 70-86.

본 문

1 블레셋 사람이 이스라엘을 치매 이스라엘 사람들이 블레셋 사람 앞에서 도망하여 길보아 산에서 엎드러져 죽으니라

2 블레셋 사람들이 사울과 그 아들들을 쫓아 미쳐서 사울의 아들 요나단과 아비나답과 말기수아를 죽이니라

3 사울이 패전하매 활 쏘는 자가 따라 미치니 사울이 그 활 쏘는 자를 인하여 중상한지라

4 그가 병기 든 자에게 이르되 네 칼을 빼어 나를 찌르라 할례 없는 자들이 와서 나를 찌르고 모욕할까 두려워하노라 하나 병기 든 자가 심히 두려워하여 즐겨 행치 아니하는지라 이에 사울이 자기 칼을 취하고 그 위에 엎드러지매

5 병기 든 자가 사울의 죽음을 보고 자기도 자기 칼 위에 엎드러져 그와 함께 죽으니라

6 사울과 그 세 아들과 병기 든 자와 그의 모든 사람이 다 그 날에 함께 죽었더라

7 골짜기 저편에 있는 이스라엘 사람과 요단 건너편에 있는 자들이 이스라엘 사람들의 도망한 것과 사울과 그 아들들의 죽었음을 보고 성읍들을 버리고 도망하매 블레셋 사람들이 이르러 거기 거하니라

8 그 이튿날 블레셋 사람들이 죽은 자를 벗기러 왔다가 사울과 그 세 아들이 길보아 산에서 죽은 것을 보고

1 When the Philistines were fighting against Israel, the men of Israel fled before the Philistines and fell slain on Mount Gilboa.

2 The Philistines pursued[a] Saul and his sons closely and smote Jonathan, Abinadab, and Malchishua, the sons of Saul.

3 As the war grew severe against[a] Saul, [b]those who shot[b] with the bow found him, [c]and he was greatly distressed on account of the archers.[c]

4 "Draw your sword and run me through with it," Saul said to his weapon-bearer, "lest these uncircumcised folks come, [a]run me through,[a] and make sport of me." But the weaponbearer refused for he was very much afraid. Then Saul took the sword and fell upon it.

5 When his weapon-bearer saw that Saul had died, he too fell on his sword and died with him.

6 Thus Saul, his three sons, and his weapon-bearer[a] died on that day together.

7 The men of Israel, who were across the valley and across the Jordan, when they saw that the (fighting) men of Israel had fled and that Saul and his sons were dead, abandoned [a]their cities[a] and fled. Subsequently, the Philistines came and dwelled in them.

8 The next day the Philistines came to strip the slain, and they found Saul and his three sons fallen on Mount Gilboa.

9 사울의 머리를 베고 그 갑옷을 벗기고 자기들의 신당과 백성에게 전파하기 위하여 그것을 블레셋 사람의 땅 사방에 보내고

9 After cutting off his head and stripping his weapons, they sent[a] messengers around the land of the Philistines to share the news with[b] their idols and the people.

10 그 갑옷은 아스다롯의 집에 두고 그 시체는 벧산 성벽에 못박으매

10 His weapons they deposited in the temple of Ashtaroth, but his body they hung on the wall of Beth-shan.

11 길르앗 야베스 거민들이 블레셋 사람들의 사울에게 행한 일을 듣고

11 After the inhabitants of Jabesh-gilead had heard[a] what the Philistines had done to Saul,

12 모든 장사가 일어나 밤새도록 가서 사울과 그 아들들의 시체를 벧산 성벽에서 취하여 가지고 야베스에 돌아와서 거기서 불사르고

12 every fighting man rose and went all night to fetch the body of Saul and the bodies of his sons from the wall of Beth-shan. Returning[a] them to Jabesh, they burned them there.

13 그 뼈를 가져다가 야베스 에셀나무 아래 장사하고 칠 일을 금식하였더라

13 Gathering their bones, they buried them beneath the tamerisk at Jabesh and fasted for seven days.

원문주해

2.a. 특이한 음독에 대해서는 *GKC* 53n과 삼상 14:22을 보라.

3.a. 알(על) 4Q, 70인경(LXX), 대상 10:3; 마소라 본문(MT): 엘(אל).

3.b.-b. 참조. BHK와 대상 10:3; 마소라 본문(MT): 하모림 아나쉼 빠카쉐트(בקשת המורים אנשים), 분명히 고대의 이문들의 병합이다(Stoebe).

3.c.-c. 마소라 본문(MT); 70인경(LXX): "그는 복부에 부상을 당했다(MT의 재독음[revocalization])"(ὑποξόνδρια–휘포콘드리아). 아마도 이 동사에 대한 다른 이해가 "활 쏘는 자" 대신 "복부"로 대체하게 만들었을 것이다.

4.a.-a. 마소라 본문(MT); 대상 10:4에는 없다.

6.a. 70인경 바티칸 사본(LXX^B); 마소라 본문(MT)은 추가한다: "그리고 또한 그의 모든 사람들이." 이 부연설명은 대상 10:6에 있는 "그리고 그의 온 집이"라는 독법에 근거한 것일 수 있다.

7.a.-a. 70인경(LXX), 대상 10:7; 마소라 본문(MT): "그 성읍들."

9.a. 마소라 본문(MT)에서는 피엘형(Piel) 대신 칼형(Qal)으로 음독된다.

9.b. 에트(את), 참조. 70인경(LXX), 대상 10:9; 마소라 본문(MT): 베이트(בית, "…의 집").

11.a. 70인경 바티칸 사본(LXX^B); 마소라 본문(MT)은 엘라이브(אלין)를 추가한다.

12.a. 마소라 본문(MT)에서처럼 칼형 대신 히필형으로 음독된다.

양식/구조/배경

사울의 죽음과 매장은 사울의 생애와 사무엘상을 끝낸다.

요약. 사울은 자신의 군대가 패배하고 아들들이 전사한 상황에서 블레셋 궁수들과 맞닥뜨린다. 사울은 그들의 손에 수치를 당하기보다는 자신의 병기 나르는 자에게 자신을 죽이라고 요구했으나 수포로 돌아갔다. 이윽고 사울은 스스로 목숨을 끊었으며, 그의 병기 나르는 자가 그 뒤를 따랐다. 그 곳에 있던 다른 이스라엘 족속들은 이것을 보고 뿔뿔이 흩어졌으며, 블레셋 족속은 그들의 성읍들을 점령했다(1-7절). 블레셋 족속은 사울의 머리를 자르고 그의 무기들(한글 개역: 갑옷)을 탈취했다. 그들은 고국 영토에 상황 보고를 전한 다음 사울의 무기들을 아스다롯 신전에 두었고 몸통은 벧산 성벽에 걸어놓았다(8-10절). 그렇지만 야베스 길르앗 거민들은 사울과 그의 아들들의 시신을 회수하여 장례를 치르고 일주일 간 금식했다(11-13절).

이 단원은 엔돌의 무녀 사건(특별히 28:19)과 이 전쟁을 위해 앞서 블레셋 족속을 모병한 기사(29:11)에 연결된다. 사울의 죽음은 거의 영웅적인 방식으로 보고된다. 마지막 용기에 대한 묘사와 야베스 길르앗 사람들의 끊이지 않는 충성에 대한 보고가 그것이다. 역대기 기자는 사울의 죽음을 불충실한 신앙과 영매에게 구한 자문 탓으로 돌리고 있음에도 불구하고(대상 10:13-14), HDR과 Dtr는 어느 쪽도 사울에 대한 추가적인 평가를 내리지 않기로 결정했다.

사울의 죽음에 대한 또 다른 기사가 사무엘하 1장에서 주어진다. 전선에서 돌아온 한 아말렉 사람이 다윗에게 자신이 그 부상당한 왕의 요청에 따라 그를 해치웠다고 말했으며, 다윗에게 그 왕의 왕관과 완장(한글 개역: 팔에 있는 고리)을 건넸다. 다윗은 사울과 요나단, 그리고 여호와의 군대로 인해 눈물을 흘린 후에 여호와의 기름부음 받은 자의 존엄을 해쳤다는 이유로 그 아말렉 사람을 정죄하여 사형에 처했다(참조. 24:7, 11[영역본. 6, 10]; 26:11, 23). 그렇지만 문맥을 통해 그 아말렉 사람은 거짓말장이로 드러난다. 사무엘상 31장의 독자들은 누구라도 사울이 자살한 것이지 한 아말렉 사람의 자비로 안락사당한 것이 아니라는 사실을 알 것이다. 나아가 31장의 사울은 블레셋의 손에 죽기를 원치 않았으며, 또한 아말렉 사람한테도 죽고 싶지 않았을 것이 거의 확실하다. 사무엘하 1장에 있는 자료들은 또 다른 역사적 시나리오가 아니라, HDR의 주제에 일치하는 사무엘상 31장에 대한 해석으로 평가되어야 한다. 그것에 따르면, 다윗은 그 왕의 죽음에 깊은 슬픔을 나타낸다. 그는 최후의 전투에 연루되지 않았고 사울의 죽음에 공범자도 아니었다. 또한 다윗은 그 왕에 대하여 죄를 범했다고 주장한 당사자를 즉결 심판으로 사형시켰다. 그럼에도 여전히 반역적인 말과 행동을 보여 준 그 아말렉 사람은 누가 다가오는 왕이 될 것인지를 은연중에 알고 있었다.

사무엘상 31장에는 어떠한 신명기적 편집의 징후도 보이지 않는다.

주석

1-7 "싸우다"라는 동사의 분사형은 이 단원을 앞서 있었던 사건들과 연결시키는 역할을 하는데, 역대상 10:1에 맞추어 완료 시제로 변경시켜서는 안 된다. 최초로 보고된 불의의 타격으로 인해 사울은 군사적 방어망을 잃게 되고(1절), 연이은 사울의 세 아들의 죽음으로 그는 완전히 홀로 남게 된다. 길보아의 위치에 대해서는 사무엘상 28:4을 보라. 세 아들 중 두 명은 사무엘상 14:49에 언급되는데(요나단과 아비나답), 말기수아와 함께 죽음에 합류한다. 말기수아는 역대상에 있는 족보 공지(8:33; 9:39)를 제외하고는 달리 알려진 인물이 아니다. 사울의 다른 아들 이스위(한글 개역은 리스위인데, 이것은 이스위의 오류다 – 역자주), 혹은 에스바알은 그 전투에서 살아 남았고 잠시 동안이나마 일부 잔류하던 북 이스라엘 위에 사울의 계승자로 봉직했다(삼하 2-4장). 군대와 아들들을 잃은 뒤 궁수들이 다가오는 것을 본 사울은 절망적으로 두려워하는 처지에 놓여 있었다. 70인경(3^{c-c})에서 발견되는 다른 독법은 그가 사실상 부상을 입었음을 시사한다(참조. 삼하 1:9과 Grønbaek, 216, n. 29). 사울의 마지막 동료는 자신의 병기 든 자였다(참조. 14장에 있는 요나단과 그의 병기 든 자의 모험적 행위). 그것은 다윗이 한때 지녔던 직책이었다(삼상 16:21). 왕은 자신의 절망적 상황을 현실적으로 파악할 수 있었으며, 블레셋 족속에게 승리의 영광을, 또한 그들이 자신에게 접근하기 전에 죽음을 감행함으로써 그들에게 자신을 능욕할 기회를 주고 싶지 않았다. 블레셋 족속에 대한 사울의 마지막 언급은 그들이 할례 받지 못한 자들이라는 철저한 멸시였다. 한때 요나단은 자신의 병기 든 자에게 블레셋 족속을 유사한 표현으로 언급한 적이 있었으며(삼상 14:6), 또한 젊은 다윗도 한때 그들을 자신의 친족들과(17:26) 왕 앞에서 직접 할례 받지 못한 자로 비웃은 바 있었다.

사울이 시도한 자살에 대해 어떠한 윤리적인 평가도 주어지지 않는다. 일전에 중상을 당한 아비멜렉이 여자에게 죽임을 당했다는 조롱을 받지 않으려고 자신의 병기 든 자에게 자기를 죽여 달라고 요청한 적이 있었다(삿 9:54). 삼손 역시 블레셋 사람들에 대한 복수의 일환으로 그들 위에 집을 무너뜨려 자살을 선택했었다(삿 16:30). 사울은 분명히 블레셋 족속이 자신을 죽일 기회와 자신을 모욕하거나 고문을 가할 기회를 갖지 못하게 되길 원했다. 한때 여호와께서는 애굽인들을 농락하신 적이 있으셨다(출 10:2; 삼상 6:6). 그러나 블레셋 족속이 여호와의 기름부음 받은 자를 상대로 상황을 뒤엎으려는 것은 허용되지 않을 것이다. 고문은 기브아 사람들이 레위인의 첩을 밤새 강간하여 그녀를 "농락했던" 방식을 통해 가능성 있게 암시된다(삿 19:25). 사울의 병기 든 자는 행동에 옮기기를 너무 두려워했는데, 그는 바로 사울을 실패하게 한 마지막 인물이었다. 그는 단지 전쟁의 상황이 나쁘게 돌아가고 자신이 젊기 때문에 두려워했는가(참조. 삿 8:20)? 아니면 그는 그 왕을 여호와의 기름부음 받은 자로 공경하여, 그래서 심지어 그 순간에도 그 왕을 해치기를 망설였는가? 한마디 말도 없이, 사울은 자신의 검에 넘어짐으로써 남은 유일한 방법을 썼다. 그 병기 든 자는 이러한 행동에 감명을 받았거나, 아니면 공포에 질려 즉시 그의 뒤를 따랐다. 사울의 최후의 동료가 연약했음에도 불구하고, 마지막 순간까지 충성을 다했다는 점에서 영웅적 분위기가 나타난다. 사울의 군사들과 아들들, 그리고 병기 든 자와 자신의 목숨이 모두 사라졌다. 사무엘상 28:19의 예언이 성취되었다.

7절과 더불어 해설자의 눈은 재빨리 이 전쟁의 더욱 폭넓은, 그리고 뒤따라오는 결과로 넘어간다. 블레셋 진영 북쪽의 이즈르엘 계곡 건너편에 있던 이스라엘 족속은 모든 것을 남겨두고 도망쳤다. 앞서 있었던 위기에서, 이스라엘 사람들은 몸을 숨기거나 요단 강 여울을 건너 갓과 길르앗 피난처로 도망갔다(삼상 13:7). 지금 우리는 요단 강 건너편에(혹은 그 지역에, Stoebe) 있는 사람들도 싸움에 동참했다고 듣는다. 블레셋 족속이 이스라엘의 성읍들을 점령할 정도로 사울 왕권의 마지막 순간에 블레셋의 군사적 우위는 거의 처음과 다를 바 없는 상태였다. 블레셋 족속은 이제 이즈르엘 들판과 요단 강 일대를 지배하게 되었다(참조. Wright). 남쪽의 중앙 산지는 여전히 이스라엘 수중에 있었던 것 같지만 말이다. 요단 지역의 침투는 그렇게 깊숙이 진행되었거나 영구적이지 않았다. 왜냐하면 그 침략은 사울의 아들 에스바알이 자기 아버지 왕국의 남은 자들을 끌어모을 장소를 요단 지역에서 찾는 것은 가로막지는 못했기 때문이다

8-10 전쟁이 끝난 다음날, 블레셋 족속은 시신들을 수습하려고 돌아왔다. 후에 이스라엘도 역시 다윗의 영웅들 중 하나인 엘르아살이 블레셋을 쳐서 굴복시켰을

때 블레셋 족속의 시신들을 수습했다(삼하 23:10). 사울과 그의 아들들이 이미 죽었기 때문에, 블레셋 족속은 조롱이나 고문을 가할 기회를 갖지 못했다. 그러나 그들은 다윗이 자신들의 영웅 골리앗의 머리를 잘랐던 것처럼(삼상 17:51) 사울의 머리를 잘랐다. 스토베(Stoebe)는 이러한 사울 전승을 토대로 다윗이 골리앗의 목을 잘랐다는 업적이 부여되었다고 제안했다. 반면에, 맥카터는 9절의 사울의 머리 절단에 대한 언급을 17:51을 기초로 한 이차적 확장이라고 제거한다. 어느 입장이든지 불필요하거나 설득력이 없다.

우리가 "보내다"라는 단어(9.a.)에 맞도록 선택한 독음(vocalization)은 블레셋 족속이 자신들의 위대한 승리의 소식과 더불어 사자들을 보냈다는 생각을 지지한다. 한편, 마소라 본문(MT)에 있는 독음은 사울의 머리와 무기들이 승리에 대한 잔혹한 증거로 블레셋 영토로 보내졌다는 것을 지시한다(그러나 참조. 10절). 블레셋 족속이 함께 나눈 좋은 소식은 조만간 다윗의 여러 승리에 의해 역전될 것이다(삼하 5:17-25). 심지어 지금도 해설자는 블레셋의 신들을 "우상들" – 항상 치욕적인 용어 – 로 지시함으로써 숙명 속의 이러한 변화를 암시해 준다. 다윗이 바알브라심에서 블레셋 족속을 패배시켰을 때, 그들은 자신들의 우상을 버렸으며 – 마치 이스라엘이 길보아 전투 후에 자신들의 성읍을 버렸던 것처럼 – 다윗과 그의 군사들은 그것들을 치웠다(삼하 5:21). 사울의 무기들은 한 성소에 두었는데, 그것은 마치 다윗이 골리앗의 검을 기념물로 한 성소에 안치했던 것과 같았으며(참조. 삼상 17:54; 21:9-10[영역본. 8-9]), 또한 여호와의 궤가 다곤 신전에 놓여졌던 것과 같았다(삼상 5:2). 아스다롯 여신의 복수형 이름이, 이스라엘이 불순종으로 인해 비난을 받을 때 어떤 신명기 학파적 문맥 속에서 "바알(들)"과 더불어 언급된다(삿 2:13; 10:6; 삼상 7:3, 4; 12:10). 해설자는 블레셋 족속이 사울의 무기들을 놓은 그 장소에 대한 경멸심을 보여 주기 위해 복수형 신명을 사용했는지도 모른다. 한 성읍이 블레셋 지배 아래 있음에도 불구하고, 그 근저에 흐르는 가나안 문화를 전형적으로 보여주고 있다. 이 신명이 단수로 사용될 때 시돈 사람들의 여신으로 확인된다(왕상 11:5, 33; 왕하 23:13). 물론 여신 앗타르(Athtart) 혹은 아스타르테(Astarte)가 우가릿 문헌들과 다른 가나안 자료들에서 알려진다. 블레셋 족속은 그 왕의 몸통(그리고 또한 그의 아들들의 몸통을, 12절)을 벳산 성벽에 걸어놓았다. 이 성읍(현대의 텔 엘-후산[Tell el-Ḥusn; MR 197212)은 요단 계곡 근처의 이즈르엘 계곡의 동쪽 끝에 위치해 있었으며, 당시에 블레셋의 지배하에 있었다(참조. M.W. Prausnitz, *IDBSup*, 97-98과 G.M. Fitzgerald, *AOTS*, 185-96). 다윗의 몸이 새들과 짐승들에게 노출

될 것이란 협박이 골리앗의 입에서 발견된다(삼상 17:43-44). 산헤립은 에그론의 관리들을 성읍을 둘러친 장대 위에 걸어놓았다(ANET[3], 288).

11-13 사울은 통치 초기에 야베스 길르앗 백성들을 암몬 사람 나하스로부터 구해 주어 그들에게 왕으로서의 연민과 신의를 보여 주었다(삼상 10:27-11:15). 이제 야베스 사람들은 그의 호의를 갚을 기회를 갖게 되었다. 야베스 사람들은 블레셋 족속이 자신들의 왕에게 저지른 일을 전해 듣고, 전 군대가 이 잘못을 응징하기 위하여 밤중에 13마일을, 혹은 야베스에서 길르앗까지 행진해 나아갔다. 그들은 사울과 그의 아들들의 시신을 야베스로 거둬들여 정중한 장례를 치러 주었다. 12절에 시신들의 소각에 대한 언급은 이상하다. 왜냐하면 이스라엘에는 화장의 허용이나 그런 사례에 대한 증거가 전혀 없기 때문이다. 이것은 아마 왜 역대기 저자가 이러한 정보를 누락시켰는지 설명해 줄 것이다(대상 10:12). 화형이 어떤 중대한 범죄 형식에서 사용되었다(레 20:14; 21:9; 수 7:25). 부데의 생각에 의하면, 화장은 한 서기관이 사울에 대한 기억을 훼손하려고 덧붙인 것이다(렘 34:5; 대상 16:24; 21:19). 아마 그들은 시체들이 일찍 부패했기 때문에, 이러한 특별한 경우에 그 시체들을 태워야만 했을 것이다(Hertzberg). 레이니(A.F. Rainey)는 여기 묘사된 장례 제식들(rites)은 그리스 세계에서 영웅들에게 경의를 표하는 가운데 실행된 것들이라고 제안했다(예를 들어, 일리아드 xxiii에 나오는 아킬레스의 친구 파트로클루스 [Patroclus], 참조. *ISBE* 1,477에서 벳산족에 대한 항목). 드라이버(*ZAW* 66, 1954, 314-15)는 동사 사라프(שׂרף)가 여기서는 "수지 향신료들로 기름붓다"를 의미하며, 여부스 사람들이 방부 처리를 한 것이라고 주장했다. 그러나 이것은 사망 직후에나 가능했을 것으로 보이며, 또한 그들의 행위의 결과 남은 것은 방부 처리된 시신들이 아니라 뼈였다(13절). 어떤 경우라도, 화장은 에돔 왕의 뼈들을 태워 가루로 만든 모압 족속이 실천에 옮긴 것만큼 엄밀하지 않았다(암 2:1). 여부스 족속은 사울을 위성류나무(tamarisk tree, 한글 개역: 에셀나무) 아래 묻었다. 사울은 앞서 기브아의 바로 그런 나무 아래서 법정을 연 바 있었다(22:6). 금식이 자주 애도의 기간에 수반되었다. 다윗 자신은 다음 장에서 사울과 요나단을 위해 금식했으며(삼하 1:11-12), 그는 자신의 불법적인 아들이 죽었을 때 7일 동안 금식했다(삼하 12:17-18).

해설

사울의 삶은 길보아 산 위에서 피할 수 없는 종말을 맞게 되었다. 이 죽음의 이해와 의의에 대한 많은 것들이 단지 뒤따르는 장들에서만 보고된다 – 다윗이 애도하고, 아브넬과 에스바알은 허약한 계승을 이루며, 다윗은 유다와 이스라엘의 왕으로 왕관을 쓴다. 우리는 HDR을 통해 사울의 서거와 다윗의 등극에 대한 일관된 그림을 관찰해 왔다. 그러나 사울의 죽음에 대한 이 기사는 자포자기와 블레셋의 무례한 잔혹성이 눈에 띄긴 해도 역시 블레셋 족속에 대한 사울의 반항적인 발언과 그들에게서 자신을 조롱하거나 고문할 기회를 앗아가 버린 성공적인 시도를 보고한다.

길보아에서의 사울은 편집증 환자가 아니었으며, 또한 그는 다윗을 잡으려고 쫓아다니지도 않았다. 오히려, 그는 왕으로서의 자신의 의무를 다하려 애쓰는 중에 죽었다. 물론 여호와께서는 사울로부터 떠나셨으며, 엔돌의 무녀는 그의 종말이 얼마나 필연적인 것이며 또 가까이 와 있는 것인지를 선언했다. 여전히 독자들은 사울이 군사들과 아들들을 모두 잃고 무방비 상태가 되었을 때 그에 대한 연민을 느끼지 않을 수 없다. 블레셋 족속은 추가로 사울의 머리를 잘라내고 그의 몸통을 밖에 널어놓음으로써, 또한 자신들의 신들과 백성들이 함께 사울의 통치의 종말을 경축함으로써 시신을 훼손시키는 모욕을 가했다.

독자들의 연민의 감정은 야베스 길르앗 사람들의 충성 어린 마음씨에 의해 되풀이된다. 그들은 사울이 벳산의 성벽에 노출되어 걸려 있게 할 수가 없었다. 그들은 사울을 고향으로 데려가 적당한 의식과 더불어 묻어 주었다. 저자는 명백히 사울의 죽음을 고소하게 여기지 않는다. 비록 자신이 끊임없이 다윗의 주장들을 지지하고 일관되게 이스라엘의 첫 번째 왕을 불신하지만 말이다. 다윗은 친히 야베스 사람들을 칭찬했다: "너희가 너희 주 사울에게 이처럼 은혜를 베풀어 장사하였으니 여호와께 복을 받을지어다. 너희가 이 일을 하였으니 이제 여호와께서 은혜와 진리로 너희에게 베푸시기를 원하고 나도 이 선한 일을 너희에게 갚으리라"(삼하 2:5-6). 그는 나중에 사울과 요나단을 베냐민 땅에 있는 고향 셀라로 옮겨 묻어 주었다(삼하 21:14). 하지만 사울이 비록 벳산에 일시적으로 머물렀을 뿐이지만, 그로 인해 그의 죽음은 필요한 존엄성을 부여받았다.

사무엘상

- 2014년 3월 5일 초판 3쇄 발행
- 지은이 : 랄프 W. 클레인
- 옮긴이 : 김경열
- 펴낸이 : 박영호
- 펴낸곳 : 도서출판 솔로몬
- 등록번호 : 제16-24호
- 등록일 : 1990년 7월 31일
- 주소 : 서울시 동작구 사당로 155 신주빌딩 B1
- 전화 : 599-1482　　팩스 : 592-2104
- 직영서점 : 596-5225

ISBN 978-89-8255-342-4
ISBN 978-89-8255-267-0(세트)